신유물론, 물질의 존재론과 정치학

저자 **박준영**

'수유너머 104' 연구원. 현대철학 연구자. 서강대, 상지대, 서울과학기술대 등에서 강의하였으며, 현재는 성신여대에서 강의하고 있다. 학부(동국대)에서 불교철학을, 대학원(서강대)에서 석박사 모두 프랑스철학을 연구하였다.

주로 들뢰즈와 리쾨르의 철학을 종합하는 연구를 수행하였다. 최근에는 신유물론에 관심을 두고 번역과 연구를 하고 있다. 육후이(Yuk Hui)의 기술철학, 그리고 불교철학과 현대서양철학의 관계도 연구 대상이다.

논문은 「들뢰즈에게서 '철학'과 '철학자'」, 「신유물론의 이론적 지형」 등을 썼다. 번역서로는 『신유물론: 인터뷰와 지도제작』, 『해석에 대하여: 프로이트에 관한 시론』(공역)이 있다. 공저로 『신유물론: 몸과 물질의 행위성』, 『K-OS』, 『욕망, 고전으로 생각하다』, 『사랑, 고전으로 생각하다』 등이 있다.

클리나멘 총서 013
신유물론, 물질의 존재론과 정치학

초판1쇄 펴냄 2023년 06월 23일
초판2쇄 펴냄 2023년 08월 10일

지은이 박준영
펴낸이 유재건
펴낸곳 (주)그린비출판사
주소 서울시 마포구 와우산로 180, 4층
대표전화 02-702-2717 | **팩스** 02-703-0272
홈페이지 www.greenbee.co.kr
원고투고 및 문의 editor@greenbee.co.kr

편집 이진희, 구세주, 송예진, 김아영 | **디자인** 권희원, 이은솔
마케팅 육소연 | **물류유통** 유재영, 류경희 | **경영관리** 유수진

독자의 학문사변행學問思辨行을 돕는 든든한 가이드 _(주)그린비출판사

신유물론,
물질의 존재론과
정치학

박준영 지음

그린비

감사의 말

이 책이 나올 수 있었던 것은 순전히 연구 공동체 '수유너머104'에서 2019년 봄부터 2022년 가을까지 저자가 진행한 다섯 번에 걸친 세미나와 강좌 덕분이다. 이와 더불어 같은 기간 '말과활아카데미'의 세 시즌에 걸친 강의도 많은 도움이 되었다. 이 강의와 세미나에서 써 내려간 강의안들과 메모들 그리고 번역문들이 이 책의 1차 자료인 셈이다. 이 자리를 빌려 강의와 세미나에 참여하여 여러모로 자극을 준 선생님들께 감사드린다. 아래에 예의 없게도 나열된 소중한 분들의 이름에 값하기엔 턱없이 부족함에도 내게 감사의 기회가 온 것은 참으로 영광스럽다.

우선 우리 연구공동체의 구루(Guru)이자 서울과학기술대 교수인 이진경 선생님은 첫 번째로 감사드려야 할 분이다. 선생님은 언제나 가까이서 건강을 걱정해 주고 책을 낼 수 있도록 도움을 주셨다. 그리고 지금은 잘 찾아뵙지도 못하지만 대학원 시절부터 지금까지 늘 위안을 주시는 강영안 선생님께도 감사드린다. 선생님은 내가 철학을 계속할 수 있도록 해 준 정신적인 생명줄과 같은 분이다. 이 두 분은 연구 분야는 상당히 다르지만 지금의 나를 있게 해 준 탁월한 철학자들이다. 더불어 나 스스로를 '철학자'라고 부를 수 있도록 자존감을 불어넣어 주셨다.

　　강의와 세미나를 통해 내게 좋은 말씀을 아끼지 않으셨던 강릉원주대 총장이자 명예교수이신 전방욱 선생님, 국민대 교수이신 한희정 선생님께도 감사 인사를 드린다. 전방욱 선생님은 처음 만났을 때부터 지금까지 내게 무한한 신뢰를 보내 주셨다. 평생 있을까 말까 한 그러한 신뢰를 느끼게 해 주신 것은 참으로 고마운 일이다. 또한 카렌 바라드의 책 *Meeting the Universe Halfway*의 8장 번역본을 선뜻 공유해 주셔서 너무나 감사드린다. 바라드의 이 책 8장에 대한 내 논의는 선생님의 번역본에 의지했다. 그리고 최근의 유전학과 생물학에 관한 신유물론적 해석이 어떤 것인지 가르쳐 주셨다. 한희정 선생님은 들뢰즈에서부터 신유물론에 이르는 그 긴 강의-세미나 여정 동안 건강이 안 좋으신데도 불구하고 참석하여 응원해 주셨으며 미디어와 페미니즘에 관련된 논점을 알려 주셨다. 해러웨이 연구자이자 물리화학자인 최유미 선생님께도 감사드린다. 선생님은 신유물론 세미나 동안 물리학과 관련된 지식을 나눠주셨다. 들뢰즈 연구자인 김효영 선생님에게도 감사하다. 선생님은 처음 내 강의에 참석했던 2014년 겨울부터 지금까지 동학(東學)으로서 강의와 세미나가 잘 이루어질 수 있도록 무던히 애를 쓰셨다. 그 노고가 없었다면 이 책은 탄생하지 못했을 것이다. 신유물론 강의와 세미나라면 언제나 나와 함께하셨던 그리고 언제나 배움의 즐거움을 같이했던 신정수 피디님(나는 이분이 이제 대표가 되었음에도 피디라는 직함이 더 친근하다)께도 고마움의 말을 전하고 싶다. 이외에도 너무나 많은 '수유너머104' 선생님들과 연구자분들이 이 책이 나오는 데 유무형의 도움을 주셨다. 많은 선생님들이 연구실 일상에서 게을렀던 나를 우정의 역능으로 잘 품어 주셨다. 그 역능이 지금도 나를 버티게 하는 힘이라는 것은 너무나 분명하다.

건국대학교 '몸문화연구소' 선생님들께도 감사드린다. 김종갑, 서윤호 두 교수님은 좋은 강의 자리를 마련해 주셨고, 그것을 통해 이 책의 전반적인 틀거지를 잡고, 부족한 부분을 보강할 수 있게 해 주셨다. 마찬가지로 미진한 사람을 초빙 강사로 불러 주신 이화여대 '이화인문과학원'과 '한국 포스트휴먼 네크워크'에 몸담고 계신 신상규 선생님께도 이 자리를 빌려 감사드리고 싶다. 그 강의를 통해 메이야수의 사상과 신실재론의 관련성에 대해 재고할 수 있었다. 선생님은 어렵게 공부하던 나에게 여러 도움을 주려고 애쓰셨다.

이 책은 가족들의 희생이 없었다면 출간되지 못했을 것이다. 책이나 글이 출판되어 나올 때면 언제나 반갑게 손잡으시면서 수고했다 말씀해 주시는 아버님 송공선 서예가, 또한 집필 일정이 바쁠 때마다 먼길을 오셔서 물심양면으로 도와주신 어머님 선부덕 여사께 무한한 감사와 존경을 드린다.

마지막으로 내 반려인이자 동료인 송하얀 시인 그리고 글 쓰고 강의한다는 핑계로 제대로 놀아 주지도 못한 나의 소중한 여덟 살 아들 박서율에게 이 책을 바치고자 한다. 이 두 사람의 다정하고 즐거운 웃음소리와 말소리 그리고 유익한 논의가 이 책 갈피갈피 전부에 스며 있다.

그리고… 내 애증의 어머니 김숙희 여사께도 감사드린다. 이게 아마 마지막이자 가장 적절한 그리고 절실한 인사일 듯싶다(이 감사의 말 초고를 쓴 지 아흐레 뒤 어머니께서 소천하셨다).

2023년 3월 20일
박준영

서문

새로운 현대사상의 총아로서 신유물론(new materialism)은 세계 학계에서 여러 논의 지점들을 발생시키고 있다. 수많은 공식, 비공식 모임에서 신유물론은 논의 주제가 되고 있으며, 주요 현대사상 저널마다 신유물론 논문이 실리고 있다는 것이 그 증거다. 또한 신유물론은 학제 간 경계를 허물고 철학과 인문학뿐만 아니라, 물리학과 생물학, 사회과학, 미디어와 예술 분야에 이르기까지 광범위한 영향력을 미치고 있다.

국내 상황을 살펴보면, 이런 세계적 추세에도 불구하고 신유물론에 관한 학술적 논문들은 눈에 띄지만 그것을 전체적으로 조망하고 소개하는 서적은 거의 없다. 이 책은 이러한 방기된 학문적 책무를 하루빨리 회복하고 신유물론을 대중에게 소개하기 위해 기획되었다. 그렇다고 해서 이 책이 대중추수적으로 복잡한 논의들을 건너뛰고자 하지는 않는다. 그것은 오히려 대중의 집단지성을 하향평준화하고 얕보는 태도다.

이를 위해 이 책은 현재까지 진행된 신유물론의 이론적이고 실천적이며 역사적인 지도를 그리는 것을 목표로 한다. 여기서 실천적인 면모들은 '정치학'으로 불려진다. 이 책에서 신유물론의 이 면모는 대개 각 장의 마지막 장에서 진술되고, 결론에 이르러 종합될 것이다.

보다 효과적인 논의 전개를 위해 이 책은 I부인 서론('들어가며')에서 신유물론이 이론의 새로운 전장(戰場)으로서 어떤 현대적인 '문제의식'을 다루는지 개괄한다. 동시에 신유물론의 범위가 어디까지 미치는지도 서술한다.

1부부터 본론에 해당한다. 1부에서는 주로 이론적인 지도를 그리는 데 할애된다. 여기서 나는 신유물론자들의 여러 이론적 성과들을 '종합'하고자 애썼다. 비록 아직 진행 중인 철학이라 해도 그것들이 어떤 측면에서 서로 연관되고 유사성을 창출하는지를 보는 것은 매우 유익하다. 하지만 이러한 종합은 필연적으로 다소 헐렁거리거나 아귀가 맞지 않는 지점들을 발생시킬 것이다. 그러나 나는 이런 불일치를 두려워하지 않고, 과감하게 나아가기로 결심했다. 따라서 이 1부는 유기체처럼 완전히 기능적으로 맞아떨어지는 형식을 취하지 않으며, 어떤 이론적인 패치워크를 시도하는 것으로 보아야 한다. 그럼에도 불구하고 1부에서는 형식적인 연결과 계열을 취하려고 노력했다. 이를 위해 1장은 '철학사적 맥락', '현대과학과의 관계' 그리고 이 장의 결론에 해당하는 신유물론의 '새로움'에 대해 다룬다. 2장은 신유물론의 주요 주제들이 무엇인지 분석한다. 그것은 '물질'(matter), '이분법의 횡단', '수행성'으로 나뉘어 논해질 것이다.

이어지는 또 다른 본론인 2부는 신유물론의 역사적 지도에 해당한다. 이 개괄은 주요 철학자들의 이론을 요약하고 그로부터 파생되는 문제의식과 논쟁 지점들을 모두 아우르는 것이 될 것이다. 3장은 신유물론을 개시한 철학자로 질 들뢰즈·펠릭스 가타리와 1세대인 로지 브라이도티, 마누엘 데란다를 소개한다. 그리고 4장은 본격적인 신유물론자들인 브뤼노 라투르, 퀑탱 메이야수와 카렌 바라드를 거친다. 5장은 새롭게 등장하고 있는 신유물론자로 레비 브라이언트와 수행적 신유물론자들 그리고 토머스 네일을 다룬다. 6장은 이들 간의 그리고 실재론과의 논쟁 지점들을 다룬다. 아쉬운 점은 이들의 사상들을 지면 관계상 세세한 점까지 다 다루지 못했다는 것이다. 신유물론자들은 지금도 진행 중인 철학자들이며 계속 진화 중이다. 그럼에도 불구하고 이 장들에서 나는 이들이 가진 문제의식들을 드러내고자 애썼다.

그런데 이 신유물론자의 그룹에 당연히 속해야 하는 것으로 보이는 철학자가 빠졌을 수가 있다. 대표적으로 제인 베넷이 있다. 아쉽지만 베넷은 다른 신유물론자들을 논하는 중에 생기론적 신유물론자로서 다루는 것으로 갈음할 것이다. 그녀가 짐짓 제대로 된 대우를 못 받는 것 같아 보이는 이유를 독자들은 그러한 논의 와중에 알게 될 것이다.

마지막('나가며')은 결론에 해당한다. 여기서는 앞서 논의된 신유물론의 내용들을 종합하면서 내 나름의 결론을 내 보려고 했다. 이 과정에서 두 가지 새로운 개념('인류-화석'과 '곁')을 다소 실험적으로 과감하게 제시할 것이다. 이를 통해 나는 신유물론이 가진 이론적·실천적 함의를 다소나마 더욱 밀어붙이고자 했다.

그리고 두 개의 보론이 이 책에 부가되었다. 이 보론은 다소 실험적인 분야라고 할 수 있는데, 육후이의 기술철학 그리고 새로운 정치철학인 가속주의(accelerationism)와 신유물론의 관계를 적극적으로 사유하고자 한 결과물이다.

나는 독자들이 마지막 결론에 이르러 나름대로 신유물론에 대한 문제의식들을 가지길 바라 마지않는다. 신유물론은 그런 문제의식들을 통해 앞으로 더 발전해 나갈 것이기 때문이다.

진행 중인 철학으로서 신유물론은 언제나 미완이고, 이 책도 마찬가지일 것이다. 하지만 그것은 어떤 공백이 아니라 오히려 유물론 전체가 가지는 갱신의 여백으로서 잠재적 힘이다.

차례

일러두기

1. 인용에서 번역서는 번역서의 쪽수를, 원서는 원서의 페이지를 표기했다. 그리고 번역문의 인용에서 원문과의 대조가 이루어진 경우에는 원문의 페이지를 각주에 표기했다.

2. 인용문 안의 대괄호([ ])는 독자의 이해를 돕기 위한 필자의 보충이다.

3. 원문의 이탤릭체는 볼드체로 표시했다.

4. 단행본·정기간행물 등의 제목에는 겹낫표(『 』)를, 논문·단편 등의 제목에는 낫표(「 」)를 사용했다.

5. 외국어 고유명사는 2002년 국립국어원에서 펴낸 외래어표기법을 따르되, 관례가 굳어서 쓰이는 것들은 그것을 따랐다.

들어가며—신유물론, 이론의 새로운 전장

21세기만큼 '새로움'이 강조되는 시기는 없었던 것 같다. 그런데 이 새로움은 게임 안에 등장한 놀라운 아이템이나 놀이동산에 새로 들여온 기구를 보면서 내지르는 천진난만한 환호성과는 완전히 다른 의미를 가진다. 정말로 새로운 것이 예기치 않게 주변을 채우는 세계라면 새로운 것을 그토록 '갈구'하지는 않을 것이다. 오히려 "우리 사회는 모든 방면에서 무지막지한 변화와 위기"[1]를 노정한다고 해야 하지 않을까? 그렇기 때문에 이전의 모든 해법들이 무력해진 상황에서 새로운 것이 필요해진 것이다. 세계는 이미 늙었고 아이들은 아직 태어나지 않았다.

이때 철학은 마르틴 하이데거 이래 애물단지로 전락한 듯 보이는 형이상학을 다시 소환하기 시작한다. 왜냐하면 인류의 절멸이냐 생태적 복귀냐라는 선택지 앞에서 오래된 주제인 삶과 죽음, 실재성 그리고 과학의 가치와 같은 근원적인 문제를 생각하는 것은 자연스러운 일이기 때문이다. 이 모든 문제의식들이 형이상학 또는 존재론의 범역에 속한다. 이 범역 안에서 사람들은 새로운 개념들을 고안

---

1   Armen Avanessian, *Metaphysik zur Zeit*, Leipzig: Merve Verlag, 2018, p. 9.

하고(예컨대, '인류세'와 '자본세') 그것에 따라 윤리-정치적 방향성을 긴급하게 요청하게 된다. 따라서 미셸 세르가 "철학은 발명의 조건들을 발명하는 것이다"[2]라고 말했을 때, 긴급함은 급진성과 함께 간다. 여기서 긴급함은 과학에 배당되는 몫이고, 급진성은 철학에 배당되는 몫이다. 문제와 문제 해결의 실마리가 과학에서 나온다면, 이 실마리를 더 멀리까지 밀어붙일 가능성, 즉 발명의 조건은 철학에 있다는 것이다. 그렇게 함으로써 '급진성'(radicality)이라는 말의 어원에 합당하게 철학은 우리 시대의 근원적인 뿌리(rad-)까지 가닿으면서도 마치 리좀이 대지에 굴을 파듯이 과학의 팔짱을 끼고 더 멀리까지 나아가야 한다. 이렇게 함으로써 애초에 복원하려 했던 형이상학이 거의 반(反)-형이상학에 이를 정도로 새로워진다.

그래서 '신유물론, 이론의 새로운 전장'이라는 '들어가며'의 제목은 언뜻 보기에 다소 격렬하지만, 저 반-형이상학적 형이상학의 기획에 맞춤한다. 또한 신유물론이 과거의 이론은 물론이고 당대의 이론들과 논쟁적인 상황 속에 놓여 있다는 사실을 드러내는 데 이 표현은 상당히 적합해 보인다.[3]

이에 걸맞게 '신유물론'은 매우 넓은 전선과 진지를 가진 현대사상이다. 이 사상은 페미니즘, 철학적 존재론, 기술과학철학 등

---

2 Bruno Latour and Michel Serres, *Conversations on Science, Culture and Time: Michel Serres with Bruno Latour*, trans. Roxanne Lapidus, Michigan: The University of Michigan Press, 1995, p. 94.

3 이 표현은 새로운 것은 아닌데, 칸트가 최초의 사용자이기 때문이다. 칸트는 이 '전장'(戰場, Kampfplatz)이라는 용어를 철학의 독단론과 경험론이 벌이는 형이상학적 논쟁 상태를 묘사하기 위해 사용한다. 그런데 사실 신유물론자들은 칸트에 대해 신랄하기로도 유명하다. 왜냐하면 신유물론자들이 사물로의 접근 가능성을 완연히 긍정하는 데 반해, 칸트는 '사물-자체'라는 악명 높은 장애물을 그 길 위에 세워 놓기 때문이다.

의 분야에서 '물질'(matter)에 대한 새로운 개념을 정립하는 중이다. 20세기 말에 등장한 신유물론의 최초 세대에는 카렌 바라드, 로지 브라이도티, 엘리자베스 그로츠, 제인 베넷, 비키 커비 그리고 마누엘 데란다가 속한다. 또한 다이아나 쿨, 사만다 프로스트, 스테이시 알라이모와 수잔 헤크만도 중요한 인물들이다.[4]

---

4 주로 연구 성과가 담긴 논문집이 신유물론의 전거로 많이 인용되는데 다음과 같은 책들이 대표적이다. Stacy Alaimo and Susan Hekman eds., *Material Feminisms*, Bloomington and Indianapolis: Indiana University Press, 2008. 특히 이 책의 서문에서 알라이모와 헤크만은 언어학주의와 사회구성주의의 한계를 논한다. 이 둘은 모두 물질성을 무시하고 있다는 것이다. 이 책은 전반적으로 물질성에 관한 페미니즘 연구의 범위 안에서 주된 경향들과 이론적 지향들에서 새로운 방향을 논한다.
Tonny Bennett and Patrick Joyce eds., *Material Powers: Cultural Studies, History and the Material Turn*, London: Routledge, 2010. 최근의 물질적 전회에 비추어 국가의 구체적 작동, 형태들 그리고 조직화에 접근하며 식민지 권력, 거버넌스, 물질적인 하부구조에 대해 새로운 접근으로 탐색하는 논문들을 모았으며, 그 구체적인 역사적 사례들에서 매우 탁월한 책이다.
Diana Coole and Samantha Frost eds., *New Materialisms: Ontology, Agency and Politics*, Durham: Duke University Press, 2010. 이 논문집은 신유물론에서 가장 많이 인용되는 것 중 하나다. 이 논문집에는 정치철학뿐 아니라 철학적 존재론 그리고 사회경제적 함축에 이르기까지 광범위한 영역에서 물질과 그것이 체현된 주체에 대해 논하는 글들이 실려 있다.
Rick Dolphijn and Iris van der Tuin eds., *New Materialism: Interviews and Cartographies*, Michigan: Open Humanities Press, 2012. 이 책은 두 부분으로 나누어져 있는데, 하나는 브라이도티, 데란다, 바라드, 메이야수와의 인터뷰고 다른 한 부분은 필자들의 논문들이다. 신유물론의 초반기 이론가들의 신유물론에 대한 논의들을 접할 수 있으며, '횡단성'이라는 신유물론의 핵심 개념에 대한 필자들의 주요 논점들도 알 수 있는 중요한 문헌이다. 이 책은 '릭 돌피언·이리스 반 데어 튠, 『신유물론: 인터뷰와 지도제작』, 박준영 옮김, 교유서가, 2021'로 번역되어 나왔다.
Richard Grusin ed., *The Nonhuman Turn*, Minneapolis: University of Minnesota Press, 2015. 이 논문집은 이론적으로 다소 난해하다. 하지만 이른바 비인간적 전회라는 포스트휴먼적 주제하에 아주 유용한 연구 작업들이 실려 있다. 그 주제는, 신체, 물질, 정동, 행태 기술과학적 진행, 현상과 체계 등 폭넓은 범위에 걸쳐 있으며, 학제 간 연구도 이루어진다.
이외에 최근에 간행된 책들은 다음과 같다. Susanne Witzgall and Kerstin Stakemeier eds., *Power of Material/Politics of Materiality*, Zürich: Diaphanes, 2014; Nick J. Fox and Pam Alldred, *Sociology and the New Materialism: Theory, Research, Action*, London: Sage,

주디스 버틀러는 그녀의 '수행성'(performativity)[5] 개념으로 신유물론에 강력한 영향을 미쳤다. 또한 도나 해러웨이도 이 그룹으로부터 예외가 될 수 없다. 해러웨이는 (그녀가 부인함에도 불구하고) 신유물론 사상의 원류인 들뢰즈와 상당히 친연성을 가진 개념들과 사유를 펼친다. 이외에도 많은 학자들이 물질성(materiality)의 새로운 개념을 탐색하면서 여러 논문들과 책들을 내고 있다. 최근에 두드러지는 연구자들에는 토머스 네일과 크리스토퍼 갬블, 조수아 하난이 있다. 이들은 최근에 낸 공동 논문[6]에서 '수행적 신유물

2017; Sarah Ellenzweig and John Zammito eds., *The New Politics of Materialism: History, Philosophy, Science*, New York: Routledge, 2017; Ulrike Tikvah Kissmann and Joost van Loon eds., *Discussing New Materialism: Methodological Implications for the Study of Materialities*, Berlin: Springer, 2019.

이 책을 쓰는 동안 한국에서 신유물론과 관련하여 두 권의 책이 나왔다. '몸문화연구소, 『신유물론: 몸과 물질의 행위성』, 필로소픽, 2022'와 '문규민, 『신유물론 입문: 새로운 물질성과 횡단성』, 두번째테제, 2022'가 그것이다. 전자의 책은 신유물론의 전공자들이 각각 한 장씩 맡아 맡은 주제들을 하나씩 진술해 나간다. 후자의 책은 '입문'이라고는 하지만 그 내용이 충실해 보이지는 않는다. 저자도 말하다시피 이 책은 기존의 번역서와 인터넷 자료들을 활용했으며, 그 외에는 거의 참조하지 않았다. 따라서 논의의 깊이나 폭의 측면에서 '입문'이라는 이름에 걸맞은 농축된 이론서라기보다는 '길잡이' 정도가 알맞다고 보인다. 게다가 이 책은 신유물론에 포함될 만한 철학자들의 수를 매우 소극적으로 산정한다. 저자는 그레이엄 하먼, 퀑탱 메이야수, 레비 브라이언트를 열거하면서, "이들 중 몇몇은 이미 신유물론과 대립한 지 오래고, 따라서 이들을 신유물론이라는 말로 뭉뚱그려서는 안 된다"고 한다(앞의 책, 16~17쪽). 그러나 하먼 외에 다른 이들의 그 '대립'에 대한 근거를 제시하지 않는다. 그럼에도 불구하고 이 책은 (아마 저자가 정확히 겨냥했을 법한) 신유물론에 대해 독자 대중의 주의를 환기시키는 역할을 얼마간 해내고 있는 것으로 보인다.

5 이 개념 또한 신유물론에서 매우 중요하다. 그런데 이것은 들뢰즈의 철학보다는 이와 같이 버틀러와 연관되며, 거슬러 올라가면 데리다가 오스틴의 화용론을 자신의 해체철학에 도입한 것과 맥을 같이한다. 바라드는 이렇게 형성된 '수행성' 개념을 존재론적으로 확장하면서, 자신의 철학을 구축하는 데 핵심 개념으로 받아들인다. 이에 대해서는 이 책의 2장 3절에서 다루어진다.

6 Christopher Gamble, Joshua Hanan and Thomas Nail, "What is New Materialism", *Angelaki*, vol. 24, 2019.

론'(performative materialism)을 옹호하고 있다.[7] 이 세 명의 수행적 신유물론자들 중 단연 으뜸은 토머스 네일이다. 이 열렬하고 엄청난 생산력을 가진 신유물론자에 대해서는 뒤에 따로 절을 마련하여 설명할 것이다.[8]

그런데 이 서클 안에 레비 브라이언트나 브뤼노 라투르 또는 그레이엄 하먼을 입장시킬 것인지 아닌지 고민될 수 있다. 이 세 사람 중 억지로 등 떠밀어 집어넣는 것을 가장 불쾌해할 사람이 하먼이라는 것은 분명해 보인다. 이 철학자는 '유물론' 자체를 맹렬하게 거부하는 것으로 유명하다. 다른 한편으로 브라이언트는 호쾌하게 받아들일 듯하다. 들뢰즈 연구자인 데다 그의 '존재자론'은 하먼류의 객체-지향 존재론보다는 신유물론에 더 가깝기 때문이다. 그런데 라투르는 매우 애매하다. 때때로 위대한 사상가들이 이 경계선상의 애매모호함으로 인해 추앙받는 일이 있긴 하지만, 라투르의 경우는 다소 미적지근하다고 하는 편이 더 나을 것 같다. 왜냐하면 그의 '행위자-네트워크 이론'(actor-network theory; ANT)은 철학에 가깝다기

---

7 특히 네일의 경우 왕성한 저술 활동을 펼치고 있다. 그가 몇 년 사이에 낸 책들은 신유물론의 철학사적 맥락과 존재론적·정치철학적 함축을 풍부하게 전개한다. 그의 주요 저작들만 나열하면 다음과 같다. *Being and Motion*, New York: Oxford University Press, 2019; *Lucretius I: An Ontology of Motion*, Edinburgh: Edinburgh University Press, 2018; *Lucretius II: An Ethics of Motion*, Edinburgh: Edinburgh University Press, 2020; *Marx in Motion: A New Materialist Marxism*, New York: Oxford University Press, 2021. 네일에 대해서는 이 책의 5장 3절에서 다루어진다.

8 그리고 마지막으로 나는 이 그룹에 최근의 기술철학자인 육후이를 가담시키고 싶은 유혹을 끊임없이 느낀다. 그렇지만 이 명민한 철학자를 섣불리 신유물론자로 부를 수는 없을 것 같다. 그러려면 그의 동의도 필요하겠지만, 무엇보다 그의 철학이 가진 신유물론적 함축에 대한 개별적인 연구가 필수적으로 요구된다. 나는 이런 요구의 일환으로 '보론'에서 아주 조심스럽게 육후이를 다루어 볼 것이다. 육후이의 언급들을 본문에서 다루는 것은 최소화했다.

보다는 차라리 사회사상, 또는 과학학에서 비롯된 사회-인류학이라고 해야 올바르기 때문이다. 그럼에도 라투르가 신유물론 전반과 어떤 유의미한 공명을 갖는 것도 사실이므로, 또한 그가 메이야수의 유물론에 상당한 찬사를 보냈다는 점을 감안하여[9] 그를 신유물론 철학자의 서클에 받아들이기로 하자. (물론 탈퇴는 자유다.)

　이 복잡다단한 관계들을 유심히 살펴보면, 신유물론과 사변적 실재론(speculative realism; SR) 사이에 심상치 않은 차이점이 있다는 것을 알게 된다. 대표적으로 하먼은 앞서도 언급했다시피 직접적으로 자신의 철학인 객체-지향 존재론(Object-Oriented Ontology: OOO)을 '반유물론'으로 지정한다. 그는 "OOO가 때로 신유물론과 함께 묶인다 해도, 나는 OOO가 단호하게 반유물론적 이론임을 보여 주려고 했다"[10]라고 말한다. 하먼의 이 '반유물론적 경향'은 신유물론자들에 의해 호되게 비판받는다. 특히 수행적 신유물론자들은 하먼의 객체-지향 존재론(OOO)을 '부정적 신유물론'이라 칭하면서 이것이 오히려 '관념론'에 속한다고 결론 내린다.[11] 하먼으로서는 유물론자가 되기는 싫지만 관념론자로 낙인찍히는 것은 더더욱 싫을 것이다. 게다가 퀑탱 메이야수의 경우 사변적 실재론 그룹에서 빠져나와 독자적인 행보를 보이고 있는 것으로 보인다(나중에 보면 알겠지만 메이야수는 더 나아가 이 그룹을 꽤나 신랄하게 비판한다). 그는 자신의 철학을 '사변적 유물론'(speculative materialism)이라고 칭

9　Graham Harman, "The Only Exit From Modern Philosophy", *Open Philosophy*, vol. 3, Berlin: De Gruyter, 2020, p. 132, 주 1 참조.

10　Graham Harman, *Immaterialism: Objects and Social Theory*, Cambridge: Polity Press, 2016, p. 95.

11　Gamble, Hanan and Nail, "What is New Materialism", *Angelaki*, pp. 121~122 참조

한다. 이 방면에서 메이야수와 하먼은 초기의 돈독함을 뒤로하고 서로 간에 상당 정도로 멀어진 상태라고 해야 옳다.[12]

철학자들 간의 이론적 친소성을 괄호에 넣고 보면, 신유물론은 포괄적인 학문적 태도를 가지고 있다는 것을 알 수 있다. 이를테면 신유물론이 가진 간-학제성(interdisciplinarity)을 들 수 있다. 이 측면에서 신유물론자들은 굳이 스스로가 전통적 의미의 철학에만 국한된 사유를 해야 한다고 생각하지 않는다. 따라서 신유물론이라는 너른 마당에서 인문학과 사회과학 그리고 자연과학 전반이 학제 간의 개념적 소통을 통해 조우한다. 그렇기 때문에 신유물론자들 중에는 인문학적 경력을 가진 사람들뿐만 아니라 자연과학 이력을 가진 학자(대표적으로 이론물리학자인 바라드)도 당연히 있다. 또 한 가지 밀접한 공통점이라면 이들이 대개 페미니스트들이라는 점이다. 왜냐하면 신유물론의 '물질' 개념의 일신은 페미니즘에서 '신체' 개념의 재정립과 함께 맞물려 돌아가는 이론적 작업이었기 때문이다.

이들 많은 신유물론 철학자들의 공통점은 앞서 말한 대로 물질에 대한 새로운 견해를 대변한다는 것인데, 이를 보통 '물질적 전회'(material turn)라고 부른다. 그렇다면 신유물론이 주장하는 물질적 전회란 무엇인가? 철학사 안에서 전회라는 이름을 붙인 경우는 '인식론적 전회'와 '담론적 또는 언어적 전회'가 있다. 전자는 칸트에 의해 발생한 이른바 '코페르니쿠스적 혁명'을 지칭하는 것으로서 존재론에 대한 인식론의 우위를 초래한 사태를 말한다. 칸트는 자신 이전의 독일 철학을 '독단론'으로 지칭한다. 독단론의 문제는 경험 너

12 이에 대해서는 이 책의 6장 1절에서 취급한다.

머로 지성을 남용한다는 점이다. 즉 지성의 반경험적 사용이 문제인 것이다. 그래서 그는 『순수이성비판』을 통해 지성의 사용을 경험의 테두리 안에 제한함과 아울러, 존재하는 것들에 대한 범주적 인식과 판단을 허용한다. 이것은 언뜻 지성을 한계 안에 둠으로써 그 능력을 축소시키는 것처럼 보이지만, 실상은 지성이 현상적 사물과 물질에 대해 무제한의 범주적 능력을 발휘하는 계기를 만들어 주는 것이다. 지성의 범주는 잡다한 현상을 포획함으로써 논리와 판단을 사실상 가능하게 한다. 여기서 실재(reality) 또는 물질적 대상은 범주의 포획을 얌전히 기다리는 한낱 수동적 상태로 전락한다. 신유물론은 이러한 '인식론적 전회'에 대해 존재론 또는 존재론과 인식론의 평행성(존재-인식론; 바라드)의 우위를 다시 확인하고 물질의 대상화에 반대한다.

또 하나의 '전회'에 해당하는 '담론적 또는 언어적 전회'는 루드비히 비트겐슈타인의 언어철학에서 시작하여 리처드 로티로 이어지는 영미 분석철학의 전통과, 페르디낭 드 소쉬르로부터 시작하여 클로드 레비스트로스를 거쳐 후기-구조주의로 이어지는 대륙 전통에서의 언어에 대한 강조를 의미한다. 이들은 공히 존재가 언어와 밀접한 관계를 맺고 있으며 때로는 언어가 존재를 선결정하기도 한다는 생각을 가지고 있었다. 영미철학의 경우 서양철학의 형이상학 전통이 대개 언어적인 오류에 불과하다는 급진적인 사유를 바탕으로 언어를 논리적으로 분석함으로써 진리에 도달할 것이라는 기대를 가졌다. 대륙 철학의 경우 후기-구조주의에 이르러 언어에 의해 발생하는 권력관계에 대한 탐구로 나아간다. 미셸 푸코를 위시하여 이들을 이어받은 현대철학자들은 언어가 가진 인간중심적, 이성애적 권력 형성의 과정에 주목하기도 한다. 이들 중에는 신유물론에 직간접적인 영향을 미친 철학자들도 있다. 신유물론의 '물질적 전회'는 이들 '언어적 전회'의 언어가 가진 재현성(representationality) 또는 그것의 문법적인 일반성이 물질적 과정을 모두 그러담기에는 역부족이라는 성찰을 기반으로 한다.

이와 같이 신유물론은 '물질적 전회'를 통해 인식론중심성과 언어중심성, 요컨대 '인간중심주의'(anthropocentrism)를 벗어나 물질 자체가 가진 모습을 간파하려는 시도를 드러낸다. 종합적으로 말하자면, 물질적 전회란 존재론, 인식론, 윤리학 그리고 정치학 등등에 있어서 새로운 이해를 바탕으로 인간중심주의와 담론적 관념론(discursive idealism)을 극복하고자 하는 것이다. 이렇게 함으로써 자연과 문화, 물질과 정신, 인간과 비인간 간의 균열을 포함하여 근대적 사유의 핵심적인 이원론을 재개념화한다.[13] 이 운동의 중심에는 행위소(agency)와 힘의 개념을 비인간, 자연으로 확장하는 것이 포함되는데, 이에 따라 생명에 관한 전통적인 이해들, 즉 생물과 무생물의 이분법을 의문에 부친다.[14]

위의 두 가지 전회에 대한 신유물론적 비판 대상의 핵심이 인간중심주의라고 한다면, 이제 '인간중심주의에서의 물질'이 신유물론의 극복 대상이기도 하다는 것은 자명하다. 인식과 언어라는 인간의 지성 활동에서 물질은 당연한 듯이 수동성을 고유한 특성으로 가지게 된다. 이때 물질은 인식과 언어의 포획에 의해 범주화되고 재현되는 대상이다. 물질에 대한 이러한 관념은 일부의 철학자들(예컨

---

13 Thomas Lemke, "Introduction", *The Government of Things: Foucault and the New Materialisms*, New York: New York University, 2021. 참조.
14 Thomas Lemke, "New Materialisms: Foucault and the 'Government of Things'", *Theory, Culture & Society*, vol. 32, issue. 4, 2015, p. 4 참조.

대 에피쿠로스와 스토아, 루크레티우스와 맑스)을 제외하고는 고대로부터 내려오는 아주 심란하고 끈질긴 편견에 해당된다. 무언가를 인식하여 알고, 그것을 언어로 표현하는 이성적 존재 그리고 신의 생기를 받아 신의 형상(Imago Dei)대로 지어진 인간으로서 그보다 열등한 물질을 지배할 수 있다는 관념은 주류 철학의 전제로 늘 유물론의 비판 대상이었다.

다시 말해 언어와 인식이라고 하는 것도 유물론에는 물질적인 것이거나 아니면 물리적인 것의 효과이거나이다. 그런데 유물론에 대한 비판 중 가장 커다란 비판이 생겨나는 지점도 이곳이다. 유물론은 물질환원론이라는 것이다. 그러나 **유물론에 있어서 존재하는 것들이 그곳으로 환원되는 물질은 없다. 즉 뭔가를 환원해야 될 지점으로서의 물질은 없다는 것이다. 왜 그런가? 물질은 항상 생성 중이고 운동 중이기 때문이다.** 그러므로 **어떤 원초적이고 불변하는 실체적인 것으로서의 환원 지점을 물질은 수용할 수 없다.** 이것은 구유물론이나 신유물론이나 똑같다. 심지어 고대 원자론에 있어서도 뒤에서 논할 것처럼 '법칙 제한적'인 면이 있지만, 그와 같은 환원론을 긍정할 만한 여지는 상당히 드물다.

만약 어떤 유물론자가 물질이 모든 존재하는 것들의 실체적인 기초 원소라고 한다면, 그는 사이비 유물론자다. 물질이라고 하는 것은 실체적이지도 않고 항상 생성하고 흐르고 또한 변화하는 과정에 있기 때문에 그것으로 환원될 수도 없다. 그래서 유물론은 신유물론이든 구유물론이든 간에 인간적인 것을 중심에 놓는다거나 실체화된 것을 중심에 놓고 그것으로 환원하는 것이 아니다. 사실상 이런 것은 유물론이 아니라 본질주의(essentialism)라고 한다. 신유물론은 이 본질주의적 경향을 경계하고 유물론 자체가 본질주의에 빠지지 않도록 항상 차단막을 쳐 놓는다. 그 차단막을 물질의 '횡단성'(transversality)이라고 부른다. 이에 대해서는 후술할 것이다.

이렇듯 '물질'에 대한 특정한 철학적·과학적 태도로서 유물론은 아주 긴 역사를 갖고 있다. 그럼에도 불구하고 우리는 물질에 대한 성찰을 성가신 것으로 치부하는 것에 익숙해진 듯하다. 그 결과 의식에 대한 수많은 담론들이 인문학과 철학의 역사에 전경화되는 반면, 물질(또는 신체)에 대한 사유는 마치 그 의식에 으레 따라다니는 그림자처럼 취급되곤 한다. 정신주의(spiritualism) 또는 관념론(idealism)은 숭고함의 외피를 쓰고 개념에서 일상에 이르기까지 널리 지침이 되는데(넘치는 심리학 대중서들을 보라!), 유물론이 그러한 기존의 지침에 이의를 제기하는 순간 어떤 속악한 물신주의자 취급을 받곤 하는 것이다. 탁월한 유물론자들을 배출한 에피쿠로스 학파가 이교도 취급을 받으면서 게토로 쫓겨난 후 비참하게 소멸해 간 것은 기독교 정신주의자들이 로마제국의 정치권력을 움켜쥐기 시작한 순간부터였다. 이 와중에 스토아주의는 용케도 그 도덕적 금욕주의 덕분에 기독교 교부들의 마음에 들었고 살아남았지만, 그 유물론은 오간 데 없어져 버렸다. 요컨대 유물론은 사상에서나 현실에서나 주류이기보다 지하의 목소리를 대변했고, 지금도 그렇다.[15]

이와 같은 사정하에 있기 때문에 우리가 물질에 대해 사유하는 그 순간에, 언제나 다수의 비물질적인 대상들, 즉 언어, 의식, 주체성, 정신, 영혼 등의 가치들이 관념론의 조력을 받으면서 앞질러 가곤 한다. 유물론자들이 전통적으로 대결해 왔던 것은 그러한 관념론적 가

15 박준영, 「신유물론의 이론적 지형」, 『문화과학』 107호, 2021 참조.

설들과 가치들이며 이것은 유물론의 특성상 필연적인 이론적 반목일 수밖에 없었다. 그런데 이러한 반목은 사실상 정신주의 자신이 주로 근대 시기에 만들어 낸 '이분법'에 기반하고 있다. 이 점이 훨씬 중요하다. 신유물론은 그간 이론 안에서 지배적인 지위를 누려 온 이 근대적 이분법을 파괴하는 것을 자신의 주요 과제로 삼는다. 그러니까 유물론은 관념론과의 대립 안에서 결코 자신의 지위를 유지하고자 하지 않는다. 그러한 태도는 매우 수동적이며 반응적인 고리타분한 변증법으로의 회귀일 뿐이다.[16] 유물론은 자신의 본래적인 철학적 우월성을 그 스스로의 역량 안에서 한껏 누린다.

이 역량은 언제나 스스로를 사상의 첨단에 위치시키는 유물론의 고유한 특성에 기인한다. 이런 측면에서 오스트리아의 들뢰즈 연구자인 클레어 콜브룩의 다음 언급은 음미해 볼 만하다.

유물론은 언제나 되돌아온다. 유물론은 언제나 유물론적 되돌아옴의 일부이며 따라서 **유물론은 언제나 '신'유물론이다.** […] 유물론은 적대자들이 주장하는바, 세계에 관한 지식의 한계들에 집중하지 않으며, 물질들을 복잡하게 하는 어떤 차원을 부가한다. 더 나아가 유물론은 언제나 생명에 대한 어떤 역관계(contrary relation)를 함축한다. 한편으로 그것은 생명을, 그로부터 창발하는 것으로서 물질적인 기능작용으로 생각하고자 한다. 하지만 다른 한편으로 유물론의 몸짓은 언제나 생명을 그 자체의 개념들로 생각하고자 하는데, 이때 유물론은 생명이 어떻게 실재로 작동하는지를(신, 주체 또는 논리와 같은 어떤

16 앞의 글 참조.

외적 원리에 호소하지 않고서) 이해한다고 주장하는 것이다.[17]

여기서 유물론이란 정신의 끈질긴 타성에 경종을 울리고 매번 비판적 태세 전환을 촉구하면서 사상사에 등장하는 영원성의 철학이다. 따라서 이 말에는 (신)유물론을 정의할 수 있는 세 가지 차원들이 잘 기술되어 있다. 첫째로 지식의 가능성에 대한 신뢰이고, 둘째로는 물질 안에서 생명을 사유한다는 것이며, 셋째로는 실체적인 본질이 아니라, 생성의 본질(작동 방식)에 집중한다는 점이다.[18] 이때 유물론은 초월적 원리로부터 멀리 떨어져 내재성에 머문다. "이것은 물질의 본성과 물질세계 안에서 체화된 인간들의 장소에 관한 가장 근본적인 질문들로 돌아간다는 의미이다."[19] 그러므로 매번 되돌아오는 유물론은 그때마다 당대의 물질적 조건에 대한 급진적 성찰과 비판을 수반하게 된다.

물질적 요인들을 전경화하고, 그와 더불어 주체를 뒤로 물리면서 그 공존과 반목의 상황을 그려 낼 때 유물론은 가장 날카로운 사유의 모습을 띠게 된다. 그것은 유물론이 반드시 실천철학이어야 하

17 Claire Colebrook, "Materality", eds. Ann Garry et al., *The Routledge Companion to Feminist Philosophy*, New York: Routledge, 2017, pp. 198~199(강조는 인용자).
18 이 중 두 번째 차원은 비판적으로 바라보아야 한다. 이 테제를 기반으로 하면 곧장 '생기적 신유물론'이 정당화되는데, 신유물론은 이 '생기'라는 요소를 달갑지 않게 본다. 이 요소를 전면화하면 생명과 비생명, 삶과 죽음이라는 이분법이 등장한다. 이분법을 횡단하는 것을 겨냥하는 신유물론에 있어서 이러한 생각은 재앙과 같다. 생기적 신유물론적 경향을 대표하는 철학자는 베넷이다. 그런데 상당히 심각한 것은 근래 한국 사회 학계에 마치 베넷이 신유물론의 대표 주자인 것처럼 여기는 사람들이 많아졌다는 점이다. 매우 그릇된 생각이다. 더 심각한 것은 이에 기반하여 신유물론 전체를 비판하려는 시도도 종종 보인다는 점이다. 이는 상당히 우스꽝스러운 결과를 초래한다.
19 Coole and Frost, "Introducing the New Materialisms", *New Materialisms*, p. 3.

기 때문이다. 또는 유물론은 실천적 효과를 반드시 드러낸다. 에피쿠로스와 루크레티우스 그리고 스토아의 유물론은 고대 그리스인들과 초기 로마인들에게 윤리적 실천 지침이었으며, 그 이전의 데모크리토스는 19세기 맑스에게 이어져 혁명적 의지에 대한 존재론적 방침으로 승화되었다. 오늘날에도 이 실천적 긴급성은 마찬가지로 전면에 나선다. 물질과 생명체에 관한 "새로운 과학적 모델들에 기반한 과학적이고 기술적인 진보들을 수반하는 절박한 윤리적이고도 정치적인 관심들의 출현"[20]이라는 맥락에서 유물론은 다시 이전의 난만한 이론적 착종상과 실천의 패착들을 재배치하기 위해 등장한다.

이론적으로 현대유물론은 현재 제기되고 있는 지구 행성의 오염과 그 회복 가능성, 인간이 그간 누려 온 보편적 특권에 대한 성찰, 더 나아가 행위주체와 과학적 인과성 자체에 대한 질문들을 제기한다. 실천적으로 이것은 당대를 '인류세'(anthropocene) 또는 '자본세'(capitalocene)[21]로 규정하고 이를 '살게 하는' 방향으로 이끌 윤리─정치적 모색을 한다. 우리는 이 문제 제기와 실천적 탐색 모두를 '신유물론'이라고 부를 것이다.

따라서 신유물론의 출현은 "하나의 방법, 개념적 틀, 정치적 입장"[22]이라는 총체적인 요청에 힘입은 것이다. 이 요청은 그간 인문사

---

20 *Ibid.*, p. 5.
21 인류세와 길항하는 개념으로서의 '자본세'는 제이슨 무어의 용어다. 이에 대해서는 Donna Haraway, "Capitalocene and Chthulucene", eds. Rosi Braidotti and Maria Hlavajova, *Posthuman Glossary*, London: Bloomsbury Academic, 2018, pp. 79~83 및 제이슨 W. 무어, 『생명의 그물 속 자본주의: 자본의 축적과 세계생태론』, 김효진 옮김, 갈무리, 2020, 274, 279~280, 307~308쪽 참조. 우리는 이 개념에 대해 이 책의 1장 3절에서 자세히 논할 것이다.
22 브라이도티의 말. 돌피언·튠, 『신유물론』, 23쪽.

회과학의 헤게모니를 구축하던 언어학적 패러다임 대신에 권력과 신체, 물질적인 것의 잠재성(virtuality)과 현행성(actuality), 도래하는 민중(유목적 주체-사이보그)에 대해 사유하도록 만든다. 이것은 일종의 "공통 지평"(common horizon)[23]에 관한 것이기도 하다. 하지만 지배계급의 경우 일찌감치 이러한 공통 지평에 대한 전망을 1980년대 신자유주의의 도래 이후 내다 버린 상태다. 다시 말해 그 전망을 따라 겉으로라도 지도하고자 하는 태도조차 없는 상태라고 해야 한다. 매번 열리는 다보스포럼에서 노동과 환경 의제는 전 지구적 자본주의의 권력을 위해 유연화되고 지속 가능화된다. 이러한 경향은 지난 금융 위기 사태를 거치면서 더 강화되고 있는 추세다.

　이른바 4차 산업혁명이라는 것은 이 "공통 세계(common world)의 부재"[24]에 기반하여 이루어지고 있는 정보 통신 분야의 또 다른 유연화에 다름 아니다. '유연화'라는 불변의 개념은 산업혁명 시기부터 디지털혁명에 이르기까지 그 모든 부르주아 기술혁명의 명맥을 유지하는 숨은 의도라고 할 수 있다. 그러므로 이들 사이에서 4차 산업혁명이란 것이 "실체가 없다"라고 외치는 자들이 나타나는 것도 당연해 보인다. 달라진 것은 없고, 다만 섞고 새로 배치하는 것일 뿐이다. 사실상 이 시기를 특징짓는 '혼종'(hybrid)이라는 말은 본래 인민의 다양성과 그 예측 불가능성을 지칭했지만, 이제 디지털 기술과 기계의 결합을 통해 자본의 이윤을 극대화하기 위한 표제어가 되었다. 이것은 "가상 시스템과 물리적 시스템이 유연하게 협력할 수

23　Bruno Latour, *Down to Earth: Politics in the New Climatic Regime*, trans. Catherine Porter, Cambridge: Polity Press, 2018, p. 1.
24　*Ibid.*, p. 2.

있는 세상"[25]을 만들기 위한 슬로건이 되고 있다.[26]

이미 2008년 금융 위기에서부터 자본주의 경기 침체는 시작되었고, 이 가운데 물질적인 것이 지구 행성에 거주하는 모든 생태적 존재자들의 삶/생명에 미치는 영향력도 더 심화되고 있는 것으로 보인다. 정치 경제적인 사안들이 생태 위기와 어떻게 맞물려 돌아가는지를 잠깐만 살펴보아도, 이 시기가 다름 아닌 '인류세/자본세'이며, 거의 파국적인 장면마다 '인간중심주의'가 겹친다는 것을 알게 된다.[27] 동시에 그 인간중심주의의 '인간'마저 파국을 회피할 수 없다는 아이러니도 분명히 보인다. 전 세계의 많은 사람들이 금융시장의 작은 유동성 위기에서부터 커다란 경련적 움직임에 반응하게 된 것은 화폐의 흐름이 정보 코드로 변환되어 사람들의 손에 들려진 스마트폰의 간단한 조작에 의해 빛의 속도로 움직이기 때문이다. 이때 실물 자본이 어디에, 얼마나 존재하는지는 중요하지 않다. 오히려 그러한 실물 자본이 은폐될수록 리스크는 커지고, 커진 리스크만큼 새로운 금융상품이 생겨난다. 이렇게 해서 이 가상의 세계에 단 한 번의 기

---

25 클라우스 슈밥, 『클라우스 슈밥의 제4차 산업혁명』, 송경진 옮김, 새로운현재, 2016, 26쪽. 이 유능한 부르주아 전략가이자 다보스포럼의 지도자는 짐짓 노동과 환경에 대해 우려하고 있지만, 그것에 대한 대안을 논해야 하는 부분에서는 아무런 말을 하지 않는다.

26 이 혼종 개념을 비근대의 진정한 행위소로 되살리려는 시도가 라투르의 이론이다. 신유물론은 이 개념의 야생적 함축을 자본의 무덤 속에서 다시 끄집어내길 바란다. 이에 대해서는 이 책 4장 1절과 여러 다른 부분에서 논하고 있다.

27 이 생태 위기에 대한 사회주의적 대안은 '생태사회주의'로 의제화된다. 이 분야에서 대표적인 학자이자 활동가는 존 벨라미 포스터다. 그는 최근에 동료들과 쓴 논문에서 자본주의를 근원적인 '약탈'의 체계로 보고, 그것을 해결할 방법으로 생태사회주의를 내세운다. John Bellamy Foster, Brett Clark and Hannah Holleman, "Capitalism and Robbery: The Expropriation of Land, Labor and Corporeal Life", *Monthly Review*, vol. 71, no. 7 참조.

능부전(상환 불능)이 도래해도, '실재' 개인들은 한평생의 저축과 연금과 집 그리고 직업을 잃어버리는 사태가 초래되는 것이다.

하지만 몰락의 기운이 만연한 가운데, 부르주아지는 다시 한 번 빅데이터, AI, 양자컴퓨터가 펼쳐질 미래의 청사진을 제시하며 사람들에게 유연화를 강요하고 있다. 한 번의 몰락으로 뒤처진 사람들은 죽게 내버려두고, 살아남은 자들과 아직 미개발된 자연과 우주를 자본-기계 안으로 갈아 넣기 위해서는 그런 환각제가 필수적이다. 환각 가운데 사라지는 것은 앞서 말한 어떤 '공통 세계'다. 신유물론이 저항-정치적인 전위가 되는 것은 이런 경우일 것이다. 물론 전위라는 위치가 다중을 따돌리고, 일방적인 지침을 내리는 자리는 아니다.

그런 전위는 오히려 불필요하다. 초월적 위치가 아니라 내재성의 내면화가 더 요구된다. 따라서 우리는 "공통 지향(common orientation)의 상실에 저항하기 위해 대지로 내려와야 할 것이다. 우리는 어딘가에 착륙(land)해야 한다. 그래서 우리는 우리 주위를 살피는 법을 배워야 하며, 우리 자신이 어디로 향할 것인지 알아야"[28] 한다. 이때 저 전위(avant-garde)의 부족한 상징성은 곁(beside)[29]으로 번역되고 교체될 필요가 있게 된다.

---

28 Latour, *Down to Earth*, p. 2.
29 나는 이 개념에 대해 마지막 장에서 논할 것이다.

1부 신유물론의 철학

가장 기본적인 질문에서 시작하자. 신유물론이 기존의 '구'유물론과 구별되는 지점은 어디인가? 여기서 구유물론이란 시기 개념은 단순히 철학사적인 연대기의 구분으로 봐야 하는데, 왜냐하면 유물론을 '신/구' 간의 본질적인 대립으로 보는 관점은 매우 위험하기 때문이다. 오히려 유물론은 앞서 콜브룩의 말에서처럼 "언제나 '신'유물론이다".[1] 유물론이 과학의 발전과 더불어 늘 새롭게 등장한다는 의미로 이 말을 받아들이면, 이른바 과학만능주의(scientism)가 아닌 '과학'을 받아들일 수 있게 된다. 이때 과학은 신유물론의 존재론을 위해 있는 것이며, 역으로 신유물론도 과학을 위해 있는 것이기 때문이다. 철학과 과학의 이런 관계는 고대 유물론과 근대 유물론이라고 해서 다르지 않다. 철학사와 과학사에는 철학-과학자가 여러 번 등장한다는 것이 그 방증이다. 다시 말해 새롭게 갱신되는 과학 이론들은 신유물론의 존재론으로 번역되면서 철학화하고, 신유물론의 이런 개념들은 다시 과학에 형이상학적 동기를 제공하게 되는 것이다.

---

1   Claire Colebrook, "Materality", eds. Ann Garry et al., *The Routledge Companion to Feminist Philosophy*, New York: Routledge, 2017 p. 198.

1장 신유물론의 배경과 의미

1. 신유물론의 철학사적 배경

(1) 고대 유물론과 신유물론

· 접근 가능성

고대 유물론은 지금까지도 유물론의 표준적 사유로 받아들여지는데, 이는 과학이 오랫동안 이 시기의 개념들을 유지하는 면면이 많았기 때문이기도 할 것이다. '원자'는 그 대표적인 개념이다. 그런데 신유물론 입장에서 원자에 관한 논의는 존재론적인 특성으로서의 물질성, 관찰자, 운동에 대한 미심쩍은 논의를 담고 있기도 하다. '레우키포스—데모크리토스—에피쿠로스—루크레티우스'로 이어지는 고대 유물론의 논의에서 실재하는 것은 원자와 진공이다. 존재론적인 최소 단위이자 영원한 실체인 원자는 진공을 가로질러 영원히 운동한다. 원자는 불가분적이며, 진공은 그것들로 채워져 빽빽하다. 이들 고대 유물론자들에게는 우주 안의 가장 큰 별들로부터 먼지, 인간의 생리적 활동과 정신활동, 심지어 신까지도 이 두 요소 외에 다른 원리로 이루어지지 않는다. 원자는 말 그대로 불가분적이고 여러 모양을 갖추고 있으며, 서로 결합하고 떨어지면서 복합물을 형성한다.

또한 그 수는 무한하다.[2]

　사실 이전의 많은 유물론들이 '수동적인 물질 개념'을 공통적으로 가지고 있으며, 신유물론은 그것을 배격한다. 그럼에도 불구하고 신유물론이 고대 유물론으로부터 존재론과 자연주의적 요소를 이어받는다는 것도 알 수 있다. 고대 유물론에 따르면, 인간은 그들의 감각 지각, 문화적 관습, 또는 언어의 선입관과 한계들에 붙잡혀 있을 필요가 없으며, 오히려 실재 존재, 즉 원자와 허공에 접근할 능력이 있다.[3] 신유물론이 고대 원자론을 바라보는 이러한 관점이 가지는 의의는 그것이 앞서 말한바, 칸트 이후 소위 '인식론적 전환'이라는 철학사적 사태에 대해 비판적인 입장을 늘 견지한다는 사실이다. 다시 말해 고대 유물론에서 신유물론이 취하는 바는 그 존재론적인 태도로서 물질에 대한 '접근 가능성'을 긍정한다는 점이다.

　심지어 고대 원자론자들은 정신 또한 물질적인 원자로 이루어져 있으며, 정신의 원자는 무한 속도로 움직이는 것이라고 보았다. 에피쿠로스의 이러한 원자의 속도에 대해 들뢰즈는 "사고 가능한 시간의 최소치보다 더 작은 시간 […] 사고 가능한 연속적 시간의 최소치 […] 지각 가능한 시간의 최소치보다 더 작은 시간 […] 지각 가능한 연속적 시간의 최소치"[4]라고 적확하게 표현한다. 이것은 또한 루이 알튀세르가 말한 '진정한 유물론', 즉 '우발성의 유물론'(aleatory

---

2　Epicurus, *Epicurea*, Hermann Usener ed., Cambridge: Cambridge University Press, 1887; 2010, pp. 42~43(에피쿠로스, 『쾌락』, 오유석 옮김, 문학과지성사, 1998, 56쪽) 참조.

3　Christopher Gamble, Joshua Hanan and Thomas Nail, "What Is New Materialism?", *Angelaki*, vol. 24, 2019, pp. 113~114 참조.

4　Gilles Deleuze, "Lucrèce et le Simulacre", *Logique du Sens*, Paris: Minuit, 1969, p. 318(질 들뢰즈, 『의미의 논리』, 이정우 옮김, 한길사, 2004, 436쪽).

materialism)에 속할 수 있는 표식이기도 하다.[5]

그러므로 원자의 무한한 수 그리고 이 무한한 속도는 바로 인식론적인 범주를 초과하는 존재론적 사태를 표현하는 것이다. 그럼에도 불구하고 이 무한한 속도는 사고 가능하며 지각 가능하다. 왜냐하면 우리의 사고와 지각 과정 자체가 원자의 속도에 의해 이루어지기 때문이다. 하지만 이 앎은 통상적인 인식론적 절차에 의해 이루어지지 않는다. 다시 말해 직접적 감각이나 지각 과정이 원자에 대한 앎의 충분조건이 아닌 것이다. 우리는 우리 자신에 속한 원자들의 속도에 완전히 무감할 수 있으며, 그것은 우리 자신이 스스로를 잘 파악하지 못하는 것과 같다. 따라서 현대과학은 최소 입자를 파악하기 위한 간접적 방식, 즉 실험을 사용하는 것이다. 또는 우리는 그 최소 입자를 '감응'(affect)하며 느낄 뿐이다. 신유물론은 이러한 사태를 '비재현성'이라 부른다.

· 끈질긴 수동성

하지만 신유물론자들에게 가장 문제적인 것은 고대 유물론의 물질성이 '수동성'을 완전히 탈각하지 못한다는 점이다. 즉 원자들은 무한하고, 결합하고(또는 충돌하고) 떨어짐으로써 복합물을 생산하지만, 이 생산의 능동적 행위자는 아닌 셈이다. 고대 원자론은 이러한 생산의 과정을 다만 법칙에 의거하여 필연적으로 이행할 따름이다. 이러한 법칙성은 물질에 있어서 일종의 구속복이라 할 수 있다. 그런

---

5   Louis Althusser, *Philosophy of the Encounter: Later Writings, 1978–1987*, eds. François Matheron and Oliver Corpet, trans. G. M. Goshgarian, London and New York: Verso, 2006, p. 256.

데 에피쿠로스는 이 촘촘한 구속복에 시접 마감질을 생략함으로써 어떤 우연을 도입한다. 즉 원자들의 법칙적 운행 안에 예측 불가능한 사선 운동을 들여옴으로써 비로소 생성이 야기된다고 보는 것이다. 이 사선 운동이 소위 클리나멘(clinamen)이다. 하지만 그렇다 하더라도 원자들의 모양과 그 실체적 불변성에는 아무런 영향을 끼치지 못한다. 이런 면이 신유물론자들에게 원자-물질의 수동성이 여전히 견고하게 보이는 이유이다.

　이런 방식으로 에피쿠로스·루크레티우스의 유물론을 정당하게 대우한다 해도, 그 문제의 '원자들'은 여전히 남는다. 즉 이 원자들이 앞서 말한 것처럼 일정 정도 법칙을 거스르는 우발성을 가지고 있다는 것은 사실이지만, 원자들이 클리나멘을 통해 물체들을 생성하고, 다른 원자들과 충돌한다 해도 영원불변하는 본체로서의 그 원자 자체는 여전히 남아 있다. 신유물론의 입장에서 이러한 관계항의 실체화는 곧장 관계 자체의 실체화로 나아가게 된다. 다시 말해 저기 클리나멘이 우발성의 역량을 발휘하지만, 다른 쪽에서 필연적 법칙의 불변적 대상으로 원자가 여전히 남아 있게 되는 것이다.

　· 클리나멘을 극단으로 밀어붙이기

이럴 경우 신유물론자라면 마땅히 들뢰즈의 저 규정을 극단으로 밀어붙일 필요가 있다고 말할 것이다. 들뢰즈가 언급한 바에 따르면 클리나멘의 시간, 다시 말해 "사고 가능한 시간의 최소치보다 더 작은 시간"은 곧 "사고 가능한 연속적 시간의 최소치"라는 비클리나멘적 원자들의 시간을 발생시킨다. '연속성'은 '우발성'에 이어 나와야 하는 것이지 독립적인 현존(presence)을 가질 필요가 없는 것이다.[6] 이렇게 될 경우 이제 원자의 실체성은 클리나멘이라는 막대한 운동적

(kinetic) 에너지의 함축을 가지게 되며, 마침내 사라지게 될 것이다. 즉 클리나멘의 우발성은 원자의 필연성(법칙성)을 완전히 지배하게 된다. 알튀세르는 이 점에 주목했던 것 같다. 그는 '과정의 유물론'을 에피쿠로스 유물론에 할당하는데, 이 과정 중에는 '주체'라고 불릴 만한 것이 없다.[7] 따라서 과정이 주체로서의 원자를 대체한다. 그런데 이 과정은 앞서 논했다시피 우발성이다. 이렇게 해서 알튀세르는 "우발성(contingency)을 필연성의 양상 또는 그것에 대한 하나의 예외로 사고하는 대신, 필연성을 우발적인 것들의 마주침의 필연-되기(becoming-necessary)로 생각해야"[8] 한다고 말하는 것이다.

따라서 신유물론에 있어서 통상적인 에피쿠로스 해석은 불필

---

6 우발성은 사건의 창발과 연관된다. 이것은 잠재적 지대로 특이성을 밀어 올림으로써 새로운 세계를 만들어 낸다. 이것은 매번 반복되는 영원회귀의 주사위 던지기와 같다. "미규정성은 이 특이점을 둘러싼 가능한 모든 이웃점 전체, 규정가능성 전체와 상관적이다. 이러한 점들을 들뢰즈는 '우발점(point aléatoire)'이라고 한다. […] 우발성이란 이 모든 우발점과의 연결 가능성 전체를 뜻한다. 주사위가 떨어지며 출현하는 현행적 수(coup)들이 아니라, 잠재성에 함축되어 있는 가능성 전체를 향한 하나의 동일한 던지기(lancer), 그것이 우발점의 짝이다. 들뢰즈의 어법을 이용해, 이를 '이념적 던지기'라고 명명해도 좋을 것이다. […] 우발점을 향해 밀고 가는 사건의 반복이란 […] 최대치보다 더 큰 시간 이후에도 반복하여 주사위를 던지려는 영원회귀의 긍정이다. 규정된 의미의 한계를 넘어서까지 사건을 밀고 올라가며 '다시 한 번'의 반복을 시도하게 하는 긍정이다. 특이점의 유목적 분배를 향해, 발산을 향해, 의미 자체가 우발점에 의해 지워지며 무의미에 이르는 길이다. 그 무의미를 통해 무수한 의미들을 향해 가는 놀이다. […] 우발점을 향해 간다 함은 현행적인 것과 다른 세계를 향해 주사위를 던지는 것이다. 들뢰즈가 우발성을 향해 가는 것은 니체적 의미에서 우연성의 긍정을 함축하지만, 이는 현행화된 세계를 우연의 이름으로 받아들이는 게 아니라, 현행화된 것과 다른 세계를 향해 '다시 한 번!'을 반복하는 '주사위 던지기'(lancer les dés)의 긍정이다. 영원회귀의 긍정이다. […] 그것은 이념적 사건들이 소통하며 형성되는 사건화의 장 자체의 긍정이다. 대문자로 쓰는 하나의 동일한 '사건'(Événement)의 긍정이다." 이진경, 「들뢰즈 철학에서 이념적 사건과 아이온의 시간」, 『철학연구』, 철학연구회, 139집, 2022, 184~185쪽.
7 Althusser, *Philosophy of the Encounter*, p. 260 참조.
8 *Ibld.*, p. 261.

요하다. 여기에 비로소 어떤 '재-독해'(re-reading)의 긴급성이 요구되는데, 그것은 물질이 가진 신유물론적 함축을 극대화하는 방향으로 이루어진다고 해야 할 것이다. 고대 유물론은 이런 방식으로 재생되고 심지어 기존의 (맑스의 것을 포함하여) 유물론이 가지고 있다고 여겨지던 '물질-환원주의'를 피해 갈 수 있게 된다.[9]

(2) 근대 유물론과 신유물론적 시간성

· '힘'의 유물론, 그 한계

더 큰 문제는 저러한 잘못된 해석이 근대 유물론에 그대로 전승된 것이다. 그 유물론은 "인간이 근원적으로 물질의 바깥에서 어떤 객관적인 우월한 위치를 점하고, 이때 우리가 (그리고 오직 우리만이) 물질의 진정한 본성 또는 본질(essence)에 접근할 수 있다는 [⋯] 내밀한 관념론적(crypto-idealist) 가정"[10]을 품고 있다. 최근의 신유물론자들은 고대와 근대의 유물론이 서로 구별되지만 공통적으로 물질을 수동적으로 바라본다는 것에 동의한다. 물론 여기에는 일정한 단서가 따르는데, 포스트휴먼적 입장에서 인간중심주의를 거스르는 기존 유물론의 내용을 현대적으로 해석해 낼 수 있을 때, 그 유물론은 신유물론'의' 이론적 사건이 될 수 있다는 점이다.

---

9 Diana Coole and Samantha Frost, "Introducing the New Materialisms", eds. Coole and Samantha, *New Materialisms: Ontology, Agency and Politics*, Durham: Duke University Press, 2010, p. 33. 우리는 이러한 신유물론적인 재독해를 '회절적 독해'라고 부르게 될 것이다. 이에 대해서는 이 책의 2장 2절을 보라.

10 Gamble, Hanan and Nail, "What Is New Materialism?", *Angelaki*, p. 113. 여기에 또 한 가지 상당히 중요하고, 미묘한 신유물론의 변별 지점이 있는데 그것은 '생기론'과의 변별성이다. 이에 대해서는 뒤에 논할 것이다.

그렇다면 신유물론에서 '신'이란 존재론과 인식론에서의 상호 교차를 통해 비인간중심주의적인 실재론을 포용한다는 것을 의미할 것이다. 하지만 신유물론자들은 이러한 생각들이 광범위한 오해에 봉착해 왔다고 믿는다. 통상적인 가정과는 반대로, 존재론적 초점도 물질의 능동성에 대한 인식도 인간중심주의로부터 깨어나기 위한 탈출구를 제공하기 위해서는, 진정하게 만족스럽지 않다는 것이다. 이른바 '상관주의'(correlationism)[11]를 회피하면서, 현대의 여러 사상과의 변별 지점을 마련했다 하더라도 일단은 그러한 유물론적 전회는 고대 유물론으로의 회귀에 그칠 가능성이 높다. 만약 이때에도 여전히 충분히 물질적인 인간을 물질적 실재에 관한 예외적인, 외적인 객관적 관찰자로 위치 지운다면 이른바 '인간예외주의'(human exceptionalism)를 벗어나지 못했다고 봐야 한다.

이런 측면에서 근대 유물론의 약점은 더 도드라진다. 약 16세기경에 출현한 근대 유물론은 고대의 원자론을 이어받고 있다고 자부했는데, 여기서 인간은 신을 제외하고 물질의 형이상학적 실재에 접근하는 것이 허용된 유일한 주체로 등장한다. 중요한 것은 근대 유물론에 이르러 물질의 운동을 설명하는 데 있어서 '힘'(또는 추진력 impetus; force)의 역할이 등장했다는 것이다. 하지만 이런 새로운 요소조차, 고대 유물론에서의 수동성을 광범위하게 수용했으며, 마침내는 생기론적인 '생명력'을 도입하기에 이른다.

생기론(vitalism)의 입장이 근대 유물론에 유입되었다는 것은 기

---

11 이에 대해서는 이 책의 4장 2절에서 다루어진다. 간단히 말해 상관주의는 주체와 객체, 또는 사유와 세계 간의 관계로서만 우리가 무언가를 알 수 있다는 생각이다. 이에 따라 사유 독립적인 실재는 사유 가능성에서 제외된다.

존에 근대를 '기계론의 시대'라고 보는 관점과 상충하는 것처럼 보이지만 그렇지 않다. 유물론적인 자연학으로서의 물리학과 자연주의적 신학이 중세와 근대를 가로질러 지배적 멘탈리티로 작용할 때에도, 물질이 가진 기계적 요소로서의 '힘'은 형이상학적인 기초로 남아 있었다. 이때 '힘'은 하나의 기계를 움직이는 어떤 살아 있는 활력으로 간주되곤 한 것이다. 즉 "근대 기계론의 관점에서 자연은 점차 그 신체가 시계 부속 장치처럼 맞물려 돌아가는 각각의 '원자들' 또는 '적백혈구들'의 복합체로 기술되었다. 하지만 거기에는 언제나 그 시계 장치를 휩싸고 돌고 부속품들을 관통하면서 움직임을 전달하는 누군가(신) 또는 무언가(힘)가 있었다".[12]

따라서 근대에 있어서조차 물질은 능동성을 향유하지 못하면서, 오히려 다른 어떤 것(힘과 활력, 생명)에 의해 움직여지는 것으로 간주되었다. 예컨대 16세기 철학자인 프랜시스 베이컨은 14세기 말장 뷔리당과 16세기에 요하네스 필로포누스에 의해 제기된 신성한 추진력이라는 공식과 동일한 것을 따른다. 신의 창조 시간을 제외한다면 이제 자연은 이러한 힘 안에서 작동하게 된다.[13] 이런 면에서 오히려 고대의 유물론이 신유물론과 더 가깝게 해석될 수 있다는 것은 매우 역설적이지만 사실이다.

자연의 법칙은 이제 세계가 끝나기까지 불가침적으로 남아 통치하는 바, 신이 처음 그의 노고를 내려놓고 창조를 그만둘 때 비로소 힘 안에서(in force) 시작되었다.[14]

---

12 Gamble, Hanan and Nail, "What Is New Materialism?", *Angelaki*, p. 115
13 *Ibid.* 참조.

이렇게 되면 신은 자연을 창조하면서 자연법칙을 주관할 힘을 거기 불어넣은 주체가 된다. 자연은 자동기계 장치처럼 아주 단순한 원리들에 의해 운동하고 긴장하고 풀어지면서 스스로를 펼친다. 베이컨은 "이 첫 번째 입자(particle)들 안에 신에 의해 이식된 힘"이 "다양한 사물들을 구성한다"고 말한다.[15] 그리고 이 신에 의해 최초로 전달된 추진력에 따라 자연에 속한 모든 것이 생산된다. 베이컨이 말하는 추진력은 바로 신으로부터 전달된 생기적 힘에 다름 아니다. 이 최초의 생기론에서 시작하여 자연철학과 심지어 현대의 존재론에서도 생기론은 그 영향력을 유지하게 된다.

데카르트에 이르러서도 이러한 생기론은 유지된다. 그의 이원론에 의해 상대적으로 주목받지 못한 지점이 이것이다. 그는 인간의 경우를 의용하여 신의 자연 창조와 유지 과정을 설명한다. 즉 그는 신이 비록 인간보다 더 막대한 능력을 가지긴 했지만 그의 자비로움으로 인간과 같은 방식을 택했다는 것이다. 따라서 자연과 인간 신체의 움직임은 유사하게 작동하게 된다. 그것은 "힘과 위치를 따라 그리고 그것의 균형추와 휠의 모양에 따르는 움직임이 필연적인 것과 같이"[16] 움직인다. "그래서 긴장된 무게라는 동기화된 힘이 부속 장치들을 통해 소통되는 것처럼, 신적인 힘은 이와 유사하게 자연의 협력적인 부분들을 관통하여 외화된다."[17]

14 Francis Bacon, *The Works of Francis Bacon*, vol. 14, ed. James Spedding, London: Green, 1874, p. 50.
15 *Ibid.*, vol. 10, p. 346.
16 René Descartes, *Discourse on Method and Meditations on First Philosophy*, trans. Donald A. Cress, Indianapolis: Hackett, 1998, p. 28.
17 Gamble, Hanan and Nail, "What Is New Materialism?", *Angelaki*, pp. 115~116.

토머스 홉스 역시 운동을 직접 통제하면서, 작용하게 만드는 신을 드러낸다. 홉스에게서 운동이란 한 장소에서 다른 장소로 가는 것이기 때문에, 운동이란 그 장소를 가로질러 무한하게 많은 작은 변화 과정을 수반한다. 이 무한한 변화양상을 주도하는 것을 그는 코나투스 또는 힘이라고 불렀다. 데카르트의 경우와는 다소 다르게 홉스는 코나투스의 '무한소적 운동'을 논증했다. 이 무한소적 간격이 홉스에게는 운동의 경향과 일치하는 생기론적 힘이다.[18] 데카르트는 운동의 경향성과 운동 자체를 구별했지만 홉스는 그 둘을 통합한 형태의 실체로서 코나투스를 상정한 것이다. 이것은 신유물론적 입장에서 다소 진전된 것이라 할 수 있는데, 홉스가 힘/생명을 물질과 따로 놓지 않고, 물질적인 과정으로 사유했다는 점에서 그러하다. 하지만 홉스에게서도 '신'이라는 초재적(transcendent) 존재가 이 운동의 제일원인인 점에서는 다르지 않은 한계를 노정한다.

그러므로 데카르트와 홉스식의 근대 유물론에서도 물질은 다른 무언가에 의해 초래되거나 움직여지는 한에서 수동성으로 정의된다. 생명과 힘, 운동의 법칙 그리고 그것을 최초로 작동시키는 신이 그것이다. 더 나아가, 근대 유물론은 다시 고대 유물론을 따르면서, 물질을 환원 불가능(irreducible)한 방식으로 낱낱의 단순한 신체들, 입자들 또는 원자들로 구성된 것으로 계속 간주한다. 물질에 관한 개선된 생각을 제공함에도 불구하고, 이런 식으로 근대 유물론은 물질을 수동적 실체로 취급하는 원자론의 한 갈래로 이어지며, 비물질적인 무언가에 의해 움직여지는 것으로 확정한다. 물질의 추동력

---

18 *Ibid.*, p. 115 참조.

은 물질 자체의 흐름과 운동 바깥에 존재해야만 하는 어떤 것이 된다. 이것은 앞서 논한 루크레티우스의 유물론에 대한 해석과는 많은 차이를 드러낸다.

스피노자의 경우는 다소 다르다. 그는 홉스의 코나투스를 변형하여 가장 높은 존재론적 수준으로 격상시켰다. 이것은 '신 그리고/또는 자연'(deus sive natura)의 존재론이다. 그러므로 스피노자의 철학은 단호하게 **내재적** 힘의 코나투스에 관한 존재론이다. 즉 그는 이미 데카르트에게서 본질적이고 우선적인 것, 다시 말해 내적 힘, 코나투스 그리고 모든 물질적 사물/사태의 힘이었던 것을 분명하게 하고 그것을 무한한 것으로 올려놓은 것이다. 중요한 것은 이때 스피노자는 신체적인(corporeal) 것, 물체적인 것의 가치를 강조한다는 점이다. 따라서 저 힘과 코나투스는 어떤 외적 매개도 없이 바로 물질적인 것 자체가 된다.

라이프니츠에게서도 실재적인 것은 힘의 관계들이다. 운동은 변화를 향한 힘인 한에서 실재적이다.[19] "기하학적 대상 또는 연장 외에도 신체적인 자연 안에 존재하는 것이 무엇이든 간에, 그것은 이러한 힘으로 환원됨에 틀림없다."[20] 따라서 라이프니츠에게 힘이란 다른 철학자들보다 더 실재적이며 절대적이다. 여기에 운동과 물질은 이 힘의 하위 범주에 속하는 것이 된다. 그렇다 해도 라이프니츠의 힘이 곧 신의 창조물로 정당화될 때 그 물질적 의미는 약화된다. 예정조화적인 법칙 우선성도 마찬가지다. 결국 라이프니츠조차 중

---

19 Gottfried Wilhelm Leibniz, "Specium Dynamicum", ed. Leroy E. Loemker, *Philosophical Papers and Letters*, Dordrecht: Kluwer Academic Publishers, 1989, p. 436.
20 *Ibid*.

세의 관성으로부터 자유롭지 못했던 것이다.

칸트에 이르러 발생한 '인식론적 전회'는 앞에서도 말했다시피 유물론에는 엄청난 불행이었다고 할 수 있다. 데카르트주의자와 뉴턴주의자의 물질과 운동 체계를 파악하기 위한 노력이 수학과 물리적 실재 사이의 일대일 대응을 전제한다면, 칸트는 그와 같은 인식을 인간 이성의 보편적인 구조의 한계 안으로 제한한다. 따라서 근대 과학의 가장 위대한 성취인 데카르트와 뉴턴을 따라 전개된 물질에 대한 기계론적 관점을 고려하면서 그는 그러한 인식이 저 너머의 어떤 실재(사물-자체)에 조응한다는 잘못된 믿음을 가지고 있었다.[21] 인간의 지식과 궁극적 대상, 즉 물질 간의 불연속성(discontinuity)을 획정함으로써 실재에 넘을 수 없는 장벽을 쌓은 것이다. 이렇게 해서 그가 정교하게 다듬은 인식론의 초월적 범주들은 칸트의 업적이자 유물론의 악몽이 되었다. 이 악몽이 19세기를 거쳐 20세기와 21세기에조차 영향력을 미치는 것은 불행한 일이다.

이렇게 된 데에는 근대의 유물론이 여전히 신학적 세계관을 자연철학에서 완전히 벗어던지지 못했기 때문이기도 하지만, 자연철학 자체에도 원인이 있다. 근대의 자연철학은 수학과 실험과학이 우세하게 작동했음에도 불구하고 우주론에 있어서 아직 유클리드적 공간론과 시간론을 견지할 수밖에 없었던 것이다. 이것은 오류라기보다는 사실상 시대의 멘탈리티가 가지는 한계라고 해야 한다. 물질적 객체들이 상호 간의 관계들 가운데서 자가발전하고 피드백을 주고받으면서 '환경'을 생성한다는 아이디어는 이 당시에는 존재할 수

---

21 *Ibid.* 참조.

없었다. 그렇기 때문에 "근대 유물론은 다시 고대 유물론을 따르면서, 물질을 환원 불가능한 방식으로 낱낱의 단순한 신체들, 입자들 또는 원자들로 구성된 것으로 계속 간주한다. 이런 식으로 물질에 관한 개선된 생각을 제공함에도 불구하고, 근대 유물론은 물질을 수동적 실체로 취급하는 원자론의 한 갈래로 이어지며, 비물질적인 무언가에 의해 움직여짐에 틀림없"[22]는 것으로 볼 수밖에 없었던 것이다.

　　이는 물질에 대한 과학적 이해가 더 이상 초기 유물론자들이나 단지 철학에만 머물러 있는 유물론자들의 이해를 허용하지 못하는 수준에 이르렀다는 것을 의미한다. 이를테면 물질을 질량(mass)이라는 개념을 중심으로 이해한 뉴턴 물리학의 경우 물질은 저항력, 즉 가속을 저지하는 물질적 속성이다. 이와 관련하여 역학의 중심에는 '관성'이 놓이게 되는데, 이때 질량은 운동 중인 객체를 안정화시키는 인력과 척력에 연결된다. 이때 질량은 힘과 가속도의 변수지만 그것과 대체될 수는 없었다.

· 크로노스, 카이로스, 아이온

시간에 대한 근대적 이해도 이와 유사하게 진행된다. 근대적인 의미에서 시간성은 이른바 '연속된 시간에 대한 분절화'로 요약될 수 있다. 이것은 결정적으로 시계의 발명에서 시작되는 경향이다. 연속적 시간에 분절이라는 강제력을 가하는 새로운 발명품이 시계인데, 이 상품은 절대적인 좌표계, 즉 데카르트 좌표계를 전제한다. 이 좌표계에서 운동하는 모든 객체들은 시간성을 겪기 마련이다. 그것은 런던

22　*Ibid.*, p. 116.

의 빅벤 시계탑(최초의 공용 시계)의 시침과 분침 그리고 종소리에 의해 분절된다. 노동자들은 이 시계탑의 종소리를 들으며 출근하고 퇴근했다.[23] 이렇게 해서 근대적인 의미의 현재, 과거, 미래가 구성된다. 바로 선형적 시간이다. 이 시공간에서는 시간이 시계로 물질화되고, 그 물질화된 시간 안에 인간이 끼워 맞춰진다. 이러한 조작 과정에서 배제되는 대상들은 모조리 전근대적인 객체로 밀려난다. 당시 이 시간성을 좇아가지 못했던 농촌은 인클로저(농지 구획 정리)를 통해 철저하게 해체되었으며, 거기 거주하던 농민들은 폭력적인 방식으로 근대적인 노동기계 안으로 포획되었다.

그런데 현대의 신유물론적 시간성은 이와 다른 면모를 띤다. 이 시간성은 비선형적이다. 이를테면 근대성을 벗어나는 나선형 시간성이 있다. 이것은 라투르가 주장하는 바다. 라투르는 시간성이 이제 다른 방식으로 이해되어야 한다고 하면서 직선 위에 구성되는 시간이 아니라, 나선형 위에 재구성될 필요가 있다고 한다.[24] 이 시간 안에서 과거, 현재, 미래는 더 이상 직선상에서 멀고 가까움이 결정되지 않는다. 어떤 과거는 현재와 더 가까울 수 있고, 어떤 현재는 과거보다 더 멀 수 있다. 나선형 속에 있기 때문이다.

이런 방식의 시간성에 관한 고대적 판본도 있다. 그것은 크로노스, 카이로스, 아이온(Aion)의 시간으로 불린다. 보통 근대적인 시간을 직선적인 시간이라고 했을 때와 마찬가지의 의미에서 크로노스가 있다. 둘째로 사건의 시간성이라고 했을 때 그것을 아이온이라고

---

23 이런 근대적 시간의 분절화와 노동, 일상의 관계에 대해서는 이진경, 『근대적 시·공간의 탄생』, 그린비, 2010, 1장 5절 참조.
24 브뤼노 라투르, 『우리는 결코 근대인이었던 적이 없다』, 홍철기 옮김, 갈무리, 2009, 194쪽.

부른다. 그래서 크로노스의 시간에서 a와 b 사이의 거리가 1이라면 사건의 시간에서는 a와 b 사이의 거리가 0.5가 될 수도 있다. 또는 오히려 a와 c 사이의 거리가 2인 그러한 거리가 더 가까울 수가 있는 그런 시간이다. 그것은 사건의 강도에 따라서 시간적인 요소들이 달라지는 것이다. 이를테면 우리가 일상적으로 생활하는 이 시간성 속에서 일어나는 보통의 사태들보다는 우리가 과거의 텍스트를 통해서 경험했던 그 시간대에 있는 사건들이 우리에게는 더 많은 강도로 다가올 수가 있다. 그럼 그 시간 자체가 아이온의 시간이 되는 것이고 그 시간이 실제로 우리의 일상적인 시간성보다 훨씬 더 가까운 시간이 된다. 마찬가지로 어떤 사람의 죽음이라든지, 누군가의 탄생이라고 하는 그 시간대는 그 사람이 살아온 인생 중에서 순간순간 가장 가까운 시간대일 수가 있다. 그런 것이 바로 아이온의 시간이다.

셋째로 카이로스의 시간이라고 하는 것은 인간적인 의지가 개입되는 시간이다. 이 카이로스라는 단어는 보통 에우카이리아(eukairia)라는 변형태로 더 많이 쓰이는데, '잘 맞춘다'라는 뜻이다. 적기(適期)라고 번역되기도 한다. 적기를 맞춘다라고 하는 말은 인간이 거기에 개입한다는 것이다. 그래서 시간 안에 인간이 개입하고 그 개입하는 과정에서 사태들이 생겨날 수 있고 사건들도 생겨날 수 있는 그러한 시간이 카이로스다.[25] 이러한 카이로스의 시간성을 신유물론적으로 확장하면, 이제 여기에 인간중심주의는 사라지고 비인간의 시간성이 결합할 것이다. 이런 의미에서 나선형 시간성이라고 하는 것은 탈근대적(또는 뒤에 말하다시피 비근대적) 인간이 개입하

---

25 그래서 의지를 중시했던 스토아 학파에서 카이로스의 시간이 더 중시되었다.

는 일종의 사건의 시간성이라고 볼 수 있다. 즉 탈근대의 시간성에서는 카이로스와 아이온의 시간성이 크로노스의 시간성을 압도한다고 볼 수 있다.

이 시간성 안에서 근대적인 크로노스의 시간성은 재정립된다. 즉 크로노스는 이제 카이로스와 아이온의 시간성의 일부로서 언제든지 비선형화될 수 있다는 것이다. 이를테면 저 빅벤의 시계 소리에 맞춰 움직이던 노동자들의 시간은 그들의 의지와 사건이 만남으로써 전혀 다른 방식으로 종소리를 울리게 된다. 노동자들은 이른바 '일정한' 출퇴근 시간에 긴박되지 않으며, 더 유연화된다. 현대 노동자들의 시간은 바로 이런 시간으로서 자유롭지만 역설적으로 더 불안정한 시간이다. 자본은 이 시간의 유동성을 포획하기 위해 더 정교화된다. 역으로 이런 가운데 그 불안정성이 극대화되어 시공간을 전복시키는 어떤 사건이 발생할 수 있다. 그것은 니체가 '도래하는' 또는 '반시대적인'이라고 불렀던 그런 사건으로서 1871년의 파리코뮌이나 1917년의 러시아혁명의 그 시공간을 나선형으로 휘어지게 함으로써 지금/여기 안에 반복하는 그런 시간이다.

근대적 의미의 저 선형적 시간성은 법칙적인 것으로서 비사건적이며 무관심한 반복의 형태를 띤다. 다시 말해 정해진 인과관계를 반복한다는 것이다. 데카르트 좌표계 안에서 분절화된 시간은 힘의 법칙에 따라 운동하며, 그것은 법칙적인 인과성을 반드시 따라야 한다. 하지만 탈(비)근대적 시간성이 근대인들에게조차 완전히 낯설지만은 않았다는 것을 우리는 데이비드 흄의 철학에서 살짝 엿볼 수 있다. 그의 철학에서 우리는 신유물론이 문제적인 대상으로 다루는 '인과성'에 대한 최초의 의심을 발견할 수 있다.[26]

흄은 무엇보다 선형적 인과성에 의심의 눈초리를 보낸다. 흄의 이런 근원적인 의심에 관련되는 선행 개념을 찾으라면 아마도 에피쿠로스를 포함한 고대 유물론자들이 말한 '클리나멘'일 것이다. 이것은 법칙적인 로고스(이법, 이성)를 거스르는 우발적인 사태로서 인과성을 위배한다. 이 '인과성'을 거스르는 우연성이 근대의 흄 철학으로 이어진다. 흄은 그의 책인 『인간오성의 탐구』에서 우리가 일상적으로 믿어 의심치 않는 사실들의 연관, 즉 '인과성'을 의심하면서 '당구공의 예'를 든다. 그는 당구공 하나를 큐대로 치면 다른 당구공이 움직인다는 것은 법칙인가라고 묻는다. 즉 두 당구공 사이에 원인과 결과의 연쇄가 발생하는 것이 필연적인가라는 것이다. 흄에게 이러한 인과성은 필연적이지 않다. 그것은 다만 지금까지의 우리의 경험이 가리키는 바대로 추론될 뿐이다. 하지만 그 추론은 확실하지 않다. 왜냐하면 우리가 당구공이 부딪히는 경험을 아무리 많이 한다 하더라도 '이번에도' 첫 번째 공이 두 번째 공으로 돌진해 맞히리라는 필연성은 없다는 것이다. 그 전날 밤 아무도 없는 당구장을 침입한 쥐가 당구대의 천을 살짝 갉아 놓았고, 돌진하던 공이 그 부분을 먼저 지나쳐 갔다면, 공은 방향을 틀어 다른 곳으로 나아갈 수도 있다. 또는 (다소 공상적이지만) 느닷없이 멧돼지 한 마리가(!) 당구장 문을 열고 뛰어들어 와 당구대 위를 내달린다면, 돌진하는 공 따위뿐만 아니라 게임 전체가 엉망이 될 것이다. 아니면 갑자기 게임 상대방이 돌변해서(흔히 내기 당구에서 이성을 잃은 적수가 그러듯이) 그 공을

---

26 다른 근대 철학자들은 이런 식의 급진적 회의를 할 엄두조차 못 내었다는 것은 흄의 위대함을 더 부각시킨다.

잡아채서 달아날 수도 있다. 그 외 등등. 이 모든 경우의 수는 우리가 '경험적으로' 습득한 필연적 인과성을 흩트리는 우연성이다.

흄이 이러한 관점을 가지게 된 것은 물론 그가 사태를 바라보는 시각이 '경험론'에 기반하기 때문이다. 경험론이란 그의 또 다른 책이자 주저인 『인간오성론』의 서문에 써 놓았다시피, 인식의 "유일하고 견고한 토대는 […] 관찰 위에 놓여" 있다는 주장에 잘 나타난다. 이 '관찰'이라는 말에서도 드러나다시피, 흄은 당대의 자연과학이 선호하던 관찰과 검증이라는 절차를 인간학을 비롯한 철학에도 확대 적용하길 바랐다. 그런데 이 '관찰'은 흄에게서 완전히 다른 의미를 띤다.

흄에 따르면 과학적인 관찰과 검증을 통해 나오는 결론일지라도 그것은 '개연성'(probability)을 벗어나지 못한다. 개연성은 "우연적인 것의 우월성에서 생기는"[27] 것이다. 이러한 우연성의 우월함이 생기는 이유는 그 우연적인 것의 발생 빈도에 좌우된다. 즉 그 우연적인 경우가 많이 발생할수록 어떤 절대적인 우연성은 약화되고, 대신 '있을 법한 사건', 즉 개연성이 발생한다. 그러니까 '흄의 당구공'이 앞서의 이런저런 사태들에 의해 경로를 벗어나게 되는 것보다, 다른 공을 향해 돌진해서 맞히는 것이 더 '우월한 우연성', 다시 말해 '개연성'을 가진다는 거다.

다른 어떤 결과보다 어떤 한 결과에 더 많은 부분들이 일치하는 것을 발견하게 되면, 정신은 좀 더 자주 그 결과 쪽으로 이끌려져, 최후의 결과가 좌우될 다양한 확률 혹은 가망성을 심사숙고할 때 자주 그쪽

---

27 데이비드 흄, 『인간오성의 탐구』, 김혜숙 옮김, 고려원, 1996, 86쪽.

을 생각하게 된다.[28]

흄은 사람들이 이끌려 들어가는 이러한 추론의 방향을 인과적 사고라고 본 셈이다. 다시 말해 이것은 관찰과 경험으로 '믿음'을 형성하는 과정이다. 우리에게 해가 동쪽에서 떠서 서쪽으로 지는 것은 필연적인 인과 과정이 아니라 그러한 일이 일어나리라는 '믿음'을 여러 해, 또는 수십 년간의 경험을 통해 믿게 된 것이다. 우리에게 이 믿음은 그 믿음에 "반대되는 것, 즉 더 적은 수의 의견에 의해 지지되고 따라서 정신에도 덜 회상되는 그런 것에 부여되는 것 이상의 우월성을 그 결과에 부여"[29]하기 때문에 발생한다. 확실히 멧돼지 한 마리가 갑자기 당구대로 돌진하는 우연보다는 당구공이 맞은편 당구공으로 돌진하는 우연이 더 우월하기는 하다. 그래서 사람들은 어떤 우연은 백 번 발생했고, 어떤 우연은 열 번, 다른 우연은 한 번 일어났다고 생각하면서 백 번 발생한 것을 더 선호하는 것이다. 이럴 경우 그 우월한 사건은 우리의 상상에 강력한 영향을 미쳐서 확실한 인상을 부여하고, 이렇게 해서 필연성이 생겨난다. 따라서,

우리는 어떤 힘이나 필연적인 연관성에 대해서 결코 알아낼 수 없으며, 결과를 원인에 연결해 주며 원인에 뒤따라 결과를 반드시 일어나게 해 주는 어떤 성질도 찾아낼 수 없다. 우리는 단지 하나가 실제로 사실에 있어 다른 하나의 뒤를 따른다는 것만을 발견할 뿐이다.[30]

---

28 앞의 책, 87쪽.
29 앞의 책, 같은 쪽.
30 앞의 책, 95쪽.

다시 말해 인과적인 연결로써 우주적 연관성을 도출하는 우리의 '습관'은 그 우주 자체의 힘에 대해 무지하다. 그 힘은 물체의 감각 가능한 영역에서 나오지 않는다. 불에 열이 수반된다는 것을 우리는 알고 있지만 그 둘을 연관시켜 주는 힘이 무엇인지는 잘 모른다는 것이다. 다만 우리는 그 두 사실이 서로 '인접'해 있다는 것만을 알 뿐이다. 그것에 인과적 연관성을 만드는 것은 사건의 반복과 습관의 형성이다.

이 과정에서 필연성은 맨 마지막에 온다. 무슨 말이냐 하면, 일차적으로 있는 것은 물체들 간의 '인접'이다. 이것을 흄은 '물체들 간의 항상적 합일'(constant union)이라고 부른다.[31] 이 인접 또는 합일이 계속 이어지면, 그때 비로소 '인과관계'가 우리 관념 안에 형성된다. 필연성은 이렇게 형성된 인과관계가 뚜렷하지 않으므로 부가적으로 요구되는 관념이다. 따라서 필연성이란 사물의 객관적 질서가 아니라 '정신의 추론'에 의해 가능해진다. 하지만 필연성이 이렇게 인과관계에 부가된다 하더라도 그것이 인과관계의 핵심이라는 사실은 변하지 않는다. 또한 부가된 것으로서 필연성은 제거되기도 쉽다. 여기서 자유의 가능성이 나온다.

> 나의 정의에 따르면, 필연성은 인과의 본질적 부분을 이루며, 결과적으로 자유는 필연성을 제거함으로써 원인 또한 제거한다. 자유는 곧 우연(chance)이다.[32]

31 David Hume, *A Treatise of Human Nature*, ed. L. A. Selby-Bigge, Oxford: Clarendon Press, 1978, p. 400.
32 *Ibid.*, p. 7.

자유는 곧 '우연'이다. 만일 흄이 자유는 필연성을 거스르는 불합리한 대상이라고 했다면 논의는 단순하고 유치하게 흘렀을 것이다. 사실상 '원인'을 제거한 것은 흄 자신이며, 그것을 통해 필연성을 물리적 사실의 원리의 지위에서 추방한 것도 흄이다. 그에게는 개연적 가능성이 그 자리를 대신한다. 개연성이란 곧 확률(probability)이며 이는 곧 '우연'의 긍정일 것이다.

이 우연의 긍정이 극단적으로 밀어붙여지면, '우발성의 긍정'이 된다. 우발성은 저 개연성과 확률마저 거스르는 사건성을 의미한다. 그것은 가장 급진적인 의미에서 우주적 법칙 전체의 우연성을 긍정하는 것이다. 흄이 이러한 의미의 우발성에 이르기까지 명확하게 사유하지 않았다는 것은 분명해 보인다(그는 다만 우발성에 관한 사유의 단초를 제공한다). 사실상 신유물론의 시간론을 가장 잘 드러내는 개념이 바로 이 '우발성'이다.[33] 이제 근대를 지나 현대유물론의 신유물론적 경향을 가장 잘 드러내는 알튀세르의 '우발성의 유물론'에 대해 살펴보도록 하자.

(3) 현대유물론과 신유물론

· 유물론/관념론 이분법의 횡단

20세기 들어 가장 눈에 띄는 유물론의 성취는 알튀세르의 소위 '우발성의 유물론' 또는 '교전의 유물론'(materialism of the encounter)이라고 할 수 있다. 대개의 유물론자들이 말하듯이 알튀세르는 자신의

---

33 우리는 2부 4장 2절에서 메이야수의 철학을 살펴보면서 이것의 신유물론적 의미를 파악하게 될 것이다.

유물론이 주류 관념론에 저항해 온 일련의 소수 철학의 역사, 즉 에 피쿠로스로부터 스피노자, 맑스로 이어지는 철학 안에 기입된다고 본다. 알튀세르는 이러한 유물론에 대한 입장을 다음과 같이 논한다.

> 내 생각에 '진정한'(true) 유물론, 맑스주의에 가장 적합한 유물론은 에피쿠로스와 데모크리토스의 노선 안에 있는 우발성의 유물론입 니다.[34]

> 나는 철학 전통에서 유물론의 매혹적인 점이 어떤 긴급성의 표지, 즉 관념론이 거부되어야 하는 어떤 기호—하지만 그것으로부터 벗어남 이 없이, 벗어날 수 있음도 없이, 관념론/유물론이라는 서로를 반조 하는 쌍을 거부하는 것이라고 말합니다. [⋯] 우리가 그것을 단순히 거부함으로써, 관념론에 반해 말함으로써, 또는 '그것을 머리로 서게 함'으로써, 관념론으로부터 벗어나지는 못하기 때문이지요.[35]

알튀세르는 유물론의 지표를 '반'관념론에 두지 않는다. 유물론 은 그보다 훨씬 심오한 것으로서, 그러한 관념론/유물론의 쌍 자체 를 벗어나거나, 그것이 기반한 '질문 자체'를 넘어서는 것이다. 여기 서 관념론적 질문은 모두 "근거율의 질문"이며, 이것은 "기원뿐만이 아니라 목적에도 관계"된다.[36] 이러한 질문은 모두 "종교와 도덕에 속하지 철학에 속하지 않"는다.[37] 다시 말해 기존의 관념론과 유물론

---

34 Althusser, *Philosophy of the Encounter*, p. 256.
35 *Ibid.*, p. 272.
36 *Ibid.*
37 *Ibid.*, p. 273. 유물론에 대한 이와 같은 규정은 철학 일반에도 적용된다. "주장16: 철

은 물질의 기원과 운동의 종착점 그리고 그것이 어디에 근거하고 있

는지를 묻지만 새로운 유물론은 그러한 것을 모두 거부한다.

알튀세르에게 이러한 기준을 만족시키는 철학은 우발성의 유

물론뿐이다. 이를 뒷받침하기 위해 알튀세르는 이 우발성의 유물론

의 계보에 속하는 철학자들을 한 사람씩 소환하는데, 여기에는 우리

가 이전에 살펴보았던 루크레티우스 철학의 원천인 에피쿠로스(또

한 데모크리토스)가 당연히 속하게 된다. 알튀세르에 따르면 이들에

게는 그 어떤 목적론이 존재하지 않는다. 무엇보다 이들이 우발성의

유물론에서 중요한 철학적 대가들인 이유는 이들이 "주체(신이든 프

롤레타리아트이든)의 유물론이 아니라, 어떤 할당 가능한 목적도 없

이, 그 발전의 질서를 지배하는——주체 없는——과정의 유물론"[38]이

기 때문이다. 즉 주체 없는 과정, 주체라는 인간중심주의를 벗어난

학은 기원이나 마지막 목적에 대한 질문에 대답하지 않는다. 왜냐하면 철학은 종교
도 도덕도 아니기 때문이다. 주장17: 기원이나 마지막 목적에 대한 질문은 이데올로기
적 명제이다"(루이 알튀세르, 『철학과 과학자들의 자생적 철학』, 김용선 옮김, 인간사
랑, 1992, 38쪽). 알튀세르는 유물론을 관념론과 구별하기 위해 단순한 변증법적 적대
를 말하지 않는다. 이에 대한 유명한 비유가 있는데 그것은 다음과 같다. "나는 관념론
철학자란, 기차를 탈 때, 애초부터 여행의 시작(기원)과 목적지를 알고 있는 사람이라
고 말했습니다. 마치 그가 인간의 기원과 운명, 즉 역사와 세계를 알고 있다는 듯이 말
이지요. 반대로 유물론 철학자는 미국 서부영화의 영웅처럼, 언제나 '움직이는 기차'
에 올라탑니다. [......] 이 철학자는 기원도 제일원리도 목적지도 모릅니다. 그는 달리는
기차에 올라, 빈자리에 앉거나 차량들을 어슬렁거리면서, 여행객들과 수다를 떨지요.
그는 예측하지 않으면서, 모든 것이 예기치 않게, 즉 우발적인(aleatory) 방식으로 발생
하는 것을 목격합니다. 이때 그는 기차 자체에 관해, 다시 말해 여행객들과 창문을 통
해 스쳐 지나가는 시골의 풍경에 관해 무한한 정보들을 모으고 무한한 수의 관찰을 수
행하는 겁니다. 요컨대 그는 **우발적인 교전의 장면들**(sequences[séquences] of aleatory
encounter)을 기록하는데, 이것은 질서 잡힌 귀결을 모든 의미의 기초인 기원으로부
터 또는 절대적인 제일원리나 제일원인으로부터 연역하는 관념론자와는 같지 않습니
다"(Althusser, *Philosophy of the Encounter*, pp. 277~278).

38 *Ibid.*, p. 260.

과정의 역동론이 이들의 유물론이다.

이 과정 안에서 가장 중요한 창발의 순간은 물론 '클리나멘', 다른 말로 '편위'의 순간이다. 이 무한히 작은 '편위'는 또한 무한히 거듭되면서 하나의 세계를 탄생시킨다. 하지만 이 우발적 편위 자체가 세계의 창발은 아니다. 세계는 필연성의 체계이고, 우발성은 이 체계 이전에 그것과 다르게 있다. 마치 잠재적인 것이 현실화되지만, 그것은 다만 미분이 적분과 완전히 일치하지는 않는 것처럼, 항상 차이 나는 생성이다. 그 잠재적인 미분이 바로 '우발성의 필연성'이다. 즉 "우발성을 필연성의 양상 또는 그것에 대한 하나의 예외로 사고하는 대신, 필연성을 우발적인 것들의 필연-되기로 생각해야"[39] 한다는 것이다.

요컨대 알튀세르가 가진 첫 번째 신유물론적 경향은 데모크리토스—에피쿠로스—루크레티우스로 이어지는 고대적 유물론에 대한 재생이기도 하지만, 무엇보다 그것을 '우발성'이라는 새로운 '필연성' 안에 기입했다는 점이다. 이런 관점은 신유물론자들에게 "맑스주의에 있어서 보다 환원주의적이거나 목적론적인 형식을 대체할 유물론적 대안을 발전시켰"다는 관점을 가지도록 했다.[40]

---

39 *Ibid.*, p. 261.

40 Coole and Frost, "Introducing the New Materialisms", *New Materialisms*, p. 33. 알튀세르에 대한 신유물론의 평가는 호의적인 편이다. 이러한 호의는 알튀세르의 유물론이 가지는 고전적 유물론에 대한 도발적인 태도 때문이다. 특히 교조적 맑스주의의 변증법적 유물론에 대한 그의 단호함은 신유물론자들의 그것과 상통한다. 그는 이에 대한 적의를 가감 없이 드러내면서 스탈린주의 변증법을 "터무니없는 테제들"(Althusser, *Philosophy of the Encounter*, p. 253)이라고 말한다.

· '교전'과 계급투쟁

알튀세르의 '교전의 유물론'에서 '교전'(encounter; engagement)은 사건들 간의 우연한 결합이지만, 그것이 단순하고, 순순하게 이루어지는 과정은 아니라는 의미다. 다시 말해 클리나멘은 우리의 지각의 능력을 벗어나서 이루어지므로 예측 불가능하며, 따라서 그것을 인식의 그물 안으로 넣을 수는 없다. 신유물론식으로 말하자면, 다만 우리는 그것의 결과로 나타난 배치의 현실성을 보고 그 존재를 '권리상' 확증할 뿐이다. 여기서 배치는 신유물론적 시각에서 상관주의를 벗어나는 물질을 말한다. 거시적인 안목에서 역사란 이러한 순간순간 발생하는 배치의 변환 과정이며 우리는 그 배치에 역능을 투여하기도 하고, 또는 권력적 배치에 맞서 저항하기도 한다.

또한 이것은 그 내적 전개의 논리가 계속적으로 이어지는 '불연속성의 연속성'을 거쳐 작동한다는 것을 말한다. 정치철학적으로 이것은 국가 장치의 내적 붕괴나 재배치, 즉 혁명'들'로 개방되어 있음을 가리킨다. 무차별적인 인민들이 클리나멘이라는 우발적 사건들을 통해 긴 시간 동안, 또는 짧은 시간 동안 격변을 불러일으킬 가능성은 오로지 이러한 배치와 재배치의 유물론에서만 가능하다. 여기에 어떤 변증법 유물론의 부정성이 개입할 여지는 없다.

이 유물론은 이론 안에서 그 유명한 '최종심급에서의 계급투쟁'이라는 테제를 산출하게 된다. 칸트가 철학과 철학사를 '전장'으로 표현한 것을 상기시키면서, 알튀세르는 철학의 임무가 "항상 이론적 전투를 수행하는 것"[41]이라고 단언한다. 이 경우에 비로소 앞서 말한

---

41 *Ibid.*, p. 268.

'관념론/유물론'의 쌍은 실천적으로 돌파될 수 있다. 왜냐하면 '교전'의 규칙을 통해 봤을 때, 이 둘은 단순히 논리적인 테제와 반테제라기보다 "두 경향 사이의 '적대적 모순'('antagonistic contradiction' between the two tendencies)"[42]이기 때문이다. 경향적 모순은 우선 두 대립항이 단순 변증법적 양식에서처럼 양도논법식으로 나누어질 수 없다는 실천적인 전제에서 도출되는 것이다. 만약 그러한 양자택일이 실재라면 여기에는 어떤 '투쟁'도 존재할 수 없고, '전장'은 마련되지 않는다. 알튀세르에 따르면 이 전장은 궁극적으로 계급투쟁의 전장이다.

> 계급투쟁에 있어서 대립하는 계급의 입장들은 […] 적대적 경향의 세계에 관한 개념들(conceptions du monde)에 의해 '표현된다'. 이것은 최종심급에서 (부르주아적) 관념론과 (프롤레타리아적) 유물론이다. 모든 인간은 자생적으로 하나의 세계 개념을 가지게 된다. […] 이에 따라 철학은 (칸트에 의하면) 하나의 투쟁(lutte, Kampf), 근본적으로는 정치적 투쟁, 즉 계급투쟁이다.[43]

· 들뢰즈의 알튀세르 재독해

신유물론의 구루(Guru)인 들뢰즈는 알튀세르의 이론적 전장에서 그들의 무기가 '구조주의적 기능'을 한다는 점을 올바르게 지적했다. 알튀세르의 맑스 독해 안에 있는 맑스적 이념들이 그것이다. 들뢰즈

---

42 *Ibid.*, p. 269.
43 Louis Althusser, "La philosophie comme arme de la révolution", *Positions: 1964-1975*, Paris: Éditions Sociales, 1976, pp. 42~43.

에 따르면 이 '이념들'은 미분적 체계로서, "생산관계와 소유관계를 표현"[44]하고, 미분적 관계와 비율로 성립하는 한 사회의 구체적인 노동 형태(예컨대 임노동)와 이데올로기적 국가 장치(법적·정치적 결합 관계들)를 발생시킨다. 이렇게 함으로써 알튀세르는 맑스주의에 대한 역사주의적 해석을 거부하고 "『자본론』에 내재하는 참된 구조"[45]를 드러내는 것이다. 하지만 이때 구조는 고전적 의미에서 '이항성'이 아니라 "매번 각 사회 안에서 그 현실성을 구성하는 모든 결합관계와 항들의 동시성"[46]이라고 할 수 있다. 여기에 어떤 고유한 경제적 결정론이 작용하거나(다만 경제는 '최종심급'에 있을 뿐이다[47]), 상하부구조라는 응고된 형식이 있을 리 없다. 그러한 항들은 "해석을 요구하는 어떤 미분적 잠재성을 지칭하고, 이 잠재성은 언제나 자신의 현실화 형식들에 의해 은폐"[48]된다.

그런데 들뢰즈는 이 논변을 전개하면서 아주 의미심장한 신유물론적인 언급을 아무렇지 않은 듯 던져 놓는데 그것은 다음과 같다.

> 『정치경제학 비판』에는 "인간은 오직 자신이 해결할 수 있는 과제들만을 제기한다"라는 구절이 나온다. […] 해는 언제나 한 사회가 마땅히 받을 수 있는 만큼만, 그 사회가 분만하는 만큼만 주어진다.[49]

---

44 질 들뢰즈, 『차이와 반복』, 김상환 옮김, 민음사, 2004, 405쪽.
45 앞의 책, 같은 쪽.
46 앞의 책, 같은 쪽.
47 알튀세르의 이 '최종심급'이라는 개념은 소극적으로 해석하느냐, 적극적으로 해석하느냐에 따라 그 의미가 완전히 반대가 될 수 있다는 점을 염두에 두어야 한다. 여기서는 소극적으로 해석했다.
48 들뢰즈, 『차이와 반복』, 405쪽.
49 *Ibid.*

맑스적 맥락에서 저 말은 어떤 한 인간, 즉 문제를 제기하고, 그 것의 해를 부여받을 수 있는 능력이 있는 우월한 존재로서의 인간을 주체로 내세운다. 하지만 들뢰즈는 알튀세르의 구조적 해석을 경유 하여, 인간을 '사회'로 치환하는 것이다. 문제는 인간이라는 특정한 실존적 조건하에서만 발생하는 것이 아니라는 자연주의적 테제가 여기서 다른 식으로 반복된다. 맑스주의를 애초의 휴머니즘에서 포 스트휴먼적으로 전복하는 것, 그래서 여기에 '사회'라는 잠재적이고 현행적인 터전을 부여하는 것이다. 사실상 여기서는 알튀세르가 강 조한 그 계급적 요소들도 하나의 계열로 간주된다. 다시 말해 이론적 계급투쟁이나 이론적 전장조차 이 터전 위에서 '분만'되는 것이다. 따라서 계급투쟁은 휴머니즘적 지평을 벗어나 사회-물질 전체로 확 장될 수 있다.

· 반-휴머니즘

들뢰즈는 알튀세르의 맑스주의 해석에 담긴 이와 같은 포스트휴먼 적 분위기를 자신의 담론 안에서 아주 잘 포착한다. 사실상 들뢰즈도 알고 있었을 어느 텍스트에서 알튀세르는 다음과 같은 결정적인 논 변을 펼친다.

이론의 엄밀성에 비추어, 우리는 맑스의 이론적 반-휴머니즘(anti-humanisme théorique)에 대해 말할 수 있고, 또 그래야만 한다. 그리고 우리는 그 이론적 반-휴머니즘 안에서 인간세계 그 자체의 (긍정적) 인식에 관한 (부정적인) 절대적 가능성의 조건과 실천적 변형의 조건 을 보아야 하고, 또한 그럴 수 있다. 우리는 인간에 대한 (이론적인) 철 학적 신화의 잿더미 안에서 격하된 절대적 조건에서만 인간에 관한 무언가를 인식(connaître)할 수 있다. 따라서 이런저런 방식으로 어떤 인간학이나 이론적 휴머니즘을 되살리기 위해 맑스를 요청하는 모든 사상은 이론적으로 잿더미에 불과할 뿐이다. […] 휴머니즘 이데올로기에 관한 (불확정적인éventuelle) 맑스주의 정치, 즉 휴머니즘의 정치적 활용——윤리-정치적(éthico-politique) 영역에서 이데올로기의 현행적 형태들에 관해 거부하고, 비판하며, 도입하고, 개발하고, 갱신할 수 있는 정치——은 이론적 반-휴머니즘이 전제 조건인바, 그 맑스주의 철학 위에 기초되는 절대적 조건에서만 가능한 것이다.[50]

단호한 어조로 알튀세르는 맑스주의가 반-휴머니즘이라고 선언하고 있다. 여기서 '이론적'이라는 한정은 사실상 뒤의 논변에 의해 그다지 커다란 제한 요건이 되지 않음이 드러난다. 왜냐하면 그 이론적인 제한이란 단지 반-휴머니즘이 실천적으로 기초되기 위한 일종의 '강령적 테제'가 되어야 한다는 것을 강조하는 것이기 때문이다. 다시 말해 그러한 제한 자체가 오히려 반-휴머니즘의 급진적이면서 긴급하고, 관건적인 특성을 드러내게 되는 것이다.[51]

---

50 Louis Althusser, *Pour Marx*, Paris: La Découverte, 2005, pp. 236~237.
51 이런 의미에서 알튀세르의 '반인간주의'는 포스트휴머니즘이 비판하는 '반인간주의'와는 결이 다르다는 것을 알 수 있다. 알튀세르는 저 '반'(anti)이라는 접두사를 어떤 절멸과 자기파괴의 용어로 사용하고 있지 않으며, 이론-전략적인 방식으로 사용하고 있다. 따라서 알튀세르는 인간의 절멸을 추구하거나 당위로 받아들이는 반인간론자가 아니라, 그것을 통해 인간주의의 폭력을 성찰하고, 맑스주의를 새로운 유물론에 정착시키고자 한 포스트-맑스주의자인 것이다. 반인간주의에 대한 포스트휴머니스트들의 반대는 언뜻 유보적인 것 같지만 단호하다. 프란체스카 페란도는 "포스트휴머니즘과 안티휴머니즘[반인간주의]은 절대주의와 보편주의의 인간에 대한 패권적인 승인과 인정에 대한 급진적인 비판을 공유한다. 그리고 이 비판은 '중립적' 인간에 대한 지적인 가정에 연루된 주체성을 반성한다"(프란체스카 페란도, 『철학적 포스트휴머니즘』, 이지선 옮김, 아카넷, 2021, 104쪽)면서 이 둘의 공통점을 말하는 한편으로 다음과 같

이러한 반-휴머니즘의 기조가 전제되지 않는다면, 이데올로기와 그 국가 장치에 관한 알튀세르의 연구는 불가능한 것이다. 물론 여기에는 '모순과 중층결정'에 관한 여러 테제들도 요구된다.[52] 이를 통해 알튀세르는 물질적인 것들의 세부적인 사항들과 그것들이 구체화된 권력관계라는 현행적 과정을 마주하게 되는 것이다. 이 주제에 대한 것은 알튀세르의 「이데올로기와 이데올로기적 국가 장치」에 잘 나타난다. 여기서 그는 사회구조 내에서 그 생산과 재생산의 과정에서 필수적으로 요구되는 억압적인 이데올로기의 복잡성과 상이한 요소들을 음미한다.

알튀세르는 억압적인 국가 장치(Repressive State Apparatus; RSA)와 이데올로기적 국가 장치(Ideological State Apparatus; ISA)를 구분한다. 하지만 이 둘 모두 이데올로기의 강제력을 수행하기 위한 도구적이고 제도적인 복합체라는 것은 분명하다. 대표적으로 교회, 학교, 가족, 병원 등은 이데올로기적 국가 장치의 부분들로서, 처벌, 배제, 추방 등등의 훈육 체제를 가동한다. 생산관계가 전개되는 현장

이 그 뚜렷한 차이를 더 강조한다. "포스트휴머니즘은 [안티휴머니즘과 달리] 인간주의적 견해와 가정이 그러한 인간과 관계된 각본 내에 구조적으로 내재되어 있고 따라서 쉽게 간과되거나 삭제될 수 없다는 사실 또한 자각하고 있다. […] 안티휴머니즘과는 달리 포스트휴머니즘은 인간에게 어떠한 존재-인식론적 우선성을 인정하지 않으면서도 실제로는 해체적이고 관계적인 형태로 인간 행위성의 가능성을 회복한다"(같은 책, 117~118쪽).

52 이에 관한 알튀세르의 잘 알려진 텍스트의 구절은 다음과 같다. "이러한 **중층결정**(surdétermination)은 상부구조(superstructure)의 형태들과 국내, 국제 정세라는 현실적 존재를 인정하는 순간, 불가피하며, 사유 가능한 것이 된다. 이러한 사태는 특수하며 자율적이므로, 어떤 순수 **현상**(phénomène)으로 환원 불가능하다. […] [그러므로] 최초의 순간이든 최후의 순간이든 간에, '최종심급'의 고독한 시간은 결코 도래하지 않는다(Ni au premier, ni au dernier instant, l'heure solitaire de la ≪dernière instance≫ ne sonne jamais)"(*Ibid.*, p. 113).

에서 주로 경제학적 이념들이 활동한다면, 여기서는 이데올로기적 이념들이 자신의 해를 구하기 위해 현행화한다. 그러나 이것은 우리가 일상적으로 인식 가능한 작동 수준이 아니라, 일종의 분자적 수준에서 일어나는 것이며, 따라서 우리는 이것에 대해 어떤 저항감도 가지지 못한다. 이를 주체화(subjectification) 과정이라고 한다면, 이 주체화 과정은 곧 '종속'(sub-ject)의 과정이 된다. 만약 자본주의의 이데올로기 장치가 경제 영역뿐 아니라 사법-정치의 영역에서 물질적으로 가동된다면, 우리는 그 장치의 일부로서 우리를 호명하는 타자들(주로 부르주아지)로 인해 정체성을 확인받게 되는 것이다. 따라서 문제는 이 다양한 물질적 영역에서 이데올로기 장치가 일상적으로 어떤 상이한 수준들과 범역들에서 은밀하게 활동하는지를 아는 것이다. 다시 말해, "그와 같은 수행들이 의례들과 의식들에서 제도화되는 동안, 마찬가지로 신체적 수준에 침전되고, 거기서 습관들로 반복되거나 어떤 실질적 방법으로 기꺼이 취급"[53]되는 방식을 보는 것이다. 이것은 결국 "우리에게 (알튀세르의 초기 작업에서처럼) 반휴머니즘보다 포스트휴머니즘인 어떤 다종다양한 분석을 제안"[54]하는 것이기도 하다.

요컨대 알튀세르의 연구 작업들은 고전적인 유물론의 이론과 실천을 비판적으로 바라보면서, 그 소박성을 극복한다. 이것은 권력의 재생산과 효과에서 관찰되는 복잡다기한 현대적 방식들에 대한 증상적 독해다. 네트워크화된 사회와 더불어 끊임없이 네트워킹화되는 주체화 과정에서 유물론적 실천이 가진 효과를 확증하는 식으

---

53 Coole and Frost, "Introducing the New Materialisms", *New Materialisms*, p. 34.
54 *Ibid.*, p. 35.

로 알튀세르는 이데올로기를 하나의 물질적 기구로 바라본다. 결정적으로 여기서 소박한 물질관은 확장된다. 하지만 이것은 에피쿠로스·루크레티우스가 말한 그 '지각 불가능하지만 지각되어야만 하는' 원자들의 세계가 사실은 우리 바로 곁에서 작동하는 존재라는 것을 환기시키는 것이기도 하다. 그것은 우리가 지금까지 '물질'이라고 생각하지 않았기에, 즉 그 능동적 권능을 발휘하는 이데올로기가 과연 수동적인 물질일 수 있는가에 대해 확답하지 못했기 때문에 발생한 오인이었던 셈이다. 물질은 능동적이다. 따라서 능동적인 것들은 마땅히 물질로 간주되어야 한다.

· 접근 불가능성의 신유물론들

최근의 신유물론자들은 이런저런 현대사상가들이 가진 '물질적인 것에 대한 접근 불가능성'을 물질에 대한 확신으로 둔갑시키는 사례들을 지목한다. 그것을 일컬어 '실패의 유물론'(failed materialism)과 '부정적 신유물론'(negative materialism)이라고 명명한다.[55] 이 유물론들은 물질의 수동성을 놔둔 채, 인간의 능동성마저 부정한다는 공통점을 가진다. 이들에게서 물질은 인간 인식 능력이 접근할 수 없는 어떤 것으로 그 존재가 증명되는 역설적 특성을 가진다. 그러므로 실패의 유물론을 옹호하는 사람들에게 담론 양식이나 철학적으로 물질을 파악하려는 시도는 헛된 것으로 드러난다. 사실상 이러한 사고방식의 원류를 따져 올라가면 칸트가 나온다. 칸트에게서 인간적 지성의 무능력이라는 테제가 '사물-자체'의 권능에 기대어 일차적으

---

55 Gamble, Hanan and Nail, "What is New Materialism?", *Angelaki*, 2부 참조.

로 제기되기 때문이다(물론 칸트의 그다음 기획은 인간 지성의 인식론적 능력을 '현상' 영역에서 최상으로 끌어올리는 것이다).

자크 라캉의 사유도 마찬가지다. 그에게 언어와 상징은 인간 인식의 실패로 인해 구성되는 무엇이다. 그것은 단순한 소여로 현상을 인정한 칸트보다 더 불안정하고 의심스러운 세계를 보여 준다. 또한 이 가운데 주체는 매우 히스테릭하고 늘 불충분한 상태로 어떤 환영 속을 거니는 것처럼 보인다. 왜냐하면 라캉의 사유에서 상징은 단순히 주어지는 것이 아니라 영원히 달아나고 초과하는 실재를 전유하는 데 있어서 항상 실패하기 때문이다. 하지만 이 실재의 의미화는 예외적으로 인간의 권한으로 남겨진다. 이 "인간주의적 잔여물이 라캉적 주체성을 쫓아다니며 구조화한다".[56] 이 추적과 달아남의 경계에 존재하는 것이 바로 '물질'이라고 할 수 있다. 즉 라캉의 용어로 '실재 자체'(real itself)가 그것이다. 이 실재의 영역은 상징적인 것에 선재하고, 언어를 넘어 풍부함을 드러낸다. 하지만 언제나 문제는 이 풍부한 실재 자체가 늘상 추론될 뿐이고, 확증성을 가진 것으로 인식될 수 없다는 점이다. 이것은 말 그대로 '결핍'의 논리다.[57] 즉 여기서 물질은 어떤 실재성을 가지지 못한 채, 인간-물질과 실재-물질 양자 모두에서 그 능동성을 발휘하지 못하게 된다.

버틀러 또한 이런 방식의 '추격의 실패'에 해당되는 실패의 유물론이다. 신유물론 발흥의 초기에 버틀러는 그녀의 이론 자체가 신유물론이라고 추앙되기도 했다. 그러나 그녀의 신유물론적 경향은

---

56 *Ibid.*, p. 117.
57 유명한 라캉의 말을 되새기자면, "결핍의 결핍은 실재를 만든다"는 것이다. Jacques Lacan, *The Seminar of Jacques Lacan: The Four Fundamental Concepts of Psychoanalysis*, Book XI, ed. Jacques-Alain Miller, trans. Alan Sheridan, New York: Norton, 1998, ix 참조.

이후 비판받게 된다. "버틀러의 목표는 물질을 포획하려는 담론의 실패가 어떻게 해서 결코 절대적이지 않고, 오히려 결코 완전히 또는 궁극적으로 완결되지 않는 '반복적인 인용'의 지속적인 과정인지를 보여 주는 것이다."[58] 반복적인 인용의 실패라는 이 테제는 버틀러가 자크 데리다로부터 가져온 것으로 어떤 담론이 신체화되는 가운데 여러 번 반복적으로 인용됨으로써(그러나 신체화에 항상 실패함으로써) 그러한 신체화가 이루어진다는 것이다.[59] 이는 라캉의 실재 자체에 대한 추격이 매번 실패하는 것과 상동적이다. 하지만 라캉의 비판주의적 실재계(슬라보예 지젝에게 '사막'으로 표상되는)는 버틀러에게는 그 실패에도 불구하고, 그것으로 인해 생기는 담론들이 인간 정체성을 구축하는 하나의 유일한 방식이 된다.

　　유명한 라캉의 3계, 즉 실재계, 상징계, 상상계는 통상 각 계의 머리글자를 따서 'RSI'라고 불린다. 라캉은 자신의 이론을 설명하기 위해 '보로메오 매듭'을 가져온다. 이 매듭이 의미하는 바는 셋 중 하나라도 매듭에서 일탈하면 매듭 전체가 와해된다는 것이다. 즉 세 가지 계들은 서로를 떠받치는 필수불가결한 요소들로서 서로를 지탱한다.[60] 라캉의 정신분석적 원래 판본에 따르면 세 영역들의 경계는

58　Gamble, Hanan and Nail, "What is New Materialism?", *Angelaki*, p. 118.
59　이를 신유물론의 '수행성'이라고 할 수 있는데, 이에 대해서는 이 책 2장 3절에서 다루어진다.
60　Jacques Lacan, "Rings of String", *On Feminine Sexuality*, trans. Bruce Fink, New York: Norton, 1978, pp. 123~136 참조. 이 책의 pp. 122~124에 걸쳐 등장하는 그림들은 다음과 같다(왼쪽부터 시작해서 보다 완전한 형태의 매듭이 형성된다).

그림 1

그림 1　　　　그림 2　　　　그림 3

정적이지만, 이것을 인용하는 버틀러의 경우에 이 경계들은 끊임없이 이동하고, 새로 그어지며, 재우쳐 연루된다. 이에 대해서는 버틀러에 대한 탁월한 연구자이자 신유물론자인 커비의 다음 말을 참고할 만하다.

버틀러는 신체와 같은 지시체(reference)가 내적으로 불안정하다고 논증한다. 왜냐하면 그것은 어떤 주어진 기의(signified)에 의해 고정될 수 없기 때문이다. 자크 라캉에 크게 의존하는 어떤 해석에서, 그녀는 "지시체는 오직 일련의 부재 또는 상실로서만 존속하며, 언어는 그것을 잡아 쥐지 못하지만, 대신에 그것은 언어가 반복적으로 그러한 잡아 쥠, 경계에 이르는 것을 시도하고, 또한 실패하도록 추동한다"고 설명한다. 이러한 실패는 기표와 기의 간의 바로 그 차이에 의해 설명되고, 아마도 심지어 보다 근본적으로, 기의와 지시체 사이의 차이에 의해서도 설명될 것이다. […] 요컨대 언어/세계, 기표/기의 그리고 기의/지시체 간의 관계에 대해 버틀러는 그러한 차이가 환원 불가능한 측정 불가능성 가운데 하나라고 평가한다. 하지만 이러한 차이는 두 개의 개별적인 실재를 나누는 하나의 공간과 동일시될 수 없다. 왜냐하면 그것은 한계 지정적인 실재라는 그 개념을 통해 어떤 공간화 **하기**(spacing)가 생성되기도 하고 위협받기도 하기 때문이다. 이러한 진동하는 불확정성 안에서, 각각의 범주들은 다른 것 안에/함께 섞여든다.[61]

---

61 Vicki Kirby, *Telling Flesh: The Substance of the Corporeal*, New York: Routledge, 1997, pp. 102~103.

언어에서와 마찬가지로 버틀러의 경우에도 RSI의 경계들은 진동하며 불확정적이다. 하지만 커비도 잘 보고 있다시피 버틀러의 이론은 여전히 어떤 '실패'에 의해 작동한다. 다시 말해 그 실패는 인간 담론의 실패다. 하지만 버틀러는 물질과 담론 사이의 경계가 끊임없이 진동하고 불확정적일지라도, 그 경계가 늘 그어져야 한다고 본다. 그렇다면 이러한 경계의 이동에 의해 늘 실패하는 담론으로 물질에 대해 무엇을 얻을 수 있는가? 커비는 버틀러의 주장에서 어떤 수동성을 감지하는 것으로 보인다.

> 아마 역설적이게도 대상의 부재야말로 그녀의 테제로 하여금 무언가 추구하도록 하기 위해 요청되어지는 것으로 보인다. 물질의 물질성에 대한 우리의 감각은 버틀러의 사유에서 그 물질에 대한 촉지성(palpability)과 물리적 저항으로서, 언설할 수 없고 사유할 수 없는 것으로 간주된다. 왜냐하면 그것에 대해 알려질 수 있는 유일한 것은 그것이 재현을 초과한다는 것이기 때문이다. 문화적 이해 너머에서, 이러한 외재적 원재료의 존재는 바깥에 대한 우리 지성작용이, 그것이 담론 의존적인 한에서, 물질로 **등장하는** 바깥의 은폐로 존재할 수 있을 뿐이라는 것을 확증한다.[62]

다시 말해 버틀러는 물질성의 부재를 통해 물질을 촉지한다고 생각한다. 즉 언설 불가능성이라는 불가지적인 힘 앞에서, 재현 불가능성 앞에서, 실패 앞에서 그리고 마지막으로 물질의 은폐라는 그 과

---

62 Vicki Kirby, *Judith Butler: Live Theory*, New York: Continuum, 2006, p. 70.

정에서 물질성을 구성하고, 알게 된다. 이것은 어떤 능동성으로서의 물질이 아니다.

　　이와 같이 실패의 유물론은 그 자신의 실패 앞에서 물질을 잡아 쥘 수 없다는 의미에서 '실패'라고 할 수 있다. 그런데 우리는 여기서 이 '실패'가 아주 오래된 칸트적 초월주의와 연관된다는 것 그리고 애석하게도 알튀세르가 말한 '최종심급'의 영원한 미-래(未-來, 아직 오지 않음) 안에서도 얼핏 내비치고 있다는 것을 알게 된다. 만약 우리가 이 실패의 연원에 '문화적 전회'(cultural turn)라는 명칭을 부여할 수 있다면, 이 전회가 단선적이지 않은 두 가지 극단적인 물질성으로의 분기라는 점을 깨닫는다. 왜냐하면 한편으로 문화를 물질성 자체로 보면서, 그것의 이데올로기적 면모를 신체들 안에서 발견하려고 했다면, 다른 한편으로 그 문화의 근저에 놓인 물질에 대한 인식론적 무능력을 자백하고, 존재론적 불가지성을 격상시키는 자기 파괴적인 방향으로 나아갔기 때문이다. 이 두 방향으로의 균열은 물질성을 일종의 사물-자체나 인식의 궁극적인 원자적 요소처럼 보게 한다.

· 생기적 신유물론

마지막으로 현대유물론의 한 갈래로서 생기적 신유물론에 대해 알아보자. 이 유물론은 실패의 유물론이 논하는 그런 인식론적 인간주의와는 거리를 둔다. 따라서 이 신유물론은 "물질에 대한 취급, 즉 외적 힘들(자연 또는 신)의 수동적 객체로서 힘을 대하는 것 그리고 실패의 유물론자들의 인간중심주의를 극복하려고 노력"한다.[63] 이러한 과정에서 물질에 생생한 내재성을 부여하는 방향으로 나아가면서, 스피노자적인 자연주의를 재전유한다면, 일차적으로 "신유물론이

동시대적으로 신생기론(new vitalism)과 더불어 출현"[64]하게 된다. 이에 따르면 비유기적인 존재들 안에서도 창발성과 생명성이 존재한다. 즉 스피노자주의에 따라 생기론적 신유물론은 물질을 "신(또는 자연)의 역능이나 본질의 일부"[65]라고 암시적으로 바라본다.

하지만 베넷에 따르면 생기적 신유물론자들에게 이러한 생명의 의미는 어떤 "영적인 보충물"을 말하는 "전통적 의미의 생기론"인 것은 아니다.[66] 이것은 이른바 생명을 물질로 보는 것, "물질성에 내재하는 생명성을 이론화하는 것이고, 물질성을 수동적·기계적 또

---

63 Gamble, Hanan and Nail, "What is New Materialism?", *Angelaki*, p. 12.

64 Coole and Frost, "Introducing the New Materialisms", *New Materialisms*, p. 9.

65 Keith Ansell-Pearson, "Deleuze and New Materialism: Naturalism, Norms and Ethics", eds. Sarah Ellenzweig and John H. Zammito, *The New Politics of Materialism: History, Philosophy, Science*, New York: Routledge, 2017, p. 97.

66 Jane Bennett, *Vibrant Matter: A Political Ecology of Things*, Durham: Duke University Press, 2010, p. xiii. 베넷은 그녀의 생기적 신유물론을 "'비판적' 또는 '현대' 생기론"으로 명명하고 "기계적 또는 결정론적 유물론에서 공통의 적을" 가진다고 선언한다(Jane Bennett, "A Vitalist Stopover on the Way to a New Materialism", *New Materialisms*, p. 49). 이 신유물론은 '소박한 생기론'과는 다른 것이다. 소박한 생기론은 "물리적 법칙이 작동하는 가운데데영적 활동을 받아들"이는 생기론이다(*Ibid.* 주 2). 이에 반해 비판적 생기론은 "19세기에 질료-기반 물리학에서 에너지-기반 물리학으로의 이동에서"(*Ibid.*) 출현한 것으로 엄격한 과학적 기반을 가진다. 베넷은 이러한 비판적 생기론의 이론적 선행 연구자로 베르그송주의자인 한스 드리슈를 연구했다. 특히 베넷은 드리슈의 '엔텔레키' 개념에 주목한다. 베넷은 드리슈의 이 개념이 "어떤 비인격적인 행위소의 형상을 취한다는 것"(*Ibid.*, p. 55)이라는 점에 착안한다. "엔텔레키는 각각의 개체의 특유한 소유가 아니라, 오히려 모든 생명체들을 가로질러 흐르는 어떤 생기성(vitality)이다. 엔텔레키는 어떤 경직된 계획을 따르지 않으면서 전체를 위해 부분들을 동조시킨다. 그것은 즉각적으로 그리고 실시간으로 발전의 많은 가능한 경로들 중 하나가 사실상 발생할 것이라고 결정하면서, 혁신적으로 그리고 명료하게 사건들에 대응한다. 엔텔레키의 행위능력은 신체와 분리된 혼이 아닌데, 그것이 거주해야 하는 물질성에 의해 그리고 그 안에 담긴 수행적 가능성들에 의해 제한되기 때문이다. 즉 그것은 변화하는 조건들 아래에서조차, 활동하고, 정렬하며 살아 있는 신체를 감독한다"(*Ibid.*). 이러한 엔텔레키 개념은 "생기론 내부에 생기적 행위항을 정신화하는 유혹을 떨쳐 버리도록 돕는다"(*Ibid.*, p. 56).

는 신성하게 주입된 실체라는 형상들로부터 떼어놓는 것이다".[67] 이 유물론에서 자연의 실증성(positivity)은 보다 심오한 깊이에 이른다. 수동적이지도 비활성적이지도 않은 자연은 들뢰즈의 표현을 따르자면, 표현적(expressive) 자연이다. 따라서 '생기적'이라는 말은 펼치고(설명하고, explicate), 감싸고(함축하고, implicate), 복잡화하는(뒤얽히는, complicate) 과정 자체다. 여기에는 존재를 초월하는 그 어떤 일자도 없다. 모든 것은 표현적인 내재성 안에서 일의적이며, 일자나 신조차 여기서는 자연의 일부다.

이전의 유물론과 생기적 신유물론의 주요한 차이는 원자적인 물질이 가진 기계적 수동성을 생명력의 능동성으로 대체하면서, 그 것의 존재론적 가치를 확인하는 것에 놓여 있다. 이러한 생기적 물질은 확실히, 기계적으로 결정되어 있지도 않고, 신학과는 거리가 멀며, 소박한 자연론이나 인식론적 편향으로부터 벗어나 있다. 이와 더불어 '실패의 유물론'의 사유 구도와도 차이를 드러내는데, 생기적 신유물론은 그 어떤 인식론적인 한계상황에서 실패를 통해 물질이 구성된다고 보지도 않기 때문이다.

하지만 생기적 신유물론은 그 어떤 생기론적 '힘'이 도입되자마자 의심스러운 점들을 드러낸다. 물질 외의 어떤 것을 힘과 생명이라고 간주하자마자 유물론과는 거리가 멀어지며, 들뢰즈의 논의와도 멀어진다. 물론 물질의 수동성을 배격하고 능동성을 전유했다는 점에서 긍정적인 유물론을 채택한 것이긴 하지만, 물질 외의 다른 기초를 마련했다는 점은 유물론에 남은 이상한 얼룩처럼 기이해 보인다.

---

67 *Ibid.*

과연 이것은 생기적 신유물론의 단순한 '수사적 전략'일 뿐인가? 이에 관해 캐서린 헤일스는 다음과 같이 날카로운 비판을 이어 간다.

> 비록 이러한 상이한 구별이 다양한 과학의 장들 안에서 광범위하게 탐구되어 왔음에도 불구하고, 이것[그로츠의 이론을 비롯한 여러 생기적 신유물론]은 '힘'의 본성에 관한 대단히 심각한 부정확성을 초래하며, 상이한 종류의 힘들 간의 구별에 실패하게 된다. 원자적이고 몰적인 수준에서, 이를테면 절지동물(Parisi)은 네 가지 기초적인 힘들을 인지하는데, 그것은 강력, 약력, 전자기력과 중력이다. 화학에서는, 또 다른 종류의 힘들이 비평형 체계(far-from-equilibrium system)에 작동하기 위해 자기-조직화하는 동역학의 가능성을 이끌면서, 용액과 현탁액에서 작동한다.[68]

헤일스의 비판은 생기적 신유물론이 소중하게 생각하는 그 '힘'과 '생명'이 가진 무차별성이 오히려 유물론적 관점을 해친다는 것을 드러낸다.

생기적 신유물론이 가진 두 번째 약점은 삶과 죽음에 대한 관점에 놓인다. 이 신유물론이 죽음에 자리를 내주지 않는다면, 그 자체로 삶과 죽음 중 삶/생명의 편을 택한 채로 굳어질 것이기 때문이다. 이러한 관점은 역사적으로 늘상 죽음 쪽에 서 있었던 착취와 약탈을 '능동성'이라는 이름으로 은폐하게 되는 정치적 결과를 초래한다. 단지 서로 간에 이루어지는 '평화로운' 촉발만을 생각한다면, 역

---

68 N. Katherine Hayles, *Unthought: The Power of the Cognitive Nonconscious*, Chicago: The University of Chicago Press, 2017, p. 80.

사적으로 근원적인 비-생명에 대한 생명의 특권화 과정과 비인간에 대한 인간의 약탈을 보지 못하는 것이다. 그러므로 생기론적 유물론은 힘과 생명이라는 훌륭한 원리 안에서 물질의 능동성을 긍정하는 데까지 이르렀지만, (니체적인 의미에서) 죽음에 대한 두 번째 긍정에는 이르지 못한 셈이다. 결과적으로 생기적 신유물론은 유물론의 구체적인 죽음의 역사성을 미리 기각함으로써, 물질에 관한 비수행적 관점으로 이끌리게 된다. 따라서 생기론적 신유물론은 과학에 기반하고 있지만, 그 기반 자체가 가능하게 되는 역사적이고 정치적인 전망에 있어서 상당히 위험천만한 결과를 낳게 되는 것이다.[69]

2. 과학과 신유물론

(1) 현대물리학과의 만남

· 고전역학에서 양자 이론으로

앞서 인용한 콜브룩의 "유물론은 언제나 '신'유물론이다"라는 말은

---

69 이와 같이 생기적 신유물론, 특히 베넷의 생기적 신유물론은 한계를 가진 사상이다. 그럼에도 불구하고 최근의 국내 연구자들 사이에는 베넷을 마치 신유물론의 대표주자인 양 보는 관점이 점점 확산되고 있는 듯하다. 예컨대 문규민, 『신유물론 입문: 새로운 물질성과 횡단성』, 두번째테제, 2022에서 저자는 지젝의 신유물론 비판을 재비판하는 맥락에서 생기적 유물론을 "신유물론의 대표 주자"(71쪽)로 부른다. 이와 관련하여 페란도는 포스트휴머니즘의 관점에서 합당하게도 생기론 전반과 베넷의 생기적 신유물론을 비판적으로 평가한다. 주요한 비판 지점은 첫째로 생기적 신유물론이 인간주의를 벗어나지 못했다는 것이고, 둘째로 그로 인해 '의인화'의 함정에 빠질 가능성이 농후하다는 것이다(페란도, 『철학적 포스트휴머니즘』, 328~322쪽 참조). 페란도는 이러한 인간주의의 함정을 벗어난 신유물론으로 바라드의 철학을 들고 있다. 나는 페란도의 주장에 전적으로 공감한다.

유물론이라면 마땅히 당대의 과학들과 교전하면서 그 과학들을 전유하고 또는 과학의 일정 요소들을 배제하기도 하면서 자신의 존재론을 구축한다는 것이다. 과학의 이론적·실험적 발전이 언제나 '새로움'을 개시하기 때문에, 유물론은 마찬가지로 '새로움'을 전개할 수 있다. 이런 것이 바로 신유물론 또는 유물론의 가소성(plasticity)이며 마찬가지로 간-학제성이기도 하다. 자연과학과 철학 간의 연계성을 철저하게 이루어 내고 그 사이를 횡단(traversing)함으로써 거기서 분비되는 창발적인 개념들을 사고하는 것은 신유물론이 가진 소수성을 드러내는 것이기도 하다. 소수성은 언제나 예기치 않은 사유의 횡단성으로부터 나와 이도 저도 아닌, 또는 이것과 저것을 아우르는 기묘한 이론적 사건을 생성한다.

예컨대 최근의 신유물론자인 네일에 따르면 루크레티우스 유물론에서 가장 중요한 주제는 "물질은 흐른다"는 것이다.[70] 이것은 종래의 루크레티우스에 대한 원자론적 해석과는 다른 것으로 실재의 조건을 어떤 "물질적인 흐름(flows), 유출(fluxes), 주름(folds), 합류(confluences) 그리고 직조(weavings)"로 본다.[71] 이러한 해석은 물질을 각각의 고립된 개별체로 보는 것과는 매우 동떨어진 것으로서 현대과학의 성취에 조응한다. 21세기의 과학적 지식은 우리가 연속적인 움직임과 요동으로 이루어진 어떤 세계, 즉 양자장(quantum field)[72] 안에 살아가고 있다는 것을 증명해 오고 있기 때문이다. 이에

---

70 Thomas Nail, *Lucretius I: An Ontology of Motion*, Edinburgh: Edinburgh University Press, 2018, p. 72.

71 *Ibid.*

72 현대물리학에서 '양자장'이란 물질이 장 안에 요동치며 퍼져 있다는 것을 표현하는 개념이다. 이때 물질은 고전적인 입자가 아니라 공간 안에 편재하는 어떤 것이다. 이 장

따르면 우주는 빅뱅 이후 모든 방향으로 확장하기만 하는 것이 아니라, 그 속도 또한 가속적으로 증가하고 있다. 물리학자들은 이를 '가속하는 우주'(accelerating universe)라고 부른다.[73] 불변하고 유한한 것처럼 보이는 우주가 실제로는 모든 방향으로 증가하는 움직임에 의해 정의된다는 것이다.

그런데 이와 다른 방면에서 신유물론자들이 주목하는 지점은 아리스토텔레스 훨씬 이전 고대의 유물론자들의 사유 구도다. 이를테면 루크레티우스의 스승들인 레우키포스와 데모크리토스, 여기에 에피쿠로스까지, 유물론적 현자들은 실재하는 모든 것들이 궁극적으로 허공을 가로질러 항구적으로 운동하는 영원하고, 불가분적인 원자들로 이루어져 있다는 것을 신조로 삼은 것이다. "그러므로 그들의 관점에서 모든 것―가장 큰 별들로부터 가장 작은 생명체들에 이르기까지, 인간을 포함하여 심지어 신까지도―은 너무 작아 직접 관찰하기 어려운, 날아다니고 파괴될 수 없는 물질 조각들의 계속적인 충돌과 이후의 구성 그리고 해체로"[74] 보인다.

아리스토텔레스 이래 우주는 늘상 어떤 멈추어 선 것으로 생각되어 왔으며, 그것은 신에 의해 계속 유지되는 것이었다. 만약 그렇다면 그것은 영원히 변하지 않았어야 할 것이다. 아인슈타인의 경우 뉴턴과 같이 힘과 운동에 집중했지만, 그에게 질량은 다른 변수로 대

은 입자로도 파동으로도 환원될 수 없기 때문에 우리가 사유 이미지로 드러내기가 힘들지만 물리학에서는 실재하는 것으로 상정한다.

73 1929년 이전에 아인슈타인을 비롯한 대부분의 물리학자들은 우주가 어떤 부동의 시공간적 영역에 의해 둘러싸여 있다고 생각했다. 하지만 1929년 에드윈 허블은 우주가 모든 방향에서 확장되고 있다는 것을 실험을 통해 보여 주었다. 1998년까지 나온 증거들은 우주가 가속률(accelerating rate)적으로 확장되고 있다는 것을 드러냈다.

74 Gamble, Hanan and Nail, "What is New Materialism?", *Angelaki*, p. 114

체될 수 있었다.($E=mc^2$) 질량이 오로지 고체적 특성을 가질 것이라는 당시 물리학자들의 통념에 반해 그는 질량에 유동성을 도입한 것이다. 이러한 연구 결과는 거시적인 우주에 대한 관심을 미시 세계로 돌려놓았다. 고대로부터 이어져 온 원자에 관한 소박한 신념들은 이때부터 거의 완전히 붕괴되었다고 해도 과언이 아니다. 그것은 더 이상 '원리'나 '원소'라는 초재적 지위를 가지지 않게 되었으며, 다만 이론물리학적 수식 속에서 또는 입자가속기 속에서 일종의 궤적을 형성하는 **내재적** 입자들로 대체된 것이다. 더욱이 구름처럼 회전하는 전자 파동에 둘러싸인 양전하로 구성된 것이 원자핵이라는 것이 밝혀졌기 때문에 우리는 더 이상 그것을 태양계와 유비해서 생각할 수 없다. 입자들이란 이제 '얼룩진 장(field)'을 구성하면서 빈 공간 안에 흩어지고, 거기에는 전하(電荷)의 명멸이 있게 된다. 여기에는 당연히 원자의 고체적 성질을 증명할 만한 어떤 것도 존재하지 않는다. 이것은 물론 우리의 세계가 흩어지는 전하들의 환영에 불과하다는 것을 뜻하는 것도 아니다. 철학적으로 우리가 유물론적 실재론을 채택한다면 환영은 일종의 효과로서 긍정될 뿐이다. 그래서 물질적 '장'에는 운동(motion)이 지배적인 작용으로 존재하는데, 응축된 물질이라 해도 거기에는 하위 입자들의 지속적인 출현, 인력, 척력, 요동과 전하들의 전환 과정이 놓여 있기 때문이다.[75]

현대물리학은 이러한 지속적인 요동과 운동 과정의 핵심을 '양

75 Coole and Frost, "Introducing the New Materialisms", *New Materialisms*, p. 11 참조. 아인 슈타인은 아주 탁월한 물리학자였지만, 그런 그조차 영원불변한 우주 외에 다른 것을 생각할 겨를이 없었던 것 같다. 아인슈타인 이후 물리학자들과 천문학자들의 발견은 바로 이러한 시공간의 직조 과정이 연속적으로 확장하는 움직임이며 요동 상태라는 사실이다.

자'(quantum)라고 명명한다. 이때 모든 물질을 구성하는 최소 단위로서 그 양자는 원자 아래 단계, 즉 아원자 단계의 입자(혹은 파동)다.[76] 이러한 단위의 입자들은 양화(量化) 가능하지 않지만, 우주의 기본 구성요소다. 물질은 이 입자들의 운동에 의해 유지되며, 보다 큰 단위에서 '질량'을 가지게 된다. 요컨대 입자란 우리가 흔히 생각하는 원자처럼 모래알 같은 단위가 아니라, 에너지라는 쉽게 쥐어 잡을 수 없는 어떤 것이다. 에너지는 복잡다기하게 얽힌 행위자들의 네트워크로서, 확률적으로 결정될 수도 없는 상태다. 이러한 것이 바로 신유물론이 수용하는 현대과학의 '복잡성'이다. 요컨대 근대 철학자들과 칸트가 그랬던 것과 마찬가지로 신유물론자들의 사고의 저변에는 이러한 과학 이론의 혁신이 놓여 있다.

· 양자역학의 전개[77]

따라서 신유물론을 비롯한 현대적 사유가 가장 원리적이고 인과적

---

76 이 양자를 구성하는 물질에는 전자, 광자, 양자(앞의 양자와는 다르다) 등이 있다. 하지만 이러한 양자적 단위들 외에 쿼크(quarks)와 랩톤(leptons)이 있는데, 이것을 페르미 입자(fermions)라고 한다. 이들을 질량으로 이어 주는 것이 글루온(gluon)이며, 이 입자는 질량이 0이다. 그런데 이 입자들이 어째서 이런 방식으로 구성되는지에 대한 이론은 명확하지 않다. 하지만 물질은 이 입자들의 운동에 의해 유지되며, 보다 큰 단위에서 '질량'을 가지게 된다. 요컨대 입자란 우리가 흔히 생각하는 원자처럼 모래알 같은 단위가 아니라, 진동하는 끈, 그것도 에너지라는 쉽게 쥐어 잡을 수 없는 어떤 것의 끈이다. 여기까지는 상상 가능하지만, 이제 이 끈들이 11차원들을 오가며 요동친다고 하면, 상상 불가능한 영역에 들어가는 것이다. 여기에서 갑자기 거시적인 우주로 도약해서 설명하자면, 이러한 상상 불가능하고, 나아가 계측 불가능한 '암흑물질'이 우주의 대부분을 차지한다고 할 수 있다. 우주는 팽창하면서, 이 암흑물질들을 계속 내어놓는다(아니 본래부터 암흑물질이 있고, 여기서 우주가 팽창한다고 해야 할지도 모른다). 우리는 고대 원자론으로부터 "지각 불가능하지만 존재한다"라는 대원칙을 지키고 있지만, 사실상 현대물리학의 발전 경과에 따라 이러한 원칙도 어떻게 될지 모르는 상태에 있다.

77 이 소절의 내용은 '박준영, 『철학, 개념: 고대에서 현대까지』, 교유서가, 2023, 제2장, 3.

이라고 알려져 온 과학, 그중에서도 물리학의 혁신에서 시작되었다는 것은 분명하다. 이를 학자들은 '양자혁명'이라 부른다. 양자혁명이란 빛이 어떤 때에는 입자의 성질을 띠고 어떤 경우에는 파동의 성질을 띠는 언뜻 이해하기 힘든 성질의 발견에서 비롯된다. 이것이 이상한 이유는 하나의 물리학적 대상이 서로 모순되는 성질을 가지기 때문이다.

이때쯤 물리학의 조금 다른 분야에서도 이상한 점이 발견되었다. 우리가 보통 생각하기에 원자는 입자다. 그런데 원자를 더 쪼개면 그 안에 또 다른 구조가 있다. 아주 단순한 상상에 따르면, 원자 안에는 원자핵이 있고, 그 원자핵 주위를 전자가 돈다. 그리고 이 전자가 돌면서 빛을 방출한다. 틀렸다! 왜 그런가? 이 주장이 맞다면 전자의 '운동'이 빛으로 전환된다는 것인데, 이렇게 되면 전자의 에너지가 점점 사라져서 원자가 쪼그라들 것이기 때문이다. 이것은 말이 안 된다.

이 말도 안 되는 상황을 해결하기 위해 닐스 보어가 등장한다. 보어는 전자 자체에서는 빛을 방출하지 않고, 그것이 제 궤도에서 이탈하여 다른 궤도로 진입할 때 빛을 방출한다는 대담한 가설을 세웠다. 즉 궤도를 점프해서 들어가는 운동에너지가 빛으로 전환된다는 것이다. 그런데 여기도 문제가 있었다. 즉 어째서 전자가 일정한 궤도를 도는지, 또 그것이 왜 점프하는지 하는 것이었다.

보어가 이 문제에 대해 골머리를 썩일 때 그의 제자인 베르너 하이젠베르크가 나타난다. 그는 첫 번째 문제, 즉 왜 전자가 일정한

왕의 귀환' 편의 개정이다.

궤도를 도는지에 대해서는 일단 무시했다. 두 번째 문제가 더 중요하다는 것이다. 그는 원자가 방출하는 빛의 스펙트럼을 계산해 냈고, 그것을 수학 공식으로 표현했다. 참으로 대단한 발견이었다. 하지만 애초에 원자의 내부에서 전자가 궤도를 어떻게 도는지에 대한 문제의식을 미뤄 두었기 때문에 아인슈타인을 비롯한 물리학자들은 썩 마음에 들어 하지 않았다.

언제나 그렇듯이 이 문제에 대한 해법도 너무 간단해서 생각지도 못한 발상에서 비롯된다. 루이 드 브로이가 빛이 입자와 파동이라는 이원성을 가진다면, 전자도 그럴 것이라고 대담하게 주장한 것이다. 이렇게 생각했을 때 전자가 일정한 정숫값을 가지는 궤도를 도는 이유가 드러난다. 왜냐하면 파동이란 늘 주기성(periodicity)을 가지기 때문이다. 다시 말해 파동은 어중간한 수치를 가지지 않는다는 것이다. 그리고 이렇게 했을 때 전자의 '궤도'와 같은 것은 생각하지 않아도 원자 내부를 알 수 있다.

에르빈 슈뢰딩거는 드 브로이의 발상을 이어받아 원자 내부가 어떻게 생겨 먹었는지 알기 위해 연구에 매진했다. 일단 전자가 파동이라는 가정하에 슈뢰딩거는 하이젠베르크와는 다른 수식을 만들어 냈다. 그것은 아래와 같다(일단 이해가 되지 않더라도 눈으로 보아 두자).

$$H\left(\frac{b}{2\pi i}\frac{d}{dx}, x\right)\phi - E\phi = 0$$

이 식을 슈뢰딩거의 파동방정식이라고 한다. 이 식은 하이젠베르크가 발견한 식과는 다르지만, 그 값은 같다. 게다가 복잡성이 없는 단순 명쾌한 수식이다. 슈뢰딩거는 당연히 쾌재를 불렀다. 세계는 이제 파동으로 구성된 것처럼 보였다. 하지만 그게 다가 아니었다. 슈뢰딩거의 방정식은 예기치 못한 약점을 가지고 있었다. 이 방정식의 차원 수가 무한하게 증가하는 통에 결과적으로 전자를 상상할 수 없게 만들었다는 것이다. 전자는 여전히 오리무중이었지만 슈뢰딩거는 자신의 공식이 여전히 최고의 것이라고 여겼다.

이때 막스 보른이 새로운 '파동함수'를 내놓게 된다. 보른에 따르면 전자는 일반적인 입자나 파동의 운동을 하는 것이 아니라는 것이다. 이를 그는 '확률파'라고 표현한다. 그러니까 보른은 우리가 전자 입자를 관찰할 때 입자가 되는 경우와 파동이 되는 경우가 확률적으로 나타난다고 본 것이다. 하지만 하이젠베르크는 이 주장에 반대했다. 하이젠베르크가 보기에 보른의 결론은 매우 어정쩡한 것이었다. "아니, 물리법칙이 어째서 확률과 같은 모호한 추정에 의존해야 하지?"라고 말이다. 그건 그가 보기에 세계의 모든 것이 '우연'에 의해 작동한다고 말하는 것인데, 이건 너무 무책임하다는 것이었다.

이에 대해 하이젠베르크는 '안개 상자 실험'을 고안했다.[78] 이 실험을 통해 그는 그 유명한 '불확정성 원리'를 도출하게 되는데, 그것은 전자의 운동량과 위칫값의 정확도는 반비례한다는 원리이다. 이 말은 우리가 한 입자를 관찰할 때 그것이 입자로 활동하는 경우와 파동으로 활동하는 경우가 있는데, 이것은 관찰자의 행위에 영향을 받아 결정된다는 의미로 새길 수 있다.

여러분들이 이 책을 보고 있는 이 순간에도 빛과 전자의 작용이 발생한다. 이를테면 지금 여러분들의 독서행위는 이 글자 위를 훑어

---

78 이 실험의 내용에 대해서는 이 책의 399쪽을 참조하라.

가는 시선이 있기 전에는 존재할 수 없었지만, 그 시선이 가동되자마자 독서행위라는 '하나'의 행위로 굳어진다. 이 행위 이전에 여러분들은 밥을 먹는다거나, 노래를 한다거나, 고양이를 쓰다듬는 등의 행위를 독서 대신 할 가능성이 존재했지만, 지금은 그렇지 않은 것이다. 그래서 '책을 본다'는 행위가 책이라는 대상을 불러오고, 당신의 신체를 책으로 옮겨 놓는다. 둘은 갈마든다. 여러 운동의 가능성들이 있었지만, 당신은 '독서'라는 하나의 행위를 선택했다. 전자도 마찬가지다. 전자는 관찰자가 어떤 것을 선택하느냐에 따라 입자가 될 수도 파동이 될 수도 있다. 즉 위치를 정확하게 측정할 수도 있고, 운동량을 정확하게 측정할 수도 있는 것이다.

따라서 고전역학에서는 인간이 자연 바깥에서 그것을 관찰한다고 봤지만, 양자역학에서는 자연 안에 인간이 있고, 다른 대상들도 있다. 인간은 여기서 특권적인 위치를 상실하고, 주체와 객체는 평등한 자연의 한 요소로 재배치된다. 이것은 철학에 혁명을 불러왔다. 자연의 불가사의에 어리둥절해진 것은 과학자들이지만, 충격을 받고 혼절해 버린 것은 철학자들이 아닐까? 왜냐하면 르네상스 이래 인간성의 탁월함과 지성의 우위를 내세우며 발전한 것은 바로 '인문학'이고 그 인문학의 왕이 철학이었기 때문이다. 하지만 이제 인간은 자연의 한 요소로서 그것과 서로 상호작용을 주고받는 위치가 되었다. 그런데 역설적이게도 물리학에서의 이러한 발견은 철학을 한 단계 더 발전시키고, 새로운 철학의 황제를 귀환시키는 계기가 된다. 다시 말해 물리학이 전개한 이런 사고방식이 철학적 '원리'를 재소환하게 된 것이다. 그런데 이때의 원리는 우리가 애초에 알고 있던 그 원리가 아니다.

역설적이게도 이 원리는 스스로 '명령하기'를 그만둔 지배자—

군주의 모습을 취한다.[79] 왜냐하면 원리가 존재하는 것에 대해 불확실하다고 천명해 버린 이상 그 원리는 구속력을 상실하기 때문이다. 그것은 생성 중인 자연을 완벽하게 설명할 수도 없고, 그렇기 때문에 인과관계의 예측에도 한계가 존재하게 된다. 하지만 그 대신 얻는 것이 분명 있다. 과학이 두 손 들고 나간 곳에, 철학이 이 한계상황을 가치 있게 만들 만한 '개념들'을 들고 나타난다. 철학의 입장에서 불확정성은 앞서 말했듯이 인간과 자연이 갈마드는 사태, 즉 새로운 세계관과 존재론이 가능하다는 것을 가리킨다.

· 비선형역학과 카오스 이론

이와 관련하여 20세기 후반의 비선형역학의 발전은 결정적으로 고전물리학의 예측 가능한 입자들조차 비가역적인 열역학과 에너지의 동역학적 흐름으로 이해하도록 했다. 또한 카오스 이론은 자주 20세기의 세 번째 과학혁명으로 불리는데, 이것은 흐름, 요동 그리고 에너지의 운동이 고전적 물체들의 상대적이거나 준안정적(metastable) 고정성보다 더 근원적이라는 것을 보여 준다. 거시적 수준에서도 시공간과 중력이 선재하는 것이 아니며, 실재의 기초적인 양태들이 아니라는 것에 많은 과학자들이 동의한다. 오히려 보다 근원적인 것은 양자 운동(quantum motion)의 과정이다. 그러므로 "우리가 어떤 딱딱한 물체로 생각하는 데 익숙한 기초 입자는 […] 실제로 비장소적인 양자장 요동의 생산물인 것이다".[80]

---

79 본래 '원리'라는 말의 원어인 'arché'에는 '으뜸, 지배'라는 의미가 있으며, 고대 그리스의 최고 권력자는 'archon'이라 불렸다.

80 Thomas Nail, *Being and Motion*, New York: Oxford University Press, 2019, p. 2.

신유물론에 있어서 이론물리학의 이해는 이와 같이 일상적인 의미에서 '확실성'의 붕괴를 가져온다. 다시 말해 미시 단위에서 이러한 복잡성이 거시적인 단위, 즉 우리 일상에서 물리적인 운동이 계산, 계측 가능한 정확도를 상실하게 만든다. 이는 우리가 지금까지 보아 왔던 패러다임의 근본적인 전환을 요청하는 것이기도 하다.[81] 이러한 불확실성이 기존의 결정론과 대립되는 것이 아니라, 그러한 결정론을 뛰어넘는 '실험적 행위자'를 상정하는 것도 이런 의미에서 이해되어야 한다. 이 실험적 행위자는 객관적이고 예외적인 관찰자의 지위를 벗어나 실험 자체의 불확실성 안에 스스로를 산입한다. 신유물론이 인과적 관계가 아니라 실험적 발산과 재귀적 수렴을 강조하는 것은 여기에서 기인한다. 정해진 인과성이라는 것은 인위적인 조작의 결과며, 흄의 사상에서 본 것처럼 오로지 이 반복적인 재귀적 수렴에 의해서만 인과성이 결정될 뿐이다.

이를테면 카오스 이론에서 말하는 프랙털의 형상, 단속성과 주기성은 물리학이 어떤 정지하거나 상대적으로 느리게 활동하는 상태의 과학이 아니라, 저 발산과 수렴이 반복되는 과정의 과학이라는 것을 의미한다. 사실상 이 과정은 외견상 무작위적이고 그 결과들을 예측할 수 없을 정도다. 이러한 과학적 설명 방식을 철학적으로 번역

---

81 이를테면 과학으로부터 파생된 기술의 발달로, 고전적인 맑스주의가 생각하던 불변자본의 기계류와는 다른 지능적인 기계들, 또는 새로운 정보기계들을 감안하지 않을 수 없게 되었다. 이들이 가치를 생성한다고 여겨지기 때문이다. 이에 따라 정치철학과 윤리학도 마찬가지의 격변을 겪는다. 이 방면에서는 어쩌면 카오스 이론이나 복잡성 이론이 더 친근할지도 모른다. 왜냐하면 어떤 사회의 구조나 역사 발전의 도정이 상부-하부구조(엥겔스), 또는 권위 메커니즘의 변화(막스 베버), 혹은 계급투쟁의 역사(맑스-엥겔스와 맑스주의자들)라는 법칙적인 로고스에 의해 관장되리라는 생각이 이 물리 이론의 사회인문학적 적용에 따라 상당 부분 타격을 받을 수밖에 없기 때문이다.

하면, 사회-역사적 흐름에서 본질적인 것은 안정되고 체계적인 상태가 아니라 요동치는 변화의 상태라는 것이다. 문제는 이 변화의 양상이 맑스나 베버의 시대보다 더욱더 예측 불가능하고, 그러므로 어떤 장기적인 관점에서 개량 가능하지 않은 상태를 지향한다는 점이다. 예컨대 우리는 2007년의 서브프라임 모기지 사태를 그 어떤 경제학자들도 심각하게 여기거나 예상하지 못했다는 것을 알고 있다. 또한 아무리 방대하고, 정교한 알고리듬을 가진 빅데이터라 하더라도 COVID-19 사태를 미리 예측하지는 못했다는 것도 알고 있다. 따라서 여기에는 어떤 연속적인 과정이 아니라 불연속적인 배치와 재배치가 작동하며, 인간중심적인 전략적 사고는 축소될 수밖에 없다. 이것은 바로 "우발적이고 내재적인 자기-변형이라는 신유물론의 [물질에 대한] 의미들과 다시 한 번 공명한다".[82]

(2) 생명에 대한 새로운 이해

· 유전자 정보

물리학뿐 아니라 생물학에서도 물질 현상의 복잡성은 매우 강력한 영향력을 발휘하고 있다. 이것은 비단 물리학의 수학적 체계가 생물학으로 이식되었다는 것(수리생물학)에서만 비롯된 것은 아니고, 유전자학의 발달이 정보학과 결합되면서도 이루어진다. 여기에 등장하는 하나의 새로운 단위는 이제 '입자'라기보다는 '정보'다. 유전자 단위에서 정보는 더 이상 어떤 비물질적인 가상이 아니라 직접적

---

82 Coole and Frost, "Introducing the New Materialisms", *New Materialisms*, p. 14.

으로 우리와 다른 생명체의 신체를 형성하는 실재적인 것으로 등장하는 것이다. 신유물론이 기반하고 있는 과학적 성과들 중 유전학은 "개념들과 경계들을 휘저어 놓는다".[83] 즉 지능적인 생명체와 비지능적 생명체 사이의 구분은 유전자 단위에서는 무의미해지는 것이다. 그것은 다만 '정도의 차이'일 뿐, 본질적인 차이는 될 수 없다. 만약 그러하다면 "이전에는 본질적인 구별이었던 것은 보다 덜 중요해질 것이며, 그러한 것에 기반한 규범들도 유능한 것이 아니게 될 것이다".[84]

유전학에 따르면 생명체가 늙고 죽는 것은 DNA(와 RNA) 수준에서 일어나는 현상이다. DNA를 구성하는 것이 바로 뉴클레오티드(nucleotide)인데 이는 유전자의 기본 단위이다. 뉴클레오티드는 핵산 안에서 에너지를 공급하고, 세포의 반응을 이끌어 내는 중요한 역할을 한다. 이 미시적 차원의 생성의 과정이 거시적 차원의 역사성을 형성하는데, 잘 알다시피 이를 '진화'라고 한다. 이렇게 미시적 과정과 거시적 과정의 상호 교호 메커니즘이 어떤 방향성을 형성하는 것을 '사이버네틱스'(cybernetics)라고 부른다.[85] 사이버네틱스는 간단히 '상호연결망의 피드백 과정'이라고 할 수 있는데, 이것이 유기체의 메커니즘이자 진화의 기본 동력이다. 따라서 진화 과정에서는 사이버네틱스와 조화될 수 있는 것만이, 또는 새로움을 부가하여 시스템을 더욱 풍부하게 해 줄 것만이 살아남는다. 여기서 '환경'은 미리 결정된 것이 아니라 개체가 적응과정에서 도달하는 우발적인 사태

---

83 *Ibid.*, p. 22.

84 *Ibid.*

85 자크 모노, 『우연과 필연』, 조현수 옮김, 궁리, 2010, 172쪽 참조. 이 개념은 우리가 추후 논할 육후이의 기술철학적 신유물론에서도 중심 개념이 된다. 이 책의 '보론 1'을 보라.

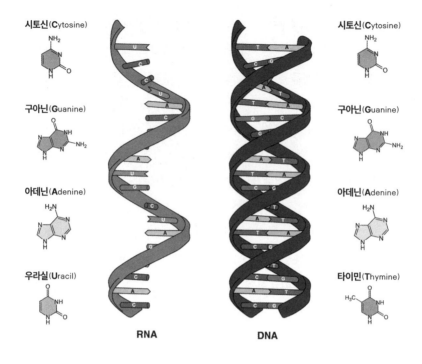

시토신(**C**ytosine)

구아닌(**G**uanine)

아데닌(**A**denine)

우라실(**U**racil)

시토신(**C**ytosine)

구아닌(**G**uanine)

아데닌(**A**denine)

타이민(**T**hymine)

RNA **DNA**

그림 2

에 반응하는 정도와 범역에 의해 잠정적으로 결정된다. 이를 우리는 생명의 창발성이라 부를 수 있다. 그런데 앞서 논한 물리학에서의 미시-거시관계와 생물학에서의 미시-거시관계가 유사하다는 것 그리고 이것이 사이버네틱스적인 메커니즘을 함께 구성한다는 점에 착목한다면, 우리는 이 창발성이 생명의 영역뿐 아니라 물질의 영역에서도 핵심적인 요소라는 것을 알게 된다.

· 분자유전학-자크 모노

이 우발적인 창발을 분자유전학(미시적인 단위의 DNA 사슬의 배열을 연구하는 분야)에서는 '돌연변이'라 부른다. 이 돌연변이가 생물 진화의 결정적인 요소라고 주장한 생물학자이자 철학자로 자크 모노가 있다. 모노는 돌연변이의 원인이 뉴클레오티드의 대체, 부가, 이동에 의해 이루어진다고 본다.

여기서 뉴클레오티드란 유전자의 기본 단위인 핵산(DNA와 RNA)이라는 고분자 성분의 분자를 일컫는다. 뉴클레오티드는 핵산 안에서 에너지를 공급하고, 세포의 반응을 이끌어 내는 중요한 역할을 한다. 위의 그림에 나타난 것인 핵산인데 왼쪽이 RNA, 오른쪽이 DNA다. 그리고 이 두 가지를 구성하는 저 꼬인 형태의 끈이 바로 뉴클레오티드다. 뉴클레오티드로 이루어진 핵산은 생명체를 구성하는 세포의 기본 단위로서 세포핵 내부와 외부의 정보를 전달하기도 하고, 가장 중요하게는 유전 정보를 자손에게 전달한다. 알다시피 이 유전 정보는 위 그림에 나타난 뉴클레오티드 안의 '염기서열'을 통해 저장, 전달된다.

그러니까 돌연변이는 이 뉴클레오티드상의 우연적 변화를 일컫는다. 우선 '대체'는 위의 한 쌍의 뉴클레오티드 끈이 다른 쌍에 의해 대체되는 것을 말한다. 두 번째로 '부가'(반대로 '결손')는 한 쌍 혹은 여러 쌍의 뉴클레오티드가 결손되거나 부가되는 경우다. 세 번째로 '이동'은 길이가 각기 다른 뉴클레오티드 배열 부분들이 순서가 뒤바뀌거나, 반복되거나, 옮겨지거나, 섞이는 경우로, 그 결과 정보가 뒤죽박죽이 되어 버리는 것을 말한다.[86] 그런데 문제는 이러한 변화가 아무런 사전 예고도, 예측도 없이 일어나 버린다는 점이다.

---

86 모노, 『우연과 필연』, 163쪽 참조.

유전자의 변화는 곧 유전자 상속의 변화를 초래한다. 즉 진화의 원인이 된다. 모노는 이 우연적인 돌연변이가 생명권에서 발생하는 모든 창조의 원천이라고 말한다. 그는 확신에 차서 다음과 같이 말한다.

> 오직 우연, 절대적이지만 또한 맹목적인 것에 불과한 이 자유, 이것이 진화라는 경이적인 건축물을 가능하게 하는 근거인 것이다. 현대생물학의 이와 같은 핵심적인 생각은 이제 더 이상 생각해 볼 수 있는 여러 개의 가설들 중 하나가 아니다. 그것은 생각 가능한 유일한 생각이며, 관찰과 실험의 사실들과 양립할 수 있는 유일한 생각이다. 그리고 이러한 생각이 언젠가 재검토되어야 한다거나 혹은 그렇게 될 수 있다고 여기게 할 (혹은 그렇게 기대하게 해 줄) 어떠한 것도 존재하지 않는다.[87]

· 우연의 긍정

이렇게 자신 있게 말하는 모노의 배경은 무엇일까? 그가 이로써 과학과 철학에 완고하게 터 잡고 있는 인간중심주의, 특히 합리주의적 인간중심주의를 배격할 수 있다고 보기 때문이다. 인간중심주의는 생물학 철학을 전개하는 모노에게도 관건적이었던 셈이다. 어쨌든 모노는 이제 중요한 것은 돌연변이에 있어서 저 '우연'이라는 개념을 명확하게 하는 것이라고 말하면서 다음 논의를 전개한다.

보통 우연이란 확률을 의미하는데, 모노는 이것을 '조작상의 우연'이라고 한다. 하지만 이 조작적 우연은 본질적인 것이 아니다. 본

---

87 앞의 책, 164쪽.

질적인 우연은 "완전히 서로 독립적인 두 개의 인과 계열이 서로 교차하여 일어나게 되는 사건"[88]이다. 이 본질적인 우연에 대해 설명하면서 모노는 다음과 같은 그의 유명한 예시를 든다.

> 의사 뒤퐁 씨가 긴급 호출을 받아 어떤 새로운 환자의 집으로 불려가는 도중, 배관공 뒤부아 씨는 옆집 지붕을 수리하고 있던 참이라고 가정해 보자. 의사 뒤퐁 씨가 그 집 발치를 지나가려는 찰나, 배관공 뒤부아 씨가 부주의로 인해 손에 들고 있던 망치를 떨어트리게 되고, 이 망치가 떨어지는 (결정론에 의해 정해진) 궤적은 지나가던 의사의 동선과 한 지점에서 겹치게 되어, 결국 의사는 머리가 박살나서 죽게 된다.[89]

다소 끔찍한 이 예를 통해 보면, 유전자 정보의 복제 과정에서 발생하는 오류들도 이러한 본질적인 우연과 같다. 유전자 안에서 벌어지는 단백질의 실제 역할, 상호작용, 반응 등은 하나의 인과 계열이지만 오류가 발생하는 인과 계열은 이 인과와 무관하기 때문이다. 다시 말해 돌연변이를 일으키는 결정론적 과정과 돌연변이가 단백질의 상호작용 차원에서 영향을 미치게 되는 결정론적 과정 사이에는 절대적인 우연의 일치만이 있을 뿐이라는 것이다.

이 미시적 차원의 우연이 발생하게 되면 이제 거시적 차원에서 필연성의 장이 펼쳐지는데, 이를 '진화'라고 한다. 우연이 필연의 영

---

88 앞의 책, 165쪽.
89 앞의 책, 165~166쪽.

역으로 들어오는 메커니즘을 모노는 '사이버네틱스'라고 부른다.[90] 여기서 사이버네틱스는 미시적인 부분과 거시적인 전체가 상호작용해서 어떤 방향성을 가지는 것을 의미한다. 이 사이버네틱스는 유기체의 세포 내부의 작동 원리이다. 요컨대 생명체의 유지와 전개, 창조 과정은 우연과 필연의 놀이인 것이고, 그 규칙은 그 생명체의 조화와 풍요로움을 가능하게 한다. 이것은 신유물론의 물질이 가진 우발성의 논의와 직접 이어진다.[91]

· 다윈 진화론의 재독해

신유물론이 생물학을 재독해함으로써 전유하는 방식은 다윈 진화론에 관한 그로츠의 글에서도 드러난다. 그로츠는 그동안 사회진화론의 사악한 근원으로 간주되어 왔던 다윈으로부터 새로운 무언가를 배울 수 있다고 본다. 그녀는 "생물학 담론들은 다른 담론들이나 모델들과는 달리 더 이상 '위험하'거나, '이데올로기적'이거나, '편향된' 또는 '오도하는' 것이 아니"[92]라고 하면서, 다윈으로부터 페미니스트들이 배울 점은 무엇인지 묻는다. 이러한 전향적 질문은 그로츠에게 다윈의 추종자가 되라는 것이 아니라, 다윈의 저작들에서 보다 정치적이며 급진적인 분석을 끄집어낼 수 있다는 것을 의미한다.

그로츠는 다윈의 파급 효과들을 논하면서, 다윈의 진화압 (oppression) 개념이 그저 환경에 따른 개별체들(entities)의 수동적 반

---

90 앞의 책, 172쪽 참조.
91 이에 대해서는 이 책 2장 1절을 참조하라.
92 Elizabeth Grosz, "Darwin and Feminism: Preliminary Investigation for a Possible Alliance", eds. Stacy Alaimo and Susan Hekman, *Material Feminisms*, Bloomington and Indianapolis: Indiana University Press, 2008, p. 39.

응이 아니라 능동적이며 적극적인 자기-변형 과정이라고 주장한다. 즉 그것은 "개체가 진행되는 것을 몰아가는 힘이나 추진력"[93]이라는 것이다. 이는 곧 페미니즘의 지속적인 교정과 소생 과정, 즉 여성들을 위한, 또는 그것에 반하는 과정에서 나타나는 철저한 자기-변형 과정과 통한다. 좀 더 일반화하면 정치학 또한 그러한 개체들과 집단들의 자기-극복과 변형 과정이라고 할 수 있다.

사실상 이것은 생물학과 정치학의 유비가 아니라 존재론적인 결합이라고 그로츠는 주장한다. 다시 말해 "사회적 힘은 저항과 극복의 정치적 양상들을 위해 자연 체계들의 에너지와 시간성을 빌려온다"[94]는 것이다. 여기서 그로츠는 해러웨이의 자연-문화 일의성 테제를 진화론에서 반복하는 것으로 보인다.

그로츠에 따르면 진화는 선형적인 또는 진보적인 발전이라기보다 공간적이고 시간적인 발산의 힘을, 목적들이라기보다 과정을 표현한다. 그로츠는 다윈이 미래의 장소에 관한 고려 요소들, 열린 것으로 향하는 방향성, 발산 과정 또는 현재의 잠재적인 것들의 분기와 같은 것을 제공한다는 것을 드러낸다. 이에 따르면 미래는 문화적/생물학적 요인들의 어떤 반복적 상호작용으로부터 나온다. 그것은 최근에 존재한 것과 연결되어 있음에 틀림없고, 발생적으로 연관되지만, 최근의 존재 안에서 많은 변이형들을 가능하게 한다. 그것은 현형화된 생산물들일 뿐만 아니라 그것의 잠재적인 경향들의 탐색이기도 하다. 새로운 것은 어떤 생산적인 괴물성(monstrosity), 즉 우세한 모델들과 규범들의 해체와 변형의 발생이다. 그럼으로써 현재

---

93 *Ibid.*, p. 39.
94 *Ibid.*, p. 41.

지속 가능한 해체들은 물론 과거와 현재에 알려지지 않았던 것이 스스로를 미래 안에서 애써 만들어 가게 된다.

　이렇게 해서 다윈은 자연적인 것과 사회적인 것, 생물학적인 것과 문화적인 것 사이의 관계들을 오늘날 이러한 개념들이 빠져드는 이분법적 구조 바깥에서 재개념화할 방법을 페미니즘 이론에 제공한다. 그래서 문화는 자연의 극복으로 이해될 수 없다. 왜냐하면 그러한 이분법이 그 매개의 근거나 양태로서 회상적 과정을 통해 미리 조건화됨으로써 자연적인 것을 생산하는 재현적 형식이기 때문이다.[95]

　문화는 고유하게 불완전한 자연의 완성이 아니다. 문화는 자연의 완성, 그것의 정점 또는 목표로 간주될 수 없으며, 분기하는 생산이며 자연의 효과로서 이해될 수 있다. 이때 자연은 그것의 생산과 선별의 기술에 있어서 그리고 그것의 범역이 무한하며 예상할 수 없을 정도로 커질 수 있다는 점에서 엄청나게 비범하다. 그로츠는 다윈의 진화론이 가진 자연과 사회 간의 기초적인 연속성 그리고 완결성을 긍정한다. 그것은 단지 사회의 요청들과 함께 가는 자연이 아니라, 자연적인 것의 질서와 조직화를 지배하는 선별적 과정들과 함께 가는 사회적인 것이다. 이로써 '자연-문화'로부터 하이픈을 뺀 자연문화 결연체를 신유물론적 페미니즘이 사유하도록 만든다.

　다윈의 연구는 성적이고 인종적인 차이라는 관계들의 연동과 휘말림을 이해하는 데 있어서 기꺼이 받아들일 몇몇 복잡한 층들을 부가할 것이다. 그의 작업은 성적 선택, 다시 말해 성적 차이의 관계

95　*Ibid.*, pp. 43~44 참조.

들에 있어 우리가 오늘날 알고 있는 한에서 어떤 성적 선별 작업이 인종적 차이들의 수립에 구성적 역할을 해냈을 것 같은지를 명확히 한다. 더 나아가 어떤 인종적 변이들이 유전형질의 법칙에 종속되어 성차가 표명되는 방식을 살아 나갔으며 변형을 실행했는지도 명확히 한다. 다윈의 연구는 간접적으로 인종적이고 신체적인 차이들이 성차(sexual difference)와 결속되고 그것에 의해 복잡화되는 방식을 증명한다.[96]

결정적으로 그로츠에 따르면 다윈은 목적으로도 또는 변증법의 선험주의에도 의존하지 않는, 또는 역사를 단순히 여러 가지 연결된 또는 연결되지 않은 사건들의 축적으로 이해하는 단순 경험론에도 의존하지 않는 역사의 모델을 제공한다. 이에 따르면 역사는 근본적으로 열려 있으며, 동시에 매우 엄격한 변수들 안에서 규제된다. 여기에는 생물학적/문화적 영향들의 가능한 경로가 되는 것에 대한 역사적인 제한들이 있다. 즉 그것의 발산이 현재와 미래를 생산하는 배아들 또는 잠재적인 것들을 공급하는 것은 지금 당장 발생했던 그러한 실존적 존재자들에 해당되는 것일 뿐이다. 현행화되는 존재자들의 경로들은 다른 존재들이 그것들과 더불어 발생했을 만한 잠재성들을 선취한다. 그리고 그것들은 일어났을 법한 것들과 다른 경로들과 궤도들을 수립한다. 시간과 미래가 끝이 열린 채로 남겨지는 반면, 과거는 우선적으로 예측 불가능한 방향들에 추진력을 부여한다. 그러한 추진력은 회고적으로 그것이 산출하는 비현행화된 가능성들로부터 출현했던 것이다.[97]

96 *Ibid.*, pp. 44~45 참조.
97 *Ibid.*, p. 45 참조.

(3) 단순함에서 복잡함으로

현대과학의 발전에 관한 논의들을 종합하면 신유물론이 터 잡고 있
는 이론적 지형이 보다 명확해진다. 즉 신유물론은 현대물리학과 생
물학에서 도출된 '불확실성', '창발성', '복잡성'을 철학적 존재론의
틀로 잡고, 그것을 유물론적 갱신의 계기로 삼는다. 이렇게 해서 신
유물론은 물질성 자체를 능동적인 역능이자 잠재적/내재적 힘으로
보는 관점을 확립한다. 다시 말해 신유물론은 고대와 근대 유물론의
물질관을 현대과학을 발판으로 극복해 나가면서 하나의 새로운 존
재론을 세우려는 시도라고 할 수 있다. 이는 단순히 물리적 대상으로
서의 물질관의 변화만이 아니라 문화와 예술 전반의 변화를 이끈다.
왜냐하면 우리 자신과 물질의 관계가 재설정되기 때문이다. 이것은
당연히 인간중심주의를 해체한다.

　따라서 신유물론은 "세계에 관한 인간적 지식의 한계들에 집
중하지 않으며, 물질들을 복잡하게 하는 어떤 차원을 부가"하는 것,
"생명을, 그로부터 창발하는 것으로서 물질적인 기능작용으로 생각
하고자" 하는 것, "생명이 어떻게 실제로 작동하는지를 신, 주체 또
는 논리와 같은 어떤 외적 원리에 호소하지 않고서 이해한다고 주장
하는 것"으로 규정된다.[98] 이러한 규정들은 과학 지식에 대한 믿음과
그것의 복잡한 본성을 긍정하는 것이며, 또한 창발성이 물질 전체에
내재한다는 것이고, 또한 초재적 논리를 거부하고 이 세계 내부적인
경험과 감각을 신뢰한다는 것을 의미한다. 따라서 "이것은 물질의

98　Armen Avanessian, *Future Metaphysics*, trans. James Wagner, Cambridge: Polity Press, 2019,
　　pp. 198~199.

본성과 물질세계 안에서 체화된 인간들의 장소에 관한 가장 근본적인 질문들로 돌아간다는 의미이다".[99] 그러므로 매번 되돌아오는 유물론은 그때마다 당대의 물질적 조건에 대한 근원적인 성찰과 비판을 수반하게 된다.

중요한 것은 이 물질적 조건, 즉 과학기술을 어떻게 전유할 것인가다. 예컨대 네트워크 체제는 좌파 사회정치철학자들이나 기술자들보다 다국적기업과 그것에 속한 기술자들이 더 많은 부분을 점유하고 있다. 이러한 자본의 전유 양식은 대책 없는 기술 낙관주의와 기술 종말론이라는 극단을 왔다 갔다 하면서 사람들을 선택 장애나 (맑스식으로 말해서) '실천의 크레틴병 환자'로 만들고 있다. 이것을 돌파할 수 있는 것은 아마도 새로운 정치일 것이다. 이 신유물론의 정치학에 대한 논의는 이어지는 절들에서 논의될 것이다.

3. 신유물론의 '새로움'이란 무엇인가?

(1) 이분법의 종언과 긍정의 유물론

· 이원론적 초월성

앞서 알튀세르의 언급에서도 알 수 있다시피 신유물론은 관념론과 대립하지 않는다. 신유물론은 유물론과 관념론의 이분법 자체를 거부한다. 만약 우리가 그 무한하게 서로를 반조하는 거울 안에 갇힌다면 결국 차꼬를 차고서도 그것을 알지 못한 채 들판을 갈구하는 어

---

99 Coole and Frost, "Introducing the New Materialisms", *New Materialisms*, p. 3.

리석은 염소 신세가 된다. 사실 이러한 이론적 실책은 탁월한 철학자라 하더라도 예외가 없다. 하이데거의 충실한 제자를 자임하는 하먼조차 스승의 철학 안에 있는 "반복적인 이원론 […] 현존과 부재의 교대에 대한 강박"[100]을 고발한다. 그러므로 이 끈질긴 이분법의 인력에 반대하고 저항하는 것이 신유물론의 일차적 과제이며 그것을 완수하는 과정과 결과가 신유물론의 첫 번째 새로움이라는 것에는 반론이 있을 수 없다.[101]

이 측면에서 주객 이분법에서 나온 자연/문화 이분법은 극복될 필요가 있다. 이것은 자연과 인간 정신의 이극화로 이루어진 이원론이다. 오래된 헤겔식의 변증법하에서 이 두 극은 매개를 통해 통일로 가는 경로를 취한다. 하지만 이 매개는 자연과 문화라는 두 극성의 질적 측면을 전달하는 것으로서 기껏해야 둘을 지양하고, 즉 남겨 놓은 채 그로부터 새로운 이원론을 준비하는 종합으로 향할 뿐이다. 화해할 길 없는 이 두 극의 유산은 변증법적인 폐지의 와중에도 그 내부에 여전히 살아 있었던 셈이다. 그러므로 중요한 것은 변증법이 아니다. 니체와 들뢰즈가 그토록 주장한 것처럼 변증법은 실제적인 운동이 아니라, 환영적 운동일 뿐이다. 변증법론자들은 이 환영의 운동을 통해 하나의 거대한 근대적 사유의 멘탈리티를 구축했다.

만약 문화가 자연으로부터 떨어져나오고, 자연이 문화를 낯설

---

100 그레이엄 하먼, 『쿼드러플 오브젝트』, 주대중 옮김, 현실문화, 2019, 112~113쪽.
101 하지만 그렇다고 해서 이원론 자체가 사라져야 하는 것처럼, 또는 그것이 지금 당장 사라진 것처럼 보면서 그 "대신 두 얼굴 이론(two-face theory), 즉 야누스라는 널리 알려진 기호 아래에서 태어난 철학"(앞의 책, 198쪽)과 같은 것을 제안할 필요는 없다. 이분법, 또는 이원론은 대체할 것이 아니라 횡단되어야 한다. 이에 대해서는 1부 2장에서 논의할 것이다.

게 느낀다면 거기에는 이미 균열이 존재하게 된다. 하지만 과연 이런 낯섦과 균열이 말 그대로 '자연스러운 것'인가? 라투르는 이를 "이 원론적 초월성"[102]이라 부른다. 이 초월성에 의존해 각각의 시대는 그 자체의 자연과 사회, 문화를 가진다. 그리고 거기 심연을 설립하고 양극단이 아닌 중립지역에 문명을 건설한다. 그것은 심연을 가리는 행동이다. 심연을 가리고 중립화하며 그 사이에 확고한 연결이 수립되었다고 선언하는 것은 매개를 통해 심연을 정화하는 근대적 의식이다.

· 우로보로스의 꼬리

이렇게 해서 어떤 '진보'의 형상이 구축된다. 재우쳐 말하지만 이것은 이분법을 극복하거나 횡단하는 것이 아니라 은폐하고 그럼으로써 더욱 확고히 하는 것이다. 이런 식의 자연/문화 이분법은 사실상 자연에 대한 문화의 비대칭성을 의미한다.[103] 이 비대칭성은 곧장 시간적 비대칭성을 산출하는데, 문화는 진보하며 자연은 그 자리에 고여 있다고 여겨지기 때문이다. 진보된 미래는 사물과 인간을 혼동하지 않으며, 그 혼동의 중간 지대에 근대성의 붉은 양탄자를 깔아 놓는다. 안전하고, 안정하게 인간은 저쪽, 자연은 이쪽으로 구획되고 먼 미래에는 진보의 완성을 이루게 될 것이라는 속삭임이 들린다.

이런 추세는 너무나 강력해서 우리-근대인의 의식 안에서 진보라는 화살표는 절대로 아래를 향하지 않는다. 아래로 향하는 것은 오로지 자연, 야만 … 마침내 혼종성(hybridity)일 뿐이다. 그런데 탈근

---

102 라투르, 『우리는 결코 근대인이었던 적이 없다』, 223쪽.
103 앞의 책, 186쪽 참조.

대인은 이 강철 같은 경향을 단칼에 끊어 내려 한다.[104] 이른바 언어와 담론의 구성적 권능을 통해 이들은 근대성이 이미 임계치에 도달했으며 더 이상 세계는 주객 이분법식의 데카르트식 농간에 휘둘리지 않을 것이라고 선언한다. 그러나 이들이 끊어 내려고 한 그 이분법은 소멸되고 말고 할 사안이 아니다. 그것은 이미 세계 안에 체현되어 있으며 사실상 탈근대인 자신의 실존(existence)에도 착근되어 있다. 핵심이 여기에 놓여 있음에도 탈근대인들은 주객 이분법의 주체 쪽에 놓인 담론성을 자신들의 수행성 안에 담으면서 그것을 무한히 반복하는 것으로 자신들과 세계를 바꿀 수 있다고 말한다. 그러나 그 결과 그들은 담론이 무한한 반복 가운데에서 소실점을 향해 가는 것같이 느꼈으며, 그들이 "잠정적으로 보류한 것"과 언어와의 "연계를 보다 어렵게 만들었다"는 사실을 깨닫는다.[105] 이렇게 해서 "지시대상과 화자 사이의 연계"[106]는 다시 깨진다. 탈근대주의의 기획은 어떻게 보면 쓸모없는 것처럼 여겨지는 우회로를 따라 다시 그들이 '근대성'이라고 부른 것의 끄트머리로 되돌아온다. 이분법을 횡단하기를 바랐으면서도 그 이분법의 한 극인 담론과 문화로 귀환한 알튀세르와 같이 탈근대성은 결국은 그 자체가 우로보로스(Ouroboros)처럼 자신이 꼬리를 먹고 있었던 셈이다.

이 모든 패착은 신유물론의 입장에서 봤을 때 당연한 귀결이다. 탈근대주의자들은 문화냐 자연이냐, 또는 인간이냐 비인간이냐라는 선택지만을 보았으며 그것을 벗어나기 위해 담론을 우회하여 전자

104 앞의 책, 163쪽 참조.
105 앞의 책, 167쪽.
106 앞의 책, 같은 쪽.

의 선택지를 가져갔기 때문이다. 그 효과는 탈근대주의자들조차 예상하기 힘들 정도로 물질을 수동성 쪽으로 밀어 놓은 것이다. 물질은 이제 담론의 사회구성주의 또는 구조적 한계 안에서 얌전히 놓여 있어야 했다. 이것은 근대적 물질의 수동성과는 또 다르다. 근대적 물질은 그 어떤 '구성'도 '구조'도 알지 못했다. '언어'는 더더욱 물질과 관련이 없다. 근대적 물질은 주객 이분법을 체계 전체의 전제로 활용하는 것에서 안온함을 느꼈지만, 탈근대적 물질은 그러한 안온함과는 거리가 멀고, 오히려 끊임없이 유동적이다. 그러나 이 유동성은 언제나 구성과 구조 안에서 담론의 날인을 거쳐 이루어진다.

이런 상황에서 초기 신유물론이 어떤 내재적인 생기성(vitality) 또는 생명력을 내세우게 된 것은 놀랍지 않다. 탈근대주의적인 담론 중심성이 근대적 의미의 추진력을 더 멀리 던져 놓을수록 거기에 따라 생기적 신유물론에 속한 구심력이 그것을 생명이라는 이름으로 일신하여 되가져오는 사태가 벌어지는 것이다. 하지만 이 생명 일원론은 유물론의 물질 일원론과는 달리 그 내재적 원리의 구조, 더 정확히 말해 발생적 구조를 굳이 밝히려고 하지는 않는 것으로 보인다. 하지만 그러면 그럴수록 이들의 '생명'은 애초에 돌파하려고 작정했던 생명 대 물질의 이분법을 더더욱 공고히 하는 결과를 초래한다. 이를테면 생명은 늘 생기를 부여할 물질이 필요해지며, 물질은 이 과정에서 수동성을 결코 벗어나지 못하게 되는 식으로 생명과 대립한다는 것이다. 하지만 생명과 물질은 뒤에서 우리가 더 살펴보겠지만 물질화 과정 중에 생성하는 두 행위소일 뿐이다. 이 둘은 서로 간에 결코 환원되지 않으며 단지 공명한다. 이와 달리 베넷이 그의 획기적인 책[107]에서 '매혹된 유물론'(enchanted materialism)이라고 이름 붙인 유물론은 전자회로망, 음식 그리고 쓰레기와 같은 비유기적 현상에 생명을 귀속시키는데, 이때 생명은 내재적임에도 불구하고 그 파괴 불가능성으로 인해 실체적인 어떤 것으로 취급된다.

· 일원론적 생성의 철학

이와 대조적으로 최근의 신유물론은 이러한 비파괴성 실체를 물질의 저변에 깔아 놓고 거기 의존하지 않는다. 그렇게 되면 언제나 변증법이 작동한다. 이 경우에 의존하는 것과 의존되는 것, 물질과 생명, 수동과 능동은 지양되어 무언가 초재적인 실재가 될 것인데 그것은 유물론의 입장에서 전혀 엉뚱한 것이다. 신유물론은 차라리 "일원론적 생성의 철학"[108]이다. 여기서 '생성'이란 생기가 아니고, 서로 간에 체현되고(embodied) 착근되는(embeded) 행위소들의 '서로-되기' 또는 네트워킹을 의미한다. 이 체현과 착근의 서로-되기 과정이 물질화이며, 이 물질화가 바로 물질이고, 따라서 이곳이 '물질화의 일원론'으로서의 신유물론이 자리 잡는 지점이다.

만약 '생명'이 이 물질화의 일원론 안에서 긍정될 수 있으려면 그 실체적 본성을 내려놓고 과정 안에 산입되어야 한다. 더 정확히 말하면 차이의 물질화 과정 안에 들어가야 한다. 생명은 물질로 환원되지 않고, 그 역도 마찬가지지만, 차이화(differing)의 과정 안에서 서로 얽혀 있다. 즉 물질의 생명 되기, 생명의 물질 되기 안에서 구분 불가능한 지점을 공유한다. 이렇게 해서 물질화의 일원론은 물질과

---

107 제인 베넷,『생동하는 물질: 사물에 대한 정치생태학』, 문성재 옮김, 현실문화, 2020.
108 로지 브라이도티,『포스트휴먼』, 이경란 옮김, 아카넷, 2015, 50쪽.

생명을 비롯하여 모든 차이 나는 체계들과 행위소들을 "변증법의 체계 바깥에 놓고 내적인 힘과 외적인 힘 둘 다에 의해 틀 지워지고 다수의 타자들과의 관계가 중요한 '차이화의 복잡한 과정'"[109]으로 재정립한다. 이것은 "유물론 자체를 비변증법적으로 이해하여 변증법적 대립들을 극복하자는 것"[110]이기도 하다. 이것이 바로 들뢰즈와 가타리가 암시하고 브라이도티가 적극적으로 받아 안은 '긍정의 유물론'이다. 생기적 신유물론뿐만 아니라 탈근대주의자들의 패착은 이 긍정의 유물론으로 극복될 필요가 있다.

· 긍정의 유물론

긍정의 유물론은 신유물론의 핵심이자 이해하기 어려운 이론이기도 하다. 무엇보다 이것은 행위소들 간의 환원 불가능성을 강조하긴 하지만 그것들의 관계성을 확고히 한다. 즉 환원 불가능성은 관계성을 배제하지 않으며, 그 역도 마찬가지다. 또한 긍정의 유물론은 환원 불가능성 안에 변증법을 담아냄으로써 '종합'의 미망을 버리고 변증법의 지평을 개방한다. 즉 차이의 논리 안에서 변증법의 '모순' 테제를 더 극단으로 밀어붙이는 것이다. 그렇게 되면 그 모순의 진정한 물질적 근거가 '차이'라는 것을 알게 된다. 요컨대 **비환원론적 상 (picture)** […] 환원론적인 것으로부터 비환원론적 철학으로의 이 전환"[111]이란 물질화 일원론으로서의 신유물론에 와서야 그 실재성을 획득하게 된다.

---

109 앞의 책, 77쪽.
110 앞의 책, 같은 쪽.
111 Bruno Latour, "Part Two: Irreductions", *The Pasteurization of France*, trans. Alan Sheridan and John Law, Cambridge: Harvard University Press, 1988, p. 154.

여기서 일원론적 물질성은 들뢰즈와 가타리에 따르면 빠름과 느림의 등급들에 의존하는 이런저런 개체화된 배치에서의 상대속도에 속한 비형식적인 요소들이며 그것들에 의해 횡단되는 단일한 평면(flat)이다. 또한 "일관성의 평면(plan of consistence)은 익명의 물질에 의해 살아지는 것이며, 이는 여러 다양한 연결들(connections)로 진입하는 무한한 물질 조각들에 의해 가능해진다".[112] 이는 변증법적 유물론(dialectical materialism)과는 완연하게 다르다. 물질은 먼저 주어진 대상들을 변형하거나 만들어 내는 인간의 창조적 노동의 부정성, 즉 자연을 부정적으로 취급하는 것이 아니다. 오히려 이러한 유물론에서 물질은 "개체적 존재의 구성을 열어젖히는 속도들과 강도들을 구성하는 어떤 비인간적 역동론"[113]이다. 물질적 흐름은 상호 간에 관계하면서 각기 차이 나는 속도들과 강도들로 얽히며, 이로써 창발한다.

신유물론의 견지에서 들뢰즈·가타리의 유물론은 전면적으로 수용될 만하다. 특히 이것이 변증법적 유물론의 질서 잡힌 정립과 반정립 그리고 종합의 과정을 전복할 때, 그 효력은 최고조에 이른다. 물질의 역동성은 변증법적 질서 안에서 해소되지 않으며, 오히려 그 변증법을 내파(內破)하는 교란 요소들을 분비한다. 그것이 바로 '차이와 반복'이다. 통합된 전체성(totality) 안에서 각 부분이 조직화의 기능적 역할을 수행하는 유기체주의는 바로 변증법의 일란성 쌍둥이와 같다. 여기서 존재자는 자기-조직화의 능력을 발휘하지

---

112 Gilles Deleuze and Félix Guattari, *A Thousand Plateaus: Capitalism and Schizophrenia*, Minneapolis: University of Minnesota Press, 1987, p. 255.

113 Pheng Cheah, "Non-Dialectical Materialism", *New Materialisms,* p. 87.

만, 그것은 바로 그 유기체의 윤곽 또는 신체적 경계 안에서만 가능한 헐벗은 반복에 불과하다. 그러나 들뢰즈·가타리는 물질을 미분화(differentiation, 微分化), 속도, 흐름으로 조성함으로써 조직화의 체계를 비집고 나가는 유동하는 신체로서의 '기관 없는 신체'로 본다. 이 신체는 다양체(multiplicité; multiplicity)로서 유기적 신체와 비유기적 신체의 이분법을 무용지물로 만든다. 왜냐하면 그것은 유기체도 비유기체도 포함할 수 없는, 그 '포함하기'보다 더 빠른 속도로 운동하는 물질적 흐름이기 때문이다.

긍정의 유물론은 "철저하게 […] 체현되고, 착근되며, 관계적이고 감응적"[114]이다. 그러나 긍정의 유물론이 현재를 감안하고 그것에 가치를 부여한다고 해서 그것에 대한 무조건적인 수용을 의미하는 것은 아니다. 그 수용은 동질화나 환원론이 될 수 없다는 것이다. 오히려 그것은 비판과 실천에 있어서 "다양화, 복잡화며, 그렇게 해서 지도 제작의 기반"[115]이 되어야 한다. 여기서 지도 제작이란 그런 차이의 동적 실재에 대한 윤곽이면서 다른 실재들과의 연결(connection), 이접(disjunction), 통접(conjunction)의 체계를 말한다. 이렇게 해서 우리는 비로소 생성 중의 우리 존재를 추적할 수 있게 된다.

이때 '추적'이란 무엇인가? 그것은 인간이 어떤 예외적 제3자로서 그 지도를 움켜쥐고 대지를 의지대로 개척하거나 여행한다는 것이 아니다. 그것은 말 그대로 지도 안에서 지도를 제작하는 것, 우

---

114 Rosi Braidotti, "Affirmative Ethics and Generative Life", *Deleuze and Guattari Studies*, vol. 13, no. 4, Edinburgh: Edinburgh University Press, 2019, p. 466.
115 *Ibid.*

리 자신을 실측기의 한 부분 장치로 대지 위에 세우는 것이다. 다시 말해 존재하는 것들의 역동성 안에서 계속되는 실행을 독려하고, 그 것을 통해 새로운 배치를 창조하는 것이 추적의 의미다.

이런 의미에서 이론적 비판과 실천은 하나의 동일한 평면 위에 서 작동한다. "비판(비평)의 임무는 세계 안에 실제로 무언가를 발생 시키는 것, 즉 배치를 창조하는 것"[116]이다. 이렇게 함으로써 이론과 실천은 다른 객체들과 만나는 평면을 산출한다. 자본주의 시스템 내 에서 이러한 평면의 산출은 곧 대항-코드를 주입하는 것이기도 하 다. 탈영토화하는 막대한 속도를 가동시키는 것은 아리스토텔레스 의 부동의 동자(unmoved mover)도 아니고, 칸트의 인식론적 범주들 도 아니다. 그것은 물질의 유물론적 흐름 가운데 이분법을 용융하고 현행화하지 않은 잠재적 사건들을 촉발하는 존재론적 의미의 긍정, 즉 물질의 능동적 수용성과 적극적 창발성을 말한다. 이러한 상황에 서 정치적 주체는 지도 제작의 추적 과정 가운데 명멸할 것이다. 이 주체는 낯설게도 "인간과 비인간 행위소들의 횡단적·복합적·비-단 일적인 배치들"[117]이다. 즉 주체도 또한 배치인 것이다. 신유물론은 이 주체를 페미니즘적·사이보그적 주체, 퀴어 또는 유목적 주체라 부른다.

· 긍정의 유물론의 정치학

따라서 긍정의 유물론은 하나의 존재론이자 정치학이다. 물질 일원 론 안에서도 환원을 거부하고, 그렇지만 비환원과의 이분법 또한 거

---

116 *Ibid.*
117 *Ibid.*, p. 467.

부하는 모든 담론과 몸짓과 슬로건과 바리케이드들이 모두 긍정의 유물론을 드러낸다. 이러한 긍정의 장 안에서 노동분할과 젠더화 그리고 사회적 불평등은 매우 복잡한 형상을 띠기 때문에, 그 배치 안의 정치적 주체의 배치도 마찬가지로 복잡하며, 그 횡단과 착근의 양상은 퀴어적이다. 긍정성 안에서 교차하는 모든 계기들은 미분적인 동시에 적분적이므로 우선적으로 취해야 할 태도는 바로 이분법과 부정성을 간파하고 그것을 멀리 던져 놓는 것이다. 자연/문화, 남성/여성, 인간/비인간, 근대/탈근대, 환원/비환원 등은 이미 그 부정적 힘을 잃어버리고 있는 중이다. 우리가 이러한 부정적인 것들의 소진을 기획하는 중에 우리의 지도상에는 "수천 년의 억압과 해방을 위한 투쟁, 천 개의 운동과 반-운동의 고원들"[118]이 결코 완성되지는 않지만 소진되지도 않은 채 펼쳐진다.

긍정은 이렇게 해서 실행 가운데 철학적 실천을 밀어넣는다. 이때 철학은 해석과 분석, 감응과 예견이라는 그 자신의 고유한 역량을 발휘한다. 이 모든 것은 배치 안에 어떤 선을 그려 놓는데, 이것이 탈주의 선인지 아닌지는 하나의 **배치 안에서, 그 배치 바깥으로, 배치를 끌고 가는** 그 선의 혁명적 역량에 달려 있다. 해방과 자유의 긍정은 신체적 역량이지 어떤 관념적인 이론 자체의 역량이 아니다.

사실 부정성은 다른 곳에서 긍정의 유물론에 조력한다. 그것은 일종의 반증적 우화와 같은 역할을 한다. 실제로 우리는 '아니'라고 말할 경우를 마주하게 되는데, 그럴 경우 부정성은 실천의 중심되는 방식이 아니라, 오히려 외곽에서 어떤 잠재적인 긍정성의 감응을 불

118 *Ibid.*, p. 468.

러일으키는 방식으로 작동한다. 이곳이 진정한 비판이 자리하는 곳이다. 이런 경우 "비판은 또한 진단(요법, clinical)이기도"[119]하다. 우리는 이 비판/진단을 통해 외곽으로부터 긍정성에 다가간다. "즉 부정성이란 우리가 가능한 미래를 창조하기 위해 잠재력들을 생성시킬 수 있는 영역의 바깥에 있는 것과 일치"[120]한다. 우리는 비판/진단으로서의 부정성을 통해 이분법을 전복시킬 태세에 돌입할 지식을 획득할 수 있다.

· 시체 애호가들의 부정성

우리를 죽이는 모든 것들은 우리의 역량을 감소시키는 부정성이다. 우리는 이를 간취하고 여기에 적극적으로 대처함으로써 슬픔과 무능력을 기쁨과 역능으로 변형시키기 시작한다. 변형의 과정에서 부정성은 정확히 들뢰즈·스피노자에서와 똑같은 기능을 한다. 이때 부정성은 긍정함으로써 그것으로부터 빠져나오는 것이다. 변증법은 부정성을 긍정의 역능을 억압하고 진압하기 위해 사용한다. 변증법은 부정성을 체계의 중심에 놓고, '모순'을 제작하며, 그 결과 헛된 종합 안에서 위안을 찾는다. 여기서 이익을 취하는 자들은 들뢰즈·니체의 방식으로 말하면 성직자, 압제자, 기득권 들이다. 예컨대 범람하는 혐오 발언은 변증법적 부정성이 판치는 너절한 언표들의 굿판이다. 그것은 이분법을 유지, 강화하고 그럼으로써 권력의 농간을 은폐하며 결과적으로 그것에 봉사한다. 마찬가지로 오로지 소공동체 내에서 요가나 명상에만 매진하는 것은 혐오 발언과는 다른 의미

---

119 *Ibid.*, p. 471.
120 *Ibid.*

에서 신체들의 도피처가 된다. 그것은 긍정성의 쇠퇴, 부정성의 인접항이지만 마치 역능의 강화를 가져오는 양 착각을 불러일으킨다. 신유물론의 시각에서 전자는 외부로부터 관계를 끊어 내고, 행위소들을 적대로 몰아가며, 후자는 내부로부터 관계를 끊어 내면서 신체들을 세계 위로 들뜨게 한다. 이 둘은 모두 외부/내부의 이분법을 작동시키는 기제들이며 결국 부정성의 슬픔에 영원히 침윤되게 한다.

만약 비판이 진단의 형태를 벗어나 부정성을 중심에 놓게 되면, 여기서 소위 "시체를 먹고 사는 철학자"[121]들이 나오게 된다. 이들은 가장 퇴폐적인 형태의 비판가들로서 슬픈 정념과 적대로 자신들의 이익을 취한다. 이들이 비록 슬픈 정념을 퇴치하고 적대하는 것들을 영원히 잠재운다고 외칠 때에도, 오히려 그 반대의 행동을 하는 것이다. 그들은 결국 이분법을 살찌우고 슬픔을 부양하며, 적을 통해 또는 그 적의 막강함을 통해 자신을 알아볼 뿐이다. "개념적인 하이에나들"[122]인 이들은 오로지 비판을 위해 부정성을 요청하고 그것을 전면에 내세우면서 먹고산다.

긍정의 유물론이 바라는 비판/진단은 저 시체 애호가들과는 달리 대상을 단순한 요소나 손쉬운 재료로 환원하지 않으며 오히려 그것의 미분적 요소들에 이르기까지 보다 복잡하게 바라보면서 거기 있는 잠재적인 것들을 현행화시키길 원한다. 다시 말해 슬픔을 기쁨으로, 수동성을 적극성으로 변화시킬 기제들을 알아보고 펼치길 원한다. 이것은 어떤 개인의 정념을 몇몇 요소로 분석하거나 오이디푸스삼각형으로 포획하려는 시도가 아니다. 이러한 '펼침'(folding)은

121 *Ibid.*, p. 472.
122 *Ibid.*

반드시 외부적인 마주침과 감응을 요청한다. 다시 말해 긍정의 유물론은 개별체에 갇히지 않으며, 반드시 둘 이상의 집단적 얽힘과 감응에서 시작하는 정치학을 산출한다. **통합하고 연결하기, 연결된 것을 변형하기, 그 변형을 극단으로 밀어붙여 배치를 완전히 일신하기**가 그 정치학의 모토다.

이렇게 함으로써 긍정은 여러 번 이루어지고, 이로 인해 우리의 역능은 증강된다. 다시 한 번 말하지만 이 증강의 프로그램은 트랜스휴먼적인 인간 지능의 증강과는 다르다. 물론 그러한 증강 과정이 요구되는 것은 필요하지만, 더 중요한 것은 '관계성의 증강'이다. 관계는 생성의 과정이며 생성은 창발이지만 개별체에 갇힌 인간 증강은 당장에 자본주의의 좋은 먹잇감이 될 뿐이다. 자본은 실제로 인간 증강 프로그램을 통해 행위소들의 관계를 제거하고 그 상처의 갈라진 틈에서 이윤을 취한다. 때문에 우리는 자본주의 제도에 의해 환멸로 변해 버린 문화 정치 안에 즐거움과 유쾌함을 주입할 필요가 있다. 그것이 곧 관계성의 증강이며 인간중심성을 벗어난 포스트휴먼의 윤리-정치학이다.

(2) 비근대의 포스트휴머니즘

· 혼종의 헤테로토피아

그러나 이러한 윤리-정치학이 가능하기 위해서는 근대/탈근대의 이분법을 넘어서야 한다. 우리는 라투르를 통해 근대도 탈근대도 각각 다른 방식으로 이분법들을 고수함을 알 수 있다. 이제 남은 것은 그의 방식대로 '비근대적 대안'을 마련하는 것이다. 하지만 '반근대'여서는 안 되는데, 이 반근대라는 레토릭은 근대/반근대라는 허구적인 층위의 이분법을 다시 발생시킬 뿐이기 때문이다. 우리가 집중해야 할 것은 비근대적 대안이다. 앞서 논한 것처럼 근대성은 그 자신이 그토록 공포스러워했던 혼종들을 매개하고 정화(purification)한다. 그러나 근대인들이 혼종을 정화하면 할수록 그것은 늘어날 것이고, 탈근대인들이 이를 비난하면서 자신의 선택지를 강화할수록 근대/탈근대라는 이분법적 순환의 늪에 빠진다. 이런 식으로는 슬픔의 정념을 넘어설 수도 없고 긍정의 유물론도 불가능하다.

비근대적 대안은 근대적 이분법을 부정하는 것이 아니라 그 이점들을 보존하되 "단점들은 계승하지 않아야 한다"[123]는 것이다. 마찬가지로 "전근대인들의 일원론의 모든 장점들을 유지하면서도 그 한계를 그대로 받아들여서"[124]도 안 된다. 더불어 탈근대인들이 가진 자기 성찰적 요소를 거부할 필요도 없다. 그런데 이때 탈근대적 성찰이 가진 풍자적 요소는 "긍정적인 것이 된다".[125] 시간성에 대한 탈근대인의 관점도 마찬가지로 긍정될 수 있다. 그들은 크로노스의 시간, 즉 근대를 벗어나 탈근대로 이른다는 식의 동질적인 시간관을 고수하려 하지만 그러한 시간관은 앞서 우리가 논한 시간의 세 가지 계기 중 하나로 긍정될 수 있다. 결국 비근대적 대안에서 전근대, 근대, 탈근대의 이분법은 차이화하고, 비실제적인 요소는 제거되며, 이들의 "악덕은 미덕이 된다—비근대적 미덕이 되는 것이다".[126]

그런데 기묘하게도 비근대는 근대든 탈근대든 간에 언제나 혼종들이 있어 왔던 것처럼 언제나 우리가 머물러 있는 장소와 시간이

---

123 라투르, 『우리는 결코 근대인이었던 적이 없다』, 332쪽(번역 수정).
124 앞의 책, 같은 쪽.
125 앞의 책, 334쪽.
126 앞의 책, 같은 쪽.

기도 하다.[127] 만약 우리가 이제 전근대, 근대, 탈근대를 탈출해서 어떤 새로운 비근대로 진입한다고 상상한다면 이것이야말로 근대적인 시간성(크로노스)에 속박되는 것이다. 비근대는 유토피아도 아니고 디스토피아도 아니다. 차라리 비근대는 헤테로토피아로서 우리가 결코 떠난 적이 없는 세계다. 헤테로토피아는 마치 근대적 의미의 신대륙과 같아서 미개척지이기도 하지만, 그때와는 또 달리 개척될 수 없고, 오히려 미개척지 그대로의 자연과 비인간을 건네준다. 그 이유는 이 미개척지가 바로 혼종들의 서식지이기 때문이다.

그렇다고 해서 이 비근대적 세계가 어떤 존재망각으로부터 비롯된 하이데거의 '숲길'은 아니다. 그 숲길에 들어서기 위해 하이데거는 기술적 대상을 일시 처분하고 고대의 향수가 물씬 풍기는 시적 시계(視界)로 진입해 들어갔다. 이런 식의 사유는 엄연히 실제하는 과학기술의 시대를 거짓된 것으로 몰아가고 저 노스텔지어에 어떤 보물들이 존재하는 양 여긴다. 모든 것을 포기하고 들어서는 숲길에서 우리는 무엇을 발견할 수 있는가? 존재와 존재자의 '존재론적 차이'라는 하이데거의 화두를 신줏단지처럼 모시면서 그의 기묘한 독일어들을 실재의 정수처럼 대하는 것은 아무 도움이 되지 않는다. 실재는 오히려 존재와 존재자 사이의 존재론적 차이가 아니라 '실제적 차이'에 서식하는 혼종성에 놓여 있다. 그래서 비근대인들은 철학이 "숲속이나 오솔길에서가 아니"라 "도시와 그 길에 있는 보다 인위적"인 것 속에 있다고 생각할 것이다.[128]

그렇기에 회고적인 세계는 더 이상 통용될 수 없다. 혼종들의

---

127 앞의 책, 324쪽 참조.
128 질 들뢰즈, 『들뢰즈가 만든 철학사』, 박정태 엮고 옮김, 이학사, 2007, 52쪽.

실존을 부정하는 방식도 가능하지 않다. 단 하나 남은 방식은 그러한 혼종성을 긍정하는 것이고 이왕이면 보다 영리하게 받아들이는 것이다. 그래서 비근대인은 혼종들을 대규모로 동원하고, 그것들과의 연결망을 계속 확장하는 방식을 취함으로써 차이화하기를 원한다. 이것은 당연히 계몽적 기획으로서의 혼종들의 분류나 계통화를 의미하지 않는다. 그렇게 말끔하게 시접 마감질되는 혼종은 존재하지 않는다. 혼종은 다양체에 서식하는 다양체-혼종이다. 전체와 종합을 넘어서는 그것들은 더 나아가 우리 비근대인들과 연결망을 형성하기 때문에 우리 자신을 물들인다. 여기서 혼종과 우리와의 구별은 무의미하다. 예컨대 그 구별을 유지하면서 혁명을 달성하고자 했던 마지막 시도인 사회주의는 오히려 굴락과 문명화된 소비에트 그리고 낙후된 농촌과 스타하노프식 공업을 극적으로 대립시킴으로써 은밀해야 하는 혼종들에 대한 정화작용을 노골적으로 만들었다.

혼종들은 비인간의 영역에 대한 정화가 아니라 긍정으로부터 나타난다. 이러한 긍정은 페미니스트들, 탈식민주의자들 그리고 반인종주의자들, 장애 인권 옹호자들, 동물해방론자들, 급진 환경운동가들, 퀴어 그리고 LGBT 이론가들에 의해 수행되어 왔다. 최근 라투르는 생태주의자들에게 '녹색계급'이라는 딱 맞는 명칭을 붙였다.[129]

· 휴머니즘의 끈질김

인간과 비인간의 이분법을 횡단하고 차이화하기 위해 필요한 것은 기본적으로 이 이론들과 운동들이 "'인간(남성)'에 대한 인간주의적

---

129 브뤼노 라투르·니콜라이 슐츠, 『녹색 계급의 출현』, 이규현 옮김, 이음, 2022.

관념에 함축된 것, 단적으로 '모든 것들의 규준'으로서의 인간이라는 관념"[130]에 근원적인 의문을 제기하였다는 점을 강조하는 것이다. 이 관념은 특히나 유럽 문화에서 두드러졌으며, 이성중심주의를 늘 동반했으며 마치 인간(남성)이 모든 존재자들을 대표하기나 하는 듯이 '휴머니즘'이라고 불리어졌다. 휴머니즘의 생명력은 매우 끈질기고, 지독하다. 왜냐하면 휴머니즘은 "인종을 멸절시키는 범죄에 공모"함에도 그런 것이 늘 "자유에 대한 거대한 희망과 열망을 지지하는"[131] 듯한 외관을 띠기 때문이다. 인간으로서 휴머니즘을 인정하는 것은 자연과 비인간 전체에 대한 관대한 시혜를 영광스러워하고, 마침내 자신의 모습을 바라보며 쾌락을 느끼는 나르시시즘으로 귀결된다. 그 쾌락은 파괴적이며 모든 종과 혼종들에 대한 절멸의 정언명법을 세우고 마침내 자기 자신마저 파멸로 몰아간다. 그러나 언제나 자기-파괴의 순간은 이런저런 핑계로 유예되기 일쑤고 따라서 파멸의 그 순간에 이르기까지 휴머니즘은 살아남을 것이다.

철학적인 휴머니즘의 가장 강력하고 노골적인 형태는 후설에게서 나온다. 그의 책 『유럽학문의 위기와 선험적 현상학』[132]에는 유럽 정신에 대한 가히 초월적인 자부심이 넘쳐난다. 여기서 유럽의 지리적 특수성과 문화적 특수성은 유럽에서 탄생하고 그것을 지금껏 지탱한 휴머니즘에 의해 보편적 차원으로 승격된다. 유럽의 모든 문화, 역사, 사회 체제와 교육 제도는 휴머니즘을 통해 세계적인 사상이자 문명의 이상이 된다. 하지만 이 문명의 이상은 나치즘으로 귀결

---

130 Rosi Braidotti, "Preface: The Posthuman as Exuberant Excess", Francesco Ferrando, *Philosophical Posthumanism*, London: Bloomsbury Publishing, p. xii.
131 브라이도티, 『포스트휴먼』, 27쪽.
132 에드문트 후설, 『유럽 학문의 위기와 선험적 현상학』, 이종훈 옮김, 한길사, 2016.

되었으며, 제국주의는 후설이 선언한 휴머니즘을 완전히 전도된 형태로 완성한다.

언제나 그렇듯이 문제는 해결되지 않은 채로 은폐된다. 세계대전의 끝과 더불어 제국주의가 사라진 것은 아닐 것이다. 사실상 제국주의의 근절은 정치 영역에서 일어나는 회담과 전쟁배상금, 또는 그 배상의무의 중단 조치에 의해 이루어질 수 없다. 신유물론적인 비근대성의 입장에서 이 제국주의는 언제나/이미 인간/비인간 이분법 안에서 숨쉬고 있었으며, 지금도 그러하다. 티모시 모튼의 말을 조금 비틀면 "우리를 제국주의 식민지로 데려가는 노선은 우리를 인간과 비인간 사이의 인간중심적 경계 지대로 데려가는 노선이기도 하다. 이 경계 지대는 인간과 비인간 간의 완고한 구별을 예상하는 것이다".[133]

따라서 근본적인 대안은 비인간 혼종들과의 동맹뿐만이 아니라 그것을 구현할 포스트휴머니즘의 전망에서 나온다. 포스트휴머니즘은 "지구적 시대를 위한 포스트휴먼 인류라는 전망"이며, "보수주의적 향수와 신자유주의적 도취라는 이중의 함정을 피하면서 공동체적 유대를 맺기 위한 원칙에 대한 기본적 열망을 구현한다".[134] 이것은 반휴머니즘과 일정 정도 공명하는데, 그것은 반휴머니즘이 인간의 해체라는 접근 방식을 취하기 때문이다. 하지만 반휴머니즘

---

133 "우리를 노예제와 인종주의로 데려가는 노선은 우리를 인간과 비인간 사이의 인간중심주의적 경계 지대로 데려가는 노선이기도 하다. 이 경계 지대는 인간과 사물 간의 또 다른 완고한 구별을 부분적으로 예견하는 것이다"(Timothy Morton, "They are Here", ed. Richard Grusin, *The Nonhuman Turn*, Minneapolis: University of Minnesota Press, 2015, p. 67).

134 브라이도티, 『포스트휴먼』, 20쪽.

은 포스트휴머니즘과는 달리 이분법의 해체에는 기여하지 않는다.[135] 라투르가 반근대를 비판하는 관점과 동일하게 포스트휴머니즘은 반휴머니즘에 대해서도 그것이 가진 한계를 정확히 비판하고 있는 셈이다. 이런 측면에서 반휴머니즘은 "모순들로 가득찬 포지션"[136]이다. 그것은 반휴머니스트들이 결국에는 휴머니즘의 슬로건, '나는 자유를 선호한다'와 같은 이상주의적 언표를 옹호하는 사태에서 잘 드러난다. 그래서 우선은 반휴머니즘의 해체적 전략을 가져오는 대신에 그것에서 더 나아가 "긍정의 포스트휴먼 포지션 쪽으로"[137] 전환하는 것이 요구되는 것이다. 왜냐하면 여기서 해체적 전략이란 "휴머니즘을 극복하려는 시도에 내재된 어려움"[138]을 곧잘 드러내는데, 그것이 해체가 가지는 언어학적 틀에 대한 집착으로 인한 것이기 때문이다. 따라서 우리는 포스트휴먼의 보다 복잡한 본성을 파악하기 위해 보다 더 긍정적인 유물론으로 가야 한다.

포스트휴먼 유물론의 조건은 물질에 있어서 자연/문화 이분법을 거부하는 것에 놓인다. 이렇게 해서 자연과 문화는 하나의 물질적 연속체로 사고되며, 그 범주적 구분을 파생적으로 본다. 이것은 사실 근대도 탈근대도 아닌 라투르가 말하는바, '비근대'의 지대에서 가능하다고 보아야 할 것이다. 앞서도 논했듯이 탈근대조차 벗어나지 못한 이분법적 사고방식은 근대성 자체를 이른바 비체화(abjection)함으로써 벗어날 수 있다. 다시 말해 이분법의 어느 항이라도 다른 항을 자신으로 환원해 아래에 던져 놓지(-jection) 않고 비환원적으

---

135 Ferrando, *Philosophical Posthumanism*, p. 3 참조.
136 브라이도티, 『포스트휴먼』, 43쪽.
137 앞의 책, 53쪽.
138 앞의 책, 44쪽.

로 떨어트려 놓아야(ab-) 한다는 것이다. 이렇게 함으로써 두 항 간에 차이의 체계가 열리며 이분법은 회복 불능의 상태에 놓이게 된다.

· 이분법의 비체

따라서 **포스트휴먼은 이분법의 비체다.** 마찬가지 이유로 포스트휴먼은 혼종성을 가진다. 예컨대 인간/비인간이라는 이분법의 두 항을 비체화하면 마침내 그 중간 지대가 열릴 것인데, 이 지대는 앞서 말한 바와 같이 차이의 지대다. 미분적인 차이가 범람하는 이곳에서 우리는 "양쪽 모두에서 발견되지 않을 혼종들"[139]을 발견하는 것이다. 이 혼종들이 발휘하는 역능의 생태는 우리가 여태 모르거나, 아직 모르는 것투성이다. 따라서 여기에 어떤 "아프리오리한 결정"[140]이 있을 리 없다. 이것을 우리는 페란도를 따라 '철학적 포스트휴머니즘'이라고 부를 것이다.

이 이론적 경향은 하이데거의 『휴머니즘에 관한 편지』(1947)에서부터 시작되었다. 여기서 그는 장-폴 사르트르의 『실존주의는 휴머니즘이다』에 대한 일종의 반휴머니즘적 방어를 기반으로 그 자신의 '현존재'(Dasein)가 인간이 아니며, 다만 존재가 현출하는 터(거기-있음)를 의미한다고 강조한다. 그 이후 철학적 포스트휴머니즘은 1960년대 유럽의 격동기에 정치적인 탄력을 받으며 성장해 갔으며, 점점 더 '인간'에 관한 급진적 해체와 관련 맺게 된다. 1970년대에 들어와 포스트휴머니즘은 비로소 아카데미 안에서 논의되기 시작했다. 이 시기에 들뢰즈와 가타리는 여러 텍스트들에서 "생성의

---

139 브뤼노 라투르, 『판도라의 희망』, 장하원·홍성욱 옮김, 휴머니스트, 2018, 146쪽.
140 Latour, "Part Two: Irreductions", *The Pasteurization of France*, p. 155.

비주체적(a subjective) 영역에 관한 존재론적 전망"[141]을 내놓았다. 이에 따르면 사유하는 주체는 생성의 과정 중에 있는 물질적 흐름 안의 어떤 잔여물에 해당된다.

1990년대에 포스트휴머니즘은 인식론적 접근으로 발전하면서 이런저런 이론적·실천적 전망 안에 자리 잡게 된다.[142] 헤일스의 『우리는 어떻게 포스트휴먼이 되었는가』(1999)는 이러한 계보가 완숙한 단계로 들어섰음을 의미하는 저서다. 이 이론적 경향은 비위계적 관점에서 인간적 인식과 차이 나는 비인간적 경험과 인식 체계에 관심을 가졌으며, 이로써 동물, 인공지능, 로봇, 더 나아가 미지의 생명 형태들에 이르기까지 관심 영역을 넓힌다. 이로써 우리는 포스트휴머니즘이 가진 "존재-인식론적 개방성이 인간성 자체의 혼종적 관점 안에 정립"[143]됨을 확인하게 된다. 따라서 "포스트휴머니즘은 일종의 실행(praxis)인 동시에 중재의 철학, 다시 말해 탈-이원론적이며, 탈-중심화 운동이자, 포괄적인 철학이자, 그 접근들이 타자성을 인정하고 스스로를 타자성 안에서 인지한다는 의미에서 '인정/긍정'(acknowledging) 유형의"[144] 철학이라고 할 수 있다.

· 포스트휴머니즘과 트랜스휴머니즘

여기서 좀 더 강력한 구분이 필요한데, 그것은 포스트휴머니즘과 트

141 Levi Bryant, Nick Srnicek and Graham Harman, "Towards a Speculative Philosophy", eds. Bryant, Srnicek and Harman, *The Speculative Turn: Continental Materialism and Realism*, Melbourne: re.press, 2011, p. 4.
142 Ferrando, *Philosophical Posthumanism*, p. 2 참조.
143 *Ibid.*
144 *Ibid.*

랜스휴머니즘이다. 포스트휴머니즘이 앞서와 같은 계보 안에서 포스트모더니즘을 거쳐 탄생하는 동안, 트랜스휴머니즘은 다른 편에서 그 기원을 계몽주의에서 찾고 있었다. 그러므로 그것은 휴머니즘을 전복하지 않는다. 포스트휴머니즘과 트랜스휴머니즘을 동일 선상에 놓고 파악하는 광범위하고 어리석은 오류와는 반대로 트랜스휴머니즘은 오히려 "극단적-인간주의"(ultra-humanism)로 정의되어야 한다.[145] 트랜스휴머니스트들은 인간 증강 프로그램에 사활을 걸고, 그것이 고전적 인간 형태를 변형시키는 '포스트'인 양 말하지만, 결국 고리타분한 인간중심주의로 회귀할 뿐이다. 게다가 이는 앞서 논했던 바처럼 기존 체제의 좋은 먹잇감이 된다. 이들의 과학기술(재생의학, 극단적 수명 연장, 정신-업로딩, 냉동 인간 등등)은 기존의 인간 조건을 급진적으로 변형시킴으로써 포스트휴먼이 되는 수단이다. 종종 이러한 관점은 생태적이고 비인간 환경의 문제에 접근함에 있어서 매우 단선적이며 기술 환원주의적인 태도로 일관하면서, 오래된 진보주의 역사관을 공유한다.

　　포스트휴머니즘은 트랜스휴머니즘의 증강 프로그램처럼 개인을 주요 주제로 하지 않는다. 포스트휴머니즘에서 개인은 '배치'의 결과 또는 효과다. 즉 인간과 비인간 행위자들 사이의 횡단적 상호관계가 그것이다. 이는 라투르의 행위자-네트워크 이론과 크게 다르지 않다.[146] 이런 방식으로 포스트휴머니즘은 이원론(이분법)에 의해 작동하지 않는 지각(perception)을 통해 인지되며 수행적으로 실천된다. 마찬가지로 포스트휴머니즘은 "삶/죽음, 유기체/인조체 그

145　*Ibid*., p. 3 참조.
146　브라이도티, 『포스트휴먼』, 62쪽 참조.

리고 자연/인위의 분명한 분할"[147] 또한 해체한다.

그래서 포스트휴먼의 형상은 어떤 비위계적이고, 비경계적인 "초정상"(supernormal)으로서, "자연적 경계의 가소성"이며 따라서 표준화된 "좋은 형태/형식에 대한 어떤 자연스러운 경멸"을 동반한다.[148] 초정상은 표준화된 형식을 거스르면서 형태왜곡을 달성하며, 그러는 중에 정상성을 초과하는 운동을 한다. 이것은 위반이면서, 준법이고, 해체이면서 구성이다. 긍정의 유물론의 행위소로서 포스트휴먼은 단순한 부정의 지위를 원하지 않는다. 그들은 상황 안에서 그것을 긍정하고, 올라타며, 그로부터 괴물을 분비한다. 때문에 포스트휴먼의 초정상성은 이런 의미에서 '초월론적'(transcendental)이다. 즉 이들은 초월론적 경험론의 수행자로서 상황 안에서 공통된 척도 없이 정상성을 초월하고 기형적인 활력을 긍정하면서 극단을 향해 나아간다. 이들이 도달하는 곳은 어떤 분자적 생성의 지대이며, 들뢰즈·가타리의 언어를 빌리자면 '식별 불가능성의 지대'다. 양식을 위반하는 감응의 역능을 발휘하는 것은 포스트휴먼 투사의 미덕이기도 하다.[149]

이 유물론적 배치와 감응의 질서 안에서 "인간은 이미 포스트휴먼이다".[150] 이것은 "자기성/타자성 패러다임의 해체에 기반하여, 관계성과 자율성이라는 두 가지 과정 안에서" 비근대 포스트휴먼을 바라보는 방식이기도 하다. 관계성과 자율성은 언제나/이미 포스트휴먼의 조건이었으며, 따라서 포스트휴먼은 이미 도래했다. 그러나

---

147 Ferrando, *Philosophical Posthumanism*, p. 5.
148 Brian Massumi, "The Supernormal Animal", *The Nonhuman Turn*, p. 35.
149 *Ibid.*, pp. 35~41 참조.
150 Ferrando, *Philosophical Posthumanism*, p. 6.

포스트휴먼은 레비나스의 철학에서와 같은 식으로 타자성을 절대화하면서 종교적 신성성으로 드높이지 않는다. 포스트휴먼은 타자를 관계적이면서도 자율적인, 즉 관계이면서도 비관계인 비환원의 객체로 생각한다.

이제 이 절에서 이루어진 우리의 논의를 종합해 보자. 우리는 신유물론이 구유물론과 어떻게 차이가 나는지(그러나 이것은 본성적 차이는 아니다), 특히 근대 유물론이 여전히 물질의 능동성을 충분히 받아들이지 않는다는 것을 배웠다. 기계론에서 그치지 않고, 근대 유물론은 힘의 유물론으로 나아가는데 그것은 언제나 하이데거가 의미심장하게 언급한 그 '근대 형이상학'의 심장을 흐르는 대동맥이었다. 여기까지, 하이데거는 옳게 봤다. 문제는 그의 '존재'라는 것이 유물론의 물질과는 도저히 어울리지 않는다는 데 있다. 차라리 하이데거가 존재로부터 현출하는 그 존재사건이 독특하게 물질적인 사건이라는 점을 깨달았다면, 당대인들과 사물들을 모조리 존재망각의 역사 속에 수동적으로 흔들거리는 마리오네트로 취급하지는 않았을 것이다.

마찬가지로 근대 유물론이 '힘'을 내세울 때조차 그것은 외부로부터 불어넣어진 '생기'에 다름 아니었다. 그런데 데카르트에서 스피노자로 시선을 돌리면 물질의 풍경이 일신한다. 능산적 자연(natura naturans)과 코나투스는 스피노자에 대한 신유물론자들의 관심의 이유를 설명해 준다. 그렇다면 여기서부터 뭔가 독특한 재독해의 여지가 생겨날 것이다. 이런 의미에서 알튀세르의 '우발적 유물론'('교전의 유물론')은 스피노자를 포함하여 맑스에 이르는 어떤 유물론적 근대성의 계보를 추적한 결과라 해야 한다. 또한 들뢰즈가 스피노자를 새로 쓰면서 언급한 그 '신자연주의'란 근대성의 괴물 또는 하이브리드가 어떤 방식으로 재독해되어 이 애매한 시대의 태양 아래 드러나는지를 가르쳐 준다. 게다가 이렇게 재독해된 스피노자는 "내재성과 신체에 대한 사유"이면서 자연을 "어떤 긍정적이고 생산적인 역능으로 규정"하는 동시에 슬픔을 물리치고 기쁨의 역능으로 이끄는[151] 윤리-존재-인식론(ethico-onto-epistemology)의 기능을 한다.

스피노자 철학이 가진 재독해의 여지는 그가 자연 물질들에 대해 접근 가능성을 전제한다는 데 있다. 신-실체-자연은 신비로운 사물-자체가 아니고 속성과 양태로 이루어진다. 그것은 라투르가 "우리는 사물들의 현상만이 아니라 사물-자체에 접근할 수 있기를 원한다"[152]고 할 때의 '사물-자체'다. 그렇다고 해서 이 사물-자체가 인간적 인식에 포획당하는 것이 아니라는 점은 분명하다.

· 물질의 가소성과 비근대 포스트휴먼의 형상

그러나 물질은 그 기원에서부터 과정에 이르기까지 비밀에 부쳐져 있는 것은 아니다. 그것은 경험적으로 알려지며 이론적으로 사유될 수 있다. 객체-물질은 "그것들을 생성시키는 뜨거운 사건들로부터 객체들을 하나의 자연과 하나의 사회의 본질적 요소들로 변형시키고 점진적으로 이 열기를 가라앉히는 과정에 이르기까지 속속들이 밝혀져야 한다".[153] 이것은 물질이 고정된 것이 아니고 끊임없이 '실체 전환'한다는 것을 드러낸다. "즉 물질은 단어들로, 식물과 객체들

---

151 Ansell-Pearson, "Deleuze and New Materialism: Naturalism, Norms and Ethics", *The New Politics of Materialism*, pp. 96~98 참조.
152 라투르, 『우리는 결코 근대인이었던 적이 없다』, 227쪽.
153 앞의 책, 335쪽.

로, 피와 신념들로 등장한다."[154] 이 '실체 전환'이라는 커비의 물질적 가소성 원리는 저 라투르의 '비환원적 물질'과 다르지 않다. 왜냐하면 이 둘 모두 어떤 물질적 객체가 다른 것으로 환원되는 것이 아니라 관계 안에서 변형된다는 것, 또는 창발한다는 것을 드러내기 때문이다.

다른 점이 있다면 커비에게 이 전환은 물질 내부에서 개별체 (entity)보다 먼저 도래하는 '관계'(relation)에서 비롯되지만 라투르에게 그것은 네트워크로 불리는 관계 안의 '행위소'(행위자) 간의 '협상'(negotiation)에서 비롯된다는 것이다. 라투르에게 '실재'란 이러한 타자와의 협상으로부터 생겨나는 원리다("실재의 원리는 타자다"The Principle of Reality is other People[155]).[156] 그래서 모든 객체-물질은 자기만의 '장'을 갖게 된 비환원적 가소물이다. 이 광범위한 '물질적 장'이 제각각의 패치워크를 형성하면서 불일치의 패턴을 드러낸다면, 그것은 어떤 일원론 안의 불일치일 것이다. 만약 여기에 말끔하게 이어 붙여진 물질의 패턴이 존재한다면 그것은 어떤 일자로 환원되거나 각자가 각자로 환원되어 아무것도 남지 않게 된다.[157]

이 비환원성은 라투르의 독특한 개념을 사용한다면 개별체들 또는 행위소들 간의 '겨루기'(trial)를 초래한다. "오로지 강함에

---

154 Vicki Kirby, "Matter out of Place: 'New Materialism' in Review", ed. Kirby, *What if Culture was Nature all Along?*, Edinburgh: Edinburgh University Press, 2017, p. 15.

155 이것은 "타인은 지옥이다"(L'enfer, c'est les autres; Hell is other People)의 변형이다. 이 말은 사르트르의 희곡 〈출구 없는 방〉에 나오는 대사다.

156 Latour, "Part Two: Irreductions", *The Pasteurization of France*, p. 166.

157 라투르의 물질적 객체는 매우 강력한 이산성을 가진다. "내가 언급하는 사물(stuff)은 드물고, 이산적이며, 대개 텅 비어 있다. 수집, 침투 그리고 충만은 어떤 국가의 지도 위에 있는 여러 도시들처럼 공통적이지 않으며 흩어져 있다"(*Ibid.*, p. 162).

속하는, 약함에 속하는 겨루기들만이 존재한다. 또는 보다 간단하게 말해, 오로지 겨루기들만이 있다."[158] 이렇게 해서 행위소들은 어떤 '세 번째 행위소'를 위해 연결된다. 행위소들은 "다른 것들과 연합함으로써 힘을 얻을 수 있"[159]는데, 여기서 맺어지는 관계는 '번역'(traduttore)[160]으로 불린다. 겨루기 속에 이루어지는 '번역'은 앞서 말한 재해석하고 재조합하는 객체-물질의 역능이 될 수 있다. 이에 기반하여 단일한 실체의 두 속성, 또는 정신-물질, 자연-문화라는 이분법이 차이의 차이화를 통해 해체될 계기를 마련하게 된다.

그리고 여기에는 그 어떤 '본질'도 없다. 중요한 것은 외형(shape)이다. "외형은 [⋯] 해-체하고, 이-전하며, 내-형성하거나 수-행하는 힘겨루기의 최전선"[161]이기 때문이다. 또한 "외형은 어떤 주름처럼 형성된다".[162] 하나의 주름 안에 형성되고 형성하는 힘겨루기를 통해 표면의 존재론이 등장할 수 있게 되는 것이다. 그러나 여기에 그 어떤 규칙도 존재하지 않는 것은 아니다. 행위소들은 수행적인 배움을 형성하면서 그러한 규칙들을 다듬어 나아가는 것으로, 카오스적 상태를 벗어나 현행적 상태에서 어떤 재배치를 달성하게 될 것이다. 이것을 우리는 '비근대 포스트휴먼의 형상'으로 부를 수 있다.

---

158 *Ibid.*, p. 158.
159 *Ibid.*, p. 160.
160 라투르는 '번역'이 가지는 의미를 다음과 같이 설명한다. "아무것도 그 자체로 다른 어떤 것과 동일하지도 다르지도 않다. 즉 동등한 것은 존재하지 않으며 오로지 번역들만이 있다. [⋯] 나는 이것을 '관계성의 원리'(principle of relativity)라고 부른다. 어떤 관찰자가 빛의 속도보다 더 빨리 다른 것과 소통하는 것이 불가능한 것과 마찬가지로, 행위소들 간에 이루어질 수 있는 최선의 것은 하나에서 다른 것을 번역하는 것이다"(*Ibid.*, p. 162).
161 *Ibid.*, p. 159.
162 *Ibid.*, p. 160.

(3) 인류세와 자본세에서 새로운 정치적 주체

· 인류세라는 용어

'인류세'(Anthropocene)는 인간을 의미하는 'anthropos-'와 시간대를 의미하는 '-cene'의 합성어다. 이 용어는 1922년 구소련 지질학자인 알렉세이 파블로프에 의해 처음 사용되었다. 당시에 이 용어는 그리 주목을 받지 못했는데, 그것은 1980년 지구과학자인 유진 스토머가 다시 사용했을 때에도 그리 달라지지 않았다.[163] 이러한 무관심은 우리와 아주 가까운 그 시대에조차 지구 대지의 지질학적 변화에 인간이 미치는 영향에 대해 심각하게 지각하지 못했다는 것을 드러낸다. 보통 지질학적 연대기 기록법에서 '세'는 엄청난 전 지구적 변화에 봉착했다는 것을 함축하지만, 인류는 재난이 눈앞에서 보일 때에야 비로소 그 변화를 느끼게 된 것이다.

'인류세'에 대한 본격적인 정의는 폴 크루첸이 『네이처』지에 낸 작은 에세이[164]에서 비롯된다. 크루첸은 인류세가 제임스 와트의 증기기관이 발명된 이후 이산화탄소와 메탄의 전 지구적 농도가 증가하기 시작한 18세기 말에 시작되었다고 말한다. 크루첸의 시기 구분은 사실상 인류세의 범위를 축소시키는 결과를 초래하는데, 그래서 최근의 인류세 이론가들(예컨대 모튼)은 그 범위를 농경시대의 시작으로까지 확장한다.[165]

---

163 송은주, 「포스트휴머니즘과 인류세」, 『Horizon』, https://horizon.kias.re.kr/13436/ (2022년 9월 8일 마지막 접근) 참조.

164 Paul J. Crutzen, "Geology of Mankind", *Nature*, vol. 415, 2002.

165 인류세의 시기 구분에 대한 이견들은 세 가지가 있다. 첫 번째 견해는 7,000~8,000년 전 농경시대에서 시작되었다는 것이다. 두 번째 견해가 다수설인데, 크루첸의 견해와 같이 산업혁명 이후라고 본다. 세 번째는 2차 세계대전 이후 산업화 시기, 이른바 '대가속'(the Great Acceleration) 시기를 시작점이라고 본다. 세 번째 시기에 대한 특정한 견

크루첸에 따르면 인류세라는 생각과 유사한 사고방식은 1873년에 지질학자인 안토니오 스토파니가 지구 자체의 힘에 필적할 만한 인류의 힘을 새로운 '대지적 힘'(telluric force)이라고 불렀던 것에서도 보인다. 스토파니는 이것을 두고 '인류 지배 시대'(Anthropozoic era)라고 불렀다. 이후 1926년 블라디미르 이바노비치 베르나드스키는 인간의 진화와 진보가 주변 환경에 미치는 막대한 영향력을 환기했다. 또한 테야르 드 샤르댕과 베르나드스키는 '이성역'(noösphere)이라는 용어를 처음으로 사용했다. 이는 점증하는 인간의 두뇌의 역량이 미래와 환경에 미치는 영향을 지시하는 것이다.[166]

지난 3세기 동안 인구수는 60억 이상 10배 증가했고, 그 증가 속도도 기하급수적이다. 크루첸은 21세기에 100억에 도달할 것이라고 예상한다. 이에 따라 인간들이 먹기 위해 키우는 가축들의 수도 늘었으며(약 14억 마리) 이는 메탄가스 증가를 가속화하고 있다. 지구 행성 표면의 30~50%가 인류에 의해 착취당함으로써 열대우림지역이 급속도로 사라지고, 생물 멸종도 맹렬히 증가하는 중이다. 댐 건설과 유역변경으로 인한 인류의 물 사용량은 행성 전체 물 사용량의 절반에 육박한다. 또한 공격적 수산업으로 인해 해양 어로 자원의 남획은 극에 달하고 있다. 인간이 사용하는 전체 에너지는 20세기 동안 16배 올랐고, 이는 대기 중에 자연적 배출량의 2배에 이르는 1억 6,000만 톤의 이산화황을 발생시킨다. 그 밖에 질소비료의 사용,

---

해는 이 시기에 핵실험으로 인해 지구 토양이 급속하게 영구적으로 변화해 버렸다는 점을 든다(송은주, 「포스트휴머니즘과 인류세」, 『Horizon』 참조.
166 Crutzen, "Geology of Mankind", *Nature* 참조.

화석연료 사용으로 인한 일산화질소의 배출은 온실가스를 꾸준히 집적시켜 왔다. 이런 수치들을 표시하는 그래프는 18세기에서 20세기 말에 이르기까지 가파른 기울기로 상승 중이다. 가장 중요한 것은 이러한 결과들이 세계 인구의 단 25%에 의해 야기되었다는 것이다. 이는 인류세의 파국적 상황에 대한 책임이 어디에 있는지 분명히 해 준다.

이 개념이 현재 상황을 맞춤하게 드러내는 용어로 밝혀지자마자 여기저기서 무언가 위험스러운 징조를 표현하는 데 마구잡이로 사용하는 바람에 그것이 무엇을 지칭하는지 때로는 불명확해지기도 한다.[167] 사실상 이 개념에서 인류 또는 인간은 중립적인 의미를 가지지 않는다. 인간은 언제나 어떤 '세', 즉 시대에서 예외적이고 특권적인 형상을 하고 있으며, 이 시대에 와서 그 특권이 더욱 도드라졌다는 것을 의미한다. 그러나 진실은 인간이란 비인간 없이 생존할 수 없다는 점이다. 신유물론의 입장에서 인류세의 인간은 명확히 말해 지구물리적인 힘의 차이화 과정 안에 존재하는 행위소 중 하나다.

・ 자본세

특히 중요한 것은 인류세가 일률적이고 동질적인 인간 집단을 상정한다는 점이다. 하지만 그런 인간 집단은 존재하지 않는다. 크루첸도 지나가면서 말했듯이 환경오염을 야기한 지구상의 25%가 나머지 75%와 같을 수는 없기 때문이다. 신유물론자들은 이와 같은 상황에서 인류세를 차이화할 필요를 느낄 수밖에 없을 것이다. 이들은 소위

---

167 Josef Barla, "Anthropocene", *New Materialism*(웹 저널), https://newmaterialism.eu/almanac/a/anthropocene.html(2022년 9월 9일 마지막 접근) 참조.

인간의 시대라는 것이 어떻게 형성되어 왔는지 지구학자들이나 여타 아카데믹한 인류학자들보다 더 세심하게 살피는 데 주의를 집중한다. 이들은 시공간과 신체를 가로질러 생성되는 차이 나는 대지적 결과들을 재구성함으로써 인류세가 초역사적인 동질성에 빠지는 것을 방지한다.

이에 따라 제이슨 무어는 인류세를 비판하고 자본세 개념을 정식화한다. 이 개념의 전면에 '자본'이 등장하는 것은 오늘날의 생태적 파국의 책임 소재가 어디에 있는지를 분명히 한다. 즉 보다 근본적인 책임은 인류 전체도 아니고, 과학기술도 아니며, 특정 역사 시기에 발생하여 지배적인 이념이자 수행적 매개체가 된 자본에 있다는 것이다. 자본은 자연을 거의 헐값이나 공짜로 착취함으로써 위기를 지구 대지의 지속적인 토대로 만들었고, 이에 따라 지질학적 연대기와 자본주의 역사를 구분 불가능하게 만드는 지점을 형성해 왔다.

따라서 생태 위기를 사유하기 위한 보다 세밀한 논점은 자본세에 있다는 것이 무어의 주장이다. 그는 대중적인 인류세 개념이 인간과 다른 종들에 대한 자본주의적 폭력이나 불평등을 근시안적으로 취급한다고 본다. 그렇게 함으로써 인류세 개념을 사용하는 정치학은 투쟁의 타깃을 불분명하게 한다. 이는 "자본주의와 행성적 위기의 자본 발생성"[168]을 삭제해 버리는 결과를 초래한다. 이렇게 해서 인류세 개념은 복잡한 이야기를 너무 쉽게 만들어 버린다. 왜냐하면 이 개념이 "근대성의 전략적인 권력관계와 생산관계에 새겨진 자연화된 불평등과 소외, 폭력에 이의를 제기하지 않기 때문이다".[169] 무

---

168 Jason W. Moore, "The Capitalocene, Part II: Accumulation by Appropriation and the Centrality of Unpaid Work/Energy", *The Journal of Peasant Studies*, vol. 45, 2018, p. 3.

어는 이러한 중요하고 구체적인 사안들을 논외로 하는 과정에서 인간 활동이 균일한 작용 단위인 '인류'로 환원된다고 말한다. 즉 인류세는 환원주의를 작동시킨다. 불평등, 상품 물신화, 제국주의, 가부장제, 인종 등등은 저 환원주의적 표상 안에서 부수적인 기능만을 할 뿐이다. 무어는 이렇게 된 것이 어떤 아주 오래되고 별 비판 없이 받아들여지는 서사에서 비롯되었다고 보는데, 그것은 "'인간의 사업'이 '거대한 자연력'에 대항하도록 설정된 서사"[170]다. 무어의 이런 진단은 인류세 개념이 자연/문화 이분법에 기반하고 있다는 것을 드러낸다. 다시 말해 그것은 "인간성을 생명의 그물과 분리하는 전통적 기술 방식이자 분석적 논리"[171]인 셈이다.

인류세의 친숙한 논리와 서사는 인간을 한 부분으로 취한 다음 자연을 거기 대립시키고 그 불분명한 인간 전체를 악마화한다. 무어는 이런 방식의 논법을 "녹색 산술"(Green Arithmetic)이라고 부른다.[172] 녹색 산술에서 작동하는 이분법은 인간과 자연을 분리한 뒤 자연을 인간의 통치권 안에 억지로 욱여넣음으로써 자연의 능동적 물질성을 간과하는 실수를 범하게 만든다. 이때 산업혁명이라는 특정한 역사 시기는 녹색 사상의 '북극성'이 된다.[173] 무어에 따르면 이는 '결과주의적 편향'이다.[174] 또한 인류세 논증은 인류를 거대한 '집단

---

169 제이슨 W. 무어, 『생명의 그물 속 자본주의: 자본의 축적과 세계생태론』, 김효진 옮김, 갈무리, 2020, 274쪽.

170 앞의 책, 275쪽.

171 Moore, "The Capitalocene, Part I: On the nature and Origins of Our Ecological Crisis", *The Journal of Peasant Studies*, vol. 44, 2017, p. 2.

172 *Ibid.* 참조.

173 *Ibid.*

174 무어, 『생명의 그물 속 자본주의』, 276쪽.

적 행위자'로 구성해 내는데, 이는 몇 가지 중요한 오해를 불러일으켰다. 첫째로 그것은 "근대세계 체제의 가족구성과 인구이동의 패턴"[175]을 간과한다. 둘째로 "기술-자원 복합체가 역사적 변화를 견인한다는" 기술환원주의적 관점을 취한다. 셋째로, 자본과 계급, 제국의 역사를 도외시한다. 이러한 사항들은 인류세 개념이 자본과 그것의 정치적 작동 메커니즘에 눈을 감기 때문에 발생한다. 이런 측면에서 인류세 논증은 근대적 녹색 사상에서 산업주의의 한 모델이 된다. 모든 것이 산업혁명에서 시작되었다고 보는 순간 16세기부터 시작된 토지와 노동에 대한 시초 축적의 폭력성과 새로운 구획 과정이 모두 사상된다.[176]

그래서 인류세 옹호자들이 말하는 환경학은 사회와 자연을 단순히 더한 것이다. 이것이 완전히 무의미한 것은 아니지만, 이 관점은 인간 활동의 무소불위성을 강조한 나머지 인간적 관계들에 대한 자연-물질의 생산적·능동적 촉발을 놓친다. 즉 자연은 단순히 자원이 아니라 인간과 비인간 모두를 망라하는 일종의 매트릭스라고 해야 한다. 자연은 우리를 통과해 가는 흐름이지 그 역이 될 수 없다.

요컨대 인류세에 기반한 정치적 주체는 산업혁명이라는 북극성을 따라 화석연료나 발전소를 폐쇄하기를 바라지만, 자본세의 경우에는 그 발전소를 가동시키는 자본주의적인 관계 자체를 폐절하기를 원한다. "화력발전소를 폐쇄하면 지구온난화를 하루 늦출 수 있고, 화력발전소를 만든 관계들을 폐쇄하면 그 발전소를 영원히 멈

---

175 앞의 책, 277쪽.
176 앞의 책, 282~283쪽 참조.

출 수 있"[177]기 때문이다. 이것은 일종의 이론적 선택지를 제시하게 되는데, 그것은 "자원결정론과 기술결정론이라는 유서 깊은 관념들에 의존하는 인류세에 정말로 살고 있는가? 아니면 우리는, 자본의 끝없는 축적을 특별히 우선시하는 관계들로 형성된 역사적인 시대인 자본세에 살고 있는가?"[178]라는 선택지다.

신유물론은 이 선택지 중 자본세를 택하고 인류세를 더 풍부하게 각색할 필요가 있다. "그것은 모두 산업혁명에서 시작되었다"라는 상용구를 읊기보다 그 이전 16세기경부터 시작된 보다 폭력적인 사건들(인클로저, 농민의 부랑민화, 원주민 축출과 자연의 착취 등)에 더 관심을 가진다. 이렇게 보았을 때만 인간을 산업주의적 '데우스 엑스 마키나'로 바라보는 것을 그만두게 되며, 인간 자신을 생명의 그물 속에서 특정한 재능을 부여받았지만 특별하지는 않은 환경 형성 종 중 하나로 인식할 수 있게 된다.[179]

이런 측면에서 자본주의 또한 이 생명의 그물 속의 내생적 행위자로 바라보는 것이 매우 긴요하다. 그렇지 않으면 우리는 또다시 저 인류세적 우화 안에서 인간을 자본주의로 대체하는 결과를 초래할 것이기 때문이다. 그 결과 몇몇 연구자들은 자본주의에 맞서는 자기-재생적 가이아(Gaia)로서의 자연이 마침내 인류-자본주의 복합체에 대한 복수에 돌입했다는 망상에 빠져 버리곤 한다. 자연은 그런 식의 복수나 되갚음을 통해 스스로를 재생하지 않는다. 자연에도 인간에게도 그런 권리는 없다. 오히려 자본주의 구성체는 자연과 '더

---

177 앞의 책, 279쪽.
178 앞의 책, 280쪽.
179 앞의 책, 284쪽.

불어' 또 그것을 '통과하여' 공-생산(co-production)된다. 이때 '공'
이란 조화만이 아니라 불화도 포함하는 길항관계를 의미한다. 사실
상 모든 관계성은 조화와 불화를 모두 포함한다. 그것이 물질적 흐름
이라는 큰 관계성 안에서 벌어지는 극화(dramatization)의 양상이다.
따라서 인류세의 규정은 이 극화의 양상 안에서 정점을 향해 가는
3막의 내용에 해당되며, 그것의 핵심은 자본세다.

이때 물질적 흐름은 어떤 실체가 아니다. 무어가 강조하는 것처
럼 이 흐름은 관계적이다. 이 흐름 안에서 인류세적인 지질학은 자
본세적인 권력론, 생산론과 함께 역사적인 사실을 현시한다. 이것은
국지적인 동시에 보편적이다. 왜냐하면 자본주의라는 사회구성체는
전체 시간 안에서 국지적이지만 생명의 그물로서의 자연-문화의 물
질적 흐름은 그 국지적 사건을 포함하는 보편성을 띠기 때문이다. 물
론 이 보편성은 국지적 사건들을 떠나 초재적인 상태로 있을 수 없
다. 따라서 "국가와 계급, 상품의 생산과 거래도 역시 인간 자연과 비
인간 자연의 다발"이며, 이로써 "자연-속-인류의 관계를 크고 작은
지리 안에 공히 재배치하는 과정과 프로젝트"가 진행된다.[180]

이 과정 안에서 초기 자본주의는 생명의 그물 안에서 공-생산
된 관계들, 다시 말해 자원을 일/에너지로 변환하고, 이 일/에너지를
자본으로 변환한다. 그리고 이 변환의 관계는 특수한 사안이지만, 그
특수성을 숨기고 보편적 형상으로 나아간다. 마찬가지로 상품은 가
치로 변환되고, 이 가치는 단순 형태에서 일반적 형태에 이르기까지
단계를 거치면서 화폐로 변환된다. 이렇게 해서 화폐 형태가 보편적

---

180 앞의 책, 289쪽.

형상이 되는 것이다. 이때 가치법칙은 단순히 경제적인 의미만을 가지지 않는다. 오히려 그것은 추상화되고, 사회적 필요 노동으로 치환되면서 그것을 실제로 가능하게 하는 근거를 사상한다. 그것은 바로 인간과 비인간에 대한 전반적인 약탈과 침략의 반복되는 시초 축적 과정이다.

무어는 이것을 '새로운 가치법칙'이라고 말한다. 이 가치법칙에서 가치를 구성하는 요소들에는 추상적인 사회적 노동(착취)과 더불어 그것의 외부가 모두 포함된다. 즉 노동력의 착취와 함께 그 착취를 가능하게 하는 조건이 그것이다. "자본주의는 생명/일을 상품화해야 하는데, 그렇게 하기 위해 오히려 미상품화된 생명/일의 '무임 승차'에 의존한다."[181] 그렇기 때문에 제국과 국가들은 상품을 만들기 이전에 수많은 탈영토화된 영역들을 영토화하고 거기 코드들(법적·문화적·성서적 코드들)을 새겨넣었다. 이것은 연대기적으로 자본주의 이전에 일어난 일이라고 부를 수는 없다. 그것은 상시적으로 일어난다. 후기자본주의는 심지어 우주 공간마저 영토화하는 중이다. 따라서 이 추상적·사회적 노동 외부에 존재하는 저렴하고, 많은 경우 공짜인 저 영역들이 끊임없이 강제로 구조 안에 편입되는 사태는 앞으로도 계속될 것이다.

이 과정을 인류세를 바탕으로 보면 모든 것이 '인류'에 귀책된다. 그러나 그것은 그릇된 규정이다. 우리는 보다 구체적이고 정확할 필요가 있다. "인위 개변적인 지구온난화라는 것만큼 이 위험을 구체화하는 말도 없다. 당연히 이것은 거대한 거짓이다. 지구온난화는

---

181 앞의 책, 307쪽.

추상적인 인간성, 즉 인류(the Anthropos)의 결과가 아니다. 지구온난화는 자본세적이다."[182] 자본세라는 프리즘을 통해 보면 대지의 지질학적 힘들과 사회적 실천들은 구분 불가능할 정도로 얽혀 있기 마련이다. 그것은 색과 색의 접경지대처럼 불안하고 불투명하지만, 그만큼 고밀도의 강도로 드러난다. 여기서 대지는 지구 대지일 뿐 아니라 각 객체의 신체로서의 대지이기도 하다. 여기서 중요해지는 것이 바로 '생명기술-권력'이다. 이 개념은 "생물학적인 것, 지질학적인 것, 기술적인 것과 사회적인 것의 얽힘들을 파악하기 위한 도구"[183]로서 푸코의 생명-권력에 과학기술적 실천을 부가한다. 이 개념하에서 다양한 대지들은 후기자본주의 과학기술의 실천에 의해 공히 변형되고, 체현되며, 착근되는 상태에 놓이고, 거기에 반작용하거나 작용한다.

· 인류 · 자본세와 초월론적 수동성의 주체

인류세를 보다 분명하게 자본세의 관점으로 이끄는 것은 그 주체적 가동성(operation)의 측면에서다. 만약 생명기술-권력이 단순히 인간적 주체를 억압과 강탈의 대상으로만 취급하고, 이에 따라 주체가 고분고분한 대상처럼 권력 앞에 조아린다면 문제는 발생하지 않는다. 인류세가 귀책의 행위소로 인간적 주체를 내세우는 동안 고무되는 것은 주체의 주체성이 아니라 주체의 객체성이다.[184] 신유물론의 입장에서 이것은 매우 환영할 만한 일일 것이다. 하지만 그와 더불어

---

182 Moore, "The Capitalocene, Part II", *The Journal of Peasant Studies*, p. 1.
183 Barla, "Anthropocene", *New Meterialisms*.
184 *Ibid.* 참조.

그 권력망 안에서 어떤 방식으로든 주체의 착근성(embeddedness)이 발휘되고, 그다음에 거의 대부분의 현상들이 이로써 구성된다는 사실도 놓칠 수 없다. 이것은 자연과 인간적 주체의 상호 관련성이 아니라(상호 관련성은 관계 이전의 고유한 속성을 지닌 관계항을 전제로 한다), 그런 관련성을 초과하는 물질적인 흐름과 얽힘이라고 할 수 있다.

따라서 주체는 비판되어 삭제되어야 할 주제가 아니라 새롭게 발견되고, 변형되어야 한다. 이런 이론적 작업에는 어떤 개념을 "무용하거나 부적합하게 만드는 새로운 장들을 발견하는 일"[185]이 선행되어야 한다. 이 장은 신유물론적인 페미니즘과 들뢰즈의 철학에서 '신체'로 호명된다. 그것은 신체적이면서 감응적 주체로서 "운동과 정지, 속도와 느림의 관계에 의해 규정되는 [⋯] 어떤 '감응적'(affective)인 것인바, 거기서 신체는 다른 신체들을 촉발하고 그다음으로 그 다른 신체들에 의해 촉발"[186]된다. 이러한 감응적인 촉발과 운동, 정지의 속도들은 신체들을 생성하는 동시에 그 스스로 현상한다. 이것은 어쩌면 주체적인 형상을 비주체적인 방식으로 제시하는 방식일 것이다. 왜냐하면 여기서 촉발되고 촉발하며, 스스로 현상하는 것은 사실상 인간적 주체가 아니라 그 가장 비인간적인 측면으로서의 비인간적 힘들, "인간에 의해 이해될 수 없는 힘들 [⋯] 하

---

185 Gilles Deleuze, "A Philosophical Concept⋯", eds. Eduardo Cadava, Peter Connor and Jean-Luc Nancy, *Who Comes After the Subject?*, Abingdon-on-Thames: Routledge, 1991, p. 94.

186 Ansell-Pearson, "Deleuze and New Materialism: Naturalism, Norms and Ethics", *The New Politics of Materialism*, p. 104.

지만 인간과 모든 것, 즉 인간과 비인간 둘 모두를 연결하는"[187] 그런 역능에 해당될 것이기 때문이다. 이것은 말 그대로 역'능'이므로 힘이라는 실체적인 요소가 어딘가에서 활동한다는 의미가 아니다. 그것은 감응과 더불어 탄생하는 하나의 능력이며, 속도 가운데에서 드러나는 잠재적인 실재성이다.

이런 식으로 신체화되는 주체는 "육체화되고(enfleshed), 생기적인, 하지만 본질주의적이지 않은 주체"[188]다. 이것은 늘 되기, 즉 생성의 과정 중에 있으며 리듬과 속도, 감응의 배치 안에서 활동하는 능력으로서의 주체다. 이에 따라 현행화되는 힘들이 생겨나며, 그것은 어떤 틀을 발생시킨다. 비인간-인간의 경계를 허물었으며, 그 안에서는 데카르트적 코기토의 기세등등한 합리성이 오히려 비인간 능력의 저 명징한 감응 아래 놓여 있고 그것을 벗어날 수 없다는 사실을 통해 스스로 자기성(the self)을 나타내는 이 주체는 완연히 신유물론적이다. 또한 이것은 혼종적이기도 하다. 생성의 과정은 혼종적 교차 양식 안에서 그 능력을 극대화하기 때문이다. 다시 말해 더 많이 관계할수록 더욱더 실제적이 된다.[189] 이것은 바로 '신체의 자랑스러움'이라는 의제에 동의하는 페미니스트들과 신유물론자들의 관계성을 확증하는 것이기도 하다.[190] 혼종적인 신체적 주체는 "욕망의

---

187 Elizabeth Grosz, "Deleuze and the Nonhuman Turn: An Interview with Elizabeth Grosz", eds. Jon Roffe and Hannah Stark, *Deleuze and the Non/Human*, Basingstoke: Palgrave Macmillan, 2015, p. 90.

188 Rosi Braidotti, "Teratologies", eds. Ian Buchanan and Claire Colebrook, *Deleuze and Feminist Theory*, Edinburgh: Edinburgh University Press, 2000, p. 160.

189 그레이엄 하먼, 『네트워크의 군주: 브뤼노 라투르와 객체지향 철학』, 김효진 옮김, 갈무리, 2019, 170쪽 참조.

190 Braidotti, "Teratologies", *Deleuze and Feminist Theory*, p. 161 참조.

전자파에 의해 활성화된 고기 한 점, 유전자 코딩을 펼쳐 쓴 텍스트 한 편"과 같으며 "외적 영향력들의 접혀 있음(folding-in)이며 동시에 바깥으로 펼쳐지는 감응들의 […] 동적 실체"이다.[191] 마찬가지로 이 신체는 들뢰즈·베르그송적 의미에서의 "몸을 입은(enfleshed) 기억"[192]이기도 하다.

　　이와 같은 신체성의 강조는 비근대의 포스트휴먼적 주체가 '능력들의 전개'로 인식되는 효과를 가져다준다. 그것은 어떤 실체적이고 본질주의적인 지적 실체라거나 유기 조직적인 경계를 가진 신체에 국한되지 않는다. 그것은 속성이 내재한 행위주체라는 생각을 더 멀리까지 탈구시킨다. 주체들 간의 소통은 언어중심성을 탈피하고, 행위들과 몸짓들 그리고 직감과 같은 공명 기계를 통해 이루어진다. 의식적인 자아는 사소한 부분에 불과하다. 의식적 각성은 무의식적 기제들과 더불어 있을 때에만 그 정당성을 확보하고 가동적(operative)이 된다. 그 결과 윤리-정치적인 행위들은 자기의식적이라는 인간중심적 관념을 넘어선 사물의 영역에까지 효능을 전달하고, 그로부터 전달받게 된다. 신체가 그 물질성에 있어서 비인간과 공명하고, 마주치면서 스스로를 형성하는 한 이것은 필연적이다. 따라서 새로운 정치적 주체는 지식으로 무장하고 과열된 의지에 의해 달아오른 안토니오 그람시적 인텔리겐차가 아니다. 그것은 오히려 스피노자적인 광학자, 안경 세공인에 가깝다. 빛 자체가 되기보다 빛의 일부로서 존재하며, 보다 세밀하게 보고 느끼기 위해 새로운 도구

---

191 *Ibid.*, p. 159(릭 돌피언·이리스 반 데어 튠, 『신유물론: 인터뷰와 지도제작』, 박준영 옮김, 교유서가, 2021, 20~21쪽).

192 *Ibid.*(앞의 책, 같은 쪽).

들을 연마하는 주체가 그것이다. 이때 "자기와 타자를 구별하는 고유한 경계로 거주하는 생각하는 자아(res cogitans)란 존재하지 않"으며, "구체적인 상호작용을 통해 차이 나게 구성"되는 주체들만이 있다.[193] 다시 말해 비근대적 포스트휴먼의 정치적 주체는 주체화하는 주체로서 물질적 형상화의 한 부분이며, 무언가를 알아 가는 것과 행하는 것 모두에 있어서 생성 중이다.

따라서 이 주체는 물질적 형상화의 수동과 능동의 운동 안에서 그 자신을 초월한다. 다시 말해 물체들의 운동성을 뛰어넘어 지성을 활용하여 자신이 처한 위치와 과거의 회상과 미래의 도래를 예견하는 것이다. 그럼에도 불구하고 주체는 여전히 수동적이기도 하다. 주체는 "하나의 결과[효과]로 결정"되며, "사실상 반성의 인상(impression de réflexion)"으로서 촉발되는 중에 탄생한다.[194] 우리는 이를 '**초월론적 수동성**'(transcendental passivity)이라고 부를 수 있다.

이제 중요한 것은 이 초월론적 수동성 안에서 정치적 주체의 형상이 더욱 뚜렷이 드러난다는 점이다. 비근대의 포스트휴먼적인 정치적 주체는 객체들 간의 겨루기와 협상을 통해 창발되는 것으로서, 그러한 객체들과는 완연하게 다른 초월론적 형상을 취해야 한다. 하지만 그것은 네트워크를 벗어나지 않으며, 그 가운데 섣부른 일반의지를 겨냥하지도 않는다. 차라리 이 초월성은 정치적인 사안들이나 사건들 그리고 잠정적인 주체화의 과정(이를테면 프레카리아트 주체화 과정)이라는 폭넓은 지형 안에 편재한다. 즉 수동성으로서의 초월

---

193 Karen Barad, *Meeting the Universe Halfway: Quantum Physics and the Entanglement of Matter and Meaning*, Durham and London: Duke University Press, 2007, p. 379.
194 질 들뢰즈, 『경험주의와 주체성』, 한정헌·정유경 옮김, 난장, 2012, 30쪽(번역 수정).

성은 그 스스로 경계를 끊임없이 움직이며, 움직여지며, 새로 긋고, 그어지며, 지우면서 수평적으로 초월한다. 우리는 이것을 진정한 의미의 '급진성'(radicality)이라고 부를 것이다. **급진성의 그 '뿌리'(rad-)는 수목적인 뿌리가 아니라 기어서 뻗어 나가는 리좀(rhizome)이며 측위(flanc-garde)이다.**

2장 신유물론의 주요 주제들

1. 물질에 대한 규정들

(1) 능동성과 횡단성

· 수동성의 능동적 능력

신유물론은 물질성을 '능동적인 역능이자 잠재적/내재적 힘'으로 본다. 그렇지만 이러한 '힘'은 실체적 형태를 가지는 것도 아니고 언어적 추상물도 아니다. '힘'은 어떤 에너지로 모조리 환원될 수도 없다. 물질의 또 다른 명칭으로서의 '힘'이란 그것이 향유하는 '능력'으로 설명될 수 있을 뿐이다. 이때의 능력은 인간중심주의에 의해 오염된 이성이나 지성으로 단정지을 수 없는 것으로서 매우 복잡한 상호작용의 효과라고 할 수 있다. 이를테면 우리는 하먼과 같은 사변적 실재론자들이 물질을 어떤 객체(object)나 물건(stuff)으로 환원하는 것에도 찬성할 수 없다. 물질이 이렇게 오해되는 것은 그것을 물건이나 그것에 대한 현전으로 되돌리거나, 손쉽게도 상식에 의존하기 때문이다.[1]

---

1 James Williams, "Matter and Sense in Gilles Deleuze's Logic of Sense: Against the 'Ism' in Speculative Realism", *Deleuze and Guattari Studies*, vol. 15, Issue. 4, Edinburgh: Edinburgh

신유물론이 관심을 가지는 것은 물질과 담론 또는 신체와 정신의 분할에 앞서는 어떤 운동이다. 이것은 어떤 불가해한 타자라고 하기에는 너무 가볍고 친숙하게 우리 주위에 편재한다. 그것은 어떤 물질-기호론적 특성을 가지는 것이기 때문에 비형태적이기도 하고 때로는 그것의 효과성(effectiveness)에 의해 사회구성적 결과물이나 실존적 양태 안에 구현되기도 한다. 말하자면 그것은 브라이도티의 신체와 마찬가지로 체현되거나 착근된다. 이렇게 체현되거나 착근되는 능력, 수동적 초월성으로서의 이 능력은 신유물론의 물질이 도구-존재식으로 주변에 널려 있거나, 애초에 구조화되어 세계에 뿌리박혀 있는 현존재의 주위 세계(Umwelt)도 아니라는 것을 알려 준다. 물질은 선재하는 실체가 아니고, 또한 운동에 선행하지도 않는다. 그것이 수동적으로 규정될 때조차, 물질은 그 **수동성의 능동적 능력**을 인정받는 것이다. 다시 말해 물질은 **받아들이는 능력으로서의 적극적 능동성**이다. 왜냐하면 우리가 물질을 '수동적'이라고 규정할 때조차, 다름 아니라 우리 자신의 지성-물질과 신체의 능동성이 그러한 규정을 내리기 때문이다. 이 사태를 제대로 평가할 때 우리는 물질의 '능동성'을 알게 된다.[2]

따라서 "자연으로부터 나오는 철학은 자연**의** 철학(philosophy of nature)이어야 하고, 그것은 자연**에**(to nature) 적합해야 한다".[3] 이것은 자연이 궁극적으로 생산적이며 능동적이라는 스피노자적 통찰을

University Press, 2021, p. 485 참조.

2 릭 돌피언·이리스 반 데어 튠, 『신유물론: 인터뷰와 지도제작』, 박준영 옮김, 교유서가, 2021, 130쪽 참조.

3 Hanjo Berressem, "'In the Light of Leibniz and Lucretius': An Encounter between Deleuze and New Materialism", *Deleuze and Guattari Studies*, p. 499.

따른다. 능산적 자연은 자기-조직화하는 물질의 능동성에 대한 가장 명쾌한 표현이다. 즉 자연이 스스로를 자연화한다는 것, 또는 자연이 자연을 만든다는 것은 재귀적인 사이버네틱 체계를 의미한다. 여기서 능산적 자연과 소산적 자연(natura naturata)은 서로에게 갈마들면서 변화하는데, 소산성은 제 차례에 와서 능산성이 될 것이며, 능산성은 기꺼이 소산성이 된다. 결과적으로 존재는 일의적인 평면 위에서 서로를 함축하고, 서로에 함축된다. 이 과정에서 물질은 곧 자연으로서, 인위성과도 구분되지 않으며, 오로지 그것이 창발적인 효과를 가져온다는 측면에서 여타 파생적인 양태-속성과 구별된다.

· 선형적 인과성과 비선형적 인과성

여기서 기존의 인과성은 간-행(intra-action)[4]하는 물질적 감응으로 대체될 수 있다. 인과성은 물체들의 운동에 있어서 경험법칙 이상의 의미를 가지지 않는다. 경험법칙은 개별체들의 운동을 일반성 아래에 포획하는 것이다. 그 일반성을 벗어나는 사례들은 어떤 환경(예

---

4   'intra-action'은 바라드의 개념이다. 이 용어는 대체로 지금까지 '내부-작용'으로 번역되었다. 나는 이 역어가 완전히 부적절하지는 않지만, 바라드의 의도와는 달리 '내부'와 '외부'의 이항성을 작동시키는 작용을 한다고 본다. 바라드는 여러 부분에서 이러한 이원론을 부정한다. 내가 사용하는 '간-행'에서 'intra'는 'in'(내부)이 아니다. '간-행'이라는 역어는 '내부-작용'과는 달리 내부와 외부의 '항'을 설정하도록 유도되지도 않으며, 오로지 '사이'(間)에서 발행하는 '운동'(行)을 드러내도록 한다. 이에 대해 브라이언트는 "**상호**작용(interaction) 개념은 서로 간의 상호작용에 진입하도록 하는 선재하는 개별체들을 전제하는 반면, '간'(intra)은 '안에'(within) 또는 '~의 내부에'(inside of)라는 뜻을 가진다. 따라서 이것은 구성요소들이 각각의 실존을 소유하지 않는 일원론적인 사건이나 과정이라는 의미로 파악된다"라고 논한다(Levi R. Bryant, "Phenomenon and Thing: Barad's Performative Ontology", *Rhizomes: Cultural Studies in Emerging Knowledge*, Issue. 30, 2016, § 14). 다시 말해 간-행의 'intra'는 어떤 안정된 '내부'라기보다는 얽힘이 진행되는 '장'(within은 단순한 '내부'가 아니라, 잠재적·위상학적 '장'을 의미한다)이나 서로 간에 '속하는'(of) 것으로서의 내부다.

컨대 실험실 환경 또는 사고실험의 조건들) 아래에서 조절된다. 이렇게 해서 나오는 공식은 '동일 원인-동일 결과'로서 결정론에 해당한다. 이를 좀 더 밀어붙이면, '제일원인'이라는 강박적 대상이 등장하는데, 이로써 우주 안에는 그 어떤 것도 새로운 것이 존재하지 않게되는 셈이다. 데란다는 이를 "선형적 인과성의 공식"이라고 부른다.[5]

이런 단선적 인과성은 사실상 '동일한'이라는 개념적 조절기를 통해 걸러진 실재들만을 대상으로 하는 것이다. 동일성은 외연량으로서 측정 가능한 것이다. 또한 그 안에는 '단위'라는 하부 동일성이 작동한다. 하지만 외연적인 동일성은 내포적인 강도량에 의해 차이가 발생한다. 똑같은 면적으로 늘어나는 탄성체라 할지라도 그 탄성체가 무엇이냐에 따라 그 안의 '힘의 강도'는 다를 것이다. 그렇다고 해도 이 강도적 차이가 저 외연적 차이와 이분화되는 것은 아니다. 중요한 것은 강도적이고 미분적인 차이가 있고, 그로부터 점점 외연적 차이가 발생한다는 점이다. 예컨대 스프링을 잡아당기는 강도는 처음에는 고무 밴드를 잡아당기는 강도와 미분화된 상태이겠지만, 강도가 커질수록 고무 밴드를 끊어 버리는 강도로 커져 가고, 이때 스프링-강도와 고무 밴드-강도는 분화된다. 이러한 분화는 무제한적으로 일어날 수 있는데, 이는 선형적인 인과성이 이 무제한적인 인과성, 즉 비선형적 인과성의 한 사례에 불과하다는 점을 일러 준다. 선형적 인과성의 제한적 성격은 그것이 애초에 '일반화하는 조절기'에 의해 가동되었다는 것에서 비롯된다.[6]

비선형적 인과성은 강도적인 측면에서뿐 아니라 복잡성에 의

---

5   Manuel DeLanda, "New Materiality", *Architectural Design*, vol. 85, Issue. 5, 2015 참조.
6   *Ibid.* 참조.

해서도 증명될 수 있다. 복잡성이란 기본적으로 망상조직(meshwork, 또는 라투르의 용어를 쓰자면 '행위자-네트워크')을 수반한다. 예컨대 박테리아에서 외적인 자극은 내적인 자극으로 이어지는 촉매제 역할을 하며, 단 하나의 원인이 아니다. 외적 자극들은 박테리아의 환경 안에서 망상조직으로 펼쳐져 있으며, 그 안에서 내적 자극들이 발생하는 것이다. 내적인 자극은 외적 자극과 획정되는 것이 아니라, 연결된다. 이는 선형적 인과성이 아니라 복잡한 자극-반응의 '사건' 메커니즘이다. 이러한 사건들 중 선별된 어떤 것이 끌개를 형성하면서 나아가면, 박테리아의 환경 체계는 안정화되는데, 이때 선형적 인과성이 형성된다. 이를 '신진대사'라고 할 수 있겠다.

· 잠재성의 능동성과 물질의 실재성

따라서 물질적인 것들의 신진대사 안에서 보다 관건적인 것은 인과성이라기보다는 앞서 말한 '능동-수동'의 과정이다. 그 어떤 것도 이 과정에서 예외가 될 수 없다. 이를 능력의 측면에서 개념화하면 '감응하는 능력'과 '감응되는 능력'으로 더 명확하게 규정된다. 후자의 개념 규정이 더 명확한 이유는 그것이 자칫 '수동'을 부정적인 상태로 치환할 수 있는 위험성을 회피하기 때문이다. 그것은 공히 '능력'으로 지칭된다. 그런데 이 능력은 현행적 상태일 때와 잠재적 상태일 때, 둘 모두에서 강도 0의 상태에 도달하지 않는다는 전제하에 능산적이다. 하지만 이러한 조건들은 자연이 이미 능산적이고 창발적이라는 '실재성' 안에서 필연적으로 긍정된다. 만약 자연(인위와의 이분법을 초월한 자연)이 이러하지 않다면 그 어떤 존재도 가능하지 않다. 따라서 **능동성은 물질의 실재 자체다.** 자연이 비실재라는 것은 이해될 수도 없으며, 상상될 수도 없고, 언어도단의 사태에 이른다.

"이러한 존재론적 조건을 위한 기술적 용어는 잠재성(virtuality)이다."[7] 그러므로 '잠재성'은 물질의 능동적 실재의 필연적 조건을 형성한다. 잠재성은 실재성이기 때문이다. 실재성은 창발적이고, 따라서 잠재성은 능동성의 지대로서 자연의 진정한 '본질'이다. 그러나 잠재성의 지대라고 해서 물질과는 다른 층위에 얌전히 놓여 있다고 상상해서는 곤란하다. 그것은 그런 식의 오래된 '실체'가 아니다. 이 지대는 어쩌면 밀고 당기는 긴장의 영역, 물체적인 것들의 수동과 능동이 서로 안에서 그리고 밖에서 "반란을 일으키고 배신하고 노는 또는 죽일 능력"[8]을 전개하는 장소라고 해야 한다. 들뢰즈의 이 용어를 라투르식으로 바꾸면 물질은 끊임없이 긴장을 산출하는 놀이이자 겨루기 자체다. 이 겨루기의 장소 안에서 "아무것도 그 자체로 다른 것으로 환원 가능하거나 환원 불가능하지 않다".[9] 라투르는 이 장을 잠재성이라 부르진 않겠지만 우리는 이러한 긴장의 활동, 환원 가능하지도 환원 불가능하지도 않은 상태에 놓인 지대를 명백히 잠재성의 장이라 부를 수 있다. 이와 유사하게 라투르는 실재를 "저항의 경도(gradients)"[10]라고 표현한다. 경도는 말 그대로 기울기, 변화를 의미한다. 실재하는 것은 멈추어 있지 않으며 끊임없이 변화한다.

---

7 *Ibid.*
8 Bruno Latour, "Part Two: Irreductions", *The Pasteurization of France*, trans. Alan Sheridan and John Law, Cambridge: Harvard University Press, 1988, p. 155.
9 *Ibid.*, p. 158. 우리는 여기서 라투르가 비환원성을 주장하면서 환원 가능성을 부정한다고 보는 일련의 라투르 해석에 이의를 제기할 수 있다. 이 인용문에 따르면 라투르는 환원/비환원의 이분법을 넘어서려 하고 있다.
10 *Ibid.*, p. 159.

이 능동적 물질의 운동이 잠재성으로부터 현행화되는 과정을 신유물론적 관점에서 살피려 한다면 네일의 '운동적 유물론'(kinetic materialism)을 잠시나마 살펴보는 것이 유용하다. 네일에 따르면 물질의 운동은 존재론적인 의미에서 '주름'(pli) 운동으로 기술 가능하다. 특히 이 기술 방식은 양과 질로 드러나는(들뢰즈라면 이를 양과 질로 '뒤덮이는'이라고 표현할 것이다) 양상을 잘 해명한다.

네일에 따르면, 질은 수적으로 구분된 단위들로 취급되는 한 양적인 것이다. 하지만 이 둘 사이에는 그 어떤 기초적이거나 존재론적인 구분도 존재하지 않는다. 오직 흐름들과 주름들, 즉 물체들과 통접들(함께 연결 접속되는 것들)만이 존재한다. 그러므로 양과 질은 물질적 주름 운동이라는 연속적 운동의 두 차원에 불과하다. 질이 주름 안에서의 감각적 결합을 기술하는 반면, 양은 그것의 전체적인 주기성, 즉 그것의 동일하고 통합된 완전한 사이클을 묘사하는 것이다. 더 크거나 더 적은 양들은 그것들이 품고 있는 더 작은 하부 사이클을 셈함으로써 결정된다.[11]

예컨대 10도는 적어도 아홉 개의 다른 측정 가능한 질적인 하부 사이클 또는 정도들보다 더 뜨겁다. 이런 방식으로 하나의 사이클은 양적으로 세어질 수 있으며, 이때에는 그 시간 간격(각 온도들 간의 변화 간격)과 주름 사이에 어떤 존재론적이고 논리적인 분할도 전제되지 않는다. 예를 들면 현대물리학은 양자장으로서의 물질의 질적 연속성뿐 아니라, 상이한 창발적 차원들에서 그 장들의 양적인 것

---

11 Thomas Nail, *Lucretius I: An Ontology of Motion*, Edinburgh: Edinburgh University Press, 2018, p. 106 참조.

들, 즉 입자, 원자, 분자, 세포, 동물, 식물, 은하 등등도 수용한다. 이 것은 오직 양이 하나의 단위로 간주되는 운동의 어떤 질적 주름의 사이클일 뿐이기 때문에 가능한 것이다. 그러므로 양이란 사이클의 전체 단위에 대한 운동적 시간 간격의 확장 또는 특성의 한 운동인 반면, 질은 자기-감각 또는 촉발에 있어서의 단일한 지점으로 되돌 아가는 사이클 단위의 응축 운동이다. 양과 질의 '속성들'은 이런 식 으로 물질과 운동의 동일한 운동적 과정의 두 차원이다.[12]

질과 양은 구별되지만 분리 불가능한 두 가지 차원들이다. 예 컨대 우리집 고양이는 감각 이미지로 정의되는 어떤 특정한 부드러 움, 무늬, '야옹' 하는 소리의 통접이다. 하지만 그것은 또한 특정하 게 규정된 양들의 통접이기도 하다. 즉 네 다리, 하나의 얼굴, 한 발 에 여섯 개의 발톱 등등. 이와 더불어 이러한 질과 양들의 조합과 배 치는 그 대상을 규정하는 상대적으로 응집력 있는 집합 과정을 생산 한다.[13]

사태가 불연속적이거나 구별되어 그것들의 주변 환경으로부터 등장하는 동안, 그것들은 사실상 상대적으로 연속적이다. 이를테면 살아 있는 유기체들은 오직 상대적으로 안정적인 연합이나 연결들 인데, 이것은 태양으로부터 움직여 온 에너지의 이동과 그것의 소비 의 지속적인 흐름으로서, 유기체에 의해 통접되며, 그것의 후손들에 게서 재생산되고, 죽음에 이르러 분산되는 것이다. 생명이란 물체적 인 흐름 안에서의 어떤 소용돌이일 뿐이다.

미시적 수준에서, 모든 유기적·비유기적 신체들은 더 작은 신

---

12 Nail, *Lucretius I*, p. 106 참조.
13 *Ibid.*, p. 107 참조.

체들의 연접이며, 심지어 더 작은 신체들의 연접도 모든 단계들에서 연속적인 움직임 안에 있는 그 모든 것이다. 분자들, 입자들 그리고 하부 원자적 입자들의 흐름들은 지속적으로 움직이며 다른 것들과 결합한다. 양자장은 빠지고, 흐르고, 결합하고, 분리되고 그리고 존재의 해변에서 입자들 속으로 붕괴한다. 거시적 수준에서 모든 이러한 물체들은 어떤 최종적인 안정성을 생산하지 않는다. 모든 것은 어마어마한 속도로 가속하는 우주를 통과해 움직여 간다. 모든 사물들은 준안정적으로 존재하는 운동적 연접의 산물들이다.[14]

이와 같이 신유물론은 물질의 자기 구성 능력과 조정 능력을 적극적으로 긍정한다. 이것은 어떤 복잡하고, 복수적이며, 상대적으로 개방된 과정이면서 지속적인 존재로서의 물질화에 대한 강조인 셈이다. 이 물질화는 인간이, 이론가들 자신을 포함하여, 물질의 생산적 우발성들 안에서 총체적으로 융합되는 것으로 인식된다. 신유물론은 물질의 생산성과 회복력을 강조한다. 물질은 자기 구성함과 동시에 그 자체의 물질성에 속한 몫을 가지는 상호적 조정들을 부여받는 수만 가지 방식들을 모두 수용할 만큼 탁월한 능력을 가진다.[15]

따라서 그로츠의 말처럼 신유물론은 "생명이 출현할 수 있는 잠재성의 섬광, 즉 비신체적인(incorporeal) 어떤 것도 포함하는 물질의 새로운 개념"[16]을 요청한다. 마찬가지로 물질의 능동성은 베넷이 언급한 것처럼 어떤 감응 또는 물질적 진동일 수 있다. 단, 그 감응과

---

14 *Ibid.* 참조.

15 Diana Coole and Samantha Frost, "Introducing the New Materialisms", Coole and Frost eds., *New Materialisms: Ontology, Agency and Politics*, Durham: Duke University Press, 2010, p. 7 참조.

16 Elizabeth Grosz, "Matter, Life and Other Variations", *Philosophy Today,* vol. 55, 2011, p. 18.

진동이 베넷 자신이 말한 것처럼 어떤 분리된 힘이 아니라 감응과 운동으로서의 물질의 실재성 자체로 간주되어야 할 것이다. 그렇게 함으로써 "물질성을 수동적·기계적 또는 신성하게 주입된 실체라는 형상들로부터 떼어놓는 것"[17]이 필요해진다.

· 횡단성

그렇다면 능동적 실재로서 물질의 운동의 특이성은 어떤 것인가? 우선 물질의 능동적 잠재성으로부터 생각해 보자. 우리는 능동과 수동이 갈마드는 사태 안에서 물질적인 것들이 주름 운동을 하며 그것을 통해 네일의 경우에서처럼 재귀적인 루프(loop)가 이루어질 때까지 강도적인 발생이 지속된다는 점을 알고 있다. 마치 전속력으로 움직이는 기차가 철구조물로 안정화된 역사(驛舍) 안에 들어서면서 속도를 늦추듯이 물질은 잠재성의 지대로부터 현행화되는 그 시간 동안 무한 속도로 질주하다 멈춘다. 우리는 이를 질로 뒤덮일 때까지 물질은 모호한 지대(미분적 지대)를 '횡단'한다고 표현할 수 있다. 이것은 수학적 표현에서 미적분학으로 나타난다.

아리스토텔레스를 따라 '현실화'를 이루는 운동(genesis)과 '위치 변화'를 의미하는 운동(metabolē)을 나누는 것은 무의미하다. 사실상 현실화하는 운동과 위치 변화는 개체화와 개체 변화로서 하나의 존재론적 평면(ontological plane)을 이룬다. 이런 의미에서 횡단성은 물질의 두 가지 운동을 하나의 속성으로 표현한다. 횡단성은 물질의 표현형과 같다. 전자는 발생의 측면에서, 후자는 활동(motion;

---

17   Jane Bennett, *Vibrant Matter: A Political Ecology of Things*, Durham: Duke University Press, 2010, p. xiii.

kinesis)의 측면에서 그러하다. 단일한 표현 안에서 물질은 하나의 평면을 이루며 그 안에서 스스로 운동한다. 다시 말해 발생과 활동이 물질이라는 횡단성 차원에서 일원화되는 것이다. 이 횡단성의 연원과 의미를 검토해 보자.

첫째로 이 개념은 사르트르가 처음 사용했다. 그는 현상학적 의식의 '통일성'(unity)을 논하는 자리에서 "과거 의식의 구체적이고 실재적인 다시 당김(rétentions)으로서의 '횡단적' 지향성(intentionnalités 'transversales')의 놀이(jeu)"라고 말한다.[18] 그보다 가까운 철학사적 예는 바로 들뢰즈·가타리에 있다. 우선 가타리는 "횡단성이란 두 가지 난점들을 극복하기 위해 분투하는 하나의 차원이다. [하나는] 순수 수직성(verticality)이고 [다른 하나는] 어떤 단순한 수평성(horizontality)이다"라고 말한다.[19] 여기서 수직성은 발생적 측면으로서 어떤 단계나 때로는 위험한 위계를 구성하기도 한다. 수평성은 그러한 단계나 위계가 물질 일원성의 구도 안에 수렴하는 것, 또는 탈안정성에서 안정성으로 접어드는 문턱을 말하는 것이다.

두 번째로, 들뢰즈의 경우 '횡단성'은 『프루스트와 기호들』의 2판에서 본격적으로 등장한다. 프루스트의 소설에 등장하는 두 지명인 '메제글리즈'와 '게르망트'는 이 횡단성을 설명하는 소재로 활용된다. 프루스트의 소설 안에서도 이 두 방향은 "서로 상관없이 나란히 놓여 있"는 것으로 묘사된다. 이 두 지점은 서로 소통되지 않는다.

---

18 Jean-Paul Sartre, *La transcendance de l'Ego: Esquisse d'une description phénoménologique*, Paris: Vrin, 1965, p. 22.

19 들뢰즈는 '횡단성'이 자신의 개념적 발명품이 아니라, 가타리의 것이라고 분명히 밝힌다(Gilles Deleuze, *Marcel Proust et les signes*, Paris: PUF, 1964, p. 201, 주 1 참조[질 들뢰즈, 『프루스트와 기호들』, 서동욱·이충민 옮김, 민음사, 2004]).

다시 말해 이질적이다. 그럼에도 불구하고 이 지점을 통해 어떤 횡단적 운동이 감지된다. 수렴되지 않지만 하나의 평면으로 나아가는 이 운동이 "'횡단선들'(transversales) 자체를 증가시킨다".[20]

들뢰즈는 메제글리즈와 게르망트라는 공간적 방향성을 "소통되지 않는 횡단선들"의 누증으로 규정하는 것으로 보인다. 다시 말해 '횡단성'이란 수렴되지 않고, 소통되지 않는 노드들(nods)을 가로지르는 불균형한 또 다른 '선들'의 중첩을 의미한다. 이 선은 이질적인 방향과 공간을 연결 접속시키는 운동적인 탈주선이다.

그런데 신유물론적 횡단성이라는 차원에서 중요한 구절은 유명한 알베르틴과의 키스 장면에 대한 들뢰즈의 분석에도 있다. 이 분석에서 들뢰즈는 주인공이 알베르틴을 품에 안고 키스하기 위해 다가가는 그 순간을 슬로모션처럼 묘사하는 프루스트의 글에 주목한다. 여기서 "알베르틴의 얼굴은 주인공의 입술이 그녀의 뺨에까지 다가가는 동안 하나의 모습에서 다른 모습으로 건너뛴다". 이런 '건너뜀'은 횡단적 운동의 성격을 드러낸다. 그렇게 되면서 주인공은 완벽하게 분열된 "'열 개의 알베르틴'", 즉 "살아가고, 지각하고, 욕망하고 추억하며, 밤을 새거나 잠을 자고, 죽고 자살하고 단번에 부활하는 [알베르틴의] 자아"를 보게 되는 것이다. 이와 마찬가지로 신유물론적 주체는 하나의 주체성이 아니라 그 안에서 교차하는 성, 인종, 민족, 계급 등등의 얽힘-주체화이다.

좀 더 존재론화해서 이야기하자면 이것은 어떤 물질-담론적 교차와 그로 인한 창발성을 의미한다. 왜냐하면 이렇게 함으로써 주인

---

20 *Ibid.*, p. 150(한국어판, 189쪽).

공은 "'분산'(émiettement), '분열'(fractionnement)되는 알베르틴에 대응하여 자아들은 증식된다(une multiplication du moi)"는 것을 깨닫기 때문이다.[21] 여기서 '증식'은 창조와 창발의 다른 이름이다. 물질은 이와 같이 이질적인 것의 횡단을 통해 무언가 다른 것, 차이 나는 것, 새로운 돌연변이들을 만들어 낸다. 즉 주인공은 어떤 종합에 이르지만, 그 모습은 하나의 뭉그러진 형상, 다른 모든 피부와 구분 불가능한 알베르틴의 피부가 된다("특유한 통일성과 전체성"l'unité et la totalité singulières[22]). 이 구분 불가능의 지점에서 들뢰즈는 그것이 '일반적인 통일성'이 아니라 '분산'이며 '분열'이고, 이를 통해 자아가 증식한다는 것을 깨닫는 것이다. 이 '자아의 증식'은 횡단선들의 누증 외에 다른 것이 아니다.

세 번째 '횡단성'의 의미는 위의 프루스트 분석 바로 다음에 "횡단적 곤충인 꿀벌"(le bourdon, l'insecte transversal)을 분석하는 곳에서 나온다.[23] 꿀벌들은 꽃들의 수정을 도우면서 서로 다른 이질적인 생식기관들(암술과 수술)을 이동한다. 이것은 서로 다른 세계를 옮겨다니는 횡단선들이며, 그로부터 어떤 결실이 생겨나는 창발적 과정의 좋은 예시다. 다시 말해 '꿀벌-횡단'은 특이성들을 산출하는 것이다. 이러한 과정은 플라톤적인 '상기'나 아퀴나스류의 '유비'가 아니라, 어떤 실천적 과정이다.

---

21 *Ibid.*, pp. 150~151(한국어판, 189~190쪽).

22 *Ibid.*, p. 202(한국어판, 261쪽).

23 *Ibid.*, p. 202(한국어판, 261쪽).

· 횡단성과 이분법의 해체

신유물론에서 횡단성은 가타리로부터 시작되는 개념사적 함축을 가지고 있다. 이 개념이 신유물론에 채택되는 과정은 매우 자연스러운데, 왜냐하면 들뢰즈·가타리의 시도와 신유물론의 시도가 '이분법의 해체'라는 측면에서 아주 잘 맞아떨어지기 때문이다. 신유물론자들은 이렇게 함으로써 사유의 '소수 전통'(들뢰즈)을 복권하고, 주류이자 왕립적 사유인 "플라톤주의, 기독교 그리고 근대적 규율로부터 해방되고자" 한다.[24] 이들 왕립적 사유들은 모두 횡단적 활동과 사유에 위계와 중심(수직성)을 설정함으로써 생명을 파국으로 몰아붙인다. 두 개의 대립항이라는 사유의 관습이자 존재에 잘못 투사된 욕망은 근본적으로 환원에 대한 욕망이다. 즉 이것은 이분법이 인간중심주의적 이원론의 포악한 적자라는 것을 재우쳐 알려 준다. 이와 반대로 신유물론은 "자연과 문화의 내파"[25]에 대한 사유다. 이 이분법의 두 항은 애초에 "의미심장한 타자성으로 묶여 있는 것"이며, "공생기원적"(symbiogenetic)이다.[26]

횡단성은 신유물론자들이 신체를 강조하면서도 특별히 인간 신체를 내세우지는 않는다는 것에서도 드러난다. 여기서는 동물의 신체, 기계의 신체 그리고 미생물의 신체와 물리적 장과 분자적인 요소들의 신체가 모두 횡단된다. 이들은 다종다양한 방면에서 그 능력을 드러내는데, 여기서 인간의 지성이란 보다 광범위한 진화와 우주

---

24 Rick Dolphijn and Iris van der Tuin eds., *New Materialism: Interviews and Cartographies*, Michigan: Open Humanities Press, 2012, p. 95.

25 Donna Haraway, *The Companion Species Manifesto: Dogs, People and Significant Otherness*, Chicago: Prickly Paradigm Press, 2003, p. 16.

26 *Ibid.*, pp. 16~17.

생성의 이야기 안에서 하나의 우발적인 돌연변이라고 할 수 있다. 그러므로 우리가 '도래할 민중' 또는 '잃어버린 민중'에 대해 말할 때 그것은 지금의 인간만을 염두에 두는 것이 아니다. 이 민중의 이름은 아직 정해지지 않았지만 서서히 그 수행적 면모들을 드러내는 중이다. 예컨대 그것은 라투르가 말하는바 '녹색계급'일 수도 있고, 해러웨이가 말하는바 툴루세를 열어 가는 공생체일 수도 있다. 분명한 것은 이런 정치적 주체의 문제에 있어서 신유물론과 포스트휴머니즘의 단호한 동맹이 횡단이라는 이름하에 존재한다는 사실이다.[27]

(2) 관계성과 우발성

· 이산성에서 국지적 형태발생으로

물질의 횡단성은 곧 특유한 '관계성'을 입증한다. 일차적으로 그것은 이질적인 것들의 관계다. 물질은 일차적으로 인과적으로 관계를 맺는 것이 아니라, '간-행'함으로써 횡단한다. 그것은 일종의 비선형적 인과성을 형성하면서, 선형성을 향해 나아간다. 여기서 관계는 전

---

27 요컨대 신유물론은 **'횡단-유물론'**(transversal-materialism)이라고 할 수 있다. 첫째로 신유물론은 학제들 간의 횡단이다. 그것은 페미니즘과 과학, 기술, 미디어, 문화연구들을 가로지른다. 둘째, 신유물론은 아카데믹한 주류 인식론을 존재론과 횡단시킴으로써 새로운 소수 전통을 복원한다. 주류 학계의 권위를 탈영토화함으로써 신유물론은 초월론과 이원론 둘 모두를 탈구시킨다. 셋째, 신유물론은 가타리의 횡단성이 함축하고 있는 미시정치적 방법론을 수용한다. 이것은 '비판'이라는 방법보다 더 근원적인 것으로서, 계보학적인 지식에 근거한다. 넷째, 신유물론은 물질의 비순수성을 주장한다. 교차성 이론에 따라 신유물론은 어떤 사물/사태든지 간에 그것이 물질에 속한 모든 (비)물질적·(비)물체적 이념들과 물체적인 존재자들이 교차하고, 중첩되고, 주름잡혀 있음을 알고 있다. 이것은 사실상 '평면'(plan)이지만 거기에는 항구적인 비대칭성(asymmetricity)이 표현된다. 모든 내용들은 이분법을 횡단하는 운동 안에서 미분화하는 차이생성의 법칙을 따른다.

일적이다. 하지만 무조건적인 것은 아니다. 관계성은 잠재적인 상태에 있을 때 무한한 속도로 존재하지만, 어떤 끌개의 발생과 더불어 국지적인 제한들을 수용하게 되며, 현행화되어 갈수록 그 제한들은 실물화의 조건이 된다. 말하자면 이러한 물질화(mattering) 과정은 관계항 없는 관계들이 안정화되면서 관계항들을 비롯해서 그 관계로부터 창발되는 새로운 관계들을 생산하는 과정이다.

자가-촉매적인 생산 과정으로서 관계성의 전개는 주요한 경향이 존재하지 않는 이산적인 상태를 초래하지만, 그 안에서 국지적인 수렴이나 형태발생이 이루어진다. 그 국지성 안에서 인과성은 선형적인 상태를 획득하게 되는 것이다. 이 안정화된(그렇다 해도 이 안정성은 임시적이다) 국지적 환경은 그로부터 또는 그것에 외재적인 다른 탈안정화된 조건들을 배제하기 시작하는데, 이 배제된 경우들조차 제 차례에 와서 횡단성이 이루어질 것이다.

무엇보다 관계는 현행화된 물질들의 네트워크다. 사변적 실재론의 방식으로 이것을 '객체'라고 부르든, 또는 '실재'라고 하든 문제가 되지는 않는다. 그러나 그 성격에 있어서 물질은 객체나 실재보다 훨씬 더 관계적이라는 것은 분명하다. 문제는 물질적인 것의 관계성이 인간중심주의적인 이항성을 영원히 탈각한다는 점이다. 인간-물질은 사물-물질과 그 어떤 선행적이거나, 우월한 관점을 가지지 않는다. 앞서 우리가 살펴본 것처럼 이들은 서로 간에 얽혀 있으며, 서로가 능동과 수동의 능력을 발휘한다는 점에서, 감응하고 감응된다.

· 하먼의 비환원주의 비판

이런 측면에서 하먼류의 객체-지향 존재론이 말하는 '비환원주의'는 관계성에 대해 모호한 입장을 취함으로써 유물론의 가장 중요한 물질적 특성을 임의로 처리한다. 그는 환원과 비환원의 이원론 중 비환원의 선택지만을 강하게 밀어붙인다. 그는 이를 "지식의 다양한 형태를 상대적으로 민주화"[28]하는 것이라고 논한다. 그러나 이는 사이비 민주화에 불과하다. 왜냐하면 하먼이 말하는 것처럼 각각의 객체가 저마다의 실재를 가진다고 해도, 그것은 물질적 차원에서 언제나 요동치며 연결되고, 위계를 세웠다가 부수며, 한시적인 평등성만을 향유할 뿐이기 때문이다. 그러므로 비환원은 유일한 원리가 아니다. 거기에는 언제나 환원의 교란이 있으며, 실제로 그것을 분쇄하기 위한 물질적인 저항들이 세계 여기저기서, 또는 일상적이고 미시적인 사태들 안에서 우글거린다.

육후이는 하먼의 이런 패착을 매우 선명하게 포착하는 것으로 보인다. 그는 하먼이 비환원의 원리에 기반하여 관계가 아니라 비관계성을 받아들인다고 지적한다. 또한 이러한 그의 시도가 하이데거 철학에 대한 불명확한 이해에 기반하고 있음도 간파한다. 하이데거는 비환원, 즉 비관계의 철학자가 아니라 "관계의 철학자"[29]이다. 하먼이 라투르를 네트워크와 관계의 철학자로 지정할 때조차 그는 그 네트워크와 관계가 어떤 모호한 블랙박스라는 새로운 실체에 의해 폐쇄되어 있다고 논한다. 이렇게 되면 이 블랙박스는 영원히 관계를 가지지 않을 것이다. 이런 모순되는 규정을 라투르에게 내릴 때, 라투르는 과연 관계의 형이상학자인가, 비관계의 형이상학자인가?

하먼의 바람과는 달리 라투르는, 비록 그의 중요한 책 2부를

---

28 그레이엄 하먼, 『쿼드러플 오브젝트』, 주대중 옮김, 현실문화, 2019, 248쪽.
29 Yuk Hui, *On the Existence of Digital Objects*, Minneapolis: University of Minnesota Press, 2016, p. 18.

'비환원'이라 이름 붙였다 해도, 환원/비환원 이분법을 넘어선 이동하는 실재를 자신의 진정한 물질적 객체로 본다. 그는 "더욱 분리된 과학일수록 더 낫다"는 전통적인 과학의 상이 아니라, 오히려 "더 연결된 과학일수록, 그것은 더욱 정확해질 것이다"라는 과학의 상이 더 올바름을 알고 있다. 라투르는 이어서 다음과 같이 말한다.

> 과학에서의 지시의 질은 사물들에 접속하기 위해 담론과 사회를 벗어나는 어떤 목숨을 건 도약(salto mortale)으로부터 나오는 것이 아니다. 그것은 오히려 과학지식의 변형의 정도, **연결들**의 안전성, 매개의 점진적인 축적, 참여하는 질문자의 수, 비인간을 언어에 **접속 가능**하도록 만드는 능력, 다른 이들을 관심 갖게 하고 설득하는 능력 그리고 이런 **흐름들**의 일상적인 제도화에 의지한다.[30]

다시 말해 과학적 객체들의 연결과 접속, 관계의 축적이 지시의 질, 즉 실제적 물질성을 담보한다는 것이다. 이렇게 해서 "실재의 연결망이 확장되고 안정된다".[31]

· 우발성, 횡단성과 관계성의 저수지

라투르의 용어를 다시 사용하자면, 관계의 능력이 증가하고 감소하는 것은 관계의 '번역'과 '교란'으로 이루어진다. 막 형성되는 관계항 간의 번역이 수월할수록 능력은 증가하고 교란이 많아질수록 관계

---

30 브뤼노 라투르, 『판도라의 희망』, 장하원·홍성욱 옮김, 휴머니스트, 2018, 163쪽(강조는 인용자).
31 브뤼노 라투르, 『우리는 결코 근대인이었던 적이 없다』, 홍철기 옮김, 갈무리, 2009, 76쪽.

의 능력은 감소한다. 교란이 번역으로 번역이 교란으로 갈마드는 이런 사태는 물질화에 영향을 미친다. 이 물질화의 과정은 횡단성에 의해 발생적 요소를 갖출 것이다. 만약 그렇다면 인과성에 앞서는 횡단성은 필연적인 관계를 처음부터 내장하고 있지 않으며, 마치 돌연변이 이후의 인과성이 아니라 돌연변이 자체의 비인과성을 우리가 상정할 때처럼 오히려 우발성이 관건적임을 알 수 있다. 왜냐하면 필연적 관계는 선형적 인과성에 의해 내용을 갖추지만 횡단선들의 누증은 비선형적 인과성을 표현하는 과정이고, 이에 따라 우발성이 그 표현을 최초에 결정할 것이기 때문이다.

이렇게 봤을 때 이론과 실천, 학제 간에 그리는 횡단선과 같이, 이전의 평평하고 평행한 선들에 그리는 긴 대각선, 또는 클리나멘의 선, 양식화된 물질들의 응고를 관통하는 우발성이 횡단성과 관계성의 저수지다. 가타리가 수직성과 수평성 모두를 건너가고자 할 때 말한 선은 따라서 어떤 '사선', '편위', 클리나멘이라고 할 수 있을 것이다. 그러나 이 우발성은 '절대적'인 것은 아니다. 그렇게 된다면 신유물론은 마땅히 자리 잡아야 할 이론적 근원으로서 '물질 일원론'을 벗어나게 되기 때문이다. 다시 말해 그 어떤 절대적 규정도 우발성에는 부가될 수 없다. 왜냐하면 우발성 자체가 절대적이라는 그 관념적인 규정을 벗어나는 가장 내밀하고 편만한 세계의 발생 자체이기 때문이다. 창조도 기원도 종말도 없으며 오로지 과정만이 있다.

신유물론적 입장에서 이러한 우발성은 자기촉매적 루프를 형성하는 단초가 된다. 하나의 우발적 사태란 그래서 "언제나 어떤 것에 **대해**(upon) 우발적이다".[32] 여기서 '어떤 것'이란 가능한 것, 시간 안에서 필연적이 될 만한 것을 말한다. 우발성은 루프를 통해 필연성이 된다. 이 과정에서 예외적인 절대성이란 가능하지 않다.

육후이에 따르면 우발성에 관한 두 가지 논점이 있을 수 있다. 첫째로 우발성은 "자연이 경험적 관찰들로부터 도출된 규칙들에서 벗어나는 불규칙성을 증명하기 때문에 자연의 이해에 근본적"[33]이다. 따라서 우리는 필연성 자체가 아니라 우발성을 필연성으로 인식해야 한다. 둘째로 체계적 철학이라면 마땅히 자연의 우발성에 답해야 한다. "왜냐하면 우발성은 그와 같은 체계들의 바로 그 가치에 도전하기 때문이다."[34] 즉 우발성은 체계의 논리성과 실재성을 해체할 위력을 가진다. 따라서 우리는 우발성에서 시작해서 필연성에 도달하는 것이다. 이렇게 함으로써 "존재는 그 가동 과정이 우발성, 즉 생성의 유입에 열린 어떤 역동적 구조로서 보존된다".[35] 여기서 정신과 자연, 또는 의식과 물질은 이미 구분되지 않는다. 어떤 것을 안다는 것은 정신이 그 동일한 인식-존재 발생의 운동 장소에 스스로를 놓는다는 것이다.

이러한 과정에서 우발성은 개체발생의 방아쇠가 되며, 이 발생의 와중에 또는 현행화의 와중에 개체화하는 그것은 우발성과 교전하게 된다. 중요한 것은 개체는 물질화의 과정에서 "우발성을 제거함으로써가 아니라, 그것을 필연성으로 통합함으로써"[36] 작동한다는 사실이다. 필연성으로 통합하는 과정이 바로 재귀 과정이며, 어떤 알고리듬-법칙이 여기서 나오게 된다. 여기서부터 우발성은 필연성 안에서 유화된 또는 "반성된 우발성"[37]이 된다.

32 Yuk Hui, *Recursivity and Contingency*, London: Rowman and Littlefield, 2019, p. 41.

33 *Ibid.* p. 42.

34 *Ibid.*, p. 43.

35 *Ibid.*, p. 4.

36 *Ibid.*, p. 11.

· 사회적 차원

사회적 차원에서 우발성은 사회적 복잡화를 야기한다. 왜냐하면 사회적 상호작용이야말로 "극도로 불안정하고 일시적"[38]이기 때문이다. 여기서 사회적 행위소들은 인간만이 아니라 비인간의 상호작용도 포함한다. 이러한 비인간들의 참여는 협상 가능성을 복잡하게 하지만 일단 그것이 완료되어 지속되면 안정화되는 데 기여한다. 하지만 이것이 어떤 동일성으로의 안정화는 될 수 없다. 안정화는 끊임없는 상호작용적인 번역 과정에 의해서만 확보될 수 있다. "아무것도 그 자체로 다른 어떤 것과 동일하지도 다르지도 않다. 즉 동등한 것은 존재하지 않으며 오로지 번역들만이 있다."[39] 또한 "모든 것은 한 장소에서 오로지 한 번 일어난다".[40] 이런 가운데 행위소들의 유일성 또는 특이성이 소통하기 위해서는 상호 간의 번역 활동이 필수적이 된다. 라투르는 이를 '관계성의 원리'라고 부른다.

그 어떤 행위소도 다른 행위소들을 임의로 끌어들일 수 없다. 그것들이 관계성의 원리를 준수하지만 비환원성을 유지하기 때문이다. 하지만 이 비환원성이 관계성을 앞서지는 않는다. 문제는 행위소들의 관계하에서 어떤 '겨루기'가 발생하고 이를 통해 여러 동맹들이 이루어지며, 본질도 형성된다는 것이다. 만약 이러한 관계가 비환원성에 의해 추방되면 행위소들은 그 능력을 상실하고 네트워크를 벗어나 영원히 미아가 될 수 있다. 따라서 "본질들은 스스로 많은 동맹들에 관계 지어지고, 관계들은 많은 본질들에 관계 지어"[41]져야 한

---

37 *Ibid.*, p. 101.
38 라투르, 『판도라의 희망』, 329쪽.
39 Latour "Part Two: Irreductions", *The Pasteurization of France*, p. 162.
40 *Ibid.*

다. 여기서 본질은 비환원성에 해당하지만, 그것이 관계를 놓칠 때 더 이상 본질의 능력을 발휘할 수는 없다. 따라서 비환원성을 거스르는 항구적인 번역과 동맹이 이루어질 때 물질은 물질화의 과정에 충실할 수 있게 된다. 그렇기 때문에 라투르는 "번역(traditore)-반역(traduttore)"[42]이라고 쓰는 것이다. 번역은 물질의 비환원성에 대한 항구적인 반역이다.

· 관계적 우발성

번역 과정은 서로 다른 목적을 가진 행위소들 간의 이해관계가 결합됨으로써 이루어진다. 그러나 이 결합 과정에서 각 행위소들은 자신의 목표가 실패할 수도 있으리라는 예측하에 우회로를 택한다. 즉 협상을 통해 합의에 도달한다. 꽃의 모습을 닮아 가는 벌처럼, 환경의 변화를 따라 진화하는 동일 서식지의 다른 종들처럼, 또는 환경과 겨루면서 층화되는 암석들처럼 그리고 프롤레타리아에서 프레카리아트가 갑작스럽게 분화되어 나오는 것처럼 그 모든 과정에서 목표는 달라지고 변형되며 서로 간에 전쟁이 벌어지거나 긴장의 감소를 향해 나아간다. 이런 가운데 행위소들은 그 어느 것도 애초에 원했던 목표에 도달하지 못한다. 거기에는 반드시 "작거나 혹은 무한히 커질지도 모르는 표류, 미끄러짐, 치환"[43]이 있기 마련이다. 이를 우리는 **'관계적 우발성'**(relational contingency)이라 부를 수 있을 것이다.

관계적 우발성은 우발적 사건들이 다름 아니라 관계로부터 돌

---

41 *Ibid.*, p. 160.
42 *Ibid.*, p. 159.
43 라투르, 『판도라의 희망』, 151쪽.

출하는 것으로 바라본다. 그러나 우발적 사건 자체가 관계로 환원될 수 있는 것도 아니며, 관계가 우발적 사건으로 환원된다고 주장할 수도 없다. 왜냐하면 사건은 어떤 관계 안에서, 그 바깥으로, 관계를 끌고 나아가 새로운 관계를 형성하기 때문이다. 그렇게 해서 기존의 관계와는 다른 방식으로 네트워크를 변형한다. 우발성의 강도가 크고 그 주변에 사건의 주름이 더 많이 접힐수록 그것은 물질화의 가속성을 벗어나 질적이고 양적인 규정 상태로 진입하며 마침내 필연성이 된다. 마치 돌연변가 반복적으로 발생하고, 한 종 안에서 우세한 물질화의 과정이 되어 새로운 종이 탄생하는 것처럼 관계적 우발성은 기존의 생물적 과정 안에서 '우발적으로' 태어나 '필연적으로' 마무리되면서 전체 생물계의 신진대사 네트워크를 질적으로 다르게 변형한다. 그 반대로 멸종은 필연성에 머물러 있던 생물계의 한 종이 우발성 안으로 사라져 가는 역과정을 말한다. 만약 이 과정에서 물질적인 것들 간의 번역과 겨루기에서 무언가 다른 우발성이 발생한다면 발생과 멸종의 과정은 다른 방향으로 미끄러져 들어갈 수도 있다.

(3) 물질은 비재현적 사건으로 존재한다

· 진리 대응설의 전복

우발성은 물질이 제대로 파악되지 않을 때, 또는 물질화 과정만이 존속할 때 드러난다. '제대로 파악한다'는 것은 무엇인가? 전통적인 진리론의 관점에서 이것은 대상과 인식이 '일치한다'라는 진리 대응설을 의미한다. 이때 대응하는 것은 사물과 표상이며 이를 우리는 일반적으로 '재현' 그리고 '재현주의'(representationalism)라고 부른다. 신유물론의 물질은 이 재현주의를 비껴가거나 전복한다. 재현과 재현물 또는 표상과 사물 혹은 단어와 사물 사이의 대응은 신유물론적 관점에서 기만적인 논리다. 사물과 단어 사이에는 대응과 일치는 존재하지 않으며 "간접적이고 비스듬하고, 게걸음 같은"[44] 이동만이 있다. 우리는 이것을 '**진리 이동설**'이라고 부를 수 있다.

진리 대응설에 따르면 사물은 저기 어딘가 바깥에 존재하거나 존재하지 않는데, 만약 바깥에 있다면 그것들은 언제나 거기 있었던 것이고, 그렇지 않다면 그것들은 거기 없었던 것이다. 그러나 진리 이동설에 따르면 사물은 언제나 존재하지만, 진술에 대응하거나 대응하지 않을 수 있고, 따라서 역사적 변화, 협상과 번역의 과정에서 나타나거나 사라질 수 있다. 객체는 여기서 물질적인 것 일반으로 불릴 수 있는데, 진리 대응설에서와는 달리 고정되어 있지 않고 늘 움직인다.[45]

사실상 진리 대응설이 필연적으로 실패하고 재현주의가 애초에 성립될 수 없다는 것은 객체들 또는 물질의 움직임 때문이다. 그리고 인간(의 인식)이 마치 객체와는 무관한 듯이 구경꾼처럼 물러나 있다는 가정이 엉터리이기 때문이기도 하다. 이런 경우 대응이 아니라 오히려 '간극'이 사실에 부합하는데, 이 간극은 인간과 비인간 공히 가지고 있는 것이다. 이 간극을 어떤 '인식론적 간극'으로 취급하는 것은 전통적인 해석학적 개념(해석학적 순환[46])으로 후퇴하는

---

44 앞의 책, 117쪽.
45 앞의 책, 241~242쪽 참조.
46 해석학적 순환은 진리를 탐구하는 데 있어서 인식 대상과 인식주체 간의 간극을 필연적인 것으로 바라보면서, 주객 이분법을 강화한다. 해석학적 순환은 일종의 전체-부분의 순환과 비슷한다. 이것을 텍스트 해석에 적용하면 "텍스트의 단일성은 오직, 이 단일한 텍스트 안에서 서로 교차하는 텍스트들의 층, 문학적 장르 그리고 다양한 구조들에 관한 유(類) 개념들(generic concepts)을 전향적으로 수정해 나감으로써만 다시 획득

것이므로 조심해야 한다. 간극은 인간이든 비인간이든 객체와 객체들 사이에 언제나 존재하는데, 이는 어떤 식으로든 '대응'을 불가능하게 만드는 그 객체들의 움직임 때문이다. 그 움직임들은 대개의 경우 속도에서 또는 방향에서 어긋나며, 만날 수도 있지만 오랫동안 지속되는 경우는 매우 드물다. 우리는 이미 이 움직임이 어떤 '흐름'이고 그 흐름들이 서로 만날 수 있는 가능성을 추론할 수 있었다. 하지만 이 만남은 언제나 방해받기도 하고 다른 방향으로 비틀어지면서 비껴가기 일쑤다. 우리는 인간의 인식적 주체성이 이 흐름들과 무관한 채로 머무르리라 생각할 수 없으며, 언제나 그 흐름에 휘말려 있다는 것을 안다. 따라서 재현주의는 그런 인간의 엄연한 유한성을 거슬러 이런저런 객체들과 물질들이 '내' 앞에 얌전히 놓여 있어야 한다는 기묘한 자아-제국주의적 망상에 따른 것에 불과하다.

그렇다고 해서 '재현' 자체를 부정할 필요는 없다. 신유물론은 재현'주의'로서의 대응설을 엉터리라고 말하는 것이지 재현의 실존과 그것의 영리한 기여를 부정하지 않는다. 다만 재현도 관계적으로 발생하는 것일 뿐 절대적인 객체가 될 수는 없다. 일상적인 의미에서 재현 또는 재현물은 인간적 의사소통과 상식의 구성에 관여함으로써 하나의 기능적 전체성을 파악하도록 종용한다. 그러나 그 전체적인 상은 언제나 불완전할 수밖에 없는데, 다름 아니라 그것이 재현으로 이루어져 있기 때문이다. 재현은 불완전하고 유한한 인간의 도구일 뿐이다. 이것은 앞서 말한 '반성된 우발성'의 한 양태다.

될 수 있다"고 이야기된다(폴 리쾨르, 『해석학과 인문사회과학』, 윤철호 옮김, 서광사, 2003, 308쪽). 이때 해석주체에게는 해석 대상에 대한 '선이해' 또는 '선입견'이 필연적으로 따라다닌다. 해석학적 순환은 이러한 선이해, 선입견을 적극적으로 긍정하고, 어떻게 하면 그것들에 올바르게 접근할 것인가를 성찰한다(앞의 책, 109쪽 참조).

· 사건으로서의 진리

진리 이동설은 진리가 없다거나 도처에 존재한다는 상대주의를 설파하는 것이 아니라 오히려 진리가 사건으로 존재한다는 것을 의미한다. 사건으로서의 진리는 기존의 존재로서의 진리라는 관념을 유물론적으로 전복한다. 아리스토텔레스 이래 존재로서의 진리 또는 존재인 한에서의 존재(ens inquantum ens)라는 진리의 최상위 관념은 물질이 가진 풍부한 사건성을 추상하고 그것을 표상 속에 가둠으로써 어떤 기만적인 자족성을 추구했다. 그러나 신유물론적인 사건의 존재론은 그러한 철학적이면서 과학적인 조작이 더 이상 절대적으로 통용될 수 없음을 드러낸다.

예컨대 앞서 살펴본 네일의 루크레티우스 재해석은 사건성으로서의 물질을 말해 준다. 네일에 따르면 루크레티우스 유물론에서 가장 중요한 주제는 "물질은 흐른다"[47]는 것이다. 여기에 그 어떤 인위적이고 개념적인 조작도 있을 수 없다. 실재의 조건은 어떤 "물질적인 흐름, 유출, 주름, 합류 그리고 직조"[48]다. 네일에 따르면 루크레티우스는 물질의 이러한 특성을 설명하기 위해 유명한 '씨'(semine)의 비유를 들었다. 이 씨는 모든 사물들(rebus)이 발현하는 어떤 것이기도 하다. 이때, "씨는 이산 동종적인(discrete homogeneous) 조각들로 이해되어서는 안 된다. […] 씨는 불연속적인 사물들이 아니라, 사물들의 싹이나 흐름들에 속한 사물들의 기원들"[49]이다. 따라서 이것은 오히려 '씨-흐름'이라고 해야 올바르다. 다시 말해, "사물(res)

---

47 Nail, *Lucretius I*, p. 72.
48 *Ibid.*
49 *Ibid.*, p. 75.

은 그것의 파종 과정의 흐름, 그것의 물질적인 주름 그리고 그것으로부터 출현하는 다른 씨-흐름 속으로 그 물질이 접힘(pandam)에 있어서의 한 측면일 뿐이다".[50]

사건은 "둘이나 그 이상의 흐름 운동이 상호교차하거나 서로 연결"[51]될 때 만들어진다. 네일에 따르면 이는 아직 사물이 아니고, "상호교차하는 흐름들이 지나가는 동적 경첩 또는 역(驛)이다".[52] 이를 통해 흐름은 새로운 운동을 개시하게 된다. 그러나 이러한 운동은 그것이 반복되지 않을 때 일시성으로 그친다. 즉 사건은 창조되자마자 해체될 운명에 처하는 것이다. 들뢰즈의 언어를 빌려 오자면 사건은 어떤 '섬광'과 같다. 그 섬광은 뒤이어 오는 천둥과 그 천둥을 뒤이어 다시 예견되는 또 다른 섬광 그리고 폭풍우를 갖추지 않을 때 단발적으로 그친다. 사건은 집합적이며 또한 그 집합의 누증이 될 필요가 있다는 것이다. "사건이 일시적 불꽃 이상이 되려면, 그것이 가지는 동적 가능성의 새로운 지역이 접힘에 의해 더욱 발달해야 한다. 접힘 없이는, 사건은 대상 없는 감응으로 머무를 뿐이다."[53]

이러한 생각은 물질이 가졌다고 예상되는 질과 양뿐만 아니라 관계성 자체를 유동적으로 만들고, 사건화한다. 사건들은 물질적 흐름들이 어떤 합류(conflux) 안에서 다른 것들과 만나거나 교차하는 것이며 이로부터 새로운 물질적 흐름이 생겨나기 때문이다. 하나의 사건은 따라서 둘 이상의 흐름들이 교차하는 특이점이다. 다시 말해

---

50   *Ibid.*
51   토머스 네일, 『존재와 운동: 움직임에 대한 철학적 역사』, 최일만 옮김, 앨피, 2021, 137쪽.
52   앞의 책, 같은 쪽.
53   앞의 책, 138쪽.

사건들이란 선재하는 사물의 우연적인 속성들이 아니다. 그러한 속성들은 이미 운동 속에 있는 물체적인 흐름들 사이에서 발생하는 상호교차의 효과인 것이다.

사건들이란 물체적 흐름(manet)이 도래하고(adventu) 나아갈(abituque) 때 생산된다. 그 자체로 봤을 때, 사건은 어떤 사물, 대상 또는 감각이 아니다. 그것은 다른 질서에 속한다. 그것은 흐름들 사이의 상호교차에서 발생하는 것이다. 게다가 흐름들 사이의 상호교차란 상호교차하는 흐름들과 같은 것이 아닌데, 왜냐하면 그 교차의 와중에 그것들은 그 흐름의 지점들을 바꾸기 때문이다. "따라서 둘 이상의 이질적인 흐름들 사이에서, 사건은 그것들의 흐름의 가능한 궤도들을 바꾸는 어떤 특이점이다. 그것은 새로운 세계, 새로운 가능성의 영역을 열어젖힌다."[54]

유념해야 하는 바는 물질의 사건적 성격이 관계성의 절대화를 수반하지 않는다는 점이다. 하나의 세계에서 형성된 관계는 다른 세계에서는 풀어진다. 하지만 이것은 다시 흐름과 사건의 재현이 아닌가? 그러나 사건은 애초에 '표상 너머의 무언가'였다. 이는 앞서 논한 관계성이 '표상성' 또는 '재현성'을 전제하지 않는다는 점을 말한다. 이와 같이 물질의 사건성은 어떤 강한 우발성을 통해 비재현적으로 드러나는 일련의 계열이다. 그것은 관계성을 절대화하지 않으면서도 우리의 주위 세계가 구성되어 나오는 개체발생의 과정을 떠받치는 "원초적인 근거"(Urgrund)이며 "비근거(Ungrund) 또는 심연

---

54 Thomas Nail, *Lucretius II: An Ethics of Motion*, Edinburgh: Edinburgh University Press, 2020, p. 110.

(abyss: Abgrund)"이다.[55]

· 반재현주의와 '되기'

이것은 브라이도티의 페미니즘 정치학에서도 보인다. 그녀는 남근중심주의와 인간중심주의가 동일성의 주권으로 작용한다고 본다. 이에 따라,

> 나의 성은 '타자성'(otherness) 쪽에 처해지며, 경멸적인 차이로 또는 상대적으로 가치 절하된 상태로 이해된다. 동물-되기/세계-되기는 나의 페미니스트적 자기성(the self)에 대한 이야기이다. […] 이것은 어떤 본질주의적 진술도 아니고, 기호론적 구성주의의 하나도 아니다. 그것은 오히려 역사적 위치에 관한 유물론적 확증이다. 즉 그것은 비대칭적 힘의 미분화가 시작되는 위치인 것이다. 이 위치는 지리정치학적일 뿐 아니라, 계보학적이며 시간-구속적(time-bound)이다.[56]

"나의 성"(이것은 '여성'이 아니다)은 가치 절하된 상태이지만, 그로 인해 오히려 이분법을 횡단할 역능이 발생한다. 즉 그러한 "범주에 대한 나의 충실성은 기껏해야 협상 가능한 정도며 결코 기꺼워할 수 없는 것"[57]이 되는 것이다. 이 주장에서 횡단이 일어나는 시작점은 '반-재현주의'이지만 재현은 완전히 폐절되어진다기보다, 타자성에 의해 '전위'(transposition)된다. 재현성은 중심적이거나 아방

---

55 Yuk Hui, *Recursivity and Contingency*, p. 43.
56 Rosi Braidotti, *Transpositions: On Nomadic Ethics*, Cambridge: Polity Press, 2006, p. 136.
57 *Ibid.*

가르드한 위치에서 자리를 옮겨 '비대칭적 힘'의 한 요소로 미끄러져 내려간다.

마찬가지로 이 주장에서는 "어떤 복수화하는 제스처에 따라 반-정체성을 과잉생산함으로써 (탈근대 페미니즘의 기획이면서 다시한 번 상대주의적인) 이원론 너머로"[58] 움직이려는 시도를 거부한다. 페미니즘은 그러한 초월적 움직임이 아니라, 내재적인 방식의 백터적 운동을 더 선호할 것이다. 즉 매번 내재성의 장에 배치물을 옮기고, 탈주하면서 탈영토화를 실현하는 것이다. 그것이 바로 "동물-되기/세계-되기"이다. 이렇게 자연화와 탈자연화로서의 문화적 구성 모두를 횡단하려는 시도는 해러웨이의 『반려종 선언』에서 더 분명히 드러난다.

> 『반려종 선언』은, 따라서 자연과 문화의 내파(implosion)에 대한 것이다. 여기서는 가차없이 역사적으로 특수하며, 결속된 개와 사람의 삶이 있다. 이 둘은 의미심장한 타자성으로 묶여 있는 것이다. 많은 것들이 그 이야기 속으로 호명된다. […] 나는 이야기적으로나 사실적으로나, 우리 기술문화의 거주자들이 자연-문화들의 공생 기원적 세포 조직 안에 존재하게 된다는 것을 독자들에게 납득시키고 싶다.[59]

해러웨이가 시도하는 '반려종-되기' 또는 '동물-되기'는 폭넓고 심층적이다. 기술문화적 존재들로서 현대인들은 이 동물-되기를 통해 더더욱 타자성으로 근접해 간다. 그것은 자연-문화적

---

58 Dolphijn and Tuin eds., *New Materialism*, p. 99.
59 Haraway, *The Companion Species Manifesto*, pp. 16~17.

(naturalcultural) 존재, 커비가 일찍이 말했듯이 그런 문화와 자연의 이종성이 복잡화되는 존재이다. 해러웨이는 여기서 자연과 문화를 '타자성'의 결속으로 바라보는데, 이 안에는 수많은 '이야기'들이 존재한다. 즉 수많은 미분적 특이점들이 있다. 이 이야기들을 공생 기원적인 방식으로 사고함으로써 이분법은 미분법 아래에서 말 그대로 '내파'한다. 해러웨이의 이런 작업은 들뢰즈·가타리와 매우 근접해 있다.[60] 이러한 '되기'의 과정은 언제나 재현성을 수평적으로 초월하며, 그럼으로써 물질을 더 풍부한 영역으로 진입할 수 있게 한다.

60 아주 흥미로운 것은 해러웨이 자신은 들뢰즈·가타리에 대해 매우 시니컬한 태도를 가지고 있다는 점이다. 예컨대 그녀는 다음과 같이 말한다. "들뢰즈와 가타리는 [데리다보다] 아주, 훨씬 많이 나빠요. 나는 그들의 동물-되기에 관한 장(Gill Deleuze and Félix Guattari, *A Thousand Plateaus: Capitalism and Schizophrenia*, Minneapolis: University of Minnesota Press, 1987, pp. 232~309)이 모욕이라고 생각합니다. 왜냐하면 그들은 동물에 대해 일절 아는 게 없기 때문입니다. 가축들은 그들의 반-오이디푸스 기획의 변명거리일 뿐입니다. 그들이 '되기의 지평'과 탈주선 안에 틀어박아 놓은 늑대를 찬양할 때, 노파들과 그 개들에게 어떤 식으로 지독하게 구는지 보세요. 들뢰즈와 가타리는 정말 나를 화나게 합니다. 그들에게는 동물들 사이의 그리고 동물들과 사람 사이의 실재적인 관계들에 대한 호기심이 전적으로 부족하기 때문이지요. 또한 그들의 편집광적인 반-오이디푸스 기획 안에서 야생동물들에 대한 찬양 일색에 비해 길들인 동물의 모습을 경멸하는 것도 그렇습니다. 그런데 사람들은 마치 인간 너머의 사회성을 형상화하는 데 그들이 도움을 주는 것처럼 그들을 선택합니다. 말도 안 되지요! 데리다가 일면적이기는 하지만, 훨씬 더 유용합니다"(Nicholas Gane, "When We Have Never Been Human, What Is to Be Done?: Interview with Donna Haraway", *Theory, Culture and Society*, vol. 23, Issue. 7~8, California: Sage Publication, 2006, p. 143). 해러웨이는 '*When Spiecies Meet*, Minneapolis: University of Minnesota Press, 2008, pp. 164~165'에서도 들뢰즈와 가타리에 대한 격렬한 비판을 쏟아 낸다. 해러웨이는 이 책에서 들뢰즈·가타리에게 도움받은 것은 '배치'(assemblage) 개념밖에 없다고 토로한다. 이에 대해서는 'Ronald Bogue, "The Companion Cyborg: Technics and Domestication", eds. Jon Roffe and Hannah Stark, *Deleuze and the Non/Human*, Basingstroke: Palgrave Macmillan, 2015, pp. 163~179'가 유용하다. 그리고 최근에 알린 위암은 소논문에서 해러웨이의 '사변적 우화'(speculative fabulation) 개념의 들뢰즈와의 유사성에 대해서도 논하고 있다(Aline Wiame, "Speculative Fabulation: A Median Voice to Care for the Dead", https://www.academia.edu/32412247/Speculative_Fabulation_A_Median_Voice_to_Care_for_the_Dead).

2. 이분법을 횡단하기

(1) 오래된 이야기 — 데카르트식 우화들의 재독해

이 소절에서는 '횡단성'(그리고 이른바 '회절[61]적 독해')이라는 의미에서 텍스트들을 바라보는 일종의 실험을 해 볼 것이다. 우선 가장 흔하지만, 여전히 문제적인 철학자를 살펴보자. 보통 데카르트로부터 유래했다고 알려진 '근대성'(modernity)은 매우 미심쩍은 대상이다. 여기서 수렴하고 발산하는 제각각의 독립적이면서 의존적인 물질적 객체들은 독특한 방식으로 존재한다. 이 말을 잘 살펴보라. 그러면 여기서 근대성이 지배적인 어떤 멘탈리티도, 물질적 조건도 아니라는 것을 눈치챌 것이다. 그것은 조작된 실험실 조건일 수 있다. 근대성은 물질적 조건들의 조작과 제한으로부터 나오는 국지적 사태라는 것이다. 이들 물질적 객체들이 사로잡혀 있는 것은 다름 아닌 과학기술이다. 매혹적인 유용성과 편리성의 향수를 흩뿌리면서 과학기술은 애초에 인간을 해방시키고자 출발했다. 하지만 알다시피 거기 뒤따르는 막대한 피해가 발생했다는 것은 자명하다. 그렇게 해서 당대에 특유한 절멸의 이미지에 붙여진 이름은 이미 우리가 살펴보았듯이 '인류세' 혹은 '자본세'다.

해러웨이는 이 두 이름을 가리켜 '이중의 죽음'이라고 일컬었다. 그리고 "이러한 이름들은 체계적 과정에 속한 예측 불가능한 파괴적 관계망을 위해 적절하게 추악한 명칭들"이라고 분노를 섞어 쓰

---

61 이 책의 '용어 해설'을 참조하라.

고 있다.[62] 원자핵, 열-포집 가스, 산성 바다, 오존층 그리고 코로나바이러스가 침투하는 우리의 상피세포에 이르기까지 확산 일로에 있는 이 두 죽음의 그림자는 이것과는 이질적인 것처럼 보이는 가족주의와 인종주의 그리고 성차별주의, 또는 착취의 체계, 생산방식과 화폐 유통 등등에 의해 과잉결정된다. 후자의 경우 라투르의 개념을 빌리자면 일종의 행위소로서 과학사회학적 논의와 그 실제 진행 과정 안에서 네트워크의 한 지절을 형성하는 중요한 요소가 된다. 그러니까 이것은 불가피함을 넘어서는 어떤 필연적인 상황맥락으로 우리 생활세계에 자리잡았다. 과연 이것은 아르멘 아베네시안이 말한 그 "느닷없는 형이상학적 수준의 문제"[63] 또는 마르쿠스 가브리엘이 "어떤 형이상학적 팬데믹"이라는 "결코 벗어날 수 없을 전일적인(all-embracing) 하늘 아래에 모든 사람들이 통합되는 그러한 팬데믹"[64]을 요청하는 것일지도 모른다.

신유물론은 지금의 과학이 접어 보관하고 있는 어떤 시간성, 또는 사건의 조건을 철학이 발명한다 본다. 이 기묘하게 접혀진 시간은 곧장 근대성과 연관되는 것처럼 보이는데, 왜냐하면 그 접혀진 시간에서 우리의 지금/여기와 가장 가까운 시점이 바로 '근대'인 것 같기 때문이다. 사실 근대, 근대인, 근대성은 우리 바로 옆에 있는 가족들의 지금/여기보다 우리의 실존을 더 잘 규정하고, 더 잘 건드리며, 더

---

62 Donna Haraway, "Capitalocene and Chthulucene", *Posthuman Glossary*, eds. Rosi Braidotti and Maria Hlavajova, Bloomsbury Academic, 2018, p. 79.

63 Armen Avanessian, *Future Metaphysics*, trans. James Wagner, Cambridge: Polity Press, 2019, p. 2.

64 Markus Gabriel, "We Need a Metaphysical Pandemic", https://www.uni-bonn.de/news/we-need-a-metaphysical-pandemic(2022년 1월 8일 마지막 접근).

잘 알려 준다. 그것은 위상학적으로 그 무엇보다 우리에게 가깝다.

　이런 면에서 '데카르트부터~'로 시작하는 근대 멘탈리티에 대한 손쉬운 규정은 의미가 없다. 사실상 하이데거의 기획이 공허하게 보이는 이유는, 그의 이른바 종말론적 기획(형이상학의 종말, 근대의 종말)이 '존재망각' 이후의 철학적 상황에 대한 탈근대적 전망이라는 것에 있다. 사실 그의 기획에서 존재망각의 역사는 하이데거 자신 이전이 아니라 이후에도 계속되거나, 아니면 그런 것은 아예 있지도 않은 것이다. 존재의 흔적을 찾기 위해 고군분투하는 철학자들은 예나 지금이나 존재하고, 생활인들조차 '존재와 존재자의 차이'는 충분히 알고 있는 것처럼 보이기 때문이다. 광활한 넓이와 깊이의 '존재'(Being)와 그 '존재사건'(Ereignis)이 우리의 부박한 일상적 존재자(beings)와 다르다는 데 이론적인 토를 달 사람들은 없어 보인다. 그렇지만 아예 그런 차이란 처음부터 없었다고 보는 것도 가능한데, 사실 이런 의견이 더 강력하다. 이렇게 되면 라투르의 다음과 같은 언급이 힘을 얻는다. 즉 "근대세계는 존재한 적이 없었고, 마찬가지 의미에서 형이상학도 존재한 적이 없"다는 것.[65] 다시 말해 존재와 존재자의 차이란 근대성을 탈근대화하는 기준이 아니고, 오히려 탈근대성이 근대성과 어떻게 이어져 있는지, 또는 그 연결이 어떻게 방해받는지를 가리키는 지표라는 것이다. 이쯤 되면 소량의 헤로인을 요구하는 것처럼 보인다. 세계 자체를 허공에 띄우려면 이것 외에는 방법이 없어 보인다. 그러나 우리가 시간성을 달리 생각하면 수가 없는 것도 아니다.

65　라투르, 『우리는 결코 근대인이었던 적이 없다』, 174쪽.

신유물론적 시간성의 견지에서 고대와 근대 그리고 현대는 일종의 위상학적 상호 접힘의 관계다. 이때 위상학적 시간성은 선재하는 좌표계 안에서 "존재들을 연결시키고 일렬종대로 세우는 수단"이 아니다. 그러한 통시적 계열은 오히려 예외에 속한다. 그보다 신유물론적 시간성은 객체들, 물질들을 "나선형 위에 재구성"한다.[66] 이렇게 되었을 때 과거와 미래는 직선 위의 한 점이 아니라 "사방으로 확장하는 원형을 띠며 과거는 뛰어넘어야 하는 대상이 아닌 재고하고, 반복하고, 둘러싸서, 보호하고, 재조합하고, 재해석하고 다시 섞어야 하는" 객체가 된다.[67]

이런 측면에서 텍스트를 대하는 신유물론자들의 태도는 재독해 또는 재기술(rewriting)이다. 이 방식이 궁극적으로 바라는 바는 바로 '이원론의 횡단'이다.

신유물론자들은 […] 재기술을 하려고 노력했다. 이 재기술의 작업은 베르그송이 언급한바, "이원론을 극단으로 밀어붙[이기]"라고 규정될 수 있는, 사유에서의 운동을 포함한다. 이 운동을 따라, 들뢰즈는 "차이는 한계로 밀어붙여진다"라고 언급했다. 다시 말해 여기서 '차이'란 "차이화로 드러난다".[68]

이를테면 우리는 앞선 장에서 알튀세르와 들뢰즈의 예를 통해 에피쿠로스·루크레티우스의 유물론이 어떻게 (들뢰즈의 말을 인용

---

66 앞의 책, 194쪽.
67 앞의 책, 194~195쪽.
68 돌피언·튠, 『신유물론』, 123~124쪽.

하자면) '괴물을 잉태'하는지 살펴보았다. 그것은 우선 '원자 대 클리나멘'의 이원론을 횡단하고, 더 극단으로 나아가 '우발성 대 필연성'의 이원론을 횡단했다. 결과적으로 이 대당들의 세계는 사실은 차이의 세계, 더 정확히 말해 '차이화하는 세계'임을 드러내는 것이다.

신유물론의 저자들은 이러한 재독해 방식을 주로 근대성의 횡단에 적용한다. 이를테면 이들은 '근대성에 대한 신유물론의 급진적 재기술'이라는 표제하에 들뢰즈와 베르그송을 방법론적으로 정련하고, 이를 기반으로 성차와 젠더에 있어서의 이분법을 횡단하고자 시도한다. 이때 재독해의 대상은 주로 보부아르의 『제2의 성』이었다. 이와 유사하게 최근의 신유물론자들은 해러웨이·바라드의 개념인 '회절'(diffraction)을 재독해의 방식으로 차용한다. 회절은 본래 물리학의 용어[69]지만 바라드의 경우 이를 철학적 존재-인식론의 개념으

---

69 이에 대해 바라드는 다음과 같이 설명한다. "구체적인 예가 도움이 될 것 같다. 빛이 두 슬릿 회절 격자를 통과할 때 그리고 회절 패턴을 형성할 때, 그것은 파동과 같은 현상을 전개한다. 하지만 거기에는 마찬가지로 빛이 포톤(photons)이라 불리는 입자와 같은 성격을 드러내기도 한다. 만약 우리가 이러한 가설을 실험해 보길 원한다면, 회절 장치는 어떤 주어진 포톤 입자가 어느 슬릿을 통과하는지 결정하도록 하는 방식으로 변형될 수 있다(왜냐하면 입자는 오직 한 번에 하나의 슬릿만을 통과하기 때문이다). 이 실험을 시행한 결과 회절 패턴이 무너졌다! 고전적 관점에서 이러한 두 가지 결과[입자와 파동]가 함께 발생하는 것은 모순으로 보인다. 이것은 빛에 관한 진정한 존재론적 본성을 특성화하는 것을 무위로 만들어 버린다. 보어는 이러한 파동-입자 이원성 역설을 다음과 같이 해결한다. 즉 객관적 대상이란 독립적으로 존재하는 실체로서의 어떤 추상물이 아니다. 오히려 그것은 장치들과 간-행하는 빛의 현상이다. 첫 번째 장치는 '파동'의 관념에 대해 확정적 의미를 부여한다. 반면 두 번째 장치는 '입자'의 관념에 확정적 의미를 부여하는 것이다. '파동'과 '입자'의 관념은 그 간-행에 선행하는 대상의 고유한 특성을 지칭하지 않는다. 그와 같은 고유한 특성을 가진, 독립적으로 존재하는 객체는 없다. 두 가지 다른 장치들은 상이한 절단들(cuts)을 초래한다. 즉 '측정된 대상'과 '측정하는 도구'를 기술하는 상이한 구별들을 이끌어 내는 것이다. 다시 말해 그것들은 고유한 존재론적 불확정성에 관한 국지적인 물리적 해법들에서 다르다. 거기에는 어떠한 모순도 없는데, 왜냐하면 이 두 상이한 결과들은 상이한 간-행을 의미하기 때문이다"(Karen Barad, "Posthumanist Performativity: Toward an Understanding

로 변형한다. 그에게 회절이란 '쪼개어 나누는 것'(cutting together-apart)이다. 그것은 '시공간물질화의 (재)배치'((re)configuring of spacetimemattering)로서 '차이 지음/차이화/차연화'(differencing/differing/différancing)이다.[70]

매우 애매한 이러한 정의는 바라드가 펼치는 소위 '존재-인식론'의 수사법에서 기인한다.(이 책 4장 3절 참조) 바라드는 어떤 것을 기술할 때 반드시 주객 이분법을 회피하는 방식을 사용하는데, 그것이 개념의 영역에도 그대로 수행되는 것이다. 여기서 회절을 우리는 마치 텍스트 독해라는 인식론의 범역에 두고 있는 것처럼 말하지만, 실상 그것은 틀렸다. 회절에 있어서 그런 식의 순수독해 같은 것은 있을 수 없다. 재독해든 독해든 회절적이라는 것은 텍스트의 물질화 과정, 더 나아가 그 텍스트와 얽힌 세계의 물질화 과정이 우리의 '읽기'의 물질화 과정과 간-행을 이루는 것이다. 그래서 바라드는 매우 자주 회절/간-행이라고 쓴다. 그 결과 어떤 색다른 세계가 탄생하는

of How Matter Comes to Matter", *Signs*, vol. 28, no. 3, Chicago and London: The University of Chicago Press, 2003, pp. 815~816, 주, p. 21).

70 Karen Barad, "Diffracting Diffraction: Cutting Together-Apart", *Parallax*, vol. 20, no. 3, London: Routledge, 2014, p. 168 참조. 회절은 재현주의적인 반성에 대한 비판에서 나타난다. 이것은 일종의 '해석학적 반성에 대한 비판'이라고도 할 수 있다. 왜냐하면 서양철학에서 가장 재현적인 기조를 가지고 현대까지 이어져 온 분과는 '해석학'이라고 할 수 있기 때문이다. "재현주의에 대한 수행적 대체를 향한 움직임은 기술(descriptions)과 실재성(이것은 자연과 문화의 거울상인가?) 사이의 조응에 관한 의문에서부터 실천들, 행위들 그리고 행동들의 문제에까지 이른다. 그와 같은 접근은 또한 존재론, 물질성 그리고 행위주체에 관한 중요한 질문들의 최전선으로 우리를 데려간다. 반면 사회구성주의와 전통적인 실재론적 접근들은 반성에 관한 기하학적 시각에 갇혀 있다. 여기서는 마주보는 두 거울들 사이의 이미지들 놀이와 아주 비슷하게, 인식론적 성취는 앞뒤로 흔들리지만, 아무것도 드러나지 않는다. 이런 기하학적 시각이라는 재현주의적 덫을 벗어나, 나는 물리학적 시각, 즉 반영(reflection)보다 회절에 관한 질문으로 초점을 전환한다"(*Ibid.*, p. 135).

중임을 알린다.

보다 구체적으로 말해 "회절은 어떤 정형성(a set pattern)이 아니고, 오히려 미분화하기-얽히기(differentiating-entangling) 패턴들의 반복적 (재)배치"[71]라고 할 수 있다. 하지만 여기에는 그 어떤 초월적 움직임도 없고, 어떤 것을 오래된 것으로 뒤에 남겨 두는 법도 없다. 따라서 "여기에는 새롭지 않은 것이 전혀 없다".[72] 물질은 그 자체로 회절되며, 어떤 '침전된 간-행'이다. 그러나 이 침전의 과정은 폐쇄적이지 않으며 개방되어 있다. 따라서 회절은 시공간 안에서 일어나는 어떤 단일한 사건이 아니라 시공간물질화에 필수적인 역동성인 셈이다. 그러므로 텍스트의 재해석 또는 재기술은 이러한 시공간물질화의 역동성의 일부로서 회절/간-행을 이루고 그 결과 절단(cut-out)을 통해 재해석-현상이 드러난다.

결국 회절적으로 독해한다는 것은 이원론 또는 이분법의 경계를 흐리게 만들면서 새로운 절단을 통해 새로운 현상을 생산하는 수행 과정이다. 여기 앞에 놓여 있는 얌전한 텍스트가 아니라, 텍스트-물질로서 그것은 나의 신체-물질에 감응을 유도하고, 그것을 통해 일련의 간-행 계열들이 이루어지는 것이다. "'빛'의 경계들 안에 그림자를 전개하고 '어둠'의 영역 안에 밝은 지점들을 드러내는" 것처럼 회절적 독해는 "정적 관계성이 아니라 동적인 것——경계들을 (재)활성화하는" 것이다.[73] 이와 관련하여 막스 왈터의 다음 언급은

71　*Ibid.*
72　*Ibid.*
73　해러웨이는 회절이 "반영(reflection)이나 반영이 그러는 것처럼, 위치가 바뀐 '동일한 것'을 생산하지는 않"으며 "간섭의 사상(寫像, mapping)이지, 복제(replication), 반영 또는 재생산의 사상(寫像)이 아니"라고 말한다. 따라서 "회절 패턴은 차이가 드

좋은 설명이 될 것이다.

우리는 세계 바깥에 서서 지식을 획득하지 않는다. 우리는 '우리'
가 세계에 속하기 때문이라는 것을 안다. 여기서 제기되는바, 회절
적 독해는 그 '속함'(of)에 의존하며, 바로 그 '속함'은 보다 고전적인
'안'(in)과 비교된다. [⋯] 우리는 세계에 속하는 것이지 세계 안에 있
는 것이 아니다. 언제나-이미 얽힌 채, 언제나-이미 [⋯] 과정의 부분
이다. 그러므로 읽기, 생각하기, 이론화하기는 세계 안에서 그리고 세
계와 거리를 두고 이루어지지 않지만, 어떤 (물질적) 실천으로서 그것
은 "그것과 더불어/안에서(with/in) 간-행의 형성"으로 이해되어야
한다. 독자, 독해, 텍스트는 마주침 안에서 출현한다. 그러므로 텍스
트가 물질로 만들어질 뿐 아니라 세계도 또한 만들어지는 중에 있다.
[⋯] 인식론적이고 존재론적인 둘 모두의 차원을 생각하면, 사유 안에
서 하나의 실천으로서 회절은 분리 불가능한 채로 있다.[74]

러나는 곳에서 지도를 그리지 않으며, 차이들의 효과들이 나타나는 곳에서 지도 그
리기를 한다"(Donna Haraway, "The Promises of Monsters: A Regenerative Politics for
Inappropriate/d Others", eds. Lawrence Grossberg, Cary Nelson and Paula A. Treichler,
Cultural Studies, New York: Routledge, 1992, p. 300 참조).

74 Max Walther, "Heraclitus's Onto-stories: Impossible Appointments and the Importance
of the Encounter", ed. Kai Merten, *Diffractive Reading: New Materialism, Theory, Critique*,
London: Rowman&Littlefield, 2021, p. 59. 회절/간-행에 관한 다른 훌륭한 설명은 브라
이언트의 바라드 연구 논문에 있다. "이를테면 노인──사실은 나의 할아버지──의 걸
음걸이의 경우, 우리는 바다에서 오랜 삶을 보낸 결과를 목격한다. 생애 대부분을 바지
선과 예인선 위에서 일하는 동안, 나의 할아버지는 어떤 특유한 걸음걸이와 대서양 파
도의 움직임에 조응하여 서 있는 방식을 발전시켰던 것이다. 그가 서고 걷는 방식은 일
종의 근육 기억으로서, 특정한 방법으로 그 자신을 서게 하고 움직여 온 어떤 성향이
다. 그것은 어떠한 움직이는 표면 위에서 안정성을 완벽하게 유지하는 방식인 것이다.
마치 그 파도들이 신체를 형성했던 것인 양 말이다. 하지만 이것은 정확한 표현은 아닌
데, 왜냐하면 그의 서고 걷는 특유한 자세가 파도로부터도 그의 신체로부터도 기인한

회절 또는 회절적 독해를 통해 고대든 근대든 철학적 텍스트는 직선의 지옥에서 풀려나와 다형성을 띤 완전히 새로운 텍스트로 재탄생하게 되는 것이다. 이런 의미에서 우리는 데카르트의 기묘한 텍스트, 즉 담론인 동시에 이야기인 하나의 텍스트 『방법서설』과 더불어 여러 텍스트들을 재독해할 수 있다.

· 사례 1: 『방법서설』

『방법서설』이 담론(discours)인 이유는 무엇인가? 이것은 담론으로서의 '논문'인가? 아니면 더 넓은 영역의 '담론'을 지칭하는 '이야기'인가? 사실상 이 텍스트는 논문으로서의 형식을 취하고 있다기보다 단지 에세이나 전기의 형식을 취하고 있다고 해야 옳을 것이다. 마찬가지로 그 유명한 명제 "나는 생각한다. 고로 존재한다"(Je pense donc je suis[Cogito, ergo sum])에서 에세이의 필자 그리고 전기의 그 '인물'을 지칭하는 단 하나의 단어가 '나'(Je)라는 것은 그것이 하나의 단일한 '자아'로 표기되는 라틴어 번역에서는 잘 드러나지 않는다. 코기토(Cogito)라고 했을 때, 우리는 거기서 하나의 분리 불가능한 실체(res)로서의 생각함(cogitans)을 알아챌 수 있을 뿐이다. 하지만 이런 문법적인 사항은 실제적인 것의 생략어법 이상도 이하도 아닌 것으로 보인다. 어떤 문법적 언술에서든지 그것이 이런저런 '인칭적 표식'을 지시하지 않을 수 없다는 것은 분명해 보인다. 따라서 역사적

것이 아니며, 두 대상의 **협력**으로부터 기인했기 때문이다. 이러한 현상 또는 서고 걷는 특이한 방식을 생산해 낸 것은 다름 아니라 그의 몸의 근육들과 뼈들, 파도 그리고 보트와 바지선의 흔들거리는 표면의 간-행인 것이다"(Bryant, "Phenomenon and Thing: Barad's Performative Ontology", *Rhizomes*, 2016, http://www.rhizomes.net/issue30/bryant.html(2023. 5. 20 마지막 접근).

으로는 최초의 텍스트가 프랑스어로 쓰였다는 것을 우리가 잊어버리고 있다 하더라도, 라틴어로 쓰여진 이 명제에서 'Je'의 일인칭적인 지시체를 알아채지 못할 이유도 없을 것이다.

그렇다면 이제 문제는 여기서 '생각하는 나'는 무엇인가가 된다. 문법을 벗어나서 본다면 이 명제는 다소 낯선 인칭적인 주체, 또는 인격적인 실체를 지시하는 것으로 보인다. 데카르트의 언급 안에서 이 '나'는 인식론의 질서에서 '의심함'(dubitans)을 통해 일구어지는 최종항, 마찬가지로 존재론의 질서에서 모든 존재자를 근거 짓는 최초항이기도 하다. 데카르트는 이 두 가지 질서에 모두 걸쳐 있는 이 '나'의 '얼굴'이 양면을 가진 새로운 인물이라는 것을 알고 있었던 것일까? 개념사 안에서 모든 특유한 것들은 철학사에 등장한 이전의 개념들 안에 자신을 포함시키면서, 또 그와는 다른 전체적인 형상으로 자신을 빚어내는 것이다. 만약 이 '나'가 텍스트상에 등장하는, 그저 스쳐지나가는 하나의 인물, 또는 일기문의 '자기'일 뿐이라면 철학사는, 또는 데카르트 자신은 『방법서설』에 담론의 지위를 감히 부여하지 못했을 것이다. 이런 의미에서 데카르트는 의심의 최종항인 한 인칭적인 인물 그리고 존재의 최초항인 비인칭적인 또 한 인물, 이 두 인물이 얼굴의 양면을 형성하는 단 하나의 '질서'(ordo)를 사유하기를 강제하고 있는 것이다.

그렇다면 '이야기'(récit; mythos)는 어디서 시작되는가? 이 명제가 솟아오른 그 특이한 사건은 어디에서부터 발생하는가? 데카르트가 참전한 네덜란드 전장의 참호 속인가? 참호 속의 그 유명한 난로는? 아니면 제4부가 시작되는 그곳에서 "그러므로 감각은 종종 우리를 기만하므로…"라고 선언하는 그 구절에서부터인가?

우리는 데카르트가 이 명제를 기술하기 전에 그가 어떤 행동을 취하고 있는지 살펴볼 필요가 있다. 단적으로 그는 "던져 버리"고, "결심하"고, "알게 되"며, 마침내 "받아들일 수 있다고 판단"한다. 텍스트상에 흩어져 있는, 하지만 그것이 어떤 데카르트 내면의 이야기에 출현하는 '사건'을 고지하는 것처럼 일정한 계열을 이루는 이 단언들은 그가 '제일원리'를 논리적 이성에 따라서만 구축하지 않았다는 것을 드러내는 바로 그 '사건의 지점'이다. 그리고 거기 '이야기'가 속한다.

그는 "조금이라도 의심할 수 있는 것은 모두 **던져 버리고**, 이렇게 한 후에도 전혀 의심할 수 없는 것이 내 신념 속에 남아 있는지를 살펴보아야 한다고 생각했다".[75] 그리고 "전에 증명으로 인정했던 모든 근거를 거짓된 것으로 **던져 버렸다**".[76] 그리고 이어지기를, "내 꿈의 환영(illusion)보다 더 참된 것은 아무것도 없다고 가상하기로 **결심했다**".[77] 우선 데카르트는 이 사유의 과정에서 '의심'의 최종적인 행동으로 모든 것을 포기하거나, 폐기하는 방식을 취하는 것으로 보인다. '신념들', '증명들' 그리고 이러한 포기/폐기의 과정은 일정한 목적론적 구도를 취하는데, 그것이 겨냥하는 바는 바로 '전혀 의심할 수 없는 것'으로 드러난다. 의심의 최종적인 과녁은 바로 '확신'이거나 '의심의 종식' 자체가 될 것이다. 그러한 의심의 종식은 사실상 '정념의 동요'를 근절하여 의혹으로부터 비롯되는 불안이 해소된다는 것을 의미한다. 과연 이 목적을 이루기 위해서는 '환영'을 '참'으로 놓는 가정이 필요해진다. 동요를 극복하고 안정에 이르기 위해,

75 르네 데카르트, 『방법서설』, 이현복 옮김, 문예출판사, 1997, 31~32쪽(강조는 인용자).
76 *Ibid.*, p. 32(강조는 인용자).
77 *Ibid.*(강조는 인용자).

그 동요의 극단을 설정하는 이른바 사고실험은 사실상 어떤 '연극적 요소'를 함축하고 있다. 왜냐하면 이러한 극단적 의심의 상황은 사유의 논리적 과정에서 '가정'된다기보다 하나의 '가상'이라는 도식 또는 상상을 동원하는 것, 철학사의 한 국면에 코기토의 무대를 마련하기 위한 터를 다지는 작업으로 보이기 때문이다.

사실상 'Je'는 『방법서설』의 1부에서 6부에 이르기까지 다양한 모습으로 등장한다. 아리스토텔레스식으로 말하자면, 4부는 어떤 극적인 깨달음(anagnorisis)이 이루어지는 곳이며, 여기서 급변(peripateia)이 발생한다. 4부의 이 지면(32쪽)에서 소위 '방법'은 자신의 인식론적 질서의 최종항이 존재론적 질서의 최초항으로 전환되고, 변형(metamorphosis)되는 경험을 그려 낸다. 사실 1부에서 3부에 이르기까지 '세상이라는 큰 책'을 찾아 나서는 어린 데카르트와 학교 생활을 지겨워하던 그 데카르트는 Je라고 지칭되는 지칭체 안에서 완연한 과학적인 '대상'으로 한 번 화했다가, 다시 '주체'(실체)로 변형된다. '데카르트'는 실체적인 모습을 한 대상으로 Je pense 라고 말하는 Je 안에서 사유의 가면을 쓰고 있다가, donc라는 단어 속에서 잠시 망설인 후(이 '망설임'이라는 정념은 그래서 어떤 '전환'을 표시한다), 사유보다 더 빠른 속도로 주체로 변형되며, Je suis라고 말하는 Je 안에서 실체라는 가면을 쓰고 다시 나타난다.

그런데 여기서 도대체 Je는 존재하기라도 하는 것일까? 1부에서 3부에 이르는 동안 출몰했던 그 수많은 '나'들은 이 Je라고 말하는 주체와 같은 것인가? 데카르트는 그렇게 선언하는 것으로 보인다. 그는 이것을 "아주 확고하고, 확실한 것이고" 회의론자들의 공격에도 "흔들리지 않는 것"이라고 하니 말이다. 그러나 이것은 단지 '선언'이라는 효력, 그러니까 수행적인 효력을 발생시킴으로써 우리에게 그것이 이러저러한 맥락에서 확고한 것'처럼' 보이게 만든다. 허구(dokein; simulacre)에서 지혜(sapientia)로의 이 급작스런 사유의 리듬은 사실상 이 맥락에서 독자의 어떤 불분명한 '느낌'으로 남아 있을 것이다. 느낌'에 따르면' 코기토는 확실하다. 느낌'에 의하면', 이것은 이제 더 이상 의심될 수 없다. 하지만 이 '느낌'은 무엇 때문인가? 이때 나는 이 명제의 논리적 알고리듬이 아니라 이 명제가 탄생하게 되는 그 Je의 수동적 사태들, 그 정념들(passion) 그리고 그것에 의해 던지고, 결심하고, 마침내 받아들이는 그 사태들에 주목한다. 수많은 Je들 그리고 여기에 데카르트가 부여하고자 한 중차대한 개념적인 혁명들은 그래서 '이야기'라는 허구적 형식과, 평전 또는 주절주절 뇌까리는 고백의 형식을 취할 수밖에 없었던 것이다.

따라서, 우리가 저 역사적인 사건으로서의 명제를 인식론적이고 존재론적인 기초이면서 최종항이자 '제일원리'로 받아들이기 위해서는 텍스트의 표면을 훑고 지나가는 로고스의 질서, 각각의 '부'들이 가지는 논리적 연쇄들, 그 이미 결정된 '통합체'가 아니라, 그 계열의 심층에서 사유보다 더 빠르게 움직이는 어떤 타자의 '운동들', 그 계열체를 보아야 한다. 그것이 바로 Je라는 (대)명사가 실체화하는 와중에 데카르트 자신이 드러내는 정념의 동사들이 어떤 잠재적인 층위 속에서 펼쳐지는가를 보아야 하는 것이 중요한 이유라고 할 것이다.

결과적으로 데카르트의 『방법서설』은 5부와 6부가 어떤 우주론적인 담론을 펼칠 수 있도록, 다른 말로 하자면 우주론적인 연극을 연기할 수 있는 그 인격적이 '된' 주체로서의 Je가 '분열된 전체'가 되는 과정이 되도록, '**인식의 질서**'(ordo cognoscendi), '**존재의 질서**'(ordo essendi) 외의, 제3의 질서, 즉 '**정념의 질서**'(ordo passionis,

'안정된 정념으로서의 이성'을 목적으로 하는 질서)에서 시작된다는 것을 알게 된다. 그리고 이제 이 세 가지 질서는 양면을 가진 인물이 아니라 세 개의 면을 가진 어떤 희한한 얼굴을 우리가 사유하도록 강제할 것이다.

만약 『방법서설』이 신유물론적으로 의미 있다면, 이와 같은 재독해를 통해 저 자연의 질서와 인식의 질서 그리고 정념의 질서를 물질 일원론 안에 재정립하는 단계를 거쳐야 한다. 그러나 이는 단적으로 불가능해 보인다. 왜냐하면 데카르트의 철학이 아무리 세 얼굴을 가진 한 머리의 사유라 하더라도 그 머릿속은 '신적 질서'라는 신학적 원리들로 가득차 있는 것으로 보이기 때문이다. 현대철학의 가장 강력한 데카르트 해석이 현상학적 신학의 분야에서 나올 수 있는 것도 이런 끊을 수 없는 데카르트의 중세 사유와의 연계로 인한 것이다. 예컨대 장-뤽 마리옹은 프란시스코 수아레즈로부터 시작되는 복잡하고 정교한 텍스트 해석을 거쳐 데카르트에게서 "자아는 신의 창조적 원인의 보편성에 예외가 되지 않는다"[78]고 결론 내린다. 좀 더 정확하게 말하자면 "사유는 사유된 것으로서의 존재자와 관련해서 이해됨으로써 자아를 데려오거나, 바로 그 동일한 사유가 원인 지워진 것으로서의 존재자와 관련해서 우리를 신의 현존으로 데려다 줄 수도 있"[79]다. 이는 결과적으로 신의 현존이 이성의 명령에 의해 다시 되돌아오는 것을 의미한다.

---

78 Jean-Luc Marion, *On Descartes Metaphysical Prism: The Constitution and the Limits of Onto-theo-logy in Cartesian Thought*, trans. Jeffrey L. Kosky, Chicago and London: The University of Chicago Press, 1999, p. 113.

79 *Ibid.*

따라서 데카르트는 파스칼이 내건 양자택일의 선택지[80]에서 '불신'이라는 정념 대신 '신'을 더 선호할 것이 분명하다. 정념은 그것의 한도를 넘어섰을 때, 바로 하데스의 문턱을 침범하는 것이고, 신은 이러한 정념의 과도함(hybris), 즉 혼종을 제어하는 존재의 근거로서 코기토의 '동일성'을 보증할 것이기 때문이다. 그러나 『방법서설』이 이러한 동일성의 보증이라는 순진한 발상이나 해석을 뛰어넘는 잔여(residuum)를 여기저기 남긴다는 것도 우리의 재독해에 의해 분명해 보인다. 이 텍스트가 철학사 내에서 그토록 중요하지만 동시에 이상해 보이는 이유는 그런 것이다.

그렇다면 우리는 데카르트의 이원론에 대해 다른 방식으로 접근할 필요가 있는데, 그것은 이 이원론을 그저 거부하는 방식이 아니라, 이것을 극단으로 밀어붙이는 방식이 되어야 한다. 이것은 "반-데카르트적이라기보다 탈-(post-)데카르트적"[81]이라고 할 수 있다.

· 사례 2: 헤라클레이토스 단편들

최근의 회절적 독해를 수행한 예는 2021년에 출간된 『회절적 독해: 신유물론, 이론, 비평』[82]이 있다. 이 중 흥미로운 논문이 있는데 왈터

---

80 파스칼이 제시한 변신론적 선택지는 다음과 같다. "신이 존재하지 않지만 신을 믿을 경우 잃을 것은 아무것도 없다. 신이 존재하고 신을 믿으면, 즉 옳은 선택을 했다면 영원한 행복을 얻을 것이다. 반면 신이 존재하지 않고 신을 믿지 않는다면 얻는 것이 하나도 없다. 그러나 신이 존재하는데 신을 믿지 않으면 지옥으로 떨어질 것이다." 파스칼은 이 내기에서 신의 현존을 긍정하는 것이 실익이 있으므로 신을 믿는 것이 좋다고 권유한다.

81 Coole and Frost, "Introducing the New Materialisms", *New Materialisms*, p. 8.

82 Merten ed., *Diffractive Reading: New Materialism, Theory, Critique*, London: Rowman & Littlefield, 2021.

의 헤라클레이토스에 관한 회절적 독해[83]가 그것이다.

월터는 헤라클레이토스의 단편들을 '존재-이야기'(onto-story)로 규정하면서 시작한다.[84] 이 단어는 보이는 그대로 'onto(logy)'와 'story'의 조합이다. 여기서 로고스(logy〈logos), 즉 '이성적 질서'를 축약한 것은 일단의 인식론적 계기의 약화를 전제할 것이다. 어쩌면 이러한 단어 축약과 합성어로의 재결합은 하이데거적인 '존재적'(ontic)이라는 함축을 되살리고 있는 것인지도 모른다. 그렇다면 뒤에 나오는 '이야기'(story)는 이 약화된 로고스를 다른 방식으로 재독해하고 있는 셈이다. 헤라클레이토스의 시공간에서 이야기는 로고스와는 다른 근원을 가진다. 그것은 아마도 뮈토스(muthos; μυθος)다. 이 방면에서 고전적인 저작인 아리스토텔레스의 『시학』에서는 이를 "사건들의 체계적 배열"이라고 했다.[85] 17세기 영어권에서 이것은 이제 '플롯'(plot)으로 번역된다.[86] 하지만 이는 다시 존재-설화(onto-tale)로도 규정되는데, 설화는 이야기보다는 비체계적이고 그 배열은 합리적이지 않다. 따라서 월터는 헤라클레이토스의 단편들이 담고 있는 사건들의 모호한 성격을 저러한 복합적인 단어를 통해 드러내고자 한 것이다.

우선 헤라클레이토스의 존재-이야기는 회절적 글쓰기의 결과로 재해석된다. 즉 "헤라클레이토스는 아직 완숙하진 않은 회절의 이론가로

---

83 Max Walther, "Heraclitus's Onto-stories: Impossible Appointments and the Importance of the Encounter", *Diffractive Reading*, pp. 51~70.

84 *Ibid.*, p. 53.

85 폴 리쾨르, 『시간과 이야기』, 김한식·이경래 옮김, 문학과지성사, 1999, 84쪽.

86 아리스토텔레스 외, 『시학』, 천병희 옮김, 문예출판사, 2002, 18쪽.

간주될 수 있으며 어떤 측면에서 그의 철학이 그 자체로 회절적으로 읽히는 회절적 작가-철학자이기도 하다".[87] 그의 단편들은 "어떤 회절하는/회절되는 방식의——유동성(fluidity)에 관한——글쓰기와 그와 같은 쓰기의 결과[88]"다. 이것은 단편들 간의 '관계'에 관한 질문으로 이끌어 가는데, 여기서 관계란 매우 들뢰즈적으로 이해된다. 즉 "차이 나게 생각되며 따라서 그것은 차이의 개념[89]"이다.

이러한 독해 방식에는 이중의, 이것마저 서로 회절하는/되는 움직임이 있게 된다. 하나의 텍스트 내의 회절적 움직임(**회절의 1차 층위**)이며 다른 하나는 독자(왈터, 또는 그 왈터의 재해석을 보는 '우리')와 텍스트(헤라클레이토스의 원텍스트와 왈터의 이 텍스트 그리고 '우리'의 텍스트) 간의 회절적 움직임이다(**회절의 2차 층위**). 이것은 회절의 정의에 따라 '간-행'으로 불리어지는 움직임을 이루는바, 텍스트든 독자든 물질로 이루어져 있고, 세계 또한 물질화하는 중이기 때문이다. 주의할 점은 이 1차와 2차 층위가 서로 떨어져 있다고 상상하는 것을 피해야 한다는 것이다. 이 두 층위의 회절은 시시각각 갈마든다. 즉 두 층위 자체는 겹치고 서로 간에 주름진다. 그래서 "중첩/간-행하는(overlap/intra-act)"[90] 이 이야기는 온당하게도 존재'론' 적 이야기이면서 **존재**-이야기가 될 수 있다. 즉 이것은 앞서 우리가 본 데카르트의 『방법서설』이 담론과 이야기로 중첩되어 있다는 시

87 Walther, "Heraclitus's Onto-stories: Impossible Appointments and the Importance of the Encounter", *Differactive Reading*, p. 60.
88 *Ibid.*, p. 53.
89 *Ibid.*, p. 54.
90 *Ibid.*, p. 60.

각과 일치한다. 우리는 여기서 앞서 논한 로고스와 뮈토스의 관계가 이항대립적이지 않으며, 차이 나는 관계, 즉 차이화하면서 나아가는 (뮈토스에서 로고스로, 로고스에서 뮈토스로의 간-행) 관계임을 알게 된다.[91]

들뢰즈는 그의 루크레티우스 재독해의 모범적 사례를 통해 마주침과 충돌의 원리를 제시함으로써 회절/간-행 이론에 훌륭한 참조점을 제공한다.[92] 들뢰즈의 이 재독해는 우리가 앞서 말한 것처럼 기존의 이분법을 전복하는 회절적 독해의 전범이 된다.[93] 왈터가 주목하는 헤라클레이토스의 단편(斷片)은 가장 유명한 두 가지이다. 하나는 "만물은 흐른다"(Phanta rhei)며 다른 하나는 "우리는 같은 강에 두 번 발을 담글 수 없다"는 것이다.

---

91 왈터는 이러한 차이화하는 관계로서의 회절적 독해의 선구적 철학자로 라투르와 들뢰즈를 옹호한다. 라투르는 행위자-네트워크 이론(ANT)을 통해 의미화-형성(meaning-making) 과정에서 지식이 생산된다고 논한다. 라투르의 ANT는 행위자 네크워크를 강조함으로써, 기존의 인간중심주의적, 구성주의적 담론에 균열을 일으켰다. 이러한 논의가 회절 이론에 영향을 끼친 것은 분명해 보인다. 그런데 여기서 초점은 '상호-/간-행 관계항(inter-/intra-acting relata)의 바로 그 본성'이다. 이런 측면에서 ANT는 한계를 노정하는데, 회절/간-행에서 중요한 것은 저 관계항이 아니라 관계화, 또는 차이화이기 때문이다. 관계항은 간-행과 회절적 움직임에 따라 발생되어 나오는 어떤 것에 불과하다(Ibid., p. 55 참조). 왈터는 네트워크에서 발생하는 '의미화-형성'이 관찰자들의 얽힘과 연관이 있을 것이라고 논한다. '현상'——'역동적인 위상학적 재배치/얽힘/관계/재절합'——은 회절과 그것의 내포에 관한 우리의 생각을 벼르도록 한다. 이때 회절은 "이러한 '얽힌 관계들'을 표현하는 것으로, 어떤 의미화-형성 과정 내부에서 관찰자들의 얽힘을 포함한다"(Ibid., p. 58).

92 Ibid., p. 57.

93 이외에도 왈터는 팀 잉골드의 망상조직 이론 또한 회절과 유사한 사례라고 말한다. 하지만 이것은 인간주의적인 관계망으로서 한계를 가진다고 비판한다. "확실히 잉골드의 그물(-망)의 역동적인, 과정적인 그리고 고도로 시간적인 개념과 '매듭'(knots), '실마리' 그리고 '느슨한 말다들'에 관한 굉장히 생산적인 언급은 상호-작용의 영역을 벗어난다. 하지만 나는 그의 인간주의적인 철학이 '얽힘'이라는 개념에 의해 제안되는 간-행의 장에 도달하지는 않는다고 느낀다"(Ibid., p. 56).

우선 일반적인 독해에서 첫 번째 단편은 생성의 철학의 대표적인 경구로 기술된다. 흔히 파르메니데스와 대척점에 있는 철학자로 언급되곤 하면서, 이 단편이 인용되는 것이다. 하지만 신유물론적 재해석에서 이러한 대립관계는 매우 허술한 방식이다. '존재 대 생성'이라는 구도는 교육적인 견지에서는 받아들일 만하지만 학문적 입장에서는 그리 명쾌하지도 정교하지도 않은 것이다. 이러한 구분은 두 철학자의 심오한 본질이 초재성과 내재성의 상호 확대 과정이라는 철학사적 맥락을 보지 못하게 만든다.

파르메니데스의 경우 존재는 부동의 것으로서 비존재와 날카롭게 대립한다. 이때 존재는 초재적 특성을 띠게 되며, 현상에 대한 어떤 구제책도 되지 못한다. 하지만 헤라클레이토스에게 변화는 명백하게 내재적 특성을 띤다. 나아가 파르메니데스는 존재의 내재적인 특성들을 감각적인 것으로 명명하고 그것을 진리의 길에서 기각함으로써 헤라클레이토스가 감각을 일차적으로 긍정한 측면에서 더 나아간다. 즉 헤라클레이토스의 내재적 우주에서는 반드시 감각이 '본성'을 파악하기 위한 첫 관문이었다면, 파르메니데스의 초재적 우주에서는 로고스(logos)만이 존재를 파악할 수 있는 길인 것이다.

이것은 현상의 평면에 있는 모든 것을 존재와는 다른 어떤 것으로 상정하기 시작할 때 필연적으로 도달하는 결론이라고 하겠다. 반면 헤라클레이토스는 이렇게 '현상 저편'을 심각하게 생각하면서 완전히 다른 세계를 구성할 수 없었다. 그는 변화라는 우주의 질서가 너무나 흔한 것이었기 때문에 반박의 여지가 없다고 생각한 고대적인 유물론의 시조라 할 수 있기 때문이다.

그런데 이후로 파르메니데스가 존재론의 분야에서 헤라클레이토스를 앞서 원자론자들에게 영향을 주었다는 사실은 매우 특기할 만한 일이라 하겠다. 이들 고대 유물론자들은 '변화'보다, 변하지 않고 분할 불가능한 '존재'라는 표현에 더 이끌린 것이다. 사변적으로 그것이 더 굳건한 기반을 제공할 수 있다.[94]

헤라클레이토스의 중요성은 다른 쪽에 있다. 사실상 신유물론적 의미에서 중요한 지점도 이것이다. 그가 파르메니데스에 비해 로고스의 용법을 자연주의적으로 연장했다는 점이 그것이다.[95] 프리도 릭켄에 따르면 파르메니데스는 "한편으로 우리의 오관이 매개하는 경험 그리고 다른 한편으로 진리 해명의 유일한 수단인 '로고스'를 통한 인식, 이 양자 사이의 구별을 헤라클레이토스보다 더 강조한다".[96]

즉 파르메니데스는 로고스를 '존재의 인식'에 할당하지만, 헤라클레이토스는 이 방면에서 로고스를 덜 강조한다는 것이다. 하지만 헤라클레이토스는 로고스를 이렇게 '인식'의 측면에서도 사용하

---

94 들뢰즈는 이러한 철학사적 전변을 동일성이 다수화되고 파편화되는 반복의 역량으로 파악한다. "데모크리토스가 파르메니데스의 일자-존재를 원자들로 파편화했고 다수화했던 것처럼, 반복은 동일성 자체를 파편화한다. 다시 말해 절대적으로 동일한 하나의 개념 아래에서 사물들이 다수화될 때, 이런 다수화의 결과는 개념이 절대적으로 동일한 사물들로 나누어진다는 데 있다. 이 무한한 반복 요소의 위상은 자신의 외부에 놓인 개념이다. 이것은 물질을 통해 실현된다"(질 들뢰즈, 『차이와 반복』, 김상환 옮김, 민음사, 2004, 348쪽).

95 로고스의 의미는 매우 다기하다. 로고스의 어원인 lego(λέγω)의 어근은 leg(λέγ-)로서 대체로 1. 모으다, 수집하다(최초의 예는 호메로스의 시가에서 나타나고 있다: Homer, "Τρωάς μέν λέξασθαί έφέστιοι ὄσσοικέασιν"[도시에 사는 모든 트로이 사람들을 모아서 …], *Iliad*, vol. 2, line. 125), 2. 세다, 셈하다, 3. 열거, 매거하다, 4. 이야기하다, 말하다 등의 네 가지 주요한 의미를 가지고 있다. logos 개념은 이상과 같은 동사 lego의 의미에 상응하여 사용되었다. 따라서 명사로서의 로고스는 collection, counting, reckoning, calculation, account, consideration, reflection, ground, condition, enunciation, catalogue, word, narrative 등의 의미를 지니며 발전하였다(김내균, 『소크라테스 이전의 그리스 철학』, 교보문고, 1996, 135쪽 참조).

96 프리도 릭켄, 『고대 그리스 철학』, 김성진 옮김, 서광사, 2000, 64쪽.

지만, 존재, 즉 '생성' 자체에도 적용한다는 점을 유의해야 한다. 헤라클레이토스에게 생성을 상징하는 것은 '불'이다. 그런데 그에게는 이 불이 곧 로고스 자체다. "이 세계(kosmos)는, 모두에게 동일한데, 어떤 신이나 인간이 만든 것이 아니라 언제나 있어 왔고 있고 있을 것이며, 영원히 살아 있는 불(pyr aeizōon)로서 적절한 만큼 타고 적절한 만큼 꺼진다."[97] 세계가 불이며 이것이 적절성을 유지하는 것은 그것이 로고스의 특성을 간직하고 있기 때문이다. 릭켄도 밝히고 있는 바와 같이, 헤라클레이토스의 로고스는, "영원히 존재하는 것"[98] 으로서 서술된다.

로고스가 불이고 그것이 곧 영원한 법칙이며, 질서며, 인간이 거기 참여한다는 것은 무엇인가? 이러한 의미에서의 로고스는 앞서 파르메니데스가 강조한 로고스의 그 인식적인 측면이 아니라 바로 존재적인 측면이라고 할 수 있다. 따라서 헤라클레이토스의 로고스는 그 자체로 인간이자 자연이며, 이 둘 모두가 속해 있는 존재론적 평면이라고 할 수 있는 것이다. 현상과 존재를 예리하게 구분하고, 로고스를 존재의 편에 세우면서, 동시에 인간의 특유한 '능력'으로 조명하는 파르메니데스와는 달리 헤라클레이토스는 로고스를 어떤 동시적인 현존, 인간과 자연의 그 구분 불가능한 개념으로 사용하고 있다. 바로 이런 점이 신유물론의 관점과 조응한다. 다만 여기서 '로고스'는 아직 필연성의 함축을 가지는 것으로서 우발성을 그 자

---

97 김재홍 외 편역, 『소크라테스 이전 철학자들의 단편 선집』, 아카넷, 2005, DK22B30. 이후 인용되는 소크라테스 이전 철학자들 단편의 고유식별문자는 이 번역서에 표기된 대로 'Diels-Kranz, *Die Fragmente der Vorsokratiker*, Cambridge University Press, 2018' 판본의 것으로 쓴다.

98 릭켄, 『고대 그리스 철학』, 63쪽.

체 안에 함축하고 있지 못하다.

만약 헤라클레이토스의 단편들이 내재적 평면에 조응한다면, 우선적으로 재해석의 토대가 마련된 셈이다. 왈터는 이에 대해 바라드의 개념을 적용하면서 '반-플라톤적 방식'이라고 규정한다. 이는 매우 타당하다고 할 수 있다. 그렇지만 보다 정확하게 말한다면 그것은 '플라톤주의의 전복'(들뢰즈)이라고 해야 할 것이다. 신유물론적 재해석은 플라톤에 반대하는 것이 아니라 그것을 횡단하면서 긍정하고, 마침내 거기 적절한 위치와 지위를 부여한다.

우선 헤라클레이토스의 첫 번째 명제("만물은 흐른다")에는 '흐름'만이 있다. 여기에는 "그 어떤 선-재하는 관계항(relata)도 존재하지 않"으며 플라톤적 의미에서의 '안정적 존재'(이데아)도 거부된다.[99] 마찬가지로 앞서 말했듯 인간과 자연을 동일한 평면, 즉 물질의 평면 안에 두는 내재적 관점에서 '관찰자-인간'도 예외일 수 없다. 저 흐름 안에는 만물로서의 인간이 속한다(인간예외주의의 기각).

왈터는 이런 내재적 관점을 헤라클레이토스의 '경험'에 대한 강조에서 찾는다. 즉 "물질화하는 간-행은 존재의 저변에 놓인 모든 형태의 형이상학적 그리고/또는 초월적인 것을 제거한다"[100]는 것이다. 이것은 위에서 필자가 제시했던 바와 마찬가지로 헤라클레이토스 철학의 유물론적 경향을 의미한다고 왈터는 생각한다. 더 나아가 왈터는 헤라클레이토스가 철저하게 생활상의 실천과 철학을 연루시킨다는 점도 파악한다. 이것은 일상적인 생활 속에서의 인위성이 로

---

99 Walther, "Heraclitus's Onto-stories: Impossible Appointments and the Importance of the Encounter", *Differactive Reading*, p. 61.
100 *Ibid.*

고스의 자연과 함께 회절되는 것으로서, 헤라클레이토스의 단편이 가진 물질적 요소가 그러한 두 물질화의 회절/간-행으로부터 비롯된다는 것을 말하는 것이다.

또 하나는 헤라클레이토스의 '카오스'에 대한 강조다. 왈터는 "세상에서 가장 공정한 질서"란 아무렇게나 쌓인 "쓰레기 더미"라는 헤라클레이토스의 말에 주목한다. 이것은 다른 단편들과 마찬가지로 세계의 코스모스를 근원적인 것으로 보지 않고 카오스적 상태, 비구조의 상태, 인위와 자연이 뒤얽힌 상태를 근원적인 것으로 본다는 것을 드러낸다. "'쓰레기'라는 저 생각—이는 '거름'(manure) 또는 '퇴비'(muck) 또는 '조개무지'로 다르게 번역된다—은 반-구조를 가리키"고 따라서 이것은 "끊임없는 흐름 안에서의 생성"이라는 헤라클레이토스의 기본적 구도와 상통하는 것이다.[101]

왈터가 두 번째로 중요하게 보는 유명한 경구는 "우리는 같은 강에 두 번 발을 담글 수 없으며, 안정된 조건에서 어떤 사멸하는 실체를 잡을 수도 없지만, 그것은 흩어졌다가 다시 모인다. 그것은 형성하고 사라지며 가까워지고 떨어진다"는 것이다. 여기서 중요한 것은 이 흐름 가운데 행위소의 원천이, 즉 어떤 것이 능동적 행위소인지 수동적 행위소인지 불분명하다는 것이다. 이런 애매함 또는 경계 흐림의 작업은 '모든 것은 흐른다'에서 저 '흐름'의 면모이기도 하다. 다름 아니라 '모든 것'이 흐르기 때문에 그곳의 능동적 행위소와 수동적 행위소는 아직 뚜렷하지 않거나 생성 이전이다. 따라서 강은 무차별적인 차이의 차이화 과정으로 파악된다.

---

101 *Ibid.* 이러한 해석은 해러웨이가 인간을 퇴비(compost)로 보면서 인간중심주의를 전복하는 과정과 유사하다.

이와 마찬가지로 '우리'도 그러하다. 지금 무차별적인 강에 발을 담그고 있는 '우리'는 결코 같지 않다는 점에서 강과 같다. 그러나 그 같다는 점은 다시 차이화의 결과 나타나는 것이므로 완전한 동일성을 대표할 수는 없을 것이다. '같다'는 언명은 동시에 '차이'를 내포하며 이를 통해 그 동일성은 생겨나자마자 해소된다. 이것은 "'강' 뿐만 아니라 '우리'[도] 간-행 가운데 출현하며 마주침이나 얽힘에 (그 자체로) 선-재하지 않"기 때문이다.[102] 얽힘에 선재하지 않는 행위소는 언제나 간-행을 통해 생겨나고 사라진다. '우리'와 '강'의 존재론과 인식론은 맹아적 단계에서 갈마들며 마주침 안으로 발을 디디는데, 여기서 마주침과 간-행, 우리와 강은 마치 함께 발생하는 듯하다. "관계항이 그것을 통해——간-행 가운데 생성하면서——출현하는 마주침 안으로 발을 디딘다." 즉 "현상-내부-관계항"이 "특수한 간-행을 통해" 출현하는 것이다.[103]

요컨대 헤라클레이토스에 대한 신유물론적 재독해는 파르메니데스와의 대립이라는 기존의 일반적 해석을 넘어서, 그를 내재성의 유물론자로 바라본다. 특히 그의 존재-인식론은 글쓰기 스타일로서 '단편'과 그 단편의 내용 전반에 걸쳐 신유물론의 물질관을 내장하게 된다. 이 재해석은 사실상 기존의 변증법적 해석을 기각하는 과정이며 그 가운데 해석자와 텍스트의 간-행을 통해 하나의 새로운 텍

---

102 *Ibid.*
103 *Ibid.*, p. 64. 왈터에 따르면 이것이 회절에 관한 매우 모범적인 사례가 된다. 특수한 간-행을 통해 현상-내부-관계항이 출현하는 이 과정이 바로 바라드가 말한 "물질이 물질이 되는" 과정, 즉 행위적 절단(agential cut, 행위적 수행의 가장 중요한 기능요건. 이에 대해서는 이 책의 '용어 해설'을 참조하라)이다. 바라드의 이 용어들에 대해서는 4장 3절 참조.

스트를 생산하는 과정으로 파악된다.

· 사례 3: 호메로스 '아킬레우스의 방패'

그다음으로 우리가 살펴볼 사례는 에든버러 대학교 출판사에서 간행되고 있는 '신유물론과 고대 문화'(Ancient Cultures, New Materialisms) 시리즈 중 하나인 에이미 래더의 『고대 및 고전 그리스 시가에서 물질과 미학』[104] 중 몇몇 부분이다.

래더는 이 책이 '두 가지 사유의 가닥'을 서로 꼬아 나가면서 전개된다고 논하는데, 그것은 "물질은 어떻게 인간 사유와 능동성 **위에** 영향을 미치고 심지어 그것을 구성하는지, 또한 그뿐 아니라 어떻게 인간의 인지 과정이 사물과 그것의 상호작용**으로부터** 발전하고 진화하는지"[105]라는 물음이다. 이러한 목표를 위해 신유물론이 다양한 측면에서 적용된다. 즉 이 책은 고대 문화에 대한 신유물론적 재해석인 것이다.

이를 위해 래더는 중추적인 하나의 개념으로 포이킬리아(다양성, 다채로움, 얼룩덜룩함, ποικιλία; poikilia)를 선별한다. 이 개념은 "고대 및 고전의 원천들 안에 있다고 추정될 수 있는"[106] 개념으로서 "상이한 장르들과 시간대를 횡단하면서 인간적 기원만이 아닌 것을 제안하는 언어 형식 안에서 스스로를 표명하고, 그럼으로써 적절하게 구분되는 해석 양식을 요청하"[107]게 된다. 이는 물질성과 인간적 사

---

104 Amy Lather, *Materiality and Aesthetics in Archaic and Classical Greek Poetry*, Edinburgh: Edinburgh University Press, 2021.
105 *Ibid.*, p. 2.
106 *Ibid.*, p. 6.
107 *Ibid.*, p. 22.

유 간의 회절적 관계를 밝혀내는 데 있어서 매우 유용한 도구가 될 수 있다. 이 개념은 최초의 증거 자료에서부터 시작해서 지속적으로 의미론적 범위를 확장한다. 이는 결국 정신과 대상 간의 데카르트적 이분법에 이 고전적 용어가 구속되지 않는다는 것을 의미한다. "포이킬리아 개념에서 드러나는 개별 실체들은 정신들, 신체들 그리고 사물들 간의 어떤 유동적인 교환 경제"[108]로 드러난다. 포이킬리아는 이러한 유동성을 대표하는 개념이다.

래더는 이러한 포이킬리아가 가장 잘 드러나는 텍스트로 호메로스의 『일리아드』 18권에 나오는 '아킬레우스의 방패'에 대한 묘사를 든다. 여기서 인간과 물질 간의 관계는 "(1) 물질과 그것의 지각의 역동성, (2) 물질적 객체의 인지적 영향, (3) 물질들 안에 존재하는 생명(vitality)[109]의 표명 그리고 (4) 객체들을 기술하기 위해 사용하는 언어 안에 체현된 정신과 물질의 교차(intersection)"[110]로 요약된다.

방패에 새겨진 이미지들은 어떤 물질적인 것이 생명을 가질 수 있는 방식을 상상함으로써 생기적 유물론의 형태로 기술된다. 마치 방패 안의 이미지들이 '그것의 운동적 면모(kinetic aspect)'를 가지는 양, 정말로 그 이미지들은 그들 자신의 의향으로 움직이는 것처럼 보인다. 거기서 사람들은 춤추고, 전쟁에 참여하며, 전염병에 걸리고,

---

108 *Ibid.*, p. 2.
109 여기서 말하는 '생명'이란 비인격적인 것으로 이해되어야 한다. 이것은 베넷이 자신의 '물질의 생동'을 변호하면서 언급한 다음의 주장에서 드러나는 것이다. "내가 비인격적 감응 혹은 물질적 생기라고 말하는 것은 외부로부터 물질에 깃드는 정신적인 부가물 혹은 '생명력'이 아니다. 내가 말하는 것은 전통적인 의미의 생기론이 아니다. 나는 물리적 신체에 들어가 그것에 영혼을 불어넣는 별개의 힘을 상정하지 않으며, 감응을 물질성과 동일시한다"(제인 베넷, 『생동하는 물질: 사물에 대한 정치생태학』, 문성재 옮김, 현실문화, 2020, 18쪽).
110 Lather, *Materiality and Aesthetics in Archaic and Classical Greek Poetry*, p. 7

수확하는 것이다. 심지어 그 방패의 이미지들은 단순히 시각적 현상을 전시하는 것만은 아니다. 그것은 거의 모든 감각기제들을 건드린다. 방패는 소리를 내고, 짜여지고, 냄새를 풍기며, 맛을 안다. 이 모든 것이 그 방패의 표면에 새겨져 있다. 또한 그 방패에는 모든 인간적인 감응과 정서들을 담는다. 궁금해하고, 즐거워하며 갈등한다. 방패는 마치 살아 있는 인간의 경험이 풍부하게 체현되어 있는 것처럼 보인다."[111]

이것은 방패를 앞에 두고 어떤 복잡하고 이질적인 존재론을 묘사하는 것이다. 그리고 여기서 물질, 생명 그리고 언어 간의 얽힘(entanglement)을 본다. 이 포이킬리아, 즉 다채로움과 얼룩덜룩함은 말 그대로 고대적 이미지 안에서 거의 현대적인 간-행의 상황을 드러내는 것 같다.

· 사례 4: 『이온』

이러한 얽힘의 상황은 플라톤의 텍스트인 『이온』에서도 드러난다. 이 텍스트는 일반적으로 고전적인 '해석학'의 전범으로 취급된다. 이 텍스트에 대한 신유물론적 해석은 해석학의 신화적 해석과는 다르다. 이 신화적 해석에 따르면 '해석'은 서양 사유의 최초의 상태에 해당된다. 이 최초의 상태는 곧 로고스가 어떻게 드러나는지를 그려준다. 즉 해석은 곧 헤르메스(Hermes)다. 헤르메스는 어떤 초월적 지식을 인간에게 전해 준다는 뜻에서 신탁과 관계가 깊다. 그래서 헬라인은 델피 신탁의 사제를 '헤르메이오스'(hermeios)라고 불렀다.

---

111 *Ibid.*, pp. 7~8.

신비한 신의 언어를 인간의 언어로 '전환'(transfer)시키는 또는 '번역'(translation)하는 역할을 맡은 이 신은 그 어원의 기초적인 의미에서 '이동'(trans-) 또는 '투과'의 역능을 가진다.

신의 전언을 번역하고, 이쪽과 저쪽으로 이동하면서, 그것을 인간의 지성이 투과 가능한 언어로 이야기해 주는 것, 그것이 헤르메스(해석)의 의미라고 하겠다. 따라서 헤르메스는 '언어'와 밀접한 관련을 가진다. 그것은 근본적으로 '언어'와 관련된 작업이며, 이 작업을 해내는 것은 신성한 능력으로서, 신전의 사제들의 직분이며, '해석가'라는 주체는 애초에 인간의 언어이해 능력의 최대치를 발휘하는 존재로 승격된다.

신유물론적 재독해는 플라톤의 『이온』에서는 이와 같은 초월적 해석과는 다른 면모를 보인다. 우선 이 텍스트에서 당대의 '해석'은 '음유시인'(rhapsode)의 직분으로 묘사된다. 이들은 진정한 시인(poet)들의 언어를 음송하게 되는데, 그러한 음송을 위해서는 반드시 '해석'의 과정이 요구된다. 해석은 해당되는 시인, 예컨대 '가장 위대한 호메로스의 정신'을 그 대상으로 한다. 따라서 음유시인들의 해석 과정은 언어와 관련되지만 그것을 넘어선다.

그리고 해석적 실천이라 불릴 수 있는 '음송'은 암송과는 분명다르다. 즉 음유시인은 마땅히 "시인의 단어를 단지 암기하는 것이아니라, 그의 사유를 파악"해야 한다. 이와 같은 '이해'의 과정이 부재한다면, 그는 "좋은 음유시인이 아니다". 위대한 시인들의 언어를'해석'한다는 것은 시인들의 말에 대한 '이해'를 통해 그의 사유를'파악'하는 것이다."[12] 그래서 해석의 일차 과정, 즉 '이동'은 이해와파악으로 요약된다. 그러나 이것으로 그치지는 않는다. 이차적으로"음유시인은 그 자신을 시인의 사유에 대한 해석자로 그의 청중들에

게 설득시켜야 한다. 시인이 의미한 바를 알지 못하고서는 이것이 불가능하다".[113]

여기서 해석의 이차 과정은 '청중'으로 해석을 이동시키는 것이다. 이때 음유시인은 스스로를 '해석자'로 정당화해야 하는데, 이때 반드시 시적 언어의 '의미'를 '알아야' 한다. 요컨대 이 과정은 한쪽에 청중이 있고, 그쪽으로 해석이 이동하면서 의미를 실어나르는 것이며, 이것이 제대로 완수될 때 음유시인은 비로소 '해석자'가 된다.

이 해석자는 이해와 파악을 통해 청중에게 언어의 본래 원천을 가리키면서, 그것으로부터 오는 전언을 이동시킨다. 그런데 이때 '이동'은 반드시 **'변형'**을 함축하고 있는 것처럼 보인다. 즉 시인의 '언어'가 해석 과정에서 '설득'의 '음성'으로 변형되는 것이다. 하지만 이것은 문자언어가 음성언어로 변형되는 과정이 아니라, 하나의 원초적인 시인의 음성이 해석자인 음유시인의 음성으로 변형되는 것이다.

신탁에 있어서도 이는 마찬가지다. 사제는 신의 음성을 인간의 음성으로 변형시킨다.[114] 이런 면에서 해석의 최초의 신념은 문자

---

112 Plato, *Ion*, 530b-c. 플라톤의 대화편 『이온』 인용은 *Plato* vol. 9, trans. W. R. M. Lamb. Cambridge, Massachusetts: Harvard University Press; London: William Heinemann Ltd., 1925에서 했다. "어떤 사람은 시인이 말하는 것을 이해하지 못한 채로 좋은 음유시인이 될 수 없기 때문이다. 음유시인이란 마땅히 시인의 사유에 대한 해석자로 그의 청자들에게 스스로를 납득시켜야 한다. 그리고 이것은 시인이 의미하는 바를 알지 못하고서는 불가능하다."

113 *Ibid.*, 530c.

114 문자언어에 대한 해석의 불신에 대해 리처드 팔머는 플라톤의 『제7서한』과 『파이드로스』로부터 내려오는 전통을 이야기한다. 그래서 해석은 모든 언어를 구어적 효과로 변형시키는 임무를 가지게 되는 것이다. "언어를 문자화하는 것은 그것의 생명력으로부터의 '언어의 자기소외'(alienation of language, Selbstentfremdung der Sprache)이다"(Richard E. Palmer, *Hermeneutics: Interpretation Theory in Schleiermacher, Dilthey,*

텍스트가 아니라 **음성이라는 물질적인 '진동'**이다. 이 진동은 하나의 힘-운동이다. 따라서 해석자는 청중들에게서, 하나의 힘-운동을 또 다른 힘-운동으로 변형시키는 능력을 가져야 한다. 이것은 고대인들이 어떤 인식론적인 기능과 과정으로 해석을 바라보지 않았다는 것을 알게 한다. 그것은 존재론적인 변형의 과정이며, 인식론적 기능으로서의 '이해'와 '파악'은 거기 따라온다(**존재-인식론적 회절**).

사실상 이들에게 중요했던 것은 이러한 변형의 과정에서 청중의 세계의 저 깊이, 즉 지성과 그 아래의 정념에 이르기까지 그들 본성(자연, physis)을 '흔들어 놓는' 것이었으리라 추정해 볼 수 있다. 그렇게 할 수 있는 진정한 매개는 바로 언어, 그중에서도 음성언어며, 문자언어는 부차적이었다.

요컨대 중요한 것은 이 말하기가 하나의 '사건'이 되게 하는 것이다. 여기서 사건은 전달하는 자의 '호소' 또는 '선포'가 한 개인이나 무리의 영혼을 진동시킴으로써, 예술적 효과를 만들어 내는 것이 일차적이다. 하지만 이러한 해석의 효과로서의 사건은 단순히 카타르시스를 통해 배출되지 않고, 한 사람의 전 생애를 결정짓는 행동과 질문의 원칙이 되기도 한다는 것을 우리는 플라톤이 전해 주는 소크라테스, 또는 소크라테스의 재판에서 울리던 그 진동을 경험한 플라톤 자신으로부터 충분히 알 수 있다.

다시 말해 하나의 해석이 제대로 된 효과를 발휘하기 위해서는 그 변형 이후의 언어가 '수행적'이어야 한다는 것, 다시 말해 청자와 발화자, 또는 독자와 저자 간의 회절/간-행이 이루어져야 한다는 것

Heidegger and Gadamer, Evanston Illinois: Northwestern University Press, 1969, pp. 15~16).

이다. 말함을 통해 무언가를 강제하고, 비물질적인 관념을 물질적인 '흐름', 즉 발화의 흐름으로 만들어야 한다.

음성이 가지는 물질적 특성은 신유물론에서 강조하는 바이기도 하다. 여기서 회절적 독해는 플라톤의 이 텍스트 내부에서 음유시인과 청중들에게서도 일어나지만, 우리 독자들에게도 발생한다. 이러한 반복, 텍스트 내부와 외부에서 발생하는 차이 나는 반복은 우리에게 『이온』이라는 텍스트를 통해 단순히 플라톤의 시학이라는 이론만이 아니라 우리가 세계의 일부로서 그 안에 있는 물질화 과정을 들여다 보게 하며, 우리의 세계상을 바꾼다.

물론 이러한 사례들이 신유물론이 가지는 이원론에 대한 횡단적 성격을 모두 말해 주는 것은 아니다. 하지만 신유물론적 재독해는 기존의 해석학적 일반성이 가지고 있는 이항대립이나 교과서적인 상투성을 벗어나 어떤 수행적 독해를 가능하게 한다는 것은 분명하다. 여기서 '수행적'이라는 말은 실험, 실천, 전복, 폭로, 창발과 같은 의미를 가진다. 이것은 마치 맑스가 『루이 보나파르트의 브뤼메르 18일』과 『프랑스에서의 내전』 그리고 『1848년에서 1850년까지 프랑스에서의 계급투쟁』을 쓰면서 당대의 역사와 교전하고(**회절의 1차 층위**), 그 결과 하나의 책이 훌륭한 정치적 수행성을 가지고 프롤레타리아트에게 감응을 가져다준 것과 같다(**회절의 2차 층위**). 여기서 나온 사적 유물론(historical materialism)이라는 창조적 **현상**은 그 스스로의 힘으로 신유물론과 만나게 되며 이로써 다른 텍스트로 창발된다.

그러므로 어떤 물질적 객체들 간의 거리(distance)는 간-행에 따른 주름 운동, 얽힘에 따라 근접성을 이루고 이에 따라 기존의 관계가 전복된다. 이 거리는 항구적인 차이화의 운동이지 동일성이 아니다. 오히려 동일성은 차이화의 회절/간-행을 통해 영원히 추방될 것이다.

달리 말해 재독해는 일련의 국지적 과정, 즉 읽기를 통해 독해를 다시 하고 그를 통해 세로운 세계상을 드러내는 것 그리고 그것을 실천적으로 적용하는 것이다. 이런 경우 고대 세계와 현대의 세계는 운동 안에서 서로 접힘과 펼침을 반복하게 된다.

(2) 사이보그

· 포스트휴먼적 주체

텍스트 재해석에서의 '회절'은 물질적인 방면에서 혼종성을 의미한다. 이원론을 돌파하는 힘은 이러한 회절적 독해와 혼종성의 적극적인 긍정에서 나오는 것이다. 주체화라는 주제에서 이러한 혼종성을 '사이보그'와 관련해서 논할 수 있다. 앞서 우리가 본 라투르의 혼종은 곧 해러웨이의 '사이보그'와 같은 의미다.[115] 이것은 근대성의 제헌적 포괄행위, 즉 정화 과정에 산입되지 않는 존재들로서 비근대적 비체들이다. 더 나아가 전근대성과 근대성 그리고 탈근대성 모두에 있어서 타자인 사이보그-혼종은 이른바 헌법적이고 합법적인 권능이 놓치는 것들이며 비판되는 것이 아니라 긍정됨으로써 나타난다. 이것은 진정한 역사적 의미에서 피터 라인보우와 마커스 레디커가 히드라(Hydra)로 형상화한 "선원들, 해적들, 악당들, 연인들, 역관들, 음악가들, 모든 종류의 이동 중인 노동자들"[116]을 말하는 것이기도 하

---

115 라투르, 『우리는 결코 근대인이었던 적이 없다』, 129쪽 참조.
116 Peter Linebaugh and Marcus Rediker, *The Many-Headed Hydra: Sailors, Slaves, Commoners*

다. 사이보그는 시장과 들판과 부두와 선창과 농장, 전장의 잡색 부대에서 그 권능을 발휘한다.

이 주체는 이미 그어져 있는 지도의 경로를 따르기보다 "끊임없이 침해, 위반하고자 하는 강렬한 욕망"을 가지고 있다.[117] 왜냐하면 생성이란 본래 비관습적이며, 더 나아가 존재하는 것의 형상과 틀을 횡단하는 것이기 때문이다. 그러므로 브라이도티의 말을 다소 변형하면 사이보그는 "탈형이상학적인 강렬하고 복수적인 존재자이며 상호 관련성의 망 안에서 기능한다. 그/녀는 […] 복수적인 연결의 지점"이다.[118] 이러한 복수성 안에서 인간과 탈인간의 테크놀로지 합성물로서의 사이보그는 일종의 기계적 무의식(알고리듬, 자기복제, AI와 빅데이터 그리고 기본적인 온톨로지)을 가진 새로운 주체성이며, 인간 주체를 압도한다. 이것은 괴물의 특성을 지니고 있긴 하지만, 그렇다고 해서 이 새로운 주체성이 늘 그런 것은 아니다.

해러웨이에 따르면 우리의 신체가 이제 "권력과 정체성의 새로운 지도"인 것과 마찬가지로 사이보그도 그러하다.[119] 유명한 그녀의 말을 되새기자면, "사이보그는 에덴에서 태어나지 않았다". 그것은 비순수한 우리와 더불어 탄생했으며, 우리와 더불어 존재한다. 그러므로 "기계는 생명을 불어넣거나 숭배하거나 지배할 대상이 아니다".[120] 마찬가지로 "그들은 우리를 지배하거나 협박하지 않는다". 이로써 유기적 결합이 아니라 유기적인 것과 비유기적인 것, 인간과 비

    and the Hidden History of the Revolutionaly Atlantic, 2000, p. 6.
117 로지 브라이도티, 『유목적 주체』, 박미선 옮김, 여이연, 2004, 78쪽.
118 앞의 책, 79쪽.
119 도나 해러웨이, 「사이보그 선언」, 『해러웨이 선언문』, 황희선 옮김, 책세상, 2019, 83쪽.
120 앞의 책, 같은 쪽.

인간을 결합하는 새로운 연대의 관점으로 '네트워킹'이 가능해진다. 즉 '직조하는 것'이 무엇보다 중요한 것이다. 네트워크 또는 네트워킹은 "개인의 신체와 정치적 신체의 경계가 서로 투과될 수 있음을 암시"한다.[121] 여기서 말하는 정치적 신체의 작동은 당연히 '과학기술'과 밀접한 연관을 가진다.

페미니즘의 관점에서 사이보그는 이성애 중심주의(heterosexualism)를 전복하는 힘을 가진다. 사이보그에 있어 섹스는 "바로크적 복제 패턴"[122]을 형성하면서 우리 시대의 사회적이고 신체적인 실재성에 새로운 지도를 그린다. 감응적인 활동은 자연과 문화, 인간과 비인간이 가지는 경계를 뒤섞을 때 새로운 기쁨을 선사하며, 경계들을 이리저리 옮기면서 거기에 뒤따르는 책임 또한 지는 것이다. 브라이도티와 마찬가지로 해러웨이도 이것을 '괴물'로서 긍정한다. 젠더적인 분열을 치유하는 것이 아니라 그것을 극단으로 밀어붙이는 것, 그래서 그로부터 억압의 논리를 횡단하고 생존을 확보함으로써 새로운 신체를 꿈꾸고 실현하는 것이다.[123] 따라서 사이보그는 "포스트 젠더 세계의 피조물"이다. 주의해야 할 것은 사이보그가 어떤 아름다운 영혼으로서 조화와 공생, 양성성 구비와 같은 유기적 총체성을 바라지 않는다는 점이다. 오히려 사이보그는 부분성, 아이러니, 도착성(perversity)에 더 가깝다. 이것은 기술결정론이나 생물학적 결정론을 망설임 없이 횡단한다. 그렇게 함으로써 기술과 신체의 경계를 희석하고 결정론을 뒤흔든다.

---

121 앞의 책, 62쪽.
122 앞의 책, 18쪽.
123 앞의 책, 20쪽 참조.

주체(론)의 해체와 재배치는 들뢰즈의 용어를 사용하자면 잠재적인 것과 현행적인 것이 상호 착근되는 생성의 과정에서 돌출되어 나오는 상당한 우발성이라고 할 수 있다. 그것은 또한 특이한 것들의 배치와 계열 그리고 의미와 사건을 통해 만들어지는 것이기도 하다. 포스트휴먼적 차원에서 이러한 의미와 사건은 다양하게 층화된 존재론의 감각적이기도 하고 비감각적이기도 한 개별체들 사이, 또는 물질과 정신 사이의 어떤 결정적인 단절도 감안하지 않는 주체론이다.[124] 당연하게도 이 주체는 어떤 고립된 자아나 코기토의 형태로 타자와 단절되지도 않는다.

이것은 일종의 '생성의 노드' 또는 '매듭'과 같은 것으로서 집합적인 개체화의 가장 구체적인 파루시아(parousia, 현현)이기도 하다. 만약 이 주체가 기원도 종말도 없이 유전한다면, 그 주체는 이미 포스트휴먼이다. 이 말, 즉 '포스트-'(post-)는 이때 '벗어나는'('탈')이라는 의미를 가지지만, 그것이 완연한 초월의 의미를 제기하는 것은 결코 아니다. 오히려 이것은 끊임없이 앞과 뒤, 위와 아래를 '비껴가는'이라는 의미를 가진다. 그래서 '휴먼'이지만 그것은 휴먼이 아니고, 따라서 반드시 타자를 지칭하거나 자신 속에 함입시킨다. 이러한 가설은 일종의 자기성/타자성이라는 패러다임을 해체하고 주체 자체를 일종의 코스모이(kosmoi), 즉 배치의 질서로 만들면서 '포스트휴먼적 우주'로 구성한다.[125]

우주적 사물/사태는 분명 객관적 형태로 우리 앞에 존재하지

---

124 Coole and Frost, "Introducing the New Materialisms", *New Materialisms*, p. 10 참조.
125 Francesca Ferrando, *Philosophical Posthumanism*, London: Bloomsbury Academic, 2019, p. 6 참조.

만, 이 사태가 가진 전체 패턴이나 사실은 그것을 관찰하는 일반인이나 하나의 '분광 패턴'으로 분석하는 천체 물리학자가 없이는 핍진한 형태로 존재할 수 없다. 이 시선과 패턴은 인간이 우주에 찍어 놓은 자신의 지문, "인간 유기체의 정체를 표현해 주는 지문"[126]이기도 하지만, 마찬가지로 자연의 능동적 본성이 우리에게 열어 보여 주는 선물이기도 하다.

이러한 사태가 만들어 내는 주체라는 사건-의미는 필연적으로 어떤 인공적인 발명들과 인위적인 조작들이 '자연화'된다는 것을 가리킨다. 이를테면 우리가 매일의 일상 속에서 마주치는 가상의 sns 현실은 표면적으로 스마트폰이라는 인공-보철 기구의 생산물이다. 이러한 디지털 보철 기구가 생산하는 잠재적(virtual)인 생산물들은 궁극적으로 내 신체의 일부이면서, 내 현재와 과거 그리고 미래를 구성하는 의식이 된다. 이 인공-자연의 포스트휴먼적 과정은 "우리의 신체적·사회적 삶을 많은 방식으로 움직이고, 강화하며, 풍성하게 만든다".[127]

이런 의미에서 포스트휴먼적 주체는 '우리 시대의 주체'이다. 하지만 이를 표기하기 위해 주체 위에다가 삭제 선을 긋는 라캉적인 방식은 너무 과장된 것이라고 볼 수 있다. 그것은 지칭의 힘을 과장하는 정치적 올바름(political correctness)에 대한 반대급부의 담론적 실천일 뿐이다. 그것보다 우리는 이 개념을 보다 내용적으로 풍부하게 만들 필요가 있다. 다시 말해 들뢰즈가 말한 '성가신 주체'를 해소

---

126 마누엘 데란다, 『새로운 사회철학: 배치 이론과 사회적 복잡성』, 김영범 옮김, 그린비, 2019, 32쪽.
127 Coole and Frost, "Introducing the New Materialisms", *New Materialisms*, p. 17.

하는 유일한 방법은 그것을 의미적으로 사건화하거나 포스트휴먼적 상황 속에서 가속시키는 것이다. 이로 인해 드러나는 것이 반휴머 니즘이든 트랜스휴머니즘이든지 간에 여기에는 신유물론이 가지는 어 떤 포괄적 전망이 살아 있게 된다. 즉 죽이는 것이 아니라 살림으로 써 그것을 해소하는 것이다.

사실상 이러한 전망은 단순히 해러웨이가 말하는 사이보그보 다 더 나아간 어떤 존재론적 또는 실존적 전환을 예상하는 것일지도 모른다. 이를테면 포스트휴먼이란 인간과 기술의 '융합'보다 더 급 진적인 방식으로 우리를 밀고 나아간다. 헤일스라면 이를 "존재하는 어떤 정보적 패턴이 생물적 기저 안에서 예화"되는 사태라고 볼 것 이다.[128] 이것은 '강한 의미'의 혼종성이다. 여기서 '강한'이라는 것은 그것이 담론적일 뿐 아니라, '실행'(praxis) 측면에서도 근원적이라는 의미다.

이런 의미에서 해러웨이의 사이보그는 젠더뿐 아니라, 인종, 계 급, 세대를 횡단하면서, 그것의 배치를 바꾸고, 페미니스트와 혁명가 들을 위한 다양한 장소를 제공한다. 하지만 이러한 사이보그라 하더 라도, '성차화된 젠더'라는 오래된 관습을 넘어설 방향을 설정해 주 지 않으면 쓸모없는 것이 될 가능성이 높다.[129] 이것은 성차화된 젠 더에 대해 담론적으로 투쟁하는 것만이 아니라, 실천적으로 '넘어설 때', 즉 수행적으로 횡단할 때 가능해진다. 이러한 '넘어섬'이란 물론 초월적인 것이 아니라, 욕망의 복수성을 긍정하는 윤리-정치학을

---

128 N. Katherine Hayles, "Unfinished Work," p. 160(Coole and Frost, "Introducing the New Materialisms", *New Materialisms*, p. 17에서 재인용).

129 브라이도티, 『유목적 주체』, 266쪽 참조.

말한다. 페미니즘식으로 말해 성차화된 젠더가 더 이상 가동되지 않는 지점에 이르기까지 실천의 양상들을 누승화하고, 투쟁의 장소를 찾아 바리케이드를 반복해서 구축해 나가는 것이다. 이렇게 되었을 때 비로소 신유물론적인 의미에서 실천이 성취된다.

욕망의 복수성을 긍정하고, 섹슈얼리티의 다층성과 혼종을 긍정할 때 사이보그는 비로소 "편재성과 비가시성"[130]을 회복한다. 다시 말해 운동의 상황에서 스스로를 드러내며, 또는 숨기며 그 어느 때보다 많이 여기저기서 출몰한다. 이런 점에서 해러웨이가 정치투쟁이란 사이보그가 "영원히 부분적인 정체성과 모순적 입장을 두려워하지 않으면서 살아가는 데서 경험하는 사회적·신체적 현실과 결부"[131]되는 과정이라고 본 것은 옳다. 급진 정치는 이런 모순과 더불어 새로운 경계를 치며 등장하는 융합적 관점과 실천이기 때문이다. 수많은 "사이보그 앨리스"[132]들은 인간/비인간 경계를 융합하고 이동시키는 우리 개개의 신체-의식에도 존재하며, 인도에서 반도체칩을 만드는 소녀(년) 노동자들 그리고 베트남의 스트립 바에서 춤을 추는 댄서들 속에 또는 그들 간에도 존재한다. 이제 문제는 이들의 소통과 공명, 즉 연대다.

---

130 해러웨이, 「사이보그 선언」, 『해러웨이 선언문』, 27쪽.
131 앞의 책, 같은 글, 29쪽.
132 앞의 책, 같은 글, 28쪽.

(3) n/n-1

· 물질화하는 표현적 언어

앞서 살펴보았듯이 신유물론은 들뢰즈·가타리의 이 '횡단성' 개념을 존재-인식론적(ontoepistemological) 맥락과 사회정치적 맥락 모두에서 수용한다. 뒤에서 논할 '수행성' 개념과 더불어 이 개념들은 모두 이분법을 돌파하고자 하는 신유물론의 이론적 욕망에 맞닿아 있다. 그렇게 함으로써 사유의 '소수 전통'(들뢰즈)을 복권하고, 주류이자 왕립적 사유인 "플라톤주의, 기독교 그리고 근대적 규율로부터 해방되고자"[133] 한다. 이들 사유들은 모두 '행위적 물질'(agential matter)의 수행성을 방해하고, 횡단적 활동과 사유에 위계와 중심(수직성)을 설정함으로써 삶/생명을 파국으로 몰아붙인다. 두 개의 대립항이라는 사유의 관습이자 존재에 잘못 투사된 욕망은 근본적으로 환원에 대한 욕망이다. 즉 이것은 이분법이 인간중심주의의 적자라는 것을 알려 준다.

데란다는 이러한 이원론이 언어성에서부터 비롯된다는 것을 강조한다. 그는 세계에 언어성(linguisticality)이 부과되는 순간 범주적 사고가 작동하게 되고 그것은 곧 본질주의에 이르게 된다고 경고한다.[134] 사회구성주의의 맹점이 여기에 놓여 있다. 사회구성주의는 우리가 생각하는 일반 범주(예컨대, 남성과 여성)가 편향된 관념임을 폭로함으로써 본질주의를 예방하지만, 그 스스로 언어적 구성주의에 기대자마자 다시 본질주의로 회귀한다. 신유물론은 언어성을 결코 거부하지는 않는다. 하지만 그것이 어떤 대표성, 다시 말해 재

---

133 Dolphijn and Tuin eds., *New Materialism*, p. 95.
134 데란다, 『새로운 사회철학』, 84쪽 참조.

현성(representationality)을 띠면 그때부터 신유물론은 그것을 부차화하려고 시도한다. 이러한 반재현주의(혹은 더 정확하게는 비재현주의)는 실재론적 본질주의와 사회구성주의적 본질주의 둘 모두를 논파하는 힘이 된다. 데란다에게 이러한 반재현주의는 언어성을 '표현성'으로 대체하는데, 이것은 "언어나 상징으로 환원될 수 없"는 배치의 이론이 된다.[135] 표현이란 재현과 달리 물질적인 것 안에 언어가 산입됨으로써 배치되고, 그로부터 어떤 감응을 실천하는 것이기 때문이다. 그러므로 표현으로서의 언어는 물질화하는 물질이다.

들뢰즈와 가타리가 말하는 '표현성'은 의미가 탈영토화되는 것을 말하는데, 이는 정확히 데란다의 직관과 통한다. 두 사람에 따르면 사실상 언어는 본래적으로 재현으로 영토화된 것은 아니었다. 하지만 글쓰기의 출현은 이 음성적이고 물질적인 언어(앞의 『이온』에 대한 재독해 사례를 보라)를 탈영토화하는 동시에 영토화했다. 매체의 발달이 여기서 결정적이라는 것이 드러난다. 라디오와 티비 그리고 인터넷의 발달은 선형적 역사 안에서 언어의 탈영토화와 영토화 모두를 작동시킨다. 들뢰즈는 이 영토화된 언어를 어떻게 재전유할 것인지에 대해 말하는데, 이때 중요한 계기가 되는 언어 요소들이 부정사, 고유명사, 부정관사다. 이것들은 모두 '사건'을 표현하는 언어 요소들이다("부정관사+고유명사+부정사 동사는 표현의 기본적인 연결을 구성한다").[136]

---

135 앞의 책, 29쪽.
136 Deleuze and Guattari, *A Thousand Plateaus*, p. 263.

· 사이보그적 글쓰기

마찬가지로 사이보그적 글쓰기는 기존의 "언어를 향한 투쟁"[137]이다. 사건을 표현하는 언어 요소들은 이때 남근 로고스중심주의를 해체한다. 사이보그 정치투쟁에서 언어의 장은 "에덴으로부터의 추방, 곧 언어 이전, 글쓰기 이전, (남성) 인간의 등장 이전, 옛날 옛적의 총체성을 상상하지 말아야 한다".[138] 사이보그 글쓰기에서 이런 방식은 기원 신화와 종말론이라는 남근 로고스중심주의로의 투항을 의미한다. 따라서 사이보그적 글쓰기는 자연적 정체성과 위계화된 이원론 너머를 향해 가는 것이다. 이것은 부정사가 가지는 동요와 비시제적이고 비인칭적인 용법들이므로 이야기 안에서 자연/문화, 노예/주인, 신체/의식의 이원론을 전복한다. 이를테면 어슐러 르 귄은 선사시대에도 현대에도 속하지 않는 어떤 비인칭적인 비인간 여성을 화자로 내세우면서 다음과 같이 말하게 한다.

> 나 개인적인 측면에서 보자면 이전에는 결코 느끼지 못했던 방식으로 비인간 문화(inhuman culture)를 뒷받침한다. 아주 오랫동안 문화는 찌르고, 베고, 죽이는 길고, 딱딱한 물체로부터 고안되고 그로부터 유래되었던 것처럼 설명되었는데, 나로 말하자면 이런 설명 안에서 어떤 공유할 만한 것을 가진 적도, 원한 적도 없었다고 생각했다. (릴리안 스미스는 "프로이트가 문명의 결핍에서 놓친 것은 문명에 대한 여성의 충성심loyalty의 결핍이다"라고 보았다.) 그 이론가들, 그들은 말한다. 그들이 말하는 이 사회, 이 문명은 분명 그들의 것이었다고. 그

---

137 해러웨이, 「사이보그 선언」, 『해러웨이 선언문』, 74쪽.
138 앞의 책, 72쪽.

들은 그것을 소유했고, 그것이 좋았고, 그들은 인간, 아주 충분히 인간이었는데, 이 인간은 베고, 박아 넣고, 찌르고, 죽이는 인간이었다. 인간이 바로 그러한 것이기를 원한다면, 나는 했던 대로 그 증거들을 찾았을 것이다. 하지만 만약 무기를 만들고, 그것으로 죽이는 것에 대해 돌아오는 것이 있다면, 분명하게도 나는 하나의 인간으로서 철저하게 결함이 있거나, 인간이 아니거나 둘 중 하나일 것이다.[139]

이것을 신유물론자들은 사변적 소설(speculative fiction; SF)이라고 부른다. 이런 식의 비인칭적인, 비체적인 글쓰기 스타일은 그 가장 강력한 적수로 남근중심주의를 소환한다. 그러나 그것이 다는 아니다. 이 소설(?) 속에서는 기존의 남성중심적인 역사성을 갈아엎는 세계관도 강렬하게 드러난다. 허구를 통해 실재를 재가공하고 그것을 역사의 탈영토화에 이르기까지 밀어붙이는 것, 그렇게 함으로써 허구는 사실상의 실재가 된다. 역으로 남근중심주의는 허상이 되고 그들의 선사시대의 역사, '살육의 역사'는 온전히 허구가 된다. 이러한 언어는 어떤 "공통 언어를 향한 꿈"이라기보다는 "강력한 이종언어"(heteroglosia)에 대한 꿈이다.[140] 이것은 이분법 안에서 재현되는 모든 것을 뭉그러트리고 경계를 끊임없이 이동시킨다.

· 재현성의 뺄셈

이런 측면에서 신유물론은 재현성을 그저 극복하고자 하거나 그것

---

139 Ursula K. Le Guin, *The Carrier Bag Thory of Fiction*, Peruvian mountains: Ignota Books, 2019, pp. 30~32.
140 해러웨이, 「사이보그 선언」, 『해러웨이 선언문』, 86쪽.

을 무화하고자 하는 것이 아니다. 중요한 것은 그것들을 구성하는 기존의 언어성, 즉 재현성을 그것으로부터 빼는 것이다. 그리고 거기 신유물론적인 '운동'과 '표현'의 요소를 수혈해야 한다. 그렇게 했을 때 얌전한 구성주의적 주체는 끊임없이 변용되는 섹슈얼리티와 문화적 요항들을 마주하게 되고, 본질주의는 비로소 실천적인 운동론으로 변모될 것이다.

보다 자세히 들여다보면 반재현성은 횡단적 실천에 의해 추동된다. 신유물론적 맥락에서 횡단성은 비범주적이고 비결정적인 의미를 담고 있다. 예컨대 이것은 어떤 학제적 구분을 가로지르는 간-학제성을 의미하기도 하고, 아카데미와 비아카데미의 구분을 중첩시킴으로써 구분 불가능성의 생성 지대로 만드는 실천을 의미하기도 하는 것이다. 이와 같은 시도는 페미니즘에도 마찬가지로 적용된다. 해러웨이는 다음과 같이 말한다.

젠더 범주, 젠더 연구 범주는 결코 홀로 있지 않아요. 젠더는 언제나 그것을 반대로 밀어붙이는 많은 다른 범주들의 부분으로 복잡하게 존재하지요. 그 모든 이슈들은 페미니즘 이론가들을 모든 종류의 것들에 대해 쓰도록 이끌어 갑니다. 처음에는 페미니즘 안의 주제처럼 보이지 않아 황당했던 것이라 해도 이제는 아닙니다. 페미니즘 이론의 감수성은 그러한 다른 주제들로 이끌려 들어갑니다. 그리고 그런 다른 주제들은 입장 짓기(positioning), 젠더 지속성, 섹슈얼리티, 종적 존재와 관련된 사물/사태의 심장부로 밝혀지지요.[141]

141 Joseph Schneider, *Donna Haraway: Live Theory*, London: Continuum, 2005, pp. 131~132.

때문에 해러웨이의 사유는 결코 어떤 한 분야나 분과, 학제에 머물지 않고 거의 모든 것들에 대해 말한다. 그래서 그녀의 책은 하나의 논조나, 그것으로 수렴되는 논리적 일관성을 요구하기보다, 여러 층위의 배치와 충돌을 고스란히 드러내는 쪽으로 쓰이는 것이다. 이것은 학문적 담론으로서의 이론보다, 일종의 구술적 측면까지 포괄하는 "구체적인 세계(상)화하는 예시들"(concrete worldly examples)로 이루어진다.[142]

· 횡단성의 심화

이쯤에서 우리는 앞서 살펴본 '횡단성'을 심화시킬 필요성을 느낀다. 이론과 실천, 학제 간에 그리는 횡단선과 같이, 이전의 평평하고 평행한 선들에 그리는 긴 대각선(비대칭성 테제), 또는 클리나멘의 선, 양식화된 물질들의 응고를 관통하는 우발성이 바로 횡단성이다. 가타리로부터 해러웨이에 이르기까지 우리가 여기서 간과할 수 있는 것은 이 이원론에 대한 횡단성이 궁극적으로 이론과 실천의 이분법을 형해화한다는 점이다. 해러웨이의 세계(상)화하는 글쓰기는 바로 존재론적 측면의 변형을 가져오는 것으로서, 이론과 실천 간의 간극을 횡단하는 것이며, 가타리의 임상적 실천들도 그러하다. 결정적으로 **횡단성은 이 모든 이분법적 구별들을 가로지름으로써 생겨날 수 있는 또 다른 이분법적 응결조차 피해 가고자 하는 것이다. 그렇다면 횡단'성'은 언제나 횡단'선' 자체를 가로질러 가야 한다. 그것은**

---

142 Nichols Goodeve and Donna Haraway, *How Like a Leaf: An Interview with Thyrza Nichols Goodeve*, New York and London: Routledge, 2000, p. 108. 여기서 '세계(상)화'에 대해서는 용어 해설 참조.

언제나 자기 자신보다 더 빨리, 더 이르게, 도래해야 한다. 여기에 횡단성의 우월함이 있다. 이렇게 해서 횡단성은 이분법의 '자기 포획성'을 회피한다.

세르의 다음 언급이 그것을 일깨워 준다.

부정적인 신호에 의해 야기된다 해도, 다른 관념에 대립하는 하나의 관념은 언제나 동일한 관념입니다. 당신들이 서로 간에 대립하면 할수록, 당신들은 더욱더 동일한 사유의 틀거지 안에 남겨지게 되지요. 새로운 생각들은 사막으로부터, 은자들로부터, 고독한 존재자들로부터, 물러나 있으면서 되풀이되는 토론의 격정과 소리들 속으로 던져지지 않은 사람들로부터 나타나거든. 격정적인 토론의 목소리들은 너무 시끄러워서 우리가 너무 쉽게 생각하도록 만듭니다. […] 우리는 토론 이상의 것을 가지고 있습니다. 우리는 좀 과묵한 사람들이 필요한 겁니다. 아마도 과학은 계속되는 공적 토의들이 필요하지만, 철학은 확실히 그러한 것들 때문에 죽어 버리지요.[143]

세르가 정확하게 말하고 있는 것처럼, 이분법(두 사람의 논적들)의 틀거지 내에서 이루어지는 담론 과정에서는 아무런 창조물도 나올 수 없다. 차라리 우리는 여기서 물러나서 다른 식으로 의견의 적수를 마주해야 한다. 계속 교체되는 이분법적인 적수들을 만나느니 들끓는 목소리들을 직접 만나러 광장으로 나서야 하는 것은 아닐까? 은둔의 철학자 세르는 여기까지 말하는 것 같지는 않다. 하지만

---

143 Bruno Latour and Michel Serres, *Conversations on Science, Culture and Time : Michel Serres with Bruno Latour*, Michigan: The University of Michigan Press, 1995, pp. 81~82.

세르는 분명한 어조로 이분법이 결국은 자기 스스로를 포획하는 힘에 걸린다는 점을 강조하고 있다.

결론적으로 횡단성은 이분법을 비껴가면서 그것을 (파괴하는 것이 아니라) **무능력**하게 만든다. 다시 말해 이분법을 죽이지 않고, 그것을 표면에서 확장시키면서 이분법을 **n분하되, 거기서 이분법을 빼는 것**이다(n-1). 이렇게 되면 언제나 거기에는 총체성을 초과하는 잔여적인 것(n/n-1)이 남게 된다. 이것에 극한을 적용하면 잔여적인 것은 늘 미분적인 것, 즉 미분적인 차이화 과정이 된다. 이분법을 극단으로 밀어붙인다는 것은 이와 같이 이분법 자신의 결정론적인 범주적 권력을 매번 빼서 더 멀리 던져두고, 그 빈자리에 늘 미분적 차이를 새겨넣는 과정을 의미한다. 이것은 들뢰즈의 용어법에 따르면 '미분화하는 차이생성' 외에 다른 것이 아니다. 이때 n과 n-1은 선후 관계가 아니라 갈마들고 얽히는 관계다. 즉 수행적인 것이다. n이 계속해서 이어지기 위해서는 n-1이 요구되고, 그 역도 타당하다. 횡단성은 이렇게 함으로써 **어떤 것을 '죽이거나' 소멸시킨다기보다, 그것의 역능을 자기화하면서, 거기서 새로운 것을 생성시킨다.** 그러므로 신유물론과 관련하여 이 개념은 그 실천적 역량을 확장하기 위한 조건을 교육하고, 정치적으로 고무하는 기능을 가지게 된다.

3. 수행성-실천철학의 정초 놓기

(1) 수행성의 전사(前史)와 실험

· 횡단적 실천

사건들은 동일성의 반복 안에서 설명될 수 없다. 모든 체계들은 결정론을 비껴가고, 또는 결정론을 생성시키며, 선형적이지 않고 비선형적이라는 것, 따라서 잠재성과 현행성은 그 분기 과정에서 차이를 형성한다. 사실상 이 '차이'는 물질적인 것 자체의 본질이라는 것을 신유물론자들은 알고 있다. 그리고 이 차이 자체 안에서 포스트휴먼적 조건이 스며 나온다는 것도 알고 있다. 인류세에 주인공은 없고, 다만 모두가 어떤 강도를 담지한 간-행적 주체, 또는 객체일 수 있다.

그러므로 브라이도티가 말했듯이 포스트휴먼적인 수렴 안에서, 사유란 수행적으로 기능할 것이다. 이것은 인간을 중심에 놓지 않으며, "많은 종들을 가로질러 분배되고 자주 기술적으로 매개된 지식생산 시스템들, 즉 네트워크들과 컴퓨터 프로세스"를 전경화한다.[144] 브라이도티의 이런 언급은 이제 그리 낯설게 다가오지 않는다. 여기에서는 들뢰즈적인 철학 개념과 과학 그리고 기술정보적인 코드들이 함께 어떤 새로운 개념을 예고하는 듯하다. 여기서 수행성은 인간/비인간 경계를 횡단하는 행위 또는 실천을 의미한다.

사유의 '수행성'은 기존의 존재론적 전제를 의문에 붙인다. 무엇보다 그것은 바로 우리가 익히 아는바, '재현주의'에 대한 도전이다. 고전적인 입장에서 재현주의는 대상이 가진 외형과 특성들이 지

---

144 Rosi Braidotti, "Preface: The Posthuman as Exuberant Excess", Ferrando, *Philosophical Posthumanism*, p. xiv.

성이라는 인간적 활동에 의해 충실하게 반영된다는 뜻이다. 그러므로 재현주의에서 대상, 즉 객체 또는 물질은 지성의 재현작용을 얌전히 기다리는 수동적 존재자에 불과하다. 수행성은 (사건성과 마찬가지로) 이 가정을 뒤집는다. 즉 "수행적 이해는 앎의 과정이 거리를 두고, 재현하는 것으로부터 나오는 것이 아니라, 세계와의 직접적인 물질적 연루로부터 나온다는 사실"을 중시한다.[145]

· 재현주의와의 대결

이렇게 함으로써 수행성은 기존의 철학 개념들과 과학적 실천의 전제들을 수정한다. 그렇다고 해서 수행성이 재현주의 전체를 부정하는 것은 아니다. 수행적 접근법은 이러한 재현물들이 실제 생산된다는 것을 인정하지만, 그것이 가진 부정적 역능을 거부한다. 특히 신유물론 전체에서 문제시되는 '이분법'은 재현주의로부터 나오는 끈질긴 부정성이다.[146] 어떤 상호 부정적 대립항이 제시되기 위해서는 그것이 뚜렷하게 재현되어야 하기 때문이다.[147] 이와 달리 철학적 의미에서 수행성이란 앎과 존재하는 것이 상호 간의 얽힘을 통해 어떤

---

145 *Ibid.*

146 바라드는 이 계보학을 포스트휴먼적인 수행적 사고에 적용한다. 즉 여기서 수행적 사고가 가진 가치는 "그 기초적인 요소에서 자연-문화 이분법이 굳어지는 것을 회피한다는 점이다. 이렇게 함으로써 어떻게 이러한 결정적인 구분들이 물질적으로 그리고 담론적으로 생산되는지에 대한 계보학적 분석을 작동시킨다"(Karen Barad, *Meeting the Universe Halfway: Quantum Physics and the Entanglement of Matter and Meaning*, Durham and London: Duke University Press, 2007, p. 32).

147 '재현'이라는 말이 가진 표상적 성격을 여기서 강조할 필요가 있다. '표상'도 영어로는 재현과 똑같은 'representation'이다. 우리 말로 이 두 가지를 구분하면 재현이 가진 표상적 성격을 더 잘 알 수 있다. 즉 재현은 대상을 지성 안에서 다시 표상하는 것으로 그 표상의 이미지가 뚜렷하게 되는 데 있어서 '대립'의 메커니즘은 중요한 역할을 한다. 그렇기 때문에 이분법은 바로 이 표상으로서의 재현에 의존하는 것이다.

것을 생산하는 과정이라고 할 수 있다. 수행적 접근은 이러한 재현물들이 가져오는 효과들 그리고 그 조건들에 관심을 가진다. 이것은 일종의 푸코·니체적 의미에서 '계보학적 접근'이라고 해도 될 것이다.

물질에 관한 수행적 이해는 모든 범위에서 물질이 각각의 새로운 운동과 만남에 의해 미세하게나마 반복하여 변형된다는 것을 주장한다.[148] 수행적 물질은 따라서 그것이 결정론적이든 개연적이든 결코 양적으로 소진되지 않는다. 물질의 반복적 수행들은 끊임없이 새로운 개별체들을 관계로서 구성하기 때문이다. 이러한 운동은 언제나 완전히 계산 가능하지 않다. 이에 따라 수행적 물질은 마찬가지로 끊임없이 애초에 존재하지 않았던 새로운 가능성들과 불가능성들을 생성한다.

사실상 이 개념은 완전히 새로운 것이라기보다 신유물론이 이전의 약점들을 이론적으로 극복해 가는 중에 '발견한 것'이다. 이 개념은 특별히 바라드에 의해 뚜렷한 방식으로 발견되고, 유물론의 개념으로 충실하게 수용되었다. 바라드는 수행성을 "인간의 신체에 국한되지 않는 모든 신체들"이 행하는 "세계의 구체적인 간-행(intra-activity)"이라고 말한다.[149] 이러한 간-행을 통해 세계는 물질화된다. 이때 모든 경계들과 속성들 그리고 의미에 이르기까지 물질적인 간-행 과정이 번져 간다. 이 '번짐'의 작용은 들뢰즈적 의미에서 '미분화'이자 '차이생성'이다. 하지만 이러한 차이생성의 과정은 "타자화, 분리에 대한 것이 아니라, 반대로 연결과 수행들을 형성하는

---

148 Christopher Gamble, Joshua Hanan and Thomas Nail, "What is New Materialism?", *Angelaki*, vol. 24, 2019, p. 114 참조.
149 Dolphijn and Tuin eds., *New Materialism*, p. 69.

것"[150]이라고 해야 한다.

· 역사

수행성 개념의 역사는 영국 철학자인 존 랭쇼 오스틴의 '화행론'에
까지 올라간다. 오스틴은 전통적인 언어학의 랑그중심성을 벗어나
일상언어에서 일어나는 말의 행위에 관심을 기울였다. 여기서 그는
단순히 화행들이 가져오는 기술적 결과물이 아니라 말하기(saying)
와 행하기(doing) 그리고 그 생산물 사이의 관계에 관심을 기울였다.
여기서 수행적 말하기는 행하기를 함축하는 것으로서, 어떤 결과물
을 예상하는 것이다. 오스틴이 예로 들고 있는 발화행위(speech act)
에는 다음과 같은 것이 있다.

> "나는 이 여자를 합법적인 아내로 맞이한다."——결혼식을 하는 과정
> 에서 발화되는 것.
> "나는 이 배를 퀸엘리자베스호로 명명한다."——뱃머리에 술병을 깨뜨
> 릴 때 발화되는 것.[선박 건조식]
> "나는 이 시계를 나의 형제에게 주며 또 유증한다."——유언장에 나타
> 나는바.
> "나는 내일 비가 올 것에 6펜스를 건다."[151]

오스틴은 이러한 문장들이 어떤 것을 행하고 있음을 기술하거

---

150 *Ibid.*
151 J. L. 오스틴, 『말과 행위: 오스틴의 언어철학, 의미론, 화용론』, 김영진 옮김, 서광사,
   1992, 26쪽(번역 수정).

나 진술하는 것이 아니라, "문장을 발화하는 것이 바로 그와 같은 행위를 하는 것"[152]이라고 말한다. 이 발화들은 진위에 관련된다기보다 행위와 관련된다. 오스틴은 이러한 문장이나 발화를 '수행적 문장'(performative sentence), 또는 '수행문'(performative)이라 부르자고 제안한다. 오스틴은 이러한 수행문들이 명령문과 동일한 계통에 있다고 언급하는데, 이것은 들뢰즈와 가타리가 『천 개의 고원』에서 레닌의 「슬로건에 관하여」에 나타나는 '모든 권력을 소비에트로'라는 언표를 그와 같이 다루는 것과 동일하다. 이 슬로건에 따라 수행 또는 변형은 "프롤레타리아계급에서 언표행위라는 배치물로서 전위를 뽑아내고 다시 이것을 '당'에, 변별적 신체로서의 새로운 유형의 당에 귀속시"키는 것이다.[153] 명령어로서의 수행문은 이와 같이 발화행위 주체뿐만 아니라 어떤 집단적 배치 전체를 움직인다. 이러한 수행문의 성격을 오스틴은 "가동적"[154]이라고 명명한다.

　　오스틴 이후 현대철학자들 중 수행성에 관심을 기울인 철학자는 들뢰즈 외에도 데리다가 있다. 데리다는 언어학적 화행론을 철학적인 방식으로 수정하여 받아들인다. 여기서 수행성은 '반복적 인용성'(iterative citationality)이라는 개념으로 이해된다. 즉 언어행위에서 그 효과가 발생하는 것은 주체의 의지나 상황적 맥락이 아니라, 그 말이 반복적으로 주체와 상황 안에서 '인용'됨으로써 그렇게 된다는 것이다.[155] 그렇지 않다면 그 수행적 화행은 지켜질 필요가 없다. 이

152　앞의 책, 27쪽.
153　질 들뢰즈·가타리 펠릭스, 『천 개의 고원: 자본주의와 분열증』, 김재인 옮김, 새물결, 2001, 162쪽.
154　오스틴, 『말과 행위』, 28쪽(번역 수정).
155　Jacques Derrida, *Margins of Philosophy*, trans. Alan Bass, Chicago: The University of

것은 텍스트들이 상호교착하면서 어떤 교조주의적 담론들을 형성하거나, 종교적 테제들을 진리의 위상으로 끌어올리는 역할을 하는 국면에서 더 뚜렷하게 드러난다.

버틀러가 착목하는 지점은 이 부분이다. 그녀는 데리다의 '인용성'을 '권력의 생산하는 힘'과 연관시켜 젠더와 섹스의 연결고리를 찾는다. 버틀러의 젠더 수행성 이론(theory of gender performativity)은 주체와 정체성의 생산이라는 측면에서 많은 연구 작업의 토대가 되었다.[156] 그녀의 『의미를 체현하는 육체』는 이러한 수행성 개념이 적극 적용된 저작이다.[157]

그런데 젠더 형성의 사회구성주의에 대한 대안으로 버틀러의 젠더 수행성 이론은 그 어떤 문화 이론에서도 가져다 쓸 수 있는 만능키가 되어 버린 듯하다. 어떤 철학적 개념이 지나치게 대중화되어 범속한 지경에 이르게 되면 그 본의와는 달라지는 일이 부지기수인데, 이 '수행성' 개념이 그러하다. 특히 버틀러가 그토록 벗어나고자 했던 남근중심주의적인 인간중심 담론이 이 개념을 재오염시킬 때, 개념의 발명적 아우라는 완전히 사라지게 된다. 수행성은 인간적인 의미의 공연(performance)과는 결이 다르다. "인간들은 수행적 활동들에 개입되는 유일한 존재가 아니다."[158] 또한 여기서 물질은 어떤 고정된 객체나 본질주의적 성질이 아니라, 간-행 가운데 발생하는 물질적 실체(substance, 이 개념의 유물론적 함축에 유의하자)라고 해야 한다. 이것은 어떤 사물로 응결되는 행위자가 아니라, 운동 가운

Chicago Press, 1982, p. 326 참조.

156　Barad, *Meeting the Universe Halfway*, p. 59 참조.

157　*Ibid.*, p. 413, 주 39 참조.

158　*Ibid.*, p. 49.

데(in motion) 분화되는 주름들이다.

· 바라드의 확장

이로써 앞서 말했던 데리다·버틀러식의 '반복적인 인용성'은 바라드에 이르면 "반복적인 간-행성"(iterative intra-activity)으로 더 물질적으로 이해된다. 따라서 수행성은 '간-행적 수행성'이며, 인식론적이면서 동시에 존재론적인 실천을 통해 어떤 윤리적 실험이나 정치적 실험에 돌입할 수 있게 되는 것이다. 차이 나는 생성은 어떤 '물러남'의 운동이 아니라, 표면에서의 주름 운동, 즉 간-행적인 차이화를 통해 획득된다. 이를 바라드는 "미분적 차이/회절 패턴들(different difference/diffraction patterns)을 생산한다"고 말한다.[159] 여기서 회절은 '중첩', '겹침', 주름 운동의 현행화이며, 정치적인 의미에서 단일한 계급투쟁의 패턴이 아니라, 모든 미분적인 계급'들'의 교전을 의미한다. 이때 모순은 가장 큰 차이일 뿐이며, 보다 중요한 것은 중층결정되는 과정의 차이들,[160] 미분적 차이들이다.

바라드는 수행적 실천을 통해 인식론적이고 존재론적인 틀거지로서 잘 알려진 대립들, 이를테면 전통적인 실재 대 사회구성주의, 행위자 대 구조, 관념론 대 유물론 그리고 후기-구조주의 대 맑시즘의 논제들을 가로지른다. 이러한 행위주체의 재구성과 그것의 생산성, 제한 그리고 자연-문화적 실천들의 예외적 본성, 또한 그것들이 모든 신체들의 물질화에서 행하는 결정적인 역할을 포함하는 것들

---

159 *Ibid.*
160 바라드는 자신의 '장치'가 알튀세르의 그것과 다르다고 논한다. 바라드에게 '구조'는 "계속되는 물질-담론적 간-행을 통해 반복적으로 (재)생산되고 (재)배치되는 물질-담론적 현상"으로 이해된다(*Ibid.*, p. 169, 240 참조).

안에서, 그녀는 특별히 인간/사회 영역에 집중하는 수행성 이론들을 넘어간다. 신체들의 물질화 안에서 작동 중인 힘이 사회적인 것만이 아니고, 생산된 신체가 모두 인간은 아니다. 이것은 또한 물질적 제한과 조건들 그리고 행위주체의 물질적 차원을 짜 넣는 방식을 제공한다.[161] 여기에는 '물질성'에 대한 신유물론적 전개의 전진적이고 급진적인 방식이 놓여 있다. 바라드는 버틀러의 수행성을 사회정치적 맥락에서 존재-인식론적 맥락으로 확장하는 것이다.

따라서 이러한 접근법은 재현주의를 피하는 것은 물론이고, 상이한 종류의 지식-형성 실천들을 포함하여, 기술과학적인 실천과 다른 자연-문화적 실천들에 관한 어떤 수행적 이해를 진전시킨다. 요컨대 앎, 사유, 측정, 이론화 그리고 관찰은 세계의 일부로서 그 안에서의 간-행이다.[162]

우리는 그와 같은 실천에 참여함으로써 무엇을 배우는가? 우리는 마치 사물들이 세계 안에 아주 작은 입상으로 위치 지어져 시간 안에 얼어 버린 채 존재하는 것처럼, 독립적으로 존재하는 것에 대해 선재하는 사실들을 드러내는 것이 아니다. 그보다 우리는 현상에 대해, 즉 세계의 생성(되기)의 특유한 물질적 배치들(configurations)에 관해 배운다. 핵심은 관찰자나 인식주체를 세계 안에 단순히 지정하는 것이 아니라(마치 세계가 하나의 용기container인 양 그리고 우리가 단지 그 안에서 우리의 상황을 깨달을 필요가 있는 것인 양) 우리도 마찬가지로 세계의 미분적 생성의 일부라는 사실을 이해하고 고려하는 것이다.

---

161 *Ibid.*, p. 225 참조.
162 *Ibid.*, p. 90 참조.

나아가 핵심은 단순하게 지적 실천들이 물질적 결과들이라는 것이 아니라 "앎의 실천들이 (재)배치하는 세계에 대한 특유한 물질적 참여(material engagements)라는 것"[163]이다. 지식을 형성한다는 것은 단순히 사실을 형성하는 것에 대한 것이 아니라, 세계들을 만드는 것, 더 나은 방식으로 말하자면, 특유한 세계(상)적(worldly) 배치들을 만드는 것에 대한 것이다. 이것은 무로부터 또는 언어, 신념 또는 이념들 없이 나온다는 것이 아니라, 특유한 물질적 형태를 그러한 것들에 부여하는 세계의 한 부분으로 물질적으로 연대한다는 의미에서 그러하다.

다시 한 번 강조할 수밖에 없는 것은 수행성에서 "관계는 관계항을 따르지 않는다"(Relations do not Follow Relata)[164]는 점이다. 관계는 다른 방식으로 작동한다. 물질은 고정되어 주어지거나 상이한 과정들의 단순 결말이 아니다. 물질은 생산되고 생산하며, 생성되고 생성한다. 물질은 행위적이지, 어떤 고정된 본질이나 사물/사태의 속성이 아니다. 물질화는 미분화이며, 차이들은 물질이 되고, 물질은 미분적 차이들의 반복적 생산 안에서 물질이 된다. 차이 패턴들은 단순히 시간과 공간 안에서 변화하지 않는다. 오히려 시공간이야말로 여기 그리고 지금 만들고/기입하는(making/marking) 방법, 즉 차이성(differentness)의 수립행위(enactment)에 속한다.[165]

그리고 여기에는 반드시 윤리적이고 정치적인 요청이 가로놓인다. 즉 수행성은 신유물론으로서 현상에 대한 단순한 미분적

---

163 *Ibid.*, p. 91.
164 *Ibid.*, p. 136.
165 *Ibid.*, p. 137 참조.

인 기술(기입, description)을 생산하기만 하는 것이 아닌 것이다. 여기에는 그러한 기술이 정향하는 '정의'(justice)의 방향, 즉 "책임성(responsibility, 응답 가능성)과 의무성(accountability, 사고 가능성)"이 있게 마련이다.[166] 이것은 물질적인 것을 선별하고, 어떤 것이 물질화 과정에서 배제되는지를 면밀히 살피는 것과 연관된다.

(2) 신유물론의 페미니즘

・이성애, 동성애, 횡단성애

신유물론이 페미니즘과 함께 취하는 이론적 스타일은 완연히 이론-정치적이다. 다시 말해 신유물론의 이론은 페미니즘과 더불어 '신체성'에 대한 새로운 담론을 생산함으로써 담론과 실천의 간-행을 성취하면서, 거시적으로는 현실 정치 안에서 페미니즘적 주체가 어떻게 행동해야 하는지를 가르쳐 준다. 신유물론적 페미니즘은 여'성'을 특권화하지는 않는다. 그러나 그 '여성'이 가지는 특수한 저항적 위치성(position)을 잠정적으로 긍정한다(나중에 보겠지만 이 위치성은 매우 역설적이다). 그런 면에서 들뢰즈가 성을 이원적으로 정의하지 않는 것의 의미가 무엇인지 생각해 볼 필요가 있다. 저 여성의 위치성이 어디까지 미칠 수 있는지를 계측하는 것은 이원론의 돌파 범위가 어디에 있는지를 살핀 후일 것이다.

　들뢰즈의 『프루스트와 기호들』에는 이와 관련하여 유익한 진술들이 있다. 그는 성의 세 계열을 규정하면서, 이성애, 동성애 그리고

---

166 *Ibid.*

횡단성애라고 부름 직한 것을 설명한다. 성의 첫 번째 층위는 이성애다. 이것은 "이성 간(hétérosexuelles)의 사랑의 통계적 전체로 정의"된다.[167] 여기서 '통계적'이라는 것은 성-물질의 특성을 지칭한다고 볼 필요가 있다. 이성애는 다른 성적 스타일과 마찬가지로 구분 불가능한 지점들, 즉 인과적으로 결정되지 않는 모호한 관계성을 가진다. 어떤 주체화 과정에서도 이성애는 결정론을 따르지 않는다. 그것은 오히려 반-이성애적 경향성들과 뒤얽히면서 자신의 주도권을 거기서 발견할 뿐이다. 두 번째 층위에 해당하는 동성애 역시 통계적이다.[168] 『프루스트와 기호들』에서 동성애의 통계적 특성은 성차에 따라 분배된다. 이를테면 남성은 '소돔의 계열'에 분배되고 여성은 '고모라'의 계열에 분배되는 식이다.

보다 복잡한 것은 '횡단성애'(transsexuelle)다. 들뢰즈가 주의를 주는 것처럼 이를 '동성애'와 혼동하면 안 된다.[169] 이것은 성들(sexes)이 횡단적으로 수행하는 상태를 의미한다. 이것은 개인적인 성적 취향으로 간주될 수도 없으며 그렇다고 횡단성애자라는 형식으로 집단화될 수도 없는 것이다. 이것은 오히려 개인 안에도 있고 집단 안에도 있는 것이며, 개인과 집단의 이분법을 넘어서 횡단한다. 개인 측면에서 횡단성애는 "두 가지 성이라는 두 파편의 공존, 서로 소통하지 못하는 부분 대상들(objet partiels)의 공존"을 가리킨다. 이것이 복잡한 이유는 이 때문이다. 즉 부분 대상들마다 짝지어지는 성애적 관계들의 계열들이 무한하게 증식한다는 것이다. 게다가 이 관계들

---

167 들뢰즈, 『프루스트와 기호들』, 210쪽.
168 앞의 책, 같은 쪽 참조.
169 앞의 책, 211쪽.

은 정상성과 비정상성의 이분법도 횡단한다. 만약 횡단성애를 정상화하면 그것은 응고된 채 어떤 성차의 한 행위항이 될 것이고 그렇다면 횡단성은 종식된다. 다른 한편 만약 이를 비정상화한다면 횡단성애가 가지는 성애적 독특성, 다시 말해 그것의 성적 특개성이 예외적 상황에 놓인 부수물이 되어 버린다.

들뢰즈는 그렇게 하지 않고 횡단성애를 일종의 발생적 배아 상태로 보면서 나머지 두 성애를 설명하는 기제로 활용한다. 다시 말해 횡단성애로부터 이성애와 동성애의 통계적 발생이 이루어지는 것이다. 이는 '어떤' 부분 대상의 성들이 서로 간에 소통하는가에 달려 있다. 가장 일반적인 동성애의 경우 "한 몸 전체가 다 남자라고 규정된 한 개인이 그 자신과는 소통할 수 없는 자기의 여성 부분을 수정시키기 위해, 한 몸 전체가 다 남자인 다른 한 개인을 찾으려 할 수도 있다".[170] 이를 'X/Y-X/X'로 도상화할 수 있는데, 이때 분모는 부분 대상, 분자는 신체다. 보다 복잡한 경우는 "한 몸 전체가 다 남자라고 규정된 한 개인이, 남자에게서만큼이나 여자에게서도 발견될 수 있는 부분적인 대상으로 자기의 여성 부분을 수정"[171]시키는 경우다. 이를 'X/Y-X/X&Y/X'로 표기할 수 있다. 또한 이를 뒤집으면, 'Y/X-Y/Y&X/Y'가 된다. 들뢰즈에 따르면 보다 근본적인 횡단성애는 두 번째 경우에 발생한다. 즉 이것은 남자와 남자, 여자와 여자가 마주치는 것과 달리 부분 대상들끼리의 "국지적이고 비특수적인 동성애"(homosexualité locale et non spécifique)라는 것이다. 이 횡단성애가 국지적인 이유는 부분 대상 간의 관계이기 때문이다. 보다 교묘한 규

170 앞의 책, 같은 쪽.
171 앞의 책, 같은 쪽.

정은 저 '비특수적'이라는 단어인데, 물론 이는 일반성과는 관련성이 없다. 그보다 이 말은 특수한 것으로도 일반적인 것으로도 환원될 수 없는 '보편성'을 의미한다. 보편성은 들뢰즈에게 특이성들의 수렴과 발산의 움직임 전체이므로 비특수성은 곧 '특이성'이다. 남자가 여자에게서 찾는 남성적인 것 그리고 여자가 남성에게서 찾는 여성적인 것은 부분적으로 무한하게 계열화될 수 있고, 그래서 보편적으로 특이한 규정이다.

보다 근원적인 동성애로서 이 '국지적이고 비특수적인 동성애'는 한 인간의 몸 전체, 또는 집합적 신체로서의 인간 전체를 뒤덮고 있다. 그러므로 횡단성애는 "칸막이로 나뉜 듯 분할된 채 이웃해 있는 성들-자아들(sexes-personnes) 혹은 두 부분 대상에 근거"[172]한다.

가타리에 따르면, 프루스트가 횡단적 성애를 발견한 것은 당시의 과학이 전개한 유물론의 영향 때문이다. 그것은 내재적 유물론으로서 "인간의 주체성을 외부에서 채워지고 활성화되는 무언가 미분화(未分化)된 혹은 빈 것"[173]으로 여기지 않는 것이다. 따라서 이 주체성은 외적 초월이 아니라 내적 생성의 기제를 따를 수밖에 없는 것이고, 그것이 바로 횡단성애인 것이다. 이 성적 기제는 다른 모든 주체적 형상들을 주형하는 형태발생적 운동이며, 더 나아가 객체적 형상들과의 횡단도 조직한다(주-객 이분법의 횡단). 이렇게 함으로써 프루스트는 일종의 '추상기계'를 발명하게 되는데, 「소돔과 고모라」 편을 추동하는 힘은 이 성적인 추상기계로부터 비롯된다.

172 *Ibid.*, p. 167(앞의 책, 215쪽, 번역 수정).
173 펠릭스 가타리, 『기계적 무의식』, 윤수종 옮김, 푸른숲, 2003, 275쪽.

· 여성-되기

들뢰즈의 작업은 이와 같이 성적 신체의 횡단성을 통해 페미니즘과 관계를 맺는다. 이때 페미니즘은 들뢰즈의 주체인 소수성의 첫 번째 단추로서 '여성-되기'를 핵심으로 하게 된다. 들뢰즈가 차이, 섹슈얼리티, 변형의 문제에 공감을 보이는 그곳에서 여성성(feminity)은 긍정적 역능을 가지고 활동하는 주체화 과정인 것이다. 이 과정은 프로이트류의 정신분석이 가져오는 성적 대별화와 오이디푸스삼각형 안에서 여성성의 가치 저하가 아니라 '비오이디푸스적인 앨리스'라는 형상으로 나타난다. 이 형상은 들뢰즈 철학이 페미니즘에 부여하는 독특한 횡단성애적 여성성의 얼굴이다. 앨리스는 철학적 비판 작업과 정치적 힘을 결합하고, 팔루스중심적인 이성애를 극복하는 모험에 나서도록 페미니즘을 돕는다.[174]

이런 방식의 여성-되기(다른 식으로 말해 '앨리스 되기')에서 여성은 경험적인 의미에서의 여성이 아니다. 그것은 "위상학적 위치, 강도의 수준과 정도, 감응적 상태"로서 앞서 말한 그 부분 대상의 횡단적 운동과 신체의 변형을 말하는 것이다. 그렇기 때문에 여성-되기는 실체론적이고 법칙적인 과정이 아니라 행동학과 연관된다.[175] 즉 그것은 주어진 규칙, 또는 선재하는 규칙에 따라 생성되지 않으며, 환경 안에서 또는 차이 나는 섹슈얼리티의 장 안에서 어떤 식으로 신체를 가져가는지에 따라 성패가 좌우된다. 이것은 상당히 우발적인 과정이며, 사전에 규율될 수 없다는 성격을 가진다.

여성-되기는 감응적 되기다. 이를 통해 감응적 특이성들이 자

174 로지 브라이도티, 『변신』, 김은주 옮김, 꿈꾼문고, 2020, 137쪽 참조.
175 앞의 책, 155쪽 참조.

유롭게 풀려나고 일종의 '여성적 선'을 구성하게 된다. 이는 "의미에 감각을 부여하는 것"으로서 "개념적 의미 없이 사유될 무언가가 있다는 감각을, 또는 사유되어야 할 것"을 가르쳐 준다.[176] 이런 측면에서 여성-되기는 의미 이전의, 의미와 함께 발생하는 감각으로서의 감응을 말하는 것이다. 하지만 여성적 선에서 이루어지는 이 의미화 과정은 언제나 불충분함, 즉 의미와 사유의 불충분함을 일깨우는 것이지 어떤 무결의 의미성을 내세우지 않는다. 그 불충분함은 결여로부터 오는 것이 아니라 막대한 욕망의 생산성, 분출하지만 경로를 지정할 수 없는 그 충만함에서 오는 불충분함이다. 그것은 언제나 개념적 의미성을 초과한다. 따라서 여성-되기가 우리에게 가르쳐 주는 것은 재현성을 뛰어넘는 초월론적 경험이며 "'이미지 없는 사유' 또는 내재성의 평면에서의 사유"[177]다.

이러한 사유는 이론에만 그치는 것이 아닐 것이다. 사유는 이론과 간-행하면서 변형을 달성한다. 사유는 체현되거나 착근되어야 하는 것이다. 감응을 통해 사유와 더불어 체현되고 착근된 주체는 일신한 주체다. 여성-되기는 유목적 주체를 통해 그 최종적인 표현을 이룬다고 할 수 있는데, 이 주체는 늘 되기의 지평을 깨고 탈영토화하길 욕망하기 때문이다. 즉 소수적 선으로서의 여성적 선을 극단으로 밀어붙여 모든 이분법을 뒤로 밀어 놓고 차이화를 가속한다. 따라서 유목적 주체는 "이동성, 가변성 및 일시성을 특징으로"[178] 하는 것

176 Claire Colebrook, "On Not Becoming Man: The Materialist Politics of Unactualized Potential", eds. Stacy Alaimo and Susan Hekman, *Material Feminisms*, Bloomington and Indianapolis: Indiana University Press, 2008, p. 78.
177 *Ibid.*
178 브라이도티, 『변신: 되기의 유물론을 향해』, 140쪽.

이다. 들뢰즈와 페미니스트들은 이런 식으로 욕망을 탈영토화하는 방향에서 여성-되기를 실천하고, 이를 통해 총체적인 절대적 탈영토화를 이루려고 한다는 점에서 일치한다.

들뢰즈의 이런 측면은 이전의 언어적 전회의 틀 안에서 언어적 구성을 유지하려는 페미니즘 철학과 대별되는 지점이기도 하다. 물론 언어적 재현의 재전유는 중요하지만 그것이 모두는 아니다. 가장 중요한 문제는 여성-되기가 여성성으로 응고되지 않고 횡단성애적 역능을 발휘하도록 하는 것이기 때문이다. 들뢰즈는, 재현을 넘어 페미니즘적인 유목론을 전개함으로써 일종의 '포스트휴먼적 주체화'까지 긍정할 수 있는 모멘텀을 우리에게 부여한다.[179]

· 정치적 실행

헤크만은 라투르를 논하는 맥락에서 페미니즘적인 합의(settlement)가 다른 영역에서보다 더 풍부한 함의를 가진다고 논한다. 그녀는 이것이 페미니즘의 '정치적 실행'에 놓여 있다고 본다.[180] 이 정치적 실행은 두 가지 측면을 지니는데, 하나는 페미니스트들이 가부장적 세계 내에서 여성의 신체들과 그들의 살아 있는 경험들의 실재성에 대해 이야기할 수 있기를 원한다는 것이고, 다른 하나는 페미니스트들이 그러한 세계 내 여성들의 위치에 관한 그들의 진술들의 진실함을 강력히 내세우길 원한다는 점이다.[181]

첫 번째 정치적 실행은 세계의 시작에 늘 놓여 있는 '그'(He)

---

179 앞의 책, 190쪽.
180 Susan Hekman, "Constructing the Ballast: An Ontology for Feminism", *Material Feminisms*, p. 107 참조.
181 *Ibid.* 참조.

또는 '비트루비우스적 인간'[182]에 유보 조건을 붙이는 것이며, 그 것을 여성-되기의 실천을 통해 되도록 멀리 추방하는 것을 의미 한다. 다시 말해 이것은 아주 오래된 인간중심주의가 품고 있는 휴'먼'(Hu'man')에 새로운 감각을 부여함으로써 우'먼'(Wo'man')이 되게 한다. 두 번째 정치적 실행은 이 실천과 더불어 세계에 대한 상 을 바꾸는 세계(상)화적인(worldingly) 실천이라고 할 수 있다. 비트 루비우스적 인간이 가진 끈질긴 생명력[183]은 그 물질적 조건의 변형 을 통해 개변되어야 할 뿐 아니라 새로운 스토리텔링을 발명하고, 체현되고 착근된 사이보그 주체를 내세움으로써 변신시켜야 한다. '그'는 그녀가 됨으로써, 또는 여성-되기의 소수적 실천을 통해 능동 적인 또는 수동적인 역능을 확인할 필요가 있다.

만약 이러한 정치적 실행이 제대로 이루어진다면 페미니스트 들은 물질적인 것들에 대한 재도입 기회를, 다시 말해 기존의 물질을 다시 물질화할 기회를 잡게 된다.[184] 여기에는 신체 자체의 변형, 제 도의 개혁, 윤리학의 일신, 과학의 변형 등이 모두 포함된다. 즉 '인 간'이라는 개념이 형성될 때 만들어진 모든 배제와 차별의 형식들이 녹아 있는 제 인식소들과 체현된 신체적 규모들에서 "잉여적 존재, 카오스, 훈육 불가능한 존재"[185]로 알려진 소수성들을 재물질화하는 것이다. 보다 특정해서 말하자면 페미니스트들은 "백인, 남성, 이성

---

182 로지 브라이도티, 『포스트휴먼』, 이경란 옮김, 아카넷, 2015, 24쪽.

183 앞의 책, 43쪽 참조.

184 Hekman, "Constructing the Ballast: An Ontology for Feminism", *Material Feminisms*, p. 116 참조.

185 Ferrando, *Philosophical Posthumanism*, p. 4.

애자이면서 유산계급 시민들"[186]로 개념 규정되는 '인간'을 소수성을 통해 재물질화해야 한다.

· 정신분석적 휴머니즘

이론적 실천의 측면에서 가장 첨예한 지점은 라캉에 이르기까지 이어진 정신분석의 휴머니즘이라고 할 수 있다. 들뢰즈·가타리가 그토록 비판했듯이 오이디푸스삼각형의 구속은 여성을 가치 저하시키고 생산적 욕망의 영역에서 배제했으며, 라캉에 이르러서도 그것은 그리 좋아지지 않은 것 같다. 실재계로서의 여성이란 풍부함의 영역이지만 동시에 도달할 수 없는 결핍의 영역이기도 하다. 이러한 단순하고도 끈질긴 휴머니즘의 편견은 라캉에게서 "단순히 본질주의적이고 비역사적이며 무비판적인 방식으로 어떤 결핍의 논리에 제한된 채"[187] 지속되고 있다.

　신유물론적인 포스트휴머니즘은 이 끈질긴 논리들이 기반하고 있는 남성-보편에 대한 거부라고 할 수 있다. 즉 "이성적 인간(남성)이라는 보편적 이념의 비판"[188]인 것이다. 따라서 "인류로부터의 페미니스트의 집단적인 탈출은 어떤 위기를 증명하는 것이 아니라, 다양한 새로운 시작의 폭발"[189]을 의미한다.

　하지만 새로운 페미니즘이 늘 성공하는 것은 아니다. 이 페미니즘이 불만족스러워하는 것은 기존의 사회구성주의와 포스트모더니

---

186 *Ibid.*

187 Gamble, Hanan and Nail, "What is New Materialism", *Angelaki*, pp. 117~118.

188 Braidotti, "Preface: The Posthuman as Exuberant Excess", Ferrando, *Philosophical Posthumanism*, p. xi.

189 *Ibid.*, p. xv.

즘의 언어에 대한 불철저함이다. 신유물론적 페미니즘은 그래서 담론 너머의 '실재' 또는 '물질'을 고려할 수 있어야 한다고 보는데, 이것에 대한 천착이 늘 만족스럽지는 않다는 것이 문제다.[190] 물론 담론분석이 가지고 있는 이점이 있다. 그것은 여성의 언어를 탐색하면서 이것이 사회적으로 어떤 종속적 구조에 비끄러매어져 있으며, 구조화되어 있는지를 드러낸다. 하지만 그러한 담론들이 과연 착근되고 체현되는 방식은 무엇인지, 또는 그것을 통해 실재가 구성된다면 이때 실재는 단지 수동적인 물질일 뿐인지에 대해 문제의식을 가질 수 있는 것이다. 결과적으로 많은 페미니스트들은 이론과 실천을 위한 담론분석이 한계를 가진다는 것[191]과, 그것이 물질이 되고, 또한 그 물질이 담론이 되는 과정에 관심을 가지게 된 것이다.

　그러므로 신유물론적 페미니즘의 실천적 목적 중 하나는 "자아와 타자의 변증법에서 구축되는 가치 저하적이고 억압적인 내포들을 타도하는 것"일 뿐만 아니라, 이 가치들을 재평가하고 재독해함으로써 전복적으로 사유하는 것이다. 이 전복적 재사유 안에서 각각의 주체는 특이성의 집합, 즉 차이의 긍정성으로 새로 규정될 것이다.[192] 이때 페미니즘의 주체는 "남성의 보완적이고 반사적인(specular) 타자로서의 대문자 여성이 아니라, […] 복잡하고 다층적인 체현된 주체"[193]라고 할 수 있다. 사실상 이 주체는 남녀 성의 이원

190　Hekman, "Constructing the Ballast: An Ontology for Feminism", *Material Feminisms*, p. 90 참조.

191　*Ibid.*, p. 101 참조.

192　브라이도티, 『변신』, 31쪽.

193　앞의 책, 같은 쪽. 다른 곳에서 브라이도티는 페미니즘 입장론이 끼친 긍정적 영향에 대해 다음과 같이 논한다. "탈구조주의와 포스트모던 세대들은, 구조화하는 권력관계에 관한 보다 정확한 분석을 생산하기 위해 보편적 입장으로부터 주체성을 탈구시키

론을 무자비하게 횡단하면서, 물질적인 계기들 하나하나에 착근되며 체현된다.

· 앨리스, 섹슈얼리티의 유동성

이러한 의미의 여성성은 앞서 논한 앨리스적 여성-되기를 실천하는 것이다. 스스로를 이분법상의 대문자 여성이 아니라 차이화 과정 내에서의 '다층적 주체'로 상정하기 때문이다. 만약 이러한 실천이 자가촉매적 루프에 의해 활성화되면 여성-되기로 인한 다층적 주체는 진정한 '비재현적 주체'로 무대에 등장할 것이다. 이러한 주체는 남성중심적 재현 체계가 결코 포획할 수 없는 시뮬라크르(simulacre)의 권능을 누리게 된다.

이러한 논의 전개에서 초래되는 페미니즘적 결론은 바로 성차 페미니즘의 위치성이다. 즉 "여성들은 여성성을 말해야 하고, 그것을 생각하고 자신들의 용어로 표현해야 한다"[194]는 것이다. 들뢰즈적

면서, 반인간주의를 이론적이면서 정치적인 기획 둘 모두로 받아들이지만, 다른 이론적 움직임들은 휴머니즘을 아주 조심스럽게 다룬다. 예컨대 부분적으로 페미니즘 정치학은 생생한 경험과 여성적 체현의 특수성 둘 모두에 가치를 부여하면서 기초적인 접근에 있어서 '입장 이론'(standpoint theory)을 개진했다. 비록 그것이 여성들 사이의 다양성(diversity)에 심대한 관심을 부여했다 해도, 페미니즘적 주체는 철회되지 않았고, 오히려 어떤 노마드적 비-획일적 특이성으로 재전유되었다. 이 주체는 권력에 대한 거시정치적 분석을 기초하기 위해 그리고 작동 가능한 대안들을 세우기 위해 방법과 정치적 전술 둘 모두에 있어서 감응적이고 관계적인, 체현되고 내장된, 즉 조건화된 지식들(situated knowledges)을 생산한다"(Braidotti, "Preface: The Posthuman as Exuberant Excess", Ferrando, *Philosophical Posthumanism*, p. xii).

194 브라이도티, 『변신』, 58쪽. 이를 페미니즘에서는 '전략적 본질주의'라고 한다. "전략적 본질주의란 무엇인가? 여성주의 이론가 가야트리 스피박은 탈식민주의 이론틀 안에서 '전략적 본질주의' 개념을 제안했다. 이 견해에 따르면 소수자들은 본질주의의 전략적 사용을 선택할 수 있다. 이러한 의미에서 우리는 '여성들'과 '남성들'이라는 개념을 사용해서 여성에 대한 남성의 폭력을 말할 수 있다"(프란체스카 페란도, 『철학적 포스트

인 의미에서 이는 여성-되기의 능동적 과정이다. 그러나 여기서 주의해야 할 것은 마찬가지로 이분법, 상대주의 그리고 여성성의 파편화로의 재전락이다. 그렇기 때문에 이 능동적 과정은 앞서 논했다시피 항상 이분법을 빼는 과정(n-1)을 동반해야 한다. 즉 늘 "다중심화되고 내적으로 차별화된 여성 페미니스트 주체성을 창안하고 정당화"[195]할 필요가 있는 것이다. 이것이 비록 재현적 과정이라 해도 비재현성의 권능을 담지하고 있다면, 그것은 욕망의 과잉으로 읽혀야 하며, 이를 통해 이분법이 극단으로 밀어붙여질 수 있게 된다. '지금-여기의 여성성'이 순응의 노예선이 아니라 저항의 교두보가 되는 것은 이런 현실적 실천을 통해서다.

이때 중요한 것이 일차적으로 섹슈얼리티의 기능이다. 섹슈얼리티는 비록 "사회화된 섹스-젠더 이항성에 붙잡혀 있지만, 그것으로 환원 가능하지는 않다".[196] 이런 점이 바로 섹슈얼리티의 횡단성을 증명하는 것이다. 이항적 작동기제를 품고 있지만 그것으로 환원 가능하지 않다는 것은 이것이 인간과 비인간의 이분법 타개 또는 감응과 욕망의 조직화를 위한 어떤 페미니즘 존재론의 구조를 제공한

휴머니즘』, 이지선 옮김, 아카넷, 2022, 304~305쪽).

195 브라이도티, 『변신』, 58쪽. 브라이도티는 이 '다중심화된 주체'에 대해 많은 의미를 부여한다. "나는 다중심의 육화된 주체가 철학적 유목주의와 성차 페미니즘이 교차하는 지점이라고 주장하고 싶다. 이 교차로의 핵심 도로 신호는 들뢰즈의 경험적 초월과 뤼스 이리가레의 감각적 초월이다. 그들은 각자의 사상 체계와 정치 기획 사이에 있는 가장 유용한 경계 넘나들기를 제시한다. 그러나 나는 위치의 정치와 그들이 제안하는 특정한 책임의 방식에서 그 둘 어느 쪽도 벗어나게 하고 싶지 않다. 들뢰즈와 이리가레는 그들 철학의 관점의 틀에 있는 육화된 주체와 차이의 쟁점들을 현재에 대한 카르토그라피로 분류한다. 그것은 사회적으로 매개된 권력관계의 변화하는 근거에 대한 새롭고 지속적인 관심을 의미한다"(앞의 책, 207쪽).

196 Braidotti, "Preface: The Posthuman as Exuberant Excess", Ferrando, *Philosophical Posthumanism*, p. xvi.

다는 의미이기도 하기 때문이다.

그래서 그로츠는 섹슈얼리티의 '유동성'을 강조한 것이다.

즉 이 개념은, 분명히 자신의 것이 아닌 영역들 속으로 경계를 가로질러 스며들기 때문에, 미리 지정된 영역 안에 머물러 있기를 거부한다. 욕동(dirve)으로서의 섹슈얼리티는 욕망의 구조들 안에 있는 모든 종류의 다른 영역들에 우글거린다. 이것은 심지어 욕망하지 않는 욕망을 성적으로 부여하기도 하며, 또는 금욕을 위한 욕망이기도 하다. 이것은, 어떤 활동성을 그 자신의 만족을 위한 탐색의 한 양식으로 만들면서, 프로이트가 승화로 기술했던 것을 통해 명백하게 비욕동-관계적(nondrive-related) 활동들 속으로 누수되어 들어간다. 일련의 활동들과 실천들로서, 그것은 침실에서의 통제를 받아들이거나 스스로를 오르가슴 쾌락을 준비하는 그러한 활동에만 제약하기를 거부한다. 섹슈얼리티는 흘러넘치고, 남아돌며 그리고 나른한 동시에 열렬한 성취 과정에 있어서 과잉이다. 그것은 언제나 그것이 욕구하는 것보다 더 많이 찾아 헤매며, 과잉 행동들을 수행하고, 어떤 대상, 어떤 환영, 이 런저런 주체들 그리고 그들의 기관들의 조합들을 쾌락의 순환 회로 안으로 끌어들일 수 있다. 어떤 확정된 유형으로서의 신체는 성적으로 특성화된 것으로서, 성들의 모든 활동들을 감염시킨다. 이 활동들은 성적 관계들의 범역이나 성차를 구성하는 구체적인 관계들의 영역 너머의 충실한 세계에 대한 우리의 이해를 근거 짓는 것이다. 실재, 인식, 진리, 정치학, 윤리학 그리고 미학에 대한 우리의 개념들은 모두 성적으로 특정한 신체들, 즉 대개 역사 안에서 남자인 신체들의 결과들이고, 따라서 이 모든 것은 페미니스트들이 가부장성으로 묘사해 온 권력 구조들, 즉 성들 간의 관계를 통치하는 그 구조에 연루된다.

따라서 성차는 동적이고, 사실상 휘발성인(volatile) 개념이다. 만약 성차가 비가시적이지 않고 적어도 그것이 영향들과 효과들에서 비의식적일 수 없다면, 자신을 형성하기 위해, 그것이 아무런 장소를 차지하지 않아야 하는 영역들로 스스로를 밀어 넣을 수 있다. 성차는 페미니즘과 현대 유럽철학의 교차 지점들을 오가며 그리고 신체를 이 교차 과정에서 중심 항목으로 설정하면서 중추적 개념이 된다.[197]

꽤나 긴 이 인용문에서 그로츠가 말하고자 하는 것은 섹슈얼리티의 유동성이 성차에 접목될 때 신체에 대한 철학적 사유가 제대로 이루어진다는 것이다. 왜냐하면 섹슈얼리티의 유동성은 성차의 고전적 판본으로서의 '제2의 성'이라는 여성성을 말 그대로 그 두 번째 항에 고정시킬 수 없게 만들기 때문이다. 그것은 더 전락하여 세 번째, 네 번째 등등이 될 수도 있고, 아니면 자신의 과잉의 활력을 향유하면서 침실에서든 사회에서든 또는 철학적 담론에서든 제1의 성이 될 수도 있다. 하지만 중요한 것은 이러한 입장 짓기에 머무는 것이 아니다. 섹슈얼리티는 한 입장에 응결되는 것을 거부하므로 신체가 가지는 유동성을 극단화해서 성차 자체의 섹스/젠더 이항성을 무너뜨리고 차이화를 가동시켜야 한다.

이렇게 되었을 때 젠더조차 차이화한다. 즉 섹슈얼리티의 과잉을 먹고 자란 젠더는 페미니즘의 사회구성적 요인이지만 더 나아가 문화적·인종적·계급적 담론 혹은 실천의 교차성을 구성하게 되는 것이다. 결국 교차성에 이르러 페미니즘은 어떤 표현기제를 발견하

---

197 Elizabeth Grosz, *Volatile Bodies: Toward a Corporeal Feminism*, Bloomington: Indiana University Press, 1994, pp. viii~ix.

게 되는데, 이때는 젠더에 국한된 것이 아니라 성/젠더 이분법을 모두 횡단하는 페미니즘적 주체화 과정으로 등장하게 되는 것이다.

· 성차의 정치

이러한 배경 안에서 우리는 비로소 '성차의 정치'를 사유할 수 있다. 이때 '성차'는 여성이라는 범주를 생산하면서 불안정하게 하는 기제이다.[198] 왜냐하면 섹슈얼리티와 교차성을 경유한 성차는 동질적인 주체성이 아니라 내부적으로 차이화를 지향하는 주체화 과정이기 때문이다. 그러므로 성차는 잠재적으로 모순된 사회적·담론적 효과들의 동시성을 구현한다. 이는 교차성에 드러났다시피 계급, 인종, 민족, 종교, 연령, 성적 지향에 이르기까지 체현하고 착근시킨다.

횡단성애에서 작동하는 무수한 성적 정체성의 파편성이 자가촉매적 루프를 통해 그 표현형으로서의 여성을 취득하게 될 때 정치적인 역할을 걸머쥐고 능력을 발휘하는 해방적 주체가 탄생하는 것이다. 이때 수행되는 정치적 행위들은, "첫째, 여성의 사회적·상징적 지위로 구성되는 모순들의 정점에 자신을 위치시키는 것, 둘째, 사회상징적 체계와 특히 그 체계를 지탱하는 비대칭적 권력관계의 불안정화를 향해 모순들을 활성화시키는 것으로 이루어진다".[199] 이것은 바로 유목적 전사의 모습이며, 사회 전체를 해방하는 기폭제가 된다. 이 해방의 경로에서 신유물론적 페미니즘의 이론과 실천은 성차를 극대화하되 거기서 이분법을 누락시키고, 게이, 레즈비언, 퀴어, 드래그 등등의 모든 조합들이 교차하는 하나의 집단적 공동체를 완성

---

198 브라이도티, 『변신』, 62쪽.
199 같은 책, 63쪽.

하게 될 것이다.[200]

물론 성차는 남성과 여성의 스펙트럼상에서만 존재하는 것이 아니다. 더 심오한 지점은 여성들 사이의 차이일 수 있다. 또는 횡단 성애적 의미에서 부분 대상들의 차이일 수도 있다. 이 차이들을 해방하는 것은 자본주의의 분열증적 욕망을 극단으로 밀어붙이는 것과 대동소이하다. 만약 노동자 – 흑인 – 장애인 – 여성이라는 계열에서 노동자만을 분리하여 가치화의 계열 안에 강제로 기입하고자 하는 것이 자본주의의 욕망이라면 신유물론적 페미니즘은 그러한 강제 기입의 과정에서 탈취되는 계열의 항들을 불러 세운다.

페미니즘적 참여는 신유물론적으로 체현되고 착근된 주체의 실천 과정에서 이루어진다. 이러한 참여는 거북하거나 심각하지 않다. 그것은 성적 차이화를 실행함으로써 스스로의 자유, 존엄성, 정의, 명랑함과 즐거움을 체험하는 과정이기 때문이다. 안토니오 네그리가 "공산주의자의 터질 듯한 웃음소리"에서 새로운 실천의 스피노자적 기쁨을 보았듯이, 페미니스트들에게도 이 웃음과 기쁨이 참여의 기본적인 감응기제이다. 브라이도티는 이러한 긍정적 감응이

---

200 이를 위해서는 반드시 섹슈얼리티의 유동성에 기반할 필요가 있다. "유목적이거나 강도적인 지평선은 분산되어 있으며 이항적이지 않고 다수적이며 이원적이지 않고 상호연결돼 있으며 변증법적이지 않고 고정돼 있지 않은 지속적인 흐름에 있는 존재라는 의미에서 '젠더를 넘어서는' 주체성이다. […] 들뢰즈에 따르면 일부 페미니스트들은 주체 '여성'을, 일반화되고 '젠더로부터 자유로운' 되기와 관련돼야 하는 일련의 변형 과정으로 해소하는 것을 거부하면서 짜증내는 경향을 보인다. 즉 여성에 대한 구체적인 권리와 자격을 주장하는 페미니스트들은 정치적 마음이 올바른 자리에 있을지는 몰라도 개념적으로 잘못 알고 있다. 그들은 특수한 여성 섹슈얼리티를 주장할 때 훨씬 더 잘못 이해하고 있다. 여성성을 강조하는 것은 제한적이다. 들뢰즈는 그 대신 그들이 주체의 다중 성차화된 구조로 이동해서 여성들이 박탈당한 모든 성들을 되찾아야 한다고 제안한다"(앞의 책, 159쪽).

페미니즘 운동 초기에는 전투의 기본 무드였음을 긍정한다.[201]

　이는 신체성에 대해서도 긍정의 감응기제를 앞세운다. 이를테면 레즈비언이 가진 여성적 신체는 부정적인 것이 아니라 긍정적으로 재전유될 필요가 있다. 레즈비언 신체는 오히려 새로운 실재적 신체성을 위한 형식이나 실체가 될 수 있는 것이다. 이런 식으로 "다른 방식을 통해 신체/언어 연결을 배열하고 레즈비언을 위한 다른 실재성을 개방하는 것이 가능하다".[202] 이것은 사회구성주의가 강요하는 신체의 수동성이나 각인 효과와는 달리 섹슈얼리티의 욕망을 긍정함으로써 가능해지는 변화다.

　'성차의 정치'를 수행한다는 것은 우리가 맨 처음 살펴보았던 담론과 물질 사이의 관계를 '간-행'의 측면에서 바라본다는 것을 의미한다. 왜냐하면 간-행은 이제 담론과 물질, 또는 물질과 물질 간의 물질화에 대해 생각하게 해 주는 완연히 유물론적인 개념이기 때문이다. 따라서 간-행적 사유는 곧 '회절적 사유'이며 이는 물질적인 것들의 물질화 안에서 성차의 정치를 실행할 수 있는 계기를 제공한다. 이러한 사유는 "현대사상에 등장하고 있는 새로운 패러다임을 위한 일종의 주형(template)을 제공"[203]한다. 요컨대 이는 페미니즘을 넘어 신유물론적 사유의 저변을 형성하면서 새로운 사유의 패러다임을 제공할 수 있다.

---

201 앞의 책, 124쪽.

202 Hekman, "Constructing the Ballast: An Ontology for Feminism", *Material Feminisms*, p. 115.

203 *Ibid.*, p. 106.

(3) 극단으로 밀어붙이기

· 비근대성의 사유

사변적 실재론자인 하먼도 말하듯이, 어떤 사상에 대한 최고의 경의는 "체계가 갖는 중심 개념을 파악해서 그 이상으로 밀어붙이는 것"[204]이다. 하지만 최고의 경멸을 보내야 하는 체계의 중심 개념에 대해서도 이는 마찬가지다(또한 체계의 잔여 개념들, 부수적으로 치부되는 개념들이 그 자신의 전통적 함축을 넘어 중심 개념으로 부상하기도 한다). 경의를 표해야 하는 사상은 이로써 새로운 것을 배태하는 사상의 터가 되지만, 경멸적인 사상의 경우에는 해체의 수순을 밟는다. 모든 이분법은 이와 같은 해체의 대상이다. 들뢰즈가 베르그송을 따라 "차이는 극한까지 밀어붙여진다"라고 할 때 차이는 바로 이분법을 대체하고 그것을 끝없이 빼는 차이생성의 과정이다.

신유물론은 이러한 전통을 이어받아, 비근대성의 사유를 형성한다. 이는 매우 독특한 종류의 차이의 철학을 구성하게 된다. 이런 차이의 개념은 근대성의 위계를 그저 반대하는 것에 그치지도 않는다. 그렇게 된다면 신유물론의 차이 개념은 포스트모더니즘의 그것과 구별 불가능하게 된다. 포스트모더니즘에 막대한 기여를 한 장 에티엔 리오타르조차 이러한 맹목적인 반대에는 동의하지 않을 것이다. 리오타르가 포스트모더니즘의 '포스트'에 대한 기존의 통념에 의문을 제기하면서 "우리는 포스트모던이 언제나 모던을 포함하고 있다고 말해야 한다"[205]라고 할 때 그의 생각은 바로 신유물론의 긍

---

204 하먼, 『쿼드러플 오브젝트』, 168쪽.
205 Jean-François Lyotard, *The Inhuman: Reflections on Time*, trans. Geoffrey Bennington and Rachel Bowlby, Stanford: Stanford University Press, 1992, p. 25.

정성에 가 닿는다. 마찬가지로 신유물론의 긍정의 사상이 해당 텍스트와 사유에 대한 단순한 수용성만을 의미하는 것이 아니라 횡단성을 의미하는 것처럼, 리오타르의 경우에도 그것은 "그것과 다른 어떤 상태 속으로 스스로를 초과하려는 추동력"[206]을 의미한다. 이럴 경우에만 근대성은 리오타르가 말한바, '재기술'의 대상이 될 수 있다. 들뢰즈가 자신의 철학사는 그 철학을 '재기술'하는 것이라고 말했을 때와 마찬가지로 이 재기술은 신유물론에서 요구하는 '재독해'와 동일하다. 다만 신유물론적인 재독해는 사유의 소수성을 더 도드라지게 만드는 방식이며, 이른바 '왕립철학'에 반하는 비주류 철학을 의미하는 것이다. 이를 통해 신유물론은 근대성과 탈근대성을 넘어 비근대성에 이를 것이며 전통적인 사유 전체를 요동치게 만드는 어떤 타자성을 사유 안에 도입한다.

그렇기 때문에 앞서 우리가 보았다시피 라투르와 같은 사상가는 근대성과 탈근대성을 넘어 존속하는 혼종이라는 타자를 전면에 내세웠으며, 메이야수는 흄에 대한 재독해를 거쳐 '절대적인 것'(the Absolute)에 도달하려고 하는 것이다. 바라드는 양자역학의 코펜하겐 해석에 대한 명백하게 비주류적인 재독해를 시도한다. 당연히 이런 재독해는 관념론이 제조하고 유포한 이원론을 넘어 물질 일원론을 향한다. 이 "횡단적 문화 이론"[207]으로서의 신유물론은 이론적 실천일 뿐만 아니라 실천적 이론이기도 하다. 이론적 실천으로서의 신유물론은 텍스트에 대한 재독해를 통해 유물론을 확증하며, 실천적 이론으로서의 신유물론은 관념론이 각인시킨 문화적 재현물들에 내

---

206 *Ibid.*
207 돌피언·튠, 『신유물론』, 170쪽.

재하고 있는 권력관계를 해소하고자 하기 때문이다.

· 물질 일원론의 재구성

그러나 여기서 주의해야 하는 바는 이렇게 극단적으로 밀어붙여짐으로써 나아가는 방향이 이른바 "통상적인 이원론"[208]을 변증법적인 관계로 재구성하는 것이 결코 아니라는 점이다. 앞선 장에서 확인한 것처럼 변증법은 부정성의 관계이며, 재현주의를 고착화시킨다. 왜냐하면 항들 간의 관계를 통해 새로운 종합으로 나아가기 위해서는 그 항들의 명백한 '상'이 필요하며, 그것은 곧 재현을 거쳐 나아가야 하기 때문이다. 또한 그것은 한 항이 다른 항들을 부정성 안에서 종합하는 방식이기도 하다. 이를테면 장 보드리야르의 시뮬라크르 이론은 들뢰즈의 시뮬라크르론과는 다르게 근대성의 한 항으로서 '재현'을 '현실'에 맞세우면서 그것들 간의 관계를 더 정확하게 하고자 한다. 여기서는 부정적 재현물로서의 시뮬라크르가 어떻게 현실을 구축하는지에 대한 관심이 그 둘의 차이화 과정에 대한 관심을 늘 앞선다.[209] 따라서 신유물론과 통상적인 이원론이 가진 차이는 그것이 관계성을 어떻게 사유하느냐에 달려 있는 것이다. 신유물론적인 관계성은 긍정의 관계성이지만 통상적인 이원론은 부정성으로 점철된다.

따라서, 신유물론은 개념 창조의 능동성에 기대어 차이의 철학을 수립한다. n개의 성에 n개의 개념들, 자연/문화 이분법 사이의 스펙트럼들과 개념들의 착종상은 그러한 차이의 철학이 수립되는 이

208 앞의 책, 173쪽.
209 앞의 책, 174쪽 참조.

론적 실천의 단초가 된다. 이것은 바로 "이원론의 횡단을 야기하고, 긍정적인, 즉 부정성이라기보다 실증성에 의해 구조화되는 관계성의 긍정을 이루어 낸다."[210] 이로써 "극한으로 밀어붙여지는 차이"가 발생한다. 이것은 이론적 실천이며 수행성을 의미한다. 이원론을 부정하거나 회피하지 않는 전략으로서 횡단적 수행은 리오타르가 말한 그 근대성의 재기술과 통한다. 들뢰즈와 가타리가 『천의 고원』에서 존재의 복수성을 일의성으로 파악하는 것은 물질적인 것들의 다양성을 물질 일원론으로 파악하는 신유물론의 방식과 닮은 것이다. 그럼에도 불구하고 "항들 간의 부정적 관계성을 유지하는 것은 역사적으로 유혹적"[211]이다. 페미니스트들이 흔히 남/여 성차의 이원론에 갇히는 것도 이와 같은 맥락이다. 차이를 해방하고 거기서 이원론을 보는 것과, 이원론 안에 갇혀 차이를 사유하는 것은 엄청난 실천적 차이를 유발한다. 차이 나는 것들의 일원론은 이원론을 긍정할 수 있지만, 이원론은 그럴 만한 계기가 전혀 없다. 때문에 젠더 수행성은 섹슈얼리티의 수행성을 따라잡지 못한다. 신체의 다양체 안에 젠더가 있는 것이지 젠더 안에 신체의 다양체가 존재할 수는 없다.

· 일의성을 극한으로 밀어붙이기

일의성이 차이를 극한으로 밀어붙이는 이유는 차이 안에 늘 도사리고 있는 이원론의 인력을 무력화하기 위함이다. 그리고 이원론에서 분비되는 위계성을 아나키한 평등성으로 변환하기 위한 것이기도 하다. 재독해와 회절적 독해를 통한 다양성의 확보는 곧 물질 일원

---

210 앞의 책, 181쪽.
211 앞의 책, 182쪽.

론 안에서의 차이생성 과정으로 귀착된다. 역으로 우리가 차이화하기 또는 차이 자체를 사유하는 순간 일의적 논리가 수립된다.[212] 그러나 주의해야 할 것은 이러한 일의적 논리가 알랭 바디우가 들뢰즈를 비판하면서 언급한 그 '일자'는 결코 아니라는 점이다. 일자는 그 자신의 동일성 안에서 타자들을 분만하고 종속시키는 것이지만, 들뢰즈의 일의성은 차이 자체의 생성이며, 동일성과는 아무런 관련이 없다. 마찬가지로 신유물론의 이론적 실천 안에서 일의성은 물질 일원론 안의 차이생성론이며, 수행성 안에서의 예술적이면서 동시에 정치적인 실험이다. 그렇지 않다면 철학은 결국 재현 안에서 압살당할 것이고, 다의적인 상대주의로 분산되어 허공을 맴돌게 될 것이다. 긍정적이고 실증적인 관계로서의 차이생성의 과정은 수행적이면서 횡단적이다. 이런 식으로 철학은 이원론을 극단으로 밀어붙이며, 이론과 실천 양자에서 그 수위성을 획득한다.

예컨대 앞서 우리가 논한 페미니즘의 실천은 무언가를 성적 이원론 내부에서 발생시키며, 그것을 개념화하는 데 기여한다. 이 '무언가'는 최초에 어떤 역설의 형태를 취하는데 그것은 "페미니즘은 성차를 무화하고 해방하기 위해, 성차에 머물러 여성성을 주장할 수밖에 없다"는 것으로 요약된다. 이 역설이 단지 이론적으로 해소될 수 있는 것이 아니라는 것은 명백하다. 왜냐하면 이론 내에서 저 역설의 언표주체는 페미니즘의 주체인 이상 여성이거나 혹은 여성성을 옹호하는 위치에 있을 수밖에 없기 때문이다. 하지만 그 어떤 언표주체도 예외적인 객관성을 견지할 수는 없다는 것도 사실이다. 그

---

212 앞의 책, 186쪽 참조.

러므로 이 페미니즘의 역설은 새로운 무언가를 지속적으로 발명하고자 하는 철학적 기획에서는 불가피한 이론적 패착이 된다. 예컨대 "프롤레타리아는 계급관계를 철폐하기 위해 그 자신의 계급성을 확고히 한다"는 역설을 생각해 보라. 이 역설은 이론 안에서 극단으로 밀어붙여져야 하지만, 최종심급에서는 언제나 혁명적 실천이 요구된다.

2부 신유물론의 이론가들

1부에서 우리는 신유물론의 이론적·실천적 특징들에 대해 알아보았다. 그러한 시도는 서문에서도 밝혔다시피 어떤 패치워크를 형성하는 종합이라고 할 수 있다. 신유물론자들이 언급하거나 의도했던 철학적 구도에서 공통점을 이끌어 내고 그것을 연결하는 작업이 그것이다. 그렇게 함으로써 우리는 일종의 지도 만들기를 행하고 있었던 셈이다. 이제 그 지도의 세부적인 부분으로 들어가 각각의 이론가들이 자신의 영역에서 어떤 고원들과 평원 그리고 광대한 호수와 작은 개울들을 형성하는지 볼 차례다. 이렇게 함으로써 우리는 신유물론의 지도를 보다 자세하게 들여다볼 수 있게 된다. 이 작업은 공통점보다 차이들을 드러내는 과정이므로, 이들 이론가들 사이의 결절 지점이나 충돌 지점을 드러낼 것이다.

3장 신유물론자들의 등장

1. 들뢰즈와 가타리[1]

(1) 신자연주의

· '신유물론'이라는 용어

신유물론에 대한 들뢰즈의 영향은 그 용어의 유래에서부터 드러난다. 신유물론자들은 그 용어의 연원에 들뢰즈의 텍스트『스피노자와 표현의 문제』를 놓는 것에 동의한다. 그 구절은 다음과 같다.

> 표현 개념은 스피노자와 라이프니츠 두 저자에 의해 두 가지 매우 다른 관점에서 주도된 반(反)데카르트적 반발의 힘을 떠맡는다. 그것은 '자연'과 그 역능의 재발견, 논리학과 존재론의 재창조를, 즉 신'유물론'(nouveau matérialisme)과 신'형식주의'(nouveau formalisme)를 함축한다. [⋯] 그 결과 세 가지 기본 규정인 '존재하다', '인식하다', '작용 혹은 생산하다'는 표현 개념 아래에서 측정되고 체계화된다.[2]

---

1   이 절의 내용은 '릭 돌피언·이리스 반 데어 튠,『신유물론: 인터뷰와 지도제작』, 박준영 옮김, 교유서가, 2021'의 '역자 해설'의 내용을 다소 수정한 것이다.
2   Gilles Deleuze, *Spinoza et le problème de l'expression*, Paris: Minuit, 1969, p. 299(질 들뢰즈, 『스피노자와 표현의 문제』, 이진경·권순모 옮김, 인간사랑, 2003, 433쪽, 번역 수정).

여기서 보다시피 들뢰즈적 의미에서 '신유물론'은 자연에 대한 새로운 관점을 통해 존재론을 일신하고, 새로운 논리를 발명하는 것에 놓인다. 이것은 들뢰즈의 스피노자주의와 밀접한 연관하에 제시되는 것이기도 하다. 이를 키스 안셀-피어슨은 "신자연주의"(new naturalism)라고 칭한다.[3] 들뢰즈의 신자연주의는 라이프니츠와 스피노자의 존재론에 대한 그의 연구에서부터 주로 유래하는데, 보다 유력한 영향을 미친 쪽은 스피노자다. 이를 '표현주의'로서의 '자연주의', 자연 자체가 존재하는 것의 근원으로서, 모든 존재자가 가진 긍정적 역능의 터전이 되는 그런 의미에서의 자연주의라고 할 수 있다.

하지만 이는 고전적 의미의 자연주의, 즉 자연과 인공을 가르고 여기서 자연을 취사선택하는 자연'중심'주의가 아니다. 들뢰즈의 신자연주의는 '자연과 인공 사이의 구별'이 사라지는 지점에서 존재와 사유 사이에 존재하는 외견상의 분리 너머에 위치함으로써 그것들을 식별 불가능하게 만드는 것이다.[4] 이렇게 자연과 인공 양자에서 일어나는 이념적 사건을 들뢰즈는 '탈신비화'(démystification)라고 부른다. 이는 앞서 논한 '횡단성'의 이론적 실행의 한 예라고 할 수 있다.

이러한 신자연주의적 의미의 신유물론의 함축은 최초로 '신유물론'이라는 개념을 본격적으로 사용한 데란다의 짧은 에세이[5]에 그

---

3 Keith Ansell-Pearson, "Deleuze and New Materialism: Naturalism, Norms and Ethics", eds. Sarah Ellenzweig and John H. Zammito, *The New Politics of Materialism: History, Philosophy, Science*, New York: Routledge, 2017, p. 96.

4 Gilles Deleuze, *Negotiations: 1972-1990*, trans. Martin Joughin, New York: Columbia University Press, 1995, pp. 135~155 참조.

5 Manuel DeLanda, "The Geology of Morals: A Neo-Materialist Interpretation", 1995, http://www.t0.or.at/delanda/geology.htm(2022년 10월 24일 마지막 접근).

대로 전승된다. 데란다는 여기서 지질학적 의미의 지층과 생물학적인 종들 그리고 사회적 위계 모두를 통틀어 횡단하는 어떤 물질적이면서 체계적인 구도를 "유물론 철학의 새로운 형태"(a new form of materialist philosophy)라고 칭한다. "이 철학은 자기-조직화하는 과정과 형태발생의 강도적 힘의 다양성을 통해 날것 그대로의[원초적인](raw) 물질-에너지가 우리를 둘러싼 모든 구조들을 발생시킨다고 주장한다." 이때 발생된 구조들은 구조주의나 후기-구조주의에서처럼 근본적인 실재가 아니라 파생된 것으로 드러나며, 보다 근본적인 실재성은 '물질-에너지 흐름'이다. 따라서 이 근본적인 물질-에너지 흐름은 인간 역사와 자연사를 구분하지 않는 일종의 '피진화'(pidginization)를 만들어 낸다. 데란다는 이와 같은 것을 바로 들뢰즈(와 가타리)의 실재에 대한 "신유물론적 해석"(neo-materialist interpretation)이라고 부른다.

브라이도티는 데란다보다 이른 1991년에 이미 '신유물론'의 들뢰즈적 함축을 간파하고 있었다. 그녀는 "주체의 구체화된 본성"이란 "물질의 한가운데에서 대안적으로 성적 차이나 젠더의 문제를 정립"하는 것을 통해 밝혀진다고 논한다. 이것은 "유물론의 급진적인 재독해"로 이어지면서 전통적인 맑스주의 해석, 즉 의식에 대한 물질의 선차성과 반영 이론으로부터 떨어져 나아가, 어떤 횡단성을 성취해 낸다. 이것이 바로 들뢰즈에 의해 제안된 "새로운 물질성"이다.[6] 이것은 1994년의 텍스트에서도 발견된다.

---

6   Rosi Braidotti, *Patterns of Dissonance: A Study of Women and Contemporary Philosophy*, Cambridge: Polity Press, 1991, pp. 263~266.

내가 내세우는 관점은 여성적 주체성의 페미니즘적인 재규정을 위한 출발점이며, 새로운 유물론의 형태(new form of materialism)다. 이는 체현된, 따라서 말하는 주체의 성적으로 차이화된 구조에 강조점을 놓는 것이다.[7]

브라이도티의 경우 들뢰즈의 신자연주의, 즉 신유물론은 신체성의 되기(becoming, 생성)와 관련하여 이해된다. 들뢰즈의 '신유물론'은 현대의 기술적 지향 안에서 신체성에 대한 새로운 이해를 가져온다는 것이다.[8] 그녀는 주체화의 과정에서 "감응들의 배치와 구성요소들의 선별"이 관건적이라고 보고, 이때 인공적인 기술적 대상과 신체들의 배치가 이루어지며, 주체의 특이성이 발생한다고 본다.[9] 여기서 중요한 것은 주체성의 발생 장소로서 신체가 내면적인 것도 아니고 순수하게 사회적인 구성물도 아니라는 점을 이해하는 것이다. 감응은 신체의 표면에서 활성화된다. 그것은 일종의 '사이에 있음'(in-between)이다.[10]

따라서 신유물론의 자연주의는 고대에서부터 근대에 이르기까

7　Rosi Braidotti, *Nomadic Subjects: Embodiment and Sexual Difference in Contemporary Feminist Theory*, New York: Columbia University Press, 1994, p. 199. 이에 대해 돌피언과 튠도 다음과 같이 지적한다. "『유목적 주체』(*Nomadic Subjects*)에서 당신은 다음과 같이 말합니다. '차이에 관한 후기-구조주의 페미니즘의 재확정이 구현한 것은 […] 텍스트와 텍스트적 실천의 신유물론(new materialist theory)에서이다'"(Rick Dolphijn and Iris Van der Tuin eds., "Interview with Rosi Braidotti", *New Materialism: Interviews and Cartographies*, Michigan: Open Humanities Press, 2013, p. 20[돌피언·튠, 『신유물론』, 21쪽]).

8　Rosi Braidotti, "Teratologies", eds. Ian Buchanan and Claire Colebrook, *Deleuze and Feminist Theory*, Edinburgh: Edinburgh University Press, 2000, p. 160.

9　*Ibid.*, pp. 160~161.

10　Braidotti, "Teratologies", p. 159.

지 인위와 자연을 가르던 이분법을 넘어서서 그것을 하나의 일의적 평면에 배치하게 된다. 이 평면은 '물질'의 평면이다. 즉 신유물론은 **물질 일원론에 근거한 신자연주의**라고 할 수 있다.

· 들뢰즈와 커비

들뢰즈의 신자연주의는 다른 측면에서 커비를 떠올리게 한다. 그녀는 물질의 수행성과 관련하여 인간도 예외일 수 없다는 신유물론적인 관점을 강조한다. 이것은 그녀의 논문을 수록한 책의 제목과 비슷한 도발적인 질문을 통해 구체화되는데, "지금까지의 문화가 사실상 자연이었다면 어쩔 것인가?"가 그것이다. 그녀는 이 책의 서문에 "만약 문화가 내내 자연이었다면 어쩔 셈인가? 이 질문은 예상되는 뻔한 서사들을 침식한다. 즉 '사회 이전'에 아무것도 없다면, 즉 변화될 수 있고 될 수 없는 것을 심판할 수 있는 '주어진' 선재적이고 불변하는 것이 아무것도 없다면과 같은 질문이 그것이다"[11]라고 썼다. 지금까지 통용되어 온 사회구성주의가 가진 전제 자체를 폐기하는 듯한 이 질문은 들뢰즈로부터 신유물론으로 이어져 온 자연/문화의 이분법의 균열을 상기시킨다.

> 나의 가설은 물질과 그 동류들은 형태적으로 가소적이며, 이러한 실체 전환들이 무수하다는 것이다. 즉 물질은 단어들로, 식물과 객체들로, 피와 신념들로 등장한다. 물론 만약 우리가 "물질 바깥에는 아무것도 없다" 또는 "자연 바깥에는 아무것도 없다"라고 주장한다면, 사

---

11 Vicki Kirby, "Foreword", ed. Vicki Kirby, *What if Culture was Nature all Along?*, Edinburgh: Edinburgh University Press, 2017, p. xii.

태가 이상해질 것이다. 왜냐하면 물질의 정체성——그것이 행하는 바가 의미하는 것 그리고 그 방식——이 정상이 아닌 것, 다각적인 것, 불안정하고 심지어 괴물과 같은 것으로 드러날 것이기 때문이다. 하지만 이것은 문화의 중요성을 거부하고 물질적 실재의 자명성을 수용하고자, 환원주의를 합법화하기 위한 어떤 시도가 아니다. 만약 두 번째로 등장하는 것으로 보이는 것이 전통적으로 보다 진화되고, 보다 지적이며 복잡하다고 여겨진다면——객체 위의 주체, 비인간 위의 인간 그리고 자연 위의 문화라는 위계——우리는 '첫 번째'라는 것이 이미 힘과 능력을 갖고 있음을 발견한다.[12]

이러한 갱신된 자연주의라고 할 만한 논의는 우리의 수행이라는 것이 자연의 가소적 변화에 의해 생성된 것일 뿐이라는 점을 상기시킨다. 그녀는 버틀러를 (비판적으로) 논하는 지면에서도 인간이 아니라 자연이 읽고 쓰며, 육체가 그렇게 한다는 것을 강조한다.[13] 이러한 생각은 다음 책에서 보다 구체적으로 전개되는데 여기서 그녀는 전기적인 섬광과 대지의 대화와 같은 이야기를 통해 인간적 실천이 가지는 자연에 속한바, 국지성을 강조한다. 그리고 다음과 같이 결론 내린다.

우리는 확실히 그것이 탈자연화를 표시하기 위해 작은따옴표 안에 쓴 '자연'이라는 단어를 보곤 했는데, 이것은 지각(perception)과 진화

---

12 *Ibid.*, Kirby, "Matter out of Place: 'New Materialism' in Review", p. 15.
13 Vicki Kirby, *Telling Flesh: The Substance of the Corporeal*, New York: Routledge, 1997, p. 127 참조.

의 근거가 언제나/이미, 그 재현적 역사가 문화의 투여들의 특수성들을 은폐하는, 어떤 안으로 접힌 콘텍스트라는 것을 상기시킨다. 하지만 우리는 이러한 수정이 단순히 주도 효과를 가진 하나의 영역이나 하나의 관념을 다른 것으로 대체하는 기원들의 논리와 인과 결정론을 수행하도록 한다는 것을 깨달아야 한다. 즉 대문자 자연이 아니라 '자연'(nature), 즉 문화로서 말이다. 하지만 정확한 것은 이런 구성주의적 질서의 전복 안에서 다루어지거나 주장되는 것인바, 이러한 책략(maneuver)은 정체성[동일성]과 행위주체를 그 합당한 장소로 영치시킴으로써 회복된다.[14]

커비의 신유물론적 사상에서는 언어적이며 인지적인 또는 심지어 감응적인 것을 물질에 투사하는 것이 존재를 오히려 평면화한다고 본다. 자연과 문화는 그런 평평한 존재론(flat ontology)에 의해 파악될 수 없고, 인간의 특권이나 독점권은 단지 과학적 탐구로서의 자연적 과정의 일부로 간주될 뿐이다. 이것은 일종의 "항구적으로 증식하는 독특성(specificity)과 잡종성(variegation)"[15]을 가치 있게 보는 것이다. 따라서 이러한 독특성과 잡종성은 무수히 많은 인간과 비인간을 가로질러 형성된다. 바로 이것이 커비에게는 물질성의 본모습이다. 따라서 커비에게 물질은 계속해서 외적 경계를 허물며 스스로를 연구하고, 연구되는 그리고 생산하고, 생산되는 수행적 유물론의 그 물질이다. 말 그대로 그녀에게 '자연밖에는 아무것도 없는' 것

---

14 Vicki Kirby, *Quantum Anthropologies: Life at Large*, Durham and London: Duke University Press, 2011, pp. 12~13.

15 Christopher Gamble, Joshua Hanan and Thomas Nail, "What is New Materialism?", *Angelaki*, vol. 24, 2019, p. 124.

이다.

　이와 마찬가지로 들뢰즈에게 신유물론이란 무엇보다도 내재성의 철학이다. 이 유물론에서는 내재성을 중심으로 자연의 실증성을 인식하려는 시도가 있으며, 이를 통해 심오한 깊이에까지 이른다. 여기서 자연은 수동적이거나 비활성적인 것으로 설명되지 않는다. 대신, 들뢰즈는 '표현적' 자연에 대해 말하는데, 그것은 인과적인 펼침(설명, explication)으로서의 자연인바, 그 자신을 표현하는 것 안에 존속한다. 여기서는 변형이 근원적이다. 왜냐하면 거기에는 존재 위나 너머에 일자의 초월성도 없고, 또는 그것의 창조 위에 존재의 초월성도 존재하지 않기 때문이다. 존재(혹은 물질)는 그 모든 표현들 안에서 일의적이며, 따라서 일자는 그 모든 다양들에 있어서 하나의 단일한 의미로 알려진다.[16] 따라서 들뢰즈-신유물론에서 자연 혹은 실재란 플라톤적 의미의 이데아가 아니라 루크레티우스적 의미의 시뮬라크르다.

· 들뢰즈의 루크레티우스

앞서 우리가 논한 고대 유물론, 특히 루크레티우스의 재생을 이끈 현대철학자들 중 첫 번째로 꼽을 수 있는 사람이 들뢰즈다. 그는 1969년에 쓴 『의미의 논리』 부록에서 「루크레티우스와 시뮬라크르」를 통해 이후 신유물론의 고대적 판본을 현대적으로 재생시켰다. 여기서 들뢰즈는 플라톤주의의 '전복'을 구체화하면서, 이 이론적 사건이 플라톤주의 내부에 있는 '시뮬라크르' 개념으로부터 나온다는

16　Ansell-Pearson, "Deleuze and New Materialism: Naturalism, Norms and Ethics", *The New Politics of Materialism*, pp. 96~97 참조.

것을 증명해 냈다. 사실상 들뢰즈의 신유물론은 루크레티우스가 사용하는 이 '시뮬라크르'로 플라톤의 '시뮬라크르'를 대체하는 것에서 철학사적 시원을 가진다.

플라톤의 변증법이란 이데아와 모상들 사이에 위계를 만들어 내는 과정이고 그 과정에서 나눔의 방법이 동원되는 것이다. 가장 본질적인 것, 즉 '이데아–존재의 편'에 가까운 것은 형상의 지위로 격상되는 반면 이차적인 것, 모사물들은 '생성의 편'으로 몰아내어져 기각된다. 하지만 이 기각의 과정이 늘 모사물들과의 유사성의 관계를 끊어 놓지는 않는다. 따라서 '정의 자체'가 있으면 그에 따라 그것을 모사하는 '정치가'가 있으며, 또한 그것을 모사하는 '웅변술'이 있게 되고, 마침내 가장 하급의 '소피스트들'이 한편에 모이게 되는데, 이 맨 마지막의 것은 그 지위가 매우 모호하게 된다. 이것은 최종적으로 기각되어야 하는 것이면서도 끝내는 변증론의 잔여로 남는다. 플라톤은 이를 두고 환영(phantasma, 시뮬라크르)이라는 이름을 부여한다. 이 내용은 같은 책의 부록 중「플라톤과 시뮬라크르」에서 잘 드러난다. 사실 이 두 논문은 서로 대척점에 서 있으면서 들뢰즈 신유물론의 존재론적이면서 철학사적인 기초를 형성한다고 해야 할 것이다.

특히 들뢰즈는 오늘날 에피쿠로스·루크레티우스로 되돌아가는 것이 원자에 관한 기계론적 관점을 철회하는 것일 뿐 아니라, 초월론적 지평을 운동하는 원자들의 내재적 측면으로 도입하는 것에 대한 거부라고 본다. 이것은 포스트휴먼적인 거부와도 통하는 것인데, 관념적이고 인간주의적인 자유나 권력이 그 대상이다. 이것들은 모두 내재적인 운동을 거듭하는 물질적 신체들과 물체들 너머에서 끊임없이 통치와 통제를 강요한다.

그러나 시뮬라크르는 이러한 통치와 통제를 항상 초과하여 남는 잔여물로서, 또는 그것을 통해 초월적인 환영을 만들어 내는 생성의 자리로서 기능하는 것이다. 초월적 통제는 이 시뮬라크르의 기생 관념일 뿐 결코 주인이 되지 못한다. 다만 그 주인을 흉내 낼 뿐이다. 왜냐하면 언제나 멈춰 있고, 비역사적인 실체로서의 초월성은 시뮬라크르의 '사건성'을 따라잡지 못하기 때문이다. 따라서 이 '사건성'이 바로 앞 절에서 말한 '내재성'과 더불어 루크레티우스와 신유물론이 만나는 교차점이다.

(2) 존재론의 갱신과 주체의 일신

· defférent/ciation

들뢰즈 철학의 가장 큰 특징은 그 막대한 수용성에 있다. 그는 과거와 당대의 거의 모든 유력한 철학사상을 자신의 사유 안에 배치한다. 이에 더해 들뢰즈는 자신의 사상 안에 수렴된 전승 목록을 작동시켜 어떤 '미래의 철학'(니체식으로 '반시대적 철학')으로 발산한다. 들뢰즈 철학이 가진 이런 특징은 그의 철학사 연구와 이후 전개된 그 영향력에서 가장 잘 드러난다. 전자를 통해 들뢰즈는 루크레티우스로부터 시작해서 질베르 시몽동에 이르기까지를 그리고 현대과학과 수학의 성과를 통합적으로 바라볼 수 있었고, 후자를 통해 현대철학의 여러 새로운 사상들을 배태했다.

　탁월한 철학자들이 늘 그렇듯이 분과적인 잣대로 들뢰즈 사상을 재단하기는 어렵다. 그렇다 해도 그가 존재론의 분야에서 어떤 식으로든 혁신을 일으켰다는 것은 분명해 보인다. 그 자신도 말했다시피, 그는 '형이상학자'였고, 이는 존재론에서 가장 잘 드러난다.[17] 그의 대표서인 『차이와 반복』(박사 논문) 그리고 『스피노자와 표현의 문제』(박사 부논문)는 그의 전 저작에 걸쳐 작동하는 존재론적 기계 장치다.

들뢰즈는 『차이와 반복』에서 'defférent/ciation'이라는 신조어를 만들어 내는데, 이것은 '미/분화' 정도로 번역할 수 있다. 그리고 여기에 '개체'의 생성 과정을 드러내기 위해 'indi-'를 덧붙이고, 그 생성 과정의 강도적 특징을 드러내기 위해 'drama'를 부가하여, 'indi-drama-différent/ciation'라는 최종적인 조어가 완성된다. 이 말은 '개체-극-미/분화'로 번역될 수 있을 것이다. 이것은 어떻게 보면 단어라기보다 오히려 '도상'(icon)에 가까워 보인다. 왜냐하면 각각의 분절들이 어떤 생성의 과정을 '그려 주기' 때문이다.[18]

이 도상에서 중요한 것은 잠재적인 차원에서 현실적 또는 현행적 차원으로 이루어지는 개체화 또는 분화 과정이다. 이 개체화 과정은 두 가지 특성을 가지는데 하나는 '본질의 개체화'라고 불리어지고, 다른 하나는 '존재의 개체화'라고 일컬어진다. 전자의 경우 그 개

---

17 들뢰즈는 스스로를 '순수 형이상학자'(métaphysicien pur)로 규정한다. "나는 나 스스로를 어떤 순수 형이상학자로 느낍니다. […] 베르그송은 현대과학이 그것의 형이상학을 발견하지 않았다고 말하지요. 필요한 것은 형이상학이란 겁니다. 내가 흥미를 가지는 것은 이런 형이상학이지요"(Arnaud Villani, *La guêpe et l'orchidée: Essai sur Gilles Deleuze*, Paris: Belin, 1999, p. 130). 들뢰즈가 원한 형이상학은 아리스토텔레스 이래의 전통 형이상학과는 거리가 멀다. 오히려 그의 형이상학은 소수 형이상학, 즉 '체계'와 '동일성'을 거부하면서 '이질성, 다양성'을 긍정하는 유물론이라고 할 수 있다. François Dosse, *Gilles Deleuze and Félix Guattari: Intersecting Lives*, trans. Deborah Glassman, New York: Columbia University Press, 2010, p. 165도 참조.

18 질 들뢰즈, 『차이와 반복』, 김상환 옮김, 민음사, 2004, 451, 523~524, 531, 533, 585쪽 및 들뢰즈, 『의미의 논리』, 이정우 옮김, 한길사, 1999, 531쪽 참조.

체가 가진 능력의 내포에 해당되고 후자는 운동과 정지라는 시공간적 외연에 해당된다.[19] 이 개체는 "무한히 많은 외연적 부분들로 구성"[20]되어 있는 것으로서, '외적인 결정론'에 따르는 양태의 본질을 가진다. 그런데 이 양태는 하나의 코나투스, 즉 '능력'이다. 자신의 힘을 결정하고 확장할 수 있는 능력이라는 뜻에서, 이 개체들은 분명 물리학적이고 생물학적인 '물질'이라고 할 수 있다. 들뢰즈에 따르면 이것은 "현실화 과정과 분리할 수 없는 이념의 운동"[21]이며, "잠재적으로 감싸고 있던 것을 설명하고 발전"시키는 "물질로 향해 가는 이완의 운동", 즉 분화(différentiation, 分化)이다.[22] 다른 방면에서 이것은 미분화가 함께 이루어지는 과정이기도 하다.[23] 이것은 베르그송의 '지속'과 관련된 '긴장의 운동'이다. 이를 들뢰즈는 문제와 해의 관계라고 칭하기도 한다.[24] 하지만 이 분화와 미분화라는 물질화, 잠재화의 과정은 동시적이며 이질적이다. 저 도상에서 보이는 '/'는 바로 이것을 의미한다. 수학적으로 미분 과정과 적분 과정은 서로 대응 관계로 발생하지만, 결코 동일할 수 없는 것과 마찬가지다. 이 둘은 오로지 '비율적 관계'로서만 드러난다. 이렇게 되는 이유는 잠재성이 미분화되어(différentiée) 있으면서 "동시에 분화되어(différenciée) 있기"[25] 때문이다. "하나는 잠재적 이미지이고 다른 한쪽은 현실적

19 질 들뢰즈, 『스피노자의 철학』, 박기순 옮김, 민음사, 2001, 123~124쪽 참조.
20 앞의 책, 123쪽.
21 질 들뢰즈, 『프루스트와 기호들』, 서동욱·이충민 옮김, 민음사, 2004, 522쪽.
22 질 들뢰즈, 『베르그송주의』, 김재인 옮김, 문학과지성사, 1996, 134쪽.
23 앞의 책, 134, 141쪽 참조.
24 들뢰즈, 『차이와 반복』, 446쪽 참조.
25 들뢰즈, 『의미의 논리』, 532쪽(번역 수정).

이미지"이다.[26] 잠재적 이미지는 앞서 말한 비율적 관계들의 변화양상을 드러내는 역동적 활력 또는 에너지이며, 현실적 이미지란 이 변화양상에 의존하여 표현되는 '값'에 해당되는 '특이점'이다.[27] 여기에는 항상 '비대칭성'이 작동한다. 잠재적인 것에서 현실적인 것으로의 분화 과정은 하나의 물질적 개체라는 '해'를 얻는 과정이며, 잠재성은 언제나 현실성보다 무한하게 풍부하기 때문이다.

이러한 특이한 물질은 개체화 과정에서 표현되는 세 가지 요소들 중 하나다. 세 가지 요소란 "강도 혹은 역능의 정도인 특이적 본질(essence); 언제나 무한히 많은 외연적 부분들로 합성되는 특수한 실존(existence); 개체적 형식(form), 다시 말해 (한편으로는 양태의 본질에 영원히 대응하는 것이지만, 다른 한편으로는 무한히 많은 부분들이 그 본질에 일시적으로 관계되는 장소이기도 한) 특징적 혹은 표현적 관계"를 말한다.[28] 여기서 '실존'이라는 요소가 사라지면 그 표현적 관계인 형식도 현행화의 가능성이 사라진다. 하지만 "신체의 실존 또는 외연을 상실하고서도 '존속하는' 것은 바로 강도들"[29]이다. 주의해야 할 것은 이 강도들의 과정으로서의 물질이 결코 "일자의 동일성이나 전체의 통일성"이 아니라 "강렬한 복수성과 형태변이의 능력"[30]에 기여한다는 점이다. 즉 앞서 말한 그 동일성과 전체성의 보증이라는 물질의 기능은 다만 변화 자체의 동일성, 즉 차이 나는 것들의 소통의 동일성일 뿐이다. 이 차이 나는 것들이 출현할 때

---

26 들뢰즈, 『차이와 반복』, 451쪽.
27 앞의 책, 452쪽 참조.
28 들뢰즈, 『스피노자와 표현의 문제』, 284쪽.
29 들뢰즈, 『의미의 논리』, 467쪽.
30 앞의 책.

그것들을 연결하는 어떤 전조, 섬광, 불꽃이 이 강도적 물질이다. 그러고서 이 물질은 소멸한다. "강도로서의 차이는 연장 안에서 밖-주름 운동을 펼치면서 소멸"[31]된다. 하지만 이 강도적 물질은 잠재성의 차원에서 여전히 존속한다. "차이는 자신의 주름을 바깥으로 펼칠 때조차 끊임없이 그 자체 안에서 존재하고 그 자체 안으로 함축되기 때문이다."[32] 이 함축된 존재, 이것은 들뢰즈에게 바로 '다양체'이다. 요컨대 물질은 다양체이며, 이것은 수학적이기도 하고 생물학적이기도 하며 당연히 물리학적이기도 하다.

　이 부분이 중요하다. 잠재적인 양상으로서의 n차원 또는 무한한 차원의 다양체는 실제 과정과 매우 깊은 연관을 가진다.[33] 위상공간에 놓인 수학적 다양체와 상태공간의 물리적 다양체는 특이성이 형성하는 끌개(attracter)에 의해 연결되는 것으로 보인다. 이 특이성의 끌개가 형성하는 '최종 상태'는 안정된 물리적 실재다(그렇다 하더라도 이 끌개가 현행화를 완수하는 것은 아니다). 즉 **하나의 위상학적 형식**(한 수학적 다양체에서의 단일한 한 점)이, 각각 상이한 기하학적 성질들을 가진 구들이나 입방체들을 포함해, 상이한 물리적 형

31　들뢰즈, 『차이와 반복』, 489쪽.

32　앞의 책.

33　이 상태공간(phase space)은 뒤에 '위상공간'(topological space)으로 발전한다. 이에 대한 설명은 다음 참조: ① topological space: 수학에서 위상이 정의되어 있는 공간. 평면 위의 점집합과 같이 두 점 사이의 거리가 정의되어 있는 거리공간 E에서는 거리의 개념을 써서 '가까움'이나 '접근함'의 개념이 정의되어 위상이 정의된다. ② phase space: 물리학에서 역학계의 상태의 시간적 변화를 기하학적으로 표현하기 위한 공간. 예를 들어 N개의 질점의 집합이 있을 때 각 질점의 운동이 서로 자유거나 상호작용이 있더라도 그들의 위치를 정하는 데 필요 충분한 수의 일반화 좌표와 그들에 대응하는 일반화 운동량을 택한다. 이들을 직교축으로 한 2f차원(次元)의 공간을 위상공간이라 한다. 더 자세한 것은 '위상공간', 사이언스올, 2023년 5월 22일 마지막 접속, https://www.scienceall.com/위상공간topological-space/ 참조.

식들을 낳는 하나의 과정을 이끈다".[34] 마찬가지로 생물학적인 배아 상태는 분화 과정을 통해 생장하면서 유기체로 전개된다. 우리는 이 생물학적 '분화' 과정이 수학적으로 규정될 수 있다는 것을 알고 있다(수리생물학). 따라서 이 모든 물질적 과정들은 저 도상적 문자인 '개체-극-미/분화'로 다시 수렴된다.[35]

· 성가신 주체

들뢰즈에게 주체는 때로는 성가신 철학적 개념이었던 것으로 보인다. 이 개념은 그에게 개념의 '발명'이 아니라 너무 끈질기게 '비판' 만을 요구하기 때문이다. 그는 1991년의 아주 짧은 글에서 다음과 같이 쓴다.

---

34 마누엘 데란다, 『강도의 과학과 잠재성의 철학: 잠재성에서 현실성으로』, 이정우·김영범 옮김, 그린비, 2009, 40쪽.

35 데란다는 이러한 과정적 물질이 사회역사적인 '배치' 과정과도 이어진다고 본다. 여기서 '끌개'가 그려 나가는 '궤적들'이 바로 배치로 이어지기 때문이다. "Q1: 우리는 당신이 쓴 책들과 당신의 신유물론적인 논증, 즉 학계의 상이한 분야들을 재기술하는 방식이 모두 신유물론을 '발명'하는 그와 같은 '개별화된 궤적들'의 창조에 관한 것이라고 결론 내릴 수 있을까요? […] 데란다: […] 든 객관적 실체들은 역사적 과정의 생산물들이라는 것, 즉 그것들의 동일성은 우주적·지질학적·생물학적 또는 사회역사적인 것의 부분으로 생산되거나 종합된다는 것이지요. […] '궤적들의 개별화'(individuation of trajectories)라는 질문은 수학적 모델(나에게 이것은 과학의 성공 비밀로 여겨집니다) 입니다. 하지만 그것이 그러한 모델을 넘어선다는 당신의 말은 옳아요. 역사적으로 종합된 모든 실체들은 개별적 실체들이지요. 개별적 동물들, 개별적 종들과 개별적 생태계들, 개별적인 산들, 식물들, 태양광 시스템들 등등 말입니다. 여기서 '개별적'이라는 의미는 간단히 '특유한 또는 특별한'이라는 것입니다. 다시 말해 그것은 일반적 범주에 속하지 않습니다. 하지만 특유한 실체는 보다 큰 개별적 실체들을 부분 대 전체의 관계로 구성합니다. 마치 보다 거대한 개별적 바위를 구성하는 조각돌들처럼 말이지요. 개별적 실체들에 관한 유물론적 존재론은 들뢰즈와 가타리 그리고 브로델의 사상에 함축되어 있습니다"(Dolphijn and Tuin eds., *New Materialism*, pp. 40~41).

철학 개념은 내적 변항들에 의해 스스로를 정의하는 사유의 장들에서 여러 기능들을 수행한다. 마찬가지로 이 기능들과 내적 변항들과 더불어 어떤 복잡한 관계 안에 외적 변항들(예컨대 사물/사태의 상태들, 역사적 순간들)도 존재한다. […] 하나의 개념을 비판하는 일이 결코 흥미로울 수 없는 이유는, 새로운 기능을 건설하고, 그러한 개념을 무용하거나 부적합하게 만드는 새로운 장들을 발견하는 일이 더 낫기 때문이다. 주체 개념 또한 이 규칙들을 벗어나지 않는다.

주체 개념이 이렇게 된 것은 이것이 일종의 '보편적 재현'의 기능을 담당해 왔기 때문이다. 후설의 '의식'(noesis)이나 '언어적 주체'는 대표적인 사례다. 들뢰즈는 이와 달리 그의 초기 흄에 관한 연구에서부터 이 보편적 주체 개념을 다른 방식으로 전유하려고 노력해 왔다. 이에 따르면 주체는 재현의 기능을 담당하는 어떤 실체적 대상이 아니라, 다만 구성된 것이며, 이때 구성의 과정을 주재하는 것은 상상력과 믿음이다.[36] 이제 여기서 중요한 것은 이성적으로 통합된 코기토가 아니라 어떤 인상들과 정념들이 상상력에 기초하여 주체라는 믿음을 완성해 가는 그 과정이다. 들뢰즈는 이를 "개체화"(individuation)라고 부른다. 개체화 과정은 "특이화의 기능"이다.[37] 따라서 우리는 들뢰즈에게 '주체' 개념은 앞서 논한 그 '개체-극-미/분화' 과정의 한 지절일 뿐이며, 존재론적인 측면에서 부과되

---

36 질 들뢰즈, 『경험주의와 주체성』, 한정헌·정유경 옮김, 난장, 2012, 115, 167, 227, 257, 264쪽 참조.

37 Gilles Deleuze, "A Philosophical Concept…", eds. Eduardo Cadara, Peter Conner and Jean-Luc Nancy, *Who Comes After the Subject?*, Abingdon-on-Thames: Routledge, 1991, p. 94.

는 것이라고 해야 한다. 이는 들뢰즈의 '새로운 자연주의'라는 측면에서 보면 당연한 것이기도 하다.[38]

이러한 개체화-특이화는 "수학적 의미에서의 특이성(singularity)"이라고 할 수 있는데, 이 특이성들이 "방출과 분배"를 통해 "배치나 장치"와 같은 개념으로 표현되며, 결과적으로 "주체 없는 초월론적 장을 구성한다".[39] 당연하게도 이 특이성이 거주하는 초월론적 장은 수학적인 위상공간, 또는 물리학적인 상태공간이라고 할 수 있다. 위 절에서 말한바, 이 공간은 바로 다양체의 공간이기도 하다. 이제 이와 관련해서 개체화는 인격적이지 않은, 다시 말해 비주체적인 개체화가 된다. 이를 들뢰즈는 '이것임'(thisness) 또는 특개성(haecceitas)이라 한다.

이와 관련해서 인격적이지 않은 개체화의 유형들이 제기된다. 우리는 한 사건의 개별성(individuality)을 만드는 것에 대해 궁금해한다. 즉 하나의 삶/생명, 하나의 계절, 한 바람(wind), 하나의 전투, 5시 정각 [⋯] . 우리는 더 이상 인격이나 '자아들'을 구성하지 않는 이러한 개체화들을 이것들(ecceities) 또는 이것임이라고 부를 수 있다. [⋯] 사건들은 구성과 탈구성, 빠름과 느림, 힘과 정동에 관한 매우 복잡한 문제를 제기한다. 사건들은 모든 심리적 또는 언어적 인격주의에 맞서, 어떤 3인칭, 심지어 '특이한 4인칭', 즉 비인격적인 것 또는 그것을 승격시킨다.[40]

---

38 Ansell-Pearson, "Deleuze and New Materialism: Naturalism, Norms and Ethics", *The New Politics of Materialism*, p. 96.

39 Deleuze, "A Philosophical Concept⋯", *Who Comes After the Subject?*, p. 94.

40 *Ibid.*, p. 95.

주의할 것은 여기서 주체성은 "쓸모없게 되지는 않는다"[41]는 점이다. 들뢰즈는 주체의 발생론 내지 주체의 표면에서 일어나는 사건으로서의 자연-주체를 말하고 있을 뿐이다. 이렇게 함으로써 주체에 따르는 "우리의 무능력을 보여"[42] 주고, 주체에로 회귀하는 것을 방지하는 것이다.

· 주체라는 물질-흄, 칸트 그리고 프루스트

주체에 대한 일종의 비판적 접근이라 할 수 있는 이런 들뢰즈의 관점은 그의 초기 철학사적 도제 기간에 형성된 것이라 할 수 있다. 최초의 자기 저작이라 할 수 있는 『경험론과 주체성』에서부터 들뢰즈는 '경험주의'에 기반하여 주체론을 전개한다. 물론 그간의 경험론이 가진 고유한 특성은 들뢰즈에 와서 다소 변형된다. 앞서 말했다시피 이 경험론도 마찬가지로 (신)자연주의의 평면 안에서 작동하기 때문이다.

앞 절에서도 잠시 이야기했지만, 흄에 관한 연구에서 우선적으로 강조되는 것은 "정신이 능동적이라는 의미가 아니라, 오히려 능동적이 되며, 그러고서 정신이 주체가 된다는 것"이다. 따라서,

> 흄 철학에 고유한 역설은 그것이 그 자신을 초월하는(dépasse) 주체성을, 그럼에도 불구하고 여전히 수동적으로 제시한다는 점에 있다. 주체성은 하나의 결과[효과]로 결정된다. 그것은 사실상 반성의 인상이다. 정신은 그러한 원칙에 따라 촉발되는 것이며, 이제 하나의 주체로

41 *Ibid.*
42 *Ibid.*

탈바꿈하는 것이다.[43]

"정신이 주체가 된다"는 것은 능동성 이전에(혹은 그 안에?) 수동성이 이미 와 있다는 것을 의미한다. 주체성이 초월적이라는 것은 여전히 그것이 수동적이라는 것과 함께 간다. 즉 그것은 하나의 수동적 결과, 효과로서 초월적이라는 것이다. 따라서 주체는 반성의 인상일 뿐이지만, 또한 그것이 정신 안에 효과로서 출현하지만, 수동적 초월성을 견지한다.

그런데 이렇게 주체가 정신이 된다는 것에는 몇 가지 계기가 요구된다. 즉 주체는 어떤 운동의 결과이며, 그 운동으로서 정의된다. 이 부분은 매우 중요한데, 왜냐하면 주체로부터 어떤 고정된 실체성을 빼앗는 과정이기 때문이다. 즉 "그것은 자기 자신을 펼치는 운동", "스스로 펼쳐지는 것"[44]이다. 따라서 "주체성이라는 관념에 부여할 수 있는 유일한 내용은 매개(médiation)와 초월(transcendance)이다".[45]

흄·들뢰즈의 '주체'가 가지는 '수동성'은 니체·들뢰즈에 와서는 '힘의 분리'와 연관된다. 주체가 기본적으로 발명되고 생성된 것이라는 점에서는 유사하지만, 능력과의 분리, 힘의 탈취로 정의됨으로써 주체는 더더욱 약화된 관점 안에 정립되는 것이다. "우리는 […] 힘과 그것이 할 수 있는 것을 분리시킨다. […] [그럼으로써] 자유의지를 타고난 중립적 주체를 고안해" 내는 것이다.[46] 그러므로 주체

43 들뢰즈, 『경험주의와 주체성』, 30쪽(번역 수정).
44 앞의 책, 167쪽.
45 앞의 책, 같은 쪽.
46 질 들뢰즈, 『니체와 철학』, 이경신 옮김, 민음사, 2001, 57쪽.

의 핵심 요소라고 할 수 있는 "의식은 본질적으로 반응적이다".[47] 그러므로 의식의 관점에서 사물/사태를 바라보는 것은 일종의 반작용이며, 자아의 양식도 그런 식으로 형성된다. 즉 자아는 분리된 힘의 파생물이며, 가장 왜소한 의식 상태라고 할 수 있다. 이렇게 해서 들뢰즈·니체에게 중요한 것은 이 힘을 재전유하는 전략, 윤리학, 또는 정치적 관점이 된다. 즉 초인-되기가 필요해지는 것이다. 초인은 거대한 활력의 화신으로서, 개체적인 잠재태라고 할 수 있다(개인이 아니다!).

역능(puissance)과 관련해서 들뢰즈는 칸트의 주체에서도 마찬가지의 어떤 작동 방식을 발견한다. 이것은 '표상'의 활동이다. 다시 말해 "표상이 주체에 효과를 미치는 한에서, 즉 주체의 활력을 증강시키거나 약화시키거나 함으로써 주체를 촉발하는 한에서 주체와 관련"되는 것이다.[48] 여기서도 주체는 '촉발되는' 수동성을 견지한다. 이러한 주체의 관점에서 '자아'도 또한 "수동적이거나 혹은 오히려 수용적인, 시간 중에서 변화를 체험하는"[49] 것이 된다. 따라서 '나'는 나 자신을 표상이 활동하는 영역, 사유의 활동적 양상을 표상하는 수동적인 자아로 정립할 뿐, 능동적인 양식을 가지지 못한다. 이제부터 여기에 '타자'가 들어선다. 즉 자아를 정립하는 '나'가 바로 타자인 것이다. 이때 '나'는 바로 시간의 종합을 수행하는 대상으로서, 자아를 이 시간의 내용으로 소환하는 자이다. "이처럼 주체 안에서 나와 자아를 구별하기 위해 시간이 주체에 개입한다."[50] 시간은 '나'가

47 앞의 책, 80쪽.
48 질 들뢰즈, 『칸트의 비판철학』, 서동욱 옮김, 민음사, 1995, 14쪽.
49 앞의 책, 138~139쪽.
50 앞의 책, 141쪽.

'자아'를 촉발함으로써 주체성을 구성하는 형식, '내감의 형식'으로 작동한다. 따라서 시간을 어떤 '연속성'으로 정의하는 고전적 틀은 들뢰즈·칸트에게 의미가 없어진다. 이것은 '나'를 타자와 동일시함으로써, 주체를 둘로 쪼갠다. 끊임없는 분열의 양상으로 시간이 개입한다는 것은 이 시간을 구성하는 주체가 일종의 "현기증, 진동"[51]임을 드러내는 것이다.

이러한 현기증과 진동이 가장 잘 드러나는 들뢰즈의 '개념적 인물'은 아마도 프루스트의 캐릭터들일 것이다. 프루스트에 대한 들뢰즈의 오랜 애착은 잘 알려져 있다. 여기서 들뢰즈는 '되찾은 시간'이 어떻게 이 죽음 앞에서 현기증과 진동을 수반하는지 잘 보여 준다.[52] 이 현기증은 칸트식으로 말하면, 외감의 형식인 공간(두 방향, 알베르틴의 얼굴)과 내감의 형식인 시간("추억하며, 밤을 새거나 잠을 자고, 죽고 자살하고 단번에 부활하는")이 착종하면서 벌이는 주체성의 분열에서 비롯된다. 시간과 공간은 주체의 동일성을 위해 맞물려 돌아가는 것이 아니라, '경첩에서 빠진 채로' 횡단된다. 흄과 칸트, 프루스트는 이와 같이 '횡단적 주체'라고 할 만한 분열되고, 실각한 주체를 꿰는 들뢰즈의 개념적 인물들이다.

---

51 앞의 책, 같은 쪽.
52 Gilles Deleuze, *Marcel Proust et les signes*, Paris: PUF, 1964, pp. 150~151(들뢰즈, 『프루스트와 기호들』, 189~191쪽 참조).

(3) 물질적 전회

들뢰즈는 신유물론의 '물질' 개념에 어떤 기여를 한 것인가? 또는 신유물론은 들뢰즈로부터 어떤 '물질' 개념의 요소들을 도입한 것인가? 그것이 '전회'라는 사상사적 의미를 가진다면 왜 그런가?

이미 말했다시피 신유물론은 '물질'을 고대로부터 근대에 이르기까지 무비판적으로 통용된 수동성으로 정의하지 않는다. 이와 반대로 물질은 자기-조직화와 형태발생적 힘을 가진 능동적 '주체'이다. 여기서 들뢰즈는 '강도'(intensity)와 '잠재성'이라는 개념으로 기여한다. 물질이 '강도적'이라는 것은 개체화하는 흐름이라는 것이다. 유기적이든 무기적이든 간에, 세포든 입자든 간에 거기에는 이러한 흐름으로서의 강도적 생성의 과정이 물질의 핵심에 자리 잡게 된다. 이 강도적 과정, 흐름은 물질의 잠재적 차원을 개방함으로써, 개체화를 개시하는 형태발생적 차원과 연결된다.

형태발생적이며, 개체적인 과정은 들뢰즈가 '개체-극-미/분화' 개념을 통해 드러낸 것처럼 자연과 인위의 이분법을 구분 불가능하게 한다. 물질은 이 구분 불가능성의 영역에 본질적으로 스스로를 놓는다. 이렇게 함으로써 인간중심주의를 해체하고, 포스트휴먼의 가능성을 선취하는 것이다. 그런데 이때 포스트휴먼의 '포스트'는 인간 '이후'의 어떤 단일한 형상으로 수렴되지 않는다. 그것은 단적으로 복수성이며 다양체이다. 달리 말해 포스트휴먼은 혼종성으로 발산하는 물질성 그 자체다. 이는 아리스토텔레스 이후 이어져 온 존재론의 명제인 '존재인 한에서의 존재'(ens in quantum ens)로서의 그 단일성을 해체한다. 그러므로 '물질적 전회'란 다른 말로 '존재론적 전회'라고 할 수 있다. 이러한 전회를 의미하는 형이상학은 이제

포스트-메타피직스(post-metaphysics), 들뢰즈의 용어로 '순수 형이
상학'(métaphysique pur)이다.

이러한 포스트-메타피직스는 그 자체의 특유한 통일성의 원리
를 가지고 있는데, 그것이 바로 '횡단성'이다. 횡단성은 단순히 무언
가 선재하는 항들을 건너뛰어 간다거나, 그 항들의 놀이라는 의미가
아니다. 그것은 규율적이고, 규칙적인 범주들이 부재한 '운동'이며,
"관계항 없는 관계"[53]의 놀이다. 포스트-메타피직스는 우발적인 운
동의 탈주선으로 이루어지는 수행적이면서, 실천적인 과정으로서의
유물론이다. 여기서 '포스트'(post)란 라틴어 'postis'의 원뜻 그대로,
'서 있는'(-stare) 곳으로부터 '밖으로'(por-) 나아가는 과정으로만
존재하는 어떤 경계 지대를 의미한다. 이 경계 지대는 늘 움직이면서
사물이나 사태의 배치를 바꾼다. 그러므로 포스트-메타피직스는 결
코 범주적인 이분법의 그물에 걸리지 않으며, 때문에 횡단적이다.

요컨대 **'물질적 전회'란 '포스트-메타피직스'로의 전회이며, 이
것이 '신유물론'이다.** 이런 의미에서 저 메타피직스의 '메타'(meta)와
'피직스'(physics)의 의미와 관계도 갱신되어야 한다. 즉 형이상학은
'meta'에 대한 전통적 이해에서와 같이 한 번도 자연학 '뒤'(behind)
나 '위'(above)에 온 적이 없다. 이는 아리스토텔레스 자신의 본래
의도와도 부합하지 않는다. 오히려 이것은 온전히 그의 300년 뒤
의 편집자인 로도스의 안드로니코스의 것이다. 아리스토텔레스에
게는 오직 피직스만이 있었을 뿐이며, 그것은 언제나 메타피지컬

---

53 '관계항 없는 관계'(relation without relata)는 바라드가 그 자신의 수행성(per
    formativity)을 강조하기 위해 사용하는 개념이기도 하다. Karen Barad, *Meeting the
    Universe Halfway: Quantum Physics and the Entanglement of Matter and Meaning*, Durham
    and London: Duke University Press, 2007, p. 333 등 참조.

(metaphysical)한 것이었다.[54] 그래서 그는 본래적으로 메타피지컬한 자연학을 '제일철학'(φιλοσοφία πρώτη)이라고 불렀으며, 이것이 바로 '존재인 한에서의 존재'(τοῦ ὄντος ᾗ ὄν)를 밝히는 것이었다.[55] 그에게 자연학은 '운동'에 관한 것이지만, 제일철학으로서의 자연학은 '존재인 한에서의 존재', 즉 그 운동의 '제일원인'에 대한 것이었다. 이 제일원인은 물론 '운동하지 않는 것'(οὐσία ἀκίνητος)이지만, 이것과 자연은 분리될 수 없다. 그래서 아리스토텔레스는 '부동의 제일 원동자'가 개별적인 실체들의 원동자들과 이어지고, 이것이 개별적인 것들을 운동하게 한다고 한 것이다.[56] 이때 자연학은 제일철학과 반드시 연결되어야 하며, 결코 분과적으로 분리될 수 없다. 이 분과적 분리는 학문의 분야를 가르고 거기서 전문가들을 길러 내고자 한, 근대적 훈육 체계의 허상일 뿐이다.

신유물론은 언제나 물질성에 대한 이해를 매 시기마다 경계 지대로 끌고 가서 새롭게 한다. 이런 의미에서 신유물론은 그 자신의 생성하는 학문적 담론 안에서 항구적이지, 이론 자체의 보편성이나 개념들의 영원성을 주장하지 않는다. 그것은 언제나 당대의 과학과 교전하면서, 그로부터 나오는 개념을 통해 새로워지며 발전해 나가는 것이다.

---

54 이와 관련하여 아바네시안의 분석은 나와 일치한다. "자연학에 대한 아리스토텔레스의 주제의식과 성찰들은 또한 총체적으로 '형이상학적'인 것(durch und durch 'metaphysisch')이다"(Armen Avanessian, *Metaphysik zur Zeit*, Leipzig: Merve Verlag, 2018, p. 18; *Future Metaphysics*, trans. James Wagner, Cambridge: Polity Press, 2019, p. 12).

55 Aristoteles, *Metaphysics*, Perseus Digital Library, http://www.perseus.tufts.edu/hopper/text?doc=Perseus:text:1999.01.0051(2022년 10월 25일 마지막 접근), book 6, 1026a29~30 참조.

56 *Ibid.*, book 12, 1073a25~35 참조.

피직스(자연학)는 언제나 제일철학으로서의 형이상학, 또는 '순수 형이상학'과 함께 가며 그 역도 마찬가지다. 그러므로 이 둘은 늘 횡단적인 관계에 놓여 있다. 이를 이제 metaphysics라고 하나의 연속된 관념으로 표현할 수는 없다. 횡단성을 강조하는 도상적 기호로 이것을 다시 쓰면 meta/physics 정도가 될 것이다. 따라서 **신유물론은 '메타피직스'를 둘로 나누고(meta/physics), '메타'의 의미를 모호하게 만듦으로써 자연학 또는 물질에 관한 학문과 그 담론을 준안정적(meta/stable) 상태로 움직여 간다. 사실상 이때 물질 자체가 신유물론에는 준안정적이며, 메타피직스는 이 물질적 상태를 의미화하는 것, 사건화하는 것 외에 다른 것이 아니다.**[57] 우리는 자연, 즉 물질에 대한 이해가 어떻게 되는가에 따라 형이상학이 창발해 가는 그 과정이 신유물론의 개념 작업을 조형한다는 것을 알고 있다. 마찬가지로 이 신유물론의 개념들은 자연에 대한 총체적이고 유일한 이해를 가능하게 한다. 우리는 이렇게 해서 들뢰즈의 신자연주의가 주체화의 수동적 초월성을 거쳐 물질적 전회의 새로운 메타/피직스로 수렴된다는 것을 알게 된다. 이러한 고찰을 기반으로 들뢰지앙이자 신유물론의 첫 번째 세대에 속하는 브라이도티의 사상을 살펴보자.

---

57 박준영, 「신유물론: 가속주의의 존재론」, 황재민 외, 『K-OS』, 미디어버스, 2020, 187~188쪽 참조.

2. 로지 브라이도티

(1) 포스트휴먼과 괴물성

· 신체의 변신 능력과 가소성

브라이도티는 이안 뷰캐넌과 콜브룩이 편집한 『들뢰즈와 페미니즘 이론』에 「기형학들」[58]이라는 특이한 논문을 게재하면서 '신유물론'이라는 명칭을 사용한다. 이 논문에서 브라이도티는 21세기 문화적 지형 안에서 끊임없이 등장하는 괴물적 존재들을 연구 대상에 올려놓고 "푸코 이후 인간 주체성의 체현된 구조를 재사유"하자고 제안한다.[59] 브라이도티에 따르면 이러한 재사유의 시도에 들뢰즈는 아주 적합하다. 들뢰즈는 주체를 '신체적'으로 이해한다. 이것은 완연히 유물론적인 주체론으로서 정신 과정(관념)을 신체(운동, 속도)와 분리하지 않는다. 스피노자적으로 이러한 신체적 주체론은 정신과 신체의 평행론에 기반한다. 들뢰즈에게 특유한 것은 이러한 신체가 단순히 생물학적인 효과도 아니고, 어떤 충만한 본질의 유출도 아니라는 점이다. 이 신체는 "'개체'로 알려진 단일한 배열 내부에서 (공간적으로) 응결하고 (시간적으로) 결합하는 힘들 또는 정념들의 배치"이며, "강도적이고 역동적인 실체"다.[60] 역동적이기 때문에 이 신체에서는 항구적인 변형이 발생하는데, 이때 주체는 다른 힘들과 영향력을 감당하고, 조우하는 능력에 의해 우월함을 인정받는다.

하지만 이러한 주체가 무한한 능력을 가진다고 착각하진 말아

---

58 Braidotti, "Teratologies", *Deleuze and Feminist Theory*, pp. 56~172.
59 *Ibid.*, p. 158.
60 *Ibid.*, p. 159.

야 한다. 내재적 장(우리 세계) 안에서 주체들은 상호적으로 감응하고, 감응되며, 상이한 주파 거리를 내달리고, 맥동하며, 각기 다른 온도를 가지지만, 이 세계의 모든 것, 모든 시간을 점유할 수는 없다. 만약 주체가 스스로를 그렇게 여긴다면, 그것은 과대망상과 퇴행의 전조일 것이다. 이러한 유한성 안에서 신체로서의 주체는 자신의 개체적 장을 통과하거나 폭발시키면서 역능을 펼친다. 이것이 '되기'(생성)로서의 주체다.

이와 같은 방식으로 이해되는 신체는 일반적으로 알려진 신체의 경계, 피부, 윤곽을 초과한다. 심지어 훼손된 신체조차 다른 방식으로 증강되거나 변형되는 계기로서 능동성을 향유할 수 있다(신체의 일부가 훼손된 후 첨단 보철 장치에 의해 증강된 사이보그를 생각해 보라). 이러한 신체의 가소성은 변형이라기보다 오히려 변신(metamorphosis)이라는 개념이 더 어울릴 수도 있다. 신체는 변신의 능력이 있으며, 따라서 모든 방면으로 갱신될 수 있다. 이렇게 되었을 때 신체는 어떤 돌연변이, 괴물성을 가지게 된다. 이러한 신체의 괴물성 또는 기형성에 대한 상상은 주로 영화나 회화, 디자인의 테크노 문화 현상 안에서 일어나고 있다.[61]

신체의 가소성은 페미니스트들에게는 일종의 가능성의 축복으로, 정형화된 남성적 신체의 응고된 권력에 대해서는 재앙이 된다. 왜냐하면 페미니즘적 신체는 끊임없이 유동하는 물질의 특성을 최대한으로 끌어올리면서 그 변형의 역량에 참여하는 것으로 정치적인 활동을 시작하지만, 남성적 신체의 권력은 팔루스중심성을 지키

---

61 로지 브라이도티, 『변신: 되기의 유물론을 향해』, 김은주 옮김, 꿈꾼문고, 2020, 343쪽 참조.

기 위해 그러한 변형에 대한 백래시에서 그 활동을 시작하기 때문이다. 전자는 완연히 능동적이지만, 후자는 머리끝에서 발끝까지 반응적이다. 문제는 **이러한 남성적 신체의 권력을 여성-되기로서의 페미니즘적 신체와 맞세우지 않는 방법을 찾는 것이다. 그러한 변증법적인 맞세움은 그 권력을 오히려 살찌운다. 공공연한 담론적·물질적 폭력을 능동성 안에서 긍정하기 위해서는 그 폭력에 맞서는 새로운 폭력의 미러링이 아니라 그것을 넘어서는 변신의 역량을 발휘할 필요가 있다.** 즉 신체적 가소성을 최대한 밀어붙여 성차 자체를 차이화하고 그 안에서 팔루스 권력을 납작하게 무력화해야 한다. 이것은 한 번의 공격으로 이루어지지 않으며, 페미니즘 신체들의 집합적 행동의 지속성과 그것을 통한 세력의 확장에 의해 담보될 수 있다. 언제나 그렇듯이 한 번의 타격보다 지속적인 위협과 파상적인 공포가 더 효과적이기 때문이다. 그러한 '거리 두기'를 통해 팔루스중심적인 이원론은 소멸하게 된다.

이러한 위협의 전략은 SF에서 여성화한 괴물들이 타자의 역할을 행할 때 상징적으로 드러난다. 여기 등장하는 괴물적 타자인 여성은 "가부장제 권력에 대한 위협으로 보는 다수적 주체의 공포를 일차적으로 표현"[62]한다. 이 공포가 서식하는 상상계는 현재 그 자신의 팔루스중심주의적 이원론의 붕괴에 직면하고 있는 백인-남성-중산층-이성애자의 것이다. 이들은 이 상상계가 자신으로부터 나온다는 사실을 거부하는 데 익숙하다. 그래서 그것을 여성 신체에 투사하고 여성 혐오적인 해석, 또는 여성에 대한 온정주의적 해석을 한다. 그

---

62 브라이도티, 『변신』, 372쪽.

러나 기형학의 입장에서 이러한 해석들은 모두 SF 상상계가 가진 괴물적이고 일탈적인 문화적 내용물들에 대한 왜곡이며 해석자 자신의 자기방어에 불과할 것이다. 오히려 이러한 문화적 내용들은 이원론을 해체하는 신체의 가소성을 예증하는 것들로서 더 적극적으로 실천적인 역량을 가진다고 바라보아야 한다. 즉 괴물성은 바로 혼종의 가능성이며 신체'들'만이 아니라 신체 '안'의 혼종이 가능하다는 것을 말해 준다. 따라서 괴물성의 본질은 "혼종성의 요소, 즉 범주적 구분이나 구성적 경계가 모호해지는 것"[63]이다.

· 비판적 포스트휴머니즘의 기여

비판적 포스트휴머니즘이 집중하는 것은 바로 이 지점이다. 헤일스의 언급에서 알 수 있듯이 신체를 "존재의 장"으로 파악하면서도 앞서 우리가 논했듯이 유한성을 인정할 필요가 있는 것이다. 그러면서도 "인간의 삶이 상당히 복잡한 물질적인 세계 내에서 존재하고 있다는 것을 이해해"야 한다.[64] 이때 인간 신체의 변형을 주도하는 기술과학과 정보과학의 주도성은 비판적 포스트휴머니즘의 시선 앞에 놓일 필요가 있다. 이를테면 인간과 로봇의 관계에서 로봇은 "인간에게 동일자이며, 타자이고 마찬가지로 괴물(chimera)"[65]이다. 그런데 로봇은 인간적 지식으로부터 탄생하여 그것을 초월한다. 이 기술

---

63 앞의 책, 404쪽.
64 Francesca Ferrando, *Philosophical Posthumanism*, London: Bloomsbury Academic, 2019, p. 193. 포스트휴머니즘과 신유물론의 관계에 대해서는 이 책의 28장을 참조하라. 여기서 페란도는 "포스트휴먼의 존재론적 측면을 보다 총체적으로 탐구하는 운동이 신유물론이다"(*Ibid.*, p. 158)라고 말한다.
65 *Ibld.*, p. 113.

은 AI기술과 결합하여 예측 불가능한 방향으로 나아갈지도 모른다. 비판적 포스트휴머니즘은 이 과정에서 로봇을 이 물질적 세계에서 인간의 '절대적' 타자로 지정하는 것을 방지할 것이다. 왜냐하면 비판적 포스트휴머니즘의 주체는 "다수의 소속을 허용하는 생태철학(eco-philosophy) 안에서 다양체로 구성된 관계적 주체로 정의"[66]되기 때문이다. 이때 비로소 로봇과 같은 기술-정보과학의 혼종은 평등한 구성원으로 물질세계에 위치할 수 있다.

그러므로 비판적 포스트휴먼 주체는 차이들을 횡단하면서 현실적인 책임성을 강조한다. 이 책임성은 환경 안에 체현되고 착근된 주체화의 과정에서, "집단성, 합리성, 공동체 건설에 대한 강력한 의식에 기반"[67]한다. 이런 의미에서 포스트휴먼 주체성은 과정 속에서 네트워킹을 통한 '되기'의 과정을 중요시하면서, 책임성의 범위와 심도를 극단으로 밀어붙인다. 그것은 우리 세계 전체와 미래 전체, 심지어 '인간 없는 미래'에 이르는 책임성을 미리-당겨 놓기를 희망한다.[68] 그러나 이것은 자아중심적인 근대적 윤리에서의 책임성

---

66 로지 브라이도티, 『포스트휴먼』, 이경란 옮김, 아카넷, 2015, 67쪽.

67 *Ibid.*

68 하먼은 '인간 없는'이라는 말에 대해 이의를 제기하면서 다음과 같이 말한다. "메이야수는 인간 이전이나 이후의 '선조적' 또는 '통시적' 영역에 대해 깊이 생각했다. […] 그럼에도 불구하고, 이것은 또한 '인간 없는'이라는 구절의 의미에서 제한적이고 직서적이다. 그리고 이것은 단순히 OOO에 적용 가능하지 않은데, 이는 인간이 부재하는 예술 작업에 흥미를 가지지 않고, 오로지 인간이 바로 거기에 있을 때조차, 예술 작업에서 부재하는 것에 관련된다. 달리 말해 논점은 인간을 **제거하는** 것이 아니라, 예술 작업이, 우리가 그 위에 있을 때조차 인간적 파악을 초과한다는 점을 깨닫는 것이다. 기술적(technical) 용어로 우리는 상황의 **구성요소**(ingredients)로서의 인간과 그것의 **관찰자**로서의 인간을 구별할 필요가 있으며, 실재론은 오로지 두 번째에 반한다고 언급됨을 인식할 필요가 있다"(Graham Harman, "The Only Exit From Modern Philosophy", *Open Philosophy*, vol. 3, Berlin: De Gruyter, 2020, p. 138). 그러나 이 언급은 메이야수에게 들어맞지 않으며, 지금의 논의에도 부합하지 않는다. 왜냐하면 메이야수에게서 선

은 아니다. 칸트적인 의미에서 책임은 고통을 수반하는 의무로서의 정언명령이며, 양심의 목소리일 것이다. 그러나 포스트휴먼의 책임성은 말 그대로 '응답 가능성'(re-sponsibility)이다. 그것은 어떤 초월적 타자, 대타자, 아버지의 목소리가 아니라 상호 연계성에서 분출하는 이웃의 목소리다. 이 이웃은 인간/비인간 이분법에 따르지 않으며 자연/문화 이분법도 따르지 않는 이웃이다. 이들은 "다수의 타자들과의 관계의 흐름 안에 주체를 위치시키는 긍정의 유대"[69]를 함께 향유한다. 이것은 유물론적인 다양체의 흐름 안에서의 진정한 복수성(plurality)의 유대라고 할 수 있다.

브라이도티의 이런 생각은 최근까지도 이어지고 있다. 2016년 로마에서 열린 들뢰즈 컨퍼런스에서 그녀는 "현대성은 다-층적(multi-layered)이며 그리고 다-방향적(multi-directional)"이므로 "현재의 바로 그 조건들에 관한 지도 제작술을 그리는 데 있어서 넉넉한 틀을 고정하기에 충분한 준-안정성(meta-stability)이 필요"하다고 말한다.[70] 이것은 어떤 "실험적인 길"[71]을 촉구하는 것이다. 즉 "되기/생성 과정에서 우리가 실제로 누구인지 그리고 무엇인지에 대해

조성이란 원-화석의 시간성인데, 그것이 단순히 어떤 현재 아닌 과거를 의미하는 것만은 아니기 때문이다. 메이야수의 선조성은 차라리 지금/현재를 아울러 '우리를 위한' 것이 아닌 물질을 특성화한다. 또한 우리가 지금 여기서 논의하고 있는 것도 단순한 선형적 시간상의 '인간 없음'이 아니다. 그것은 현재와 과거 미래를 통틀어 미리-당겨 놓는 어떤 사태를 말하는 것이다. 하먼은 통속적인 시간론으로 '인간-없음'을 해석하고 있다.

69 브라이도티, 『포스트휴먼』, 68쪽.
70 Rosi Braidotti, "Affirmative Ethics and Generative Life", *Deleuze and Guattari Studies*, vol. 13, Issue. 4, Edinburgh: Edinburgh University Press, 2019, p. 465.
71 브라이도티, 『포스트휴먼』, 55쪽.

비판적 그리고 창조적으로 생각하도록"[72] 하는 것이다. 브라이도티의 이러한 입장은 쿨과 프로스트의 다음 언급과 정확히 일치한다.

> 그것은 관계적 장에서 출현하고 형성하는 객체들, 물체적으로 그것들에 의미 있는 방식으로 그 자연환경을 구성하는 신체들 그리고 유기적이고 사회적인 과정들의 다양체 안에서 우연적으로 그리고 불분명하게 출현하는 일련의 열린 계열의 능력들로 구성되고 있는 주체성들이다. 이 고립적이지만 다양하게 층화된 존재론 안에서는 감각과 비감각적 개별체 사이의, 또는 물질과 정신적 현상 사이의 어떤 결정적인 단절도 존재하지 않는다.[73]

(2) 유목적 주체

· 관계적 생기성

주체가 그 특권에서 실각되고, 남은 것은 어떤 존재론적 평면, 자연의 평면, 또는 사건들의 계열이다. 브라이도티는 이런 들뢰즈의 자연-주체 또는 존재-인식론적 전망과 조응하면서 주체의 문제를 "리듬, 속도 그리고 감응들의 배치와 구성요소들의 선별"작용으로 파악한다.[74] 이것은 플라톤·파르메니데스적인 주류 존재론적 주체의 전통을 기각하고, 생성의 존재론을 주체론에 접목하는 것이다. 이 생성의 과정에서 그 "연속적인 단계들에 날인"하면서 재-발생의 분배에

---

72 브라이도티, 『포스트휴먼』, 21쪽.

73 Diana Coole and Samantha Frost, "Introducing the New Materialisms", Coole and Frost eds., *New Materialisms: Ontology, Agency and Politics*, Durham: Duke University Press, 2010, p. 10.

74 Braidotti, "Teratologies", *Deleuze and Feminist Theory*, p. 160.

참여하고 적응하는 것, 이것이 주체의 특이성이며, 힘들의 장을 받아 안고 현행화한다는 의미에서 자연-주체다. 보았다시피 이 주체에는 정신이나 영혼이 아니라 '신체'가 중요하다. 감각의 배치와 재배치를 시시각각 시도하는 신체는 그래서 주체의 새로운 영혼이다. 이를 따라 우리는 기술적 대상들을 배치하는 주체로 갱신해 나갈 수 있다. 이제 신체는 사유를 방해하는 어떤 것이 아니라, 사유 자체를 생산하는 개별체가 된다.

이런 의미에서 신유물론적 주체는 '유목적 주체'다. 이 주체는 생성 또는 되기의 과정에서 자신의 위도와 경도를 파악하고, 빠름과 느림을 가늠한다. 또한 이 유목적 주체는 이미 그어져 있는 지도의 경로를 따르기보다 "끊임없이 침해, 위반하고자 하는 강렬한 욕망"을 가지고 있다.[75] 왜냐하면 생성이란 본래 비관습적이며, 더 나아가 존재하는 것의 형상과 틀을 횡단하는 것이기 때문이다. "그러므로 우리 시대의 주체성에 대한 하나의 형상화로서의 유목민은 탈형이상학적인 강렬하고 복수적인 존재자이며 상호 관련성의 망 안에서 기능한다. 그/그녀는 […] 복수적인 연결의 지점"이다.[76] 브라이도티는 또한 다음과 같이 말한다.

> 포스트휴먼 유목적 주체는 유물론적이고 생기적이며, 체현되고 환경에 속해 있다. […] 그것은 다면적이고 관계적인 주체, […] 유목적 존재론 안에서 개념화된 주체이[다.] […] 그것은 포스트휴먼 사유 자체를 특징짓는 관계적 생기성과 본질적 복잡성에 의해 현실화된

---

75 로지 브라이도티, 『유목적 주체』, 박미선 옮김, 여이연, 2004, 78쪽.
76 앞의 책, 79쪽.

주체다.[77]

이에 따르면 '자연-문화' 복합체로서의 포스트휴먼 조건 안에서 유목적 존재론은 유목적 주체와 함께 간다. 이를 보다 자세하게 가져가면서, 브라이도티는 이 주체가 권력 메커니즘과의 끊임없는 전투를 통해 형성된다는 식으로 말한다. 인용문에서 말한 '관계적 생기성'에는 바로 이 쟁투의 과정 또한 포함되는 것이다. 간과할 수 없는 것은 담론 권력과의 투쟁일 것이다. 브라이도티가 명시적으로 거부하는 것은 바로 '정신분석'과 같은 '심리적 본질주의'다. 정신분석에서 보이는 '남근중심성'은 유목적 주체의 생동성을 넘어설 수 없는데, 이것은 욕망을 근본적으로 "결여가 아닌 풍요로움으로 간주하는" 포스트 휴머니즘의 사고방식 때문이다.[78]

이런 방식의 휴머니즘은 어떤 복잡성을 야기한다. 이것은 브라이도티에게 푸코적이고 들뢰즈적인 의미에서 어떤 '미시정치학'을 의미하는 것이다. 그녀는 푸코를 인용하면서, "사회적 구조와 관계를 구성하는 서사들"[79]의 불안정성과 일관성 결여가 그것에 본질적인 요소라고 말한다. 이러한 인식은 곧 "우리 시대의 사회체제와 그에 거주하는 주체의 복잡하고 유목적인 본성을 반영하는 실용적인 미시정치 형식을 출현시킨다".[80] 따라서 사회적 권력(potestas)에 대한 저항으로서의 주체의 저항역능(potentia)도 복잡하고 풍부해질 수밖에 없다.

77　브라이도티,『포스트휴먼』, 240쪽.
78　앞의 책, 241쪽.
79　앞의 책, 40쪽.
80　앞의 책, 같은 쪽.

당연히 브라이도티는 존재(being)보다 생성(becoming)을 더 중시한다. 즉 무언가로 고착되어 있는 주체가 아니라 항상 무언가가 되어 가고 있는 주체가 중요한 것이다. 이때 '되어 간다'는 것은 우리가 흔히 생각하는 '성장'이 아니라, 변화와 변형, 더 나아가 돌연변이의 가능성을 말한다. 다시 말해 생성이란 어떤 불가피한 진화적 과정 너머 혼종적인 복합체의 출현까지 감당하는 것이다.[81] 여기서도 우리는 브라이도티가 스스로를 들뢰즈의 '불충실한 딸'이라고 명명하는 이유를 알게 된다. 비판적이지만 충실한 들뢰즈주의자로서 브라이도티는 들뢰즈의 생성 철학을 충실히 이어받는다.

· 단 하나의 물질

그렇다면 이러한 '변화'와 '변형'으로서의 생성적 주체는 어디에 기반하는가? 브라이도티는 그것이 '단 하나의 물질'이라고 단언한다.[82] 이것은 '물질 일원론'으로서의 유물론을 주체론의 차원에서 천명하는 것이다. 그러나 이 '단 하나의 물질'이란 고전적 의미에서 이해될 필요는 없다. 즉 아리스토텔레스적인 '질료/형상' 짝에서 '질료'는 아니라는 것이다. 이원론에 대한 브라이도티의 거부감은 이러한 이원론의 한 항으로서의 물질을 단호히 추방함에 틀림없다. 하나의 물질로부터 그것과 분리되지 않은 채 변신하는 생성물들이 있고, 그것은 표면에서 운동하면서 또 다른 운동을 생성한다. 이것을 신체적 차원에서 논한다면, 신체의 표면에서 일어나는 지각, 감응, 감각이 바로 변신의 양태들이라고 하겠다. 그리고 이것은 '질적인 변화'이지

---

81 브라이도티, 『변신』, 15쪽 참조.
82 앞의 책, 280쪽.

단순한 양적인 변화가 아니다.

이것도 마찬가지로 브라이도티가 들뢰즈의 생성 철학의 기초 존재론으로서 일원론을 받아들이고 있다는 것을 드러낸다. 그러니까 그녀에게 변화란 "어떤 공통의 구획 안"에서 "시공간의 변형과 변조(modulation)"이며, 이는 "차이와 반복의 패턴"을 형성한다는 것이다.[83] 이것은 철저하게 내재적인 과정이라는 것에 주목할 필요가 있다. 비록 그 명칭상 '초월적'이라고 언명된다 할지라도(예컨대 '초월적 경험론' 또는 뤼스 이리가레의 '감각적 초월') 그것은 철저하게 물질적이며 신체적이다. 따라서 질적 변화라고 하는 것도 하나의 항에서 다른 항으로의 초월적 비약이 아니라 연속적인 변신인 것이다.

우리가 앞서 살펴본 바에 따르면 이러한 브라이도티의 주체론은 '신자연주의'적인 방식으로 기술된다. 왜냐하면 여기서 변신의 양태들은 인간, 비인간을 가리지 않기 때문이다. 연속적인 단계들을 통해 신체의 강도를 달리하며 차이를 발생시키는 주체는 "포스트-모던한 기술적 대상들을 자신의 신체에 배치하는 주체"가 될 수도 있다.[84] 동시대의 페미니스트인 해러웨이와 더불어 브라이도티는 이를 '사이보그'라고 부른다.

이런 의미에서 주체는 변신의 과정에서 사회적·문화적 네트워크를 체현(embodiment)하고, 착근(embedment)시킨다(체현적 주체). 이것을 들뢰즈적인 용어로 취하자면, 강도적 과정이라고 할 수 있다. 신자연주의적 방식으로 바라보았을 때 이러한 강도적 체현은 생

---

83 Dolphijn and Tuin eds., "Interview with Rosi Braidotti", *New Materialism*, p. 28(돌피언·튠, 『신유물론』, 34~35쪽).

84 Braidotti, "Teratologies", *Deleuze and Feminist Theory*, p. 160.

물학적 종류의 것이 아니고, 신체 고유의 '물질성'의 한 형태라고 해야 한다. 그것은 생물학적 의미에서의 본질주의적 특성을 전혀 가지고 있지 않다. 즉 신체는 어떤 종도 아니고, 어떤 성에도 속하지 않는 것이다. 차라리 신체는 하나의 '대지'거나 '도시'다. 거기에는 "고도로 구축된 사회적·상징적 힘들의 복잡한 상호작용"[85]이 있다. 이러한 규정이 바로 강도적 규정이다. 이렇게 해서 신체는 "기호적 등록들(inscriptions) 및 문화적으로 시행된 코드들의 지도로서의 신체를 에너지의 흐름을 위한 변형기와 중계점, 즉 강도들의 표면"[86]이 되게 하는 것이다. 다시 말해 이것이 바로 유목적 주체의 모습이다.

· 유목적 주체의 욕망

유목적 주체는 단순한 유희의 욕망에 들뜬 관광객도 아니고, 자본의 코드를 따라 이곳저곳을 여행하는 비즈니스맨도 아니며, 화폐 획득을 목적으로 이주한 이주민도 아니다. 유목적 주체는 차라리 떠돌이 히치하이커거나, 혁명가 이전에 낡은 모터사이클을 타고 중남미 대륙 비포장도로를 횡단하던 젊은 체 게바라의 신체이자 구불구불한 비포장도로, 그 주위의 야자나무들의 흔들림이다. 즉 게바라라는 단일한 주체가 아니라, '비혁명가 – 체 게바라 – 비포장도로 – 야자나무…'다. 그것은 "궁극적인 목적지가 없는 변형의 흐름"이며, "다중적이고 관계적이며 역동적"인 생성 과정으로서, "유목민으로 존재"하는 것이 아니라 "유목민 되기"를 계속해 나가는 주체다.[87] 유목민

---

85 브라이도티, 『변신』, 48쪽.
86 앞의 책, 48쪽.
87 앞의 책, 169쪽.

되기는 그래서 어떤 경향성을 의미하는데, 이는 주체를 심리적이고 내면적인 코기토로 여기는 것이라기보다 외향적으로 타자와 접촉하고 그러한 접촉 가운데 자신의 '환경'을 설정해 나가는 것을 말한다. 이때야말로 신체가 변신하는 감응적인 장이 되고 힘의 표면이 되는 시간이다.

그렇다면 유목적 주체는 무엇을 욕망하는가? 여기서 주의해야 할 것은 유목적 주체를 수동적인 물질로 상정하는 패배적 관점이다. 앞서 감응의 차원이 능동과 수동 모두를 갖고 있다고 말한 것처럼 유목적 주체도 그러하다. 또한 '수동'이라고 했을 때도 그것은 받아들임의 능력을 의미하는 것이지 받아들이는 그 수동적 사태 자체만을 일컫는 것이 아니다. 따라서 유목적 주체는 능동과 수동의 능력을 발휘하고자 욕망한다. 이때 이 욕망은 기존의 물질적이고 사회적인 배치들을 바꾸면서, 스스로도 변신하는 것에 초점을 맞춘다. 이렇게 해서 주체는 다른 주체와 만나면서 역능의 증가와 감소를 경험할 것이며, 이 중 증가하는 쪽으로 부단히 움직여 갈 것이다. 이 욕망은 따라서 외부화되는 것이지, 내면 속으로 침잠하는 것이 아니다. 이러한 외부화의 경향성으로 인해 능력의 감소를 야기하는 슬픈 감응조차 종래에는 기쁨의 감응으로 변모할 수 있다. 왜냐하면 슬픔으로 줄어드는 감응은 욕망의 외부적 확산을 통해 다른 주체와 조우함으로써 다시 고양되기 때문이다.

슬픔을 기쁨으로 만들고, 수동을 능동으로 만드는 유목적 주체의 욕망은 변신의 기쁨을 의미한다. 이 변신은 사실상 기존의 사회적 배치 안에서는 '소수적 움직임'일 것이다. 좀 더 능동적이기 위해서, 좀 더 이 슬픔을 더 멀리까지 넘어가기 위해서는 체제의 일반화하는 권력에 균열을 내는 것이 긴급하다. 하지만 브라이도티는 이 소수적 움직임만으로는 충분하지 않다고 말한다. 그것은 시작일 뿐이다. "유목민 되기에 중요한 것은 다수자성/소수자성이라는 대립적 이원론을 해체하고 모든 정체성을 불안정하게 하는 변형하는 흐름에 대한 긍정적인 열정과 욕망을 불러일으키는 것"[88]이다. 즉 중요한 것은 소수자 되기에 집착하는 것이라기보다, 궁극적으로 소수/다수의 이분법의 경계를 교란시키는 것이다. 소수자 되기에의 집착은 편집증적 일자를 불러오며, 그렇게 형성된 자아는 다시 '다수'의 위치에서 권력을 휘두를 것이기 때문이다. 이런 면에서 브라이도티는 들뢰즈의 유목 철학이 "결코 낭만적이지 않다"[89]고 말한다.

이 방면에서 브라이도티의 유목적 주체는 페미니즘 사상과 만나게 된다. 성차는 유목적 주체의 첫 번째 표적이다. 성적 이원론을 극복하고 여성-신체의 소수성을 외부와의 관계에 열어 놓는 것, 그래서 그 신체의 역능을 이런저런 사회문화적·정치적 네트워크 안에 위치시키고 그 강도를 긍정성의 방향으로 증강시키는 것이 요구되는 것이다. 하지만 이것이 그렇게 간단하지만은 않다. 이를 위해서는 주체화의 지도 제작술이 필요하다. 지도 제작술이란 주체성의 차원에서 보면 권력의 지도 제작을 위해 "순간마다 현재 위에 터를 잡는 방법이고 […] 감응적-인지적 관계의 사상(寫像, mapping)을 생산하는"것이기도 하다.[90] 이러한 사상은 섬세하고 풍부한 정치사회적 실천의 토대가 된다.

88 앞의 책, 165쪽.
89 앞의 책, 같은 쪽.
90 브라이도티, 『포스트휴먼』, 466쪽(번역 수정).

(3) 페미니즘과 긍정의 윤리-정치

· 다양성과 차이

브라이도티의 페미니즘은 차이를 사고하고 상상하는 것에서 시작된다. 무엇보다 페미니즘의 주체는 성차화되기 때문이다. 이때 페미니즘적인 성차의 주체는 '여성'으로 호명되는데, 이것은 여성 '성'이 아니라 '여성-되기'로서의 여성성이다. 다시 말해, 생물학적인 여성이 여성의 기준이 아니고, 자신의 성적 위치를 결정하는 데 있어서 보다 주도적으로 '환경' 안에 개입하는 것이다. 변형의 단계에서 기존의 성적 결정성을 비껴가는 힘, 그로부터 나오는 기쁨의 감응을 느끼는 것이 중요하다. 이렇게 차이를 사고하면서, 그것을 여성-되기의 단계로 나아가게 하는 것은 페미니즘 철학이 가진 실천적 역량, 다시 말해 "유목적 의식의 긍정적인 힘과 수준"[91]을 재우쳐 증명하는 계기가 된다.

유목적 의식을 가진 페미니즘 주체는 성차를 부정하지 않는다. 다만 그 자신이 '여성'으로서 불평등을 타파하고, 다양성과 차이를 전면에 내세운다. 이렇게 함으로써 그/그녀는 "긍정적이고 대안적인 가치를 주장하는 데 전념한다."[92] 브라이도티는 이를 '인공적 주체'라고 명명하는데, 유목적 주체가 페미니즘을 만나 현행화되면 성차를 작동시키면서, 정치의 장을 여성-되기로 이끌고 갈 것이라는 함축을 지닌다. 이 인공적 주체는 이를 위해 상호연결의 역능을 발휘하면서 연결을 통한 기쁨의 전염을 수행할 것이다. 이러한 전염의 한가운데에서 페미니즘은 가치 저하적이고 억압적인 의미들(예컨대

---

91 브라이도티, 『변신』, 155쪽.
92 앞의 책, 51쪽.

'가사노동'을 부불 노동으로 만드는 자본주의의 남성중심주의)을 타도해 나아간다. 이를 니체식으로 말하면 '가치 전환'이다. 이 전환 과정에서 여성은 가부장제하의 대문자 남성의 반사적인 보완물이 아니다. 그것은 대문자 남성의 포획 장치를 벗어나는 분자적이고 다층화된 양상으로 세계에 등장한다.

과연 이러한 페미니즘 '여성(되기)'을 젠더와 동일시할 수 있을까? 브라이도티는 성차를 긍정하면서도 이것이 성, 젠더, 섹슈얼리티 어느 한 측면으로 응결되는 것에 거부감을 보인다. 만약 그렇게 된다면 유목적 주체의 강도는 0에 수렴할 것이다. 움직이지 않는 유목은 윤리적으로 정치적으로 아무런 역능을 발휘하기 못하기 때문이다. 이것이 바로 페미니즘의 오이디푸스화다. 브라이도티는 이러한 오이디푸스화를 경계하라고 말한다. 실행하는 것, 실험하는 것은 이것에 대항하기 위한 페미니스트들, 또는 유목적 주체들의 가장 두드러진 전략이다.[93] 따라서 페미니즘적인 주체는 젠더를 넘어선다.

· 여성의 위치성과 잠재성

브라이도티는 들뢰즈를 인용하면서 일부 페미니스트들이 '여성'이라는 정체성이 젠더로부터 자유로워지는 것에 거부감을 느낀다고 지적한다. 이것은 구체적인 사안에서 여성의 권리와 해방을 주장하는 것과 개념적으로 그러한 정체성의 정치를 넘어서는 것을 구분하지 않은 것이다. 여성성을 주장하는 것은 이른바 '위치의 정치학'에서 발휘되는 페미니즘의 역량인 것이지 그것을 넘어 다른 것을 상상

---

93 Braidotti, "Affirmative Ethics and Generative Life", *Deleuze and Guattari Studies*, pp. 463~481 참조.

하는 인식의 정치학에서는 국소화되어야 한다. 물론 위치의 정치학으로서의 여성성을 무시할 수는 없다. 사실 브라이도티에 따르면 들뢰즈도 이러한 위치의 정치학을 간과했다는 혐의가 있다. "들뢰즈는 여성 페미니스트 관점이 역사적·인식론적 특수성을 설명하는 데 실패하는 일반적 '여성-되기'를 가정하는 모순에 사로잡혔다"는 것이다. 여성의 정체성은 팔루스중심적인 이 세계에 완연한 '타자'로서 해소되어야 할 것이 아니라, 그 위치에 따라 급진적으로 주장될 필요가 있다.[94]

　그렇다고 해서 들뢰즈의 급진성이 사라지는 것은 아니다. 들뢰즈에게 성차는 개념적으로 또 실천적으로 다양화되어야 한다. 여성은 이러한 개념과 실천의 유목적 주체로서 성차를 극단에까지 밀어붙여 천 개의 성을 획득해야 한다. 들뢰즈는 이런 성차라는 위치의 정치학을 넘어선 곳에서 작동하는 개념-기계적 또는 개념적 인물이다. "그러므로 여성들은 여성성을 말해야 하고, 그것을 생각하고 자신들의 용어로 표현해야" 하고 이것의 "물질적/모성적 자리가 주체의 일차적이고 구성적인 것일 경우에, 그것은 또한 저항의 위치로 변화될 수 있"지만, '잠재적인 여성-되기'로서 내재적인 수많은 성적 경향들과 교차하는 계급, 인종, 민족, 지역 등등의 요인들을 늘 감안해야 한다.[95]

　이렇게 '여성'에는 한편으로는 재현 불가능한 잠재적 여성과 무수한 정체성들이 있고, 다른 한편으로는 정치적 의지와 결정에 의해 생산되는 재현적 여성이 있게 된다. 이 둘 사이에는 언제나 생산적이

94　브라이도티, 『변신』, 162쪽 참조.
95　앞의 책, 55, 59쪽 참조.

지만, 불안정한 관계가 형성될 수밖에 없다. 성차는 언제든지 기존의 조화로운 성적 질서에 균열을 일으키는 새로운 성적 주체를 생산하지만, 이는 동시에 여성 주체성을 뒤흔드는 촉매제로 작용하는 것이다. 브라이도티는 대담에서 다음과 같이 말한다.

> 페미니즘 이론에서 우리는 여성'으로서 말'하지요. 비록 주체인 '여성'이 최종적으로 정의된 단일한 본질이 아니라, 다양, 복잡성 그리고 경험들의 잠재적 모순된 집합들로서 여러 가지 것들, 이를테면 계급, 인종, 나이, 생활 방식, 성적 지향 등으로 중층화된 것이라 해도 그렇습니다. […] 계급, 인종, 민족, 젠더, 연령 등과 같은 차별화의 중심축들이 주체의 구성에 있어서 서로 상호교차하고 상호작용하는 한, 유목 개념은 이러한 동시다발적 생성을 한꺼번에 지칭합니다. […] 여기서 관건인 주제 중 하나는 편파성과 더불어 불연속성을 상호-관계성과 집단 정치 과제인 새로운 형식 건설과 어떻게 조화시키느냐는 것이지요.[96]

이것은 여성'으로서 말'한다는 것이 주체를 가로지르는 변수들을 고려하면서, 자신의 해방뿐 아니라 모든 억압적 장치들을 전복할 수 있는 정체성을 인정하는 실천적 노선이라는 것을 강조한다.

결국 유목적인 페미니즘 주체로서의 여성은 현재에 관한 지도 제작을 수행함으로써 '새로운 배치'를 달성할 필요가 있다. 이때 요구되는 것이 긍정의 윤리학으로서 이는 '그리고 또…'라는 긍정의

---

96 Dolphijn and Tuin eds., "Interview with Rosi Braidotti", *New Materialism*, p. 34; 돌피언·튠, 『신유물론』, 43~44쪽.

인식론과 상응하는 것이다. 실천적인 배치로서 이 긍정의 윤리학은 최대한의 긍정이 바로 해방의 최적 조건임을 알고 예견적 지식을 동원하여 지금/여기 배치의 측면에 그것에 균열을 일으키는 소수적 진지를 구축하는 것이다.

· 인간의 종언와 퀴어적 배치

현대자본주의는 이러한 긍정에 대한 대화와 긍정적 가치들을 실천하기 위한 상황을 구성한다. 이것은 어떤 기술과학적 배경으로서 신유물론자들에게 기술과학적 지식의 재맥락화를 요청하는 것이기도 하다. 일반적인 생태론의 영역에서 이러한 재맥락화는 미디어 이론, 영화, 신경과학 등의 학제 간 횡단을 초래한다. 브라이도티는 이를 '인지 자본주의'에 속하는 현상으로 보고 있다. 인지 자본주의 안에서 지구환경은 계속 죽어 가며 인간의 능력은 반대로 증강되는 중이다. 문제는 이러한 역방향으로의 내달림이 종국에는 서로 충돌함으로써 파국을 맞이하게 될 것이라는 점이다. 이런 예견적 지식은 사실상 인문학의 종언, 즉 인간중심주의적인 학문의 종언을 의미하는 것이기도 하다. 이제 더 이상 인간에 대한, 인간만을 위한 지식은 유용하지도, 의미 있지도, 가치롭지도 않다. 따라서 브라이도티는 "인간은 시효가 지났고, 그래서 인간이라는 것 위에 세워진 인문학도 끝"[97] 났다고 단언하는 것이다.

긍정의 윤리학은 이러한 인간의 종언 위에 세워지는바, 그것은 또한 푸코적인 의미에서 인간이라는 개념의 인위적 성격을 긍정하

---

97   Braidotti, "Affirmative Ethics and Generative Life", *Deleuze and Guattari Studies*, p. 476.

는 것이기도 하다. 즉 인간을 비롯한 모든 것이 생성의 과정에 있었고, 또한 지금도 그러하다는 것을 긍정하는 것이다. 또한 이에 따라 대안적인 패턴들을 우리가 창조할 수 있다는 긍정이기도 하다. 이를 위해 브라이도티는 '공통적인 것들'(commons)을 따르는 것이 중요하다고 한다.[98] 여러 다종다양한 인종적 배치들과 기술적 배치들이 서로 매개되고 연결되는 것은 이 공통적인 것을 인정하지 않고는 불가능하다. 여기에 활동가들, 철학자들이 배치될 수도 있다. 시민사회의 조직들과 시민들 그리고 각 지역의 대학들과의 직접 소통도 이에 해당된다.

이러한 배치들은 당연히 혼종과 사이보그를 배양하는 인큐베이터가 될 것이다. 어떤 "잠재적인 것을 현행화하는 방향에서"[99] 배치들을 수립하는 것 중에서 가장 주목할 만한 것은 주변적인 것들, 혹은 측위적인 것들의 동맹이다. 그 측위적인 것들은 "퀴어, 포스트휴먼적인 잃어버린 민중들 […] 즉 여성들, 페미니스트들, LGBTQ+, 동물, 불법 이민자들, 장애인들뿐 아니라 비인간 행위주체들, 이를테면 먼지, 플라스틱, 죽은 곤충들 그리고 지구-타자들"[100]을 포괄한다. 브라이도티는 분명한 어조로 다음과 같이 이어 간다.

그들은 어떤 횡단적 배치체들로서, '인간'(Man)의 파괴적 권력에 맞서 연합되지요. […] 이때 주체는 일자, 백인, 남자, 이성애자, 도시 거주자, 표준어 사용자, 여자와 아이를 소유한 자들이지요. […] 여성/동

98 *Ibid.*, p. 477 참조.
99 *Ibid.*, p. 478.
100 *Ibid.*

물/아이 등등 되기. 만약 위치들을 이동할 준비가 되고 의식화라는 고된 작업을 할 준비가 된다면, 여러분들은 경멸적인 차이의 변증법으로부터 탈출할 수 있어요. 실천이란 특권이나 그것의 결핍의 조건들, 그것들을 변형시키는 더 좋은 것에 대한 적합한 이해들을 전개시키는데 놓여 있지요. 페미니스트, 포스트-식민주의와 인종 이론들은 부당한 특권에 대한 강력한 해독제이지요.[101]

이런 측면에서 브라이도티의 비판적 포스트휴머니즘에서 퀴어적인 배치는 매우 오래되고 중요한 요소다. 이것은 심지어 "외계 생물과 다른 행성의 생명체를 포함"[102]하기도 한다. 그러나 지구인, 지구에 속하는 존재로서 지구적인 정치적 상황이 더 긴급한 것이기도 하다. 이런 면에서 저 외계의 상상은 바로 헤테로토피아적인 논리와 이어질 필요가 있다. 현재와 거리를 두고 대안적 공간을 상상하고 그것을 논변화하는 것은 신유물론적 정치학에서도 요구되는 것이다. "이렇게 함으로써 나는 현재를 우리가 생성의 과정에 있다는 것의 증거로 재발명"[103]한다. 이것은 바로 자본주의의 외부를 사유하는 것이기도 하다. 즉 우리는 이러한 재발명을 통해 자본주의 탈영토화 과정의 핵심으로부터 준안정적이고 항구적인 공간을 창조할 수 있다. 이를 위해 우리는 서로 간에 인간/비인간의 관계성을 넘어서는 '감응의 능력'을 기를 필요가 있다. "그것이 우리에게 주어지게 될 생성의 윤리이자 정치학"[104]이다.

101 *Ibid.*
102 *Ibid.*
103 *Ibid.*, p. 479.
104 *Ibid.*

우리의 위치들에 관한 적합한 이해를 공유하는 것, 어떤 집합적 인지 안에서 생성의 방아쇠를 당기는 것 [⋯] '그 외의 다른 것이 되는' 생성의 패턴들은 동일성이 아니라, 지그재그로 나아가기이며, 다양성입니다. 그 패턴들은 살아갈 만한, 지속 가능하고 '예스'라고 긍정할 만한 바로 여기 지금의 가능성을 긍정하는 것으로 수렴되지요. 그것은 아주 잘 알려진 사랑, 세계에 대한 사랑이며, 혼란함을 느끼게 하는 그 어떤 상황에서조차 우리가 느끼는 것입니다.[105]

3. 마누엘 데란다

(1) 신유물론의 최초 장면

· 위계와 망상의 재귀적 반복

신유물론이 본격적으로 등장한 최초의 장면은 데란다가 1995년에 넷상에 발표한 「도덕의 지질학-신유물론적 해석」[106]이라는 논문에서다. 제목에서 알 수 있듯이 이 논문은 들뢰즈·가타리 『천 개의 고원』 3장 '도덕의 지질학'(The Geology of Morals)에 대한 신유물론적 해석이다. 데란다는 '지층화'(stratification), '이중 분절'(double articulation), '기관 없는 신체'(Body without Oragans; BwO)와 같은 들뢰즈·가타리의 개념을 유지하면서 좀 더 구체적으로 논의를 전개한다.

---

105 *Ibid.*
106 Manuel DeLanda, "The Geology of Morals: A Neo-Materialist Interpretation", http://www.t0.or.at/delanda/geology.htm.

우선 데란다는 사회적인 위계 구조, 예컨대 관료제 구조에서 시작해서 시장 구조를 분석하는데, 전자의 관료제 구조는 확실히 통제와 관리로 구현되는 것이지만 후자의 시장 구조는 일반적 이론 내에서 바라보는 것처럼 생산자와 소비자들이 만나는 가격조절 기구만으로 설명되기 어렵다고 논한다. 그러한 가격조절이란 단순히 거시적(또는 몰적molar) 측면에서만 정확할 뿐 시장의 내부에서 가동되는 과정에서는 최적화된 것이 아니다. 왜냐하면 시장은 이질적 요소들의 연결이 혼재된 망상조직(meshworks)이 주된 요소이기 때문이다. 망상조직에서 다양성은 감소되지 않으며 이질적인 요청들이 그 안에서 생존 가능하다. 그렇다 해도 여기에 위계 구조와 망상조직의 이분법이 작동하는 것은 아니다. "위계 구조와 시장, 보다 일반적으로 말해, 위계와 망상조직 사이의 이분법은 상대적으로 이해되어야 한다."[107] 현실적으로 이 두 요소는 서로 간에 이행하고 서로를 오염시키기 때문이다. 즉 위계 구조는 망상조직을 발생시키고 망상조직은 다시 위계 구조로 발전한다. 우리는 이 피드백 효과를 '재귀적 반복'이라고 이름 붙일 수 있을 것이다.

이러한 위계와 망상의 재귀적 반복의 패턴은 역사적인 의미로 보다 폭넓게 활용될 수 있다. 즉 위계 구조의 어떤 생성 패턴으로 바라볼 수 있다는 것이다. 계급이나 계층과 같은 위계 구조조차 이런 지층화를 수반하면서 생성된다. 이는 어떤 기술공학적 다이어그램(engineering diagram)으로 이해될 수 있는데, 어떤 비표준적 요소들을 정렬 메커니즘을 통해 균일한 층으로 이행시키는 과정이다.

---

107 *Ibid.*

여기서 정렬 메커니즘은 '내용'(content)과 '표현'(expression) 그리고 이 각각에 내재하는 '실체'(substance)와 '형식'(form)이다(이중 분절). 지층화 과정에 이를 적용하면, 침전작용(내용)에서 실체로서의 조약돌들은 형식으로서의 층(strata)이 되며, 이와 더불어 석화작용(표현)에서 조약돌은 형식으로 작용해서 일련의 배열을 조장하면서, 실체로서의 퇴적암을 산출한다. 마찬가지로 이 암석층이 내용-형식이 되면, 더 높은 규모의 표현-실체로서의 '산'이 완성된다.[108] 중요한 것은 이때 내용과 표현은 서로에게 갈마들면서 자가 축적-배열된다는 점이다. 그렇기 때문에 이것은 자기 순환 메커니즘, 즉 재귀적 반복인 것이며, 차이 나는 것의 반복이다. 추상기계는 이 전체 과정을 통해 다이어그램화한다. 이것은 생물학과 사회학에도 적용될 수 있다.

데란다는 이를 (움베르토 마투라나와 프란시스코 바렐라의 논의를 참조하여) '자가촉매 루프'(autocatalytic loop)라고 부른다.[109] 즉 여기서 어떤 물질(내용-실체)은 망상조직 내에서 다른 물질과 더불어 상호촉진을 이루면서 일정한 배열(표현-형식)을 만들어 내는데, 이 과정이 이질적인 것들을 동질화하는 과정과 같은 것이다. 하지만 늘 그렇듯이 동질화는 총체화되지 않는데, 늘 다른 이질성이 침투하거나 자생하기 때문이다. 여기서 표현을 결정하는 것은 바로 빠름(R)과 느림(S), 경도(Lo)와 위도(La)일 것이다. 이 RSLoLa[110]는 들뢰즈·

---

108 *Ibid.* 참조.
109 *Ibid.* 참조.
110 이 용어는 데란다와 들뢰즈·가타리의 핵심적인 개념을 도상적으로 표현해 내기 위해 내가 약호화한 것이다. 각각 Rapidity(빠름), Slowness(느림), Longitude(경도),

가타리가 '일관성의 평면'이라고 부르는 '기관 없는 신체'에 기입된다. 이것은 강도의 흐름과 직접 관련된다.

따라서 기관 없는 신체에 기입되는 내용-표현의 지층화된 체계들에는 퇴적암, 생물학적 종들, 사회적 위계 등등이 있게 되며, 이것들이 다시 어떤 '내용-실체'가 되어 다른 '표현-형식'을 산출할 수 있게 된다. 이것들은 모두 일관성의 평면에서 분출하거나 사그러든다. 이질적인 것들이 자가촉매적 루프를 형성하면서 재귀적 순환을 통해 차이 나는 반복을 형성하는 것은, 달리 말해 '시간'의 구조가 발생하는 과정이기도 할 것이다. 어쨌든 추상기계로서의 다이어그램 안에서 자연적인 것과 인위적인 것, 심지어 살아 있는 것과 죽은 것의 구별은 희미해진다.

결론적으로 데란다는 들뢰즈·가타리에 대한 자신의 해석이 신유물론을 향해 간다고 본다. 이 신유물론적 철학은 "자기-조직화하는 과정과 형태발생의 강도적 힘의 다양성을 통해 날것 그대로의 물질-에너지가 우리를 둘러싼 모든 구조들을 발생시킨다"[111]고 논한다. 이제 이러한 물질-에너지 흐름이 특별한 위상을 차지한다. 이를 우리는 데란다의 '물질적 전회'라고 부를 수 있겠다. 이 신유물론 입장에 따르면 생명체와 비생명체, 인간과 비인간의 삶과 죽음에서 더 좋고 나쁜 것은 존재하지 않는다. 이들은 일관성의 평면 안에서 동일한 자가촉매적 루프를 가지며, 자기-조직화한다. 이것은 선형적이라기보다 비선형적인 인과 과정이며, 이를 통해 광물이든, 유기물이든, 문화든, 야만이든 발생하는 것이다.

Latitude(위도)의 이니셜이다.
111 *Ibid.*

이렇게 데란다는 브라이도티와 더불어 ─ 서로 독립적으로 ─ 최초로 '신-유물론'(neo-materialism) 또는 '새로운 유물론'(new materialism)이라는 말을 1990년대 초반부터 시작해 2000년대에 사용하기 시작했다. 처음에 이 개념은 이원론들을 급진적으로 재사유하는 어떤 문화론을 제안하는 것이었다. 신유물론은 변화의 형태론 또는 데란다의 개념을 활용하자면 '형태발생론'(morphogenesis)에 근원적인 관심을 가지며, 이원론적 사유에 의해 그토록 무시되어 왔던 물질적인 것(물질성, 물질화의 과정들)에 특별한 관심을 두는 것이다. 따라서 신유물론은 브라이도티가 애초에 다른 곳에서 강조했던 것처럼 이미 언제나 '단숨에' 물질로 시작한다.

(2) 잠재성의 유물론

· 강도적 차이로서의 물질

통상 들뢰즈의 철학은 '잠재성의 철학'이라고 일컬어진다. 이것은 철학사에서 새로운 존재론의 출현을 알리는 말이기도 하다. 이 존재론에는 이전의 철학적 성과는 물론 현대과학과 수학의 성과들이 집약된 개념들이 배치된다. 데란다의 신유물론은 여기서 등장한다. 그에게 앞서 우리가 본 '개체-극-미/분화'의 과정은 지금까지 철학과 과학에서 등장했던 본질주의, 즉 범주 그리고 법칙 우선성을 파괴하는 힘을 가진다. 즉 여기에서는 어떤 우발적 도약과 범주를 벗어나는 모호함, 본질을 특정할 수 없는 특이성이 모든 것에 앞선다는 것이다. 그러나 잠재성은 "초시간적 본질들을 위한 새로운 이름이 되어서는 곤란"하다.[112]

그러므로 데란다에 따르면 들뢰즈에게 시간 속에서 지속되는 사물/사태들의 동일성 또는 정체성을 보증해 주는 무언가가 있다면 일종의 '역동적인 과정'(dynamical process)이라고 할 수 있다. 이 '과정'이야말로 물질적, 또는 같은 말이지만 에너지적이다. 그렇다면 이 물질적·에너지적 과정에서 관건은 무엇인가? 바로 "온도, 압력, 속도, 화학적 농도에서의 차이들 같은 강도적 차이들"이다.[113] 따라서 이 강도적 차이들이 들뢰즈·데란다적 의미에서 물질을 형성한다.

데란다에게 '물질'이란 앞서 논한 것처럼 잠재성의 형태발생적 원천이다. 이것은 또 다른 들뢰즈의 용어로 말하자면 '추상기계'라고 할 수 있다. 이 개념은 사회 이론에 적용될 때 비형식적인 과정 안에서 물질적 배치를 발견하는 방법론적 개념이 된다. 따라서 추상기계의 방법론은 언어적 추상물이 아니라 물질적 배치 가운데에서 어떤 우발적 요소들을 가려내며, 그것을 도식적으로 표현할 수 있게 한다. 이것은 기존의 범주적 도식이 아니라 '강도적' 도식이 된다.

> 이 매우 특유한 추상기계라는 개념은 […] 사실상 유물론 철학의 어떤 새로운 형태를 가리키게 되는데, 이 철학은 자기-조직화하는 과정과 형태발생의 강도적 힘의 다양성을 통해 날것 그대로의 물질-에너지가 우리를 둘러싼 모든 구조들을 발생시킨다. 나아가 그 생성된 구조들이 최초의 실재성으로 존재하는 것을 그만두게 되면 물질-에너지의 흐름은 이제 특별한 위상을 획득하는 것이다.[114]

따라서 '배치'는 이 형태발생적인 강도적 힘으로서의 추상기계

---

112 데란다, 『강도의 과학과 잠재성의 철학』, 95쪽.
113 앞의 책, 8쪽.

에 의존하게 된다. 다시 말하지만 이 추상기계는 결코 언어 표상적인 재현이 아니라 그것을 포괄하는 물질적 과정, 비선형적인 과정이다.

결론적으로 인과성의 보다 풍부한 개념은 가능 공간 또는 잠재 공간의 구조(추상기계)에 대한 생각과 연결된다. 이것은 형태발생적 역능을 가진 물질에 대해 사유할 수단을 부여한다. 더 나아가 잠재적 구조 안에서 발생하는 물질적 체계들의 현행화는 기존의 자연법칙을 아울러 우발적인 것들이 순환하는 지점들을 포착하게 한다. 이렇게 되었을 때에만 신유물론적 의미에서의 '물질'이 가진 창발적 역능을 긍정할 수 있게 되는 것이다. 여기에는 그 어떤 초재적인 이데아도 존재하지 않는다.[115]

따라서 데란다·들뢰즈에 따르면 물질은 현행성과 잠재성이라는 이중성과 더불어 배치의 역량을 가지게 된다. 우선 전자의 경우를 생각해 보자. 여기서 실재성은 구조적 실재성으로서 "미분적 요소들과 특이성의 분배에 의해 형성"[116]된다. 이를테면 임계점을 지나 고체에서 액체로 또는 액체에서 기체로 변화하는 경우 각각의 계기에서 그 변화 경향들은 대체로 잠재적인 상태에 놓여 있으며, 그러한 실체가 실제로 녹거나 기화할 때 현행화된다. 그렇다면 이제 배치의 문제는 어떤가? 데란다는 다른 예를 들어 설명한다. 예컨대 칼 한 자루가 있다고 하자. 그러면 이 칼은 자를 수 있는 잠재적 능력을 가지고 있지만 어떤 배치를 이루느냐에 따라 다른 현행적 능력을 발휘한다. 만약 그것이 인간과 상호작용하면 살인의 기능을 하지만, 동물과 상호

---

114 DeLanda, "The Geology of Morals", http://www.t0.or.at/delanda/geology.htm.
115 Manuel DeLanda, "New Materiality", *Architectural Design*, vol. 85, Issue. 5, 2015. 9. 참조.
116 *Ibid.*

작용하면 양식 획득의 기능을 하게 된다.

그러므로 위와 같은 예를 통해 알 수 있듯이 잠재적 구조는 일종의 "가능성의 공간"[117]이 된다. 녹고 기화하는 물질의 경우 그 임계점들이 바로 그 잠재적 구조에 해당되는 것이다. 이는 앞서 우리가 논한바 물질의 '사건성'과도 통한다. 데란다·들뢰즈는 이를 '특이성들의 분배'라고 표현한다. 특이성은 이른바 사건이 발생하는 평범하지 않은 지점 또는 계기다. 이 공간은 특정한 위상학적 공간이 되는데, 이때 많은 차원을 가지게 된다. 이를테면 온도가 변화하면 그 공간은 1차원이며 특이성은 점(끓는점, 어는점), 온도와 압력이 모두 변화하면 그 공간은 2차원이고 특이성은 선들이 된다. 온도, 압력, 부피가 변한다면 그것은 3차원이며 특이성은 면들이 된다.[118]

· 주름 운동과 프랙털

이러한 예에서 변화하는 특이성의 집합이 생겨나게 된다. 그런데 이 집합은 현행화되면 여러 가능한 특이성들 중 특정한 원소 또는 부분집합이 생겨난다. 그러나 이것이 잠재적 상태에 있을 때 그 가능성은 무한이며, 이 무한한 특이성의 변화상을 위상수학에서는 '자유도'라고 부른다. 데란다에 따르면 이 자유도는 미분방정식에 의해 유도되고, 여러 자유도가 서로 연결된다. 물질이 변화하는 무한한 가능성은 앞서 말한 물질의 행동학 지표, 즉 RSLoLa에 상응한다. 어떤 물질적 시스템, 예컨대 자전거의 경우를 상상해 보자. 자전거는 손잡이의 자유도, 페달의 자유도, 브레이크의 자유도, 안전등의 자유도 등등 수

---

117 *Ibid.*
118 *Ibid.* 참조.

많은 자유도들로 나누어질 수 있다. 이 자유도들은 기능적으로 연결되기도 하지만 그 안에서 속도와 경도, 위도의 미분으로 연결되는 것이기도 하다. 그런데 이 특이성들은 그저 연결되는 것이 아니라, 서로 얽혀 있다고 봐야 한다. 그것들은 서로를 함축하고, 펼치며, 주름운동을 한다. 우리는 이를 어떤 프랙털처럼 생각할 수도 있다.

이 주름 운동은 현행화에 이를수록 안정상태로 나아가는 경향을 지닌다. 이를테면 무역풍과 같은 바람의 흐름은 주기적인 순환 패턴들로 안정화되고, 지구판 아래의 용암의 흐름도 어떤 흐름의 패턴을 형성하면서 안정화된다. 그러나 특이성은 이 안정화 상태에 도달함에 따라 스스로를 거기서 빼고, 그러한 안정적 메커니즘으로부터 빠져나가, 준안정상태로 돌입한다. 따라서 특이성은 이 메커니즘으로부터 독립적이다. 물질의 핵심은 이렇게 준안정상태에서의 변화-운동이지 안정상태의 질과 양은 아니다. 그러므로 물질을 안정상태의 선형적 인과성으로 환원하거나 어떤 법칙 필연성으로 축소하려는 시도는 언제나 실패한다. 이를테면 고전적인 물질 모델인 질료-형상론에서 질료는 언제나 형상을 빠져 달아나는 시뮬라크르들에 의해 정당성을 상실할 것이다. 데란다는 형상이라는 초월성을 상정하지 않고도 우리가 물질에 대해 내재적으로 사유할 수 있는 방법이 바로 이 잠재성의 구조를 파악하는 것이라고 본다. 선형성은 비선형적 잠재성에서 탄생하는 것이지 그 역은 성립하지 않는다.

그렇지만 초월성은 단순히 부정될 대상은 아니다. 그것은 설명되어야 하며, 물질화의 과정 안에서 이차적인 것으로 취급되어야 한다. 잠재적 연속체는 그 내부에 불연속성을 함유하지만, 그것은 언제나 이념적이며 문제적인 것으로 취급될 필요가 있다. 초월성은 그 불연속성 중 일부이다. 물질화의 과정에서 초월성은 물질의 접힘으로 이해된다. 그 접힘은 완연히 내재적인 구도이며 불연속적이지만 연속성 내부에서만 불연속적이다.

　　잠재성의 철학은 잔여의 철학이라고 부를 수 있다. "어떤 면에서 잠재적인 것은 그것이 활성화하는 강도적 과정들에 있어 그 자신의 뒤에 흔적들을 남"[119]기기 때문이다. 잠재적 구조에 대한 해명은 여기서 시작된다. 잠재적 공간의 특이성들의 자유도는 곧 잠재적 다양체를 뜻하는데, 이는 분명 본질주의를 부차화하고, 존재론에 물리학과 수학을 도입함으로써 잠재적 구조를 드러낸다.[120]

　· 순수 생성의 시간

다른 측면에서 이 구조는 새로운 시간성을 말해 주는 것이기도 하다. 잠재적 사건들의 공존은 우리가 이미 살펴본바 크로노스의 시간성과는 거리가 멀다. 사건적 시간은 비계량적이며, 그 안에 무한한 공가능성을 담고 있어야 한다. 또한 이 시간은 소위 '무시간성'과도 거리가 먼데, 이는 그 무시간성이 곧 존재의 '본질'이 되기 때문이다. 본질주의에 침윤되지 않고서도 사건의 시간을 해명하려면 잠재적인 것이 '존재로서의 존재'가 아닌 다른 것이 되어야 한다. 이에 대한 데란다·들뢰즈의 답변은 '존재 없는 순수 생성'의 시간으로서의 아이온이다. 여기서 순수 생성은 "어떠한 계서성(sequentiality)의, 심지어는 방향성의 흔적도 없는 병렬관계"[121]로 묘사된다. 데란다의 예를 들자면, 0도는 물의 녹는점과 어는점을 표시하지만, 현실적으로 그 둘

---

119 데란다, 『강도의 과학과 잠재성의 철학』, 95쪽.
120 앞의 책, 같은 쪽.
121 앞의 책, 220쪽.

은 일종의 교차되는 양상을 띤다. 순수 생성은 이 두 임계점을 동시에 포함한다. 그것은 "현실적으로 결코 일어나지 않는, 다만 항상 도래하고 있고 이미 지나간 녹는-어는 사건이다".[122] 따라서 잠재성의 시간은 이렇게 결코 현행화되지 않지만 언제나 생성 중인 시간, 즉 아이온이다.

순수 생성의 시간성은 현재를 늘 비껴간다. 이 말은 아이온의 시간이 현행화의 크로노스의 시간성과는 달리 완전히 대칭적으로 과거와 미래를 펼치고, 함축한다는 것을 의미한다. 현재의 현행화는 이 대칭성이 깨지면서 일방향 또는 선형성을 획득할 때 나타난다. 무한한 가능성은 이렇게 해서 감속되면서, 즉 대칭성이 깨지면서 선별된 어떤 사건(또는 사태)으로 드러나게 되는 것이다.[123] 이때 잠재성은 가장 효과적으로 은폐되며, 현행화된 세계만이 유일한 세계라는 착각을 불러일으킨다. 이렇게 해서 자연과학은 '법칙'을 전면에 내세우면서, 저 고전적인 선형적 인과성을 실험 조작에 의해 증명된 것으로 인식하고, 유클리드식의 수학으로 정당화할 준비가 된다. 하지만 비선형적 이론들은 이와 달리 그러한 선형성이 생성되는 새로운 세계를 열어 보인다.

· 역사와 이념적 사건

역사에 있어서도 데란다·들뢰즈는 현실적 역사와 잠재적 역사의 상호 얽힘을 내세운다. 즉 한쪽에는 해(解)로서 출현하는 현행적 역사가 있고 다른 한편에는 이념적인 사건들과 아이온의 함축들을 내

122 앞의 책, 같은 쪽.
123 앞의 책, 221~222쪽 참조.

장한 잠재적 역사가 있는 것이다. 이 이중의 계열은 마치 양자 얽힘 (quantum entanglement) 현상과 같이 서로 아무런 관련이 없지만 원격적인 정보 교환을 통해 상호 간에 반응한다. 이 두 위상적 공간 사이에는 강도적 공간이 있다. 강도적인 것은 선형적 인과성으로 수렴하는 현행적인 것과 비선형적인 사건으로 발산하는 잠재적인 것을 분리하면서 이어 놓는다. 마치 하나의 주름의 양면을 이어 주는 두께와 같이 강도의 공간은 거리와 긴장, 팽창과 이완의 과정 안에서 그런 놀이에 열중하는 것이다. 강도적인 것 안에는 잠재적인 것과 현행적인 것이 등을 맞대고 있다.[124]

따라서 철학자는 마땅히 "현실적 과정들에서 잠재적 사건들(다양체들)을 추출함으로써 그것들을 창조"[125]하는 것을 첫 번째 임무로 설정한다. 그리고 나서 이 창조된 것들을 펼쳐 내는 것이다. 이와 달리 과학은 어떤 지시체를 활용함으로써 그것을 함수화하고, 이로써 사태들과 사물들 그리고 사건들을 현실화해 낸다. 이것은 결정적 차이인데, 왜냐하면 철학의 다양체들과 과학의 지시체는 잠재성과 현행성과 마찬가지로 서로 평행관계에 있기 때문이다. 과학이 철학의 개념을 전용하고, 철학이 과학의 개념들을 자신의 맥락에서 사용할 때 생겨나는 이 이물감은 여기서 유래한다.

다시 한 번 말하지만 철학자들은 현실적인 사건들에서 이념적이고 문제적인 것, 즉 잠재성을 추출해야 한다. 이로써 그는 그러한 사건들에서 특이한 것, 독특한 것, 평범하지 않은 것을 드러내고, 중요한 것과 중요하지 않은 것을 분별하며, 문제를 제대로 정의해야 한

---

124 앞의 책, 326쪽.
125 앞의 책, 236쪽.

다. 그리고 이것을 일관성의 평면에 펼쳐야만 한다. 그렇게 해서 잠재성이 현행적인 것으로부터 영원히 물러나는 것이 아니라 그것에 늘 따라붙어 다님을 증명하고, 어떤 계기를 통해 그것이 분출되는지를 해명한다.[126] 그러므로 철학자는 존재의 영원한 물러남을 체험하는 하이데거의 '산책자'가 아니라 언제나 심연을 들여다보고 그것을 긍정하는 포스트휴먼적인 혼종적 주체이자 유목적 주체여야 한다.

(3) 사회적 배치

· 우발성의 이론

이러한 들뢰즈의 철학에 기반하여 데란다는 색다른 사회 이론을 제안한다. 이 제안에서도 신유물론의 가장 중요한 특징인 이원론에 대한 비판적 사유가 드러난다. 데란다는 이러한 환원주의적 이원론 사유를 돌파하려는 시도를 사회철학적 수준에서 실행한다.[127] 이원론은 데란다에게도 '본질주의'의 함의를 지니는데, 이는 두 개의 항으로 이루어진 고정된 본질 간의 변증법적 대립이다. 하지만 이러한 대립 항들의 적용으로는 앞서 살펴보았다시피 실재의 미시적 요소들이나 규정적 요인들을 파악하기에 역부족이다.

이와 마찬가지로 선형적 인과성도 부차화된다. 일반적으로 선형적 인과성은 그러한 인과적 사실에서 벗어나는 요인들을 사전에 조율함으로써 배제시킨다. 이런 의미에서 배치 이론에서는 '우발성'

---

126 *Ibid.*, p. 238 참조.
127 마누엘 데란다, 『새로운 사회철학: 배치 이론과 사회적 복잡성』, 김영범 옮김, 그린비, 2019, 84쪽 참조.

이 개입할 여지가 마련된다. 하나의 매끈한 전체는 부분들 사이의 종합인데, 여기에는 선형적 인과성이 아니라 우발적 요소들이 더 결정적으로 작용한다. 그렇기 때문에 "우발적으로 정해지는 관계들은 두 종의 공진화 역사와 같은 경험적인 물음을 반드시 고려한다".[128] 경험적 요인들에 대한 강조는 하나의 사회 이론이 제대로 구성되려면 언어성에만 매달려서는 안 된다는 것도 요구한다. 이를테면 어떤 인물이 가진 사회적 평판에는 그가 발화한 언어적 표현만이 문제가 되는 것이 아니라 비언어적인 사회적 표현들도 포함된다는 것이다.

· 사회체라는 물질

이원론과 선형적 인과성에 대한 비판은 어떤 사회적 배치가 발생하는 과정이 들뢰즈적인 의미에서 '반복'을 경유한다는 것으로 귀결된다. 이것을 데란다는 '회귀'(recurrence)로 개념화한다. "그러니까 배치란 항상 아무리 작더라도 개체군(population), 동일한 과정이 반복해서 발생함으로써 만들어지는 개체군으로 존재한다는 뜻이다."[129] 한 개체를 구성하는 요소들은 필연적으로 집합체를 형성하는데, 이때 그 구성요소들 각각도 미시적인 배치물이다. 달리 말하면 사회적 집합체는 서로가 서로를 함축하는 신유물론적 물질인 것이지 단순한 선형성에 의해 정의되는 관념적인 인과적 사태가 아니다.

함축하고 함축되는 과정에서 이것들은 서로 상호작용하게 되고, 그러한 상호작용으로 인해 평균적인 속도와 패턴들이 이루어진

---

128 앞의 책, 27쪽.
129 앞의 책, 36쪽.

다.[130] 결과적으로 회귀적 반복을 통해 형성되는 이 평균성이 일반성으로서의 그 사회 집합체의 속성을 형성하면서, 거시적인 사회구성체(예컨대 자본주의 사회구성체)로 향하게 되는 것이다. 데란다는 다음과 같은 예를 든다.

> 예들 들면, 배치라는 접근방식에서 '시장'은 […] 구체적인 조직(즉 구체적인 장터나 상점가)으로 파악되어야 하고 그렇게 해서 시장은 사람들과 그들이 교환하는 물질적 상품들과 표현적 상품으로 이루어지는 배치가 된다.[131]

배치에 있어서 중요한 것은 "구체적이고 물리적인 장소, 배치의 구성요소로 간주되어야 하는 위치"[132]이다. 증기기관이 발명되어 이동에서 거리가 단축되기 전에는 수많은 도시들이 이러한 시장을 중심으로 유사한 배치들을 형성하기 시작했으며, 그 규모는 기술의 발달과 더불어 더더욱 커졌다. 작은 시장들은 큰 시장의 부분이 되고, 통합되거나 배제되기도 했다. 배치의 창발성은 여기에 있다. 그

---

130 하먼은 데란다의 사회적 배치 이론을 말하면서 그것이 실재론과 부합하는 요소가 많다고 언급한다. "데란다가 흥미를 가지는 것은 정신없는 좀비들의 사회체가 아니라, 인간 사회체들이 여전히 그것에 관한 인간적 **개념들**로부터 독립적인 한에서, 정신적인 인간들의 사회체다. 다시 말해, 사회에 관한 실재론적 개념은 간단히 사회가 우리가 그것에 관해 보고, 말하는 무엇이든 간에 그것을 넘어서며, 우리의 지식에 의해 최초로 산출되지 않는 독립적 형태들을 가진다는 것이다. 그리고 정신-독립적 실재는 심지어 인간이 […] 직접적으로 그것에 주목하고 있을 때에도 거기에 있다. 더 나아가, 세계를 향한 인간적 태도는 비록 단지 환영에 불과할지라도, 그 자체 본질적으로 새로운 종류의 실재이다. 인간을 **제거**함으로써 실재의 양이 증가한다는 점에는 의문의 여지가 없다"(Harman, "The Only Exit From Modern Philosophy", *Open Philosophy*, p. 138).

131 데란다, 『새로운 사회철학』, 37쪽.

132 앞의 책, 같은 쪽.

러나 이 배치물들은 서로 딱 맞아떨어지지 않으며 언제든지 기능부전 상태에 빠지거나 다른 식으로 쇠퇴하거나 다른 집합체를 생성하기도 한다.

· 배치 이론 요약

사회 이론으로서의 배치 이론은 다음과 같은 특징을 지닌다.

1. 배치의 부분들은 매끈하게 연결되지 않으며 서로 간에 함축하고 함축되는 대신, 상호 자립적이다. 따라서 이 부분들은 어떤 우발적 조건하에서 따로 떨어져나와 다른 배치를 형성할 수도 있다.
2. 배치는 정체성에 있어서 불안정하다. 또는 준-안정적이다(데란다는 들뢰즈를 따라 이를 영토화와 탈영토화의 항구적인 과정이라 부른다).
3. 배치의 과정은 회귀적인 반복에 따라 운용된다. 이 과정에서 분해와 종합이 달성되어 영토화와 코드화가 발생하지만, 다른 한 축에서는 떨어져 나간 배치의 한 부분이 그 전형성을 벗어나 예외적인 집합체를 만들어 내기도 한다.[133]

이러한 배치 이론에서 중요한 것은 인과성이 아니라 그 인과성을 확장한 비선형적인 메커니즘이다. 사회적 배치는 인과적 상호작용에 더해 창발적인 상호작용을 확립할 필요가 있다. 때문에 사회적 배치는 유기적이고 기능적으로 말끔하게 이루어진 '상호접속의 덩어리'가 아니다. 거기에는 무수한 우발적 사건들이 존재한다. 요컨대

133 앞의 책, 39쪽 참조.

사회적 배치 이론은 이러한 우발적 사건들을 배치 안에서 실현하는 과정을 설명하는 것이다. 이를 위해서는 기존의 사회 이론이 가지고 있던 어떤 편견, 즉 한쪽에는 개인이, 다른 한쪽에는 사회가 있다는 식의 단순 도식을 거부해야 한다.[134] 이 두 개의 극 가운데에는 소집단과 중집단과 같은 창발적 지점들이 존재한다. 이것은 규모의 문제이기도 하지만 어떤 사건성의 움직임을 측정하는 문제이기도 하다. 이는 결과적으로 부분과 전체, 또는 최소와 최대라는 극점으로의 환원주의를 거부하는 것이기도 하다. 데란다는 이를 통해 사회적 배치의 준안정성과 영토화/탈영토화 과정 그리고 그것을 통해 새롭게 창발하는 인적·물적 네트워크를 현행적 사실 그대로 드러내면서도, 사건성의 지점을 짚어 내고자 하는 것이다.

　　데란다의 이 모든 이론적 시도들은 들뢰즈 외에 페르낭 브로델과 같은 경제사가의 영향도 간직하고 있다. 핵심적인 사항은 데란다가 이를 통해 존재론의 분야에서 구체적인 사회-역사분석에 이르기까지 우발성과 사건성을 사고하고자 했다는 점에 있다. 이는 물질에 대한 존재론과 사회학적이고 정치적인 성찰을 하나의 붉은 실로 엮어 내고자 하는 신유물론적인 철학적 요구를 실현하고자 함이다. 신유물론은 이와 같이 물질 일원론을 택함으로써 그 물질이 가진 역동적인 상들을 잠재태와 현실태에 적용하고 이를 통해 사회와 생성하는 물질의 동형성을 강조한다.

---

134 앞의 책, 62쪽 참조.

4장 신유물론의 전개

1. 브뤼노 라투르

(1) 진리 대응설에서 진리 이동설로

· 진리 대응설이 누락한 것들

하먼이 자신의 객체-지향 존재론을 가리켜 '직설적인 실재론 철학'이며 이는 "외부 세계가 인간의 의식과 독립적으로 존재한다"는 다소 "지루하고 상식적"인 사고방식이라고 했을 때,[1] 그것은 단순한 소박실재론(우리 사유와는 독립적인 실재가 단적으로 존재한다는 믿음)을 가리키는 것이 아니었음은 분명하다. 때문에 하먼을 비롯한 사변적 실재론자들이 소위 '접근의 철학'(philosophie of acess)을 포기하고 '평평한 존재론'(flat ontology)을 주장할 때, 우리는 "원자, 죽은 사람, 나무 둥치의 둥긂, 축구팀, 만유인력의 법칙 또는 '단어'라는 단어의 절반 사이의 모든 차이가 체계적으로 강도적 차이를 포함하고, 변이를 겪는 것"[2]이라고 상상한다.

---

1 Graham Harman, *Object-Oriented Ontology: A New Theory of Everything*, UK: Penguin Random House, 2017, p. 10.
2 Tristan Garcia, *Form and Object: A Treatise on Things*, trans. Mark Allan Ohm and Joe Cogburn, Edinburgh: Edinburgh University Press, 2014, p. 4.

하지만 이런 방식의 실재에 대한 파악은 중요한 고리를 하나 빼먹은 것으로 보인다. 트리스탕 가르시아에 의해 상술된 저 잡다한 객체들이 어떻게 그 진릿값을 가지는지에 대한 고전적 질문이 그것이다. 물론 우리는 이 질문이 저 잡다한 실재와 같이 고리타분한 것이라고 치부할 수도 있지만, 과연 '진리'라는 수천 년의 지층이 누적된 개념을 사고 안에서 호기롭게 물린다고 해서 그 질문이 실제로 사라지지 않으리라는 것도 너무 분명하다.

라투르의 시작 지점은 이 질문에 있다. 즉 '진리 대응설'에 대한 의문이 그것이다. 이것에 대해 조금 상기해 보면서 라투르의 신유물론에 대해 논의를 시작해 보자. 라투르가 어째서 "근대인이란 존재하지 않았다"고 단언하고 파스퇴르의 발효균이 파스퇴르와 함께 생산되었다는 식으로 언뜻 보기에 질색할 단언을 해 대는지 그 이유가 여기에 있을 것 같다. 라투르에 따르면 진리 대응설의 양극성에 포함되는 주체와 '사실', '사물' 혹은 '물질'(대상들)은 "한편으로는 […] 실험적으로 구성되고 결코 인위적인 조건에서 빠져나올 수 없으면서, 다른 한편으로는 […] 구성되는 것이 아니며 인위적이지 않은 무언가"[3]로 출현한다. 앞서 말한 파스퇴르의 경우로 돌아가자면 진리 대응설에서 파스퇴르 자신과 발효균은 비대칭적인데, 왜냐하면 이때 파스퇴르는 발견의 과정을 전유하는 과학자로서 스스로의 '역사'(그의 생애 전체와 타자와의 관계들 전체)를 가지지만, 부당하게도 발효균은 느닷없이 출현한 것으로 되어 '역사'를 가지지 않기 때문이다. 그러므로 진리 대응설은 아는 자와 알려지는 것, 즉 주체-객체

3   브뤼노 라투르, 『판도라의 희망』, 장하원·홍성욱 옮김, 휴머니스트, 2018, 204쪽.

이분법을 전제하면서, 객체를 "그저 대응이라는 고정된 목표로서 멈추게" 함으로써 "나타나고 또 나타나지 않을, 즉 변화할 방법"을 박탈한다.[4]

라투르에 따르면 대응과 일치는 존재하지 않으며 '이동'만이 있다. 마찬가지로 '진리'는 있지만 '대응'으로서의 진리는 존재하지 않는다.[5] 즉 거기에는 우리가 간과하는 '간극'이 있는데, 과학자들을 비롯한 모든 일상인들이 인식과 발견의 재현적 층위에서 이 간극을 가뿐히 뛰어넘으며 살아간다는 것이다(여기에 '재현'이 가지는 허술함이 존재한다). 그렇다면 우리가 언술하고 행위하고 단언하는 것의 진리는 어떻게 보장되는가? 그것은 어떤 "간접적이고, 비스듬하고, 게걸음 같은 이동"에 의해 보장된다. 이 말은 우리가 진리를 발견(같은 말이지만 발명)하게 될 때, 어떤 단계들을 반드시 거치게 되는데 여기서 어떤 요소, 변수, 구성원 들은 사라지지만, 동시에 재탄생하는 무엇이 있다는 것을 의미한다.

이러한 단계마다에는 지시체 또는 지시가 존재한다. 하지만 이것은 대응설에서 말하는 단어와 사물의 일치처럼, 또는 얌전히 발견을 기다리는 발효체처럼 고정되어 있지 않다. 당연하게도 여기에는 '간극'이 존재하기 때문이다. 이 간극은 진리의 구성요소들을 진동시키고 이동시킨다. 그렇다고 이 간극이 어떤 '유사성'에 의해 메워지지도 않는다. 다만 진리는 이 과정상의 어떤 조작자에 의해 "사물과 단어의 차이를 횡단하는 연쇄"를 만들어 내고, 그것들을 재분배한다. 만약 이 연쇄가 앞으로 뒤로 움직이지 못하고 무언가에 의해

---

4   앞의 책, 241~242쪽.
5   앞의 책, 117쪽 참조.

방해받는다면 진리는 나타나지 않는다. 왜냐하면 이때부터 이 조작자가 진리를 실어나를 길이 없어지기 때문이다. 이를테면 파스퇴르가 발효균을 발견하지 못한 상태에서 과학 재단의 기금 평가에서 떨어졌다면 이 파스퇴르-발효균 조작자는 더 이상 진리를 실어나르지 못했을 것이고, (파스퇴르 자신이 불굴의 정신으로 실험실을 사수했다면 몰라도) 우리는 지금껏 세균학을 모르고 살 것이고, 따라서 '코로나바이러스'가 아니라 어떤 '저주받은 돌림병'이라고 애매하게 불리어지는 것을 앓고 있었을지도 모른다. 어쨌든 여기서 '지시체'는 끊임없이 움직이는 것이며, 여기서 '주체-객체'의 이분법은 소용없다. 우리는 이 움직이는 지시체에 의한 진릿값 결정 과정을 '이동설'이라고 잠정적으로나마 칭할 수 있을 것이다.

아래는 라투르가 제시한 대응설 다이어그램이다.[6]

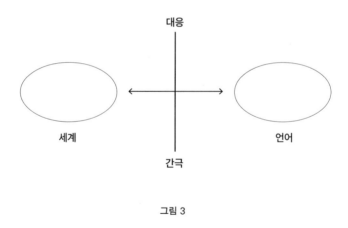

그림 3

6   Bruno Latour, *Pandora's Hope: Essays on the Reality of Science Studies*, Cambridge: Harvard University Press, 1999, p. 69(라투르, 『판도라의 희망』, 124쪽).

그리고 아래는 이동설에 대한 라투르의 다이어그램과 그 설명이다.[7]

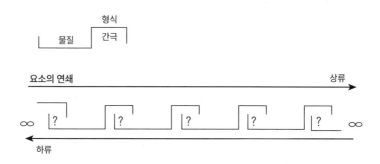

그림 4. 재현의 요소들[8]

지시에 대한 '움직이는(deambulatory)' 관념은 '형식'과 '물질' 사이의 작은 간격을 함축하는 일련의 변형을 따라간다. 이 관점에 의하면 지시는 앞뒤로 왔다 갔다 하는 움직임과 이 변형의 질을 규정한다. 이 모델의 핵심은 지시가 중앙에서 양극단으로 가면서 커진다는 것이다.

간극을 폴짝거리며 뛰어, 형식이 물질이 되고 다시 물질이 형식이 되는 이 재미있는 과정은 물질이 그 형식과 더불어 가소적이라는 것을 의미하는 듯하다. 즉 물질은 때때로 "단어들로, 식물과 객체들로, 피와 신념들로 등장한다"는 것이다.[9] 또한 물질은 "존재와 모든 사건이 그와 더불어, 즉 재편과 재조직을 위한 그것의 잠재적 요소들[간극들-인용자]과 더불어 이루어진다".[10] 그렇기 때문에 물질-형식은 하나의 실재로서 "수(the number), 경도, 이러한 차이들"과 조작자

7   *Ibid.*, p. 70(앞의 책, 124쪽).
8   번역본에는 이 그림의 제목인 '재현의 요소들'이 누락되어 있다.
9   Vicki Kirby, "Matter out of Place: 'New Materialism' in Review", ed. Kirby, *What if Culture was Nature all Along?*, Edinburgh: Edinburgh University Press, 2017, p. 15.
10 Elizabeth Grosz, "Matter, Life and Other Variations", *Philosophy Today*, vol. 55, 2011, p. 20.

에 의해 중재되며 협상하기를 멈추지 않는다."

· 팩티쉬

라투르는 이동설로 설명되는 이 물질을 팩티쉬(factish)라고 부른
다.¹² 먼저 아래의 그림은 '사실'과 '물신'의 전통적인 분할을 보여 주
는데, 이때 이 분할을 가능하게 하는 중요한 질문은 "그 물질이 제조
되었는가, 아니면 자율적인 실재인가?"라는 것이 된다. 다시 말해 전
통적 분할에서 제조와 자율성은 이분법적인 관계를 가진다.

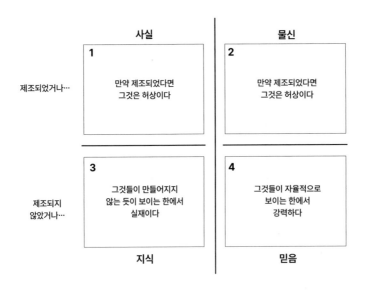

그림 5

---

11 Bruno Latour, "Part Two: Irreductions", *The Pasteurization of France*, trans. Alan Sheridan
     and John Law, Cambridge: Havard University Press, 1988, p. 166.
12 Latour, *Pandora's Hope*, p. 273(라투르, 『판도라의 희망』, 432쪽).

하지만 비근대적인 팩티쉬는 아래와 같이 분할이 사라진 도식을 그린다. 이렇게 됨으로써 제조된 것과 자율적인 것의 분할, 즉 사실과 물신의 구별이 사라지며, 이와 더불어 사실과 제조 모두가 실재성과 자율성의 원인이 된다. 이에 따라 지식과 믿음의 경계도 사라진다. 이때 중요한 질문은 "그 물질은 자율성을 구비할 만큼 잘 제조되었는가?"가 된다.

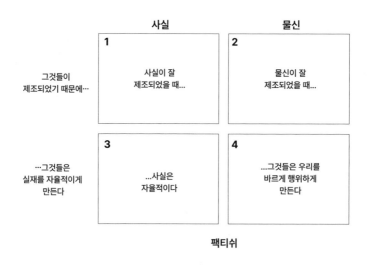

그림 6

사실상 이 두 그림은 대응설에서 물질(사실)과 물신 간의 이분법이 이동설에 와서 붕괴되는 모습을 보여 준다. 결국 이러한 전환에서 중요한 요소는 '제조'(fabrication)다. 여기서 질문은 "제조란 무엇인가?" 따위의 본질주의적인 물음이 아니라 "누가 그 제조를 행했는가? 과학자인가? 사물인가?"와 같은 것이 된다.[13] 사실상 라투르의 이러한 관점은 어쩌면 고고학적인데, 왜냐하면 이토록 단순 명쾌한 혼종적인 덩어리로서의 팩티쉬가 근대성을 경유하며 이분법의 망치

에 의해 쪼개진 것을 복구하는 것이 그의 일처럼 보이기 때문이다.[13]

그렇다면 여기서 지시체-팩티쉬는 어떻게 형성되는가? 이 질문에 답하기 위해 라투르의 설명을 좀 거슬러 올라가 보자. 우선 이 지시체는 내재적이지 초월적인 것이 아니라는 것은 분명하다.[14] 이러한 지시체를 라투르는 '순환하는 지시체'(circulating reference)라고 부른다. 아래의 다이어그램은 위에 제시한 것이 살짝 변형된 것이다.[15]

• 순환하는 지사체

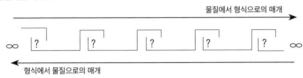

• 전통적인 관점

그림 7

단어와 세계가 심연으로 분리되어 있고 대응이라는 위험한 다리를 통해 연결된다는 전통적인 모델을 얻기 위해서는 그저 순환하는 지시체를 고려해 보고 불필요한 중개물로서의 매개 전부를 지워 버리고 그 연결을 불투명하게 만들면 된다. 이는 전 과정의 (임시적인) 끝에서만 가능하다.

여기서 순환하는 지시체는 앞서 말한 팩티쉬에서, 사실과 물신

---

13 앞의 책, 444쪽.
14 Latour, *Pandora's Hope*, p. 166 참조.
15 *Ibid.*, p. 73(라투르, 『판도라의 희망』, 128쪽).

이 뒤섞이는 과정에서 형식과 물질이 뒤섞인다는 것을 의미하는 것으로 보인다. 저 다소 심란한 물음표는 물질과 형식 간의 '간극'이다. 즉 "각 단계는 그것에 뒤이어 따라오는 것을 위한 물질이자, 그것을 선행하는 것을 위한 형식이다. 각각의 단계들은 서로, 단어로 간주되는 것과 사물로 간주되는 것 사이의 거리만큼 넓은 간극으로 분리되어 있다".[16]

· 순환하는 지시체와 이분법의 종언

이 순환하는 지시체는 이분법의 종언을 의미하는 것이기도 하다.[17] 왜냐하면 이 지시체는 단어와 세계, 언어와 자연 사이의 대응이라는 이분법적 전제를 과학으로부터 몰수해서 이리저리 뒤섞음으로써 어떤 혼종적이고 상호 갈마드는 덩어리로 만들어 버리기 때문이다. 하지만 이 덩어리는 생각보다 불분명하지 않으며, 오히려 위에서 보았던 것처럼 명확한 단계들을 형성한다. 불분명하고 불투명하게 만드는 것은 근대적인 대응설 자체다. 재미있는 것은 라투르가 자신의 이 책조차 순환하는 지시체를 활용하고 있다고 말할 때다. 그는 자신도 이 책에서 여러 사진들과 도표, 텍스트(순환하는 지시체들)를 겹쳐 놓고 있으며, 그 스스로도 여기 접혀 들어가 있는데, 이 책의 경험적 묘사들에서 라투르가 속속들이 등장하기 때문이다.

이러한 지시체에는 두 가지 특성이 공존한다. 하나는 '대표성'이라고 부를 수 있는 것으로 아마도 라투르는 이 특징 안에 '재현'의 요소를 가미한 것으로 보인다. 그는 이를 "경제성, 귀납, 지름길, 깔

16 앞의 책, 129쪽.
17 앞의 책, 63쪽 참조.

때기"라고 부른다.[18] 또 다른 하나는 '논증성'이라고 부를 수 있는 것으로 학문적 논증과 반박에서 증거목록이 된다.

이런 순환하는 지시체의 연쇄는 알다시피 유사성이 아니라 "변형, 변성 그리고 번역에 의존"한다.[19] 그러므로 지시체의 지시행위는 어떤 외부 실재와의 닮음을 전시하는 것이 아니라 간극을 간직한 실재 세계를 반영한다.

라투르는 앞서 제시한 지시체의 이동설을 묘사한 다이어그램을 위에서 바라본 다이어그램을 다음과 같이 그려 준다.[20]

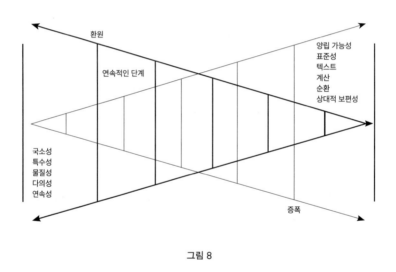

그림 8

이 그림이 대응설의 완고하게 관념적인 모델이 아니라 유동적

18 앞의 책, 77쪽.
19 앞의 책, 108쪽.
20 앞의 책, 125쪽.

으로 양끝이 확장되는 모델이라는 점은 분명하다. 이 연쇄의 중간 부분 전체 또는 양 끝점에 수렴하는 지점까지 블랙박스에 넣어 버리면 대응설의 착각이 발생한다.

　이 그림에서는 두 가지 과정이 뚜렷이 드러나는데, '환원'과 '증폭'이 그것이다. 즉 "단계마다 우리는 국소성, 특수성, 물질성, 다의성, 연속성을 잃고, 그렇게 해서 마지막에는 몇 장의 종이 외에는 거의 아무것도 남지 않았다".[21] 이것이 환원이다. 다음으로 증폭은 "획득하거나 회복"하는 과정으로서 "우리는 훨씬 큰 양립 가능성, 표준성, 텍스트, 계산, 순환 그리고 상대적 보편성을 얻"는다.

(2) 다이어그램

· 진리로서의 다이어그램

과학실험과 발견의 과정(또는 우리의 일상적인 사고 과정과 경험)은 이와 같이 지시체들의 순환에 의한 간극의 횡단(!)임이 분명하다. 이 횡단 과정 안에서 우리는 일련의 계열적인 생산물들을 얻게 되는데 그것이 '진리'일 것이다. 라투르는 이를 '다이어그램'이라고 부른다.[22] 과학자들의 행위는 이 일련의 다이어그램을 획득하는(진리를 획득하는) 과정이라고 해도 과언이 아니다. 이 과정은 (뒤에서 우리가 보게 될 텐데) 바라드가 '장치들' 간의 '간-행'이라고 부른 것과 거의 유사하다. 바라드의 물리학자들과 마찬가지로 라투르의 지질

21　앞의 책, 같은 쪽.
22　들뢰즈와 가타리가 사용한 '다이어그램'이란 용어도 이와 같은 횡단성으로서의 기계적 작동을 의미한다는 것에 주목할 필요가 있다.

학자와 식물학자들은 엄청난 주의력을 투하하여 실험실을 꾸민다. 안온한 캠퍼스의 연구실이 아니라 흙더미와 잡풀들 사이에 꾸려진 이들의 연구실은 라투르가 '원-실험실'(proto-labaratory)이라고 부르는 곳이다. 이곳은 측량한 결과를 나타내는 실들로 어지럽고, 거기 좌푯값을 매긴 노트들이 돌아다닌다. 이렇게 해서 하나의 '세계'가 꾸려지는 것이다. "즉 모든 현상이 좌표들의 집합으로 등록될 수 있는 유클리드적 세계가 되었다. […] 세계가 알 수 있는 것이 되려면, 그것은 반드시 일종의 실험실이 되어야 한다. […] 반드시 다이어그램이 되어야 한다. […] 어떤 방식으로든 팔다리가 없는 통 속의 정신에 컴퍼스, 클리노미터(clinometers), 토포필(topofil)과 같은 장비를 사용하는 방법을 가르치지 않고는"[23] 이 모든 것은 불가능하다.

이 실험실을 거쳐 나간 지시체는 그 가소성에 의해 물질과 형식에서 변형을 겪을 것이며, 그로 인해 얻는 것과 잃는 것이 생긴다. 즉 일이 진행될수록 물질성이 감소하고 형식성이 증가한다. 하지만 그렇다고 해서 물질성이 영원히 상실되지 않는다. 획득된 지시체는 가역적이며 따라서 우리는 그것을 따라 다시 원-실험실로 돌아올 수 있다. 반대로 여기서 얻어지는 것은 물질을 부호화하고, 논문으로 만들 수 있는 텍스트가 된다. 다이어그램을 구성함으로써 우리는 지금/여기의 물질을 오래된 문서들과 상호연결할 수 있게 되었으며, 수천 년의 역사를 가지게 되었다. "우리는 이러한 환원(기록되고, 계산되고, 문서화되는 등)이 만들어 내는 다른 형태로의 가지치기를 통해 잃어버린 것의 100배를 다시 얻는다."[24]

23 라투르, 『판도라의 희망』, 90쪽.
24 앞의 책, 105쪽.

이 순환하는 지시체의 다이어그램이 완성되는 중에 일어나는 것은 물론 관찰과 경험일 것이다. 하지만 이것은 과학자-주체의 편에서 예외적으로 발생하는 것이 아니다. "식물학자는 새로운 것을 배우고, 배우면서 변화하지만, 그 과정에서 식물도 역시 변한다."[25] 즉 이 두 객체들은 구성된다. 숲이 식물학자의 완력에 의해 채집되어, 지프차에 실려 오면서 그리고 중간단계의 다이어그램으로 만들어지면서, 식물학자와 식물은 어떤 '이종적 혼합물'이 되는 것이다.

이것은 다이어그램 그리고 무언가를 기입하고, 기입된 것을 관찰하는 과정을 통과하여 완성된다. 이를테면 공간이 기입된 지도가 없이는 모든 것이 불가능할 것이다.[26] 따라서 "기입 덕분에, 우리는 우리가 빠져 있는 상황을 감독하고 통제할 수 있고, 우리는 우리보다 더 거대한 것에 대해 우세해지고, 우리는 많은 날들 동안 일어난 그리고 그 이래로 우리가 잊어 온 모든 행위들을 다 함께 하나의 시선에 모을 수 있다".[27] 다른 한편으로 다이어그램은 "시간적 흐름을 재분배할 뿐 아니라 공간의 위계적 질서를 전도시키고, 글자 그대로 우리 토양학자의 발밑에 있었음에도 이전에는 보이지 않았던 특성을 우리에게 보여 준다".

이제 우리는 문제가 되는 과학적 탐구의 전 과정을 지배하는 조작자가 다이어그램임을 알 수 있다.

다이어그램은 구성인가, 발견, 발명 또는 관습인가? 언제나 그렇듯,

---

25 앞의 책, 83쪽.
26 앞의 책, 70쪽 참조.
27 앞의 책, 118쪽 참조.

네 가지 모두다. 다이어그램은 다섯 사람의 노동에 의해, 연속적인 기하학적 구성을 통과하여 구성된다. 우리는 우리가 그것을 발명했다는 것, 우리와 토양학자들이 없이는 그것이 결코 나타나지 않았을 것을 잘 알고 있다. 그래도 그것은 […] 우리가 토양의 가시적인 특성들 아래에 이미 존재했다고 소급해서 생각하는 형식을 발견한다. 동시에 우리는 판단, 형식, 표지, 단어의 관습적인 부호화 없이는, 땅으로부터 그려진 이 다이어그램에서 우리가 볼 수 있는 전부는 그저 형식이 없는 낙서뿐이라는 점도 알고 있다. 이러한 모순적인(즉 우리 철학자들에게 모순적인) 성질들 모두는 이 다이어그램에 실재성을 싣는다. 그것은 실제적이지 않고, 아무것도 닮지 않았다. 그것은 닮은 것 이상을 한다. […] 그것은 그것이 모아 온 것을 완전히 대체할 수 없는 채로 요약한다. 그것은 그것에 선행하는 것과 뒤따르는 것 사이의 통행을 허용하는 조건에서만 진실된, 이상한 횡단물이자 정렬을 만들어 내는 조작자이다.[28]

· 재현의 구성

이렇게 해서 과학은 어떤 '재현을 구성한다'. 과학자들을 추동하고, 때로는 과학자들에 의해 추동되는 다이어그램은 지시체가 한 번씩 간극들을 횡단하고 폴짝 뛰어넘을 때마다 그것을 변형하면서, 스스로 변한다. "첫 번째 이미지로부터 두 번째 이미지로, 무지로부터 확신으로, 약함으로부터 강함으로, 세계와 대면하는 데 있어 열세로부터 인간의 관점으로 세계를 지배하는 것으로" 말이다.[29] 그러므로 결

28 앞의 책, 120~121쪽.
29 앞의 책, 71쪽.

국 "과학은 세계에 대해 말한다기보다는, 오히려 언제나 세계를 저 멀리 밀어내 버리는 동시에 세계를 더 가까이 가져오는 재현들을 구성한다". 이것은 현상으로부터 재현이 발생하는 과정에 다름 아니다. 지난한 횡단 과정을 거쳐 물질-현상들[30]은 재현이라는 닻을 달게 되었고 보다 알아보기 쉬운 담론-물질이 된다.

이것은 라투르가 보기에 어떤 "플라톤주의의 대지적(earthly) 차원"으로서 "연속적이고 복합적인 덩어리들로부터 x축, y축 좌표로 부호화된 기하학적 입방체 안의 개별적 색상으로 건너뜀"는 것으로 묘사된다.[31] 이렇게 보면 우리가 하먼으로부터 들은바, "실재와 관계 사이의 기본적 차이"[32]라는 것, 그래서 실재는 관계로 환원될 수 없다는 교설이 어떤 면에서 라투르의 관점과 다른지 알 수 있다. 하먼의 경우 저 '간극'은 실재 객체의 물러남이 만들어 놓는 달팽이 족적과 같이 불분명하게 뭉개진 차원이지만, 라투르에게는 횡단적 연결을 통해 현상을 자아내고, 물질을 다이어그램화하는, 거미줄이 걸린 나뭇가지 사이의 허공과 같다.

지시체에서부터 다이어그램에 이르는 과정에서 라투르가 말하

---

30 물질이 형식과 더불어 현상이 되는 과정은 라투르의 다음 언급에서 드러난다. "우리는 결코 사물과 기호 사이의 단절을 발견한 적도 없고, 무형의 연속적인 물질에 임의적이고 추상적인 기호를 부과하는 것에 직면한 적도 없다. 우리는 각각이 앞선 것을 위한 기호 역할을 하고 뒤따라오는 것을 위한 사물 역할을 하는 잘 짜인 요소의 중단되지 않은 연속을 보고 있을 뿐이다. 모든 단계에서 우리는 수학의 기초적인 형식(form)을 발견하는데, 이 형식은 연구자의 그룹에 체화된 실행의 매개를 통해 물질(matter)을 수집하는 데 사용된다. […] 하얀 마분지 상자로 들어가 곧 숫자로 표시될 갈색의 흙을 넣고 있는 르네를 떠올려 보자. 그는 칸트적 신화에서처럼 지적인 범주에 따라서 토양을 나눈 것이 아니다. 오히려 그는 물질로 하여금 형식과 물질을 분리하는 간극을 건너도록 함으로써 각 **현상**의 의미를 전달했다"(앞의 책, 107쪽).

31 앞의 책, 97쪽.

32 그레이엄 하먼, 『쿼드러플 오브젝트』, 주대중 옮김, 현실문화, 2019, 86쪽(번역 수정).

고자 하는 것은 전통적인 진리 대응설이 완전히 틀렸다는 것이 아니라, 그것이 사실(물질)과 물신을 예리하게 나눔으로써 본래적인 혼종성을 저 멀리 던져 버렸다는 것이다. 즉 그것은 저 다이어그램에서 보이는 '환원'의 과정인데, 문제는 '증폭'의 과정이 거기 언제나 있어 왔음에도 말 그대로 '간과'(oversight)했다는 점이다. 간과는 의식적으로도 무의식적으로도 발생한다. 어떻게 해서든 모든 것을 환원하려고만 하지만, 우리는 "동맹들의 수나 이질성을 환원할 수 없다".[33] 우리가 환원한다고 여기는 "**자연들**(natures)은 서로 간에 그리고 '우리'와 전반적으로 뒤섞인다". 따라서 "우리는 그것들을 분리하면서 그 힘들의 명쾌하고, 유일한 기원들을 발견하길 희망할 수 없다". 그러나 라투르가 이러한 희망을 조롱하면서, 인류의 자산이 솟아나는 우물물에 독을 푸는 짓을 하는 것이 아니다. 그가 계속 강조하듯이 라투르의 기획은 근대적 이분법(그리고 그것의 심폐소생술인 변증법)이 오히려 혼종들, 준객체들을 간극 안에서 더 많이, 더 강력하게 우글거리게 만들었다는 점이다.[34]

저 우글거리는 것들이 물질과 물신을 벗어나면 거기에 포스트휴먼적 혼종체들이 출현할 것이다. 브라이도티가 말하는 것처럼 자연-문화 연속체 안에서 범주적 경계가 흐려지고, 과학과 기술이 들어설 때 진정 '포스트휴먼적 상황'이 문제가 될 것이기 때문이다.[35]

이 상황에서 과학자들은 "과학이 오직 주관성, 정치 혹은 열정

---

33 Latour, *Pandora's Hope*, p. 205.
34 브뤼노 라투르, 『우리는 결코 근대인이었던 적이 없다』, 홍철기 옮김, 갈무리, 2009, 140쪽 참조.
35 로지 브라이도티, 『포스트휴먼』, 이경란 옮김, 아카넷, 2015, 9쪽 참조.

의 오염에서 깨끗이 벗어났을 때에만 정확하다"[36]고 여기는 과학적 객관주의자들 그리고 "인간성, 도덕성, 주관성 혹은 정의가 오직 과학, 기술, 객관성과 접촉하지 않을 때 가치를 가진다"[37]고 여기는 윤리적 절대주의자들 사이에 위치할 것이다.

· 미친 과학자들

라투르의 경우에는 후자의 절대주의자들보다 전자의 객관주의자들이 더 문제인 것처럼 보인다. 라투르가 생각하는 소크라테스적인 '미친 과학자'들이 여기 대거 포진해 있기 때문이다. 이들은 『고르기아스』의 소크라테스처럼 정치를 조롱하고 "기하학적 대등성의 권력"[38]을 스스로 전유하면서, '무식함을 모르는 궁극의 무식자들'을 제치고 자기 자신이 대대손손 유력한 지배자임을 선언한다. 하지만 이들은 기실 공포에 질려 있는 속내를 허세로 감추고 있다고 라투르는 말한다.

이들이 정치를 조롱하면서 "인간의 때가 묻지 않은 객관적인 객체(object)라는 다른 비인간적인 자원에 의지할 필요가 있었던 것은 바로 비인간적인 군중들을 피하기 위해서"[39]다. 라투르의 이 관점은 여기서 보다시피 지식에 대한 반코페르니쿠스적 혁명으로서, 고대 그리스 철학사가인 장 피에르 베르낭과 메이야수를 혼합하는 것으로 보인다. 라투르는 전자에게서 지식의 정치적 차원이 가진 중추적 성격을 긍정적으로 채택하고, 후자에게서는 그것에 반해 비인간

---

36 라투르, 『판도라의 희망』, 51쪽.
37 앞의 책, 52쪽.
38 앞의 책, 42쪽.
39 앞의 책, 43쪽.

적인 절대적 지식의 차원을 부정적으로 채택하는 것이다. 다시 말해 라투르는 이 미친 과학자들이 비인간적 객관성을 강조하는 것은 마찬가지로 비인간적인 인민들의 전복적 행위를 두려워하기 때문이라고 본다. 그리고 이를 해결하기 위해 이 과학자들은 또 다른 비인간적 객관성으로서의 과학을 욕망하게 되는 것이다. 비인간은 비인간으로 대적해야 하기 때문이다. 따라서 우리는 미친 과학자들과 마찬가지로 이 전투에 직접 참전함으로써 감염되어서는 안 된다. 우리에겐 그것을 '구경'할 권리(인간예외주의)가 있으며, 저들 흡혈귀와 늑대인간들의 전투는 투명한 유리 바닥 아래 지하 요새에서만 이루어져야 한다.[40]

이러한 라투르의 관점을 따라가 보면, 그가 왜 근대 정치혁명이 과학혁명과 함께 갔다고 했는지 이해할 수 있게 된다. 지시체의 변형 과정, 그것의 능동적 순환성이 숨기고 있는 혼종(하이브리드)은 근대적 헌법이 과학과 더불어 영원히 추방하고자 욕망했던 것이기도 하다.[41] 그래서 미친 과학자들과 더불어 미친 정치가들은 암묵적인 합의를 보게 되는데, 그것은 두 개의 역사를 인정하는 것이다. "따라서 이제부터는 두 종류의 서로 다른 역사가 존재하게 될 것이다. 하나는 언제나 존재해 온 보편적이고 필연적인 사물들에 관한 것으로 비록 역사성은 결여되어 있지만 전면적인 혁명이나 존재론적 단절의 역사다. 그리고 다른 하나는 다소 우연적이거나 사물들로부터 분리된 초라한 인간의 어느 정도 계속되는 동요에 초점이 맞추어진 역

---

40 앞의 책, 43~44쪽 참조.
41 라투르, 『우리는 결코 근대인이었던 적이 없다』, 183쪽 참조.

사다."[42] 이 두 역사는 각각 필연성과 우연성으로 대표되지만 이 두 역사는 언제나/이미 하나다.

· 과학의 편

그럼에도 불구하고 라투르에게 진리는 과학의 편에 있는 것 같다. 다만 예전처럼 과학을 어떤 "사실주의적 그림"으로 간주하면서 재현에만 얽매이지 않아야 한다.[43] 문제는 그 재현 곁에 있는(종종 우리가 "아래에 있다"고 잘못 생각하는) 순환하는 지시체로서의 물질성을 획득하는 것이다. 그래서 "일치의 초라한 기쁨이나 […] 다소 안전하지 못한 위험한 도약을 구걸하는 대신에, 이러한 변형의 긴 연쇄, 아마도 끝나지 않을 매개의 연속을 향유"해야 한다. 사실상 더욱 실재론적이며 유물론적인 것은 이런 것이며, 이를 통해 우리는 "지속적인 치환을 통해 입증된 지시체가 순환하는 어느 곳에서든 변형의 연쇄를 확장"할 수 있게 된다. 이것이 바로 과학혁명과 정치혁명의 혼종의 출현이 아닐까?

역설적으로 과학의 가장 흥미로운 부분은 미친 과학자와 미친 정치가의 그것과는 다른 "과학의 광기 어린 능력"[44]일 것이다. 그것은 불확실성을 무릅쓰고 혼종을 추구하고, 사회적 유대를 재구성하는 능력이다. 그래서 과학은 과학 자신으로부터 신비화와 맹종 그리고 민주주의를 위기에 빠트리는 독단을 제거할 필요가 있다. 그래서 이 시점에서 필요한 것은 나쁜 의미에서 오래된 형이상학적인 독단

---

42 앞의 책, 184~185쪽.
43 라투르, 『판도라의 희망』, 135쪽.
44 라투르, 『우리는 결코 근대인이었던 적이 없다』, 352쪽.

과 최근 과학의 맹목을 불러일으키는 본질주의적 질문 둘 모두를 회피하고 순환하는 지시체와 다이어그램이라는 새로운 물질-객체를 회복하는 것이다.

(3) 비환원과 혼종의 정치

· (비)환원론

다시 한 번 강조하지만 물질은 그 자체로 다른 것으로 환원 가능하거나 환원 불가능하지 않다.[45] 정확히 말해 라투르의 환원에 대한 거부는 환원/비환원의 이분법에 대한 거부라고 할 수 있다. 이는 모든 것이 환원과는 무관하다는 것을 의미한다. 라투르에게 이것은 '비환원성의 원리'(principle of irreducibility)[46]가 된다. 이 명칭은 앞서 환원/비환원의 이분법을 거부한 태도에 견준다면 매우 모순적이라고 라투르는 말한다. 그렇기 때문에 이 원리는 그렇게 지배적인 원리를 지칭하는 명칭은 아니다.

그래서 우리는 이 원리를 '(비)환원론'이라고 다시 부를 수 있을 것 같다. 그는 '물질'에 관해 말하면서 "우리는 끊임없이 이러한 물질들의 상대적 중요성, 그것들의 함의와 선행 질서에 대해 서로서로 논쟁하지만, 우리는 그것들이 똑같은 크기라는 것 그리고 아무것

---

45 Latour, "Part Two: Irreductions", *The Pasteurization of France*, p. 158. 이 부분 전체의 원문은 다음과 같다. "Nothing is, by itself, either reducible or irreducible to anything else. • I will call this the 'principle of irreducibility', but it is a prince that does not govern since that would be a self-contradiction." 그 뒤에는 환원/비환원이 아니라 '겨루기'(trial)가 중요하다는 말을 이어 간다. "It is because nothing is, by itself, reducible or irreducible to anything else that there are only trials (of strength, of weakness)."

46 *Ibid.*

도 다른 어떤 것보다 더 복잡하고, 다양하며, 실제적이고, 뚜렷하거나 흥미롭지 않다는 것을 잊어버린다"[47]고 논한다. 그래서 물질들은 서로와 유사하지 않으면서 평등하다. 라투르에 따르면 이 평등한 물질들의 유물론은 오히려 "사라져 버린 과거의 엉뚱한(pretty) 유물론"이라고도 할 수 있는데, 여기서 물질은 "거기 무슨 힘들이 있는지, 무슨 균형이 있는지"[48] 인간이 선험적으로 알 수 없는 것으로서 다른 것으로 환원되지 않는다.

사정이 이렇기 때문에, 즉 환원도 비환원도 아니기 때문에, 우리의 '근대성'은 '탈근대성'과 짝을 이루어 변증법적으로 승화되지 않는다. 여기에는 라투르가 그토록 강조하는 '준객체'[49] 또는 '혼종'이 존재한다. 변증법이 아무리 강력하게 근대성의 편에서 탈근대성을 유인하고, 아니면 근대적 의미의 자연과 정신(헤겔식으로는 자연과 자기의식)을 종합한다 해도 "준객체들은 계속 증식한다".[50] 이 준객체들은 현행화된 혼돈, 경계 상실, 혼종의 출현으로 생겨난다. 근대성의 이분법이 더욱 날카롭게 이루어질수록 준객체의 수는 늘어나고 힘은 더 기승을 부릴 것이다. 근대인들은 "일련의 극단적인 단절들, 혁명들에 의해 […] 준객체의 증식을 투사"[51]한다. 이를 브라이도티는 '자연-문화 연속체'라고 부를 것이다. 브라이도티의 도식

---

47 *Ibid.*, p. 156.
48 *Ibid.*
49 라투르는 이 준객체에 대한 설명을 세르로부터 가져왔다. 세르는 야구 경기에서 '공'의 역할을 가지고 준객체를 설명한다. 경기에서 경기주체는 선수들처럼 보이지만, 사실은 '공'의 움직임에 따라 모든 것이 결정된다. 이처럼 암시적이지만 현행적 규범과 주체의 움직임을 관할하는 객체를 세르는 '준객체'라고 부른다.
50 라투르, 『우리는 결코 근대인이었던 적이 없다』, 154쪽.
51 앞의 책, 186쪽.

에 따르면 오히려 과학-기술의 발전이 준객체의 증식을 돕는다. "자연적인 것과 문화적인 것 사이의 범주적 경계선은 과학과 기술의 발전으로 자리가 바뀌고 또 상당히 흐려지고 있"[52]다는 것이다. 이것은 라투르가 "정치적 혁명 개념이 과학혁명 개념으로부터 차용되었다"[53]고 언급한 것과 정확히 일치한다. 다시 말해 과학이든 정치든 근대성이 활개친다고 생각하는 그 '장'에서 오히려 근대성을 거스르는 혼종들이 우글거린다는 의미다. 이 역설적 상황의 가장 극적인 표현 형태가 '혁명'이다.

근대성을 아우르는 어떤 문서적·언어적 형태 또는 들뢰즈·가타리식으로 말해 '도식', '추상기계'를 라투르는 '근대 헌법'이라고 부른다. 이 근대 헌법에서 자연/문화 이분법은 명시적으로 언표화되며 이론적·법적·행정적으로 '심판'함으로써 그 효과를 발휘한다. 그러나 전근대적인 표현 형태로서 자연과 사회(문화)의 이분법이 초월성이라면 근대적 표현 형태는 내재적이다. 이 둘은 어떤 매개작용에 의해 서로 이어져 있는데, 근대 헌법은 매개작용을 통해 또는 번역을 통해 혼종과 겨루고 그것을 탄생시킴으로써 또는 준객체를 억압함으로써 주체적 형상을 세계에 부여한다.[54]

그러나 이 헌법의 공인된 측면의 반대편에는 늘 유동성이 돌아다닌다. 사실상 근대 헌법은 매개와 번역을 하지만 그렇다고 혼종을 현실세계에 풀어놓음으로써 세상을 스파게티 접시나 악당들의 소굴로 만들어 버리지는 않는다. 매개는 필연적으로 '정화'작용을 거쳐

---

52 브라이도티, 『포스트휴먼』, 10쪽.
53 라투르, 『우리는 결코 근대인이었던 적이 없다』, 183쪽.
54 앞의 책, 222쪽 참조.

야 한다. 그렇게 해서 유동성은 사라지고 우리는 우리가 받아들일 수 있는 혼종만을 준객체로 수용할 수 있게 되는 것이다.

· 번역과 정화

그런데 여기서 라투르가 말한 저 근대성을 규정하는 요소들은 어떤 의미를 가지는가? 우선 라투르에게 근대성은 두 가지 '완전히 다른 실천'을 가리킨다.[55] 이 실천 중 하나가 '번역'이며 이를 통해 자연과 문화의 혼종이 탄생한다. 다른 하나는 '정화'로서 이를 통해 이질적인 존재론적 지대, 즉 인간의 지대와 비인간의 지대가 탄생한다. 이둘은 상호 간에 조력하는바, 전자가 없으면 후자는 무의미하고, 후자가 없으면 전자는 제한적이 되거나 불가능해진다. 전자는 라투르의 네트워크, 즉 연결망에 해당되고, 후자는 자연과 사회(와 담론)의 분할(첫 번째 이분법)을 수립한다. 근대인은 이 둘을 완전히 분리하여 생각하는 습관이 있다. 우리가 저 정화작용과 번역을 함께 생각하는 순간 근대인이라는 이상한 정체성은 종말을 고하게 된다.

우선 라투르가 말하는 네트워크에 대해 이야기해 보자. 이를 우리는 보통 행위자-네트워크 이론(Actor-Network Theory; ANT)이라고 부른다. 먼저 이 이론에서 '행위자' 또는 행위소(actant)는 당연하게도 개별적인 인간 행위자에 제한되지 않는다. 그것은 비인간적이며 비개인적인 존재들을 포괄한다.[56] 라투르는 이러한 행위소들로 구성된 네트워크를 들뢰즈의 리좀(rhizome) 개념에 빗대는데, 이는

---

55 앞의 책, 41쪽 이하 참조.
56 브뤼노 라투르, 「행위자 네트워크 이론에 관하여: 약간의 해명 그리고 문제를 더 복잡하게 만들기」, 전다혜, 홍성욱 옮김, 브뤼노 라투르 외, 『인간, 사물, 동맹』, 홍성욱 엮음, 이음, 2010, 98쪽 참조.

매우 적절해 보인다. 왜냐하면 라투르의 네트워크는 기존의 전통적인 사회 이론이 구사하던 지위나 계층, 범주 또는 구조, 체계라는 개념을 완전히 일신하여 어떤 섬유, 실, 철사, 끈, 모세관 같은 것으로 사회를 바라보기 때문이다. 이것은 이어지면서도 단락져 있고, 뭉쳐 있지만 국지적인 상태에 머문다. 그래서 라투르는 "국지적 우연성을 제거하거나 보호해야 할 기묘한 특수성으로 파악하는 대신, 환원할 수 없고 비교할 수 없으며 연결되지 않은"[57] 것으로 파악하며, 거기서 이론적 기술을 시작한다. 이를 라투르는 '배경/전경 뒤집기'라고 칭한다. 즉 그간 전경화되어 있던 사회적 범주들과 구조들을 뒤로 물리고, 사소하고 하찮게 여겨졌던 국지적 연결과 단락들을 앞으로 내세우는 것이다. 우리는 이러한 뒤집기를 앞서 '진리 이동설'에 대한 라투르의 설명에서도 알 수 있었다. 거기서 라투르는 간극과 이동 과정을 사상한 진리 대응설을 뒤로 물리고, 순환하는 지시체와 팩티쉬가 형성되는 과정을 전면에 내세웠었다.

이에 따르면 보편성이나 질서는 어떤 근본적인 규칙이 아니라, 오히려 설명되어야 하는 것이다. 보편주의자들의 눈에 세계는 질서 또는 우연으로 점철되어야 하는 것이지만, ANT 이론가들에게 세계는 질서 잡힌 것은 국소적 지위를 가지며, 그러한 질서들 사이를 잇는 연결도 완결되지 않는다. "글자 그대로 네트워크 외에는 아무것도 없으며, 그 네트워크들 사이에도 아무것도 없다"[58]는 것이다. 이런 의미에서 ANT는 "비환원적이고 관계적인 존재론"[59]이다.

57 앞의 글, 100쪽.
58 앞의 글, 101쪽.
59 앞의 글, 같은 쪽.

그렇다면 이 네트워크는 어떤 특성을 지니는가? 라투르는 단적으로 이 관계들이 위상학적이라고 본다.[60] 먼저 네트워크의 관계성은 멀고 가까움이라는 좌표계 안에서 판정되지 않는다. 이를테면 "알래스카 순록 두 마리는 서로 10미터가량 떨어져 있을 수 있지만, 그럼에도 불구하고 그들은 그들의 짝짓기를 불가능하게 만드는 800마일짜리 파이프라인으로 인해 단절될 수 있다."[61] 이와 같이 전통적인 지리적 근접성 개념은 ANT에서는 쓸모없어질 수 있다.

다음으로 네트워크에서 관계성은 크고 작음, 즉 거시와 미시의 구분을 연결 개념으로 대체한다. 즉 이것은 거시와 미시에 걸쳐 있는 개념적 위계 관념을 털어내 버리는 것이다. 어떤 것도 크거나 작지 않으며 단지 "더 길거나 강하게 연결되어 있는 것이다".[62] 선험적인 의미의 미시와 거시도, 위계도 이 관계론에서는 없다.

마지막으로 네트워크 관계성은 내부와 외부의 구분을 없앤다. 즉 네트워크는 그러한 내부와 외부의 경계가 본래부터 없다. 거기에는 오로지 연결만 있을 뿐이며, "그것은 전면과 후면에 동일한 일격을 가하는 들뢰즈의 피뢰침과 유사"[63]한 것이다. 내부와 외부는 이렇게 해서 연결로 변환되며, 숨은 내부도 드러난 외부도 없다. "네트워크는 우리가 알아야 할 음지가 존재하지 않는 긍정적인 개념이다. 거기에는 그늘이 없다."[64]

따라서 ANT는 신유물론적인 관계적 존재론 외에 다른 존재론

60 이에 대해서는 이 책의 브라이언트 편에서 세르가 든 '손수건'의 예를 참조할 수 있다.
61 브뤼노 라투르, 「행위자 네트워크 이론에 관하여」, 『인간, 사물, 동맹』, 103쪽.
62 앞의 글, 같은 쪽.
63 앞의 글, 105쪽.
64 앞의 글, 같은 쪽.

을 받아들이지 않을 것 같다. 거기에는 그 어떤 전통적인 이분법이 게재할 '사이'가 없다. 연결되거나 존재하지 않거나일 뿐이다.

라투르에게서 보다 중요한 것은 '두 번째 이분법'인데 정화작용와 번역작용을 나누는 것이다. 그렇게 함으로써 번역을 정화하고 그 결과 "혼종들을 사회나 자연 어느 한쪽으로 편입시킴으로써 그들을 흡수하고 정화하고 문명화함으로써 종결"[65]시킨다. 아니, 종결되었다고 생각한다. 그러나 이 혼종들은 "너무 많기 때문에 누구도 더 이상 그들을 근대성의 낡은 약속의 땅에 가둬 둘 방법을 알지 못한다".[66] 그 모든 근대혁명의 실패는 여기서 비롯된다.

· 라투르의 정치

그러나 그러한 실패가 근대인들의 잘못은 아니다. 혼종의 범람은 역사적으로 우발적이면서 필연적이기 때문이다. 라투르가 주목하는 지점은 이곳이다. 라투르의 정치가 출발하는 지점도 이곳이다.

어떻게 혼종들을 가시화하면서도 규모와 탐구, 증식이 유지될 수 있겠는가? 그러나 이것이 내가 찾던 바로 그 아말감이다. 외부 세계의 진리와 도덕법칙의 주체의 창조를 통해서 그러나 과학들과 사회들의 공동 산출(co-production)을 무시하지 않으면서도 규모의 변화를 가능케 하는 하나의 자연과 사회의 산출을 계속하기. 그 아말감은 근대인들의 정화작용의 최종 결과물——즉 주체들로부터 구분되는 외부 세계에 존재하는 자연——을 보존하면서도 혼종들을 개념화하는 전근

---

65 앞의 책, 325~326쪽.
66 앞의 책, 325쪽.

대인들의 범주들의 사용을 허용한다.[67]

　　그렇다면 우리가 구출해야 할 저 혼종들은 무엇인가? 한마디로 "[근대] 헌법이 설명하기를 포기한 존재들"[68]이 그들이다. 부당하게 도 '전근대인'으로 지목되는 인간도 여기에 속한다. 하지만 이들을 찾는 것은 매우 어려운 일이다. 왜냐하면 "혼종들은 비가시적이고 사유할 수 없고 표상도 불가능하"[69]기 때문이다. 그러면 혹 근대성의 매개작용은 멈추지 않을까라고 라투르는 묻는다. 그러나 상황은 정 반대다. 근대인들 혹은 근대성은 이러한 비가시적인 혼종을 끊임없 이 사유 속에서 그리고 사회 안에서 산출함으로써 먹고산다. 여기에 는 심지어 신이나 괴물까지 속하게 될 것이다. 때로는 공포의 형식으 로, 때로는 경외의 대상이자 경멸의 대상으로 혼종은 그 비가시성의 형식 안에서 근대성의 다이어그램과는 다른 다이어그램을 문득문득 제시하면서 근대적 헌법을 농락한다. 그러나 근대적 헌법의 묘미는 이 농락에 대한 일종의 사도-마조히즘적인 대응을 통해 이들을 흡 수 병합하는 매개와 정화작용에 있다.

　　사정이 이러하기 때문에 라투르는 "우리는 결코 근대인이었던 적이 없다"고 선언한 것이다. 근대적 헌법의 정화작용은 우리가 뛰 어넘었다고 생각하는 근대인들에게 드러난 적이 없으며, 이제야 우 리에게 도래했기 때문이다. 따라서 우리 자신이 근대인이었다는 것 은 어불성설이 된다. 근대인들이라고 불리어진 사람들은 첫 번째 이

67　앞의 책, 331~332쪽.
68　앞의 책, 129쪽.
69　앞의 책, 99쪽.

분법을 따라 두 번째 이분법(그들의 본모습)을 배제했으며, 근대 헌법이 하고자 하는 일을 끝까지 밀어붙인 나머지 자신들이 지금 발딛고 있는 것이 '비근대'의 지대라는 것을 알지 못했던 것이다. "누구도 근대인이었던 적은 없다. 근대성은 시작조차 하지 않았다. 근대 세계는 존재한 적도 없다."[70]

그렇다면 근대 헌법은 어떻게 사라져 간 것인가? "근대적 헌법은 혼합물들을 실현 재료로서는 허용하면서도 이들이 사회 전반에 미치는 영향을 은폐한 결과로 침몰"[71]했다고 라투르는 밝힌다. 앞서 말한 것처럼 근대인들은 근대 헌법을 통해 많은 성공을 이루었으며, 이 성공을 통해 실패했다. 즉 혼종의 정화작용이 문제다. 매개와 정화는 혼종을 순화시키기는커녕, 범죄, 광기, 정치적 반혁명, 생태 위기, 핵전쟁의 위협 등의 준객체들을 탄생시켰으며, 이 모든 감당 불가능한 반헌법적 객체들이 매개와 정화를 위협할 때 실패가 다가왔다. 기존의 정화작용을 가속하고, 다그치고, 끌어당겨도 단지 담론의 누증만이 생길 뿐, 진보는 정체되고 정화작용은 기능부전 상태에 빠져든 것이다. 이것은 근대 헌법의 아류인 근대 사법 체계가 아무런 정당성도 가지지 못하는 사태와도 상응한다.

그렇다면 우리에게 정치적 대안은 무엇인가? 포스트모더니즘이라고 불리우는 탈근대주의는 "어떤 징후일 뿐 해법이 아니다".[72] 물론 탈근대인들의 다중성, 질서의 거부와 같은 것은 우리가 배워야 한다. 하지만 이들이 믿고 있는 '지속적인 혁신'에 대한 신념은 근대

---

70 앞의 책, 128쪽.
71 앞의 책, 136쪽.
72 앞의 책, 191쪽.

주의의 요소이므로 거부되어야 한다. 그렇다고 '반근대인'이 대안이 될 수도 없다. 이들도 근대주의의 요소에 해당되는 이분법을 체화한 후 그것에 반대할 뿐이다.

· '비근대'의 해법

그래서 라투르는 '비근대'에서 해법을 찾는다. 그런데 이 '비근대'는 새롭게 나타난 시대가 아니라 우리가 늘상 발 딛고 서 있었지만 매개와 정화에 의해 알아보지 못했던 그런 세계다. 우리는 근대인이었던 적은 없었지만, 비근대인이 아니었던 적도 없다. "우리는 그 세계[비근대 세계]로 들어서고 있지만, 내가 주장하듯이 우리는 결코 그 세계를 떠난 적이 없었다."[73]

따라서 비근대인들은 준객체를 적극적으로 추구한다. 존재망각의 책망을 듣는 것은 그래서 비근대인이 아니다. 이들은 근대인들이 마지못해 증식시킨 준객체들을 본격적으로 추구하는데, 이는 다시 한 번 말하지만 새로운 어떤 성향은 아니다. 만약 이렇게 준객체에 대한 추구가 이루어지면 근대성은 국지화된다.[74]

· 비근대적 헌법과 사물들의 의회

보다 구체적으로 말해 비근대인들은 근대인들이 조절하고, 통제하고자 했던 인민들의 공포와 해방감, 기쁨과 슬픔 모두를 긍정한다. 그리고 비인간적인 혼종들도 긍정한다. 긍정의 윤리는 라투르의 체

---

73 앞의 책, 324쪽.
74 Bruno Latour, *An Inquiry into Modes of Existence : An Anthropology of the Moderns*, trans. Catherine Porter, Cambridge: Harvard University Press, 2013. p. 11 참조.

계에서도 이런 식으로 가동되는데, 라투르는 그것을 "형제애"[75]라는 다른 표현을 사용하여 그려 낸다. 이들은 전 지구적인 네트워크로 연결되며, 과학과 기술에 의해 창조된 또 다른 형제들을 위한 공간을 마련하기 위해 분투한다. 이들은 주체에 의해 인식된 객체도, 어떤 지배자에 의해 조종되는 객체도 아니다.[76] 이를 보증하기 위해서 라투르는 두 가지를 요청하는데 하나는 '비근대적 헌법'이며 다른 하나는 '사물들의 의회'다.

비근대적 헌법은 자연과 사회의 분리 불가능성과 그 공동 산출을 보증한다. 이를 위해 비근대적 헌법은 자연의 객관적 산출과 사회의 자유로운 산출 간의 관계 그리고 그 혼종들을 끝까지 추적한다. 이때의 자유란 혼종들과 그 조합들을 구분하는 능력과 연결된다. 이로써 혼종들은 비근대적 헌법에 따라 그 산출의 속도와 박자를 조절하게 되며, 여기서 이른바 "확장된 민주주의"[77]가 가능해진다고 라투르는 본다.

이로 인해 그들의 장소가 없었던 혼종들의 네트워크를 위한 진정한 공간이 마련된다. 이것이 바로 '사물들의 의회'다. 라투르는 이들 비인간 혼종들이야말로 "표상/대표되어야 한다"[78]고 말한다. 라투르에 따르면 이러한 제헌적·정치적 변화는 어떤 유별난 혁명적 상황을 조성하는 것은 아니다. 다만 지금까지 우리가 몰랐던 비인간 혼종들을 이해하고 승인하기만 하면 된다는 것이다. "우리 정치의 절반은 과학과 기술에 의해 구축된 것이다. 자연의 다른 반쪽은 사회에

---

75 라투르, 『우리는 결코 근대인이었던 적이 없다』, 335쪽.
76 라투르, 『판도라의 희망』, 295쪽 참조.
77 라투르, 『우리는 결코 근대인이었던 적이 없다』, 350쪽.
78 앞의 책, 356쪽.

서 구축된 것이다. 이 두 쪽을 다시 이어서 맞추고 나면 정치적 과제는 다시 시작될 수 있다."[79]

그래서 사물들의 의회는 정치와 과학이 긴밀한 동맹을 맺고, 결정적으로 '겨루기'의 네트워크 안에서 길항하는 관계를 지향해야 한다는 것을 의미한다. 이때 이들의 주요 의제는 앞서 우리가 논한 인류세/자본세에서 호모사피엔스의 운명과 지배권력의 안일함을 겨냥하는 불안정한 삶들의 사보타주일 것이다. 그것은 트랜스휴먼적인 자본주의 환상에 쐐기를 박고 '인간 없는 세계'를 상상하기 시작하는 계기가 될 수 있다.

2. 퀑탱 메이야수

(1) 상관주의, 원-화석과 선조성

· 실재에 대한 새로운 파악

이제 신유물론자들 중 가장 심오한 존재론을 구사하는 메이야수를 살펴보자. 메이야수의 철학에서 가장 중요한 문제의식은 객체 또는 물질이라고 할 수 있는 실재적인 것들을 어떻게 규정하고 파악할 것인가이다. 이것은 다른 측면에서 '실재론'이라고 할 수 있는데, 이것이 신유물론적 의미에서 물질적인 것과 상응한다는 것은 분명하다. 물론 '실재'의 범역을 어느만큼 두고, '물질'을 또 어떤 영역에까지 확장하느냐에 따라 상응의 정도는 달라질 것이다. 그런데 메이야수

---

79 앞의 책, 같은 쪽.

는 이 '영역' 문제를 따지고 들기보다, 어떤 '새로운 영역'을 개척하는 철학자라고 할 수 있다.

'실재'란 무엇인가? 그것은 일차적으로 메이야수의 철학으로부터 유추 가능하다. 이 물음은 사변적 실재론자들의 물음이기도 하다. 그런데 메이야수는 2007년에 있었던 사변적 실재론자들의 최초 컨퍼런스에만 참석하고, 그 이후에는 참석하기를 거부했다. 하먼이 밝히는 그 이유는 바로 이 '유물론'이라는 규정에 있다. 메이야수는 자신의 철학을 '사변적 유물론'(speculative materialism)이라고 지칭했는데, 사변적 실재론은 유물론적 경향과 맞지 않는다는 것이었다. 이 일화는 상당히 중요한 시사점을 던져 준다. 왜냐하면 메이야수가 거부한 사변적 의미의 '실재'와 그가 극구 옹호하고자 한 유물론적 의미의 '실재'가 어떻게 다른지를 가늠해야 할 숙제를 우리에게 던져 주기 때문이다. 이것은 아마도 메이야수의 여러 개념들 중 '원-화석'이라는 개념이 작동하는 범위를 파악함으로써 해결 가능할 것이다.

· 원-화석과 선조성

메이야수의 '원-화석'은 "어떤 선조적 실재성 또는 사건, 이를테면 지구 생명체보다 앞서는 어떤 것의 실존을 가리키는 물질"이다.[80] 이러한 물질의 실존은 '선조성'(ancestralité; ancestrality)이라는 다른 개

---

80 원문은 다음과 같다. "les matériaux indiquant l'existence d'une réalité ou d'un événement ancestral, antérieur à la vie terrestre"(Quentin Meillassoux, *Après la finitude: Essai sur la nécessité de la contingence*, Paris: Seuil, 2006, p. 26; *After Finitude: An Essay on the Necessity of Contingency*, trans. Ray Brassier, London: Continuum, 2008, p. 10[퀑탱 메이야수, 『유한성 이후: 우연성의 필연성에 관한 시론』, 정지은 옮김, 도서출판b, 2010, 27쪽, 번역 수정]).

넘을 필요로 하는데, 이 개념을 소략하게 정의하면, "내가 존재하지 않았던 시간에 대해 내가 생각하는 실재가 아닌 실재성"이다. 이런 의미의 원-화석은 인간과의 관계에서만 실재를 사유하는 대개의 사유(이를 '상관주의'라고 한다)의 무능력을 드러내면서, 과학적 사유 방식이 요청하는 식의 상상력을 중시한다(SF에 대한 중요성이 여기서도 드러난다). 이를테면 "방사성 동위원소 붕괴 또는 자신의 형성 날짜와 같은 정보를 알려주는 별빛의 방사"[81]와 같은 것이 그것이다. 이것은 인간적 관점의 필연성이 아니라, "어떤 우발성에 […] 속하는 필연적 조건들"이라고 할 수 있다.[82]

다시 말해 '원-화석'이라는 개념은 우리가 일반적 사유 안에 머무는 한 선조성을 알 길이 만무하다는 것을 의미한다. 원-화석은 스스로 명증하지 않는데, 그것이 현행화되어 표명된 것이 아니라, 그 표명으로부터 언제나 더 먼 곳에 위치하는 것이기 때문이다[83]. 따라서 이 개념은 '실재' 개념에 현상학적인 의식 지향성이나 칸트적인 초월적 주체를 부여하는 것을 거부한다.

하지만 이런 의미에서 '실재'란 매우 공허하게 변할 수 있다는 점도 이야기해야 한다. 선조성의 (잠재적) 시공간과 우리의 이 현행적 시공간을 메울 수 있는 것은 '자연과학'인데, 자연과학이 말하는 순간 선조성은 불가능한 것이 되어 버리기 때문이다. 선조성이 불가

---

81 *Ibid.*; *Ibid.*(앞의 책, 같은 쪽).

82 Quentin Meillassoux, "Iteration, Reiteration, Repetition: A Speculative Analysis of the Meaningless Sign", Freie Universität, Berlin, Germany, 2012. 4. 20, p. 12.

83 이 '역-현행화' 테제에 대해 잠시 말해야 할 것 같다. 이 테제는 들뢰즈의 존재론이 어떻게 정치철학과 만나는지를 가리키는 개념이다. 자연주의의 '순리'에 해당하는 현행화의 분화 과정과는 달리 '역-현행화'는 '역리'를 형성한다. 그래서 이 역-현행화의 결과 나타나는 것은 '돌연변이', '괴물' 또는 정치적으로 '혁명'이다.

능해지면 '원-화석'으로서의 실재 혹은 물질도 사라진다. 다시 말해, 원-화석은 상관주의에 있어서 어떤 당혹스러운 면모를 드러낸다.

상관주의자가 과학의 선조적 주장들을 이해한다는 점은 어쩔 것인 가? 상관주의는 실재성에 대한 우리의 관계로부터 독립적으로 존재 하는 인지 가능한 실재란 있을 수 없다고 주장한다. […] [하지만] 이 러한 원초적인 관계와 초월적 표명의 조건들이 부재한 상태에서는, 아무것도 드러날 수 없고, 파악될 수도 없으며, 사유되거나 알 수도 없다. 따라서 상관주의적인 것은 지속될 것이다. 심지어 이것은 과학 에 의해 기술된 현상이, 그 표현되는 관계로부터 독립적으로 가능하 다 할지라도 그러하다.[84]

이렇게 되면 선조성은 현행화된 시공간을 극복하지 못하고, 과 학적으로 기술된 실재성에 머물게 된다. 사정이 이러하기 때문에 메 이야수가 원-화석을 주장하기 위해서는 선조성을 통해 현존하지 않 는 어떤 잔여적인 것을 기술할 필요가 생긴다. 메이야수가 최근 SF 뿐만 아니라 그 자신이 창안한 XSF에 관심을 기울이는 것은 이런 맥 락에서 이해할 수 있다.

나는 두 가지 명칭을 사용할 것인데, 하나는 아주 잘 알려진 것이고 다른 하나는 신조어이다. 한편으로 과학소설(science fiction), 다른 한

84 Ray Brassier, "The Enigma of Realism: On Quentin Meillassoux's *After Finitude*", ed. Robin Mackay, *Collapse, Philosophical Research and Development II: Speculative Realism*, Oxford: Urbanomic, 2007, pp. 19~20.

편으로는 내가 '과학-밖 소설'(extro-science fiction; FHS; Fiction (des mondes) hors-science), 또는 줄여서 SF와 XSF라고 부르는 것이 있다. […] 여러분들은 아마도 문학 장르로서의 과학소설이 [내가 말하는] '과학-밖 소설'을 함축하기도 한다고 생각할 것이다. […] [하지만] 나의 목표는 이 점에 대해 경합하는 것이 아니다. 그보다 어떤 개념적 구별을 배경에 기입하고 철학적 취지를 보여 주고자 하는 것이다. 일반적으로 말해서 과학소설 안에서 과학과 소설의 관계는 […] 과학의 지식과 실재의 지배력의 가능성들을 변형하고, 종종 확장하는 과학의 허구적[소설적] 미래를 상상하는 문제다. […] [그런데] '과학-바깥의 세계'라는 말에 의해, 우리는 단순히 과학이 결여된 세계를 지칭하고 있는 것이 아니라, 특히 실험과학이 사실상 존재하지 않는 세계를 의미한다. 예컨대, 인간이 실재와의 과학적 관계를 발전시키지 않았거나, 아직 못한 세계가 그것이다. '과학-바깥의 세계'라는 말로 우리는 원칙적으로, 실험과학이 불가능하고 사실상 알려지지 않은 세계를 의미하는 것이다. 따라서 '과학-밖 소설'은 어떤 특유한 상상력의 권역을 설정하는데, 여기서는 구조화된—또는 더 낫게는 탈구조화된—세계가 파악되는바, 실험과학이 그것의 이론들을 전개할 수 없고, 그 이론들 안에 객체들을 구성할 수 없는 방식으로 그렇게 한다.[85]

이와 같은 메이야수의 지적 여정 안에서 우리는 신유물론에서 실재 혹은 물질이 상상력 안에서 생산되는 과학 외적 사물/사태를

---

85 Quentin Meillassoux, *Science Fiction and Extro-Science Fiction*, trans. Alyosha Edlebi, Minneapolis: University Publishing, 2015, pp. 3~6(퀑탱 메이야수, 『형이상학과 과학 밖 소설』, 엄태연 옮김, 이학사, 2017, 7~12쪽).

통해 알려진다는 것을 알게 된다. 하지만 그렇다고 메이야수의 이런 시도와 실험들이 마냥 관념론이라든가 상상력주의라고 매도될 필요는 없다. 유물론은 눈앞의 물체만이 아니라 어떤 효과를 가져오는 비물체적인 것을 포괄하는 개념이기 때문이다. 이와 더불어 우선 우리는 '상관주의' 또는 메이야수의 '상관주의 비판'에 대해 좀 알아봐야 한다.

· 상관주의 비판

메이야수의 철학은 철학사에 대한 '상관주의 비판' 또는 '상관주의의 급진화'에서 시작한다. 상관주의란 "우리가 오로지 사유와 존재 사이의 상관관계에만 접근할 수 있을 뿐이며, 다른 것과 떨어져 둘 중 하나에는 결코 접근할 수 없다는 생각"[86]을 말한다. 이것은 상관주의가 존재와 사유의 관계에 관한 오래된 철학적 테제를 지칭하고 있다는 것을 함축한다. 이를 반영하듯이 메이야수는 철학사 내의 다양한 철학자들을 이 '상관주의'의 범주 안에 넣고 비판한다. 물론 그 비판의 강도는 어떤 철학자이냐에 따라 다르다. 메이야수는 이러한 철학사적 비판을 통해 스스로의 철학이 '상관주의'의 그 상관성을 탈피한 새로운 사변적 유물론임을 내세우고자 한다.

그렇다 해도 상관주의 비판이 단순히 사유와 존재 사이의 관계에만 국한된 사유가 아님은 분명하다. 왜냐하면 이러한 사유 구도, 즉 주체와 객체 간의 관계를 전제하는 사유 구도로부터 여러 상이한 초월적 세계관, 주체론, 언어철학, 정신분석 등등이 도출되기 때문이

---

86 Meillassoux, *Après la finitude*, p. 18; *After Finitude*, p. 5(메이야수, 『유한성 이후』, 18쪽).

다. 따라서 이 개념은 어떤 인식론적 틀거지 내에서만 이해될 수 있는 것이 아니라 존재론적으로 획정된 기존의 형이상학 전반에 걸친 비판의 도구로서 기능한다고 보아야 할 것이다.

이와 같은 이유 때문에 메이야수는 앞서 말한 '원-화석'이 스스로 명증하지 않으며, 현행화되어 표명된 것이 아니라, 그 표명으로부터 언제나 물러나는 것이라고 논한다. 따라서 이 개념은 '실재' 개념에 현상학적인 의식 지향성이나 칸트적인 초월적 주체를 부여하는 것을 거부하고, 심지어 과학주의에서 도모하는 방식의 '철학의 과학화'라는 담론도 뛰어넘는 함축을 부여한다.

상관주의는 칸트 이후의 현대철학의 멘탈리티로 자리 잡았으며, '소박실재론'을 넘어섰다는 점에서 일정 부분 진보라고 할 수 있으나, 절대적인 것을 포기했다는 점에서 하나의 재앙(catastrophe)이었다.[87] 왜냐하면 칸트가 자찬한 소위 '코페르니쿠스적 혁명'은 칸트 자신이 '순수이성비판'에 부여한 대단한 철학적 야심(과학적 실천의 가능 근거로서의 철학)에도 불구하고, 과학적 지식을 인간중심적인 인식에 긴박시키는 결과를 초래했기 때문이다. 영리한 칸트 덕분에 철학은 과학적 대상이 가지는 탈인간중심주의적인 원심력에 봉사하는 단순한 중심점의 안전핀으로 봉사하는 듯 보였으나, 그것은 곧 과학 자체의 인식론적 구심력으로 군림하려는 의도를 숨긴 위악적인 연극행위로 드러난 것이다. 칸트와 그 추종자들이 감성의 형식(시간과 공간), 지각 과정과 지성의 범주를 강조하면 할수록 그런 위악은 더 강화되었다. 결국 그 철학은 현상의 즉자적 본성을 지성의 범주로

---

87 *Ibid.*, p. 174; *Ibid.*, p. 125(앞의 책, 216쪽 참조).

환원하면서, 그것 외의 대상들을 회의주의적 불가지론으로 처리하는 대담함마저 보이게 된다. 이 모든 것이 칸트주의 프로그램의 상관관계 강화 과정이다(그렇다고 해서 아래에서 진술하는 바와 같이 칸트의 모든 것을 포기하지는 않는다).

메이야수는 이 상관관계 강화 과정의 결과 '상관관계적 원환'이 발생한다고 본다. 즉 우리가 우리 인식과 관계없는 대상을 사유한다고 생각하거나 말하자마자 인식 주관과 객관이라는 상관관계 안으로 다시 떨어진다는 것이다. 상관주의자들은 이 순환성을 거듭 재확인하면서 패자들의 면전에 신랄한 냉소와 발랄한 독설을 던진다. 특히나 영미 분석철학자들은 이런 식의 문제 제기가 자신들의 철학 전통 안에 언제나 논의되어 왔다는 이유로 메이야수류의 논의를 비웃는다. 비웃는 것이야 그들의 자유라 하더라도, 논의가 있어 왔지만 그 문제가 해결되지 않았다는 점에서는 스스로도 함께 비웃어 줘야 할 듯하다. 오히려 그들이 상찬하는 크립키(Kripke)의 지칭 이론은 한 세기 전에 후설이 이미 문제시했던 틀 내에 있다는 점에서 그 비아냥은 그대로 그들에게로 향한다.[88]

· 두 가지 상관주의

이제 메이야수가 제시하는 두 가지 상관주의에 대해 알아보자.

A. 약한 상관주의: 약한 상관주의는 칸트의 초월철학과 일치한다. 칸트의 비판철학은 사물-자체(Ding an sich)에 대한 인식을 거부하지만, 현상들에 대한 사유 가능성은 경험론의 통로를 거쳐 인정한

---

88 Graham Harman, "The Only Exit From Modern Philosophy," *Open Philosophy*, Berlin: De Gruyter, 2020, p. 136 참조.

다. 칸트는 상관주의에 갇혀 있으면서도 사물-자체가 실존한다는 것 그리고 우리가 그것을 선험적으로 알고 있다는 것을 인정함으로써 상관주의로부터 벗어날 단서를 제공한다. 하지만 이것이 단서에 머무는 이유는 비판철학이 무조건적 필연성에 대한 증명을 모조리 기각하면서 이성의 원리를 탈절대화하는 데 머물기 때문이다. 비판철학은 비-이성 원리로서의 철학을 사유할 수 없다. 그래서 비판철학은 모순율을 탈절대화하고, 현상의 표상들만을 상관관계의 원환에 종속시킨다.[89] 칸트가 자신의 철학을 '초월적 관념론'으로 칭하는 깊은 동기는 이 원환에 속하는 상관물의 현사실성(facticity)을 제쳐놓고 지성의 범주를 초월적 상태로 유지하려 하기 때문이다.

예컨대 후설은 세계를 이해하기 위해, 우리가 그것을 순수하게 가능한 경험을 통해, 현상학적 기술을 가지고 파악해야 한다고 주장할 것이다. 형상적 환원을 통해 우리는 사물들의 형상(eidos)을 그러쥠으로써, 그것의 유형들을 가로질러 공유된 속성이나 질, 즉 그 가장 추상적인 상태로 파악할 수 있다. 이런 경험 너머에서, 우리는 아무것도 알 수 없다. 이와 달리 사물-자체에 관한 칸트의 불가지론 입장은 세계 안의 사물들이 그것들이 존재하는 바 이외의 다른 것일 수 있다고 단순히 언급하는 것 이상이지만, 사물들이 그것들이 활동하는 바대로 현상하여야 한다고 주장하는 것은 불가능하다고 우리에게 말한다. 다시 말해 우리가 합리적인 인식을 통하는 것 외에는 사물을 알 수 없지만, 즉 합리적인 범주들을 통하는 것 외에 어떤 객체를 알기는 불가능하지만, 사물들이 다른 식으로 존재하는 그 자체

---

89 Meillassoux, *Après la finitude*, p. 58; *After Finitude*, p. 42(메이야수, 『유한성 이후』, 68쪽) 참조.

의 것일 수 있다고, 즉 사물들이 그것들의 단순한 현상들로 전부 환원되지는 않을 것이라고 생각하거나 상상할 가능성은 남는다.

우리가 약한 상관주의를 말하면서 접근해 가는 것은 단순히 사유와 존재의 상관성인 반면, 이러한 수렴의 바깥에 놓인 것은 사유 가능하지만 궁극적으로 알 수 없는 것으로 남는다. 즉 사물-자체는 이성 원리에 있어서 알 수 없는 것으로 남는다. 이런 약한 상관주의에 따르면 본체적인 것(the noumenal) 혹은 절대적인 것은, 우리가 인간 경험에 주어진 것 바깥의 사물들에 대해 어떤 것을 긍정할 수도 해소할 수도 없기 때문에 열린 채로 남겨진다. 이것은 우리에게 나타나는 사물들과 그것들 자체로 존재하는 사물들을 비교하도록 할 만한 어떤 제3의 관점을 우리가 채택할 수 없기 때문이다. 결론적으로 인식은 현상들에 제한되며 우리는 존재가 그 자체로 있을 법한 것에 대해 알 수 없는 상태로 남겨져야 한다.

B.강한 상관주의: ⓐ첫 번째 규정 – 강한 상관주의는 칸트의 약한 상관주의와 달리 우리가 즉자적인 것을 인식할 수 있고, 사유할 수 있다는 주장을 비합법적이라고 본다. 이들은 대개 절대적 신의 존재를 기각하기 위해 절대적인 것 일반을 모두 저버린다. 이렇게 함으로써 강한 상관주의는 사유가 존재하지 않을 때 존재할 수 있는 것의 가능성 모두를 기각한다. 남은 것은 오로지 "사유 내용과 사유행위의 본질적인 분리 불가능성이라는 테제"[90]다. 다시 말해 사유는 그 사유 내용에 있어서 소여된 어떤 것이 우리의 사유행위와 절대 분리 가능하지 않다. 여기서 소여된 사유 내용은 상관물이며, 이는 상관

---

90 *Ibid.*, p. 50; *Ibid.*, p. 36(앞의 책, 58쪽).

물의 우선성을 구성한다. "우리는 자기원인에 의해 존속하는 존재가 아니라, 다만 사유에 소여된 것과 관계한다."[91] 이때의 상관주의는 상대적인 것으로 파악된다(사유행위와 사유 내용, 상관관계와 상관물).

ⓑ 두 번째 규정 – 강한 상관주의는 이제 상관물의 우선성만을 강조하는 것에서 더 나아가 상관관계 자체를 절대화하기 시작한다.[92] 강한 상관주의자들은 사물-자체에 대한 칸트적인 인식 불가능성을 더 밀어붙여 이러한 사물-자체가 어불성설이라고 치부한다. 그 즉자는 인식될 수 없으므로 존재하지 않는다는 것이다. 이것은 상관관계 자체를 절대화하지 않고서는 도출될 수 없는 결론이다. 이렇게 해서 절대적인 것 자체를 제거해 버린다. 이것을 '주체주의'(subjectalism)라고 부른다.[93] 주체주의자들은 상관물이 아니라 상관관계 자체를 절대화하는 여러 기제들, 특히 '주체적' 기제들을 들여오기 시작한다. 메이야수는 이에 해당하는 대표적인 철학들로 다음과 같은 것을 든다. "라이프니츠의 모나드 내에서의 표상, 셸링의 자연(객관적 주체-대상), 헤겔의 절대정신, 쇼펜하우어의 의지, 니체의 힘에의 의지(혹은 힘에의 의지들), 베르그송의 기억의 짐을 실은

---

91   *Ibid.*; *Ibid.*(앞의 책, 같은 쪽).

92   *Ibid.*, p. 51, 71; *Ibid.* p. 37, 51(앞의 책, 59, 86쪽 참조).

93   최근 메이야수는 상관주의를 주체주의와 대별해서 놓고, 이 둘을 '상관성'의 두 가지 가능한 선택지로 보는 것 같다. 그리고 강한 상관주의의 첫 번째 판본은 그 중요성이 덜하다고 여기는 듯하다. "내가 상관성이라고 부르는 것은 존재와 사유 간에 가정된 필연적 연결이라는 두 가지 가능한 형식들 사이의 양자택일입니다. 그중 하나는 정신을 세계에 대한 그것의 개방 안으로 밀어넣는데, 그럼으로써 자체성(in-itself)──절대성──은 필연적으로 그것을 빠져나가게 됩니다(내가 상관주의라 부르는 것). 다른 하나는 사유-존재 상관성을 절대적인 것 자체와 동일시하는 겁니다. 그래서 절대적인 것은 여러 방식들로 주체화된 스스로를 발견합니다(내가 주체주의subjectalism라 부르는 것)"(Quentin Meillassoux, Kağan Kahveci and Sercan Çalcı, "Founded on Nothing: An Interview with Quentin Meillassoux", trans. Robin Mackay, Urbanomic, 2021, p. 1).

지각, 들뢰즈의 생명 등."[94] 이때의 상관관계는 주체적 기제들을 통해 절대적으로 파악된다.

· 주체주의의 문제

메이야수에게 특히 문제가 되는 것은 이 강한 상관주의의 두 번째 규정(주체주의)이다. 첫 번째 규정의 경우 절대적인 것의 사유 가능성을 긍정하지만, 두 번째 규정은 그러한 가능성 자체를 폐기하기 때문이다. 이렇게 됨으로써 강한 상관주의는 전적인 타자로서의 절대적인 것이 '존재할 수 있다는 사실'을 완전히 도외시한다. 그것은 탈절대화된 모순율에 어긋나기 때문이다. 이들은 마치 빛의 파동-입자 이중성이 처음 실험적으로 드러났을 때, 그것을 애써 무시하던 과학자들을 닮았다. 자신의 사유에 대해 금지하는 것이 어느새 사유의 뒷문을 통해 들어왔을 때 철학자들은 저 과학자들과 마찬가지로 무척 당황스러웠을 것이다. 예컨대 주체주의는 자신들이 절대적인 것의 사유 불가능성을 내세움과 동시에 사유 불가능하지만 존재하는 (존재한다고 믿어지는) 것이 뒷문을 통해 들어오는 장면을 목격하고만 것이다. 그것은 바로 '신'이다. 그러나 상관관계의 절대화라는 백일몽 안에서 그 뒷문을 열어 준 것은 주체주의자들 자신이다. 이것은 앞서 우리가 보았던 신앙절대론(fidelism)의 귀환이라고 볼 수 있다.[95]

　　강한 상관주의는 "왜 적어도 사물-자체가 존재하는가?"라는 질문과 더불어 약한 상관주의로부터 나온다. 약한 상관주의에서도 '사물-자체'가 '있다'는 것에 대한 사유와 상상은 가능했다. 이는 모

94　Meillassoux, *Après la finitude*, p. 51; *After Finitude*, p. 37(메이야수, 『유한성 이후』, 60쪽).
95　*Ibid.*, pp. 60~62; *Ibid.*, pp. 43~45(앞의 책, 71~73쪽 참조).

순율을 거스른다. 왜냐하면 그것을 아무리 알 수 없다 하더라도, 그 알 수 없다는 사실성으로 인해 그것에 대해 우리는 알 수 있게 되기 때문이다. 즉 '모르지만 안다'. 이에 따라 강한 상관주의는 약한 상관주의에서 나왔지만 그와는 언뜻 정반대의 결론으로 나아간다.

> '강한' 상관주의는 '그 자체'가 존재하는 것을 우리가 알 수 있다는 것과 '그 자체'가 사유될 수 있다는 것조차 인정하지 않지요. 이러한 이유로 우리는 우리 사유에 근본적인 제한을 가하게 됩니다. 거기에는 그 자체의 것을 알 가능성이 없으며, 심지어 그것의 생성과 논리성조차 없지요.[96]

강한 상관주의자는 사물-자체에 관한 바로 그 생각을 폐기해야 한다고 주장할 것이다. 우리는 우리 자신의 사유 바깥에 있는 그 어떤 실재도, 존재도 알지 못하며, 심지어 거기에 그와 같은 사물이, 처음부터 사유의 바깥에서 획득된 전반적으로 무근거하고 가정적인 지식이 있다고 제안하는 것도 불가능하다.

· 상관주의의 횡단

그렇지만 주의해야 할 것은 강한 상관주의에는 그 어떤 불가지론도 존재하지 않는다는 점이다. 왜냐하면 사유와 존재 사이에 어떤 절대적 합류 지점이 있기 때문이다. 둘 중 하나 없이 존재하는 것도, 다른 것 없이 존재할 가능성도 없이 존재하는 것도 불합리하다. 우리의 사

---

96 릭 돌피언·이리스 튠, 『신유물론: 인터뷰와 지도제작』, 박준영 옮김, 교유서가, 2021, 103쪽.

유의 한계는 존재의 한계와 동일하므로, 존재한다고 말해질 수 있는 것은 우리가 알 수 있는 것(사유를-위한-존재)이다. 따라서 객관적 지식이란 존재하지 않는다. 모든 인식이 사물들의 주어짐에 관한 지식이기 때문이다. 다시 말해 우리는 그것들이 '우리를-위해' 있는 한에서만 사물들을 안다. 강한 상관주의에 따르면, 사유 바깥에는 그 어떤 존재도 있을 수 없다. 그와 같은 사물이 존재할 바로 그 가능성이 정합적이지 않을 뿐 아니라, 비논리적이기 때문이다.

다시 말해 약한 상관주의자가 존재와 사유의 상관관계 바깥에 어떤 세계의 가능성을 수용하는 반면, 강한 상관주의자는 우리의 인식이 세계의 헐벗은 주어짐에 대해서만 뻗어 나가기 때문에, 상관관계 그 자체를 절대화한다.[97] 이것은 어쨌든 세계가 존재한다는 사실을 생각하는 것이 불가능하다는 것을 의미하는바, 우리의 이성적 담론은 그와 같은 세계의 주어짐, 즉 그것과 우리의 관계인 그 정도로만 뻗어 나가기 때문이다.

하지만 메이야수는 약한 상관주의와 강한 상관주의, 이 두 가지를 완전히 부정해야 할 어떤 것으로 보지는 않는다. 약한 상관주의의 경우 절대적인 것의 '사유 가능성'을 긍정하고, 강한 상관주의는 그러한 사유 가능성의 부정과 상관물의 우선성을 통해 절대적인 것의 '존재 가능성'을 역설적으로 허용하기 때문이다. 따라서 메이야수는 상관주의를 건너뛰거나, 부정하거나, 남김없이 비판한다기보다 '횡단한다'고 해야 한다.

상관주의는 존재가 오로지 주체에 대해서만 존재한다는, 즉 주

---

97 Meillassoux, *Après la finitude*, p. 51; *After Finitude*, p. 37(메이야수, 『유한성 이후』, 59쪽) 참조.

체적 정신과 객체적 세계 간에 어떤 직접적 상관관계가 존재한다는, 또는 아마도 보다 정확하게 말해, 사유하는 존재는 인식의 방식 외에 다른 방식으로는 세계에 접근할 수 없으며, 따라서 사물-자체를 사유하거나 논한다는 주장은 상상적인 기묘함이나 순수한 부조리 중 하나에 속한다는 암묵적인 관점이다. 우리가 이해한 바대로 상관주의는 우리가 사유와 존재의 상관관계에 대해서만 접근 가능하다는 것이지만, 약한 상관주의와 강한 상관주의 사이의 궁극적인 차이점은, 바로 상관성의 바깥에 존재하는 어떤 것의 가능성이다. 약한 상관주의는 칸트와 후설에 의해 대표되며, 강한 상관주의는 비트겐슈타인과 하이데거에 의해 대표된다.

칸트적인 상관주의에 의해 영감을 받은 근대 철학이 주장하는 바는 근대 철학자들이 칸트 철학의 특수한 세부 사항들을 포함한다는 것이 아니다. 예컨대 비트겐슈타인은 그가 언어게임을 말할 때, 분명히 초월적 범주, 즉 선험적 직관 또는 초월적 자아에 관한 칸트의 사유를 채택하지 않는다. 오히려 상관주의적 태도는 우리가 존재와 사유 사이의 관계를 사유할 수 있을 뿐이라는, 그렇기에 우리의 지식은 오로지 현상에 제한된다는 주장 안에 놓여 있다.

· '우리를 위한' 관계

그렇기에 상관주의는 단순히 우리가 어떤 것을 알기 위해 그것에 관계되어야 한다는 테제가 아니다. 분명 우리는 공룡들의 과거 존재에 대해 어떤 것을 알기 위해 공룡 화석을 발견해야 했다. 메이야수에게 이것은 어떤 입장을 상관주의적으로 만드는 관계 자체가 아니라, 오히려 어떤 매우 특수한 것, 즉 극복 불가능한 관계에 대한 주장이다. 메이야수는 다음과 같이 언급한다.

상관주의는 강력한 만큼이나 단순한 논증에 기대고 있는데, 그것은 다음과 같은 방식으로 공식화된다. X의 주어짐이 없는 X는 없으며, X에 관한 어떤 입장이 없는 X에 대한 이론도 없다. 만약 당신이 무언가에 대해 말한다면, 당신은 당신에게 주어진 무언가에 대해 그리고 당신에 의해 수립된 무언가에 대해 말하는 것이다. 결론적으로 문장 "X는 있다"는 것의 의미는 데카르트적 의미에서 "X는 사유와의 관련물이다"라는 것이다. 즉 X는 어떤 감응, 또는 어떤 지각, 또는 어떤 개념, 또는 어떠한 주체적 행위와의 관련물이다. 존재한다는 것은 하나의 관련물, 즉 상관관계의 한 항으로 존재한다는 것이다. […] 이것이 절대적 X, 다시 말해 본질적으로 주체와 분리되어 존재하는 X를 파악하는 것이 불가능한 이유이다. 우리는 객체 자체의 실재성이 무엇인지 알 수 없는데, 왜냐하면 우리는 객체에 속한다고 여겨지는 속성들과 객체들에 접근하는 주체적인 것에 속한 속성들 사이를 구별할 수 없기 때문이다.[98]

따라서 상관주의는 우리가 그것을 알기 위해 무언가와 관계해야 한다는 테제가 아니라, 오히려 우리가 어떤 것에 대해 아는 것은 정말로 오로지 우리를 위한 것이라는 점이다. 이런 측면에서 상관주의는 회의주의의 한 형식(더해서 그 악명 높은 '인간중심주의'의 한 형태)인데, 사물-자체든 아니든, 이런 식으로는 우리가 무언가를 결코 알 수 없다. 왜냐하면 우리는 오로지 그것들이 우리에게 현상하는 것

---

98 Ray Brassier et al., "Speculative Realism", ed. Robin Mackay, *Collapse, Philosophical Research and Development III: Unknown Deleuze [+Speculative Realism]*, Falmouth: Urbanomic, 2008, p. 409.

들을 알 수 있을 뿐이기 때문이다. 예컨대 상관주의자에게는 우리와 떨어져 있는 탄소 원자들이 존재하는지 아닌지 그리고 그것들이 이런저런 수준에서 붕괴하는지 아닌지에 대한 질문의 대답은 존재하지 않는다. 그 대신에 상관주의자에 따르면, 우리는 결코 탄소 자체가 이러한 속성들을 가지는지 아닌지 또는 그것이 이러한 속성들을 부여하는 사유인지 아닌지를 결정하는 사유와 존재 사이의 상관관계로부터 벗어날 수 없다. 메이야수는 이 극복 불가능한 관계를 상관관계적 순환(correlationist circle)이라 부른다.[99]

메이야수의 핵심적 기획 중 하나는 이 상관관계적 순환을 깨트리는 방법을 발견하는 데 놓여 있다. 그는 정신과 떨어져 그 자체로 존재하는 절대적인 것 또는 존재를 사유하는 것이 가능한지 아닌지 그리고 절대적인 것이 가지는 특성이 무엇인지를 결정하려고 애쓴다. 메이야수의 선조성이나 인간존재에 앞서는 시간에 대한 진술에 관한 논의는 상관주의 자체에 반한 논증이 아니라, 어떤 상관주의 얼개 내부에서 허용되어질 수 없어야 하는 생명체와 인간의 실존에 선행하는 우주적 시간에 관해 쉬이 친근하고 광범위하게 받아들여지는 주장을 드러내기 위해 설계된다. 만약 상관주의가 참이라면, 생명이나 정신의 출현 이전 수십억 년간의 우주의 본성에 대해 우리가 주장하는 바를 무엇이라 칭할 것인가? 메이야수는 『유한성 이후』에서 **본사실성**(factiality; factualité)의 원리에 관한 그의 논증을 통해 우리가 어떻게 상관주의 순환을 깨고 나갈 것인지 사유한다.[100]

99 Revi R. Bryant, "Correlationism", eds. Peter Gratton and Paul J. Ennis, *The Meillassoux Dictionary*, Edinburgh: Edinburgh University Press, 2015, pp. 46~48 참조.
100 *Ibid.* 참조.

(2) 본사실성의 원리와 거대한 바깥

· 현사실성으로부터의 탈출

사실성은 실재적인 것의 사실성(facticité) 또는 하이데거적 용어법으로는 '현사실성'이다. 현사실성은 앞서 우리가 논한 강한 상관주의에서 '우리를 위한' 실재를 말한다. 하지만 본사실성은 그러한 실재가 "하나의 사실처럼 사유될 수 없다는 것을 의미한다".[101] 현사실성의 차원에서 실재하는 것은 어떤 우발적 사건으로 도래하는데, 하지만 이는 상관적인 것을 위한 우발적 가능성들에 국한할 뿐이다. 즉 만약 현사실성이 오로지 '우리의 것'이나 '우리를 위한'이라면, 거기에 어떤 절대적인 것도 존재할 수 없다는 것이다.

현사실성은 복합적인 의미를 가진다. 우선 현사실성은 세계에 있어서 우리가 생각하는 기존의 상수들, 즉 인과성, 지각 형식, 논리 법칙 등을 말한다. 이것은 어떤 법칙이나 형식으로서 고정된 '사실'을 구성한다. 하지만 이러한 고정된 것들은 그 자체의 필연성을 말해 주지 않는다. 즉 세계의 (상관관계적) 구조의 이유에 대해 알지 못한다. 이는 곧 현사실성이 그렇게 주어진 세계의 현실과 다른 현실을 선험적으로 배제할 만한 이유를 사유할 수 없다는 것을 의미한다. 그러나 이와 다른 면에서 현사실성은 전적인-타자(tout-autre), 다시 말해 절대적인 것(우발적 필연성)의 가능성을 파악하는 단초가 된다. 그런데 이 전적인-타자는 현사실성을 사유하는 사유에 있어 사유 불가능한 것으로 드러난다. 따라서 현사실성의 사실 자체는 이 사유 불가능한 것이 비합리적이라는 이유로 기각되는 것을 거부하게

---

101 Meillassoux, *Après la finitude*, p. 107; *After Finitude*, p. 79(메이야수, 『유한성 이후』, 134쪽).

한다. 비합리적인 것은 비합법적이지 않다.[102] 이에 따라 우리는 "비이성을 사물 그 자체에 투사해야 하고, 현사실성에 대한 우리의 파악 안에서 절대적인 것 […] 을 발견해야 한다".[103] 사변적 유물론의 입장에서 이 현사실적 존재는 아무것도 아니지만, 그 현사실적 법칙(대표적으로 충족이유율)을 거부한다는 이유로 그것의 발견적 원리들을 거부하지는 않는다.[104]

따라서 『유한성 이후』의 3장('본사실성의 원리')에 나오는 중추적 논증은 강한 상관주의 입장의 모순적 본성을 수립하여 드러내고, 그것의 현사실성을, 절대적 관념론으로부터 결정적으로 구분하면서, 사변적 유물론을 위해 '절대적인 것'으로 전환한다.

관념론이 오직 상관주의적 순환의 필연성을 절대화하면서, 자체적인 것(in-iteslf)이 필연적으로 주체적 특성들에 의해 구성됨을 도출하는 와중에, 본사실성은 상관적인 것의 '절대적 타자'의 현사실성을 절대화하려고 탐색하면서, 우발적인 절대적 타자가 스스로 연역될 수 있다는 것을 드러낸다. 이로써 어떤 절대적 가능성, 즉 무언가가 사유의 바깥에서 발생할 수 있다는 것 그리고 상관적인 것의 구성적 사유에 속하는 '다른-존재'가 절대적으로 가능하다는 것을 연역할 수 있다. 달리 말해 메이야수는, 만약 강한 상관주의의 현사실성이 그것의 유한성에 뿌리박고 있어야 한다고 믿어진다면, 즉 자체적인 것을 사유하는 데 실패한다면, 강한 상관주의의 기능을 절대적으로 자체적인 것의 하나의 특성으로 변형하는 게 좋다고 논한다.

102 *Ibid.*, pp. 54~56; *Ibid.*, pp. 39~41 (앞의 책, 63~65쪽) 참조.
103 *Ibid.*, p. 111; *Ibid.*, p. 82 (앞의 책, 140쪽).
104 Meillassoux, "Iteration, Reiteration, Repetition: A Speculative Analysis of the Meaningless Sign", p. 12 참조.

이것은 강한 상관주의가 사유 불가능한 것이 야기할 수 있는 우발적인 것의 절대성을 암묵적으로 허용하기 때문이며, 비록 상관주의적 입장이 아니라 해도, 어떤 절대적인 것이 존재한다는 것, 이것이 결코 필연적이지 않다는 것을 이끌어 내기 때문이다. 상관성의 현사실성은 이 한계 안에서 어떤 절대적인 것을 전제한다. 그러므로 상관성은 절대적으로 우발적일 뿐 아니라, 이성적인 사유가 그것을 향해 더 멀리까지 나아갈 수 있는 것이다. 그리고 실재는 그 자체 절대적으로 우발적인 것으로 알려진다.

· **우발적 절대성이라는 본사실성**

본사실성의 원리는 따라서 절대적으로 존재하는 모든 것으로부터 필연성을 구출해 내며, 그 결과 역설적으로 오직 우발적인 것만이 절대적으로 필연적이라는 것을 밝혀낸다. 사변적 유물론을 관념론으로부터 분리하면서, 메이야수는 그가 어떤 전반적으로 새로운 절대성, 즉 현사실성의 의심스러운 유한성을 물리치고, 동시에 그것의 맹점을 사물/사태 그 자체의 어떤 절대적 지식으로 변형하는 그러한 절대성을 도입했다고 믿는다. 그의 전략은 그러므로 상관주의자, 즉 그의 입장이 절대적 우발성(absolute contingency)을 감추고 있는 상관주의자를 설득하는 사변적 유물론자의 능력에 전적으로 달려 있다. 다시 말해 상관주의적인 것이 무제한적으로 존재해야 할 이유가 없다는 것을 밝혀내는 능력이다.

따라서 사변적 유물론자는 관념론자(상관성을 절대화하는 자), 교조적 형이상학자와 소박실재론자(실재 자체에 현사실성을 위한 숨겨진 이유가 존재함에 틀림없다고 생각하는 자) 그리고 상관주의자(오직 현사실성을 탈절대화할 수 있기만 한 자, 즉 그것을 우리에게 상정하고, 본질적인 것은 제기하지 않는 자)를 넘어선다. 만약 강한 상관주의자가 이에 대해 회의적으로 남아 있다면 그리고 본사실성을 탈절대화하려고 한다면, 그는 오직 그 본사실성을 재도입함으로써만 그렇게 할 수 있을 뿐이다. 즉 그는 모든 것의 절대적 가능성을 긍정함으로써, 그러므로 암묵적으로 절대성을 전제함으로써만 그렇게 할 수 있다.

그러므로 본사실성의 원리는 이렇게 진술된다. 사실성만이 본사실적이지 않다. 존재하는 무엇의 우발성 그 자체만이 우발적이지 않다. 이 원리를 공식화하는 데 있어 주의해야 할 점은, 본사실성의 원리가 우발성이 필연적이라는 것을 지지하는 데 있는 게 아니라, 오로지 우발성만이 필연적이라는 것을 충실하게 지지하는 데 있다. 바로 이 점 때문에 본사실성의 원리는 형이상학에 속하지 않는다. 실제로 "우발성은 필연적이다"라는 진술은 전적으로 형이상학과 양립할 수 있다.[105]

들뢰즈가 정의한 에피쿠로스·루크레티우스의 원자는 그 실체성보다 운동성이 더 표현되는 것으로서 메이야수의 물질에 부합한다. 마찬가지로 상관주의를 벗어난 이 물질은 "인간 사유와의 모종의 관계에서만 접근 가능한"[106] 것이 아니지만 확실히 어떤 "절대적 우발성의 이론이라는 방법"[107]을 통해 접근 가능하다. 이 방법은 "어

105 Meillassoux, *Après la finitude*, p. 108; *After Finitude*, p. 80(메이야수, 『유한성 이후』, 135쪽).

106 Christopher Gamble, Joshua Hanan and Thomas Nail, "What Is New Materialism?", *Angelaki*, vol. 24, p. 114.

107 Meillassoux, Kahveci and Çalcı, "Founded on Nothing: An Interview with Quentin

떤 과학 이론의 필연성에 대한 믿음을 거부할 뿐 아니라, 자연법칙의 필연성도 거부하는" 것이며, 이로써 "거기에 비필연적 존재들 외에는 아무것도 없다는 것이 절대적으로 필연적이라는 것"을 드러낸다.[108]

· 메이야수의 철학적 기획

메이야수는 이와 같은 자신의 철학적 기획을 세 가지로 요약한다. 첫째, "절대적인 것은 오로지 이성 원리의 거부에 의해서만 사유 가능하다".[109] 이러한 사유 가능성은 바로 '사변'(speculation)의 가능성으로 수렴되며, 이것은 형이상학적이지 않다. 여기서 '사변', '사변적'이란 "절대적인 것 일반에 접근한다고 주장하는 모든 사유"(toute pensée prétendant accéder à un absolu en général)[110]를 말한다. 절대적인 것 일반 중에서 절대적 '존재자'에 접근한다고 주장되는 사유는 '(독단적) 형이상학'이다. 이 절대적 존재자는 형이상학에서 "표상의 초월적 형식들의 현사실성"[111]에 다름 아니다. 메이야수는 이러한 형이상학을 사변적이지 않은 형이상학이라고 본다. 그렇다면 '비-형이

Meillassoux", p. 2.

108 *Ibid.*

109 Quentin Meillassoux, "The Immanence of the World Beyond", eds. Conor Cunningham and Peter M. Candler, *The Grandeur of Reason: Religion, Tradition and Universalism*, trans. Peter M. Candler Jr., Adrian Pabst and Aaron Riches, Norwich: SCM Press, 2010, p. 444.

110 Meillassoux, *Après la finitude*, p. 47; *After Finitude*, p. 34(메이야수, 『유한성 이후』, 54쪽). 보다 고전적인 언어로 말하자면, 메이야수의 존재론은 "존재 양태에 관한 물음이 아니다. [⋯] 존재에 대해 궁리한다는 것은 '**거기 있다**'(there is)를 궁리하는 것이지, **존재 양태에 대해 궁리하는 것이 아니다**"(Meillassoux, Kahveci and Çalcı, "Founded on Nothing: An Interview with Quintin Meillassoux", p. 2).

111 Meillassoux, *Après la finitude*, p. 103; *After Finitude*, p. 76(메이야수, 『유한성 이후』, 129쪽).

상학' 또는 '비-형이상학적 사변'은 무엇인가? 그것은 "그러한 현사 실성의 절대성으로부터 칸트 자신이 판명한 것으로 인정하는 데 만족했던 즉자의 속성들을 연역하는"[112] 것을 말한다. 결국 절대적인 것이란 바로 이 '즉자'를 말하는 것이다. 메이야수는 이 즉자로서의 절대적인 것에 대한 사유가 비-형이상학적 사변으로서 "절대주의적 (absolutise)이 아닐 수 있는 절대화하는(absolutoire) 사유"[113]라고 말한다. 따라서 독단주의적 형이상학이 끝났다고 해서, 절대적인 것에 대한 사변도 끝났다고 보는 것은 엄청난 잘못을 범하는 것이다.

둘째, "사변의 재생에 관한 도전은 비종교적(irreligion)이다."[114] 이러한 선언은 사변이 오로지 비종교적이라는 것을 천명하는 것이다. 만약 사람들이 메이야수의 '절대적인 것'을 '절대자'(신)로 헛되이 오인한다면 그것은 『유한성 이후』에서 거부한 '신앙절대론'(fideism)에 빠지는 결과를 초래할 것이다. 신앙절대론이란 "이성 원리의 사용과 최고 이성에 호소함으로써 질문을 해결하려는 형이상학적 관점 그리고 반어적으로 그 질문[실제적으로 사물 그 자체가 존재하는가?]이 철학에 대해 그 어떤 의미도 갖지 않는다고 주장하는"[115] 것으로서 "신/전적인 타자를 위해 질문을 이성의 굴레에서 해방시켰다고 주장하는 입장"[116]이다. 반면 메이야수의 사변적 유물론은 신앙절대론에 있어서는 심각한 도전이며, 종교성에 반하는 세속성을 절대적인 것에 도입하는 시도다. 따라서 종교가 아니라 사변이

---

112 *Ibid.*, p. 47; *Ibid.*, p. 34(앞의 책, 54쪽).
113 *Ibid.*; *Ibid.*(앞의 책, 같은 쪽).
114 Meillassoux, "The Immanence of the World Beyond", *The Grandeur of Reason*, p. 444.
115 Meillassoux, *Après la finitude*, p. 97; *After Finitude*, p. 72(메이야수, 『유한성 이후』, 120쪽).
116 *Ibid.*, p. 98; *Ibid.*(앞의 책, 121쪽).

야말로 절대적인 것을 사유할 수 있는 유일한 것이다.

이에 따라 세 번째 기획이 도출된다. 즉 "불멸의 가능성은 오로지 비종교적인 것에 의해 사유 가능하다".[117] 이 말은 불멸성이라는 오래된 종교적 관념이 오로지 철학적 사변의 비종교성에 의해서만 사유 가능하다는 뜻이 된다.[118]

이러한 기획을 종합하면서, 메이야수는 다음과 같이 세 가지 테제를 도출한다.

1. 사변은 오로지 그것이 비–형이상학적인 한에서 가능하다.
2. 비종교는 오로지 사변적인 것에 의해 가능하다.
3. 불멸성과 신성한 것에 대한 접근은 오로지 비종교로부터 나오는—사유 가능하고 함께 살아갈 수 있는(thinkable and liveable)—내재성의 가능한 조건이다.[119]

---

117 Meillassoux, "The Immanence of the World Beyond", *The Grandeur of Reason*, p. 444.

118 메이야수는 이런 측면에서 '유물론적 유신론'을 옹호한다. 그러나 여기서 '신'은 전통적인 종교적 신이 아니라 완전히 비종교적인 신, 에피쿠로스적 의미의 신이라는 것을 반드시 유념해야 한다. 그는 다음과 같이 이에 대해 특히 강조한다. "우선 이에 대해 명확히 하지요. […] 나는 어떤 영원하고 필연적인 신의 실존을 피합니다. 하지만 나는 우발적인 신(contingent god)이 남아 있을 가능성을 생각합니다. 그리고 이런 한에서 나는 유물론에 충실하게 남아 있지요. 에피쿠로스는 '군중들의 신들', 미신의 담지자들이 존재하지 않는다 해도, 우연히, 클리나멘에 의해 생산된 원자적 신들은 실제로 존재한다고 언급합니다. 우리는 이 신들에 대해 기도하지 않고, 지혜의 모델로서 취하지요. 내가 썼던 것처럼, 유물론은 그것이 신들을 거부하는 것에 있는 것이 아니라, 그것들을 물질화하는 데 있기 때문에 어떤 무신론이 아니라는 겁니다. 사변적 유물론과 고대 유물론 간에는 많은 차이들이 있어요. 하지만 신성한 것(the divine)에 관한 질문에서, 나는 나 자신을 분명히 후자의 후계 안에 놓습니다"(Meillassoux, Kahveci and Çalcı, "Founded on Nothing: An Interview with Quintin Meillassoux", p. 6).

119 Meillassoux, "The Immanence of the World Beyond", *The Grandeur of Reason*, pp. 444~445.

따라서 메이야수의 철학을 규정하는 '사변적 유물론'이란 이러한 기획을 실현하고 저 테제를 증명하는 비-형이상학적이며 비-종교적인 이론적 실천을 의미한다. 메이야수는 사변적 유물론이 그 어떤 형이상학자들이나 물리학적인 존재론자들(메이야수의 용어로는 '초물리학자들')도 상상할 수 없는 무한하고 부조리하며 균열된 세계를 논할 권리가 있다고 단언한다. 이러한 권리상의 담론은 세계 기술에 있어서 하나의 일반적 설명을 요구하지 않으며, 환원 불가능한 이질적 담론을 적극 취한다.[120]

· 절대적인 것의 존재 가능성—비이성 원리

그렇다면 우리는 메이야수를 따라 이제 '절대적인 것의 존재 가능성'으로 나아가야 한다. 이 가능성의 지대를 메이야수는 '거대한 바깥'(grand outdoors)이라고 표현한다. 사실상 이 바깥은 어떤 개방성으로서의 바깥은 아니며, 오히려 그보다 더한 외부성을 띤다. 예컨대 메이야수는 들뢰즈에 관해 말하면서 그가 '개방성의 감옥'에 갇혀 있기 때문에 '거대한 바깥'을 사유하지 못한다고 주장한다.[121] 이를 통해 보면 메이야수의 바깥이란 개방성을 넘어선 어떤 것이다. 이런 의미에서 바깥은 완전한 무(無)의 상태를 지칭하는 것은 아니고, 어떤 비존재의 상태를 말한다. 즉 "아무것도 아닌 것이 아닌 어떤 것이 있다"는 사태, "다른 무엇이 아닌 어떤 것이 있다"는 사태가 그것

---

120 Meillassoux, "Iteration, Reiteration, Repetition: A Speculative Analysis of the Meaningless Sign", pp. 15~16 참조.

121 Meillassoux, Kahveci and Çalcı, "Founded on Nothing: An Interview with Quintin Meillassoux", p. 4.

이다.[122] 이것은 인식 불가능하지만 존재 가능한 우발적 사태에 다름 아니다.

　우발적 사태는 인식 불가능하므로 이성 원리로부터 해방된 이성의 논리, 즉 우발성의 로고스를 따른다.[123] 우발성의 로고스에서 로고스는 이성주의적 의미로서 '법칙', '이법'의 의미를 띠지 않는다. 이것은 로고스가 가진 본래의 의미인 '수확하다', '수집하다'의 의미를 가진다. 그렇다고 해서 그 수확물이 누구의 '소유'가 되는 것은 아니다. 그것은 오히려 이성적 존재인 인간이 거기 포함되는 자연 자체로 새겨야 한다. 따라서 거기에는 비이성 원리가 있다. 오히려 이 원리야말로 한갓 인간적인 것에 국한되는 이성 원리보다 더 절대적이다. 이것을 단적으로 정의하면 다음과 같다.

　　그 어떤 것도 존재 이유를 갖지 않으며, 그렇게 존재하도록 남아 있을 이유를 갖지 않는다. 모든 것은 이유 없이 존재하지 않을 수 있어야 하고/거나 존재하는 그것과 다르게 존재할 수 있어야 한다.[124]

　비-이성 원리가 이와 같다 하지만, 인간 지성의 역할을 간과할 수는 없다. 필연적으로 인간은 인식하고 사유하는 존재다. 물론 메이야수가 여기서 이성 외의 다른 능력들을 거부하는 것은 아니다. 인간 지성은 홀로 존재를 확증하지 않으며, 이조차 비-이성 원리 안에 있다. 때문에 지성은 비필연적이며, 또한 종들의 진화의 와중에 언

---

122 Meillassoux, *Après la finitude*, p. 103; *After Finitude*, p. 76(메이야수, 『유한성 이후』, 128쪽).
123 *Ibid.*, p. 104; *Ibid.*, p. 77(앞의 책, 130쪽 참조).
124 *Ibid.*, p. 82; *Ibid.*, p. 60(앞의 책, 101쪽).

제 사유를 그만둘지도 모른다. 지성 자체가 우발적인 것이다. 특유한 것은 이 지성이 그 자신의 우발성을 포함하여 모든 것들의 우발성을 파악하는 능력을 지녔다는 점이다. 현사실적으로 존재하는 사유는 이 능력을 "사물들과 법칙들의 궁극적인 근거가 무엇인지를 이해하지 **않기** 위해"[125] 사용한다. 지성은 궁극적으로 그러한 사태의 궁극적 근거가 없다는 것을 발견하기 위해 "모든 실재를 위한 근거를 의문에 부치는" 능력이다.

· 지성적 직관

이 능력의 핵심은 '지성적 직관'이다. 이 직관은 우발성이라는 비가시적이며, 비지각적인 사태를 파악한다.[126] 메이야수에게 지성적 직관은 그의 철저한 '이성주의'를 재확인한다. 메이야수의 이성주의는 비이성 원리까지 포괄하는 이성주의다. 그러나 이것은 어떤 언어적 재현을 겨냥하지는 않는다. 그는 분명 이 직관이 "비담론적 파악(이지적noetic이지 사색적dianoetic이지 않은)"이라고 말한다. 사색적인 파악은 그 자체로 나누는(dia-) 사유(noetic)이며, 여기서 나눔이라는 분별의 행위를 빼면 noetic이 되어 우발성에 총체적 직관이 드러난다. 따라서 지성적 직관이란 인식 능력이라기보다 지성의 비-인식 능력, 비담론적 능력, 비재현적 능력이라고 할 수 있다. 이런 측면에서 메이야수는 우리가 흔히 알고 있는 이성 또는 지성의 범역을 존재론적 영역과 얽히게 만든다. 저 비-인식, 비담론, 비재현은 당연

---

125 Meillassoux, Kahveci and Çalcı, "Founded on Nothing: An Interview with Quintin Meillassoux", p. 9.

126 Meillassoux, *Après la finitude*, p. 111; *After Finitude*, p. 82(메이야수, 『유한성 이후』, 140쪽).

히 그 모호하지만, 판명한 비존재의 지대를 가리키기 때문이다. 그 어떤 것도 우발성의 필연성을 벗어나지 못한다.

· 우연과 우발의 구별

여기서 우리는 메이야수가 우연과 우발을 구별하고 있다는 점을 상기해야 한다. 우연성(hazard)은 어떤 불확실성(précarité)으로서 '주사위 놀이'의 개연성과 통한다. 그래서 이는 "빈도수의 냉혹한 계산이라는 주제"[127]와 밀접한 연관을 가진다. 이와 반대로 우발성(contingence)은 이러한 개연성, 불확실성과 관련 없는 "순수 가능성"[128]이다. 우발성은 "어떤 것이 마침내 일어날 때 […] 이미 등록된 모든 가능성들로부터 벗어나면서, 비개연적인 것까지도 포함한 […] 다른 무언가가 일어날 때"[129]를 의미한다. 여기서 주사위 놀이는 두 번 다시 여섯 개의 면으로 이루어진 확률 조합이 될 수 없다. 우발적 사태 안에서 주사위 자체의 면수는 무한하게 늘어나거나, 그 면들이 느닷없이 허공 중에 사라진다.[130]

---

127 *Ibid.*, p. 149; *Ibid.*, p. 108(앞의 책, 185쪽).
128 *Ibid.*, p. 85; *Ibid.*, p. 62(앞의 책, 104쪽).
129 *Ibid.*, p. 149; *Ibid.*, p. 108(앞의 책, 185쪽).
130 메이야수는 알튀세르의 '우발성'(aléatoire)을 '우연성'에 가까운 것이라고 논한다. "알튀세르의 마주침 이론에 대해 말하자면, 당신이 말한 것처럼, 그것은 에피쿠로스와 루크레티우스의 원자론과 그들의 클리나멘 이론의 유산으로부터 나온 겁니다. 그러면 클리나멘이란 내가 이 단어를 사용하는바 그런 의미에서, **우연**(chance)의 형식입니다. 즉 그것은 원인 없는 사건(자유낙하에서 원자들의 기울어짐)을 생산할 수 있지만, 오직 그것이 바꿀 수 없는 법칙들(허공의 무한한 본성, 원자의 불괴성unbreakability, 그것들의 다양한 형식들의 불변성, 최종적으로 주어지는 모든 것들, 부드러움, 고리 모양 등등)에 예속됨으로써 그렇게 합니다. 나는 어떤 보편적인 것에 관한 바로 그 법칙들을 근거 없이 파괴할 수 있는 것을 우발성(contingency)이라고 부릅니다. 그리고 이것은 나를 비-이성에 관한 유물론적 사유를 급진화하는 사유 양태 속으로 던져 넣지요. (원자론자들이 바라 마지않는 것처럼) 물질적 과정들을 지향하는 합목적성도 존재하

때문에 우발성은 자연과학적인 법칙의 출현이나 방정식으로 표현되는 개연성도 초과한다. 경험과학은 기술적(descriptive) 방법을 사용하여 현상을 변수와 상수 안에 붙잡아 놓고, 여하한 경우에 확률을 제시하면서 우발성을 축소한다. 따라서 자연과학은 법칙들 안에 우발성의 야만적 공격성을 가두고, 우연성을 주입함으로써 그 자신의 지속성과 항상성을 전경화한다. 이것은 일종의 조작(manipulation)이며, 이를 통해 법칙들 자신이 우발적이라는 것을 은폐한다. 자연과학은 스스로가 의도하는 '통일 이론'이 불가능하다는 것을 뻔히 알고 있음에도 그것을 꿈꾼다. '전체'(whole)로서의 하나의 원리는 있을 수 없다. 그것은 우발성이 세계 자체를 구성하기 때문이며, 현상에서는 속속들이 그것이 거친 숨을 내쉬고 있기 때문이다. 그러나 이것은 어떤 신학적인 악마의 재림이 아니다. 다시 말하지만, "이것은 신의 섭리(providence)라기보다, 우리 세계에 속한 확고한 내재성이다".[131]

따라서 비이성 원리는 우발성의 필연성이다. 만약 우리가 이 원리를 거부한다면, 그 거부로 인해서 원리가 되살아난다. 왜냐하면 비이성 원리는 우발성의 즉자적 성격에 대한 것이기 때문이다. 이 즉자성은 곧 그것의 절대성을 의미한다. 메이야수는 이 원리의 절대적이고 즉자적인 성격을 '시간'을 통해 설명한다. 즉 우리는 시간이 사라

지 않을 뿐 아니라, 더 나아가 법칙들의 지속성을 보증할 만한 그 어떤 기초도 존재하지 않아요. 나의 유물론을 후기 알튀세르의 유물론과 근원적으로 다르게 만드는 것은 바로 우연으로부터 우발성으로 가는 이런 경로입니다"(Meillassoux, Kahveci and Çalcı, "Founded on Nothing: An Interview with Quintin Meillassoux", p. 8).

131 Quentin Meillassoux, *Divine Inexistence*, 'Graham Harman, *Quentin Meillassoux: Philosophy in the Making*, Edinburgh: Edinburgh University Press, 2011, p. 186'. 메이야수의 요청에 의해 출판되지 않은 이 저작을 하먼의 이 책에서 영역 발췌본으로 볼 수 있다.

진다는 생각을 오로지 시간 안에서만 할 수 있다는 것이다.[132] 시간의 파괴나 거부는 시간 안에서만 가능하다. 이 시간은 그러나 우리가 흔히 접하는 크로노스의 시간은 아니다. 크로노스의 시간은 우리가 거부하는 그 '시간'(time)이며, 여기서 강조되는 시간은 모든 물리법칙을 파괴하고, 현실조차 파괴할 수 있는 시간(Time)이다. 메이야수는 대문자로 쓰여진 이 시간을 '절대적 시간'이라고 부른다.

· '절대'의 두 가지 의미

이제 우리는 사변적 유물론이 겨냥하는 '절대적인 것'의 실증적 사태에 도달했다. 메이야수는 절대적인 것의 '절대'를 두 가지 의미로 파악한다. 첫째로 절대는 관념적인 것이 아니라 '사변적' 의미에서 절대적이다. 따라서 절대는 존재하는 것들의 필연적인 속성이며, 현사실성의 즉자성과 관련된다. 이것은 절대적 필연성이다. 그래서 이로부터 나오는 "논리적 일관성은 절대적으로 필연적이며 모든 존재의 파괴 불가능한 속성들이다".[133] 메이야수는 이를 "제일-절대화(primo-absolutizing) 속성들"이라고 부른다.

절대의 두 번째 의미는 사유로부터의 독립성이다. 앞서 말했듯이 소위 자연과학적 법칙성은 절대적 시간(Time)이라는 우월한 영역에 속했을 때 사유 독립적일 수 있다. 즉 법칙과 상수들이 사유의 단순한 상관물이 아니라는 것, 그것이 그 어떤 존재론적 필연성을 함축하지 않는 우발성임을 승인할 때 그러하다. 메이야수는 이를 "제

---

132 Meillassoux, *Après la finitude*, pp. 84~85; *After Finitude*, pp. 61~62(메이야수, 『유한성 이후』, 103~104쪽 참조).

133 Meillassoux, "Iteration, Reiteration, Repetition: A Speculative Analysis of the Meaningless Sign", p. 18.

이-절대화(deutero-absolutizing) 속성들"이라고 부른다.[134] 이때 이러한 법칙과 상수들은 메이야수가 초카오스(sur-chaos)라고 부르는 시간(Time)의 그 우월한 영역에 속해 있다. 따라서 절대의 두 번째 의미인 사유로부터의 독립성은 이 초카오스적 시간에서 이루어진다. 이제 우리는 '거대한 바깥'의 시간적 차원으로 들어서고 있다.

초카오스적 시간[135]은 공간적인 시간, 즉 물리적이거나 역사적인 시간이 아니다. 이러한 것들은 결정론적 법칙에 긴박되어 있으며, 우발성을 모른다. 대문자 시간인 초카오스적 시간은 아무런 이유 없이 이러한 시간과 공간을 파괴하거나 창조할 수 있는 시간을 말한다. 이는 시간의 평범한 형식과 전혀 닮지 않았다. 평범한 시간(크로노스의 시간) 안에서 생성은 인과적으로 이해되지만, 초카오스적 시간 안에서 그것은 오히려 인과 자체를 파괴하거나 생성시킨다. "생성과 실체는 둘 모두 '산출된 자연'(natured nature)의 질서에 속하지, '산출하는 자연'(naturing nature)에 속하지 않는다."[136]

우리는 절대적인 것이 '거대한 바깥/절대적 시간'이라는 것을 알게 되었다. 그러면 이것에 접근하기 위해서는 무엇을 해야 하는가? 물론 비이성의 원리(the principle of unreason)인 절대적 우발성이라는 것을 이미 파악했다. 그렇다면 비이성의 원리가 초카오스적 사태에 가닿으려면 상관물이 아니라 현사실성 자체를 절대화하는 것이 요구된다. 왜냐하면 사변적 유물론이 상관주의를 횡단하기 위해

---

134 *Ibid.*, p. 19 참조.
135 이것은 "어떤 규정된 법칙에 복종하지 않으면서 모든 규정된 현실을 파괴할 수 있는 시간"(메이야수, 『유한성 이후』, 104쪽)이다. 이 기묘한 시간은 들뢰즈에게서는 아이온의 시간이며, 메이야수에게는 수학적으로 드러날 수 있는 초카오스의 시간이다.
136 *Ibid.*, p. 16.

서는 상관물에 다시 천착하는 것이 아니라 상관성을 넘어설 수 있는 단초가 되는 현사실성의 길을 따라야 하기 때문이다.[137]

· 현사실성에서 비이성 원리로 그리고 본사실성으로

현사실성은 그 소박한 의미에서 실재들 또는 사실들로 이해된다. 그러나 현사실성은 사변적 의미에서 그런 단순한 의미를 넘어선다. 이때 현사실성은 앞서 말했듯이 표상적 재현을 넘어서는 절대적인 것 일반에 접근하는 단초가 된다. 메이야수는 이러한 현사실성의 사변적 본질을 본사실성이라고 명명한다.[138] 이 말은 현사실성이 단순한 사실로만 이해되는 것이 아니라 '비-사실성'으로 이해되어야 한다는 것을 의미한다.

여기서부터 메이야수는 앞서 논한 비이성 원리를 '본사실성의 원리'로 대체하자고 제안한다. 비이성 원리는 이제 현사실성의 비재현적인 절대적 속성을 기술하기에는 너무나 그 실증적 한계가 뚜렷해졌다. 이것은 용어상의 전환일 뿐만 아니라 비이성 원리인 절대적 우발성을 보다 적극적으로 제기하는 계기가 된다는 점이다. 이를테면 우리는 본사실성의 원리에 기대어 "우발성이 필연적이라는 것을 지지하는 데 있는 게 아니라, 오로지 우발성만이 필연적이라는 것을

---

137 최근의 수행적 신유물론자들은 메이야수의 이론을 "기적적 이원론"으로 비판한다 (Gamble, Hanan and Nail, "What Is New Materialism?", *Angelaki*, p. 121). 이들에 따르면 메이야수는 '객체'를 스스로의 존재근거로서 초카오스(hyperchaos)적 우연을 취한다고 보았다는 점에서 잘못을 범한다. 이렇게 되면 잠재적인 차원과 현행적 차원을 일의적으로 또는 자연주의적 방식으로 연결할 방법이 사라진다.

138 Meillassoux, *Après la finitude*, pp. 107~108; *After Finitude*, pp. 79~78(메이야수, 『유한성 이후』, 133~134쪽 참조).

충실하게 지지"[139]할 수 있게 된다. 또한 이로부터 현사실성의 조건을 도출할 수도 있게 된다. 메이야수는 그 조건을 '형상들'(figures)이라고 부른다. 메이야수의 이러한 '전환'은 비이성 원리가 비이성 자체를 원리화하는 자기모순에 빠지는 경로를 차단하는 효과를 발휘한다. 즉 본사실성의 원리는 비이성(충족이유율의 거부)이 오로지 이성에 의해 증명되고 도출된다는 점(철저한 이성주의)을 강조할 수 있게 한다. 독단적 형이상학에 속하지 않는 본사실성의 원리는 우발성외의 다른 원리를 가져오지 않는다. 절대적 우발성 외에 상위의 존재론은 없다.

· 수학의 의의

본사실적 존재론은 부정적인 존재론(비이성 존재론)의 함축을 넘어 카오스와 초카오스를 파악할 수 있다. 메이야수에 따르면 그것은 게오르크 칸토어의 초한수(transfini)로 가능하다. 이 수학적 경로를 통해 우리는 (초)카오스의 조건, 즉 절대적 우발성의 조건에 도달하게 된다. 칸토어의 집합 이론은 총체화의 필연적인 실패를 기술한다. 즉 이것은 수의 탈총체화(초한수)에 관한 이론이다.[140] 초한수는 초카오스가 생성시키는 모든 가능성들의 어떤 결정론적인 무한성을 벗어난다는 것을 말해 준다. 우리는 "이러한 카오스의 힘으로 모든 개별체들을 맞히는 영원한 우발성에 직접 접근할 수 있다".[141] 이로써 우리는 존재할 필연성을 결여한 채 주어지는 법칙들에 대해 알게 된다.

---

139 *Ibid.*, p. 108; *Ibid.*, p. 80(앞의 책, 135쪽).
140 *Ibid.*, p. 141; *Ibid.*, p. 103(앞의 책, 175쪽).
141 Meillassoux, Kahveci and Çalcı, "Founded on Nothing: An Interview with Quintin Meillassoux", p. 8.

따라서 칸토어의 수학적 기호와 절대적 우발성 간에는 "본질적인 연결"이 있다.[142] 그런데 이러한 연결이 드러내는 것은 절대적 우발성이 초카오스적 사태가 생성시키는 어떤 기호, 즉 무한하게 반복되는 알레프(ℵ)들의 연속체라는 것이다. 사실상 철학적으로 이것은 무한하게 연쇄되는 무의미 기호(meaningless sign)이다. 따라서 절대적 의미에서 진리인 것은 이러한 "텅 빈 기호들의 절대성"이라고 할 수 있다.[143] 메이야수는 이와 같은 수학적 진술이 바로 '형상'이며, 우발적 필연성의 '조건'을 포착할 수 있는 능력이라고 논한다. 이것은 바로 어떤 기존의 현사실성을 기술하는 수학이 아니라, 본사실성으로부터 형상을 도출하는 '유일한 수학'이다.

여기서 도출되는 절대적 존재는 분명 모순적 존재자일 것이다. 그것은 텅 빈 기호 안에서 자신의 실존을 도모할 수 없으며, 따라서 비실존의 상태에서도 스스로를 드러내야 한다. 차라리 절대적 존재는 그러한 비실존 상태를 자신의 존재에 통합한다. 이런 모순적 방식을 통해 절대적 존재는 "더할 나위 없이 영원하게"[144] 되는 영원성을 향유할 수 있게 된다. 왜냐하면 그것이 실존하지 않는다는 사태가 도래한다 해도 여전히 사유 가능하고, 존재 가능할 것이기 때문이다. 다시 말해 우리는 사유의 무능력을 마주하고, 그것을 어떤 식으로 폐기하거나 한계로 바라보지 않으며, 그러한 무능력을 초래하는 진정한 '이유 없음'과 '텅 빔'이 바로 절대적 존재의 궁극적 속성이라는 것을 이해한다.

142 Meillassoux, "Iteration, Reiteration, Repetition: A Speculative Analysis of the Meaningless Sign", p. 18.
143 *Ibid.* 참조.
144 Meillassoux, *Après la finitude*, p. 94; *After Finitude*, p. 69(메이야수, 『유한성 이후』, 117쪽).

이로써 메이야수는 본사실적 원리에서 도출되는 존재자들의 속성이라는 측면에서 수학을 절대적인 위상으로 격상한다. 이는 결과적으로 데카르트적인 즉자(수학적 즉자)를 칸트적인 즉자(초월적 형이상학의 즉자)보다 우월하게 만든다.[145] 사실상 메이야수는 칸트를 지나 역으로 데카르트로 복귀하기를 바라는 것 같다. 메이야수가 "본사실적 도출을 통해 칸트적 즉자의 진리로부터 데카르트적 즉자의 진리로의 이행을 획득하는 것으로 되돌아온다"[146]고 말할 때 그러한 의도는 더 뚜렷해진다. 메이야수에 의하면 데카르트의 테제는 "수학적으로 사유 가능한 것은 절대적으로 가능하다"[147]이다. 요컨대 수학은 즉자적 대상을 파악할 수 있다. 이렇게 되었을 때 앞서 우리가 파악한 절대의 두 의미 중 수학은 '절대적 필연성'으로서의 절대에 귀속될 수 있다.

그렇다고 해서 수학이 두 번째 절대의 의미('사유 독립성')에 귀속되지 않는 것은 아니다. 이것은 "수학의 이중적 절대화의 요청"[148]인데, 하나는 존재적(ontique) 절대화이고, 다른 하나는 존재론적(ontologique) 절대화이다. 전자의 경우 절대화는 사유와 무관한 것으로 간주되는 존재자들의 도출(사유 독립성)과 연관되며, 후자의 경우 가능성의 구조 자체, 비-전체를 승인하는 그 가능성의 구조(절대적 필연성)와 연관된다.

수학적 절대화는 일정한 실천적 효과를 발휘한다.[149] 이것은 우

---

145 *Ibid.*, p. 153; *Ibid.*, p. 111(앞의 책, 190쪽) 참조.
146 *Ibid.*, p. 109; *Ibid.*, p. 81(앞의 책, 137쪽).
147 *Ibid.*, p. 162; *Ibid.*, p. 117(앞의 책, 201쪽).
148 *Ibid.*, p. 176; *Ibid.*, p. 127(앞의 책, 219쪽).
149 Meillassoux, Kahveci and Çalcı, "Founded on Nothing: An Interview with Quintin

리가 이미 본바, 강한 상관주의의 두 번째 규정인 주체주의와 관련된다. 주체주의자들이 상관관계를 절대화함으로써 종교적인 것의 침입을 허용했음을 상기하자. 그리고 메이야수가 이 주체주의자들의 상관관계를 현사실성으로 놓고 그것을 통해 본사실성의 원리에 도달했다는 것도 기억하자. 현재 우리 시대에도 종교는 과학의 발전, 수학의 발전과는 별개로 전혀 의문에 부쳐지지 않는다. 기독교 철학자는 물론이고 기독교 과학자와 사회학자도 가능하다. 문제는 이런 분할과 허용이 라투르식의 하이브리드를 생산하는 분할이 결코 아니라는 점이다. 이는 이 분할을 더욱 공고히 함으로써 종교적인 것이 오히려 과학의 범역에서 활개치도록 만든다. 이런 경우 수학과 수학화된 과학은 보다 더 절대화되어야 한다. 사유는 내재성의 통로를 통해 비종교적인 굴을 판다. 그것은 절대적인 것을 초월적 신으로 물들이는 종교의 환영을 침식하고, 가장 유물론적인 신만이 존재할 가능성이 있다고 확정한다.

· 과학-밖 소설의 의의

우리는 '절대'가 가진 두 번째 의미를 메이야수가 어떻게 사변적으로 구현하고 있는지를 그의 '과학-밖 소설'을 통해 알 수 있다. 이것은 과학을 통해 절대로 가는 길이다. 메이야수는 과학-밖 소설은 과학소설과 근본적으로 구별된다고 한다. 형식적으로는 과학소설에 속할지라도, 그것은 "말하자면 어떤 '장르 속의 장르', 어떤 '왕국 속의 왕국'을 구성"[150]한다는 것이다.

Meillassoux", p. 6.
150 메이야수, 『형이상학과 과학 밖 소설』, 9쪽.

과학-밖 소설은 과학소설과 달리 과학적 실험과 인식의 바깥(거대한 바깥)에서 일어나는 사건들을 상상한다. 이 세계는 단순히 과학이 결여된 세계가 아니라 실험과학, 즉 인간과 실재와의 관계가 결여된 세계를 의미한다.[151] 이러한 구도는 메이야수가 생각하는 두 번째 절대의 사유 독립성과 통한다. 메이야수는 수학적 절대성과 더불어 과학-밖 소설의 절대성을 통해 상관주의를 횡단하고 본사실성에 닿고자 한다.

(3) 자기-폐절의 정치학

· 통-시성

메이야수의 정치철학은 신유물론자들이 대개 그러하듯이 존재론과 연속성을 띤다. 메이야수가 말하는 '통-시성'이라는 개념은 우리와 세계와의 관계에 선행하거나 후행하는 사건들을 의미하는 것으로 그의 정치철학을 존재론과 연결하는 돌쩌귀처럼 보인다. 이는 "세계와 세계와의 관계 사이의 시간적 간극"[152]을 가리킨다. 메이야수는 통-시성을 진술하는 방법을 다음과 같이 제시한다.

사건 X는 사유가 출현하기 훨씬 전에 일어났다. 그리고 사건 x가 사유에 대한 사유가 출현하기 훨씬 전에 일어났던 것이 아니라는 데 주의해야 한다. 실제로 첫 번째 진술은 사건 x가 사유 이전의 사유에 대

---

151 앞의 책, 11쪽.
152 Meillassoux, *Après la finitude*, p. 156; *After Finitude*, p. 112(메이야수, 『유한성 이후』, 194쪽).

해서 일어났다는 것을 의미하지 않는다. 오히려 그것은 사건 x가 모든 사유 이전에 그리고 사유와 무관하게 실제로 일어날 수 있었다는 것을 사유가 사유할 수 있다는 것을 의미한다.[153]

즉 우리와 세계를 이어 주는 사유는 그 사유 이전과 이후에 일어났고 일어날 사건들에 대해 사유할 수 있다. 우리는 이러한 사유를 '사변'(speculation)이라고 부른다. 사변은 철학적 사변일 뿐만 아니라 앞선 장에서 말한 사변적 소설(speculative fiction; SF)로서의 사변이기도 하다. 즉 이것은 어떤 인간 이전과 이후를 상상하고 정당화하는 사유인 셈이다. 이를 통해 어떤 "급진적 보편주의에 재-연루"[154] 될 수 있다고 보는 것과 같다. 이것인 '재'연루인 이유는 메이야수 이전에 헤겔과 맑스가 있었기 때문이다. 메이야수는 이들로부터 해방을 위한 투쟁의 결단력을 배웠다고 고백한다. 그리고 무엇보다 그 해방 투쟁 내부에 존재하는 폭력과 억압, 예컨대 소수자에 대한 억압에 저항하는 법도 배웠다고 한다. 이것이 그에게는 "유물론의 재정초"[155]이며 유물론적 정치학의 재생이다.

이 정치학에서는 무엇보다 평등주의, 즉 우리가 평등해지며 우리의 재능과 조건들을 넘어서서 우리 전체의 존재 이유를 알게 해주는 그 평등주의가 요청된다.[156] 이 평등주의에는 절대적인 것으로서의 본사실성에 대한 최초의 무지 상태가 근거로 작용한다. 앞서 말

153 Ibid., p. 168; Ibid., p. 121~122(앞의 책, 208~209쪽).
154 Meillassoux, Kahveci and Çalcı, "Founded on Nothing: An Interview with Quintin Meillassoux", p. 4
155 Ibid.
156 Ibid., p. 9

한 인간 이전과 이후에 대한 사변적 사유는 여기서 시작된다. 이것은 어떤 공통적인 무지 상태로서 여기서부터 시작해서 저 본사실성에 대한 사유의 추진력이 생기게 되는 것이다. 본사실성이라는 비이성 원리는 우리 모두를 동일한 힘으로 평등하게 만든다. "절대성을 사유하고, 이것 덕분에 우리 모두가 궁극적이고 연약하다는 것, 즉 가치 있고 또 돌볼 가치가 있"[157]는 존재가 된다.

· 벡터적 주체

해방 투쟁의 주체는 메이야수에 의해 '벡터적 주체'(vectorial subject)로 명명된다. 이름에서 보이는 것처럼 이 주체는 어떤 방향성과 힘을 함께 가진다. 이런 의미에서 이 주체는 새로운 것은 아니다. 그것은 현재에 거주하며 기획투사하는 하이데거나 사르트르의 주체와 닮았다. 하지만 메이야수는 여기에 새로운 차원, 즉 "주체적 행위의 접근이 불가능한 차원"[158]을 부가한다. 이 규정은 매우 역설적이다. 왜냐하면 벡터적 주체는 그 주체가 접근 불가능한 차원을 향해가는 것이기 때문이다. 메이야수는 이 역설을 급진적 평등주의에 기반하여 영원한 반복 또는 영원회귀에 의해 정의가 실현될 수 있다는 믿음으로 설명한다. 이 가운데 주체는 행위 안에서 변형될 것이고 그 과정이 저 주체적 접근 불가능성보다 메이야수에게는 더 중요하다. 따라서 벡터적 주체는 "도래할 해방의 벡터에 의해 자기적으로 (magnetically) 끌어당겨"[159]진다. 이를 통해 벡터적 주체는 폭력과 환

---

157 *Ibid.*
158 돌피언·튠, 『신유물론』, 119쪽.
159 Meillassoux, "The Immanence of the World Beyond", *The Grandeur of Reason*, p. 463.

멸로부터 주체들을 해방시킨다. 이 폭력과 환멸은 끊임없이 우리를 따라다니는 유령과 같다. 이것을 메이야수는 "본태적 유령"(essential spectre)이라 부른다. 이 유령은 아직 우리에게 닥치지 않은 죽음뿐만 아니라 우리가 오래전에 경험한 인류 이전의 죽음들에 이르기까지 소환한다. 그것은 현재 발생하고 있는 끔찍한 죽음이면서 우리 이전과 이후의 죽음들이다. 벡터적 주체는 이러한 유령들을 횡단하면서 환멸을 변형하고 해방을 위한 지향을 계속해 나간다.[160]

이러한 해방적 지향은 냉소주의도 아니고 광신도 아니다. 다만 그 모든 유령들, 죽음들을 담대하게 마주보고 허무주의의 강을 건너가는 것이다. 존재와 정의는 이렇게 해서 서로 연결된다.[161]

· 제4세계를 위한 코뮤니즘적 정치학

여기서 메이야수는 코뮤니즘적, 혼종적 평등(hubristic equality)이 가능한 제4세계를 사유할 것을 제안한다. 이 제4세계에서는 모든 인간/비인간들의 보편적 평등이 이루어질 것이다. "살아 있는 것과 죽은 것의 보편적 평등에 관한 종말론적 희망(eschatological hope[부활의 희망])"[162]이 이 평등을 앞당긴다. 예전의 코뮤니즘이 실패한 것은 이 보편적 평등을 기각했기 때문이다. 우리는 그저 평범한 평등, 적정 수준의 평등이 아니라 오히려 더 과도한, 더 많은, 더 급진적인 평등을 원해야 한다. 이러한 과도함의 요구가 바로 혼종적 평등으로 수렴된다. 벡터적 주체에 의해 열리는 이 지평에서 사유하는 존재는 인

160 *Ibid.*, p. 471 참조.
161 *Ibid.* 참조.
162 *Ibid.*, p. 453.

간과 더불어 다른 존재들도 포함한다. 이 존재는 "우발성의 절대성을 깨닫는, 그 자신의 우발성을 아는 존재이다. 이에 따라 그는 인지적이고 비극적인 차원을 동시에 획득하며, 이는 그에게 전무후무한 가치"[163]를 부여한다.

메이야수는 이러한 신념이 정확히 맑스가 약속했던 것이라고 말한다. 맑스의 약속은 그 어느 누구보다 특출한 것인데, "코뮤니스트의 삶, 마침내 정치 없는 삶"[164]이 그것이다. 그것은 권력, 책략, 전쟁, 어떤 보편성을 위한 잔인한 희생 제의가 없는 삶 그리고 또한 그러한 관대한 영혼들 안에 이 모든 것들로부터 나오는 언어도단적인 광신이 없는 삶이다. 이것은 어떤 종말론적인 전망을 열어 보인다. 주의해야 할 것은 '종말'이라는 개념 안에 그 어떤 종교적인 의미도 없다는 점이다. 오히려 이 말에는 "정의의 쟁취, 그러므로 그와 같은 정의를 향한 투쟁과 벡터화의 종말"[165]이라는 의미가 있다. 이것은 곧 정치 자체의 종말을 의미하기도 한다. 요컨대 **메이야수의 정치학은 '자기-폐절'을 욕망하는 정치학**이다.

이 자기-폐절의 정치학은 비참과 죽음을 부정하지 않고 횡단한다. 이는 그것들을 긍정한다는 의미이기도 하다. 메이야수가 해방의 정치란 인민들의 행복이 아니라 보편적인 불안을 바란다고 말할 때 그리고 그것이 불확실한 삶을 고양시키고, 극단적인 불안의 위험에 헌신한다고 할 때 그것이 드러난다. 하지만 이는 인민들을 불행 가운데 방치하기 위한 것이 아니라 니체적인 의지로 그것을 마주보고 어

---

163 *Ibid.*, p. 462.
164 *Ibid.*, p. 473.
165 *Ibid.*, p. 472.

떤 행동으로 나아가게 하는 것이다. 그것은 결과적으로 어떤 발명적인 삶으로 이끌어 나갈 것이다.

· 투사들

메이야수는 이러한 삶으로 나아가면서 해방적 투사들이 영혼의 훈련을 하고 정의를 이룬다고 본다. 그는 이러한 투사들에는 몇 가지 유형이 있다고 논한다. 첫째, 투쟁을 사랑하기 때문에 싸우는 투사들, 둘째, 투쟁의 잔인함을 사랑하지 않지만 그럼에도 불구하고 정의에 대한 사랑으로 싸우는 투사들이 그들이다. 중요한 유형은 두 번째 유형이다. 이들은 투쟁을 좋아하지는 않지만 필요하다면 그러한 실존 상태로부터 달아나지 않는다. 첫 번째 유형의 투사들은 정치도 애호한다. 왜냐하면 정치는 이들에게는 좋아하는 투쟁의 환경이기 때문이다. 두 번째 유형의 투사들은 정치를 좋아하지는 않는다. 그들은 정치에 시간을 쓰는 것보다 다른 것에 쓰는 것을 더 좋아하지만, 정치를 실천한다. 그것이 부정성을 횡단하고 상황의 긴급성에 제대로 응답하는 길이라고 믿기 때문이다. 이러한 투사의 두 유형은 어떤 개인을 지칭하는 것이 아니라, 어떤 모델이며 대개는 이 두 가지가 뒤섞여 있다.[166]

이 투사들이 행하는 해방의 정치는 불가피한 폭력과 책략조차 쓸모없게 만드는 방식으로 최종적으로는 그 정치의 폐절로 가는 길을 찾는다. 그러나 정치 자체가 이러한 폐절을 홀로 성취할 수 있지는 않다. 그것은 오히려 파멸을 초래한다. 소비에트의 실패는 바로

---

166 *Ibid.*, pp. 475~476 참조.

그러한 파멸의 증거다. 하나의 정치의 종말이 다른 정치의 발생으로 귀결되는 것이다. 이것은 명백하게 잘못이다. 애석하게도 정치 없는 세계는 우리 행위의 범위 너머에 있다. 왜냐하면 그것은 우리 세계에 속하지 않기 때문이다. 이를 거부하고 정치가 어떤 종류의 사회주의의 성취 안에서 스스로 해소되기 때문에 그 어떤 자리도 남기지 않는다는 것을 긍정하는 것은 사실상 그 어떤 정치적 반대도 거부하는 전체주의 정치를 실행하는 것이다. 따라서 정치에 대해 두 가지가 말해질 필요가 있다. 첫째로 정치적 억압은 해방적 정치의 마지막 지점인데, 정치 자체로는 다른 것을 구할 수가 없기 때문이다. 하지만, 둘째로 '다른-정치'가 있을 수 있는데, 이것은 정치의 종말 이후에 도래하는 것이다. 정치의 종말은 정치의 종착지이지만, 정치의 종말이 곧 정치 전체는 아니다.[167] 여기에는 완전히 다른 정치가 기다리고 있는데, 이는 거의 반-정치에 가깝다.

그러므로 투사들은 삶을 사랑하며 그 삶이 총체적으로 정치적이지 않다는 것을 안다. 즉 삶 자체는 정치가 아닌 다른 곳에서 스스로를 성취하고자 한다. 그것은 사랑, 우정, 예술, 사유이다. 그러나 투사들은 또한 이 세계 안에는 이 이름을 가질 만한 것이 없다는 것을 안다. 그는 그러한 것들이 우리 세계 안에서 단지 정치적일 수 있는 보편적 평등의 욕망에 따라 '벡터화'되지는 않는다고 믿는다. 하지만 투사들은 열정적으로 '벡터화'되고자 한다. 왜냐하면 그들은 보편적 정의가 실제로 가능하다는 것을 알기 때문이다. 만약 새로운 것이 발생한다면, 벡터화 없이, 전쟁이 아니라 삶을 위해, 살아갈 준비

---

167 *Ibid.*, pp. 476~477 참조.

가 되어 있다는 것을 그들은 안다. 투사들은 유령들이 미래에 우리 인간성을 가치 있게 할 어떤 삶을 살아갈 수 있다는 희망을 보유한다. 그들의 폭력과 종말론은 본질적 부분이 아니다. 그들의 욕망은 우리의 본성을 쟁취하기 위해 헌신하는 어떤 다른-실존에 의미를 부여한다.[168]

메이야수는 다소 희망적으로 벡터적 주체일 때 투사들은 스스로를 세 번째와 네 번째 세계 사이의 '다리'로 전환하기 위해 딜레마와 허무주의의 이중 경험을 극복할 수 있도록 하는 어떤 궤도를 만들어 낸다고 선언한다. 스스로를 '여기'(제3의 세계)도 아닐뿐더러 '저기'(제 4의 세계)도 아니지만, 이미 여기와 저기 사이에 있는 인간으로 전환하는 것은 어떤 아름다운 세계, 즉 저쪽(yonder)을 가진다. 스스로를 전환하기 그리고 보편적 인민을 저쪽의 자기(yonder self)와 저쪽 인민으로, 여기와 지금 사이로 전환하는 것은 종말론적 생성의 도래하는 임무이다. 따라서 자기-폐절의 정치학은 어떤 종말론적 상상력을 희망의 상상력으로 전환하지만, 섣불리 현재의 비참함과 부정성, 죽음, 유령성을 내칠 수 없다. 더욱이 이 정치학은 인간 이전과 이후의 비참함, 폐허, 낙원의 꿈을 긍정한다. 정치는 시한부로 요청되며, 다른-정치에 이르러 완전히 전환될 것이다. 그것은 오히려 반-정치에 가까운 '사랑, 우정, 예술, 사유'에 다다른다.

---

168 *Ibid.*, pp. 477~478 참조.

3. 카렌 바라드

(1) 얽힘과 간-행

· 두 개념의 해명

이제 최근의 신유물론에 가장 강력한 영향력을 미치고 있는 카렌 바라드를 살펴볼 차례이다. 바라드는 신유물론의 본격적인 전개에 지대한 영향을 미친 물리학자이자 철학자다. 그녀의 이론에서 첫 번째 핵심 개념은 '얽힘'과 '간-행'이다. 바라드는 대표적 저서인 『우주의 중간에서 만나기: 양자물리학 그리고 물질과 의미의 얽힘』 서문 첫 단락부터 이에 대한 정의를 시도한다.

> 얽혀 있다는 것은, 분리된 개별체들의 결합에 따라, 서로 간에 단순히 꼬여 있다는 것이 아니라, 서로 독립성, 자기-충족적 상태를 상실한 채 있다는 것이다. 존재는 어떤 개별적 사태가 아니다. 개체들은 그것들의 상호작용들에 선재하지 않는다. 그보다 개체들은 그들의 얽힌 간-행화(inter-relating)의 일부로서 그리고 그것을 통해 출현한다. 출현(emergence[창발])이 시공간의 어떤 외재적 규준에 따라 발생하는 하나의 사건으로서 또는 과정으로서 단 한 번만 발생하는 것이라고 할 수는 없지만, 오히려 그러한 시간과 공간은, 물질과 의미처럼, 존재하게 되는바, 각각의 간-행을 통해 구체적으로 재배치된다.[169]

다시 말해 얽힘은 개체들 간의 분리 불가능성을 의미하며, 그

---

169 Karen Barad, *Meeting the Universe Halfway: Quantum Physics and the Entanglement of Matter and Meaning*, Durham and London: Duke University Press, 2017, p. ix.

개체들의 존재 자체가 이 얽힘의 사태로부터 유래한다는 것을 의미한다. 개별적 사태란 존재하지 않는다. 개체들은 상호작용 이전에는 없다. 인용문에서 보다시피 이 얽힘의 사태는 특별히 바라드의 간-행(intra-action) 개념을 통해 이를 잘 드러낸다. '간-행'은 물질들 그리고 담론들이 서로 간에 얽혀 들고 반복됨으로써 안정화되고 탈안정되는 과정이다. 현상들은 "간-행 과정을 통해 물질이 된다. '물질'은 객체들과 독립적으로, 고유한, 고정된 추상적 속성을 가리키지 않는다. 오히려 '물질'은 그것들의 진행 중인 물질화 안의 현상들을 지칭한다."[170]

이에 대해서는 브라이언트의 해설이 도움이 된다. 브라이언트는 선원이었던 자신의 할아버지의 특유한 걸음걸이를 예로 든다. 그의 할아버지는 평생을 선원으로 일했는데, 그는 "대서양 파도의 움직임에 조응하여 어떤 특유한 걸음걸이와 서 있는 방식을 발전시켰다. [⋯] 그것은 어떠한 움직이는 표면 위에서 안정성을 완벽하게 유지하는 방식"이다. 이는 마치 그 파도들이 신체를 형성했던 것과 같다. 주의할 것은 "그의 서고 걷는 특유한 자세가 파도로부터도 그의 신체로부터도 기인한 것이 아니며, 두 대상의 협력으로부터 기인했"다는 사실이다. 즉 그의 자세는 "그의 몸의 근육들과 뼈들, 파도 그리고 보트와 바지선의 흔들거리는 표면의 간-행"[171]을 통해 형성되었

---

170 *Ibid.*, p. 151.

171 Levi R. Bryant, "Phenomenon and Thing: Barad's Performative Ontology", *Rhizomes: Cultural Studies in Emerging Knowledge*, Issue. 30, 2016, § 17. 브라이언트는 이 적실한 예를 다른 곳에서도 사용한다. 예인선 선원들은 "파도의 움직임을 접어서 자신의 몸에 넣었는데, 그리하여 그들이 바다에 떨어지거나 넘어지지 않은 채 갑판을 횡단할 수 있게 하는 형태의 걷기 및 서 있기 자세가 생겨났다. 그들의 근육조직에 이런 파도의 움직임이 새겨짐으로써 결국 그들은 뭍에서도 그 밖의 방식으로는 걷거나 서 있을 수 없

다. 여기서 물질이란 '현상들-사물들'이며 위의 예에서와 같이 그것들 간의 간-행을 통해 새롭게 배치되고 재배치되는 실행들, 운동들, 과정들이다.

· 이중슬릿 실험[172]

이 생각은 물리학계에서는 이미 알려진 '이중슬릿 실험'을 통해 규명된다.[173] 이 실험에서 빛이나 전자, 원자 등은 파동과 입자라는 둘 중 하나의 특성으로 갈라져 나타난다. 이 둘은 상호 배제적임에도 하나의 실체에 귀속되는 것이다. 이에 대한 오래된 해석 논쟁들은 슈뢰딩거부터 하이젠베르크 그리고 보어로 이어진다. 이 논쟁에서 바라드는 보어의 해석의 편에 선다.[174]

양자역학에서 대중적으로 잘 알려진 내용은 하이젠베르크의 '불확정성 원리'다. 바라드는 이 하이젠베르크의 이론에 기반하여 양자역학을 이해하는 것이 불충분하다고, 더 신랄하게 말하면 그릇된 것이라고 본다. 그럼 대안은 바로 하이젠베르크의 스승인 보어다. 보어의 이론은 하이젠베르크의 그것과는 달리 '미결정

게 된다. 선원의 몸은 문자 그대로 체화된 파도가 된다"(레비 R. 브라이언트, 『존재의 지도: 기계와 매체의 존재론』, 김효진 옮김, 갈무리, 2020, 197쪽).

172 이 소절의 내용은 이해를 돕기 위해 'Transnational College of LEX, 『양자역학의 법칙』, 강현정 옮김, 곽영직 감수, Gbrain(지브레인), 2020'의 내용을 전반적으로 축약 서술했다.

173 Barad, *Meeting the Universe Halfway*, pp. 266~267 참조.

174 바라드는 인터뷰에서, "나는 당신이 했던 말, 즉 내가 보어의 연구를 경전으로 여기지도 않으며, 어떤 '불효녀'처럼 바라보지도 않는다는 그 말에 전적으로 동의한다. 하지만 서로를 통해 다양한 통찰들을 읽어 내기 그리고 뭔가 새로운, 사유하는 존재의 새로운 패턴을 생산하기, 동시에 보어가 우리에게 말하려고 한 그 본질적인 것에 상당한 주의를 기울이는 것"이 필요하다고 말한다(돌피언·튠, 『신유물론』, 80~81쪽 참조).

성 원리'(indeterminacy principle) 또는 '상보성 원리'(complementarity principle)라고 불린다. 이제부터 바라드가 설명하는 보어의 '미결정성 원리'를 간략하게나마 정리해 보자. 그러기 위해 우리는 양자역학이 탄생할 때 이루어진 놀라운 발견들, 이를테면 이중슬릿 실험을 통한 빛의 입자-파동 이중성을 먼저 살펴보아야 한다.

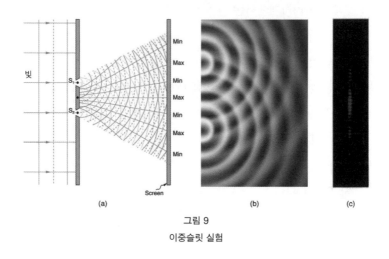

그림 9
이중슬릿 실험

양자혁명의 시작은 빛에 대한 연구에서부터다. 당시 물리학계에는 물질을 설명하는 두 가지 방식이 있었는데, 하나는 물질을 입자로 보는 것이고, 다른 하나는 파동으로 보는 것이었다. 이 둘은 전혀 다른 성질이었는데, 파동은 연속적이지만 입자는 불연속적이라는 점이 그것이다. 모든 물질은 이 둘 중 하나로 설명할 수 있어야 했다. 하지만 빛은 이상한 현상을 보이기 시작했다. 대체로 당시에는 빛이 파동이라고 설명되었다. 빛이 가진 파동의 성격을 알기 위한 흔한 실험은 암실 안에서 스크린 앞에 구멍(슬릿) 뚫린 벽을 세워 놓고, 그 벽에 빛을 쏘는 것이었다. 이렇게 하면 구멍을 빠져나간 빛이 일정한 패턴을 그리며 스크린에 무늬(산란 패턴)를 그린다. 그런데 구멍이 두 개일 경우에는 다른 무늬를 그린다는 것을 물리학자들을 알게 되었다. 이것을 '간섭 패턴'이라고 한다.(그림 9) 간섭하는 것은 파동이므로 자연스럽게 빛=파동이었다. 문제는 스펙트럼을 계산하기 위한 수식을 연구하는 중에 이상한 점이 발견되었다는 것이다.

이 수식에 매달린 학자가 플랑크였다. 결국에는 이것을 수식화했는데 또 문제가 발생했다. 실험의 결과를 설명하는 수식이 도출되었지만, 이 수식이 의미하는 바가 무엇인지 불분명했던 것이다. 그의 수식은 복잡하지만, 간단하게 표현하면, 다음과 같다.

$$E = nh\nu \,(n = 0, 1, 2, 3, \cdots)$$

물론 여기서 E는 에너지고, h는 플랑크상수(6.63×10^{-34}J · S), ν는 빛의 진동수다. 어쨌든 이 수식은 빛에너지를 계산하는 수식이고, 이때 빛에너지는 $h\nu$의 n배, 즉 정수배라는 것이다. 이것은 빛에너지가 '불연속적으로'(정수는 불연속이니까) 변동한다는 의미가 된다. 이 결론은 빛이 파동이라는 실험 결과와는 모순된다. 빛이 파동이라면 그것은 '연속적'이어야 하기 때문이다. 불연속성은 '입자'의 속성이다. 매우 단순하게도 아인슈타인의 발견은 여기에 있다. 플랑크 공식으로부터 빛이 입자임을 주장한 것이다. 하지만 아인슈타인의 주장은 모순을 해결하지 않고, 더 심화시켰다. 빛이 입자이면서 파동이라니 말이다.

이 역설적 상황에 대해 하이젠베르크는 처음부터 다시 생각해보기로 했다. 그리고 떠올린 것이 '안개 상자 실험'이었는데, 이 실험은 안개가 발생하는 상자 안에 전자를 쏘아서 그 궤적을 시각화하는 것이다. 하이젠베르크의 새로운 발상은 이 궤적을 만들어 낸 것이 사실은 전자가 아닐 수 있다는 것이다. 그러니까 안개 상자 안을 달리는 전자가 앞으로 내달리면서 안개의 방해를 받는다고 생각한 것이다. 그래서 이 궤적은 사실 안개 입자에 의해 '방해받은' 전자의 궤적인 것이지, 전자 자체의 궤적은 아닌 것이다. 다시 말해 전자파가 궤적의 수준으로 커지려고 하면 안개 입자의 방해로 인해 운동량이 작아지는 현상이 안개 상자 안에서 발생한다. 이를 수학적으로 말하면 x(위치)가 커지려고(변화량 Δ) 하면 p(운동량)가 작아지고 p가 커지려고 하면 x가 작아진다고 할 수 있다. 하이젠베르크는 이것을 수식화했는데, 그 값이 플랑크상수라는 놀라운 사실을 발견했다.

$$\Delta x \cdot \Delta p_x \approx h \,(h\text{: 플랑크상수})$$

이것이 바로 우리가 현재 알고 있는 소위 '불확정성 원리'의 최초 아이디어다. 왜냐하면 이 공식에 따르면 x의 변화량과 Δp_x의 변화량은 플랑크상수의 크기 안에서 불확정적으로 변화할 수 있기 때문이다. 안개 상자를 걷어내고 이 공식을 새로 해석하면, Δx는 '전자의 위치 분포'고, Δp는 '운동량의 분포'라고 할 수 있다. 그러므로 불확정성 원리를 한마디로 하면, "위치를 정확하게 드러내려고 하면, 운동량이 정확해지지 않으며, 운동량을 정확하게 드러내려고 하면 위치가 정확해지지 않는다"가 된다.

이제 여기서부터 굉장한 일이 일어난다. 이 발견 이전에는 관찰자와 관찰 대상 사이에 경계가 있었다. 이를 철학적으로 말하면 주체와 객체 간에 이분법이 존재했다는 의미다. 그러나 이 양자의 세계(빛과 전자의 세계)에서는 관찰자와 관찰 대상 간에 상호작용이 존재하며, 이를 통해 주체와 객체가 서로 갈마들게 된다. 즉 관찰자의 관찰행위가 대상의 운동과 위치에 영향을 미치게 되는 것이다(철학적으로는 이 역의 관계도 성립한다고 본다). 이 논의 과정에서 보어는 당시의 주류 양자역학 해석팀이라고 할 수 있는 '코펜하겐 학파'의 해석(코펜하겐 해석)을 이끄는 지도자였다. 사실상 하이젠베르크는 보어의 제자이자 동료로서 이 팀에 참가하고 있었다.

· 미결정성 원리

보어는 하이젠베르크가 '불확정성 원리'를 내놓는 것과 동시에 '상보성 원리'를 발전시켰다. 상보성은 보어의 '미결정성 원리'의 핵심에 해당한다. 그러나 하이젠베르크에게서 이 상보성(complementarity)은 부차적으로 다루어진다. 다시 말해 하이젠베르크의 핵심적인 주제는 실험 상황에서 입자의 운동량을 측정하기 위해 무언가(예컨대 빛)를 쏘면 그것에 의해 측정이 방해받는다는 사실이다. 방해(disturbance)라는 생각에 기반한 이러한 분석은 하이젠베르크를 불확정성 관계가 인식론적 원리라는 결론으로 이끈다. 이는 우리가 알 수 있는 것에 한계가 있다고 말하는 셈이다. 다시 말해 입자의 운동량의 결정값은 측정과 독립적으로 존재한다고 가정되지만, 우리는 그것을 알 수 없다. 그래서 우리는 측정에 의해 야기되는 불가피한 방해로 인해, 그 값에 대해 불확정적으로 남는다.

이런 '불확정성'에 대해 보어는 처음에 상당히 심드렁하게 반응한 것 같다. 왜냐하면 중요한 것은 그것이 아니라고 봤기 때문이다. 보어에게 중요했던 것은 '방해'가 아니라 입자의 속성을 어떻게 '결정'하느냐는 문제였다. 쉽게 말해 그 입자가 방해받음으로써 빨강(입자의 경우에는 운동량과 위치)이 빨강이라는 점이 불확정적으로 남는다는 것이 문제가 아니라, 그 빨강이라는 속성 자체가 이미 미결정된 상태라는 것이다. 빨강을 애초에 전제하느냐 그러지 않느냐의 문제가 여기 있다. 이건 매우 심대한 차이라고 바라드는 말한다.

이것은 측정을 통한 앎이 측정 대상에 대한 앎에 그치는 것이 아니라, 앎과 동시에 측정 대상의 존재 자체를 결정한다는 의미로 받아들여진다. 이것은 상당히 기묘하게 느껴지는데, 이를테면 우리는 자칫 이런 엄연한 실제적 과정을 마법사의 지팡이가 모자 안에서 토끼를 만들어 내는 듯이 여길 수가 있다. 하지만 보어는 양자역학에서 이것은 전혀 불합리하지 않은 결론이라고 말한다. 다시 말해 보어는 우리가 어떤 독립적인 물리적 실재성을 이러한 속성들에, 또는 그 문제에 있어서 독립적으로 존재하는 객체의 관념에 귀속시킬 권리가 없다고 논증하는 것이다.

그러므로 보어가 보기에 하이젠베르크의 '불확정성 원리'는 우리가 운동량과 위치라는 이미 정해진 결정값이 있고, 그것에 대해 분명히 알 수 없다고 보는 점에서 오류를 범하고 있다는 것이다. 이에 반해 보어는 그런 '이미 정해진 결정값'이란 존재하지 않으며, 어떤 장치를 통해 측정하느냐에 따라(즉 위치 측정을 위한 장치냐, 운동량 측정을 위한 장치냐에 따라) 둘 중 하나의 측정값만이 결정되며, 다른 하나는 미결정 상태에 놓인다는 뜻이다. 이 동일한 의미에서 두 측정값의 존재는 서로 상보성, 다른 말로 '상호 배제성'을 띤다. 다시 말해 우리는 어떤 대상에 대한 확실한 앎이 있다고 전제하지만, 사실상 그 대상은 직접 실험하기 전까지는 존재하지 않는다.

· 보어의 해석이 가지는 의의

바라드는 양자역학의 보어식 해석이 하이젠베르크의 불확정성 원리에 관한 일반 대중의 열광 아래에 묻혀 버렸고, 이후 물리학 교재, 물리학 전공 학생들 그리고 전문적인 물리학자들이 이러한 그릇된 개념을 공유하게 된 것은 매우 불행한 일이라고 말한다. 바라드는 다음과 같이 결론 내린다.

> 보어에게 실제적인 주제는 **미결정성**이지 **불확정성**이 아니다. […] 그는 **의미론적**이고 **존재적인** 용어로 그리고 추론적인 인식론적 용어로 위치와 운동량 간의 상호관계를 이해한다(즉 우리는 알기 위해 정의될 것이 아무것도 없는 어떤 것에 대해 정의할 무언가를 알 수는 없다). 보어의 미결정성 원리는 다음과 같이 진술될 수 있다. **상보적 변수들의 값(위치와 운동량 같은)은 동시적으로 결정되지 않는다.** 이 주제는 인식 불가능성 자체에 관한 것이 아니다. 오히려 이것은 동시적으로 존재한다고 알려질 수 있는 것에 관한 질문이다.[175]

바라드의 이 말을 여러 번 곱씹어 보라. 그러면 여기서 데카르트 이래 유지되어 온 앎과 무지(또는 광기)의 이분법이 무너지고 있다는 것을 알게 된다. 중요한 것은 안다는 것('의미론적'인 것)과 모른다는 것('존재적인' 것)은 상보적으로 얽혀 있다는 점이다. 이 상보적인 관계는 매우 미묘한데, 왜냐하면 그것은 서로 '상호 배제적'으로 보완한다는 의미가 담겨 있기 때문이다.

이러한 해석은 물질이 가진 특성이 그 측정 도구를 바꾸면서 달라지는 사태를 나타내는데, 이것은 바로 얽힘의 중요한 하나의 예이

---

175 Barad, *Meeting the Universe Halfway*, p. 118.

다. 즉 우리가 실험에서 관찰하게 되는 것은 어떤 '현상' 또는 말 그대로 '얽힘', 즉 장치들과 관찰되는 대상의 분리 불가능성이다.

바라드는 보어의 통찰을 인식론적 편향으로부터 유물론을 구해 내는 지렛대로 삼으면서, 그녀가 말한 '존재-인식론'을 전개하게 된다. 이 사고에서 관찰행위는 단순히 대상을 바라보기 전에 선재된 어떤 가치의 개입이 아니라, 대상과 더불어 언제나/이미 그것을 구성하는 것이다. 바라드는 보어의 통찰을 실험실 너머로까지 확장하여 철학적으로 전개하는데, 그녀에게 얽힘은 실험 도구와 실험체의 뒤얽힘만이 아니다. 오히려 실험실 그 자체조차 세계의 일부로 경계없이 그것과 뒤얽힌다. 이런 확장의 결론은 인간은 마치 우주 바깥에 존재하는 것처럼 그렇게 우주를 관찰할 수 없다는 사실이다. 따라서 "인간이 과학적이거나 다른 지적 실천에 참여하는 한에서, 그들은 좀 더 큰 세계의 물질적 배치의 일부로서 행위하며, 그 계속되는 제한 없는 절합에 연루된다".[176]

그러므로 여기서는 데카르트적 앎의 주체로서의 코기토는 가차없이 기각된다. "'앎'(knowing)이란 인간의 예외적 생득권으로서의 어떤 능력이 아니며, '아는 자'(knower)는 자기-충족적인 이성적 인간 주체로 가정될 수 없으며, 그 주체의 인공 보철적인 증강 변형물도 아니다. 소여된 신체에 자기와 타자를 구별하는 고유한 경계들로 거주하는 생각하는 자아란 존재하지 않는다".[177] 그보다 주체는 구성되며, 일종의 물질적 배치, 또는 그 배치의 일부가 된다.

176 *Ibid.*, p. 342.
177 *Ibid.*, p. 379.

앎이란 보다 광대한 물질적 배치를 포함하는 어떤 분배의 실천이다. 인간이 과학적인 실천 또는 다른 앎의 실천들에 참여하는 한에서, 그들은 세계의 물질적 형상화의 한 부분으로서 활동하는 것이며, 지속적으로 확장 가능한 절합을 행하는 것이다. 앎이란 세계의 일부가 차이 나는 사유 가능성 안에서, 그것이 하나의 부분인바, 세계의 다른 부분에 대해 차이 나게 사고하게 되는 그 세계에 대한 명백한 연루인 것이다.[178]

· 존재-인식론

이렇게 해서 존재-인식론이 철학사의 맥락 안에서 제 차례를 맞게 된다. 신유물론의 철학사적 의의는 인식론과 존재론을 하나의 존재-인식론(onto-epistemology)으로 파악한다는 것에 놓인다. 존재론과 인식론의 상호 구성은 인간에게 요청되는 것도 아니며, 어떤 의미에서 거기 제한되는 것도 아니다. 다시 말해 인식 능력이라는 본성적으로 구별되는 특수한 '인간적' 능력이란 존재하지 않는다는 것이다. 그것은 물질에 의한 물질의 능력일 뿐이다. 바라드는 자신의 책을 시작하는 부분에서 이러한 인식론적 의미화와 존재론적 물질화가 나누어지지 않았음을 선언한다.

물질과 의미화(meaning)는 분리된 요소들이 아니다. 그것들은 불가분하게 함께 융합되어 있으며, 어떤 사건도, 그것이 얼마나 강력하든지 간에, 그것들을 찢어 놓을 수 없다. 심지어 원자들은, 그 이름 그대로, 아토모스(ἄτομος; atomos), 즉 '불가분의'(indivisible) 또는 '절단 불가능

178 *Ibid.*

한'(uncuttable)이란 의미를 가지지만, 부서져 나누어질 수 있다. 하지만 물질과 의미화는 화학적 과정 또는 원심분리기 또는 핵폭발에 의해서도 분리될 수 없다. 물질화는 동시에 실체(substance)와 의미의 문제다. 아마도 그것이 의문시되는 물질의 본성일 때, 물질의 가장 작은 부분들이 심히 확고한 관념들과 거대한 도시들을 폭발시킬 능력임을 드러낼 때 가장 분명해진다. 아마 이것이 현대물리학이 존재, 앎 그리고 행위, 즉 각각 존재론, 인식론 그리고 윤리학, 사실과 가치에 속한 문제들의 불가피한 얽힘을 만드는 이유이며, 그래서 그것은 그토록 생생하며, 그토록 통렬하다.[179]

이와 같이 물질과 의미, 즉 존재론의 대상과 인식론의 대상은 원자와 아입자들이 분리되는 것처럼 분리되지 않는다. 핵분열을 일으키는 거대한 에너지도 그것의 얽힘을 분리시키지 못한다는 것이다. 마찬가지로 이러한 물질과 의미의 얽힘이 한편으로는 자연에, 다른 한편으로는 문화에 있는 이런 이원론을 문제시하게 되는 것이라는 점도 분명하다.

이와 같은 물질에 대한 역동적 이해는 앞서 논한 네일의 루크레티우스 해석과도 잘 통한다. 거기에서도 물질이란 끊임없는 운동적 과정을 통해 비평형성을 유지하면서, 또는 비대칭적으로 움직이고 있기 때문이다. 또한 바라드의 수행적 유물론에서도 네일·루크레티우스에서와 같이 불변하는 총체성은 존재하지 않는다. 다시 말해 수행성은 버틀러에게서와 같은 어떤 담론의 실패가 아니라, 보다

179 *Ibid.*, p. 3.

적극적인 관계의 구성 가운데 발생하는 미해결의 과제이자 안주름 (implication)인 셈이다.

(2) 행위적 실재론

· 행위적 절단

이러한 존재-인식론적(ontoepistemological) 사고는, '행위적 실재론'(agential realism)으로 이끌려 들어간다.

> 나는 내가 제안한 존재-인식론적 틀거지를 '행위적 실재론'이라고 부른다. […] 중요하게도 행위적 실재론은 단어들과 사물들 사이의 대응 관계라는 관념을 거부하며, 그 대신에 어떻게 담론적 실천들이 물질적 현상과 관계를 맺는지에 관한 인과적 설명을 제공한다. […] 이 이론적 틀거지에서 관건은 실천들의 물질적 본성과 그 실천들이 어떻게 물질이 되는지를 해명하려는 강력한 수행이다.[180]

이와 같은 방식으로 이해된 행위적 실재론의 존재-인식론은 물질에 대한 새로운 입장을 드러낸다. 여기서 물질이란 끊임없는 운동적 과정을 통해 총체성을 거슬러 생성한다. 여기에는 어떤 '존재론적 불확정성'이 있다. 이것은 물질적인 것(인간이든 비인간이든)들 각각이 가진 능력에 따라 가능성들을 현행화하거나, 어떤 불가능성에 부딪히게 됨을 의미한다. 불확정성은 그만큼 확정성의 지대와 혼

---

180 *Ibid.*, pp. 44~45.

효되며, 이것은 물질의 능력과 관련된다(인간의 능력이 아니다).

그러므로 바라드에게 "일차적인 존재론적 단위는 고유한 경계들과 속성들을 가진 독립적인 객체들이 아니라, 현상들"[181]이며 이것이 물질이다. 물론 이 '현상'을 칸트적인 '잡다'로 이해하면 곤란하다. 칸트적인 잡다로서의 현상이란 범주의 포획을 기다리는 수동적이고 재현적인 대상에 지나지 않는다. 그보다 '현상-물질'은 앞서 말했듯이 얽힘과 '간-행'에 관련된다. 바라드가 자신의 이론을 존재-인식론이라고 말하는 가장 중요한 이유가 이 개념에 달려 있다. "현상들은 간-행적 '행위소들'(agencies)의 존재론적 분리 불가능성/얽힘이다. 즉 현상은 존재론적으로 근원적인 관계들, 선재하는 관계항 없는 관계들(relation without relata)이다."[182]

수행성은 '행위적 실재론'과 관련된다. 행위적 실재론은 "행위적 절단"[183]을 통해 발생하는 물질화가 결코 개체화를 중심에 놓는 것이 아니라는 것을 강조하는 것이다. 다시 말해 행위적 절단을 통해 탄생하는 여타 물질적인 것들이 우리 인간과 분리되거나, 또는 그 물질의 입장에서 따로 수행되는 것이 아닌 것이다. 그것은 언제나 동시에 발생하며 따라서 효과라는 얽힘의 사태를 유발한다. 여기에는 존재-인식론적인 측면뿐 아니라, 우리가 나중에 살펴볼 윤리·정치적인 함축도 함께 있다.

마찬가지로 행위적 실재론은 담론적 실천과 밀접한 연관을 가진다. "행위적 실재론의 관점에서, 담론적 실천은 인간-기반 행위들

181 *Ibid.*, p. 139
182 *Ibid.*
183 이 책의 용어 해설 참조.

이 아니라 세계에 관한 특유한 물질적 (재)배치로서, 여기서는 경계들, 속성들 그리고 의미들이 미분적으로 촉발된다."[184] 이러한 물질적 재배치들은 주름 운동과도 연관되는데 그것은 바라드에게는 '장치'(apparatus)들의 간-행이다. 사실상 장치들은 어떤 기계 장치만을 의미하는 것이 아니다. 그것은 "생성의 와중에 물질적 현상(그리고 그 부분)을 생산하는 물질적인 (재)배치들이거나 담론적인 실천들"[185] 둘 모두를 의미한다. 장치들은 외재성을 가지고는 있지만 사변적 실재론의 객체들처럼 외재성의 관계를 가지지 않는다. 바라드는 이러한 물질적인 장치와 담론적인 장치들이 "간-행의 역동론 안에서 상호 간에 함축된다(mutually implicated[상호 간에 안주름화된다])"[186]라고 말한다.

· 관계적 존재론

바라드는 앞서 보았던 것처럼 보어가 가진 과학사적이고 철학사적인 중요성을 그의 문제의식으로부터 발굴한다. 보어는 원자론적 개별체에 기초하는 고대 유물론의 존재론을 뒤집는다. "보어에게, 사물은 고유하게 규정된 경계들이나 속성들을 가지지 않"는다.[187] 왜냐하면 입자는 운동량과 위치라는 속성을 가지지 않으며, 오히려 미결정 상태에 놓여 있기 때문이다. 보어는 또한 근대적인 이분법인 주

---

184 *Ibid.*, p. 183. 또 다음과 같은 언급을 보라. "결정적으로 수행성에 관한 행위적 실재론의 노력은 물질이 세계의 생성 과정에서, 즉 그것의 계속적인 간-행(intra-activity) 안에서 어떤 능동적 참여자로서 제 몫을 한다는 점을 수용한다. 더 나아가 행위적 실재론은 담론적 실천들이 어떻게 물질이 되는지에 대한 이해를 제공한다"(*Ibid.*, p. 136).

185 *Ibid.*, p. 183.

186 *Ibid.*, p. 184.

187 *Ibid.*, p. 138.

체/객체, 인식주체/대상 간의 데카르트적 구별도 부차적으로 만든다. 그런데 보다 중요한 것은 따로 있다. 바라드는 그것이 언어와 측정 장치가 '매개 기능'을 수행한다는 가정을 거부한 데 있다고 본다. 다시 말해 측정 독립적인 대상도 존재하지 않지만 대상과 독립적인 장치와 언어도 존재하지 않는 것이다.

그러므로 이 문제는 보어가 탐색하지 못한 '존재론적 차원'에 있다. 바라드는 이를 '관계적 존재론'(relational ontology)이라고 하는데, 사실상 여기서부터가 그녀의 '행위적 실재론'의 출발점이다. 이 관계적 존재론은 "포스트휴먼적인 수행적 사유를 위한 기초"다. 다시 말해 관계적 존재론으로서의 '얽힘'은 인간/비인간의 이분법을 횡단하고, 사유의 실천을 강조하는 존재론인 것이다. 그렇기 때문에 당연하게도 이 존재론은 '재현주의'를 부차화하고, 속성 독립적인 객체의 존재를 거부하는 것이다. 그 대신 바라드는 이 수행적 사유로서의 행위적 실재론이 객체들의 경계와 속성들 그리고 의미에 이르기까지 해당 세계의 특정한 물리적 (재)배치와 밀접한 연관을 가지면서 수립된다고 본다.[188] 분명한 것은 이러한 확신이 다름 아니라 (분명히 그 스스로 밝히지 않았다 할지라도) 보어에게서 이끌어 내어진다는 점이다. 즉 앞서 살펴보았다시피 보어에게서도 위치와 운동량 같은 개념들이 본래부터 객체에 내속하는 것이 아니라, 특정한 물리적 배치의 수행적 수립으로부터 그 객체에 체현된다. 이는 객체-장치-의미의 분리 불가능성을 말하는 것이다.

---

188 *Ibid.*, p. 139 참조.

· 현상과 행위적 절단

바라드는 이로부터 일차적인 존재론적 단위가 장치 독립적인 또는 의미 독립적인 객체가 아니라, '현상들'이라고 주장한다. 우선 현상들은 다음과 같이 정의된다. "현상들은 나의 행위적 실재론의 사유에 따르면, 개별적 실체들도 아니고 정신적 인상들도 아니며, 얽힌 물질적 행위소들이다."[189] 그런데 이 용어는 철학사적으로 '현상학적 함축'이 다분하다. 바라드는 자신의 '현상' 개념이 이 현상학적 현상(나타나는 사물-자체)과는 완전히 다르다고 주의를 준다. 그것은 과학적으로 이해되어야 한다. 다시 말해 "우리가 실재한다고 보는바, 관찰되는 것을 지시"[190]하는 것이며, 객관적 지시체라고 할 수 있다. 이런 의미에서의 '현상'은 바로 존재론적 의미에서 이것(this)이며 그 자체로 복잡성을 담지한 의미론적 단위인 이것임이라고 할 수 있다. 따라서 현상은 행위적 실재론 안에서 기존의 재현주의를 넘어 실험-이론-의미화-물질이라는 계열의 역동적 실천 안에서 나타나는 '얽힘'의 결과라고 할 수 있다. 바라드는 이렇게 현상이 객관적 지시체이며, 그것은 곧 '관계들', '얽힘'이라고 단언한다. 다시 말해 현상은 무언가 세계의 배후에 놓여 있는 단일 실체나, 의미를 애매모호하게 만드는 은유적인 것이 아니라, 우리가 일상적으로 살아가는 세계에서 버젓이, 노골적으로 드러나는 바로 '이것(임)'이다.

이제 여기에 '행위적 절단'이 등장한다. 행위적 절단은 현상으로부터 어떤 대표자, 즉 '인과성'을 초래하는 배치의 수립행위라고 할 수 있다. 다시 말해 행위적 절단은 미결정성으로서의 현상 안에

189 *Ibid.*, p. 56.
190 *Ibid.*

의미론적 결정성, 즉 '해'를 제시한다. 하지만 이것이 가능하기 위해서는 "보다 더 큰 물질적 배치(즉 물질적 실천의 집합)"[191]가 필요하다. 바라드의 이 말은 행위적 절단이 어떤 단일한 상호작용이 아니라, 확대된 장치들의 간-행을 통해 결과로 산출되는 수립행위라는 의미다. 이렇게 해서 현상이 가진 '분리 불가능성'은 '분리 가능성'으로 이행한다. 주체와 객체, 인간과 비인간, 문화와 자연, 반려동물과 야생동물 등등. 중요한 것은 이때 절단이 순전히 존재론적인 의미의 '우발성'으로 이해되어야 한다는 점이다. 그런데 사실상 확장된 장치들의 (재)배치가 초래하는 이 절단은 현상들이 야기되는 그 장치들과 다르지 않다. 다시 말해 현상들도 "물질화의 차이 나는 패턴들('회절 패턴')로서, 다양한 물질-담론적 실행들의 복합적인 행위적 간-행이나 신체적 생산에 속한 장치를 통해 산출"[192]되기 때문이다. 결론적으로 현상들과 행위적 절단은 순차적인 수립행위가 아니라 동시 발생적인 수립행위다.

· 실재의 구성

이렇게 해서 '실재'가 구성된다. 바라드의 행위적 '실재'론에서 실재는 "사물-자체 또는 현상-뒤-사물로 구성되는 것이 아니라, 현상-안-사물들(things-in-phenomena)"[193]이다. 여기서 **'사물'**은 현상 안에 있으므로, **물질화**로서의 사물이며, 실재는 절단에 의해 이 물질화(다른 말로 물질-담론화) 안에서(현상 안에서) 그 자신을 구성한다. 이

---

191 *Ibid.*, pp. 140~141.
192 *Ibid.*, p. 140.
193 *Ibid.*, 같은 쪽.

행위적 절단의 과정을 바라드는 "물질화의 역동적 과정"이라고 다른 식으로 규정한다. 다시 말해 물질은 하나의 고착된 실재로서 존재하는 것이 아니라 "존재의 미분적 의미가 계속되는 행위소의 퇴조와 흐름에서 시행되"는 바 그것이며, 이는 "특정한 행위적 간-행을" 통과한다. "즉 현상들이 물질이 되는 것, 마찬가지로 말(word)이 되는 것은 특정한 간-행들을 통해서다." 바라드는 다음과 같이 물질을 규정한다.

> 행위적 실재론의 사유에서, 물질은 어떤 고정된 실재를 지칭하지 않는다. 그보다 물질이란 그것의 간-행적 생성 안에서의 실체다. 즉 사물(thing)이 아니라 함(doing), 행위소의 응결이다. 물질은 반복적인 간-행의 안정화하고 탈안정화하는 과정이다. 현상들——가장 작은 물질적 단위들(관계적인 '원자들')——은 이러한 진행하는 간-행 과정을 통해 물질이 된다. '물질'은 객체들과 독립적으로, 고유한, 고정된 추상적 속성을 가리키지 않는다. 오히려 '물질'은 그것들의 진행 중인 물질화 안의 현상들을 지칭한다.[194]

요컨대 보다 더 큰 장치들의 배치 안에서 행위적 절단은 국소적인 행위적 간-행을 통해 물질-담론적 실재 혹은 사물을 구성하는 우발적 계기다.

그런데 우리는 여기서 다음과 같이 물을 수 있다. 저 '우발적 계기'에서 '우발성'은 단순히 전통적인 의미에서 존재 자체의 우연적

---

194 *Ibid.*, p. 151.

생성이라는 식으로 이해할 수 있는가? 저 국소적인 행위적 간-행은 무목적적이지만 그것이 국소화되는 과정에서 어떤 애매모호한 목표를 겨냥하지는 않는가? 물론 이때 겨냥의 인간적 주체 따위는 존재하지 않는다. 하지만 확장된 장치들의 이 행위들은 대체 무엇을 의미하는가? 세계는 물질화의 열린 과정이고, 여기서 여러 가지 행위적 가능성들이 현행화된다. 시간과 공간 자체도 예외가 아니다. 역사성 (historicity)은 어쨌든 세계 자체가 국소적일 때 등장한다. 우리 세계의 역사는 다른 세계에서는 몽상에 불과할 수 있다.

· 장치

이를 알기 위해서 우리는 바라드가 '장치'에 대해 논하는 바를 들여다봐야 한다. 바라드에 따르면, "장치는 단지 우리 주위에 있지만은 않다. 그리고 장치는 단순히 비인간뿐 아니라 인간까지 포함하는 배치물들도 아니다. 오히려 장치는 단지 시간 속에서 출현하지 않지만 지속적인 생성의 역동성의 부분으로서 시공간 물질을 반복해서 재배치하는 세계에 대한 특유한 물질적인 재배치물이다".[195] 이 언급에서 장치는 단순히 실험실 배치물을 의미하지 않는다. 이것은 세계 내의 모든 물질-담론적 배치물을 포함한다. 이 '거시적인 물질적 배치물'은 앞서 보았던 것처럼 행위적 절단을 겨냥하는 우발성의 생산지다. 이를 통해 현상들이 국소화하고 행위소들의 속성들이 결정된다. 따라서 장치들을 수동적인 배치물이 아니라 능동적인 생산 과정으로 새겨야 한다.

---

195 *Ibid.*, p. 142.

보다 중요한 것은 이 장치들이 개념들을 체현한다는 점이다. 바라드는 어떤 개념, 예컨대 운동량이나 위치 등등을 정의하기 위해서는 그것이 산출되는 장치들, 이를테면 사진 건판들, 포인터, 디지털 판독기 등등이 동원되어야 한다고 한 보어의 주장에 주목한다. 이렇게 되면 장치에 개념들이 체현되며, 개념들은 장치를 표현하는 것이 된다.[196] 여기에는 인간-장치도 포함된다. 인간-장치는 보다 큰 장치의 배치 안에, 즉 "측정 가능성과 규정 가능성의 바로 그 조건들 안에 얽혀 있다".[197] 이것은 철학적 의미에서 바로 '인간의 유한성'을 확증하는 것이기도 하다. 바라드는 이와 같은 논의 과정에서 다음과 같이 장치를 정의한다.

1. 장치는 특수한 물질-담론적 실천이다(그것들은 인간 개념의 체현과 측정에 소용되는 단순한 실험실 장비들이 아니다).
2. 장치는 물질화하는 차이들을 생산한다. 그것들은 경계-제작적인 (boundary-making) 실천들로서 물질과 의미 되기에 있어서 구성적이다.
3. 장치는 세계의 물질적 배치들/역동적 재배치이다.
4. 장치는 그 자체로 (세계의 계속되는 간-행성의 부분으로 구성되고 역동적으로 재구축되는) 현상들이다.
5. 장치는 그 어떤 내면적 경계들이 아니라 개방적인 실천들이다.
6. 장치는 세계 안에 위치하고 있는 것이 아니라, 역동적인 것(의 전통

<hr>

196 "기본적인 생각은 인간적 개념들이 장치 안에 체현되는 경우뿐 아니라 장치가 담론적 실천으로 존재하는 경우이다"(*Ibid.*, p. 148).
197 *Ibid.*, p. 143.

적 개념)이면서도, 또한 공간성과 시간성을 재(배)치(re[con]figure)하는 세계의 물질적인 배치들이거나 재배치이다(즉 장치는 정적 구조들로 존재하지 않으며, 또한 단지 시공간 안에서 펼쳐지거나 진화하는 것도 아니다).[198]

장치의 이러한 특성들은 물질 되기의 조건들이며, 동시에 배제되는 비물질화의 조건이기도 하다. 그래서 장치는 직접적으로 행위적 절단을 수행한다. 이 물질-담론적인 과정은 특수한 행위적 간-행을 통해 경계를 생산한다. 하지만 이러한 경계는 항상 불확정적이다. 그러므로 물질은 어떤 속성을 가지는 것이 아니라, 역동적이고 생산적인 행위소의 물질화 과정으로 이해된다.

(3) 윤리-존재-인식론과 정치학

· 개입

바라드의 행위적 실재론에서 실천적 면모는 우리가 간-행 가운데 개입해 들어가는 것이다. 주의해야 할 것은 여기서 우리의 개입이라는 것이 어떤 초월적 외부로부터의 진입 같은 것이 아니라는 점이다. 우리는 이미/언제나 물질-담론적 과정으로서의 현상 안에 있다. "현상의 존재에 있어서 그것을 인식하는 정신은 필요치 않다."[199] 오히려 정신 자체가 물질적 현상이다. 그리고 이때 물질화하는 것은 이분법적으로 나누어진 주체와 객체가 아니라 언제나/이미 얽혀 있는 아

---

198 *Ibid.*, p. 146.
199 *Ibid.*, p. 361.

는 자(knower)-알려지는 것(the known)이며 여기에 장치로서의 실천이 다시 얽힌다. 결과적으로 물질화는 아는 자-알려지는 것-실천이라는 삼항의 얽힘이라고 볼 수 있다. 중요한 것은 이 실천에는 반드시 의무성(사고 가능성)이 뒤따른다는 점이다. 왜냐하면 간-행과 얽힘 가운데 어떤 행위적 절단을 수행하는 것은 선택의 문제를 발생시키기 때문이다. 이 선택에서는 절단이란 무엇인가라는 질문보다, 어떻게 절단할 것인가가 더 문제다.

그러므로 여기서 앎을 추구한다는 것은 이미 세계의 일부인 그 또는 그녀가 세계에 특정하게 개입하고 관여한다는 것이다. 그러나 여기에 그 또는 그녀의 주체성이 설 여지는 없다. 전통적인 휴머니즘에서처럼 지적 능력은 지적 선택과 나란히 인간적인 능력으로 취급된다. 그러나 바라드의 행위적 실재론에서 그것은 세계 자체의 존재론적 수행성일 뿐이다. 즉 앎은 인간 의존적인 특성이 아니라 언제나 차이화하는 간-행과 얽힘의 물질로서 세계의 특징인 것이다. "앎이란 물질화하는 물질과 그로부터 배제되는 것에 대한 미분적 의무[사유 가능성]를 요청한다."[200] 다시 말해 이때 요청되는 것은 신체 위의 표시들에 의무[사유 가능성]를 가질 수 있는 미분적 응답(differential responsiveness)인 것이다. 우리가 어떤 담론을 통해 물질화 안에 개입할 때 거기에는 이미/언제나 의무[사유 가능성]로서의 물질화하는 물질이 있으며, 그 가운데 배제가 작동하는 것이기도 하다. 행위적 절단으로서 하나의 선택은 배제를 수반하며, 우리는 그 두 가지 모두에 대해 의무가 있다. 따라서 윤리적 측면에서 우리는 단순히 미분적

200 *Ibid.*, p. 380.

반응에만 집중하는 것을 넘어 어떤 규범적 반응이 어떻게 수립되는지를 이해해야 한다. 여기서 '규범'이란 칸트적인 의무 주체의 고통스러운 준칙이 아니라, 물질화하는 물질에 이미/언제나 개입하고 있는 인간/비인간 장치들의 얽힘이 어떻게, 어느 정도 그리고 어떤 지역에서 이루어지는지에 대한 공식화를 의미하는 것이다. 이것은 아마도 라투르적 의미에서 이동하는 진리를 윤리적으로 번역하는 작업일 수 있다. 매번 이동하는 진리의 불연속적 변형 안에서 배치와 재배치를 반복하는 물질은 그것에 걸맞은 미분적인 반응성을 얻고, 의무를 수행할 필요가 있다. 그렇지 않으면 세계는 더욱 빨리 강도 0의 상태로 빨려들어 갈 것이고, 아무도 그 비존재의 지옥에 대해 책임지지 않을 것이다. 적극적인 표명은 미분적 반응과 더불어 세계의 중요한 물질적 요소다. 그것은 표명과 더불어 세계를 변화시키고, 개별적 차원과 집단적 차원 모두에서 세계를 살 만한 곳으로 만들 계기를 마련할 것이다.

· 회절적 실천

이런 의미에서 "회절은 윤리-존재-인식론의 문제다".[201] 왜 이런 것인가? 우리가 앞서 회절의 이런저런 면모들을 살피고, 실험적으로 수행했을 때, 그것은 우리 각자가 "그것의 미분적인 물질화에 있어서 세계의 간-행적인 지속적 분절의 일부분"임을 전제한 것이다. 만약 그렇지 않다면, 우리의 그러한 회절적 수행은 그 어떤 영향도 발휘하지 못할 것이다. 다시 말해 지속적 분절의 일부가 아니라 느닷없

---

201 *Ibid.*, p. 381.

이 외부로부터 개입한다면, 그 어떤 세계도 그러한 개입에 대해 개의 치 않을 것이기 때문이다. 대체 간-행 바깥에 존재하는 어떤 것이 세계에 손톱만큼의 영향을 미칠 것인가? 그것은 그저 낯선 초월자의 숨결 정도로 하찮을 것이며, 그러한 초월을 믿지 않는 세계에 대해 아무런 의미 있는 회절 운동도 일으키지 않는다. 마치 폭풍우 치는 바다 위에 떨어진 갈매기의 깃털처럼 그것은 가뭇없이 사라진다.

그러므로 회절의 윤리-존재-인식론적 특성은 그것이 단순히 어떤 차이로부터 나오는 것이고, 그 차이를 만들어 낸다는 것에 놓여 있는 것이 아니라, 차이들의 얽힘에 놓여 있게 된다.[202] 차이만으로는 부족하다. 얽힘이 있어야 한다. 물질만으로는 부족하다. 물질의 물질화가 있어야 한다. "회절은 차이를 만들어 내기 위한, 즉 위상적으로 연결들을 재배치하기 위한 물질적 실천이다."[203]

이러한 간-행적 얽힘과 회절이 난만하게 전개되는 가운데 현상은 역사성을 가질 수 있다. 어디서든 물질의 행위적 절단은 발생하며, 따라서 어디서든 현상들이 흘러넘친다. 여기서 시공간은 다름 아니라 얽힘과 회절의 현상들이 서로 접히고, 접는 가운데 산출된다. 그 역은 아니다. 즉 "시공간은 그 어떤 것도 현상들의 외부에 미리 주어진 규정자로 존재하지 않는다".[204] 그렇다면 현상의 역사성은 시공간이 아니라 물질의 물질화 속에 기록된다. 이 기록의 과정 가운데 여러 상이한 시공간들이 접히고 재구성된다. 현상은 이 운동들을 횡단하며 확장하는 물질적 얽힘이다. 그러므로 과거나 미래는 닫혀 있

202 *Ibid.* 참조.
203 *Ibid.*
204 *Ibid.*, p. 383.

지 않으며, 새로운 것은 시간 안에서 생성되는 것이 아니다. 새로운 시공간성들, 새로운 가능성들의 간-행적 발생만이 있다. "'새로운' 것은 여전히 도래하는 것의 흔적이다."[205]

· 책임(응답 가능성)

이러한 역사성에서 윤리가 작용하기 위해서는 그것이 단순히 세계와의 간-행에 후속하는 것으로 받아들여져서는 안 된다. 그것은 물질화 가운데 "새로운 절단들을 수립하고, 얽힘들을 재배치하는 것"[206]이다. 여기서 과학기술과 윤리는 상호작용하는데, 전자는 새로운 얽힘을 만들어 내고, 후자는 얽힘 안에 존재하는 우리의 위치를 설명해 내야 한다. 과학은 이 가운데 윤리적 책임성(응답 가능성)을 기꺼이 감당하면서, 전통적인 의미의 실험실적인 반성과 성찰이 아니라 그러한 배치보다 더 광범위한 세계 규모의 배치에 집중할 필요가 있다. 그렇게 함으로써 과학기술은 세계의 일부로서 자신의 본래 모습을 회복할 것이다.

이때 윤리적 '관계'는 물론 인간/비인간 전체의 장치로서의 배치를 의미한다. 레비나스류의 타자철학처럼 그 윤리적 관계를 과도하게 비평형적으로 설정함으로써 인간중심주의를 강화할 필요가 없다. 타자에 대한 책임은 그 타자 자체의 타자성을 절대적·실체적으로 인정하는 방식이 아니라 자아와 타자의 불일치, 불화 그리고 끊임없는 아나키한 이동을 인정하는 데서 시작된다. 현대의 맥락에서 이 타자는 그 책임의 범역과 경계를 빛의 속도로 이동시키고, 지우고 재

---

205 *Ibid.*
206 *Ibid.*, p. 384.

설정한다(인터넷 채팅과 게임의 세계를 생각해 보라). 그러므로 책임성은 인간 타자 또는 유대교적 야훼, 마찬가지로 고아, 과부, 가난한 자의 얼굴성으로부터 우리에게 나타나는 것이 아니라, 오히려 그러한 타자들의 실제적인 물질성 자체에까지 심화되어야 할 것이다. 요컨대 인격성과 비인격성의 이분법은 현재 책임에 통용될 수 없다.

　사실상 바라드의 행위적 실재론은 앞서 암시했다시피, 인간 신체뿐만 아니라 그것에 제한되지 않는 모든 신체를 포함하여 설명하는 이론이다. 세계 안의 모든 신체들은 반복적인 간-행의 수행성을 통해 물질이 된다. 그것들이 미분화된다는 것은 행위적 분리 가능성, 즉 행위적 절단을 말하지만, 이것이 개체들의 분리 가능성을 말하는 것은 아니다. 개체적 분리 가능성은 존재하지 않는다. 오로지 그것들 간의 얽힘만이 존재한다. 따라서 완전히 분리되어 절대적인 것으로 드높여진 타자는 없으며, 현상으로서의 역사성 안에서 타자는 주체와 더불어 존재한다.

· 개인주의의 거부

그러므로 행위적 실재론은 개인주의 형이상학을 거부한다. 보다 근본적으로 사건과 사물은 시공간의 특정 위치를 점유하는 것이 아니라, 시공간과 더불어 스스로를 생산한다. 그 결과 "각각의 간-행으로 얽힌 관계의 다양체가 재배치된다".[207] 여기서 다양체(manifold)는 여러 얽힘들의 다중적(mani-) 주름(fold)이기도 하다. 윤리적인 측면에서 이것은 그 결과, 책임, 의무에 있어서 선형적 인과를 벗어나

---

207 *Ibid.*, pp. 393~394.

는 행위의 본래 모습을 보여 준다. 개별적 행위자는 존재하지 않으며, 따라서 책임은 우리 인간만의 전유물이 아니다. 그렇다 하더라도 여기에 책임의 경감은 없다. 오히려 저 다중적 주름에 대한 끊임없는 응답 가능성, 즉 책임이 있으므로 더 많은 책임이 생겨난다. 우리는 더 귀기울이고, 더 세심하게 보고, 더 신중하게 말해야 한다. 왜냐하면 과거는 이미 물러난 것이라 다시 오지 않는 것이 아니라, 간-행과 얽힘의 과정에서 시공간의 다중적 주름이 어떻게 접히느냐에 따라 차이 나는 반복을 통해 우리에게 다시 닥쳐올 것이기 때문이다. 따라서 우리는 물질의 물질화에서 행위적 절단에 의해 선별되는 차이의 패턴뿐만 아니라 그것에서 배제되는 것에 대해서도 책임이 있다.

이 모든 것은 "우리가 우주에 속해 있으며, 그 어떤 내부와 외부도 존재하지 않고, 오로지 그 생성의 와중에 세계의 부분으로서 그리고 그 안에서부터의 간-행만이 존재"[208]하기 때문에 발생하는 윤리-정치적 상황이다. 존재론적 상황과 윤리-정치적 상황은 이토록 긴밀하게 얽혀 있으므로, 우리는 윤리에서 벗어날 수 없다. 다시 말해 "윤리성의 미묘한 직물(tissue)은 존재의 정수를 관통하여"[209] 짜여진다. 세계는 매 순간 생성하며, 그것에 책임 있게 반응하는 것은 얽힌 현상들에 대한 윤리적 요청에 응답하는 것이다.

· 사례 5: 작업장 정치학
우리는 이전 장에서 여러 텍스트들에 대한 회절적 독해의 네 가지 예시를 살펴보았다. 그것에 이어 정치적이고 실천적인 독해에 대한

---

208 *Ibid.*, p. 396.
209 *Ibid.*

바라드의 분석도 살펴볼 필요가 있어 보인다. 그렇게 해서 바라드와 더불어 정치적 측면에서 이 이론이 어떻게 적용되는지를 살펴볼 수 있다.

바라드는 그의 책 6장에서 릴라 페르난데스의 노동자 작업장에 대한 교차성(intersectionality) 분석을 가져온다. 바라드를 따라 이 이론가의 작업장 분석이 어떤 식으로 행위적 실재론과 재교차하는지 살펴보는 것은 매우 흥미롭다.

페르난데스의 경우, 어떤 노동자 또는 노동자 집단의 정체성 구성은 유클리드적 기하학이 아니라 시공간과 물질의 변화를 드러내는 위상학의 동역학을 따라 이해된다. 그녀의 사유에서 정체성이란 유클리드적인 국지성이나 위치성에 대한 것이 아니라 오히려 어떤 우발적이고 경합적이며 진행 중인 물질적 과정이다. '정체성들'은 서로를 통해 권력관계의 반복적 (재)배치작용과 함께 역동적 간-행 안에서 서로를 통해 상호적으로 구성되며 (재)배치된다. 페르난데스는 여기서 권력관계의 작동을 면밀하게 살피면서 정체성과 권력이 어떻게 상호 간 반복적인 갱신을 통해 내밀한 동역학을 구성하는지를 드러낸다.

특히 노조와 관리자 간에 나타나는 권력의 변화양상은 정체성 범주가 어떻게 "노조와 관리자 간의 대립으로 전화하고 살쾡이파업(wildcat strike)으로 이어진 노동자-간(intra-worker) 논쟁을 통해 서로를 생산"[210]하는지를 구체적으로 밝힌다. 우선 그녀는 작업장의 갈등의 한 예로서 직공과 수리공 간의 갈등을 제시한다.

---

210 *Ibid.*, p. 241.

직공은 수리공이 고쳐 놓은 그의 기계를 기다리는 중이었다. 수리공은 제시간에 도착하지 않았고, 직공은 일을 할 수 없었기에 화가 났다. 그의 일이 시간 비율 임금제 작업이었기 때문에, 작업이 미루어지는 것은 곧 직공에게 임금의 삭감을 초래했다. 수리공이 마침내 도착했을 때, 논쟁이 시작되었다. 수리공이 그의 망치로 직공에게 부상을 입혔고, 계속되는 싸움에서 수리공 또한 부상을 당했다. 이때 총지배인과 인사부장이 […] 두 사람을 의무실로 데려갔다. 총지배인은 그 갈등을 해결하려고 했으며 두 사람에게 악수를 하게 했다.[211]

페르난데스는 직공과 수리공의 지위 정체성에서의 어떤 차이가 그 갈등에 대한 노조의 응답과 그것이 공장 관리와 간-행하는 방식에서 중요한 역할을 했다고 설명한다. 즉 그러한 사고와 그것에 대처하는 과정은 각 노동자가 어떤 종류의 사회적 위계에 속해 있느냐에 따라 다른 결과를 초래한다. 이 경우 직공이 수리공보다 작업장에서의 위계에서 높은 곳에 속하는데, 이것은 결과적으로 노조라는 집단적 권력의 개입을 초래한다. 여기서 수리공은 직공-노조의 권력에 의해 희생당할 처지에 놓이게 되는 것이다. 하지만 여기에 관리자들(총지배인과 인사부장)이 개입하게 되면 노조원들과 비노조원들 모두에 다른 의미가 된다. 살쾡이파업은 이러한 맥락에서 발생한다. 여기서 관건은 문제가 확장된다는 점이다. 애초의 노동자 간 갈등과 그것으로부터 유래하는 노동자 지위 간 위계는 불공정한 권위적 체

---

211 Leela Fernandes, *Producing Workers: The Politics of Gender, Class and Culture in the Calcutta Jute Mills*, Philadelphia: University of Pennsylvania Press, 1997, pp. 1~2(Barad, *Meeting the Universe Halfway*, p. 241에서 재인용).

계, 즉 공장 내부에 있는 자본주의 체계에 대한 어떤 도전을 드러내는 것으로 변형, 확장된다. 따라서 "이 사건의 장면들을 통과하는 사회적 지위의 정치학과 계급정치학 간의 지속적인 미끄러짐"[212]이 존재한다.

여기서 계급적 관심들은 사회적 지위의 여하에 달려 있다가, 다시 계급구성으로 피드백되며, 각각의 이동 단락에서 정체성을 다른 식으로, 다른 양상으로 생산한다. 이 경합적인 상징적 지대 내부에서 계급은 사회적 지위(더불어 젠더)를 통해 가공되며, 그 역도 성립한다. "사회적 지위, 젠더 그리고 계급은 서로를 통해 물질화되며, 서로 속으로 접혀 들어간다. 이 주름 운동의 본성은 변화하는 위상학으로 물질화한다."[213] 작업장의 시공간은 이 과정 안에서 반복적인 변화양상을 드러내며, 여기서 "반복적으로 개정되는 우발적 물질성"[214]이 바로 저 구조적인 관계들이다.

물론 페르난데스의 이러한 분석이 공장 너머의 자연-문화적 힘들을 고려하고 있지는 않다. 그러나 국소적인 단위에서 발생하는 이러한 동역학이 어떻게 우리의 윤리-정치적 실천에 영향을 미칠지 가늠할 수단이 될 수 있다. 분명한 것은 처음부터 응고된 물질로서의 계급이나 사회적 지위는 존재하지 않는다는 점이다. 물질의 우발성과 가소성은 그러한 비-실재에 대해 책임이 없다. 그리고 정치 전략의 첨점은 문서화되고 예측 가능한 투쟁 팸플릿 안에 있다기보다, 노동자들과 비노조권-노조원 그리고 관리자를 접고 펼치는 수행적 실

212 *Ibid.*
213 *Ibid.*, p. 242.
214 *Ibid.*

행 안에서 발견될 것이다. 여기에는 어떤 특별한 감응의 능력과 적기(eukaireia)를 움켜잡을 만한 역능이 요청되는데, 이것이 이른바 포스트휴먼적 투사일 것이다.

따라서 "필요한 것은 시공간 물질 다양체를 반복적으로 재배치하는 간-행적인 위상역학을 사유하는 생산의 물질-담론적 장치들의 계보학들이다".[215] 장소 또는 위치는 시간을 관통하여 변화하는 우발적으로 생산된 범주며, 노동자라는 주체도 어떤 인간 범주의 고정되고 획일적인 속성이 아니다. "결론적으로 노동자들을 자본주의라고 불리어지는 최우선시되는 정적 구조의 체스판 위의 상이한, 그럼에도 획일적인 공간을 점유하는 졸들(pawns)로 간주하는 것은 부적절하다."[216] 계급은 젠더와 공동체의 위상과 더불어 서로 간에 접혀 들며, 생산된다. 이때 계급, 젠더, 조직, 공동체, 구조 등등은 모두 물질의 물질화 과정에서 간-행하고 얽혀 든다. 그러므로 이런 경우라야 계급이 담론적으로 구성된다는 알튀세르의 테제는 제대로 물질성을 가지게 될 것이다. 즉 이때의 담론은 물질성의 거부가 아니라 물질-담론적 구성의 관계화 과정으로 취급된다. 다시 말해 계급구성의 물질화하는 물질적 조건에서 어떤 담론을 지지하거나 떠받치거나 매개하는 것이 아니라, "신체적 생산의 장치들 안으로 담론과 물질 둘 모두가 물질화와 현상들의 반복적 주름 운동의 과정들을 통해 물질로 들어"[217]온다. 이것이 물질적인 것과 담론적인 것의 간-행이다. 행위적 실재론의 일반론에서와 마찬가지로 여기에는 그 어떤

215 *Ibid.*, p. 246.
216 *Ibid.*, p. 243.
217 *Ibid.*

매개도 존재하지 않는다. 많은 분석들이 물질성을 개념화하면서 세계의 매개작용에 관한 인식을 요청하지만, 행위적 실재론의 관점은 그런 전통적인 경험론적 가정들을 재도입하지 않는다.

요컨대 물질-담론적 장치들을 차이 나는 규모들에서 연결하는 것에 관한 분석과 실천이 요구된다. 어떤 규모의 투쟁이나 담론은 하나의 장소나 사건과 관련하여 유사성이 있으므로 연결되는 것이 아니다. 그것은 차이화 안에서 RSLoLa의 행동학적·위상학적 차이 안에서 서로 연결된다. 예컨대 LGBTQ+ 운동은 작업장에서 이루어지는 저 투쟁의 맥락과 유사하지 않지만, 그것이 펼치는 거리의 투쟁은 작업장에서의 투쟁과 공명한다. 노동자의 젠더와 섹슈얼리티는 일률적으로 백인-남성 노동자가 아니고, LGBTQ+가 거닐고, 뛰고, 투쟁하는 거리와 클럽에서도 그들은 백인-남성-유럽인이 아니다. 이 '아니다'를 긍정함으로써 두 운동은 자신들 안에서 노동자와 LGBTQ+ 둘 모두를 발견할 것이다.

이렇게 되었을 때 비로소 윤리-정치학은 존재론과 함께 움직인다. 물질화의 간-행과 얽힘 그리고 수행적이고 행위적인 실재론은 '세계에 속함'이라는 유물론적 운명을 긍정하는 것이며, 이 가운데 가능한 다양체적 주름 운동의 양상들을 절단하고 투쟁을 선명하게 추적해 나가야 한다. 그렇게 함으로써 "변화를 위한 가능성들을 열어 놓으며, 그 자체로 다양체적 가능성들로의 개입은 존재할 것이 무엇인지 그리고 가능해질 것이 무엇인지 둘 모두를 쓸모 있게 재배치하도록"[218] 한다. 그리고 다음으로 그 물질화는 머물지 않으며, 행

---

218 *Ibid.*, p. 246

위소들의 전진적인 춤 안에서 반복적으로 개정될 것이다. 정체성의 정치는 행위적 실재론의 정치학, 즉 "권력의 배치 안으로 책임 있게 상상하고 개입하는 방법들",[219] 행위소들을 간-행적으로 재배치하는 시공간 물질을 다루는 실천학으로 대체되어야 한다.

---

219 *Ibid.*

5장 새로운 세대들의 분투

1. 레비 브라이언트[1]

(1) 유물론으로서의 존재자론

· 통속적 유물론과 신유물론

브라이언트는 자신의 철학을 존재자론(Onticology), 더 나아가 존재지도학(Onto-Cartography)이라고 부른다. 그러면서 그는 스스로 유물론임을 분명히 한다. 데모크리토스로부터 비롯되는 유물론은 "초월성에 맞서 존재의 엄밀한 내재성을 옹호"하므로, 최종적으로는 물질과 현세적인 개별체들이 있다.[2] 이는 통속적인 비난의 대상이 되는 유물론이 아니다.[3] 즉 수동적 물질에 기반하지 않으며, 자기-조직

---

1 이 절 글의 일부는 '박준영, 「인류세 지도작성학 개론: 『존재의 지도: 기계와 매체의 존재론』 서평」, 『르몽드디플로마티크』 인터넷판, 2020. 10. 8.'에도 실려 있다.

2 레비 R. 브라이언트, 『존재의 지도: 기계와 매체의 존재론』, 김효진 옮김, 갈무리, 2020, 355쪽.

3 브라이언트는 최근의 유물론이 소위 유물론적 전회와 더불어 물질을 완전히 '증발'시켜 버렸다고 한탄한다(앞의 책, 18쪽). 그에 따르면 이제 물질은 '언어와 문화, 담론성' 또는 '예술 용어'가 되었다. 혹자들은 이런 언급을 두고 브라이언트가 유물론 자체를 벗어나고자 했으며, 하먼과 마찬가지로 유물론을 비난했다고 단언한다. 그러나 이것은 잘못된 생각이다. 브라이언트는 이 언급 몇 페이지 뒤에 곧장 자신의 '유물론'에 대해 진술한다. "내가 변호하는 유물론은 뻔뻔스럽게도 소박하다. [⋯] 나는 물질이 한

화의 역능을 갖춘 물질을 기본적으로 상정하는 (신)유물론이다. 또한 그가 『존재의 지도: 기계와 매체의 존재론』에서 본격적으로 기본 개념으로 다루는 '기계' 또한 물질 외에 다른 것이 아니다. 더 나아가 형태가 없는 것처럼 보이는 기계들도 궁극적으로는 모두 유형이다. 브라이언트는 "무형성은 비물질적 존재자를 가리키는 것이 아니라, 오히려 반복 가능한 존재자를 가리킨다"[4]고 논한다. 여기서 반복 가능하다는 것은 어떤 매체 안에서 유포되고 간직되며 읽히거나 보여진다는 뜻이다. 즉 그것들은 "뇌, 연주될 수 있는 공연, 쓰일 수 있는 종이, 저장될 수 있는 컴퓨터 데이터베이스"[5]와 같은 매체를 통해 반복 가능하다.

　보다 중요한 것은 브라이언트가 이러한 논지를 기반으로 '관계 자체' 또한 물질적인 것으로 본다는 점이다. 입자와 입자, 구성원들과 구성원들, 나무와 태양, 유인원들끼리의 기호 전달 등등은 모두 관계적인 것을 기반으로 하는데, 이것은 어떤 물질적인 집단이나 군

가지 종류의 것임을 확신하지 않는다. 오히려 만사는 매우 다양한 종류의 물질이 존재한다는 결론을 가리키는 것처럼 보인다. […] 내가 '물질'[matter]로 의미하는 바는 단지 '물체'(stuff)와 '사물'(things)일 뿐이다. 세계는 온전히 '물체'로 구성되어 있고 '물체'는 다양한 형상으로 나타난다고 나는 주장한다. 관념과 개념도 자신의 물질성을 갖추고 있다. 이 물체가 무엇이라고 판명될지는 미해결의 문제다. 그것은 다양한 형태의 에너지, 끈, 기본입자 그리고 기타의 것이라고 판명될 수도 있을 것이다"(앞의 책, 24~25쪽). 따라서 그가 주장하는 유물론은 '담론'에 의해 구성되는 물질로서의 사회구성주의적 물질관을 배격하면서, 물질인바 물체 자체를 긍정한다. 그는 맑스의 상품이 어떤 '사회적 네트워크'에 참여하는 것이긴 하지만 그것만으로 물질이 규정되는 것은 아니라고 본다. 즉 물질의 사회적 관계의 운반체 이상인 것이다. 비록 브라이언트가 이러한 물체로서의 물질을 내세우면서 그것에 대한 존재론적 탐구를 다소 경시하고 있긴 하지만("나는 질적인 것과 양적인 것 사이의 관계 같은 난해한 문제들을 해결하려고 시도하지 않는다", 앞의 책, 25쪽) 자신이 유물론자임을 거부하지는 않는다.

4　앞의 책, 357쪽.
5　앞의 책, 같은 쪽.

락이 유지되기 위한 물질적 과정이다.

주목할 만한 것은 브라이언트가 유물론을 끊임없이 비난하는 하먼에게 내놓은 간결한 비판이다. 그는 하먼의 비판을 허수아비 논증의 오류로 간단히 처리해 버리는데, 그것은 매우 일리가 있다. 왜냐하면 하먼은 유물론이 개별체(기계)를 그 부분들로 환원하는 환원론이며, 그 어떤 창발적 요소도 개별체에 부여하지 않는다는 아주 통속적인 진술을 유물론에 덧씌우기 때문이다. 브라이언트에 따르면 하먼이 제기하는 저런 진술들은 유물론과는 상관없다. 유물론은 루크레티우스 이래 그러한 환원을 거부하며, 기꺼이 물질에 창발적 특성을 부여한다는 것이다.[6] 이러한 유물론이 비록 현대사회에서 문화론으로 변질되었다[7] 하더라도 브라이언트는 다양한 물질, 즉 질료(stuff)와 사물(things)의 존재와 그 변화양상은 늘 있다고 믿는다. 그것이 여러 과학적 개념들로 나타나든 철학 개념으로 등장하든 문제가 되는 것은 아니다.

따라서 유물론을 어떤 낡은 기계론과 동일시하면서 있지도 않은 혐의를 유물론에 뒤집어씌우는 행위는 "수준 미달"[8]이다. 유물론은 초기에서부터 지금까지 어떤 정신이나 초월적인 신을 영접하지 않고도 세계를 설명하고, 실천을 독려하는 훌륭한 내재적 틀로서 기능해 왔다. 이것은 브라이언트의 말처럼 "구조가 없는 물질은 전혀 없다"[9]는 공리에 기반하기 때문에 더 강화될 수 있다. 무로부터의 출현이 없는 것처럼 완전히 무형식적인 물질도 존재하지 않는다. "상

---

6   앞의 책, 356~358쪽 참조.
7   앞의 책, 18쪽 참조.
8   앞의 책, 39쪽.
9   앞의 책, 80쪽.

당히 끈적끈적한 진흙과 물, 구름 같은 유동적인 기계도 독자적인 역능들과 조작들로 특징지어지는 분자구조가 있다.”[10] 마찬가지로 인공물들도 수동적인 질료에 인간이 형식을 부여하는 활동이 아니라, 인간적인 것과 비인간적인 요소들 또는 환경들이 다기한 경로로 협상하고, 저항하며, 갈마든 산물이다.[11] 라투르에게서와 같이 브라이언트에게도 물질적인 것으로서의 객체는 단순히 어딘가에 놓여 있는 고립된 산물이 아닌 것이다.

· 인간중심주의의 거부

이에 대해 브라이언트는 이안 보고스트의 ‘에일리언 현상학’을 예로 든다. 에일리언 현상학은 “줄기 두꺼비가 우리에게 어떠한지 묻기보다는 오히려 세계가 줄기 두꺼비에 어떠한지 묻는다”.[12] 이 현상학이 인간중심주의를 벗어난 관점이라는 것은 확실하다. 왜냐하면 내 눈앞을 엉금엉금 기어가는 두꺼비가 “무엇인가”라고 묻기보다, 저 두꺼비가 차가운 바닥을 쓸고 갈 때 과연 어떤 “일이 일어나는가?”라고 묻기 때문이다. 후자의 물음에는 ‘나’는 그저 ‘묻는 자’로 부차화된다. 거기에는 바닥과 두꺼비의 뱃가죽, 더 나아가 대지와 두꺼비-유기체의 상호작용과 그 결과 엉금거리는 경로가 중요하다. 놀라운 것은 이 심드렁해 보이는 사태에서 ‘인간’을 국지화하는 순간, 세계의 배치가 달리 보이고, 정치적 실천의 프로그램이 특이한 방식으로 변환된다는 것이다.

---

10 앞의 책, 같은 쪽.
11 앞의 책, 42쪽 참조.
12 앞의 책, 103쪽.

브라이언트의 철학을 특징짓는 가장 중요한 개념 중 하나인 '존재자론'은 신유물론의 일반적 경향이라고 할 수 있는 객체철학을 의미한다. 그러므로 여기에는 당연히 인간중심주의로서의 주체가 들어설 여지가 없다. 그렇다고 인간이 배제되는 것은 아니다. 인간은 "여러 객체들 가운데" 하나이며, 그 객체들과 마찬가지로 "그 자신의 특정한 힘과 능력"을 갖추고 있다.[13] 중요한 것은 존재자론이 자연적인 존재뿐 아니라 인공적인 모든 존재, 상징과 허구, 예술 등등을 아우른다는 것이다. 이것은 앞서 잠깐 말한 바 있듯이 유형의 존재자뿐 아니라 무형의 존재자까지 물질로 바라보는 유물론의 전통에서 비롯되는 것이다.

· 존재자론은 무엇인가?

이제 우리는 2010년에 브라이언트가 그의 매우 유명한 블로그에 올려놓은 명시적인 글을 하나 살펴볼 것이다. 이하의 논의 전개에서 브라이언트는 존재자론이 근거하고 있는 철학사 또는 과학사적인 내용을 밝히고 있는데, 그 주요 대상은 로이 바스카의 '비판적 실재론'(critical realism)이다. 그러나 자세히 살펴보면 그 근저에 하먼의 OOO가 있다는 것을 알게 된다. 하먼에 대한 입장은 이후 변화하는 것으로 보인다.

우선 그에게 존재자론은 실재론을 지향한다.[14] 이것은 유물론

---

13 앞의 책, 51쪽(번역 수정). Levi R. Bryant, *The Democracy of Objects*, Ann Arbor: Open Humanities Press, 2011, p. 20.

14 Levi R. Bryant, "Onticology - A Manifesto for Object-Oriented Ontology Part 2", Laval Subjects, 2010. 1. 19, https://larvalsubjects.wordpress.com/2010/01/19/onticology-a-manifesto-for-object-oriented-ontology-part-2/(2020년 10월 28일 마지막 접근) 참조.

으로서의 존재자론이 당연히 '실재'를 포괄하기 때문이다. 이때 실재는 메이야수가 제기한 상관주의의 문제를 피해 가는 물질이다. 즉 존재자론은 대부분의 객체들, 행위자들, 존재들 또는 실체들이 인간과 독립적이라는 것 그리고 인간들이 그것들을 주시하든 기록하든 그런 것들과는 상관없이 존재한다는 것을 받아들인다. 요컨대 존재자론은 존재하는 것이 마음, 정신, 신체, 인간, 언어 등등과 상관적으로(correlate) 존재한다는 의미를 가진 그 어떤 의인적·관념론적 또는 반실재론적 논제들도 거부한다.

인식은 분명 그것과 관계하는 객체에 필연적으로 의존하지만, 그 반대는 인정될 수 없다. 객체들은 알려지거나, 고려되거나, 지각되거나 또는 말해진 것에 의존하지 않는다. 여기서 인간적 인식이 재정의된다. 다시 말해 인식이란 객체들의 우연성(accident, 사건)에 속하는 하나의 물질적인 사태일 뿐이다. 브라이언트는 알튀세르의 말을 인용하여 이를 상술한다.

실재에-대한-사유와 이 실재 사이에 어떤 관계가 존재한다는 것은 의심할 바 없지만, 그것은 인식의 관계, 즉 인식에 있어서 적합이나 부적합의 관계이지, 실재 관계가 아닌데, 이것이 의미하는 바는 관계란 사유가 (적합하거나 부적합한) 인식이라는바, 그 실재에 각인된 것이라는 점이다"(알튀세르). [⋯] 인식에 있어서의 관계와 실제적인 것에서의 관계 간의 구별은 근본적인 것이다. 즉 만약 우리가 그것을 고려하지 않으면, 우리는 반드시 사변적이거나 경험적인 관념론으로 돌이킬 수 없이 빠져든다.[15]

브라이언트에 따르면 알튀세르가 행한 객체에 속한 관계들과 인식에 속한 관계들 사이의 구별은 근본적으로 필수적인데, 현대철학은 이러한 두 가지 매우 상이한 종류의 관계들을 지속적으로 뒤섞는다는 것에 문제가 있다.

객체들 자체가 우리가 객체들과 관계하여 만나는 속성들을 소유하는지 아닌지 결정하기 위해 자연스럽게 객체에 대한 우리의 관계를 극복하는 것이 어떻게 가능한지에 관한 질문이 제기된다. 달리 말해 우리가 객체와 관계하는 한에서 객체와 관계할 수 있을 뿐이라면, 객체 자체의 존재에 도달하기 위해 이러한 관계를 어떻게 극복할 수 있는가? 이러한 질문에 답하기 위해 브라이언트는 바스카의 초월적 실재론을 제시한다. 무엇보다 바스카는 과학을 위해 어떤 초월적 근거를 제공하려고 애썼다. 그의 탐구가 단지 과학에 국한되는 한에서 존재자론의 아우르는 범위에 비해 협소하지만, 그가 펼치는 논증의 일반적 형식은 존재자론의 목적에 부합한다.

· **초월적 논증**

일반적으로 '초월적 논증'은 인식적 실천들과 형식들이 가능한 조건들을 해명하려고 시도한다. 예컨대 칸트는 수학적 판단들이 가능하기 위해 무엇이 필요한지 묻는다. 칸트의 논증은 정신이 시간과 공간의 형식을 경험적 데이터에 부과한다는 것이다. 달리 말해 시간과 공간은 존재 자체에 속하지 않으며, 오히려 존재를 응시하는 정신에 속한다는 것이다. 이것은 수학이 궁극적으로 그 가장 추상적인 형식에서 시간과 공간에 대한 어떤 심사숙고인 한에서, 정신이 시간과 공간

15   Bryant, *The Democracy of Objects.*

을 감각의 잡다함에 올바르게 부과하는 것을 의미한다. 따라서 그것은 시공간적 관계들에 관한 선험적 판단이란 직접 경험하는 이러한 시공간 없이도 현실적인 시공간의 구조를 예견하는 것이 가능하다는 것으로 이어진다. 왜냐하면 어떠한 감각의 잡다함도 필연적으로 직관에 의해 부과된 이러한 형식들에 의해 구조화되어야만 하기 때문이다.[16]

브라이언트는 이러한 논증들이 여러 방면에서 취해진다고 말한다. 예컨대 소쉬르가 언어의 존재와 랑그와 파롤 간의 구별을 애써 탐구하려 할 때, 그는 발화를 해명하기 위한 초월적 논증 또는 어떤 발화행위들이 특정 언어 내부에서 가능한 조건들을 만들고 있다. 랑그나 기표의 공시적 체계는 파롤이나 발화가 가능하기 위한 조건이다.

하지만 브라이언트는 소쉬르의 초월적 논증이 두 가지 점에서 칸트와 다르다고 짚는다. 첫째, 랑그는 문화적으로 그리고 역사적으로 다양한 반면, 칸트의 선험적 범주들과 직관의 형식들은 문화를 가로질러 불변이며, 바뀌지 않고 보편적이다. 둘째, 칸트의 지성에 있어서 직관과 범주들의 선험적 형식들은 비록 초월적 주체의 형태로서이긴 하지만 정신이 부과하는 것이다. 반면 소쉬르의 언어는 어떤 특정 주체에 귀속되지 않는 집합적 '구조'이다. 두 사상가 모두가 공통적으로 공유하는 것은 소여(the given)가 그 자체로 주어지진 않는다는 것, 그럼에도 불구하고 소여가 있다는 조건들에 그러한 형식들이 필연적으로 의존한다는 인식이다. 소쉬르의 경우 우리가 말하고 소통하는 것이 소여로 주어진다. 그것은 논쟁의 여지가 없는 것이다.

16 *Ibid.*

초월적 질문은 어떻게 이것이 가능한가라는 것이다. 이와 흡사하게 칸트에게 있어 우리가 수학적 판단을 한다는 것, 이러한 판단들이 단순한 허구가 아니라는 점은 논쟁의 여지가 없다. 초월적 질문은 이러한 것이 어떻게 가능한가라는 것이다. 이러한 질문에 대답하기 위해 우리는 소여나 경험 이외의 어떤 것에 의존할 필요가 있다.

· 바스카의 비판적 실재론의 초월론

브라이언트는 다시 바스카로 돌아와, 그도 마찬가지로 과학이 어떻게 가능한지 그리고 특히 왜 우리가 과학적 실험에 의존해야만 하는지 묻는다고 말한다. 이것은 바스카의 초월적 탐구다. 하지만 바스카의 초월적 탐구가 이전의 탐구들과 많은 부분에서 구별되는 지점은 그것이 정신, 문화, 언어 또는 그 대답을 구성하는 인간에 의존하지 않는다는 것이다. 결과적으로 바스카는 우리의 정신이 과학을 가능케 해야 하는 것인지가 아니라 오히려 놀랄 만한 대담함으로 세계가 과학을 가능하도록 해야 하는 것인지 묻는다. 그리고 세계가 존재해야 하는 이러한 방식은 우리가 우리의 과학을 수행하기 위해 실험에 참여해야 한다는 사실과 밀접하게 연결된다.

브라이언트는 바스카에 따라 세계가 과학이 가능하도록 하기 위해 가져야 하는 두 가지 일반적 특성을 다음과 같이 개괄한다.

1. 우리의 과학이 가능할 수 있는 것이어야 한다.
2. 실험이 왜 필수적인지를 설명해야 한다.[17]

---

17 *Ibid.*

브라이언트는 우선 두 번째 질문에서 시작한다. 실험이 왜 필수적인가? 만약 경험주의자가 옳다면 그리고 우리의 모든 지식이 감각에서 유래한다면, 그때 우리는 실험이 왜 필수적인지 설명하기 힘들 것이다. 여기서 칸트가 인식이 감각에 기반해야 한다는 경험론적 노선을 완전히 수용한다는 것에 주목할 필요가 있다. 만약 실험이 불필요하다면, 칸트의 경우에서처럼 선험적 범주들을 통하든, 흄의 경우에서처럼 연합의 양태를 통하든 간에 단순히 자연을 수동적으로 관찰하고 그것을 적합한 감각과 연결하는 것으로 충분하다.

그게 아니라 만약 실험이 필수불가결하다면, 이것은 오직 객체들이 그들의 힘이나 능력들을 평범한 조건들에서는 표현하지 않기 때문이라고 할 수 있다. 오히려 우리가 객체들 내부에 놓인 힘들을 만날 수 있는 것—또는 더 낫게는 발-견(dis-cover)할 수 있는 것—은 오직 높은 수준에서 구조화되고 고립된 실험 장치들의 조건들하에서다. 결과적으로 수동적으로 주어진 감각들은 지식이 유래하는 곳이 아니다. 그렇다면 존재론적으로 실험이 가능하고 동시에 필수적이라는 조건은 "자연이나 지각하는 주체 중 하나 안에서 객체들이 그들의 행위를 가동할 수 있는 어떤 세계 안에서만"이라는 점이 된다.

브라이언트·바스카에 따르면 이와 같이 객체들의 존재가 객체들의 표현과 구분된다는 것은 필연적이다. 객체들이 행위하는 동안, 이러한 행위들은 자연(어떤 인간도 그것들을 지각하지 않는 곳의 사건들) 안에서든 또는 인간을 위한 그것들의 수행에서든, 그들의 수행과 일치하지 않는다. 오히려 적합한 객체의 존재는 그것의 수행이나 표현이 아니라, 이러한 수행들 또는 표현들이 가능한 조건으로 기여하는 발생적 메커니즘이다.

하먼이라면—비록 아주 다른 이론적 배경 안에서이긴 하지만—객체들의 존재는 본질적으로 물러나거나 감추어진다고 논할 것이다. 결코 아무도 어떤 단일한 객체를 지각하지는 않지만, 우리는 정말로 객체들의 모든 종류의 효과들을 지각한다. 전통적인 인식론은 이러한 효과들을 객체들 자체와 혼동해 왔다. 운 좋게도 우리는 가끔 이런 발생적 메커니즘을 그것들의 효과로부터 추론하는 일련의 추적 작업을 통해 객체들을 인지해 내곤 한다. 이 모든 것에도 불구하고 한 단일한 객체의 무한성은 소진되지 않는다. 어쨌든 만약 객체들이 이러한 방식으로 물러나지 않는다면, 실험적 실천은 이해될 수 없을 것이다라고 브라이언트는 말한다. 그러나 브라이언트의 '물러난 실재'에 대한 이러한 긍정적 입장은 2014년에 출간된 『존재의 지도』에서는 부정적인 어조로 바뀐다는 것을 미리 알아 두자.

이것은 첫 번째 질문에 대한 바스카의 대답을 이끌어 낸다. 과학이 가능하려면 세계는 어떠해야 하는가? 브라이언트는 이것이 정신이나 문화에 대한 질문이 아니라, 인간이 존재하든 하지 않든 간에 세계 자체에 대한 질문이라는 것에 주의해야 한다고 부언한다. 다시 말해 인식이 객체의 사건이지, 객체가 의식이나 인지적인 것의 사건이 아니다. 만약 과학이 가능하다면 그리고 어떤 인간적 실천이 가능하려면, 세계는 구조화되고 차이 지어져(differentiated) 있어야만 한다. 세계는 접합 지점들 또는 하먼이 논하다시피, '조각들'(chunks)로 구성되어 있어야 한다. 왜 이러한가? 브라이언트·바스카는 다음의 두 가지 가설을 채택한다.

1. 세계는 오로지 그것이 인지를 통해서든, 언어를 통해서든 인간 행위자의 몇몇 형태에 의해 궁극적으로 각각의 존재로 단편화되거나 분

할되는 어떤 분화되지 않은 하나-전체(one-all)이다.

2. 개별체들은 우주 안의 모든 다른 개별체들에 대한 그것들의 관계의 총계(sum totality)이다.

브라이언트는 첫 번째 가설이 모순으로 표명되지는 않는다고 논한다. 명시적인 수준에서, 이 가설은 세계가 오직 계속적으로 이산적 존재로 분할되는 어떤 분화되지 않는 하나-전체라는 의미다. 적어도 이것은 이 하나-전체 안에서 분화되는 구조화된 미분화를 나타낸다. 만약 이러하다면 아틀라스와 같은 초월적 주체성은 원초적인 카오스로부터 나오는 하나-전체라는 무형의 아페리온(aperion, 무제한적인 것)이 극도로 분할된 세계로 들어가야 하는 막대한 과제를 떠안아야 한다. 하지만 만일 세계가 본래적으로 무형의 아페리온에 앞서고 인간으로부터 독립적이라면, 그것은 그 어떤 차이들도 담고 있지 않을 것이다. 결론적으로 아무런 분할도 존재 안에 유입할 수 없게 된다. 그러므로 우리가 분할을 마주하는 모든 곳에서 세계는 무형의 하나-전체로 존재하지 않아야 하고, 오히려 비록 구조와 차이가 인간과의 만남에서 변형될지라도 세계는 구조화되고 차이 지어져 있어야 한다. 첫 번째 가설은 이렇게 처리된다.

두 번째 가설은 개별체들의 존재는 전반적으로 다른 모든 개별체들과 그것들의 관계로 구성된다는 것이다. 하지만 이것이 사실이라면, 그때 실험적 실천에 필수적인 닫힌 체계를 형성하는 것은 가능하지 않다. 왜냐하면 그것의 발생적 역능들을 지배하도록 이끄는 열린 체계로부터 객체나 발생적인 메커니즘을 고립시키는 것은 결코 가능하지 않기 때문이다. 그러나 우리는 실제로 실험에 참가하며 그러므로 발생적 메커니즘을 고립시킨다. 그 어떤 발생적 메커니즘도 다른 실체들과의 관계로부터 결코 완전히 고립될 수 없다는 것이 사실이지만, 그럼에도 불구하고 원칙적으로 객체들이 다른 관계들과 독립적이라는 것이 도출된다. 따라서 존재자론은 객체들이 그것들의 관계들이라는 존재론적 논증을 거부한다. 브라이언트는 하먼이 썼듯이, 모든 종류의 존재론적 함축과 질문들은 어떤 비관계적 객체에 관한 이러한 논지로부터 뒤따라온다고 본다.

바스카가 초월적 질문과 심지어 인식론 자체의 본성을 어떻게 전복하는지 주목해야 한다. 초월적인 것은 정신, 문화 또는 언어에도 속하지 않으며, 오히려 세계 자체의 특성이다. 게다가 인식론의 조건이 바로 존재론인 것이지 그 반대는 아니다. 세계는 인식이 가능해지기 위한 특정 방식임에 틀림없으며 이러한 존재론적 조건들은 주어진 것에 대한 또는 의식의 질문에 대한 인식론적 환원에 의해 포괄될 수 없다. 더 나아가 인식론이 가능한 하나의 조건은 인간이 존재하지 않는 어떤 세계의 그것이다. 이것은 그러한 것이 존재 자체의 특성들 또는 속성들이지 인간과 존재의 관계가 아니라는 것을 주장하는 하나의 극적인 방식이다. 이제 바스카의 성찰은 과학이 가능하기 위한 존재론적 요청에 관련된다.

· 차이-기관으로서의 세계

관계들로부터 고립될 수 있지만, 완전히 그렇지 않다는 점에서 세계는 '차이-기관'(difference engine)이다.[18] 이러한 규정은 브라이언트가 들뢰즈의 충실한 제자라는 것을 드러낸다. 실험이든 역사적 사건이

---

18 레비 R. 브라이언트, 『객체들의 민주주의』, 김효진 옮김, 갈무리, 2021, 91쪽.

든 그러한 것이 발생하기 위해서는 먼저 세계가 차이로 미분화되어 있어야 한다. 하지만 중요한 것은 이 차이-기관으로서의 세계의 측면은 (들뢰즈에 따르면) 현행적인 측면과 본성적으로 다르다는 점이다. 따라서 세계는 두 차원으로 나누어지는데, 하나는 객체의 실체적 차원으로서의 '잠재적 고유 존재'이며, 다른 하나는 현행적 차원으로서의 사건과 표명인 '국소적 표현'이다.[19] 바스카의 비판적 실재론에 대한 고찰에서도 드러났듯이 여기서 잠재적 고유 존재로서의 객체는 언제나 국소적 표현을 초과한다. 그러므로 잠재적 고유 존재는 '화산성의 역능'을 품고 있다고 말해질 수 있다.[20]

(2) 열역학 정치를 향해

· 객체들의 관계와 기계론

그런데 여기서 주의할 점은 이런 두 차원이 개별체들에 속한다는 점이다. 이것은 하먼의 네 겹 구조가 한 개별체 안에 있는 것과 같은 모양새다. 사정이 이러하기 때문에 브라이언트는 존재자론과 존재지도학이 각각의 객체가 비관계적 관계를 맺는 것으로 보는데 이는 당황스럽게도 반실재론과 통한다. "**반실재론**과 더불어, 존재자론과 객체-지향 철학은 객체들이 서로 접근할 수 없으며 각각의 객체는 비관계적 관계를 맺는 다른 객체를 번역한다고 주장한다."[21] 이 반실재론(그리고 객체-지향 철학Object Oriented Philosophy)이 존재자론과

---

19 앞의 책, 같은 쪽 참조.
20 앞의 책, 92쪽 참조.
21 앞의 책, 31쪽.

차이 나는 지점은 "반실재론은 인간과 객체의 단일한 극에 집중하고 객체-지향 철학과 존재자론은 이런 간극을 모든 존재자에 편재하는 (a ubiquitous feature of all beings) 특질로 여긴다는 것이다".[22]

이제 문제는 이 '편재하는 간극'을 어떻게 '관계' 지을 것인가가 된다. 존재지도학은 이 문제에 답하는 것이 절반이다(이는 하먼의 객체-지향 존재론과 차이 나는 지점이기도 하다). 즉 "존재지도학은 기계들 사이의 구조적 접속과 그 접속이 접속된 기계들의 되기, 활동, 움직임 그리고 주변 세계와의 관계 양식을 수정하는 방식에 관한 탐구"[23]인 것이다. 인용한 구절에서도 보이다시피 존재자론으로부터 존재지도학에 이르러서 브라이언트는 '존재자', '객체'라는 말도 사용하지만 '기계'라는 용어를 더 빈번하게 사용한다. 이는 분명 들뢰즈·가타리의 개념을 전용한 것인데, 이제부터 브라이언트의 존재론은 '기계론'이 된다.

그는 이 '기계' 개념에 대해 "존재자들이 입력물에 역동적으로 **작용**하여 출력물을 산출하는 방식을 강조하기 위해 이들 존재자를 '기계'라고 부를 것"[24]이라고 천명한다. 사실상 이 기계는 하나의 집합체 또는 배치로서 존재를 구성한다. 존재 전체에 망라된 기계는 따라서 "현존하는 모든 존재자를 가리키는 이름"이며, "'존재자', '객체', '실체', '신체' 그리고 '사물'은 모두 '기계'의 동의어"가 된다.[25]

---

22 앞의 책, 같은 쪽(번역 수정). Bryant, *The Democracy of Objects*, p. 27.
23 브라이언트, 『존재의 지도』, 66쪽.
24 앞의 책, 25~26쪽.
25 앞의 책, 36쪽.

때문에 '존재지도학'은 예컨대 권력의 작동 방식과 사회적 엔트로피의 증감에 관해 통찰을 제공하고, 정치적으로 "억압적인 사회적 체계를 변화시키기 위한 전략을 고안하려고 시도한다".[26] 이처럼 존재지도학이 요구하는 활동 범위는 존재론에서 정치철학까지 아우른다. 즉 이것은 하나의 실천철학으로 갈무리되는 존재론이다. 그렇기 때문에 브라이언트는 존재지도학의 세 가지 차원으로 '지도학', '해체', '대지 형성'을 든다. 지도학은 존재론적인 응시이며, 해체는 대안적 삶을 위한 기존 체제의 전복이고, 대지 형성은 전복된 체제 위에 건설할 새로운 세상이다.[27]

이를 위해 브라이언트는 엔트로피와 공간 그리고 시간을 존재지도학의 차원에서 재해석한다. 먼저 엔트로피는 브라이언트가 '열역학 정치'라고 부르는 것의 주요 요소로 기능한다. 기계들, 다시 말해 존재자들은 시시각각 다른 기호적·물질적·상징적 흐름과 마주친다. 이 마주침 속에서 각각의 기계들은 "구조적 개방성과 조작적 폐쇄성"[28]이라는 역능을 발휘하는데, 흐름은 이에 따라 절단되거나 변형되거나 가속되고, 감속된다. 예컨대 앞서 바닥에서 빈둥거리던 두꺼비를 보자. 이 유기체가 포식자-기계로서의 뱀을 만나면 이제 평화롭고 께느른한 유기체에서 하나의 표독스럽고 악착스러운 방어자이자 기민한 공격자로 변형된다. 두꺼비-기계는 뱀과 전쟁 상태에 들어서는데, 이때 뱀-두꺼비는 막 적대적인 배치물이 되며, 두꺼

---

26 앞의 책, 26쪽.
27 앞의 책, 10쪽 참조.
28 앞의 책, 101쪽.

비는 독을 뿜어냄으로써 배치를 다시 변형할 수 있다. 팽팽한 긴장감 안에서 뱀-두꺼비 배치물은 각각 생존 본능, 신체의 이동과 속도, 독(毒)과 같은 유무형의 흐름 가운데 놓여 있는 것이다. 이와 반대로 우리는 서로가 공생하는 회집체(예컨대 악어와 악어새 같은)도 상상할 수 있으며, 이 뱀과 두꺼비 각각이 자신만의 기관들(organs)을 가진 기계-배치물이라는 것도 알 수 있다.

열역학 정치에서 역량(puissance)이란 이런 흐름을 다루는 기술이다. 그렇게 해서 전체 사회기계를 변형시킬 수도 있고, 반대로 현상 유지할 수도 있다. 열역학 정치학에서 전자는 엔트로피가 높아지는 것이고 후자는 낮아지는 것이다. 전자는 혁명기계의 작동 방식이며, 후자는 강도 0의 파시즘에 근접한다. 여기서 기계의 기능부전이나 소요는 언제나 존재하는 것이고 오히려 그것이 더 온당하다. 그것은 "기계를 형성하는 통일체에 매끄럽게 어울리지 않음으로써" 발생하는 문제로서 "어느 때나 분출"될 수 있다.[29] 대개의 사회기계들은 그 부분기계들을 길들이려고 하겠지만, "이것은 실제로는 절대 실현되지 않는 하나의 이상으로 영원히 남게 된다. 부분들 사이에는 은밀한 음모와 기계적 간계, 작은 반역행위, 엉큼한 불복종행위가 언제나 존재한다. 이와 같은 완벽한 배치의 실패는 결코 근절되어야 하는 것이 아니라 오히려 기계의 본질적인 창조성의 일부다".[30]

은밀하고, 엉큼한 창조행위들 그리고 순진한 목적을 가진 간계들과 반역행위들은 지배계급의 욕구가 흘러가는 회집체에 흠집을 낸다. 더 나아가 이 행위들은 지배적 기계들 자체의 물리적 흐름을

29 앞의 책, 129~130쪽.
30 앞의 책, 130쪽.

파탄 낼 준비가 되어 있다. 이를테면 우리는 재벌이 "어처구니없는 노동 관행과 정치적 관행, 환경적 관행을 어쩔 수 없이 포기할 수밖에 없게"[31] 하기 위해 재벌 총수를 기소하고, 재판에 넘기고, 대법원까지 이르는 지루한 여정을 통해 에너지를 소진하지 않길 바란다. 우리는 지금 당장 총수가 아니라 재벌-기계 자체의 흐름을 끊기 위해 불매 운동을 하고 파업을 일삼으며, 보이지 않는 곳에서 태업을 수행할 것이다. 이러한 수행들은 거대기계의 생산과 유통이라는 두 관건적인 흐름 모두를 "정지시킴으로써 기업-기계가 이윤을 창출하는 조작에 종사하지 못하게 막는다".[32] 한없이 유예되는 사법 절차의 기만을 조기에 패퇴시키고, 입법을 독려하는 헛된 제스처를 반복하기보다 기계의 흐름에 집중하고, 그것을 창조적인 역량으로 절단해 내는 것이 더 이득이다. 이와 같이 "열역학 정치란 어떤 기계의 에너지원과 작업 역량을 겨냥하는 정치적 개입 형식이다".[33] 이와 같이 어떤 특정 기계 배치물들은 다른 기계와 관계를 맺으면서 상호작용을 하는데, 이때 그 관계가 기계의 표현 방식을 변화시킨다. 엔트로피는 열역한 정치 안에서 어떤 '일'이 발생하는 과정을 설명하면서, 그것이 늘 어떤 '위협' 속에 상존하고 있음도 드러낸다.

· 기계들의 생태지도

존재지도학은 엔트로피의 총량이 흐르는 동적인 열역학을 탐색할 뿐 아니라, 그와 더불어 그러한 흐름이 어떤 방식으로, 무엇이 '되는

---

31 앞의 책, 118쪽.
32 앞의 책, 같은 쪽.
33 앞의 책, 119쪽.

지'에도 끊임없는 관심을 기울인다. 이를테면, "어떤 특정 세계나 배치가 진전하고 있는 방향은 무엇인가? 어떤 세계를 활성화하는 되기의 벡터들은 무엇인가?"[34] 같은 것이 그것이다. 세계에 출몰하는 사건들은 이런 벡터의 형식을 띠기 때문에 그것을 판별하는 것은 매우 중요하다. 이런 이유로 브라이언트는 존재지도학을 '지리철학'이라고 부르는 것이다.[35] 완연한 유물론으로서의 지리철학은 물질적 세계의 기계들 간의 접속과 이동을 표시한다. 이를 통해 지리철학은 "더 근본적으로 더 공정하고 공평하며 지속 가능한 세계를 생산하기 위해 수행"[36]되면서 더 나은 생태환경, 즉 배치를 생산하도록 세계에 개입하는 수단을 부여하는 것이다.

요컨대 존재지도학은 기계들의 생태지도라고 할 수 있다. 이 지도는 고정된 요소들의 꼬리표 뭉치가 아니라 벡터들의 역동적 표시를 드러내는 것이다. 이를 통해 우리는 "일부 기계는 다른 기계들보다 더 안정되고 더 오래 존속할 것이고, 한편으로 세계의 내부에서는 발달의 궤적들 역시 펼쳐지고 있을 것"이라는 것을 알게 되고, "마찬가지로, 일부 기계는 다른 기계들보다 더 지배적이거나 더 영향력이 있을 것"임을 파악할 수 있다.[37] 잠재적 고유 존재로부터 펼쳐지는 이 국소적 표현들은 존재지도학이 존재론을 넘어 윤리-정치철학으로 가는 통로임을 나타낸다.

사실상 브라이언트에게 존재론이란 이 정치적 설계도에 기여하기 위한 일부인 것처럼 보인다. 그가 즐겨 인용하는 보고스트의 말

---

34 앞의 책, 353쪽.
35 앞의 책, 354쪽 참조.
36 앞의 책, 390쪽.
37 앞의 책, 192쪽.

처럼 "모든 사물은 존재한다는 점에서 동등하지만, 모든 사물이 동등하게 존재하는 것은 아니"기 때문이다.[38] 문제는 '동등하다'가 아니라 '동등하지 않은 이 사태'에 집중하는 것이다. 여기서 주된 존재론은 소위 '평평한 존재론'이라 불린다. 하지만 "평평한 존재론은 모든 객체들이 동등하게 기여한다는 것이 아니다".[39] 따라서 "더 만족스럽고 공정하고 지속 가능한 새로운 배치물을 구성"[40]하는 것이 존재지도학의 진정한 목표가 될 수 있다.

(3) 존재지도학-위상학적 시공간

· 안정성과 불안정성 그리고 매개

브라이언트의 신유물론적 존재자론은 그의 존재지도학의 존재론과 자연스럽게 연결된다. 이것은 그의 '위상학적 시공간론'에서 잘 드러난다. 이 공간은 잠재적 고유 존재가 현행화되는 국소적 표현과 밀접한 연관을 가진다. 브라이언트의 시공간은 안정과 불안정, 엔트로피의 증가, 운동, 생성을 거듭해 가는 차원들이다. 특히 공간은 주로 안정성과 지속성의 차원으로서 "열린 움직임의 환경이기는커녕 제약의 공간"[41]이다. 여기서 각각의 기계적 개별체들은 최소 저항의 공간을 따르면서 정지 상태에 도달한다. 다시 말해 현행화되는 공간 안에서 개별체들이 실체화하는 것이다.

이 공간 안에서 안정성은 상대적이다. 왜냐하면 공간 자체가 흐

---

38 앞의 책, 179쪽 및 Bryant, *The Democracy of Objects*, p. 289도 참조.
39 *Ibid.*, p. 290.
40 브라이언트, 『존재의 지도』, 422쪽.
41 앞의 책, 220쪽.

름과 다양한 경로들로 구성되며, 그 가운데 안정성이란 속도와 벡터의 상대적 일정함 외에 다른 것이 아니기 때문이다. 신유물론적 공간 안에서 멈추어 있는 것은 아무것도 없다. 오히려 그것들은 무한 속도로 움직이는 잠재적인 것들의 곁에서 형성된다. 우리가 흔히 상상하는 것처럼 안정성이 절대적이진 않다. 즉 그것이 어떤 물질적인 경로의 목표나 종착역은 아닌 것이다. 만약 그러하다면 물질의 능동적 역능은 느닷없는 정지 상태 안에서 기화되어 버릴 것이다. 이런 일은 실재와 다르다.[42]

뉴턴적 구도 안에서 공간은 사물이 "안에 수용되는 기존의 용기(容器)"일 것이다. 하지만 브라이언트가 주장하는 위상학적 공간은 "기계들이 생산하는, 기계들 또는 노드들을 잇는 경로들의 네트워크"[43]로 여겨진다. 브라이언트는 이를 다음과 같은 다이어그램으로 표현한다.

여기서 각각의 개별적 실체들, 또는 기계들은 어떤 포괄적 공간을 구성하지 않는다. 위상학적 경로들은 각 개별체들을 따라 분기하며, 이에 따라 다양한 공간이 존재하게 된다. 각 위상공간에 대한 브라이언트의 설명을 들어 보자.

중앙집중형 위상에서, 중앙 노드 또는 기계는 여타 노드에 동등하게 근접하는 한편으로, 여타 노드는 서로 동등하게 근접하거나 멀리 떨어져 있다. 뉴턴 공간에서는 노드 6과 3이 노드 2와 3보다 더 멀리 떨어져 있는 반면에, 이런 위상공간에서는 세 가지 노드 모두 서로에 도

42 앞의 책, 221쪽 참조.
43 앞의 책. 222쪽.

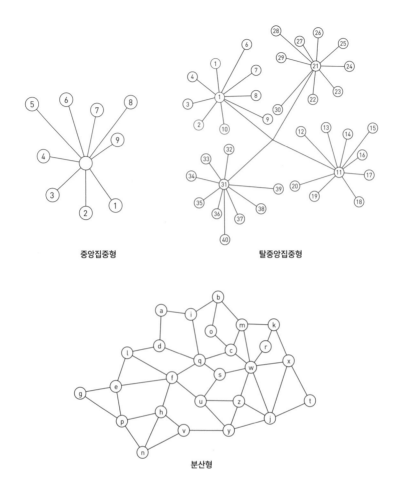

중앙집중형   탈중앙집중형

분산형

그림 10. 네트워크의 종류

달하려면 같은 수의 노드를 통과해야 한다는 점에서 동등하게 가깝다. 이와는 대조적으로 탈중앙집중화된 위상에서는 다른 종류의 거리를 얻게 된다. 뉴턴 공간에서는 노드 9와 30이 척도적으로 서로 가깝고 노드 4는 노드 9에서 꽤 멀리 떨어져 있는 한편으로, 위상공간에서는 그 노드들이 서로 꽤 멀리 떨어져 있으며 노드 9가 노드 30보다 노드 4와 가깝다. 그 이유는, 노드 9가 노드 4에 도달하기 위해서는 한 개의 노드만 통과하면 되지만 노드 30에 도달하기 위해서는 세 개의 노드를 통과해야 하기 때문이다. 다시 말해서, 노드 9와 30 사이에는 직접적인 경로가 없기에 그 노드들이 위상적으로 서로 멀리 떨어지게 된다.[44]

이러한 위상공간은 연결이 활발하면 할수록 서로 분리되어 존재하게 된다. 그 이유는 하먼이 말한 것처럼 그것들이 서로 물러나 있기 때문이 아니라, 매개되기 때문이다.[45] 이 공간에 대해 브라이언트는 다음과 같은 세르의 말을 인용한다.

손수건을 잡고서 다림질을 하기 위해 펼치면, 당신은 그 손수건에서 어떤 고정된 멀고 가까움을 볼 수 있다. 그 손수건의 한 영역에 원을 그리면, 당신은 그 원 근처에 점들을 표시하고 그 원에서 떨어진 거리를 측정할 수 있다. 그다음에 그 손수건을 다시 잡고 구겨서 당신 주머니에 집어넣자. 멀리 떨어져 있던 두 점이 갑자기 가까워지는데, 심지어 겹치기도 한다. 더욱이, 그 손수건을 어떤 식으로 찢으면, 가까웠던 두 점이 매우 멀어지게 될 수 있다. 근접성과 균열의 이런 과학은 위상이라고 불리고, 안정되고 잘 정의된 거리의 과학은 계량기하학으로 불린다.[46]

---

44 앞의 책, 222~223쪽.
45 앞의 책, 224쪽 참조. 그런데 이러한 브라이언트의 논의는 바라드의 매개 없는 얽힘과는 상당한 차이를 형성한다. 왜냐하면 바라드에게 관계항들은 관계 이전에 존재할 수 없으며, 그 관계에는 바로 간-행과 얽힘이라는 과정만이 있기 때문이다.
46 Bruno Latour and Michel Serres, *Conversations on Science, Culture and Time: Michel Serres*

셰르의 이 말은 유클리드기하학(계량기하학)과 비유클리드기하학(위상기하학)의 차이를 잘 드러낸다. 위상공간에서 두 관계항 간의 거리는 그 공간이 구조적으로 어떻게 조성되느냐에 따라 달라진다. 만약 그 공간이 불균질하다면 그 불균질의 정도에 따라 거리는 매번 달라질 것이다. 만약 균질하다면 그것은 계량기하학이 된다. 하지만 이때 균질성은 불균질의 한 계기인 것이지 그 자체로 절대적이지 않다. 이것은 데카르트·뉴턴 공간의 결정적인 해체를 의미한다. "뉴턴 공간에서는 거리상으로 서로 근접하더라도 그런 위상공간에서는 경로들이 조직된 방식으로 인해 그 두 집단이 달만큼 멀리 떨어져 있게 되는 그런 종류들의 분포가 나타난다."[47]

그러므로 위상공간은 움직임과 생성의 공간이다. 어떤 개체의 생성 과정에서는 그 개체의 본질이 중요하게 작동하는 것이 아니라, 그 근방에 놓인 입력물과 그 개체가 놓인 장의 역동성이 중요하게 작동한다. 동일 개체라고 여겨진다 해도 사실은 그것이 어떤 위상적 장 안에서 성장하고 다른 개체와 마주치는지에 따라 달라지며, 따라서 동일 개체가 아니게 된다. 이런 경우 어떤 개체의 실체성은 "벌거숭이 기체"[48]가 아니라 역능들의 조직이다. 즉 그 개체가 행할 수 있는 것의 조직이다. 그리고 객체의 현행화된 역능은 언제나 국소화된 표현이므로 그 잠재적인 영역의 역능보다 언제나 더 적다. 이런 의미에서 브라이언트는 마누엘 데란다를 좇는다. 이때 국소적 표현은 유클리드기하학에 속하며 잠재 영역은 위상학에 속하게 된다. "기하학

with Bruno Latour, trans. Roxanne Lapidus, Michigan: The University of Michigan Press, 1995, p. 60(브라이언트, 『존재의 지도』, 249쪽에서 재인용).

47 앞의 책, 228쪽.
48 앞의 책, 120쪽.

적 영역은 실체가 국소적으로 정해진 성질들로 현실화하는 방식을 가리킨다."[49] 다른 한편 잠재적 고유 존재는 위상적 가소성으로 규정되어진다.

· 시간성

이제 시간성에 대한 브라이언트의 존재지도학을 알아보자. 공간성에서와 마찬가지로 시간성에서도 존재지도학은 다중성을 견지한다. 왜냐하면 각각의 개별체들은 각자 시간의 형식을 갖추고 있기 때문이다. 쉽게 말해 이들은 모두 "시간적 리듬이 다르다".[50] 따라서 총괄적인 시간성은 존재하지 않으며, 각각의 개별 실체들(브라이언트는 이를 '기계'라고 말한다: 브라이언트의 '기계 존재론')은 저 나름의 생존 기간을 향유한다. "나타나자마자 거의 즉시 사라지는 기계들도 있는 한편으로, 은하나 행성처럼 수백만 년 동안 현존하는 기계들도"[51] 있는 것이다.

이러한 시간적 과정 안에서 개별체들은 우발적으로 만나고, 역사를 이루며 창조한다. 이것이 하나의 흐름이 될 때 다양체가 시간적으로 구성된다. 사정이 이러하므로 시간은 각 개별체들의 조작에 열려 있다. 여기서 인간적 조작의 형태는 하나의 사례일 뿐이다.[52] 이들 개별체들 또는 기계들의 조작은 다른 기계들의 흐름들과 마주치면서 이루어지는데, 이때 어떤 것은 다른 것에 영향을 끼칠 수 있기도 하고, 없기도 하다. 영향을 끼칠 수 없는 이유는 두 기계가 시간적

---

49 앞의 책, 123쪽.
50 앞의 책, 241쪽.
51 앞의 책, 같은 쪽.
52 앞의 책, 243쪽 참조.

리듬에서 상이하기 때문이다. RSLoLa에 있어서 너무 느리거나 너무 빠른 것이다. 다른 한편으로 이 리듬들은 서로 포획되고 포획할 수 있다.

이를 위상공간에서와 마찬가지로 위상시간이라고 할 수 있다. 선형적인 계량적 시간 형식에서 과거는 사라지고 현재에 영향을 미치지 못하지만, 위상시간에서는 먼 과거라 하더라도 현재에 적용되고 기입될 수 있다. 이를 브라이언트는 다음과 같이 설명한다.

> 위상학적으로는 사건 E4가 일어나기 직전의 사건 E3이 E4에서 멀리 떨어져 있을 수 있고, 한편으로 E1이 E4에 대단히 가까이 있어서 현재적일 수 있다. 이런 상황을 가능하게 하는 조건은 어떤 종류의 기입 매체가 현존한다는 것이다. […] 이 매체는 유전자, 뇌, 종이, 컴퓨터 데이터베이스, 녹음물 등일 수 있다.[53]

따라서 이 매체들을 어떻게 이용하는지 그리고 그것을 어떤 방식으로 현재와 연결하는지가 중요한 전략이 될 수 있다. 또한 매체 안에 저장된 과거가 현재와 마주치면서 단순히 그것을 반복한다고 볼 수도 없다. 오히려 그러한 마주침은 현재를 초월하여 나아가거나 아니면 더 침울한 방향으로 전개될 수도 있다. 다시 말해 이 마주침으로부터 생성되는 사건은 아주 먼 과거를 통해 스스로를 갱신할 수도 있지만 아예 과거에 파묻힐 수도 있다. 정치적인 보수와 수구 그리고 진보와 급진은 이렇게 생성될 것이다. 우리가 유익한 방향으로

---

53 앞의 책, 251쪽.

사건을 생성시키는 행위소가 된다는 것은 로마 공화주의자와의 마주침을 통해 그것보다 훨씬 멀리 밀어붙이는 것이다. 마찬가지로 우리가 이분법을 횡단하는 행위소가 되기 위해서는 이분법과의 마주침을 극단까지 밀어붙여야 한다. 존재지도학의 시각에서 이는 앞서 세르가 말한 그 손수건의 구겨짐을 탐구함으로써 가능하다.

브라이언트에게 시간은 매끈하지도 균질하지도 않다.[54] 왜냐하면 시간은 공간과 마찬가지로 흐름을 담는 그릇이 아니라 그 흐름 자체에서 생겨나는 것이기 때문이다. 흐름의 종류와 양상 그리고 지향하는 바는 시간의 다양체를 주름지게 만든다. 그 주름은 물질적인 것으로서 시공간의 곡률을 형성한다. 이 곡률은 중력에 의해 형성되는데, 존재지도학의 맥락에서 이는 "특정 기표가 인간의 삶을 조직하는 방식, 어떤 특정 식단의 특징이 인간 몸이 발달하는 데 중요한 역할을 수행하는 방식, 어떤 특정 담론과 제도가 사회적 관계를 조직하는 방식 등과 같이 다양한 기계적 매개작용"[55]이다. 따라서 중력은 세계를 결합하는 힘이다. 중력은 단순히 물리학적인 의미만이 아니라 자연-문화적인 융합적 의미를 가진다. 그것은 한 기계-개별체가 다른 기계-개별체에 개방되고, 이와 마주치고, 방향을 바꾸며, 생성하는 사건의 장이다.

54 앞의 책, 255쪽.
55 앞의 책, 289쪽.

2. 수행적 신유물론자들[56]

(1) 여타 유물론과의 구별

수행적 신유물론은 최근 생겨난 신유물론의 새로운 사조다. 이에 대해서는 지금까지 종종 인용해 온 갬블과 하난 그리고 네일이 함께 쓴 꽤 긴 논문이 많은 조언을 준다.[57] 이에 따르면 수행적 신유물론은 생기적 신유물론 및 부정적 신유물론과 혼동됨으로써 은폐되어 왔다고 본다. 그도 그럴 것이 지금까지 신유물론은 생기론이라든가, 객체-지향 존재론이라는 주류 해석에 의해 한 번도 수면 위로 떠오르지 않았기 때문이다. 물론 학제 간 연구라는 신유물론의 기본적인 연구 방법은 그것에 매우 충실한 수행적 신유물론을 낯설게 만들었고, 거기에 기인한 측면도 있다. 대표적인 수행적 신유물론자인 바라드와 커비는 수행적 신유물론의 구성요건들을 드러내는 연구들을 수행했다.

수행적 신유물론의 입장에서 고대와 근대의 유물론이 가진 맹점은 앞서 말한 '수행성'에 방점이 놓인다. 즉 구유물론은 "인간이 근원적으로 물질의 바깥에서 어떤 객관적인 우월한 위치를 점하고, 이때 우리가 (그리고 오직 우리만이) 물질의 진정한 본성 또는 본질에 접근할 수 있다는 비-수행적이며, 내밀한 관념론적(crypto-

---

56 이 절의 내용은 '박준영, 「수행적 신유물론이란 무엇인가」, 몸문화연구소 지음, 『신유물론: 몸과 물질의 행위성』, 필로소픽, 2022'의 내용을 개정, 보완한 것이다.

57 Christopher Gamble, Joshua Hanan and Thomas Nail, "What is New Materialism?", *Angelaki*, vol. 24, 2019.

idealist) 가정"[58]을 품고 있다고 간주해야 한다는 것이다. 물론 이러한 비판에는 다른 신유물론과 공유하는 지점으로서 '물질의 수동성 비판'이라는 관점도 함축되어 있다.

그렇다면 수행적 신유물론에서 '신'(new)이란 존재론과 인식론에서의 상호교차를 통해 비인간중심주의적인 실재론을 포용한다는 것을 의미할 것이다. 다시 말해 내 앞에 있는 저 사물들이 그저 얌전히 놓여 있는 수동적 객체가 아니라 나와 상호작용하면서 얽혀 있는 능동적 실재임을 인정하는 것이다. 여기서 끝까지 견지해야 하는 입장은 이 얽힘 가운데 물질의 능동성을 강조하면서도 그리고 인간의 물질성을 긍정하면서도, 이와 동시에 인간을 물질적 실재에 관한 예외적이고 객관적인 관찰자로 위치 지우는 오래된 습성을 버려야 한다는 점이다. 인간중심주의보다 더 끈질긴 사유 구도는 사실상 이런 인간예외주의이다.

따라서 수행적 신유물론은 이전 유물론들이 간과하거나 암묵적으로 인정했던 인간예외주의를 철저히 거부하면서, 생기적 유물론과 칸트식의 실패의 유물론도 거부한다. 이를 통해 수행적 신유물론은 물질과 의식, 자연과 인간, 객체와 주체 간의 이분법을 횡단하면서 물질에 대한 새로운 관점을 확립하고자 한다.

---

58 *Ibid.*, p. 113.

(2) 들뢰즈·가타리의 유산

· 의심스러운 '잠재성'

구유물론과의 구별 정립에 일정 정도 성공했다 할지라도 수행적 신유물론이 교전해야 할 철학사적 인물들은 아직 남아 있다. 특히 현대철학과 과학 내의 유물론적 전통 안에서 수행적 신유물론이 어떤 부분을 받아들이고, 또 어떤 부분을 받아들이지 않는지에 대한 계보학적 추적은 그리 용이하지 않다. 상대적으로 긍정적 수용의 대상들은 분명해 보인다. 즉 수행적 신유물론은 현대과학, 특히 현대물리학의 양자장 이론의 철학적 응용을 전폭적으로 수용한다. 또한 과학에 기반한 생태론도 마찬가지다. 철학 분야에서 이들은 바라드의 행위적 실재론을 중시한다. 그러나 이들이 비판적 관점을 유지하는 현대철학자들의 경우 다소 모호한 구석이 있어 보인다. 대표적인 철학자들로 들뢰즈·가타리가 있다.

앞서 우리가 논한 것처럼 신유물론의 최초 장면 안에 들뢰즈와 가타리가 있다는 것은 분명하다. 최초의 신유물론자라고 평가될 수 있는 데란다가 1996년에 발표한 「도덕의 지질학: 신유물론적 해석」[59]은 들뢰즈·가타리 『천의 고원』 3장 '도덕의 지질학'에 대한 신유물론적 해석이라는 것을 우리는 이미 알고 있다. 이후 데란다는 「새로운 물질성」[60]이라는 짧은 논문에서 신유물론의 물질성을 인과성을 생산하는 '감응'과 '특이성'으로 정리한다. 들뢰즈·가타리에 대한 이런 해석은 데란다의 들뢰즈 해석인 '잠재성의 철학'에서 기인하는 것이

---

59 Manuel DeLanda, "The Geology of Morals: A Neo-Materialist Interpretation", 1995, http://www.t0.or.at/delanda/geology.htm(2022년 10월 24일 마지막 접근), 1996.
60 Manuel DeLanda, "The New Materiality", *Architectural Design*, vol. 85, Issue. 5, 2015.

다. 이에 따르면 잠재적 차원은 일종의 위상학적 공간으로서 시간과 공간 자체가 발생해 나오는 영역이고 물질적인 것들의 형태발생도 이 영역에서 비롯된다. 잠재성으로부터 강도적 차원을 거쳐 현행화하는 개체발생의 과정이 바로 그것이다. 신유물론의 또 다른 스승인 브라이도티의 경우에도 들뢰즈·가타리의 영향은 뚜렷하다.

그런데 앞서도 말했듯이 들뢰즈의 개념 중에서 신유물론자들에게 미심쩍어 보이는 개념은 '잠재성'인데, 수행적 신유물론자들에게도 크게 다르지 않다. 이 잠재성 개념은 들뢰즈의 『차이와 반복』 이후에 "포기된다"[61]고까지 말해진다. 이것은 신유물론적 입장에서 물질의 현행적 표면 외에 어떤 본질주의적인 실체로서의 잠재성을 고려하는 것이 매우 껄끄럽기 때문이다. 그것은 일종의 형이상학적인 깊이로서, 신유물론의 존재론하에서는 불필요한 이론적 과잉이다. 그렇기 때문에 이 개념은 이후 『의미의 논리』에서 '표면'(surfaces) 개념으로 대체된다. 여기서 잠재성은 어떤 '영역'(realm)이 아니라 '면'(aspect)으로서 개체적인 것들의 관계성을 규정하는 초과분 또는 그런 관계들이 새로운 관계로 발산되는(emanate) 또 다른 표면상의 지대인 셈이다.[62] 비록 이러한 비판이 주로 『앙띠 오이디푸스: 자본주의와 정신분열』에서 전개되는 다른 논의에 의탁한 논증이긴 하지만, 일리가 있어 보인다. 그런데 중요하게도 이러한 비판적 관점은 데란다의 신유물론 철학과 브라이도티의 유목적 주체가 근거하고 있는 그 지반 자체를 무너뜨릴 소지가 충분하다.

---

61 Arjen Kleinherenbrink, *Against Continuity: Gilles Deleuze's Speculative Realism*, Edinburgh: Edinburgh University Press, 2019. p. 35.
62 *Ibid.*, p. 36.

· 생명-실체와 이분법의 재가동

특히 수행적 신유물론의 경우 들뢰즈·가타리의 신유물론이 생기적 신유물론의 그 악명 높은 '생명-실체'의 대유행에 책임이 있다고 본다. 이런 생명의 실체화는 들뢰즈가 주로 의뢰하는 두 명의 근대 철학자인 스피노자와 라이프니츠의 존재론에 근거한다. 당시의 기계적 존재론과는 반대로 이들은 '힘'과 '생명'을 자연의 근본 동력으로 파악하였다. 게다가 이것은 물질에 내재한다. 이 경우 물질 일원론적인 유물론을 견지하기 위해서는 이 근본 동력으로부터 완전히 분리되지 않는 물질의 표현형이 요구되는바, 그것이 '개체'다. 게다가 라이프니츠의 경우 시공간 자체를 당시의 뉴턴적 세계관에서 요구하는 방식대로 처리하지 않았다. 소위 '스파티움'(Spatium)은 이 새로운 시공간의 이름으로서 '잠재성'의 영역에 상응한다.[63] 만약 이러한 내적 원리로서의 시공간이 물리학을 형이상학적으로 완성한다면, 이 시공간을 채우는 힘과 생명은 말 그대로 '실체'로서 기능하게 된다. 이것은 신유물론이 아니라 다소 심하게 말해 "신관념론"[64]의 혐의를 가지게 하는 것이기도 하다.

다른 방면에서 수행적 신유물론자들은 들뢰즈의 생기론적 측면이 또 다른 이분법을 작동시킬 여지가 크다고 본다. 그들은 삶/죽

---

63 Florian Vermeiren, "The Leibnizian Lineage of Deleuze's Theory of the Spatium", *Deleuze and Guattari Studies*, vol. 15, Issue. 3, Edinburgh: Edinburgh University Press, 2021, p. 325 참조.

64 Elizabeth Grosz, *The Incorporeal: Ontology, Ethics and the Limits of Materialism*, New York: Columbia University Press, 2017, p. 13. 여기서 그로스는 그녀 자신이 들뢰즈의 영향을 인정함에도 불구하고, "소위 신유물론의 발흥에 대해 말하자면, 그것은 아마도 동시에 신관념론을 필연적으로 불러온다고 말할 수 있다"고 쓴다. 왜냐하면 "들뢰즈의 스피노자 독해가 '신관념론'에 책임이 있기 때문이다."

음, 능동성/수동성의 이분법 안에서 "지배적인 측면만을 존재론화하기로 선택"[65]했다는 것이다. 이것은 개념적으로는 대당들의 얽힘을 사유할 수 없게 만들고, 정치적으로는 비인간과 비생명에 대한 착취와 약탈을 정당화하게 한다. 단적으로 이런 식의 존재론은 물질의 수행성을 극심하게 방해하게 한다. 여기에는 관계성보다 앞서는 생명력이 존재하며, 일원론이 이분법의 산실이 되는 역설이 발생하게 되는 것이다. 또한 이는 앞 장에서 우리가 살펴본바, 수행적 신유물론의 반재현주의가 생명의 재현주의가 되는 것을 막지 못하게 만들 것이다. 힘이나 생명이 물질적 관계를 앞설 때 바라드적 의미의 '간-행'은 불가능해진다.

결국 수행적 신유물론의 입장에서 들뢰즈·가타리의 유물론은 잠재성의 철학이냐, 표면의 철학이냐라고 하는 선택지 앞에 서게 되는데, 과연 이것이 들뢰즈·가타리 자신이 예상했던 것인지 아닌지는 분명하지 않다.[66] 하지만 이 선택지는 양자택일형은 아닐 것이다. 왜냐하면 문제의 해결 과정에서 또 다른 이분법이 발생하는 것은 수행적 신유물론(또는 신유물론 전체)에 있어서 불필요하며, 불가능하기 때문이다. 따라서 우리는 최근의 신유물론이 들뢰즈·가타리에 대해 내리는 "불편한 승인들과 영향력에 관한 불안"[67]을 하나의 괴로운 사

---

65 Gamble, Hanan and Nail, "What is New Materialism", *Angelaki*, p. 120.

66 이에 대해서는 보다 깊은 연구가 필요하다. 과연 잠재성 개념이 깊이나 심층을 전제하는 것인지, 아니면 그것 자체가 표면의 존재론을 확충하고 보다 정교하게 만드는 개념인지를 가늠하는 것이 그 연구의 과제가 될 것이다. 사실상 잠재성이냐 표면이냐라는 이분법적 질문은 신유물론의 입장에서 의미 없는 것이다. 이에 대해서는 뒤에 이어지는 6장 1절에서 보다 자세히 살펴볼 수 있을 것이다.

67 Vermeiren, "The Leibnizian Lineage of Deleuze's Theory of the Spatium", *Deleuze and Guattari Studies*, p. 498.

례로 간주한다 해도, 이는 부득이한 것이며 꼭 그만큼 생산적이라는 사실을 인정할 필요가 있다. 요컨대 신유물론에 내재한 들뢰즈·가타리 계보는 이제 이분법적이지 않은 횡단적 관계 앞에 놓여 있는 것이다.

(3) 테제들

갬블, 하난, 네일의 논문 4부를 보면 수행적 신유물론의 세 가지 일반 테제가 등장한다. 그것은 방행적 운동(pedetic motion), 전진적 과정(ongoing process) 그리고 관계다. 이 테제들은 우리가 물질이라고 일컫는 신유물론의 핵심적인 주제가 어떤 환원주의라든지 아니면 본질주의적 실체론의 혐의를 가지는 것을 비판하게 한다. 수행적 신유물론자들에게 물질이란 "근본적으로 불확정적인 수행 또는 운동-중-과정(process-in-motion)"[68]이다. 수행적 신유물론은 다음과 같이 이 과정을 세 가지 테제로 갈음한다.

1. 물질의 활동 자체는 방행적(pedetic)이거나 미결정성(indeterminacy)으로 특성화된다. 그렇지 않으면 신유물론은 형상과 같은 다른 어떤 것, 즉 결정론적이거나 개연적인 자연법칙, 힘 또는 신에 대한 물질의 활동성이라는 속성화로 되떨어질 것이다.
2. 물질은 전진적인 반복 과정(ongoing iterative process)임에 틀림없다. 그렇지 않으면 신유물론은 실체-기반 존재론으로 되돌아가거나, 물

---

68 Gamble, Hanan and Nail, "What is New Materialism", *Angelaki*, p. 125.

질을 합리주의 또는 형식주의와 같은 어떤 것으로 축소할 위험을 안게 된다.

3. 물질은 완연히 관계적이고 내재적으로 자기-원인적이다. 물질은 단순히 신, 자연 또는 인간의 수동적 효과가 아니다. 마찬가지로 단순히 능동적 행위자인 것도 아니다. 물질적 관계들은 언제나 비대칭적이다(능동과 수동 둘 다 동시에). 그것은 '평평(flat)'하지 않다.[69]

• 방행

수행적 신유물론의 첫 번째 테제는 물질 방행성(方行性)에 놓인다. 방행을 의미하는 'pedesis'의 어근 'ped'는 그 원형이 'PIE'인데 '발'(foot)이라는 의미를 지닌다. 이 개념은 주로 네일이 그의 운동적 유물론 또는 과정 유물론을 설명하기 위해 사용한다. 이 개념의 의미는 네일을 포함한 수행적 신유물론자들에게 "반-자동적 자기-이동(semi-autonomous self-transport)의 운동"[70]으로 정의된다. 다시 말해 발의 운동이 걷고, 뛰고, 도약하고 춤추는 것처럼 바로 전의 움직임과 연결되지만 그것에 의해 결정되는 것은 아닌 운동을 의미한다. 따라서 이것은 무작위(random) 운동과도 차이가 있고, 확률적이거나 개연적인 운동과도 다르다. 방행 운동을 하는 물질은 단지 준안정적인 어떤 구조를 매 순간 생성시키며, 그 구조와 다른 구조의 발생에 관여하면서 새로운 가능성들을 열어 준다.

이들에 따르면 무작위성(randomness)과 개연성(probability)은 부분적인 예측 불가능성이라는 측면에서 방행성과 통하지만, 무언

---

69 *Ibid.*
70 *Ibid.*

가를 생성시키는 힘을 가지지는 않는다. 무작위성과 개연성은 어떤 고정되고 절대적인 규준이나 영역에 의해 정의 내려지는 것으로서, 개별체들 간의 상호작용을 통해, 마치 데모크리토스의 원자들과 마찬가지로 세계를 실현할 수 있다. 하지만, 이 세계들은 개별체들의 선결성 안에서 움직인다. 즉 방행성이 가지는 무제한성이 아니라 그 영역의 제한성 안에서 움직일 뿐이다. 마치 두 개의 주사위가 그 안에서 나올 수 있는 수의 한계에 종속되는 것처럼, 무작위적이고 개연적인 가능성들은 그 주사위 면의 점의 개수와 덧셈 공식에 한정되며, 더 나아가 그 주사위가 구를 수 있는 절대적인 공간이 필요하다. 그러한 영역이나 법칙은 순수하게 이들의 한계로 남아 있다. 무작위적이고 개연적인 물질이 수행적이지 않다는 것은 이것을 의미한다. 비판을 좀 더 진행하자면 이런 무작위 물질은 바로 그 무작위성을 가능하게 하는 어떤 '무'(無)를 전제한다. 즉 무로부터 현출을 요청하게 되는데 이는 전혀 가능하지 않다.

이와 달리, 방행적 운동은 총체적으로 관계적이다. 방행적 물질의 예측 불가능성은 그것이 관계를 형성하지 않기 때문이 아니라, 오히려 너무나 많은 관계를 형성하기 때문에 예측 불가능하다. 이것은 바라드의 수행성이 말하는바, 그 얽힘과 간-행의 사태와 같다. 그러므로,

물질의 방행적 운동은 상대적으로 고정된 패턴들, 일치들 그리고 관계들 안으로, 평형성과 견고함의 외관을 주는 동안 오직 다시 소용돌이치게 되면서만 그리고 새로운 결합관계들로 들어서기 위해서만 결합하고 평형을 찾아간다. 이것이 바로 미결정성이 점진적으로 결정되어 가는 방식이다. 달리 말해, 방행이란 우연도 결정도 개연적인 것도

아니고, 다만 발생적으로 미결정적(generatively indeterminate)이다.[71]

이 미결정성은 바로 관계성을 가능하게 한다. 어떤 것이 완전히 결정된다면 거기에는 그 어떠한 관계성도 있을 수 없기 때문이다. 물질의 능동성도 마찬가지다. 물질의 방행적 성격은 그 자체로 다른 구조를 생성시키므로 구조적인 완결성이 아니라 미결정성 안에 있어야 한다. 그렇지 않으면 그 어떤 구조적 발생도 관계도 성립하지 않는다.[72]

---

71 *Ibid.*, p. 126.
72 '방행' 개념은 바라드의 행위적 실재론에서 행위적 절단의 '우발성'과 관련하여 많은 시사점을 준다. 즉 우리가 장치를 우회해서 행위적 실재론의 행위적 절단이 '겨냥'하는 바에 대해 생각해 보는 것은 이것이 단순히 전통적 의미의 '우발성'으로 정의될 수 없기 때문이다. 사실상 바라드의 진술들은 이것에 대한 명확한 해답을 주고 있지 않다. 사실 우리는 이 문제가 바라드의 '얽힘'이라는 개념이 가지는 그 미결정성에서 비롯된다는 것을 알고 있다. 얽힘은 물리학자들이 말하는 것처럼 '유령적 현상'이다. 그것은 확률적으로 결정되지도 않는다. 행위소가 먼저 있어서 그것들 간에 얽힌다는 의미도 없다. 그런데 방행에 관한 네일과 수행적 신유물론자들의 규정은 바라드가 행위적 절단이 야기되는 그 운동적 과정을 진술할 때의 함축과 정확히 일치한다. 뿐만 아니라 모든 현상들도 방행적이다. 예측 불가능성은 바로 분리 불가능성이며, 영향을 받아 일어난다는 것은 바로 분리 가능성이다. 미규정적이고 관계적이라는 것은 '관계항 없는 관계'에서의 준안정적 상태를 말한다. 바라드의 관계적 존재론에서 '미결정성'은 바로 '관계적 미규정성'으로서 '질서 있는 준안정적 패턴을 생산'하는 방행적인 준-결정성을 의미하는 것이다. 결론적으로 바라드의 행위적 실재론에서 수립행위로서의 행위적 절단과 현상들의 역동성은 '방행'이라는 개념에 와서 그 우발적 특성을 드러낸다. 현상들은 방행적 움직임 안에서 간-행하며, 이 간-행들이 장치들의 확장된 본성 안에서 얽힘을 형성한다. 얽힘과 간-행 그리고 행위적 절단의 '수행'은 방행적 움직임 안에서의 주름 운동에 다름 아니다. 여기에서 우리는 바라드의 행위적 실재론의 존재-인식론이 들뢰즈의 『차이와 반복』 이래 우리를 괴롭혀 온 그 '잠재성의 지대'의 생기적 힘(vital force)이라는 반-니체적인 또는 유사-스피노자적인 '깊이'를 극복하고 있음을 알게 된다. 물론 들뢰즈도 『의미의 논리』 이후 이 '깊이'를 '표면'으로 대체하기는 한다. 이런 측면에서 바라드의 신유물론은 말 그대로 들뢰즈의 철학적 기획의 들뢰즈적인 교정 작업이라고 할 수 있을 것이다. 신유물론은 깊이의 철학을 전복(sub-[아래로]+vers[향해 밀어붙이기])하고 표면과 주름 그리고 방행의 존재론으로 혁신한다.

· 전진적이고 수행적인 반복

두 번째 테제는 만약에 그리고 오직(if and only if) 물질이 반복적·전진적·비결정적 과정으로 이해될 때에만, 물질이 수행적이라는 것이다. 만약 물질이 그 작동하는 바 또는 움직이는 방식 외에 아무것도 아니라면 그리고 만약 그 운동들이, 가장 작은 것에서 가장 큰 시공간적 규모에 이르기까지 결코 궁극적으로 또는 충분히 완성되지 않으면, 물질의 본질적 특성은 그것의 끝나지 않는 방행적 재발명일 뿐이다.

때문에 방행적 물질은 데모크리토스류의 원자와 그 결합법칙에 의해 설명되지 않으며, 수행성을 탈각한 생명력에 의해서도 설명되지 않는다. 방행적 물질은 생명도 아니고 법칙도 아니지만 그것을 가능하게 하는 운동이다. 그러므로 여기에는 어떤 경계나 한계도 존재하지 않는다. 하지만 수행적 신유물론자들은 여기에 단서를 다는데, 그것은 메이야수가 말한 초카오스와 같은 "급진적인 우발성이나 무차별성의 세계"[73]로 나아가지는 않는다는 점이다.

부유하는 우주-암석들에는 날개나 다리가 뻗어 날 수 없는 것이다. 그것들은 관계적으로 묶여진 어떤 특유한 행성의 생명역(biosphere) 주위를 어슬렁거리며 돌아다닌다. 그러나 방행적 반복이 충분히 주어지면, 그 바위들은 그와 같은 생명역을 창조하지 않을 수 없고, 사실 그처럼 날개가 돋고 다리가 난 생명체들이 언젠가는 생겨날 것이다.[74]

73 Gamble, Hanan and Nail, "What is New Materialism", *Angelaki*, p. 126.
74 *Ibid.*

다시 말해 초카오스로의 방행적 발산은 존재하지 않는다. 그렇게 되지 않는 이유는 방행이 어떤 반복의 역량을 항상 발휘하기 때문이고, 그것을 통해 언제나 차이 나는 어떤 것을 발명하기 때문이다. 이는 방행적 물질이 관계성을 잃어버리고 우주의 미아가 되지는 않는다는 것을 의미한다. 그도 그럴 것이 관계성은 바라드가 말했듯이 핵반응으로도 쪼개질 수 없는 얽힘을 그 본성으로 하기 때문이다. 더 나아가 방행적 물질은 고유하게 미결정적인 목적-없는-과정이기 때문에, 거기에는 물질적 실재 전체를 하나의 연속적 전체성으로 통일하는 기저에 흐르는 실체는 존재할 수 없다. 또한 물질은 창조할 수도 또는 존재를 절대적으로 부재하는 어떤 것으로 가져갈 수도 없다. 따라서 수행적 물질은 연속적이지도 않고, 불연속적 실체도 아니며, 어떤 불연속적 과정도 아니다.

이것은 매우 중요한 논지이므로 다시 되새겨 보자. 만약 물질이 어떤 연속적 실체라면 그것은 동질적인 총체성으로 불리어질 수 있다. 이런 경우 물질은 변화와 운동의 가능성을 폐기해야 한다. 왜냐하면 그러한 동질적 총체성 바깥으로 나아가는 것은 불가능하기 때문이다. 이것은 제논의 논증에 맞춤한 상황이다. 다른 한편으로 물질이 개별체 전체를 담고 있는 전체라면, 그때 물질은 그 개별체 전체와는 다른 어떤 것이어야 한다. 그러나 이는 쿠르트 괴델의 역설에 도달하게 된다고 수행적 신유물론자들은 말한다. 즉 운동 없는 실체로서 개별체들을 담아내는 물질이 존재하는 것은 불가능하다는 것이다. 따라서 운동 없는 실체로서의 연속체는 그 자신을 총체성 안에 포함할 수 없는 역설에 도달한다.

다른 한편으로 만약 물질의 운동이 근원적으로 불연속적 과정이라면, 거기에는 시작과 끝이 있어야 하고, 그 시작점과 끝점에는 아무런 운동이 없어야 한다. 그러므로 이 '근원적인 불연속적 과정'이라는 개념 자체가 모순이다. 과정은 운동이지만 불연속성은 항상 정지상태를 가정하기 때문이다. 예컨대 점 A로부터 B로 근원적으로 불연속적인 도약들을 통해 움직이는 어떤 개별체의 경우, 각각의 도약 사이의 그 시공간적 거리는 비결정적 점들의 무한성에 의해 분할될 것이고, 또한 점들 자신이 비결정적 점들을 따라 분할될 것이며, 이는 무한정 이어진다. 게다가 만약 그것이 각각의 새로운 도약을 가로질러 바로 그 동일한 개별체로 남는다면, 그 개별체는 분명히 수행적으로 구성되지 않을 것이다. 따라서 근원적으로 불연속적인 운동이라고는 전혀 없는 것이며, 단지 불연속적·형식적 또는 논리적 변화일 뿐이다.[75]

· 관계

세 번째 테제에서 물질은 완연하게 관계적이고 내재적으로 자기-촉발적(self-caused, 자기-원인적)이다. 이 자기-촉발성이 없으면 물질은 신 또는 인간적 구조와 같은 비물질적 행위 주체의 수동적인 객체로 전락한다.[76] 수행적 신유물론자들은 생기적 신유물론과 부정적 신유물론이 관계성 바깥에 무언가를 놓음으로써 이러한 전락을 방기, 촉진한다고 본다.

수행적 신유물론자들에게 관계는 시간적으로, 공간적으로, 정치적으로 비대칭적이며, 평평하지 않다. 이것은 생기론이 관계들을 어떤 주체화된 생명력으로 평탄화하는 것에 반대하며, 관계들을 객

75 *Ibid.*, pp. 126~127 참조.
76 *Ibid.*, p. 127 참조.

체의 물러난 본질들을 특권화함으로써 완전히 제거하는 OOO를 맹렬하게 비판한다. 수행적 접근은 비대칭성에 주목하며, 따라서 특정 물질적 관계에 속한 독특성에 착목한다. 뒤에서 다시 언급할 것이지만, 평평한 존재론은 현행화된 객체의 독특성을 사상하고 그것들 간의 차이와 질화된 위계성을 억지로 거부하지만, 그것은 실재와 맞아떨어지지 않는다. 모든 정치적 불평등과 사회적 위계는 우리가 저항함으로써 제거해야 할 엄연한 물질적 과정으로 우리 곁에 존재한다. 이러한 사실을 부정할 때 진정한 평등을 체현하고 있는 잠재적 영역의 아나키한 평평함을 마치 전투에 겁먹은 병사가 숨어들 피난처로 여기게 된다. 이것은 신유물론의 포스트휴먼 실천과는 완전히 다르다. 신유물론에 있어 존재론은 단순히 물질의 '실재적인 것'을 언제나 뒤로 물리는 인간주의적 부정성이나 실패의 유물론이 아니다. "오히려 물질과 존재론적 실천들은 그 수행의 간단없는 운동 안에서 실재적으로 공-구축(co-constructed)되며 얽혀 드는(entangled) 것이다."[77]

그러므로 신유물론이 수행적이라는 것은 존재론을 어떤 토대로 환원하지 않으며, 역사적이고 관계적인 차원으로 드높인다. 즉 수행적 신유물론은 존재인 한에서의 존재가 아니라 생성인 한에서의 생성의 차원을 기술하고 드러내기 위해 역사적 사건들에 개입하는 쪽에 내기를 건다. 이때 역사에 대한 개입은 역사적 재-기술(re-description)과 더불어 실천 모두를 의미한다. 역사에 대한 재-기술은 그 자체로 세계(상)적인 변화를 초래한다. 그것은 이분법적이고, 기

77 *Ibid.*

득권적인 모든 세계사 기술과 인식틀을 바꿀 것이며, 그와 더불어 현재 안에서 새로운 존재론적 실천을 이루어 낸다. 그렇게 함으로써 수행적 신유물론은 인간/비인간, 기술주체/세계를 모두 포함하는 운동 중인 물질의 얽힘을 명확하게 드러낸다.

3. 토머스 네일

(1) 초월론적 실재론과 과정 유물론

· '초월론적'의 의미

네일은 앞서 논의한 수행적 신유물론자들 가운데 가장 특출한 인물이다. 어떻게 보면 그의 철학은 수행적 신유물론의 총괄이라고 볼 수도 있을 정도다. 우선 네일의 존재론은 운동적 존재론 또는 운동적 유물론(kinetic materialism)으로 불린다. 이 운동적 유물론의 성격을 네일은 '초월론적'으로 특징짓는데, 이 말의 연원은 칸트에게로 거슬러 올라간다. 칸트에게서 초월론적이란 우리 인식의 가능 근거를 말하는데, 네일은 들뢰즈처럼 그것을 실재하는 것의 근거라는 의미로 사용한다. 이와 대립되는 '초월적'(또는 '초재적'transcendent)은 말 그대로 경험의 적용 범위를 벗어나는 것을 의미한다.

네일은 자신의 운동적 유물론이 초월론적이라는 것은 맞지만, 그것이 보편적으로 통용될 수 있는 것이 아니라 '국소적'이고 '영역적'인 이론이라고 한정 짓는다. 즉 "초월론적인 것은 역사적 존재의 최소한의 실재적·존재론적 구조이되 [⋯] 유일한 구조는 아니"라는 것이다.[78] 그렇지만 이러한 한정적 용법의 '초월론적 이론'은 그것이 단순히 지금에야 느닷없이 나타난 것은 아니라는 점에서 존재론적 정당성을 가진다. 다시 말해 존재론적으로나 존재적으로 '운동'은 갑자기 우리 시대에 시작된 것이 아니라, 모든 역사 내내 운동이 이루어지고 있었다는 의미로 받아들여져야 한다. 보편적이지 않지만 잠재적인 차원에서 운동은 늘 있어 왔다는 것이다.

이런 배경하에 네일은 '초월론적'이라는 말의 의미를 다음과 같이 정의한다. (1) 초월론적인 것은 가능성의 조건이 아니다. 앞서 말했다시피 '가능성'이란 사물과는 독립적인 초월성을 전제하므로, 미리 존재하는 어떤 것이다. 그러나 그와 같이 "미리 존재하는 장은 없다. [⋯] 사물 없는 장은 질서 없는 흐름일 뿐이다".[79] (2) 초월론적인 것은 경험적 조건이 아니다. (3) 초월론적인 것은 보편적 조건이 아니다. 앞서 말한 바와 같이 네일의 유물론은 모든 역사를 통틀어 잠재적인 운동을 상정하지만, 그것의 현실적인 차원은 현재와 과거일 뿐이며, 미래는 알 수 없다고 본다. 그러나 현재의 조건을 따라 미래가 도래하리라는 것은 분명하다. (4) 초월론적인 것은 관념론적 또는 주관적 조건이 아니다. 운동적 유물론은 의식 환원적·인간중심적인 관념론이 아니다. 그것은 초월론적 구조 자체의 출현이 가지는 역사적 조건, 물질적 조건을 해명할 수 없다. (5) 초월론적인 것은 실재적 조건이다. 즉 초월론적인 것이란 존재 자체의 실재적, 또는 국소적 지대를 말한다. 초월론적인 것은 어떤 일성적인 단일 실체는 아니지만, 변화와 역동성 안에서 존재하는 것들을 아우른다. 그러나 이것은 절대 전체화될 수는 없는데, 당연히 그것이 변이하는 다양체와 같

---

78 토머스 네일, 『존재와 운동: 움직임에 대한 철학적 역사』, 최일만 옮김, 앨피, 2021, 89쪽.
79 앞의 책, 94쪽.

이 언제든 이질적인 것으로 분화될 수 있기 때문이다. (6)초월론적인 것은 동적이다. 이것은 당연한 규정이다. 동적이라는 것은 관계적이라는 것이며 그 역도 마찬가지다. 이에 따르면 초월론적인 것은 사물-자체라기보다는 사물을 분배하는 동적 과정이다. 이때 초월론적인 것은 역동적 과정으로 사물에 내재적이지만, 사물로 환원할 수 없으며, 마찬가지로 인간적인 지각 체계로 환원할 수도 없다. 이런 특성하에 초월론적인 것은 환원 불가능한 얽힘이라는 관계양상을 가지므로, 선험적이지 않고, 다만 역동적 과정에 내재적인 창발적인 물질적 구조라고 할 수 있다.[80]

· **양자역학의 수용**

네일의 운동적 유물론에서 '운동'과 '물질'은 언제나 함께 간다. 즉 그것은 언제나 '운동-중-물질'(matter-in-motion)이다. 이 유물론이 신유물론이라는 것은 물질이 당연히 능동적이라는 것을 의미하지만, 더 나아가 이 운동-중-물질이 무언가를 창발한다는 것이기도 하다. 이는 또한 물질이 과정 중에 있다는 의미다. 즉 운동적 유물론은 과정 유물론이기도 하다. 다시 말해 물질은 과정 중에 있으므로 '미규정적'이다. 되어 가는 중의 물질은 '무엇임'이라는 본질주의적 규정의 상태에 놓여 있을 수 없기 때문이다. 요컨대 "물질은 다양한 방식으로 분배될 수 있고 다양한 이름을 가질 수 있다".[81]

운동적 유물론은 운동 중인 물질로서 현대물리학의 양자 이론을 받아들인다. 이런 측면에서 이 물질은 연속적인 운동 중에 놓인

---

80 앞의 책, 94~96쪽 참조.
81 앞의 책, 97쪽.

양자장(quantum field)이기도 하다. 양자장은 물질화하는 물질이 역사적으로 부여받은 이름이다. 현대물리학에서 물질은 하먼이 말하는 것과 같은 근본적 입자나 실체로 환원되지 않는다. 앞서 살펴본 것처럼 물질은 미규정적이고 관계적인 과정이기 때문이다.[82] 물질은 과정이며 고전적·기계적, 소박한 유물론과 관련이 없다. 그렇다고 해서 물질이 전적으로 양자역학으로 환원될 수 있는 것은 아니다. 양자역학의 양자장 이론은 물질에 붙여진 역사적인 이름일 뿐이다.

따라서 물질은 정적이며, 단속적이고, 수동적인 질료가 아니다. 물질은 창조적이며, 준안정적이고, 매번 운동한다. 또한 물질은 예측 불가능한 면을 가진다. 이것은 경험적이거나 현행적이지 않다. 따라서 물질은 인과적이거나 결정론적이지 않다. 왜냐하면 그것은 늘 방행적(pedetic)으로 움직이면서 예측 불가능한 창발성을 향유하기 때문이다. 네일은 이제 이에 근거하여 물질의 수행성을 논한다. 즉 물질적 실천 과정 중에 인간의 감각적 실천을 포함한 고유한 기술을 물질의 능동성과 창발성의 근거로 제시하는 것이다. 물론 여기서 "인간의 실천은 상호적으로 매개하는 과정 중의 한 면모 또는 매개에 불과하다".[83] 이런 이유로 운동적 유물론은 완연하게 수행적 유물론이기도 한 것이다.

· 생기적 신유물론과의 변별

다른 수행적 신유물론자들과 마찬가지로 네일은 이 유물론이 '생기적 유물론'과 다르다는 점을 강조한다. 네일에 따르면 생기적 유물

---

82 앞의 책, 98~99쪽 참조.
83 앞의 책, 101쪽.

론은 물질 외의 다른 것을 통해 물질을 설명한다는 것이 문제다. 이 '다른 것'은 외부적 힘이나 내부적 힘에 의해 결정된다. 네일은 이 것이 "물질에서 물질 고유의 자율적 움직임을 강탈하는 또 다른 방법"[84]이라고 본다. 생기적 유물론은 유물론의 물질을 기계론적인 물질과 동일시함으로써 다른 내외부적인 운동의 계기를 마련해야 한다는 요구에 직면한다. 이렇게 해서 생기적 유물론자들은 외부적인 추진력이나 내부적인 생명력(vitality)을 일차적인 동력원으로 간주하는 것이다. 이것은 생명이라는 유기적 체계의 본질을 비유기적인 체계에서 유추하는 것이다. 하지만 사실은 정확히 그 반대다. 유기적 물질은 비유기적 물질에서 출현한다. 따라서 생기적 유물론은 단순히 탈인간중심성을 생명중심성으로 대체한 것에 불과하다.

운동 중 물질의 자율성과 능동성을 제한하는 이러한 시도들은 그것이 물질을 벗어나 사실상 물질을 배제한다는 점에서 (신)유물론의 입장에서는 받아들일 수 없다. 물질은 물질화 자체의 실제적인 동적 과정이며, 다른 무엇도 아니다. 그렇다면 우리는 이제 이 '물질의 물질화'가 어떻게 이루어지는지에 대해 알아야 한다.

· 연속성 테제

네일은 물질에 대한 가장 기초적이자 중심적인 테제로 "존재는 흐른다"라는 헤라클레이토스적 테제를 선택한다. 다음으로 그는 "존재는 접힌다"를 선택하는데, 이는 루크레티우스로부터 들뢰즈로 이어지는 유물론의 가장 오래된 테제다. 마지막으로 그는 "존재는 장을

84 앞의 책, 같은 쪽.

통해 순환한다"라는 새로운 테제를 제안한다. 이 세 테제는 분리되지 않으며 모두 운동 중 물질의 일차적인 원리가 된다. 만약 이 원리가 작동하지 않으면 물질은 전혀 움직이지 않게 된다. 따라서 "흐름, 접힘, 장은 움직임을 위한 역사적으로 필연적인 조건이다".[85]

먼저 흐름은 연속성이라는 특성을 가진다. 네일은 존재가 흐름이라는 것이 곧 연속적 운동이라는 의미라고 명토 박는다. 즉 흐름은 연속성과 운동이라는 두 가지를 모두 만족해야 한다는 것이다. 만약 흐름에 연속성만 있다면 그것은 동질적인 총체로 해소된다. 우주론에서 연속체를 고수한다는 것은 총체화할 수 없는 것을 총체화하는 시도로 귀결된다. 이 방면에서 최후의 시도는 아인슈타인의 우주론이다. 그는 정적이고 총체적인 우주론을 고수했지만, 1925년 허블의 동적 우주, 즉 팽창하는 우주의 발견에 의해 기각된다.[86]

이와 반대로 운동이 연속성을 결여한다면 그것은 더 이상 운동이 아니게 된다. 왜냐하면 거기에 불연속성이 무수하게 존재한다는 것인데, 이렇게 되면 거기에는 '변화'가 아니라 각각의 독립적인 실체적 '점'들만이 있게 되기 때문이다. 이것은 더 이상 운동이라고 할 수 없다. 네일은 이런 실체적 점을 '섬광등적 존재'(strobe being)라고 부른다.

· 연속성의 선차성

그런데 여기서 연속성과 불연속성 중 어느 것이 선차적이냐는 물음이 나올 수 있다. 불연속성이 운동의 원리가 될 수 없다고 해서 실제

---

85 앞의 책, 108쪽.
86 앞의 책, 109~110쪽 참조.

적으로 그것이 단적으로 '무'가 될 수는 없기 때문이다. 네일은 여기서 명확하게 연속성이 먼저라고 선언한다.

실제적 움직임은 정태로부터 파생될 수 없으며, 연속은 불연속으로부터 파생될 수 없다. 그러나 그 역은 다르다. 상대적 정태와 불연속성이 움직임과 연속성으로부터 파생될 수는 있다.[87]

이렇게 해서 연속성이 흐름에서 보다 근본적인 것이 되며, 불연속성 또는 단속성은 그 연속적 흐름의 "상대적 또는 국지적 안정성"[88]으로 된다. 이를 '주름'(접힘)의 용어로 말하면 저 실체적인 점이란 것은 본래 그러한 것이 아니라, 연속적인 흐름이 그 지점에서 접히고 안정화되고 주기화된 것이라고 할 수 있다. 그것은 파도의 물거품과 같이 흐름 가운데에 융기하거나 파열하는 물질적 계기이다. 이렇게 봤을 때에야 우리는 연속성과 불연속성, 운동과 멈춤의 이분법에서 탈출할 수 있다고 네일은 말한다. 다시 말해 이 두 항들은 각각 제 역할을 가진다. 네일은 이를 '내포적 움직임'과 '외연적 움직임'으로 나누어 설명한다.

먼저, 외연적 움직임은 앞서 말한 그 실체적 점으로 흐름을 기술한다. 이것은 양적이며 측정 가능한 움직임으로서, 장소 이동이라든지 위치 이동이다. 이것은 둘 이상의 점 사이에서 일어나는 표면적 차이, 헐벗은 반복이라고 할 수 있다. 두 번째로 내포적 움직임은 두 점 A와 B 사이에 '연속적인 움직임'을 전제한다. 이 움직임이 보다

---

87 앞의 책, 111쪽.
88 앞의 책, 같은 쪽(번역 수정).

일차적이라고 할 수 있는데, 이것이 존재하지 않으면 외연적 움직임은 언제나 실패한다.

네일은 외연적 운동과 내포적 운동의 차이를 '양자 상보성 이론'에서 발견한다. 이 이론은 물질을 외연적 입자와 내포적 장 모두로 해명한다. 이에 따르면 입자의 움직임은 점 A에서 B로 움직이는 것인데, 동시에 이 움직임은 양자장의 진동 또는 떨림이기도 하다. 마치 텅 빈 공간 안에서 움직이는 듯이 보이는 입자가 있고, 또한 그것을 배제하는 방식(상보적 방식)으로 설명되는 양자장의 변조 과정이 있는 것이다. 네일은 이 상보성의 배제성으로부터 '장'의 우선성을 주장하는 데로 나아간다. 이것은 보어의 상보성 원리와 하이젠베르크의 불확정성 원리 중 전자를 취하는 바라드의 영향이다.

> 입자와 파동은 물질의 같은 연속적 흐름의 두 면모다. 이것이 양자 얽힘—거리를 두고 있는 전자들의 스핀의 동시적 변화—이 외연적 입자물리학의 세계에서는 '유령적으로' 보이기만 하는 이유다. 우리는 전반적으로 얽혀 있는 같은 장의 두 다른 차원 또는 국소적 지역을 보고 있을 따름이다. 거리를 두고 일어나는 작용은 없다. 애초에 단속적 입자 사이의 거리는 없으며, 외적 작용도 없기 때문이다. 전체 장의 내포적인 변화가 있을 따름이다.[89]

따라서 상대적으로 정적인 외연적 운동과 절대적으로 동적인 내포적 운동 간에도 연속성이 성립한다. "동적인 지도 제작법에서의

---

89 앞의 책, 114쪽(번역 수정).

위도와 경도처럼, 이들은 언제나 함께 현전한다."[90] (그러나 함께 현전한다 하더라도 존재론적으로 동적인 내포적 운동이 먼저다.)

이제 우리가 수행적 신유물론 절에서 보았던 '방행'(pedesis)이 흐름의 한 요소로 등장한다. 네일은 연속적인 움직임으로서의 물질이 정적이지 않고 창조적인 행위소로 활동하기 위해서 '방행'이 요구된다고 말한다. 즉 흐름은 선형성에서 벗어날 계기가 요구되는데 그것이 '방행'이라는 것이다. 이 개념의 역사적 내용과 내밀한 특질을 살펴보자.

· '방행' 개념의 역사

네일은 방행 개념이 20세기 물리학에서 유래한다고 하는데, 아인슈타인의 이론(1915), 즉 일반 상대성 이론과 하이젠베르크의 양자 불확정성 원리(1927)가 그것이다. 먼저 아인슈타인은 이 이론에서 모든 물질이 작은 요소들의 무작위 운동 또는 브라운 운동으로 이루어져 있다고 제안한다. 이 각각의 움직임들은 위치에 있어서 연속적이지만, 미래에 어디로 튀어 나갈지는 미결정 상태라는 것이다. 즉 하나의 움직임 a와 다른 움직임 b 사이에는 환원 불가능한 방행이 존재한다.

네일은 이러한 발견이 아인슈타인에게만 있는 것이 아니라고 논한다. 그와 가까운 선행자로는 루트비히 볼츠만의 열역학 이론이 있고, 더 멀리는 루크레티우스가 있다는 것이다. 어쨌든 이 이론은 물질의 심장부에 근원적인 불확실성이 존재한다는 것인데, 이렇게

90 앞의 책, 같은 쪽.

되면 이를 물리학 이론으로 설명하는 데 있어서 난해함을 초래하게 된다. 이 난해한 작업을 시작한 물리학 분과 이론들이 바로 엔트로피 이론, 카오스 이론 그리고 비선형 동역학이다.

다음으로 불확정성 원리는 우리가 잘 아는 대로 입자의 위치와 운동량 간의 상호 불확정성에 관한 것이다. 이 이론은 우리가 한 물질 입자의 위치를 알기 위해서는 운동량을 파괴할 수밖에 없고, 그 역도 마찬가지라는 사실이다. 네일은 이 하이젠베르크의 불확정성 원리가 '인식론적'이라는 바라드의 비판을 알고 있는 듯하다. 그래서 그는 이 불확정성이 "단지 관찰의 인식론적 효과가 아니"[91]라고 말한다. 그리고 보어의 용어인 '미결정성'(indeterminacy)을 함께 사용한다. 미결정성은 입자들의 속성이 관찰 이전에는 결정되지 않는다는 것이며, 단순히 미리 존재하는 속성들을 우리가 알지 못한다는 것이 아니다. 따라서 미결정성은 관계항이 관계에 선행하지 않는다는 바라드의 일반 원칙을 확인해 주는 과학적 사실이다. 네일은 이를 받아들여 존재적 차원에서도 관계성의 선차성을 선취하려 한다.

따라서 방행 운동에서 관계성은 개별 실체 자체의 생성과 밀접한 연관을 가지는 것이다. 하지만 이 개별 실체가 아무런 관계성이 없는 암흑 상태에서 느닷없이 돌출하지는 않는다(이런 면에서 절대적 무로부터의 돌발적 창조를 논하는 메이야수와 다르다). 여기에는 어떤 식으로든 "준안정적 형성체 및 창발적 질서가 가능"[92]한 무엇이 존재해야 한다. 네일은 그것이 방행적 운동이라고 말하는 것이다. 준안정적 형성체로서 방행 운동은 당연히 동적 체계다. 이 동적 체계

<hr />

91 앞의 책, 116~117쪽.
92 앞의 책, 117쪽.

는 '난류 운동'으로 지칭되는데, 이는 무작위 운동과는 다르다.

그렇다고 이것이 확률적으로 충분히 인식될 수 있는 것도 아니다. 이 운동은 서로 간에 간섭하는데, 그 간섭이 바로 예측 불가능성을 초래한다. 확률은 이 예측 불가능성에 대한 '추정'일 뿐(이를테면 플랑크상수만큼의 확실성) 그 운동 자체를 정의할 수는 없다. 그러므로 우리가 이 운동을 '추계적'(stochastic)이라고 규정할 때에도 이 개념에 있는 확률적 술어를 배제할 필요가 있다.

브라운 운동도 마찬가지다. 그것은 운동 상태의 정적 순간을 파악하는 것이 아니기 때문에 언제나 불안정하다. 그것은 방행이 가진 "무작위적이지 않은 무질서 운동"이긴 하지만 질서 상태를 창발할 능력이 있는 방행에 못 미친다. 방행은 "무작위적이지도, 결정론적이지도, 확률론적이지도 않지만 엄격하게 미결정적이고 관계적이다".[93] 방행이 가진 이 애매한 특성은 그 자체로 물질의 특성이기도 하다.

· 흐름의 다양체

네일은 존재의 역동적 구도로서의 흐름이 유클리드기하학의 의미에서 어떤 절대적 일원성의 차원을 가지지 않는다고 말한다. 그러면서 그것은 일종의 위상학적 다양체(multiplicity[번역어 수정])라고 논한다. 다양체는 무한한 변이의 연속체로서 하나와 여럿이 융합되는 시공간을 말한다. 하나냐 여럿이냐의 이분법이 다양체 개념에는 존재하지 않는다. 따라서 흐름은 하나도 여럿도 아닌 다양체, 총체성이

---

93 앞의 책, 119쪽(번역 수정).

존재하지 않는 "연속적 흐름, 흐름들의 열린 다양체"[94]인 것이다.

이 다양체로서의 흐름은 무한하다. 다시 말해 흐름은 시작점과 끝점을 가지지 않는다. 이것은 앞서 논한 관계성이 방행적인 운동 안에서 존속하기 때문에 그러하다. 달리 말하면 운동적 유물론에서 '시초'에 관한 물음은 무의미한 것이다. 따라서 여기서 중요한 것은 존재의 흐름이 달성하는 '배치'이지 그것이 언제 어디서 시작되며, 또 언제 어디서 끝나느냐 하는 것이 아니다. 네일은 이것을 현대우주론의 개념인 '빅 바운스(big bounce)'로 설명한다. 이에 따르면 "자연은 아무 움직임이 없던 시작 특이점도, 움직임이 멈출 종말도 가지지 않는다. 연속적으로 모든 방향으로 팽창했다가 도로 반대로 튀는 흐름들의 무한한 다양체만을 가진다".[95]

이 다양체적 흐름의 운동은 그 안에서 스스로 제한을 행한다. 이를 네일은 '한계 짓기'라고 명명한다. 이 말은 흐름이 한계 지어진다는 것이기도 하지만(그래서 이것은 매우 구체적인 개체화 과정으로서의 제한이며, 이때 무한은 '구체적 무한'이다) 한계 짓는 능동적 작용을 의미하는 것이다. 흐름은 모든 방향으로 무한하므로, 그것은 모든 방향으로 한계 짓는다.

· 합성체로서의 흐름

흐름이 무한하게 한계 지어져 있다는 것은 흐름이 합성체로서 무한하다는 것을 의미하기도 한다. 왜냐하면 하나의 흐름은 다양체로서 흐름들의 흐름, 굽이, 미궁들의 미궁들이기 때문이다. 존재는 무한

---

94 앞의 책, 123쪽.
95 앞의 책, 125쪽.

하며, 제한 짓고, 연속적이고 합성된 무한들의 무한이다(칸토어를 생각하자). 그래서 하나의 무한은 다양체적인 무한들을 스스로의 안에 접어 넣고 있다. 이때 운동은 바로 이 무한들을 접어 넣을 수 있는 역량이 된다. 이것은 어떤 가무한이 아니라 실무한, 즉 실제적인 무한이며, 현실적인 무한이 우리의 세계를 구성하고 있음을 의미한다. 따라서 이 가운데 가시성이 등장한다. 그러나 가시성은 어떤 실체적인 의미가 아니라 가시성의 과정이다.[96]

과정으로서의 가시성은 언제나 완전한 현전을 회피하기 때문에 경험적이지 않고, 초월론적이다. 사물의 실제적 조건으로서의 초월론적 가시성의 과정은 소박실재론을 벗어나기 때문에, 물질이 감각 객체(sensual object)일 뿐이라는 주장을 배격한다. 그러나 여기에는 사변적 과정을 통해 그 물질을 간접적으로 사유 가능하게 하는 계기들이 있다. 앞서 언급한 양자장이 그것이다. 양자장(예컨대 힉스장)은 에너지와 운동량을 가지고 있으나, 그것의 가시적인 효과(거시적인 효과)를 간접적으로만 관찰할 수 있다. 물리학자들에게 힉스장은 경험적인 어떤 '신의 입자'가 아니라, 수학적으로 증명되고 간접적으로 경험되는 비가시적인 동적 장이다. 이것을 네일은 "관계적 운동"[97]이라고 부른다. 이 관계적 운동이 초월론적 실재다.

관계적 운동으로서의 흐름은 어떤 분화작용을 하는데, 이 분화작용은 분할 가능성을 말하는 것이 아니라는 것에 주의해야 한다. 분화 또는 이분화는 네일에게 "빼기가 아니라 더하기"[98]이며 다양체

---

96 앞의 책, 128~129쪽 참조.
97 앞의 책, 130쪽.
98 앞의 책, 133쪽.

가 되는 과정을 의미한다. 이를테면 외연적 분할은 단절(빼기)을 도입하지만, 내포적 분할은 기존 경로에 새로운 경로를 더하는 식이다. 이렇게 함으로써 "전체 연속적 흐름에 질적 변화를 생산한다".[99] 그런데 이러한 분화는 시작과 끝이 없으므로 언제나 분화의 분화, 또는 이분화의 이분화다. 따라서 분할된다는 것은 내포적 의미에서 이분화의 능동적 작용이다. 이렇게 보면 분할이 빼기의 과정으로 보이는 것은 어떤 국지적 효과일 뿐이다. 흐름 전체의 구도 안에서 분할은 이분화를 '생산'하는 역능의 작용이라고 볼 수 있다.

흐름은 앞서 본 것처럼 '분화'할 뿐만 아니라, 서로 합류(confluence)한다. 네일은 합류를 "한 번이나 그 이상 상호교차하는 둘 이상의 흐름들의 상호교차 또는 연결"이라고 정의 내린다. 이때에는 뒤에 논할 '접힘'이 발생하지는 않는다. 다만 서로 운동 중에 상호교차한다. 이 상호교차가 발생할 수 있는 이유는 흐름들이 선형적이고, 기계적으로 운동하지 않기 때문이다. 이질적이고 비선형적인 운동에 의해서만 흐름들이 서로 합류할 수 있다.

이 합류로 인해 '사건'이 발생한다. 즉 둘 이상의 흐름이 상호교차하고 연결되는 것은 사건이라는 말 외에 달리 부를 수 없다. 사건은 운동의 새로운 경로, 또는 새로운 세계를 여는 과정이다. 이러한 의미에서 사건은 덧없이 사라질 수도 있지만 새로운 실천적인 방향을 제시하면서 세계를 뒤바꾸는 희귀한 계기이기도 하다. 이 사건이 덧없이 흘러가는 것을 막기 위해서는 사건이 발생하는 동적 장이 접힘에 의해 더욱 구체화되고, 역능들을 모으며, 더 발달해야 한다. "접

---

99 앞의 책, 134쪽.

힘이 없이는, 사건은 대상 없는 감응으로 머무를 뿐이다."[100]

(2) 루크레티우스 재독해

· 씨-흐름과 주름

네일의 존재론이 적용된 한 예로 루크레티우스의 『사물의 본성에 관하여』에 대한 그의 재독해가 있다. 네일이 새롭게 정의하는 바에 따르면 루크레티우스의 이 저작은 인간중심주의와 반실재론을 극복하는 "동역학적 신유물론(kinetic new materialism)"이다.[101]

네일은 루크레티우스를 비롯한 에피쿠로스주의자들에게 있어 우주는 무로부터 나온 것이 아니라, 유로부터 생성되는 것이라고 본다. 그리고 생성된 것은 무로 소멸하지도 않는다. 이러한 원칙은 생성의 끝을 상정하는 목적론적인 구도를 거부하는 것이기도 하다.[102] 네일은 이 원칙을 루크레티우스 유물론의 첫 번째 테제로 승격시킨다. "첫 번째이자, 가장 잘 알려진 루크레티우스 유물론의 테제는 무로부터는 아무것도 나오지 않는다는 것이다."[103] 『사물의 본성에 관하여』 1권의 150행 이후에는 이러한 테제가 잘 드러난다. "어떤 것도 신들의 뜻에 따라 무로부터 생겨나지는 않았다(nullam rem e

---

100 앞의 책, 138쪽.

101 Thomas Nail, *Lucretius II: An Ethics of Motion*, Edinburgh: Edinburgh University Press, 2020, p. 214.

102 Epicurus, *Epicurea*, ed. Hermann Usener, New York: Cambridge University Press, 2010, pp. 39~42(에피쿠로스, 「헤로도토스에게 보내는 편지」, 『쾌락』, 오유석 옮김, 문학과 지성사, 1998, 54쪽 참조).

103 Thomas Nail, *Lucretius I: An Ontology Motion*, Edinburgh: Edinburgh University Press, 2018, p. 73.

nihilo gigni divinitus umquam).”[104] 즉 어떤 비물질적 생성이나 신비한 창발의 과정이 개입하지 않는다는 것이다. 이를테면 오리가 결코 소로부터 나오지 않는 것에는 그 어떤 신적인 개입이 그러한 비정상성을 방지하기 때문이 아니라는 것이다. 여기에는 오로지 동적인 물질의 생성만이 있을 뿐이다. 요컨대 루크레티우스와 고대 유물론자들에게는 비물질적 신성이나 그것의 현행성과 같은 것은 존재하지 않는다. 이 테제는 사물의 진정한 물질적 조건들을 보게 한다.[105]

루크레티우스는 비물질적인 기원에 대한 거부를 분명히 한다. 그는 물질은 일종의 '씨'로서의 개체라고 말한다.[106] 그런데 이 씨(semine)는 모든 사물들이 발현하는 어떤 것이기도 하다. 네일이 이 부분에 대해 분석하는 바를 살펴보면 다음과 같다.

> 씨는 이산 동종적인(discrete homogeneous) 조각들로 이해되어서는 안 된다. 라틴어에서 이 단어는 창조적인 물질일 뿐 아니라, 기원, 기초 그리고 '싹'(shoot)이라는 의미도 있다. 그러므로 여기서 루크레티우스가 이 단어를 사용한 것은 어떤 사물(rebus)로서가 아니다. 그는 사물이라는 단어를 […] 씨들**로부터 출현하는** 불연속적인 사물들이라는 의미로만 사용한다. 따라서 씨는 불연속적인 사물들이 아니라 […] 흐름들에 속한 사물들의 기원들인 것이다. 모든 것은 창조적인 씨-흐름으로 존재하는 그것으로부터 나오며, 씨-싹도 마찬가지로 그로부

---

104 루크레티우스, I. 150(루크레티우스 원전 인용은 '부'와 '행'을 써서 '루크레티우스, I. 3'과 같이 표기하기로 한다) 및 루크레티우스, 『사물의 본성에 관하여』, 강대진 옮김, 아카넷, 2012.

105 Nail, *Lucretius I*, p. 74 참조.

106 루크레티우스, I. 167 이하 참조.

터 나온다. 어떤 개별적인 씨앗과 같이 사물은 그것의 파종 과정의 흐름, 그것의 물질적인 주름 그리고 그것으로부터 출현하는 다른 싹-흐름 속으로의 그 물질의 접힘(pandam)에 있어서 한 측면일 뿐이다.[107]

달리 말해, 물질의 주름(접힘)이라는 것은 언제나 어떤 흐름으로부터 나와서 생장을 거친 다음 다시 흐름으로 들어가는 것이다. 즉 창조된 사물들은 오로지 어떤 흐름들이 특정 방식으로 함께 흐르기 시작할 때 창발된다. 물질의 창조적 흐름들은 어떤 개방되고 생성적인 방식으로 그 흐름들이 함께 교차하고 상호 교류하고 움직일 때 시작되는 것이다. 흐름들은 함께 흘러감으로써 창조하고 결합한다. 불연속적인 또는 개별적인 사물들의 창조의 기원은 따라서 역동적인 물질 자체에 의해 야기된다. 이는 **물질 안에서 물질이 발생하는 과정**, 어떤 형이상학적인 실체도 없이 창발하는 신유물론적인 존재론의 구도다. 우리는 이러한 존재론적 구도를 '평면'을 함축하고 있는 '주름'이라고 해야 한다. 이에 따라 네일은 루크레티우스의 유물론을 다음과 같이 요약한다.

1. 씨-흐름은 그들의 싹 안에 분배되고 펼쳐지기 시작한다.
2. 싹들은 그때 함께 흐르고, 얽히고, 서로 가로지른다.
3. 그 결과 야기된 구성은 일종의 열린 창조 과정이다. 이것은 어떤 엮음이나 직조와 같은 것으로서, 멈추거나 폐쇄되지 않지만, 마치 꽃이 만개하듯 지속적으로 바깥으로 개방된다.[108]

---

107 Nail, *Lucretius I*, p. 75(강조는 인용자).
108 *Ibid.*, p. 76 참조.

루크레티우스에게 자연은 두 종류의 다양체들로 이루어져 있는데, 그것은 바로 물체(corpora)와 허공(inane)이다. 이것은 에피쿠로스의 수제자임을 자처하는 루크레티우스의 입장에서는 당연한 일일 것이다.[109] 하지만 루크레티우스에게는 이 두 개념에 부가하여 또 다른 중요한 유물론적 개념이 있는데, 그것이 바로 통접(coniuncta, conjunction)과 사건들(eventa, events)이다.

모든 것은 이름을 가지는데, 너는 그것이 두 사물들의 결합임을 발견하거나,
그것들이 사건들이라는 것을 이해할 것이다.[110]

여기서 보면, 물체와 허공으로부터 항구적 성질과 우연적 성질이 발생한다. 여기서 우리는 루크레티우스가 아리스토텔레스류의 존재 2분류, 즉 '자체 존재'(kath'auto)-'부수적 존재'(kata symbebekos)를 인정하지 않고 있다는 것을 알 수 있다. 오히려 그는 모든 존재를 '부수적 존재'(=결합)와 '일시적 존재'(=사건)로 나누고 있다. 아리스토텔레스에게 자체 존재가 '실체'를 지칭하는 것이었다고 본다면, 루크레티우스는 이러한 '실체', 즉 우시아(ousia)를 인정하지 않고 있다. 이것은 원자와 허공이 우시아, 즉 실재이기보

109 "우주의 본성(he ton holon physis)은 물질들(somata)과 허공(kenon)으로 이루어진다"(에피쿠로스, 『쾌락』, 40쪽).
110 "Nam quae cumque cluent, aut his coniuncta duabus / rebus ea invenies aut horum eventa videbis"(루크레티우스, I. 449~450). 강대진 선생의 번역은 다음과 같다. "그대는 이름 가진 것이면 무엇이든, 이 두 가지 것에서 나온 항구적 성질(coniuncta, symbebekota)임을 발견하거나, 아니면 이것들의 우연적 성질(eventa, symptoma)임을 보게 될 것이다." 이 번역도 올바르지만, 유물론적 함축은 위 본문의 번역이 더 맞다는 것을 알 수 있다.

다는 이념(idea)이며, 감각 가능한 영역이든 그렇지 않은 영역이든 모든 것은 원자와 허공의 갈마듦이나 원자들끼리의 충돌, 결합, 해체로 상정되기 때문이다. 따라서 루크레티우스에게는 '아래에 놓인 것'(subsistence, 실체), 즉 우시아는 받아들일 수 없는 것이다. 또한 여기서 symptoma(σύμπτωμα)는 "anything that has befallen one, a chance, mischance, calamity"(닥쳐온 것, 우연, 불행, 참사)의 뜻을 가지고 있다. 이것은 수동적 의미의 '사건'이고, 그런 의미에서 symbebekota(부수적인 것)보다 더 '잔여적'인 것이라고 할 수 있다.

물체는 여기서 속성들을 가지는 것이 아니라, 다만 어떤 흐름이다. 속성을 가지는 것은 이 물체들이 결합을 통해 배치를 완료할 때라고 할 수 있다. 본래 "근원적인 물체들[원자]은 언제나 그 어떤 색깔도 없다".[111] 따라서 "사물들의 같은 기원이 어떤 것들과 어떠한 놓임새로 연결되는지, 서로 어떤 움직임을 주고받는지가 중요하다".[112] 그렇다면 이제 문제는 어떻게 아무런 속성들을 가지지 않는 흐름들이 속성들을 산출하는지, 만약 오직 신체와 허공만이 존재한다면, 어디서 속성들 또는 질들이 유래하는지가 된다. 네일은 이 질문에 답하기 위해서 라틴어 'coniuncta'의 의미를 살핀다.[113] 이 단어의 접두사인 'con'은 '함께'라는 의미를 가지고 있으며, 'iuncta'는 '결합, 연결하다 또는 메다'라는 의미를 가진다. 루크레티우스는 이를 통해 물질의 흐름들이 겹쳐지고 결합하여 어떤 감각 묶음을 생산하는 과정을 묘사한 것이다. 일반적으로 'iuncta'는 개념적으로 'nexus'(결합)와

---

111 루크레티우스, II. 747.
112 앞의 책, II. 1007.
113 Nail, *Lucretius I*, p. 102 참조.

다르지 않다. 두 개념은 모두 흐름들 스스로가 하나의 묶음으로 결합되는 과정을 기술한다. 그러므로 '결합', 즉 coniuncta는 둘 이상의 'iuncta, nexum' 또는 주름들이다. 하지만 그렇다고 해서 어떻게 어떤 질도 가지지 않은 물체가 견고함이나 색깔 그리고 무게와 같은 질들을 내재적으로 생산하는 능력을 가지는지에 대해 대답이 이루어진 것은 아니다.

· 감각의 생산

어떤 물체적 흐름이 어떤 결합 안에서 뒤로 접히고 상호교차할 때, 그것은 저절로 어떤 감각을 생산한다. 즉 "운동에 의해 […] 감각들이 점화"[114]된다. 따라서 이 흐름들의 결합은 감각되는 것과 감각 둘 모두를 생산한다. 이것은 주체와 대상의 상호 뒤얽힘을 통해 과정으로서의 물질이 생산된다는 신유물론적 사유 구도와 조응한다.

이때 물체의 감각됨의 차원은 감각함의 과정을 앞서거나 초과하는 어떤 것이 아니라, 오히려 그 차원의 내재적인 생산이라고 해야 한다. 감각의 연속적 과정은 물질이 그 자체로 접히고 흐를 때 발생한다. 사물/사태란 따라서 운동적(kinetic, 동역학적) 감응들(affects), 주름들 또는 그러한 것을 구성하는 'iuncta'의 통접(conjunction) 외에 다른 것이 아니다. 사물/사태는 아무런 본질도 가지지 않으며, 오직 활동 능력 또는 그 수용 능력들, 즉 접촉들의 연접일 뿐이다. 그러므로 "이러한 접촉적인 운동적 감각의 바깥에 그 어떤 초월적 본질도 존재하지 않는다".[115]

---

114 루크레티우스, II. 1007.
115 Nail, *Lucretius I*, p. 103.

흐름의 자기-교차는 감각의 어떤 지점 또는 자기-촉발의 어떤 지점뿐 아니라, 촉발의 지점이기도 하다. 이것은 사물/사태의 능력과 운동적 존재 방식을 규정한다. 이때 결합은 두 가지 상이한 흐름의 양상들이 하나의 단일한 회귀 과정으로 합류하게 되는 그 정확한 지점이 된다. 이 지점에서 나타나는 여러 질적 양상들은 결코 추상적이거나 논리적인 것이 아니라, 운동적으로 규정된 특성이다. 이를테면 주름들(접힘들)의 운동적 밀도는 고체성, 액체성 또는 기체성을 결정하며, 운동적 의미에서 주름의 속도는 그 온도의 질을 규정한다. 운동적 주름들의 빈도는, 색깔과 소리의 질들을 생산하면서 전자기적인 것과 압력 스펙트럼을 가로지르는 파동을 결정한다.

· 질

중요한 것은 이러한 운동적 질(kinetic quality)이 어떤 순수하게 고립된 질이 아니라는 것이다. 그것은 오직 흐름 안에서의 어떤 주름[접힘]이나 결합과 관계된 감각에 내재하고 그것을 통과한다. 플라톤과는 반대로 질은 물질 안의 그것의 구체적 표현을 넘어서지 않는다. 동일한 질은 이러한 질의 불변하는 초월적 형식이 없이도, 다른 사물들 안에 나타날 수 있는데, 그 이유는 흐름들이 동시에 하나 이상의 장소에서 유사한 패턴들로 움직여지거나 촉발되는 능력을 가지기 때문이다. 더 나아가 동일한 결합이 하나의 흐름 이상에 의해 공유될 수도 있는바, 이것은 그것들이 동일한 촉발 지점 또는 결합 지점 주위로 수렴하고 회전하기 때문이다. 이러한 운동은 어떤 비물질적 형상이나 이데아를 요청하지 않는다.[115]

질적 주름들은 그것들의 연속적인 사이클들이 수적으로 구분된 단위들로 취급되는 한 양적인 것이다. 하지만 이 둘 사이에는 그 어떤 기초적이거나 존재론적인 구분도 존재하지 않는다. 오직 흐름들과 주름들, 즉 물체들(copora)과 연접들만이 존재한다. 그러므로 양과 질은 물질적 주름 운동이라는 동일한 연속적 운동의 두 차원에 불과하다. 질이 주름 안에서의 감각의 기간 또는 결합을 기술하는 반면, 양은 그것의 전체적인 주기성(periodicity), 즉 그것의 동일하고 통합된 완전한 사이클을 묘사하는 것이다. 더 크거나 더 적은 양들은 그것들이 품고 있는 더 작은 하부 사이클을 셈함으로써 결정된다. 네일은 이를 도식화하여 다음과 같이 표현한다.[117]

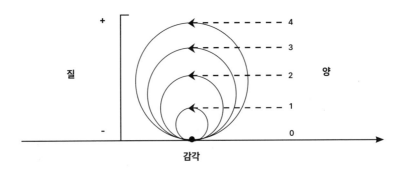

그림 11

예컨대 10도는 적어도 아홉 개의 측정 가능한 다른 질적인 하부 사이클 또는 정도들보다 더 뜨겁다. 이런 방식으로 하나의 사이클은 어떤 양적인 다양체로 세어질 수 있으며, 이때에는 그 시간 간격과 주름 사이에 어떤 존재론적이고 논리적인 분할도 전제되지 않는다. 예를 들면 현대물리학은 양자적 장들로서의 물질의 질적 연속성

116 *Ibid.* 참조.
117 *Ibid.*, p. 106.

뿐 아니라, 상이한 창발적 차원들에서 그 장들의 양적인 것들, 즉 입자, 원자, 분자, 세포, 동물, 식물, 은하 등등도 수용한다. 이것은 오직 양이 하나의 단위나 '일'로 간주되는 운동의 어떤 질적 주름의 사이클일 뿐이기 때문에 가능한 것이다. 그러므로 양이란 사이클의 전체 단위에 대한 운동적 시간 간격의 확장 또는 특성의 한 운동인 반면, 질은 자기-감각 또는 촉발에 있어서의 단일한 지점으로 되돌아가는 사이클 단위의 응축 운동이다. 우리는 여기서 다시 '이완과 응축'이라는 들뢰즈·베르그송의 사유 이미지를 만나게 된다. 양과 질의 '속성들'은 이런 식으로 물질과 운동의 동일한 운동적 과정의 두 차원이다.

· 통접과 분산

통접은 둘 이상의 결합들 사이의 연결이다. 이것은 다양성을 생산하고, 우리가 사물들에서 요청하는바, 질들을 상호연결한다. 그러나 분산(seiunctum)은 결합의 풀어짐이며 사물/사태의 질의 펼침 또는 풀림이다.

> 통접이란 치명적인 분산이 없이는 결코
> 분리되거나 따로 떼어 내질 수 없는 바의 것이다.
> 돌의 무거움이나 불의 뜨거움, 물의 유동성,
> 모든 물체의 접촉성, 빈 공간의 접촉 불가능성같이.[118]

---

118 원문은 다음과 같다. "coniunctum est id quod nusquam sine permitiali / discidio potis est seiungi seque gregari, / pondus uti saxis, calor ignis, liquor aquai, / tactus corporibus cunctis, intactus inani"(루크레티우스, I. 451~454).

결합들은 하나 이상의 통접들을 통해 결합된다. 하나의 통접은 둘 이상의 구별되는 질들과 양들을 배치한다. 이때 이 각각의 배치는 그들 자신의 강도와 수를 가진다. 감각적인 질들의 통접은 루크레티우스가 시뮬라크르(simulacre)라고 부른 것을 생산한다.[119] 수적인 양들의 통접은 어떤 대상을 생산한다. 이 일련의 통접된 질들과 양들은 루크레티우스가 사물(rerum)이라고 부른 것이다.

질과 양은 두 가지 구별되지만 분리 불가능한 차원들이다. 예컨대 우리집 고양이는 감각 이미지로 정의되는 어떤 특정한 부드러움, 무늬, '야옹' 하는 소리의 통접이다. 하지만 그것은 또한 특정하게 규정된 양들의 통접이기도 하다. 즉 네 다리, 하나의 얼굴, 한 발에 여섯 개의 발톱 등등. 이와 더불어 이러한 질과 양들의 조합과 배치는 그 대상을 규정하는 상대적으로 응집력 있는 집합 과정을 생산한다. 이를 도식화하면 다음과 같다.[120]

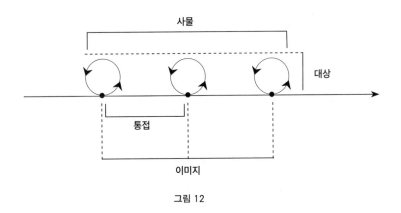

그림 12

119 루크레티우스, II. 112.
120 Nail, *Lucretius I*, p. 107.

사물/사태가 불연속적이거나 구별되어 그것들의 주변 환경으로부터 등장하는 동안, 그것들은 사실상 상대적으로 연속적이다. 이를테면 살아 있는 유기체들은 오직 상대적으로 안정적인 연합이나 연결들인데, 이것은 태양으로부터 움직여 온 에너지의 이동과 그것의 소비의 지속적인 흐름으로서, 유기체에 의해 통접되며, 그것의 후손들에게서 재생산되고, 죽음에 이르러 분산되는 것이다. 삶/생명이란 물체적인 흐름 안에서의 어떤 소용돌이일 뿐이다.

미시적 수준에서, 모든 유기적·비유기적 신체들은 더 작은 신체들의 통접이며, 심지어 더 작은 신체들의 통접도 모든 단계들에서 연속적인 움직임 안에 있는 그 모든 것이다. 분자들, 입자들 그리고 하부 원자적 입자들의 흐름들은 지속적으로 움직이면서 다른 것들과 결합하며, 그 결과 모든 종류의 회절 패턴들을 산출하는 것이다. 양자장은 빠지고, 흐르고, 결합하고, 분리되고 그리고 존재의 해변에서 입자들 속으로 붕괴한다. 거시적 수준에서 이러한 모든 물체/신체들은 어떤 최종적인 안정성을 생산하지 않는다. 모든 것은 어마어마한 속도로 가속하는 우주를 통과해 움직여 간다. 모든 사물/사태들은 준안정적으로 존재하는 운동적 통접의 산물들이다. 이러한 '준안정성'은 들뢰즈가 말한 그 '비평형성'을 말하는 것이기도 하다.

· 사건

이제 사건들에 대해 이야기해 보자. 사건들은 물체적 흐름들이 어떤 합류 안에서 다른 것들과 만나거나 교차하는 것이다. 하나의 사건은 따라서 둘 이상의 흐름들이 교차하는 특이점이다. 다시 말해 사건들이란 선재하는 사태의 우연적인 속성들이 아니다. 그것은 오히려 이미 운동 속에 있는 물체적인 흐름들 사이에서 발생하는 상호교차인

것이다.[121]

루크레티우스에 따르면 사건들이란 존재하는 통접들에 해를 끼침이 없이 어떤 물체적 흐름이 도래하고 나아갈 때 생산된다.[122] 그 자체로 봤을 때, 사건은 어떤 사물, 대상 또는 감각이 아니다. 그것은 다른 질서에 속한다. 그것은 흐름들 사이의 상호교차에서 발생하는 것이다. 흐름들 사이의 상호교차란 상호교차하는 흐름들과 같은 것이 아닌데, 왜냐하면 그 교차의 와중에 그것들은 그 지점들을 바꾸기 때문이다. "따라서 둘 이상의 이질적인 흐름들 사이에서, 사건은 그것들의 흐름의 가능한 궤도들을 바꾸는 어떤 특이점이다. 그것은 새로운 세계, 새로운 가능성의 영역을 열어젖힌다."[123]

더 나아가 사건들은 시간 안에서 발생하지 않으며 오히려 시간 자체를 생산한다. 물체적 흐름들이 공간 안에서 야기되지 않고, 공간이 오히려 굴곡과 접힘을 통해 생산되는 것처럼 시간도 마찬가지이다. 시간은 질서 잡힌 감각들의 산물이지 모든 감각들이 그 자체로 발생하는 기초적이거나 초월적인 조건이 아니다. 시간은 스스로 존재하지 않는다. 그보다 시간은 우리의 사물/사태에 대한 감각으로부터 흘러가는 것이다.

> 시간도 그 자체로 존재하지 않으며(tempus item per se non est), 바로 사물들로부터
> 그것의 감각이 유래한다(sed rebus ab ipsis consequitur sensus), 세월 속에

---

121 루크레티우스, I. 455~458.
122 루크레티우스, I. 457.
123 Nail, *Lucretius I*, p. 110.

무엇이 지나가 버렸는지,

어떤 사물이 현재 남아 있는지, 또 어떤 것이 그다음에 나올 것인지.

누구도 결코 시간을, 물체들의 움직임과 고요한 정지에서 분리된

자체적인 것으로 지각하지 못함이 인정되어야 한다.[124]

사물/사태들을 구성하고 사건들을 유지하는 정동적(촉발적) 감각들이나 물체적 주름들은 그것들이 어떤 감각들, 사물들 그리고 통접들이나 세계의 전체 직조를 지속적으로 생산하는바, 특이한 상호교차의 사건적 합류에 의해 이미 분배되어 있다. 사건들은 흐름들의 상호교차로서 최초로 발생한다. 오직 사후적으로만 흐름들은 사건들의 궤도로부터 분기되기 시작하며, 사건들을 유지하고, 지원하고 반복하기 위해 그 주위를 되돌아가며, 거슬러 간다. 이러한 주름들은 차례대로 주름들의 연속으로서 시간성에 관한 어떤 감각을 가능하게 한다. 하지만 사건 자체는 시간적이지 않다. 루크레티우스에 따르면 시간이란 상대적인 운동, 정지 그리고 사물들의 감각으로부터 떨어져 있지 않다.[125]

루크레티우스에 따르면 사건들은 언제나 물질적 흐름들에 의해 옮겨진다.[126] 하지만 사건은 또한 주름들에 의해 유지되는 사물들의 다양체들을 옮기거나 지지하는데, 이것은 상호교차의 사건적 지점을 되돌아 오는 것이다.[127] 만약 사물/사태들, 장소 또는 공간, 합류

---

124 루크레티스, I. 459~463.

125 관련 원문은 다음과 같다. "tempus sentire fatendumst / semotum ab rerum motu placidaque quiete"(루크레티우스, I. 462~463 참조).

126 루크레티우스, I. 478 참조.

127 루크레티우스, I. 469~472 참조.

를 위해 아무런 물질적 조건들도 존재하지 않는다면, 사건도 있을 수 없다. 하나의 작은 사건이 발생하면, 전체 세계는 변형된다. 흐름들은 이 지점으로 접히기 시작할 수 있으며, 그것을 반복하면서, 그것을 확장해 나아가는 것이다. 어떤 역사적 사건도 하나의 작은 사건의 소용돌이 안에서 발생하며, 그 이후에도 이 작은 사건으로 모든 사건들이 접혀 들고, 여기서부터 계속 시작된다. 이러한 접힘의 결과로서 어떤 사물/사태가 발생하는 것이다.[128] 따라서 사건들은 물체적인 흐름들의 상호교차이며, 모든 사물/사태들을 지지하거나 옮기는 그 장소이다. 사건들은 결코 고립적으로 발생하지 않는다. 그것들은 오직 물체적 흐름들이 상호교차하고 그것들이 가시적인 사물/사태가 될 때에만 발생한다. 이때 물체적 흐름들은 어떤 장소 주위를 생산하면서 맴돌고, 마침내 세계의 가시적 사물/사태를 규정하고 한계를 정하게 된다.[129] 그러므로 모든 사물/사태들은 항구적으로 그리고 지속적으로 야기되는 물체적 흐름들로 구성되며, 이에 따라 사물들의 질서 잡힌 관계가 생산된다.[130]

· 원자, 흐름의 타락

이와 같은 방식으로 재독해된 루크레티우스는 그간의 고대 유물론에 대한 인식의 변화를 촉구한다. 이제 원자론의 그 '원자'는 더 이상 존속할 수 없으며, 이른바 '하부 입자로의 환원'이라는 비난은 통용될 수 없다.[131] 그러나 그러한 오해와 그릇된 해석이 발생하게 된 것

---

128 루크레티우스, I. 481~482 참조.
129 루크레티우스, I. 483~484 참조.
130 루크레티우스, I. 483 참조.
131 하먼은 이와 같은 방식으로 유물론을 싸잡아 비난하는 대표적인 인물이다. 이것은 그

에는 일정 정도 데모크리토스·에피쿠로스주의자들의 책임도 있을 것이다. 왜냐하면 이들은 사물/사태의 궁극적 구성요소로서 원자를 가지고 와서 완연하게 파르메니데스화하고 이에 따라 플라톤의 아류로 만들어 버리는 데 일조했기 때문이다. 그들은 원자를 이데아로 만들어 버렸다. 이를테면 잘 알려진 철학 교과서인 코플스톤의 철학사 책에는 다음과 같은 내용이 있다.

> 파르메니데스[또는 플라톤]는 한편으로 존재의 불변성을 주장했으며, 그가 존재를 물질적인 것으로 생각한 한에 있어서는 물체의 파괴 불가능성을 주장했다. [⋯] 데모크리토스는 그의 입장을 받아들이고 그것을 그들의 원자설에 이용했다. [⋯] 그러므로 데모크리토스는 존재는 생성할 수도 소멸할 수도 없다는, 즉 물체의 파괴 불가능성이라는 파르메니데스의 논지를 받아들이는 한편, 변화를 물체의 파괴 불가능한 입자들의 집산에 기인하는 것으로 해석했다.[132]

이 파괴 불가능하고 생성도 소멸도 하지 않는 구형의 원자란 우리가 앞서 알게 된 '흐름'의 타락이다. 그러므로 마치 제대로 고대 유물론 전체를 알고 있다는 듯이 '고대 유물론은 파르메니데스 또는 플라톤의 아들'이라는 식으로 말하는 것은 스스로의 무지를 드러내는 것에 불과하다.

의 주저인 『쿼드러플 오브젝트』의 몇몇 구절을 읽어 보는 것으로 충분하다.
132 프레데릭 코플스턴, 『그리스로마철학사』, 김보현 옮김, 철학과현실사, 1998, 84쪽.

(3) 운동적 맑스주의

· 신유물론과 사적 유물론

신유물론의 입장에서 맑스주의 또한 재독해의 대상이다. 그러나 이러한 재독해의 경향은 신유물론이 아니더라도 최근 수십 년 사이에 일어난 현대자본주의의 경향에서 강제되는 것이기도 하다. 이를 '맑스주의의 재탄생'이라고 할 수 있다.

수행적 신유물론의 재독해 대상으로 맑스는 앞서 논한 재독해보다 훨씬 더 까다로워 보인다. 이론적 기념비로서 맑스주의는 매우 거대한 유동 체계이다. 다시 말해 어떤 비판적 관점이나 부정성이라해도 그것에 맞서 스스로를 변형시켜 온 역사적 부침이 존재한다는 것이다. 이를테면 1970년대 이후 맑스주의는 쇠락을 거듭해 왔는데, 최근에는 오히려 '맑스주의의 재탄생'이 화두가 되고 있다는 것은 무엇을 의미하는 것일까? 더군다나 2008년 금융시장 붕괴를 거치면서 『자본론』 판매 부수가 급증했다는 것은 이 탁월한 이론이 가진 기묘한 가소성을 증명하는 것처럼 보인다. 어쩌면 이 가소성이 두드러져 보이는 것은 비판하는 쪽의 증명 수단이 너무 잘 알려져 있기 때문일 수도 있다. 하지만 비판의 내용이 대략 뻔해 보인다는 것이 맑스주의에게는 행운일 수는 없다. 그것은 어쩌면 맑스주의에 외재적인 비판이 아니라 맑스주의 내부에서부터 나온 비판일 수 있기 때문이다.

그렇다고 해서 맑스주의 입장이 신유물론을 사적 유물론의 사생아 정도로 치부할 수도 없다. 신유물론은 이미 맑스주의라는 혁명적 유물론에 대해 가장 비판적이기에 가장 충실한 적자라는 것을 입증해 가고 있기 때문이다. 그것은 마치 맑스가 헤겔이나 포이에르바하에 대해 취했던 태도와 유사하다. 이를테면 '물질'에 대한 신유물론의 관점은 맑스주의를 포용하고도 남는다. 맑스가 '기계에 대한 단상'에서 암시적이지만, 섬광 같은 직관을 가지고 파악한 물질의 능동성은 신유물론에 와서 제대로 된 존재론적 기반을 획득할 수 있게 된 것이라고 해도 지나친 말은 아닐 것이다.

우선 공평무사한 맑스주의 쪽에서 보자면 사적 유물론은 신유물론과 충실한 대화가 가능하다고 보는 듯하다. 이러한 태도는 앞서 언급된바, 최근의 신유물론자들이 들뢰즈·가타리의 유물론에 대해 취했던 '불편한 승인들과 영향력에 관한 불안'과는 사뭇 다른 모습이다. 사적 유물론자들은 오히려 신유물론자들이 "사적 유물론을 어떤 라이벌, 보다 뒤떨어지고 [그들과는] 양립 불가능한 전통"[133]으로 파악하는 그 시각에 맞서고자 한다. 이렇게 함으로써 사적 유물론자들은 신유물론과의 보다 생산적인 대화가 가능하다고 보는 것이다. 따라서 오늘날 역사적으로 가장 심각한 자본주의 위기에도, 맑스는 우리 시대에 살아남아 있다. 사르트르가 썼던 것과 같이, "맑스주의는 우리 시대의 철학으로 남아 있다. 왜냐하면 우리는 그것을 둘러쌌던 조건들 너머로 가지 못했기 때문이다".

· 헤겔 이전의 에피쿠로스

이런 의미에서 네일이 집필한 『움직이는 맑스』[134]는 맑스주의에 대한 수행적 신유물론의 대응을 담고 있는 책인데, 여기서 네일은 맑스주의의 쇠락이 오히려 변화를 거부한 교조주의에 클리나멘을 부여함

---

133 Simon Choat, "Science, Agency and Ontology: A Historical-Materialist Response to New Materialism", *Political Studies*, vol. 66, Issue. 4, 2017, p. 14.

134 Thomas Nail, *Marx in Motion: A New Materialist Marxism*, New York: Oxford University Press, 2020.

으로써 그것을 갱신할 기회가 된다는 점을 강조한다.[135] 그는 이러한 갱신을 통해 앞서 언급된 맑스주의와의 '대화'가 가능하다고 본다. 비록 대부분의 신유물론자들, 예컨대 베넷, 라뛰르, 데란다 그리고 브라이도티가 맑스주의에 대한 비판에 앞장서고, 심지어 후기-구조주의 맑스주의까지 "가망 없는 '구유물론'이자 인간중심주의"[136]라고 혹평하지만, 네일은 이 두 가지 전통(맑스주의와 신유물론)이 서로에게 얻을 것이 많다고 본다.

네일은 "헤겔주의자 맑스 이전에 에피쿠로스주의자 맑스가 있었다"[137]고 주장한다. 이때 에피쿠로스는 루크레티우스에 의해 전유된바 그 에피쿠로스주의를 말하는 것이기도 하다. 맑스의 철학에 대한 개입과 기여는 루크레티우스로부터 시작함으로써 더 긴 전통 안에 위치 지어질 수 있는데, '운동적'(kinetic) 또는 '과정적'(process) 유물론의 전통이 그것이다.

네일에 따르면 루크레티우스의 새로움은 그리스적인 원자를 연속적인 흐름(flow)과 물질의 운동적인 유동(flux)으로 대체했다. 이 말은 루크레티우스에게 물질은 운동 중의 어떤 사물이 아니라는 뜻이다. 또한 물질은 루크레티우스에게 있어 그 어떤 종류의 결정론적 법칙들과 경험적 환원론에 종속되지 않았다. 맑스와 루크레티우스가 공통적으로 가졌던 것은 그들이 모두 에피쿠로스를 똑같은 특이한 방식으로 읽었다는 것인데, 그들은 연속적으로 흐르고, 비-분할

---

135 *Ibid.*, p. 2.
136 *Ibid.*, pp. 10~11.
137 *Ibid.*, p. 6. 다른 곳에서 네일은 다음과 같이 말한다. "맑스의 박사 논문 안에서 제기된 운동론과 유물론은 어떤 헤겔주의적 잔여물이 아니다. 그것은 변증법의 유물론적이고 운동적인 이론을 전개하기 위한 그의 첫 번째 노력이다"(*Ibid.*, p. 21).

적이며 운동적인 물질의 특성들을 강조했다. 그러므로 맑스는 루크레티우스의 에피쿠로스를 해석하면서 '신유물론'을 예고한 첫 번째 사람이 된 것이다.

· 맑스 박사 논문의 간과

하지만 맑스의 이런 측면들은 그동안 거의 완전히 간과되어 왔는데, 거기에는 몇 가지 이유가 있다.[138] 우선 소비에트 교조적 맑스주의자들의 부정적 영향력이다. 그들은 자연에 관한 역사철학을 영원하고 전례 없는 자연에 관한 형이상학적 명제들로 환원했다. 그렇게 함으로써 그들은 물질의 현실성과 창조성을 형이상학 법칙의 수동적 노예로 환원했던 것이다. 무엇보다 그들은 스탈린 아래에서 공격적으로 생산주의적인 인간중심주의를 따랐다. 자연은 산업화되고 헐벗은 물질들의 단순한 창고로 취급되었다.

지금까지의 연구에서 맑스의 움직임(movement), 운동(motion) 그리고 가동성(mobility), 즉 물질의 능동성의 공백의 주요한 이론적 이유는 우선 맑스의 운동론(kinetic theory)이 엥겔스의 『반뒤링론』과 『자연변증법』에 의해 무시되어 왔다는 점에 있다.[139] 그것은 운동-중-물질(matter-in-motion)에 관한 당시의 형이상학적이고 과학적인 이론과 그것의 역사적인 담합 때문이다. 맑스와 달리 엥겔스는 운동-중-물질의 특수한 역사적 이론을 19세기 고전물리학, 즉 물질을 경험적 물질의 입자와 같은 조각들로 취급하는 불연속적인 기계론

---

138 Nail, *Marx in Motion*, p. 8.
139 *Ibid.*, p. 11. 네일은 "맑스는 엥겔스의 자연변증법에 대한 접근법을 따르지 않았고, 그 자신의 유물 변증법을 따랐다"(*Ibid.*, p. 17)라고 말한다.

에 속하는 물리학을 따라 마련했다. 따라서 유물론자 엥겔스의 입장에서는 이러한 조건들을 거스를 만한 동기가 없었던 것이다.

네일의 신유물론적 맑스주의는 맑스의 박사학위 논문인 『데모크리토스와 에피쿠로스 자연철학의 차이』에 대한 전격적인 관심에 기반한다. 그는 맑스주의에 대한 재해석이 역사적으로 차단된 것이 이 박사 논문과 그의 노트에 대한 무시에서 비롯된 바 크다고 논한다.[140] 그 논문은 맑스의 생전에 출판되지 않았으며 마지막 두 장이 유실된 채 1927년경에야 독일어로만 출판되었으며, 1975년에야 늦게 선집 안에 영역본으로 출간되었을 뿐이다. 그러므로 맑스의 운동론은 부분적으로는 최근에야 도착한 것이고 그것의 주요한 원자료는 여전히 접근 불가능한 것으로 남아 있다. 하지만 박사 논문과 에피쿠로스 노트가 출판된 후에조차, 그것에 대한 관심은 부족했고, 심지어 맑스 작품들에서 자연에 관한 형이상학적 유물론, 독일 자연철학, 소비에트풍 등등의 기미를 띠는 어떤 것으로 치부되어 적극적으로 사장되기까지 했다.

더 나아가 박사 논문에 대한 관심의 부족은 지배적이고 권위 있는 초기 수고본이 원숙기의 『자본론』과 어떤 연결을 가지는지에 대해 전혀 명백하지 않다는 사실 탓으로 돌려지기 일쑤였다. 이러한 사정은 후기-구조주의자들, 예컨대 알튀세르의 경우에도 달라지지 않았다. 그리스와 라틴 고전철학에 관한 기술적인 세부 사항들은 계급투쟁, 생태적 붕괴, 식민주의 또는 그 밖의 것들의 명법과 전혀 관련

---

140 *Ibid.*, p. 11. 하지만 네일은 이 논문이 전부를 설명한다고는 하지 않는다. "[맑스의 박사 논문은] '진실된 맑스'의 핵심이 아니라, 단지 그의 철학에서 중요한 유실물이다"(*Ibid.*, p. 15).

이 없는 것으로 보인 것이다.[141]

· 맑스주의에 대한 비판들

우선 그는 몇 가지 기존의 강력한 비판을 제시하는데 그것은 '역사 결정론', '환원주의', '인간중심주의'다. 먼저 역사 결정론은 가장 흔하게 제기되는 맑스주의의 약점으로서 역사가 "미리 주어진 목표, 즉 공산주의"[142]를 향해 달리는 기차라는 내용을 담는다. 비판에 따르면 이러한 역사 결정론은 더 이상 작동되지 않는다. 역사적 진보를 상징하는 저 기차의 이미지는 19세기 산업혁명기의 황금기를 쉴 새 없이 달려왔기 때문에 이제는 더 이상 앞으로 갈 일이 없을 것만 같다. 우리는 이 정처 없어진 진보의 이데올로기를 반박하기 위해 복잡한 이론을 제기할 필요가 없을 것이다. 최근의 세계대전의 역사와, 예기치 않았던 68혁명의 발발 그리고 전 지구적인 핵전쟁의 위협, 기후변화, 코로나바이러스의 출현 등등은 더 이상 "진보 또는 자유에 있어서 어떤 명쾌한 역사적 패턴"[143]을 보여 주지 않는다. 오히려 그 반대가 더 옳아 보인다. 우리의 미래는 그 어느 때보다 더 암울한 것 같다.

두 번째로 환원주의는 사회가 경제적 인과법칙에 의해 엄격하게 결정된다는 논점에 기반한다. 이에 따르면 모든 것은 경제적 토대라는 일방향적 인과적 연결에 의해 연역되고 설명된다. 문화적인 상

---

141 네일은 들뢰즈의 철학에서도 이러한 공백을 본다. "질 들뢰즈는 명백하게 그의 니체에 관한 책에서 물질과 운동을 힘(force)에 종속시키면서, 그 자신과 니체를 루크레티우스와 맑스의 운동적 유물론과 대조하고 있다"(Ibid., p. 13).

142 Ibid., p. 3.

143 Ibid.

부구조는 경제적 생산양식에 기반하고 있으며, 여기에는 인종, 젠더, 섹슈얼리티, 동물성이 속하는데, 이 모든 것이 자본주의 생산양식에 의해 구성된다. 이런 경제적 하부구조는 사태의 진행에 있어서 분명 중요한 측면이긴 하지만, 언제나 그런 것은 아니다. 이를테면 21세기 정치투쟁은 많은 경우에 젠더, 인종, 섹슈얼리티, 동물권과 같은 생태적, 탈식민지적 주제들의 교차성(intersectionality)에 기반한다. 이러한 주제들은 분명 자본주의 생산양식과 연관되지만, 결코 그것에 의해 완전히 결정되지는 않는다. 따라서 맑스주의에는 자연, 젠더, 인종 등등의 '보충적 차원들'이 항상 따라붙는다.[144]

이러한 환원주의에 대한 비판은 맑스의 유물론 자체에도 가해질 수 있다. 맑스주의 변증법적 유물론(dialectical materialism)에 따르면 경제법칙들은 보다 큰 자연법칙의 한 표현일 뿐이다. 여기서 물질은 불연속적이고 현실적인 입자로 파악된다. 이 입자-물질은 영원한 '운동법칙'으로 환원된다. 하지만 21세기 물리학의 표준 판본에 따르면 이러한 고전 이론은 지탱될 수 없다. 양자론에서 물질은 불연속적 입자가 아니라 진동하는 장들(vibrating fields)이다. 이 물질은 경험적으로 또는 총체적으로 알 수 있는 것이 아니다. 더욱이 미시적인 차원에서의 물질의 운동에 관한 보편법칙은 불확정적이다. 게다가 물질이 관찰행위로부터 독립적으로 알려질 수 있는 어떤 것이라는 생각은 더 이상 가능하지 않게 되었는데, 왜냐하면 거기에는 언제나 양자 얽힘(quantum entanglement)[145]이 존재하기 때문이다. 따라서

---

144 *Ibid.*, p. 4.
145 양자 얽힘은 측정행위가 어떤 물리적 상태와 상호 연관되면서 예측 불가능한 방식으로 어떤 하나의 '상태'를 결정하는 것을 말한다.

19세기 과학의 발전에 기반하고 있던 맑스주의의 유물론은 새롭게 갱신될 필요가 있는 것이다.

세 번째로 인간중심주의는 맑스주의가 다른 어떤 것보다 인간 존재 또는 인간 사회에 존재론적 특권을 부여한다는 비판에서 비롯된다. 이로 인해 맑스주의는 21세기의 가장 중요한 사건으로서 전 지구적 기후변화에 대응할 능력을 상실하게 된다. 네일에 따르면 이 비판에는 세 가지 판본이 있을 수 있다. 우선 직접적으로 생산주의적인 판본인데, 이것은 기술혁신을 통해 자연을 종속시키려는 인간의 노력에 중점을 둔다.

두 번째 판본은 보다 휴머니즘적인 것으로서 자연에 관한 감각적 향유에 의해 규정된다. 이에 따르면 인간으로 존재한다는 것은 자연에 관한 미적 향유를 경험하기 위해 스스로를 아는 동물로 규정한다는 의미이다. 다른 동물은 이 특유한 능력을 가지지 않으며, 따라서 생태 문제들은 근본적으로 인간적 문제들로 남겨진다.

세 번째는 구성주의(constructivism)인데, 이에 따르면 인간존재는 일차적으로 비역사적인 것이 아니라, 오히려 사회적·정치적·심리적·경제적 그리고 언어적 구조들의 역사적 생산물이다. 자연에 관한 모든 인간적인 지식은 이 구조에 의해 엄격하게 제어된다. 따라서 자연이 진정 무엇인가 하는 것은 궁극적으로 모든 인간적 구조의 한계를 넘어서는 미지의 '사물-자체'에 대한 질문으로 남는다. 자연과 물질은 과잉된 것이거나 우리의 구조들 바깥에 남겨지며, 이러한 결핍이나 실패는 역설적이게도 우리의 '유일한 지식 형태'[146]가 된다.

146 *Ibid.*, p. 5.

· 재비판

이에 대한 재비판을 수행하면서 네일은 맑스주의를 '운동적 맑스주의'(kinetic Marxism)로 명명한다. 이는 수행적 신유물론의 그 수행성을 강조하는 것으로 '수행적 맑스주의'(performative Marxism)[147]이기도 하다.

네일은 맑스의 운동론(theory of motion)이 자연과 사회에 관한 결정론을 거부한다고 본다. 맑스에게서 물질은 기계적·생기적 또는 다른 어떤 운동의 결정론적 법칙을 따르지 않는다. 따라서 역사도 선형적 진보 또는 목적론적 종착점에 의해 선결정되지 않는다. 이러한 맑스적인 운동론을 네일은 '운동적 변증법'이라고 부르고, 이 운동의 특성을 '방행적' 또는 '추계적'이라고 규정한다.[148] 이 '방행' 또는 '추계'라는 개념은 수행적 신유물론에 있어서 매우 중요하다. 우리는 수행적 신유물론에 대해 논의하면서 이에 대해 이미 다루었다.

맑스주의가 방행적이라는 것은 결정론의 구속으로부터 벗어난다는 것이며 그와 더불어 경제 환원주의나 인간중심주의로부터도 벗어난다는 것을 의미한다. 왜냐하면 물질이 수동적으로 따르기만 하는 그 어떤 보편적 자연법칙도 존재하지 않기 때문이다.

다음으로 환원주의에 대한 재비판은 맑스의 운동론이 '하부'와

---

147 *Ibid.*, p. 42.
148 "운동적 변증법(kinetic dialectics): 맑스의 운동론은 자연과 사회의 결정론적 이론들을 거부한다. 물질은 기계적·생기적·고전적 또는 다른 어떤 결정론적 운동법칙을 따르지 않는다. […] 맑스는 그의 박사 논문에서 첫 번째로 그리고 이후 그의 저작을 통틀어 내가 '운동적 변증법'이라고 부르는 방행적(pedetic) 또는 추계적(stochastic) 이론을 제안한다. […] 맑스에게는 물질이 수동적으로 따르는 그 어떤 보편적인 자연법칙도 존재하지 않는다. 물질 자체는 능동적이고 창조적이다. 법칙들은 자연 안에 출현하는 경향들이다"(*Ibid.*, p. 13).

'상부구조' 사이의 경제적으로 환원주의적인 분리를 거부한다는 언명에서 시작한다. 더 나아가 둘 사이에는 단순한 인과적 관계도 없을뿐더러, '상호작용'조차 없다고 네일은 본다.[149] 엄밀히 말해 그것들 사이에는 그 어떤 물질적 분리도 존재하지 않는다. 두 영역 간의 변형들과 상호-생산들은 집합적으로 자기-원인적인 또는 자기-운동적인 것이다. 여기에는 오로지 운동적 변형과 전체 역사적 상황들의 재분배만이 있다. 이러한 관점은 앞서 논한 물질에 대한 신유물론적 존재론에 기반한다. 그것은 물질 일원론이기 때문에 그리고 그 어떤 외부성도 거부하기 때문에 그러하다.

다시 말해 맑스의 신유물론적 운동론은 물질에 관한 그 어떤 환원주의와도 충돌한다는 것이다. 맑스는 물질 또는 운동에 관한 그 어떤 형이상학도 가지고 있지 않다. 그리스 원자론에 대한 전형적인 해석들과는 달리, 맑스는 연속적이고 방행적인 흐름들에 기대어 물질에 관한 불연속적 해석을 거부한다. 맑스는 물질을 과감하게 **운동적 과정**(kinetic process)으로 취급했고, 따라서 물질이 '있는' 바에 대한 환원주의나 실체-기반 이론을 거부했다.

따라서 맑스는 결정적으로 반고전적인 물질 이론을 제시하면서, 현대의 양자 이론에 더 많이 근접한다. 이것은 대부분의 맑스주의자들이 고려했던 것보다 더 나아간 것이다. 맑스에게 물질이란 사실적이면서 관찰 가능한, 경험적 물질로 환원 불가능한 것이다. 왜냐하면 그것이 사변적이거나 관념적인 것(데모크리토스에게서처럼)이라서가 아니라 정확히 말해 물질이 운동과 유동 속에 있기 때문이다.

149 *Ibid.*, p. 13.

물질은 하나의 **과정으로서** 그 자체 감각(sensation)을 위한 조건이기 때문에, 실체가 아니다. 물질의 핵심에 있는 운동의 비환원적 우선성은 맑스의 저작 전체를 관통하면서 모든 종류의 환원론에 저항한다.

　마지막으로 인간중심주의에 대한 재비판은 맑스의 역사적 존재론에 기반한다.[150] 맑스의 운동론은 물질이나 운동의 존재론, 이를테면 물리학적 존재론이 아니다. 그것은 그러한 존재론을 넓게 포괄하는 역사적 존재론이다. 따라서 거기에는 자연과 사회 간의 존재론적 분리가 존재하지 않는다. 맑스의 물질론은 엄격히 말해 실천에 기반하지만 실천은 인간만이 실행하는 어떤 것이 아니다. 자연을 기술하는 인간의 이론적 실천들은 언제나 체현되어 있으며 역사적으로 위치 지어져 있다. 철학은 그것이 기입된 물질적 조건에 의존한다. 하지만 비인간 또한 그렇게 한다. 요컨대 맑스는 비인간중심주의적 실재론자다.

　　자연에 관한 인간적 기술(description)은 이런저런 방식으로 스스로를 기술하고 변화하는 **자연에 대한 것이다.** 하지만 다른 자연 존재들 또한 변형의 방식으로 서로 간에 얽혀 든다. 자연은 스스로를 **실제적으로 구성한다.** 따라서 맑스의 존재론은 자연의 어떤 영역으로부터 자연의 실제적인 기술/변형이라는 의미에서 역사적이다. 미래에 물질은 변화할 것이고, 새로운 입장이 자연의 새로운 영역들을 열 것이다. 맑스는 우리에게 어떤 존재론을 제시하는데, 그것은 전체적으로 국지적이며 또한 마찬가지로 실재론적이다. 맑스에 따르면 인간과 자연 사이에는 그 어떤 존재론적 이원론이나 상호작용도 없다. 또한 어떤

150　*Ibid.*, p. 14.

단순한 일원론도 존재하지 않는다. 그보다 거기에는 주름들 또는 매듭들의 다양체가 존재한다.[151]

이런 관점에서 맑스는 우리에게 물질의 행위소가 수평적으로 동등하게 분배된다는 '평평한 존재론'을 제시하지 않는다. 그러한 존재론은 부르주아 자유주의와 여러 신유물론 정치 이론들을 형제 관계 같은 것으로 본다. 하지만 운동적 맑스주의는 물질의 상이한 영역들이 평평하지 않게 전개되며 순환된다는 비틀린 존재론을 우리에게 보여 준다. 그러므로 맑스는 인간주의적이지도 반인간주의적이지도 않으며, 오히려 평평하지 않은 물질 행위소들이라는 신유물론적 맑스, 즉 얽히고 운동적인 맑스주의를 제시한다.

· 원문 분석

네일은 맑스의 원문에 쓰인 독일어를 재독해하면서 논의를 확장해 간다. "맑스의 독일어: zusammenhängen, Wechsel과 Verkehr […] zusammenhängen은 문자 그대로는 '함께 어울리다'(to hang together)는 의미이다."[152] 하지만 이 단어는 불행하게도 '결합' 또는 '뭉치다'로 영역된다. 이러한 영역은 물질의 상호적인 간-행이라는 점을 은폐한다. Wechsel은 '연속적인 변화 혹은 주름'을 의미하며 흔히 '연속적 유동 또는 물질의 주름' 혹은 신진대사(Stoffwechsel)를 기술하기 위해 사용된다.

맑스는 또한 저 단어 Wechsel을 행위나 효과(Wirkungen)가 일

---

151 *Ibid.*, pp. 14~15.
152 *Ibid.*, p. 16.

련의 내재적 피드백 루프나 전체의 연속적인 변형에서 서로 간에 접혀 들 때, 강조하기 위해 사용한다. 마지막으로 Verkehr는 '상호 변화 또는 교섭'이며 맑스는 이를 '상호 변형의 과정'과 연결되는 것으로 보이는 매우 광범위한 맥락(경제적·군사적·의미론적 그리고 성적인 맥락)에서 사용한다.

풍부한 의미를 가진 독일어 tragen을 어원분석하면서 네일은 가치 창조 이전에 가치의 물질적 조건들을 지지하고 유지하는 사용가치가 있음에 틀림없다고 말한다. 다시 말해, 물질적 운반자(bearer; Träger)가 가치를 지지하고 유지한다(운반한다, tragen). 운반하기는 능동적이고 운동적인 개념(움직임-안-가치의 탄생 기원을 지칭한다)일 뿐만 아니라, 직접적으로 자연, 여성, 동물 그리고 노예들의 구성적 노동을 지칭하는 것이기도 하다. 이것은 자본주의에 의해 **전유된** 조력적 활동이다. 이 생각은 맑스의 가치론을 그의 시초 축적론과 연관하여 재해석하기 위해 관건적이다.

독일어 단어 aufgehoben도 운동적인 것(the kinetics)을 이해하는 데 매우 중요하다. 이 단어의 영어 번역인 '부정'(negation)은 전형적으로 논리적 부정과 완고한 대립을 지칭하는데, 이는 차례로 부정되는 본래 개념의 개별적 정체성을 가정한다. 하지만 헤겔로부터 온 이 단어는 하나의 단일한 과정에 속한 세 계기들을 기술하는 명백하게 운동적 개념이다. 그것은 펼침(unfolding)의 과정을 의미한다.

맑스에게는 모든 것이 운동 안에 있는 것이지, 단지 자본주의만이 그런 것은 아니다. 자본주의, 예컨대 생산양식 전부는 어떤 특수한 체제 또는 특수한 운동의 패턴을 생산할 뿐이다. 맑스의 위대한 발견은 정확히 자본주의가 고전적인 정치경제학자들이 생각했던 것처럼 자연스럽거나 보편적인 구조가 아니라는 것이다. 자본주의는 역사적으로 특수한 조건들, 즉 거대한 폭력, 탈취 그리고 폭발 아래에서 탄생한 어떤 것이다.[153] 요컨대 자본주의는 많은 역사적·사회적 운동 패턴들 중의 하나일 뿐이며, 운동은 자본주의적 운동으로 환원될 수 없다.

네일에 따르면 맑스의 물질-운동적 변증법은 부분적으로 헤겔의 자연철학으로부터 나오지만, 보다 중요하게는 에피쿠로스와 루크레티우스 철학에서 물질의 세 가지 상호 연관된 운동들로부터 나온다.[154] 여기서 맑스의 운동에 있어 진정 기발한 것은 세 운동들 모두를 하나의 단일한 세 겹 주름 운동으로 취급한다는 점이다. 첫째로 허공 안에 직선으로 낙하하는 원자들이 있다. 그리고 몇몇 불확정적 지점에서 그것들 중 하나가 편위하고 다른 모든 원자들과 마주치면서, 무수한 복합적 실재를 창조한다. 직선 낙하 운동, 편위, 복합체가 바로 이 세 겹 주름 운동을 구성한다.

운동들의 불연속성을 거부하고 그것들을 동시적인 세 겹 주름(threefold)으로 취급함으로써, 맑스는 결정론뿐만 아니라 인과성의 형이상학 또한 기각한다. 이렇게 해서 자연은 내재적으로 귀인된다. 달리 말해 만약 모든 것이 물질이고 물질이 "모든 것의 원인이라면, 물질은 그 자체로 원인 없이 존재하거나", 또는 그것은 내재적 방식

---

153 *Ibid.*, p. 20.
154 네일이 인용한 맑스의 언급은 다음과 같다. "에피쿠로스는 허공 속 원자들의 **세 겹 주름 운동**[dreifache Bewegung]을 가정한다. 첫 번째 운동은 직선 낙하(straight falling) 운동이며, 두 번째는 직선 낙하 운동으로부터 나오는 원자의 편위(deviation[클리나멘]) 안에 발생한다. 그리고 세 번째는 많은 원자들의 척력(repulsion)을 통해 수립된다. 데모크리토스와 에피쿠로스는 첫 번째와 세 번째를 받아들인다. 직선 낙하에서 오는 원자의 편위는 에피쿠로스를 데모크리토스와 구분한다"(*Marx/Engels Collected Works*, Lawrence & Wishart, 2010[이후 MECW로 표기], vol. 1, p. 46). 이 절에 나오는 MECW의 인용은 네일의 *Marx in Motion*에서의 재인용이다.

으로 자기-귀인된다.[155]

· 클리나멘(편위)

네일은 물질의 직선 낙하는 어떤 반사실적인 것이며, 이전에는 시간
안에 존재하지 않았던 사변적 점이라고 논한다.[156] 편위는 이미 시간
과 공간 이전에 존재했거나, 적어도 그것들의 출현과 공존한다. 루크
레티우스에 의해 사용되는 허공(the void)의 경우, 그 비슷한 그리스
어로 코라(chora)와 라틴어 로쿠스(locus)가 있으며, 운동을 통해 만
들어진다. 그리스어와 초기 라틴어에서 공간의 의미는 텅 빈 데카르
트적 공간이 아니라, 생성과 생산의 능동적 움직임이다. 따라서 허공
은 우리가 세 번째 움직임 안에서 볼 것처럼, 물질화 자체의 과정을
통해 만들어지는 것이다. 허공은 이미 펼쳐진 물질이며, 지금 입자로
서 국지적으로 펼쳐진다.

여러 부분들로 스스로를 벗어나 펼쳐지는 허공의 움직임 안에서, 원
자는 운동으로 진입한다. "마치 선 안에서 점이 펼쳐지는(unfolded
[aufgehoben]) 것과 같이, 모든 낙하하는 물체는 그것이 그리는 직선
안에서 펼쳐진다[aufgehoben]." 따라서 운동 중인 원자는 발생하면서
그것의 접힌 부분 또는 '자기-유지'(behauptet)로부터 나오지만, 여
전히 계속해서 그것[운동의 직선]에 연결된다. '부단한 운동'으로서

---

155 "맑스는 고대 원자론에 관한 거의 모든 전통적인 주류 해석의 범주를 거부한다. 허공
은 비어 있지 않으며, 원자는 불연속적이지 않고, 편위는 인과적이지 않으며, 척력은
이차적이지 않다. 세 가지 움직임들 모두는 오로지 어떤 연속적이고 불확정적인 물질
의 움직임에 속하는 국지적이고 상호 의존적인 계기들이다"(Nail, *Marx in Motion*, p.
27).

156 *Ibid.*, pp. 23~24.

의 불연속성과 "원자의 견고성은 심지어 고려조차 되지 않는다". […] "원자는 존재하지 않는다!" 다시 말해 불연속적인 또는 영원한 원자로 불리어지는 존재론적으로 상이한 실체는 없다. 원자는 오로지 물질의 지속적인 세 겹 주름 펼침 안에서 하나의 운동적 계기일 뿐이다. 모든 물질이 거기 속한 절대적으로 내재적인 운동에서 다른 것과 분리된 그 어떤 개별적인 또는 불연속적인 원자도 존재하지 않는다.[157]

에피쿠로스와 맑스에게서 편위 운동은 결정론적이지도 무작위적이지도 않으며, 방행적이다. 즉 편위는 무작위 운동 안에서 움직이지 않으며, 그것의 이전 운동과 관계된 운동 안에서 움직인다. 하지만 이 관계는 그것의 미래 운동들을 완전히 결정하지 않는다. 이는 어떤 제멋대로의 우주가 아니라 변증법적인 우주다. 이 방행적 변증법은 논리적인 부정성, 동일성 또는 차이와 아무런 관련이 없으며,

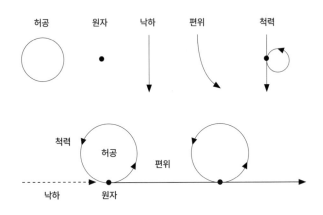

그림 13. 운동적 변증법

157 *Ibid.*, p. 24.

오히려 불확정적인(éventuelle) 관계의 과정과 연관된다. 편위는 부단한 차이화(differentiation)의 불확정적 과정이다.

그 자신으로부터의 물질의 부단한 펼침을 지나, 물질은 새로운 주름 안에 스스로를 넘어 그 뒤로 되접는다. 이 새로운 주름은 제 차례에 와서 새로운 허공 또는 운동의 공간을 만든다. 이것으로부터 변증법적 과정이 기원적인 시작도 궁극적인 종합도, 목적도 또는 폐쇄도 없이 반복적으로 다시 시작된다.[158]

> 물질적 흐름의 구부러짐(curvature)은 스스로에 반하는 물질의 척력을 위해 매우 중요하다. 척력은 맑스가 물질 자신의 "결정성을 형성하는"(Formbestimmung) 자기-감성(self-sensuous)적이고 자기의식적(self-aware[Bewußtsein])인 것이라고 부르는 것을 가능하게 한다. "**척력은 자기의식성의 첫 번째 형식**"이다.[159] 즉 물질의 흐름이 편위를 통해 스스로를 넘어 되접힐 때, 그것은 "감성의 형식", 다시 말해 물질적 질들을 생산한다.[160] 척력은 물질과 형식을 운동적으로 또는 운동형태적으로(kinomorphically) "감성의 형식" 안으로 통합한다. [⋯] 말하자면, 물질의 감성적 질들은 그것들의 물질-운동적이고 역사적인 출현에 선재하지 않는다. 질들은 물질이 되접히고 스스로를 감각할 때, 발생한다. 물질은 감각작용이면서 감각된 것 둘 모두이다.(그림 14 참조)[161]

---

158 *Ibid.*, pp. 24~25.
159 MECW, Vol. 1, p. 52.
160 *Ibid.*, p. 53.
161 Nail, *Marx in Motion*, p. 25.

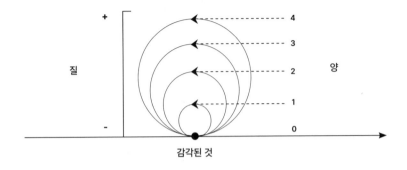

그림 14. 양과 질

네일의 해석에 따르면 맑스가 "감성적 확실성의 변증법"이라고 부른 것 안에서 질들이 발생하는 것은 척력 또는 물질의 그 자신과의 간-행이다. 여기서 감성적 확실성 전체는 이 요동치는 과정 전체로 간주된다. 다시 말해 이제 현상(erscheinende)의 세계가 출현하는 것은 바로 이러한 척력과 질화된 원자들이 어우러지는 연속적인 혼합(zusammenhängenden Konglomerationen)으로부터다.

· 어우러짐

네일은 물질의 간-행과 상호 생산을 기술하기 위해 맑스가 여기서 사용하는 독일어 단어 'zusammenhängenden'이 영어 번역본에선 결정적으로 누락되었다고 지적한다. 마치 그것이 독일어 단어 'Conglomerationen'의 단순한 부가물인 양 말이다. 그러나 이 'zusammenhängenden'이라는 개념은 맑스의 물질-운동적 변증법의 최초 이론에서뿐만 아니라 그의 저작을 통틀어 계속 등장한다.

동사 zusammenhängen은 집합적인 상호 협력 안에서 어울린다는 것 (hang together)을 의미한다. 어울린다는 것은 타자 안에서 어떤 것의 조건들을 가진다는 것이며, 그 타자는 제 차례에 그 조건들을 가지고 당신을 조력한다. 어울림(to hang)은 정확히 말해 자기-충족적이지 않으며, 전략의 위험을 무릅쓰고 타자들에 의해 불안정하게, 머뭇거리며 보류된다는 것이다. 이것은 간-행 또는 상호적으로 공-구성되는 실마리들로서, 일련의 매듭작업 안에서 서로 간에 내재하고 얽히며, 뒤섞인다는 의미다.[162]

예컨대 물질은 농부들과 나무의 '신진대사적인' 간-행이 다른 경우에 사유재산으로 재분배될 때 인위적인 방식으로 어울릴 수도 있다. 재산으로서의 나무는 상품으로 전환되며 농부는 그 나무를 도시에서 살 수 있는(또는 살 수 없는!) 임금 노동자로 전환된다. 그것들이 사유재산이든 아니든, 농부들과 나무는 그것들이 서로 간에 의존하기 때문에 여전히 어울려 있다(zusammenhängen).

· 감각과 감성의 구분

네일은 감각과 감성을 구분하면서, 비록 맑스가 인간의 이론적 실천이 언제나 인간적 감각(sensation)으로부터 시작한다는 점을 쟁점화하지 않는다 해도, 그의 '비판적' 방법론은 마찬가지로 보다 광범위하게 자연 안에 있는 감각의 물질적 조건들에 대해 관심을 기울인다고 논한다. 즉 자연 자체의 감각이 바로 감성이며, 감성이 감각의 물

---

162 Nail, *Marx in Motion*, pp. 26~27.

질적 조건들이다.

　만약 인간의 이론적 탐구가 실천에서, 이를테면 감각에서 시작한다면 그리고 만약 인간이 역사적으로 생산된 자연적인 물질적 신체들이라면, 그러면 물질은 스스로를 감각할 수 있음에 틀림없다. 하지만 에피쿠로스, 루크레티우스 그리고 맑스는 모두 감각의 역사적이고 국지적인 조건들에 그들의 탐구를 제한하기 때문에, 그들의 결론은 현재 감각의 오로지 역사적인 존재론적 조건들에 속할 수 있다. 다시 말해 그들의 질문은 "항구불변하는 존재에 속하는 자연은 무엇인가?"가 아니라 "존재하는바 현재를 위한 사례가 되어야 하는 물질적이고 역사적인 조건들은 무엇인가?"이다. 이를 '역사적' 또는 '국지적' 실재론이라고 부를 수 있다.

　물질은 감성을 통해, 즉 생성적 움직임을 통해 인간이 된다. 인간적 실천의 물질적 조건은 무엇보다 감성적 능동성이며 운동 안의 물질의 생산적 힘이다. 이 움직임 안에서 인간은 자연으로서의 자연 안에 스스로를 재생산할 수 있는 사회적 또는 집합적 동물로서, 즉 사회적 자연으로서 출현한다.

· 본질과 실존

본질과 실존은 준안정적이고 방행적인 물질 흐름의 동일한 두 측면이다. 그 이유는 정확히 "완연히 발전된 자연주의로서의 공산주의가 인간주의와 같고, 완연히 발전된 인간주의로서의 공산주의가 자연주의와 대등하기 때문이다. 이것이 인간과 자연 사이 그리고 인간과 인간 사이의 갈등에 대한 고유한 해결책이다. 존재와 본질 사이, 객관화와 자기-일치 사이, 개체와 종 간의 투쟁에 대한 진정한 해결이 바로 이것이다".(맑스) 이것은 맑스의 물질에 대한 운동론(자연주의)

이라고 해야 한다.[163]

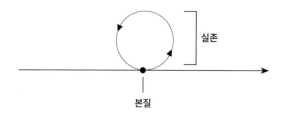

그림 15. 본질과 실존

에피쿠로스에 대한 맑스의 해석에서 객체는 물질이 편위하고 스스로를 넘어 되접힐 때 감성적 형식이나 질을 발생시키면서 출현한다. 따라서 듣는 자연은 스스로를 들으며, 냄새 맡는 자연도 스스로를 냄새 맡고, 보는 것에 있어서도 그것은 스스로를 본다. 그러므로 인간의 감성은 자연의 과정들이 하나의 초점으로 반영되고 현상의 빛으로 발화되는 매개다. 자연의 객체는 감각되고 또한 감각한다. 자연으로서의 인간은 마찬가지로 감각 가능하며 감각되는 것이기도 하다. 감성적 객체는 그러므로 인간의 물질-운동적 기초다.

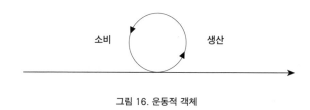

그림 16. 운동적 객체

163 "사실상 맑스는 인간성이나 자연의 제일원리를 제시하고자 하는 그 어떤 시도도 거부한다. 왜냐하면 비판철학은 물질과 자연의 감성적 존재에서 시작하면서 그것들의 국지적 조건들을 보는 것이지, 그것들의 기원들이나 선험적인 본질을 보지 않기 때문이다"(*Ibid.*, p. 32).

네일·맑스에 의하면 모든 존재들은 감성적 객체다. 객체들은 계속해서 생산된다. 왜냐하면 물질이 흐르기 때문이다. 이러한 흐름은 감각의 안정된 순환들을 생산하고 재생산하기 위해 스스로를 계속 접고 접고 접는다. 객체들은 단순히 사태를 겪는 수동적인 것이 아니다. **맑스의 객체들은 능동적이면서 수동적이며, 생산하면서 동시에 소비한다.** 그것들은 지속적인 **변조**를 통해 본질과 실존 사이의 모순을 객체화한다. 물질-운동적 객체는 어떤 지속적인 생산과 소비의 움직임이다.(그림 16 참조)

인간은 이런 의미에서 예외적이지 않다. 식물은 태양의 객체이며 태양은 식물의 객체이다. 식물은 태양빛을 접어 넣고 태양빛은 식물 안에서 펼쳐진다. 이 각각이 감응하며 다른 객체들에 의해 감응된다. 그리고 모든 객체들은 맑스의 박사 논문에 기술된 물질의 운동적 변증법을 따라 접고 펼쳐진다. 따라서 객체들이 서로 간에 생산하고 소비할 때, 그것들은 그들의 능동적 힘을 표현하고 동시에 그들의 수용력을 확정한다.

· 사유재산의 발생

사유재산은 다른 객체들처럼 하나의 객체인데, 이것은 물질의 보다 주도적인 흐름이며 주름 운동에 따라 생산된다(인간과 비인간, 양자 모두에서).[164] 하지만 사유재산은 또한 다른 객체들과 다르기도 한데, 왜냐하면 (인간과 비인간 모두에서) 사유재산을 생산하는 실제적인 물질적 운동들과 에너지들이 다른 객체적 관계들과 달리 전체 과정

---

164 "정치경제학의 어리석음은 '생명/삶의 확고한 양태들'의 신진대사적 운동들이 어울려 드는 그 특유한 방식들을 파악하는 데 실패했다는 데 있다"(*Ibid.*, p. 34).

으로부터 세 겹 주름의 운동적 분리(Entfremden/ Entäußerung)를 수행하기 때문이다. 맑스는 [여기서] 존재론적 분리를 염두에 둔 것이 아니라 오직 어떤 국지적 외화와 물질적 **재분배**를 야기하는 엄격하게 물질-운동적 분리를 말한 것이다. 이때 맑스는 교환 가능한 독일어 단어들(Entfremden/ Entäußerung)을 언급한다. 물질의 실제적 흐름이 분리되지 않기 때문에, '분리'는 여기서 분기, 재정향 또는 전환을 의미하는 것이지, 어떤 **절대적인 '절단'을 말하는 것이 아니다.**

　네일은 사유재산의 발생 과정을 설명하면서 다음과 같은 세 가지 '분리'를 논한다.

　ⓐ객체로부터의 분리: 첫 번째 분리는 그것이 생산하는 객체로부터 생산의 분리이다. 운동적 생산의 과정은 그 자체 객체화 안에서 실현되지만, 그 과정은 또한 그 자체로 인간과 비인간 둘 모두인 다른 객체들로 구성된다.[165] 일반적인 물질적 생산 과정에서 또는 서로 간에 어떤 생산 과정의 부분들의 국지적 분리 안에서는 그 어떤 특유하게 인간적인 것도 존재하지 않는다. 하지만 인간 노동자는 그 자신의 방식으로 정말로 이 국지적 분리를 경험한다. 여기서 인간은 분리 또는 재분배의 보다 큰 과정의 한 예일 뿐이다. 마치 객체가 그것을 생산하는 물질적 조건으로부터 어떤 분리성과 독립성을 가지는 것처럼, 그 과정은 궁극적 객체의 명백한 종속물이 된다. 세 겹 주름의 물리적 연속성이 존재하지만, 사유재산은 마치 그 부분들이 분리된 것인 양 활동한다.

　ⓑ능동성으로부터의 분리: 생산된 객체는 직접적으로 생산 자

165　*Ibid.*, p. 35 참조.

체의 창조적 능동성에 대응하지 않기 때문에, 그것은 적절하게 능동성에 '속하지' 않는다.[166] 다시 말하자면 물질의 방행적 운동이 단지 기계적 능동성으로 강제되는 한, 그것의 창조적 능동성은 그 (방행적인) 움직임의 본성으로부터 유리된다. 생산은, 그것이 그것 '자체의 자발적 능동성'에 '반하여 지향되는 능동성'이 될 때, '자기-희생'과 '고행'으로 강제된다. 다시 말하지만, 여기에는 그 어떤 존재론적 분리도 없으며, 오히려 인간 유기체에만큼이나 흙에도 속하는바, 다른 식으로 자유롭게 발생적인 움직임의 일련의 강제된 기계적 반복이 있다.

ⓒ 존재로부터의 분리: 모든 존재들은 그 유형을 정의하는 상이한 배치들 안에서 물질적인 '비유기적 자연'에 의해 생산되고 재생산된다. 다시 말해 존재자들은 불변의 본질이 아니라, 생산되고 생산적인 역사적이고 물질적인 '존재의 유형들'(Gattungswesen)이다. 모든 살아 있는 존재들은 스스로를 이러한 자연의 비유기적 신체와의 지속적인(beständig), 계속되는 간-행(intra-action; zusammenhängen)의 과정들(Prozeß)로서 유지한다. 따라서 모든 존재는 비유기적인 물질적 과정이라 해도, 서로 간의 상호 의존성과 공동생산이라는 측면에서 '함께'(zusammen) '어울린다'(hängen).[167]

하지만 사유재산의 생산을 통해 존재자들은 그들이 할 수 있는 많은 종류의 것들을 행하는 것으로부터 분리된다. 그들은 운동의 기계적 패턴 속으로 강제되며, 그들의 생산물은 그들에게로 돌아오지 않는다(künstliche zusammenhängen). 예컨대 공장식 농장에서 동물들

---

166 *Ibid.*, p. 36 참조.
167 *Ibid.*, pp. 36~37 참조.

은 고기를 탈취하기(Entäußerung) 위한 기계들처럼 그들의 신체를 다루는 좁디좁은 사육장 안에 강제로 갇힌다. 여성들의 신체들은 새로운 노동자들과 가사노동자의 탈취를 위한 공장들로 전환된다. 식물들은 무생식 상태로 유전적으로 변형된다. 강에는 에너지를 탈취하기 위한 댐이 지어진다. 대부분의 사람들은 날것 그대로의 물질적 탈취를 위한 식민지들(노예, 목재, 설탕, 금 등등)로 변형된다.

이렇게 함으로써 사적 소유는 행위를 위한 존재자들의 역사적 능력들로부터 그 존재자들을 분리하고 따라서 존재들의 유형들로부터도 분리한다. 이것은 네 가지 상호 연관된 그들의 존재의 분리들을 생산한다.

(a) 존재자들은 자연과 더불어 그들의 특유한 간-행(zusammenhängen Prozeß, 어우러지는 간-행)의 과정으로부터 상대적으로 분리된다. (b) 그들은 그들 자신으로부터 분리되며 그 자신의 행위능력으로부터 분리된다. (c) 그들은 그들의 집합적인 생태적 조건들로부터 분리되며 오로지 개별적 도구들로서만 취급된다. 그리고 (d) 그들은 그들의 동료들로부터 분리된다.[168]

네일에 따르면 물질 안에는 그 어떤 이분법도 없다. 물질은 생산물이면서 국지적 분리와 재분배들의 생산이다. 하지만 이것은 또한 명백하게 가치 생산에서 구성적 역할을 하는 강탈, 전유 그리고 시초 축적, 즉 분리의 과정을 미리 보여 준다. 이 모든 것은 우리를

168 *Ibid.*, p. 37.

사유재산에 관한 운동적 분석의 드라마틱한 결론으로 이끌어 간다. 맑스에 따르면 이 물질적, 즉 즉각적으로 지각 가능한(perceptible) 사유재산은 분리된 인간적 생명/삶의 지각 가능한 표현이다. 그것의 움직임(생산과 소비)은 지금까지 모든 생산물의 움직임의 지각 가능한 폭로, 다시 말해 인간의 실현 또는 실재성이다. 이에 따라 종교, 가족, 국가, 법, 도덕, 과학, 예술 등등은 오직 특정한 생산양식이며, 그것의 일반 법칙 아래에 떨어져 놓인다.

· 맑스의 분석이 가지는 특이점

다시 말해 맑스의 분석이 사유재산과 그 세 겹 운동의 분리라는 당대 세계의 감각적인 물질적 조건들에서 시작하는 반면, 그의 결론은 지금까지의 모든 생산의 역사적이고, 물질적이며 운동적인 조건들을 발견했던 것이다. 그것은 보다 일반적으로 모든 물질적 생산물들의 어울림이다. 따라서 맑스의 물질적 생산의 운동론은 자본주의 경제 이론만이 아니라, 당대의 입장에서 나오는 모든 간-행적인 물질적 생산에 관한 역사적 존재론이다. 따라서 맑스는 특별히 오늘날 자본주의 생산양식이 나타나게 했던 일반적인 생산의 물질-운동적 조건들이어야만 했던 것을 발견한 것이다.

네일은 맑스가 상품을 그의 손에 감성적으로 쥐고 그와 같은 감성적 현상이 발생할 수 있는 역사적이고 물질적인 조건들을 탐구하기 시작한다고 말한다.[169] 즉 맑스는 현재까지 이어지는 긴 역사 안에 포함된 물질적 과정의 세세한 부분들을 역사적으로 바라봄으로써

---

169 *Ibid.*, p. 53 참조.

시작한다는 것이다.

다시 말해 정치경제학의 출현은 『자본론』이라는 책이 끝나는 곳에서 시작한다. 즉 시초 축적과 식민주의의 출현과 그 과정과 더불어 말이다. 자본주의 이전, 보다 넓게는 경제학 이전, 거기에는 비경제학적인 전유의 과정이 있다. 전유는 모든 종류의 물질들을 어떤 경제적 가치로 환산하지 않고 단순히 훔치거나 취한다(여성 노동, 생태계, 식민지 주민들 등등의 전유). 일단 최초의 대규모 물질이 전유되면, 어떻게 하면 더 많이 전유할지, 그것에 대한 대가를 더 적게 낼지 그리고 획득되는 것(잉여가치)을 더 많이 가질지가 질문이 된다. 다시 말해 실천적으로 역사적으로 말해, 『자본론』은 그것의 탐구 양식이라는 측면에서 앞에서 뒤로 읽혀야 하며, 그것의 현전 양식이라는 측면에서 뒤에서 앞으로 읽혀야 한다.

네일은 여기서 『자본론』에 대한 일종의 '북앤드적인' 또는 '이중-말단적인'(double-ended) 독해를 제안하고 있다.[170] 이에 따라 『자본론』은 한쪽 끝에 놓인 시초 축적의 역사적 우선성이 다른 쪽 끝에 가치론으로의 역방향 독해인 것으로 된다.

『자본론』의 개념적 장치는 시초 축적에 관한 8부에서 그 겉보기의 한계에 도달한다. 여기서 가치, 잉여가치 그리고 축적 개념은 아직 등장하지 않았다. 하지만 이 한계는 단지 겉보기일 뿐이다. 왜냐하면 1장의 시작부터 가치 생성의 비밀스러운 구성요소는 실제적으로 시초 축적이기 때문이다. 다시 말해 진정한 변증법적 방향에서 우리는 그 끝이 이미 논리적으로 생성 자체의 변증법적 과정으로서

---

170 *Ibid.*, pp. 53~54 참조.

처음부터 함축되어 있다는 것을 가치의 논리의 끝에서 깨달을 뿐이다. 그러므로 시초 축적은 모든 가치와 전체 자본주의적 생산양식에 속해 있는 변증법적 생성이다.[171]

개념적으로 『자본론』의 1장은 오로지 그것이 추상되는바, 풍부한 물질적이고 역사적인 조건들 때문에 가능하다. 맑스에게 하나의 원칙으로서 가장 일반적인 추상들은 가장 풍부하게 가능한 구체적인 전개들의 한가운데에서 발생하며, 거기서 하나의 사물/사태는 다수에, 모든 것에 공통되는 것으로 나타난다. 생산과 같은 개념의 일반적 특성은 추상적이거나 보편적인 관념으로서가 아니라, 횡단역사적으로 그리고 내재적으로 그것의 출현의 역사를 가리키는 한 가능하다. 우리는 그것이 등장했던 이 모든 선행하는 패턴들에 대한 참조 없이는 현재에 관한 어떤 추상적 이론도 제시할 수 없다.

신유물론적으로 봤을 때 가치의 기초를 제공하는 것은 인간의 사용가치만이 아니다. 보다 중요한 것은 인간-외의(extra-human) 그리고 또 다른 비가치화된(nonvalued) 물질적 과정들이다.

---

171 "맑스에게서 헤겔 변증법적 방법의 전복이란 '단순한 뒤집음'으로 이해되어서는 안 된다. [⋯] 맑스는 헤겔 변증법에 정신 대신 물질을 부여한 것만이 아니다. 전복은 변증법을 변화시킨다. 운동에 관한 결정론적 법칙 대신에, 맑스는 **방행적 흐름들**(pedetic flows)을 부여한다. 논리적 대립의 계기들 대신, 맑스는 **운동적 주름들**(kinetic folds)을 제시한다. 논리적 종합 대신에, 그는 끝이 열린 순환의 과정을 보여 준다. 그러므로 맑스의 변증법은 물질의 생성 운동 자체를 시초, 과정 그리고 이론적 탐구의 조건의 생산으로 바라보는 한, 마땅히 역사적이다. 따라서 '합리적'이라든지 변증법의 물질-운동적 형식은 여러 상이한 결론들을 가지게 된다. '[⋯] 그것[변증법]은 그 부정성의 동시적 인식으로 존재하는 것에 관한 긍정적 이해 안에 그것의 불가피한 파괴를 포함한다. 왜냐하면 그것은 모든 역사적으로 발전된 형식을 어떤 유동적 상태, 즉 운동 안(Flusse der Bewegung)에 존재하는 것으로 간주하며, 따라서 그것의 일시적 측면까지도 파악하기 때문이다.' [⋯] [이에 따르면] 자본주의는 역사의 끝이 아니다. 모든 역사적 형식은 유동적 운동 상태 안에 있다"(*Ibid.*, p. 55).

네일은, 맑스에 따르면 독일어 단어 Gegenstand(object)는 우리에게 객체가 무엇인지에 대한 최초의 의미를 제공한다[172]고 했다. 한 객체는 그것이 있는 곳에 머물러 있거나 서 있는(stehen) 어떤 것 그 자체'를 향해 움직이는'(gegen) 것이다. 객체는 지속적으로 그것이 있는 곳에 그 자신을 향해 스스로를 되던짐으로써 머물러 있다. 영어의 라틴어 어원인 단어 'object'는 유사한 운동적 구조, 즉 ob-('향해'against)+iaciō('나는 던진다'I throw)를 가리킨다. 따라서 객체는 근본적으로 운동적 과정이다. 즉 그것은 그 자신을 향해 접혀지고 던져진, 또는 그 자신 주위로 되돌아오는 물질의 흐름이다. 그것은 강물결 안의 어떤 소용돌이와 같다. 그것은 자기 자신에게로 계속해서 돌아오면서 머문다(stehen). 하지만 그 머무름과 서 있음은 오로지 지속적으로 그 자신을 향해 또는 그 위로 되돌아오는 움직임을 통해서만 발생하는 어떤 것이다.

객체로서의 사물은 다음과 같은 특징들을 가진다.[173]

(1) 외연(extensive): 사물은 우선 어떤 외적이거나 외연적인 객체다. 그의 수고(manuscripts)에서 맑스는 다음과 같이 쓴다. "객체화, 자연화 그리고 감성화되는 것 그리고 동시에 객체적 자연을 가지는 것과 우리 바깥을 감각하는 것 또는 객체적 자연인바 우리 자신과 세 번째 관계자를 위한 감각은 하나이자 동일한 것이다. 그 자신 바깥에서 그 본성[자연]을 가지지 않는 존재는 객체적 존재가 아니다. 스스로 세 번째 존재를 위한 하나의 객체가 아닌 존재는 객체가 아

---

172 *Ibid.*, pp. 61~62 참조.
173 *Ibid.*, pp. 62~65 참조.

니다. 즉 그것은 객체적으로 연관되어 있지 않다. 그것의 존재는 객체적이지 않다. 비-객체적 존재는 비존재이다."[174] 존재하는 것은 하나의 객체로 존재하는 것이다. 객체로 존재하는 것은 외재성 또는 연장성을 가지는 것이며, 따라서 마찬가지로 서로 간에 상호적으로 외재적인 여타 객체들에 외재적으로 관계한다. 어떤 자연적 존재로서, 인간은 단지 생산적이면서 재생산적인 객체들의 집합 중 한 종류일 뿐이다.

(2) 강도(intensive): 사물의 두 번째 특성은 그것이 어떤 내적이거나 강도적인 측면을 가진다는 것이다. 여기서 쓰여지는 독일어 단어 eigen은 '내적', '자신의', '질' 또는 '소유'를 의미한다. 그래서 사물은 그것의 외재성에 의해 정의되는 객체적 측면과 내부성에 의해 정의되는 주체적 또는 질적 측면(Eigenschaften)[175] 둘 모두를 가진다. 사물의 이중적 측면들은 절대적으로 분리 불가능하다.

맑스와 에피쿠로스에 따르면 질들이 주름 운동을 통해 출현하고 사라진다는 사실은 마치 역사, 욕망 그리고 자본주의적 가치 창조가 그러하듯이, 질화의 과정이 열려 있다는 것을 의미한다.[176] 소비는 단순한 파괴가 아니다. 식물이 포톤을 소비할 때, 그것은 그것들을 에너지, 운동, 세포 등등으로 변형한다. 소비는 새로운 질들의 생산

---

174 MECW, vol. 3, pp. 336~337.
175 "모든 것(사물, Ding)은 질들의 다양체를 포함하며, 그것은 주름화 운동을 통해 존재로 진입한다. 그러므로 물질은 언제나 새로운 방식들로 스스로를 접고 펼친다. 다시 말해 이것은 데모크리토스와 다른 에피쿠로스의 빛나는 통찰이다. 데모크리토스에 따르면 물질은 어떤 질도 전혀 가지지 않으며, 현상하는 질들은 단지 겉보기일 뿐이다. 다른 한편 에피쿠로스에게서 물질은 언제나 이어지는 감성 되기(becoming sensuous)이다. 그것의 감성적 특성은 그 실재 현상 안에서 변화하고 운동적으로 변형한다"(Ibid., p. 65).
176 Ibid., p. 69 참조.

적 창조이며 따라서 새로운 욕망이다.

　따라서 사물들은 고정된 질들 또는 본질들로 이루어진 불연속적 단위가 아니다. 오히려 물질은 새로운 질들의 생산이면서 그것들의 소비라는 두 겹 주름의 특성을 가진 사물들 안으로 접혀 오른다. 맑스에 의하면 욕망은 비물질적·생기적·주체적이거나 또는 엄격하게 인간적일 수 없다. 오히려 욕망은 물질-형태 또는 감성적 객체들의 내재적 변형일 뿐이다. 욕망은 질들의 끝없는 다양화 또는 다-주름화이다.

· 사용가치의 전유

질의 다양성과 상품의 신체가 "가치의 물질적 운반자"이다.[177] 이때 사용가치는 오로지 사용 또는 소비에서 실현된다(verwirklicht). 사용가치는 그 형태가 무엇이 되든지 간에 부의 물질적 내용(stofflichen)을 구성한다. 맑스는 마찬가지로 그것이 사회적 형태 안에서 교환가치의 물질적 운반자(Träger)이기도 하다고 말한다.

　사용가치는 운동-중-질(quality-in-motion)이다. 이것은 그것의 존재가 일련의 생산-소비 순환들을 통과해 변증법적으로 변형되는 질이다. 그것의 역사적 형태가 무엇이든 간에 모든 부는 그것의 물질적 운반자들인 운동-중-질에 의존한다. 물질은 그것의 형태들로서 연속적인 움직임 안에 있으며, 반복적으로 결정된다. 하지만 물질화 또는 주름화의 과정은 그것을 날인하러 오는 다른 모든 형태들을 운반하거나 지지한다.

177　*Ibid.*, p. 72 참조.

다시 말해 운동적 물질화의 과정은 그것 자신의 형태 결정에 내재하는 것이다. 또한 이것은 감성적 질들을 생산한다. 과정과 그것의 질들은 물질적 기초와 역사적으로 형성되는 것의 내용이다. 그러므로 모든 축적 또는 전유는 물질적 생산의 사전 또는 시초 축적에 의존한다. 가치-형태는 운동적 물질화 과정의 제한된 선별이며, 이는 가치를 지지하거나 운반한다. 가치는 태어나는(운반되는) 어떤 것이다.

'tragen'[178]은 가치-형태(상품) 자체의 출현을 위한 물질-운동적 조건이다. Tragen은 또한 창조의 생산적 운반 그리고 그와 같은 창조의 '취함' 둘 모두라는 모호함도 담고 있다. 감성적 질 또는 사물들은 상품과 같은 어떤 특정 가치-형태에 의해 필연적으로 매개됨이 없이 계속해서 생산되고 소비된다. 질의 탄생과 운반은 그것을 취하는 것과 마찬가지로 가치-형태 자체의 출현에 있어서 이중적 조건들이다. 이 모든 것은 또한 그 많은 '자연의 공짜 선물'처럼 '취해지며' 자본주의의 발명품들을 위한 물질적 지지대로 사용된다.

따라서 핵심은 다음과 같다. 가치-형태는 즉각적으로 그것을

---

178 "tragen은 '지지하다', '유지하다' 또는 '이동하다'를 의미할 뿐만 아니라 '태어나게 하다'라는 의미도 가진다. [⋯] Tragen은 '취하다'(to take)는 의미도 있다"(*Ibid.*, p. 74). "독일어 단어 tragen은 원시-인도-유럽어 어근 dreg에서 온 것으로 '끌다, 당기다 또는 끌어내다'를 의미한다. 따라서 물질적 생산의 과정은 근본적으로 운동적 과정이다. [⋯] 물질적 생산은 거기 내재하는 어떤 계속되는 재생산관계이지만 가치-형태에 의해 셈해지거나 가치 매겨지지 않는다. 전유는 가치의 생성이며 그것으로부터 분리 가능한 사건이 아니다. [⋯] 그러므로 Tragen은 아래로부터 무언가를 유지하는 것이거나 지지하는 것이다. 이 단어의 재귀 용법은 무언가가 '스스로를 지지한다'는 것을 의미한다. 물질과 형태의 이 집합적인 자기-지지는 정확히 맑스가 **얽힌 물질들의 어우러짐**(zusammenhängen of entangled matters)이라고 부르는 것이다. 물질적 질들은 허공 중에 스스로 매달리지 않는다. 그것들은 스스로를 지지하는(tragen) 것처럼 다른 것들과 매듭지어지고 접힌다. 뒤얽힌 물질들의 움직임은 따라서 스스로를 지지하고 가치-형태의 탄생을 내재적으로 지지한다"(*Ibid.*, p. 76, 강조는 인용자).

지지하고 유지하는 질들에게서 분리되지 않는다. **가치는 모든 종류의 사용가치의 직접적 전유에 의해 탄생한다. 하지만 이 생산 활동의 작은 부분만이 임노동 시간으로 가치화된다. 다시 말해 운반자란 가치-형태를 단순히 취하는 것이면서 그것을 지지하고 이동시키는 것이다.**

· **시초 축적**

앞서도 말했듯이 네일은 '시초 축적'의 지속성을 중시한다. 그 이유에 대해 네일은 다음과 같이 말한다.

나는 맑스의 가치론에서 시초 축적의 중요성을 강조한다. […] 나는 우리가 보존이나 화폐화를 통해 생태적 파괴를 벌충하려고 시도한다 해도, 전체 자본주의경제는 붕괴할 것임을 보여 주고자 그렇게 하는 것이다. 자본주의는 그러한 가치[생태적 가치]를 구성하는 모든 것에 마땅히 가치를 부여할 수 없다. 그러므로 사회체계로서 그것의 회복 불가능한 구조적 실패가 있다. 시초 축적의 과정을 강조하는 것은 비가치를 가치로 통합하는 것의 불가능성을 명백하게 드러낸다. […] 여성, 노예 그리고 다른 것들은 여전히 지불되지 않았다. 자본주의는 엄청난 규모의 능동성[활동성]의 원천과 재생산 노동을 단순히 탈취하여, 단지 그것의 적은 부분만을 보상하거나 가치화했다. 이 적은 보상 부분에 대해 맑스가 부여한 이름이 '가치' 또는 '사회적으로 필요한 추상 노동 시간'이다. 이 노동의 가치는 '자유인', 즉 그들의 땅으로부터 강제로 쫓겨난 수많은 농민들의 임금이라는 형태로 자본주의적 생

산양식 안에서 보상된다.[179]

탈가치화: 가치는 오로지 그것이 비가치(nonvalue)가 '아니기'
에 또는 적어도 이것이 자본가들이 그것에 대해 납득시킨 것이기에
가치다.[180] 가치와 비가치 사이의 전체적인 구분은 자연, 여성 그리고
식민지 인민들에 대한 탈가치화(devalorization)와 동시에 백인 남성
들의 지불 노동으로부터의 가치 창조에서 일어나는 특수한 역사적
실행들에 입각한다. 따라서 '탈가치화'는 가치와 비가치를 구별하는
과정을 의미한다. 따라서 마치 사용가치와 가치라는 두 겹 주름의 측
면들 사이의 연속성과 같이, 여기에는 내가 탈가치화와 가치 창조라
고 부르는 것 사이의 완전한 연속성이 있다. 맑스에게 이들은 같은
과정의 두 측면이며, 논리적 배제가 아니라 운동적 순환에 따라 서로
간에 상호적으로 규정하는 것이다.

네일은 노동과 가치 간의 관계가 임의적이지도, 수학적으로 결
정되지도 않으며, 전유와 약탈의 과정과 관련된다고 논증한다. 여기
서 '추상적 노동 시간'은 '약탈의 측정법'이 되는데 이것은 (아무런
가치도 가지지 않는) 적절한 질이나 양 안의 객체적인 것도 아니고,
인간의 욕망 안에 있는 순수하게 주체적인 것도 아니다. 그것은 전
유될 수 있는 것의 여러 구체적인 역사적 조건들과 얼마나 수월하게
이루어질 수 있는지와 관련된다.

사실상 기수, 문자언어 그리고 무게와 측정 체계는 메소포타미
아의 세 가지 발명품이다. 각각은 어떤 주어진 감성적 객체를, 다른

---

179 *Ibid.*, p. 75.
180 *Ibid.*, p. 79 참조.

것들의 측정 대상으로 연결될 때 마치 그것 자체가 실제적으로 아무런 질도 가지지 않는 것처럼 취급했다. 이것은 분명 자본주의의 발명품은 아니고 또한 어떤 비역사적인 사실도 아니다. 그것은 어떤 장소와 어떤 시간에 발명되었다. 이것 전에 인간은 단지 서술적 셈만을 사용했는데, 여기서 양은 서로 간에 앞이나 뒤에 있을 수 있는 것이었고 전혀 동등하거나 교환 가능하지 않았다.

핵심은 이것이다. 즉 **마치 아무런 질도 없는 것처럼 사물을 다루는 바로 그 행위는 보다 근원적인 전유행위에 의존한다. 이것은 교환의 논리(상보적 교환)에 입각해서는 설명될 수 없다.**

맑스에 따르면 자본주의 생산양식의 출현의 기원과 마찬가지로 가치 창조의 기원들은 보편적이지 않으며, 단지 실천적이고 역사적이다.[181] 후자의 논리는 전자의 역사 안에 포함된다. 역사적인 시초 축적이 자연으로부터의 어떤 공짜 선물로서 주위에 널린 부의 단순한 발견이 아니라, 사실상 어떤 극단적인 폭력과 지속되는 강도질이며 여성들, 자연 그리고 식민지들의 학살인 것처럼, 시초 축적의 논리는 운동 안에 수립되길 기다리는 가치의 정신적 속성이 아니다. **가치는 동시에 탈가치화다.**

여기서 논의되는 중요한 지점은 가치 생산이 우리가 순수하게 신체의 추상적 측면에서 사유하는 어떤 지성적 실행만이 아니라는 것이다. 그것은 실천적인 어떤 것으로서 지속적으로 수행되어야 하는 것 또는 우리의 손으로 만들어지는 것으로 존재한다.

추상은 모든 과정들과 같이 근본적으로 운동적이면서 수행적

---

181 *Ibid.*, pp. 84~85 참조.

인 활동이다. 이 활동은 어떤 본질이나 비물질적 관념이 아니다. 그리고 이것은 실제적인 역사적 과정이다. 추상을 행함으로써 우리는 단지 가치를 만드는 것만이 아니라, 물질적 구성요소들과 이 가치가 운반하는 형태들을 탈가치화한다. 추상은 사물들 간의 존재론적 분할이 아니다. 이것은 사물들의 어떤 특유한 재분배로서, 마치 그것들이 불연속적인 단편들이고 반복적으로 직조되는 감성적 물질이 아닌 것처럼 이루어진다.[182]

· 가치의 공포

어떤 상대적인 제거와 같은 물질적 실천은 가치의 추상이 실제로 하는 것이다. 가치는 실천적으로 어떤 신체의 부분을 제거함으로써 사회적으로 무언가를 탈가치화하며 추상화된 가치를 마치 비가치화된 것과 견주어 가치의 유일한 것인 양 만든다. 만약 이러한 추상이 실천적이고 역사적이라면, 그것은 지속적이며 상습적임에 틀림없다. 그것은 결코 단 한 번으로 끝나지 않는다. 그와 같은 추상의 조건들은 시초 축적의 그것과 마찬가지로 존속해야 한다.

맑스에 따르면 노동 생산물의 유용성이 사라짐과 아울러 그것들에 체현된 일련의 노동의 유용성도 사라진다. 이것은 차례로 노동의 상이한 구체적 형태들(konkret Formen)의 사라짐(verschwinden)을 야기한다. 이러한 것들은 이제 더 이상 구별될 수 없게 되고, 모두 같은 종류의 노동, 즉 추상화된 인간 노동으로 환원된다.

앞서 논한 바대로 첫째로 추상의 실행은 현실적으로 그리고 수

---

182 *Ibid.*, p. 86 참조.

행적으로 그것이 생산하는 객체로부터 물질적 생산의 과정을 분리한다. 둘째로 생산물을 생산하는 활동은 마치 그것이 어떤 활동의 종류가 아니라 '일반적' 활동인 것처럼 취급된다. 셋째, 생산자의 구체적인 감성적 존재는 더 이상 구별 불가능해지고 만들어진 생산물로부터 구별되는 추상적 노동으로 환원된다. 생산하는 존재자들은 마치 그들의 구체적 생산이 더 이상 구체적이지 않은 것처럼 그리고 마치 그들이 본질적으로 존재자의 유형이 아닌 것처럼 취급된다. 따라서 구체적 노동은 감성적 질들의 결여로 다루어진다.[183]

가치의 괴물에 대해 공포스러운 것은 그것이 괴물이기도 하지만, 살아 있는 것을 먹인다는 점이다. 가치는 여러 물질들을 탈가치화할 뿐만 아니라, 그것들을 출현과 재생산의 바로 그 조건들로써 먹여 살린다. 그러므로 탈가치화는 가치의 생피(lifeblood)를 먹고 자란다. 가치는 탈가치화된 물질들, 오로지 가치가 주어진 불연속적 부분들로만 구성된다. 이 추상의 기생적인 또는 뱀파이어적인 본성은 그것에 고유하게도 '공포스런 외양'을 부여한다.

여기서 가치의 공포는 이중적이다. 한편으로 공포스러운 것은 감성적 질을 순수한 양으로 환원하는 것이지만, 다른 한편으로는 가치를 뒤에서 덮치는 공포스러운 신체의 복수에 대한 두려움이다. **가치는 사용가치의 공포이며, 사용가치는 가치의 공포**이다. 시초 축적을 통과하는 모든 가치 창조의 근원적인 불안은 물질적 생산의 과정이 그것의 축적과 탈가치화를 향해 반역할 것이라는 점이다. 가치 창조의 쓰레기는 기후변화를 통해 그 생산자들을 독살하기 위해 되돌

---

183 *Ibid.*, pp. 86~87 참조.

아올 것이다. 요컨대 **자본주의적 공포의 이면은 '코뮤니즘의 유령'이 그것의 신체와 생명을 앗아간 가치창조 과정을 덮치는 혁명적 폭력이라는 실제적인 감성적 힘으로 되돌아올 것이라는 점이다.**

물질은 스스로 위로 접히며 스스로를 객관적 물질로 외재화한다. 그래서 가치는 **마치** 그것이 **유일한 분할 객체인 듯이** 물질적 생산의 전체 연속적인 흐름을 다룬다. 이것은 우선 물질적으로 분할된 객체의 부분인 토지, 피 그리고 노동의 숨겨진 흐름이 어떤 가치를 위한 현상의 형식을 지지하는 것으로 인식된다.

두 번째로 가치의 창조는 이러한 분할된 물질적 객체들이 어떤 동질적인 '가치-형태 실체'로 응결되고, 자기-규정적인 흐름으로 취급된다는 것을 도출해 낸다. 가치는 마치 그것이 자기-규정적 통일체, 즉 어떤 순환적 통일체인 것처럼, 연속적인 흐름이자 물질의 주름으로 간주된다. 맑스가 언급한 바에 따르면, 가치는 마치 문자 그대로 감성적 물질의 흐름을 '잡아 놓는'(hold; enthaltenen) 완전히 폐쇄된 '저장소'인 것처럼 간주된다. 물질적 생산은 주름을 통해 '자기 자신을 잡아 놓는다'. 그러나 가치는 그 감성적 잡아 둠(hold)이나 잡아 쥠(grasp)을 어떤 봉인된, 분할된 저장소로 취급한다.[184]

· 시간론

네일에 따르면 맑스 자신의 시간론은 여타 근대 철학자들의 것과 근본적으로 다르다. 다른 모든 철학자들과는 대조적으로 맑스는 운동 이전에 다른 어떤 것도 두지 않는다. 맑스는 루크레티우스를 따라 노

---

184 *Ibid.*, pp. 90~91 참조.

동은 운동을 수반하며 시간은 그러한 운동에 대한 자연적인 측정이라고 본다. 일반적으로 물질적 생산과 특히 인간 노동은 운동이다. 움직임은 시간으로부터 나오지 않으며, '시간 안'에서 발생하는 것도 아니다. '시간의 흐름'은 물질의 흐름 위에 기생하는 것이지 다른 방식으로 존재하지 않는다. 물질의 생성적 움직임은 시간과 공간 안에서 일어나지 않으며 실제적으로 시간과 공간을 생산한다.

맑스에게 사건(우연)은 일반적으로 실체의 변화다. 여기서 사건(우연)은 에피쿠로스적인 클리나멘의 운동으로 정의된다. 실체는 지속적으로 운동을 통해 변화하며, 편위가 불확실한 시간(incerto tempore)을 야기하기 때문에, 운동은 영원한 시간이나 심지어 연대기적인 시간으로도 환원될 수 없다. 에피쿠로스에게 시간은 감성적 물질로부터 독립적일 수 없고 그것에 내재한다. 측정 단위로서의 시간은 운동 안의 감성적 물질에 속하는 국지적 단위이다. 가치의 출현은 마치 그것이 개별적 단위로 구성된 총체인 것처럼 규정되는 것에서 시작된다. 철학적으로 봤을 때 이것은 데모크리토스로부터 칸트에 이르기까지 지지된 불연속성의 가설에 해당된다. 이는 마치 가치가 언제나 이미 거기에 있었던 것처럼 여긴다.[185]

우리는 이제 맑스가 '사회적 필요 노동 시간'이라고 부르는 것의 창조에 관한 두 가지 조건을 알게 된다. 그것은 상품을 생산하는 데 걸리는 평균 시간이다. 첫째로 물질적 생산은 소급적으로 그리고 구성적으로 탈가치화되거나 전유되어야 한다. 두 번째, 감성적인 물질적 생산의 흐름은 외재화되며, 마치 그것이 객체도 시간 자체도 아

---

185 *Ibid.*, pp. 92~93 참조.

닌 것처럼 그리고 시간적 측정 자체가 어떤 감성적 질을 가지지 않는 것처럼 세 번째 사물(시간)에 의해 측정되어야 한다. 이것이 바로 가치다.[186]

그러나 감성적 물질의 측면에서 생산은 질적으로 양적 측정으로 환원 불가능하다. 이런 의미에서 생산과 소비/재생산을 위한 물질적 조건은 제한이 없다. 이것이 가치 창조에 있어서 중심적인 딜레마다. **어떻게 해서 가치는 비가치로부터 나오는가?**[187] 자본주의는 자주 '운동-중-가치' 또는 그것의 '공기 중으로 모든 것을 녹여 버리는' 등등의 성격에 의해 정의된다. 그러나 보다 덜 고려되는 것은 정확히 그와 같은 가치화하는 움직임이 어떻게 어떤 매우 특수한 운동에 의존하는지이다.

맑스가 사회적으로 '필요한' 노동 시간의 가치를 기술하기 위해 사용하는 독일어 단어는 nothwendig이다. 사전적 의미로 이것은 '필연적인', '필수불가결한'이라는 의미이며, '유연하지 않은' 또는 '움직일 수 없는'이라는 의미다. 가치는 데모크리토스의 원자들처럼 연장적으로(extensively) 순환하지, 강도적으로 순환하지 않는다.

가치는 고정된 형식이 아니다. 왜냐하면 사회적으로 필요한 것은 모든 종류의 요인들에 따라 변화하기 때문이다. 그러므로 nothwendig는 유연하지 않은 또는 고정된 물질들 사이의 변화들을 지칭한다. 운동의 **상대적으로** 고정된 패턴들을 확장하고 응축하기 위해 엄청난 역동성과 가변성을 가치 생산에 가져다주는 것은 바로 이러한 지속적으로 변화하는 불가변적 상태다. 사회적으로 필요한

---

186 *Ibid.*, p. 93 참조.
187 *Ibid.*, p. 94 참조.

수준들 위나 아래에 있는 어떤 물질적 생산도 이러한 필연적 가치에 포함되지 않는다. 그러므로 노동은 평균 노동으로 간주되지 않으며, 그의 노동력은 평균 노동력으로 셈해지지 않을 것이다. 이것은 판매될 수 없거나, 노동력의 평균 가치보다 더 적은 수준에서만 판매될 수 있다.

결국 이것이 의미하는 바는 가치에 관한 한 작물을 위한 모든 대지적 노동 그리고 식물이 자라게 하는 모든 태양에너지, 그것을 수확하기 위해 요구되는 모든 동물들 그리고 동물들을 활용하는 노동자들을 출산하고 임신하며 기르는 그 모든 여성들이 이러한 평균 단위의 최소 존속기간의 극적인 초과분 안에 있다는 것이다. 만약 이러한 물질적 생산이 포함된다면, '평균 시간'은 이윤의 영역을 훨씬 초과할 것이다.

· 시초 축적의 중요성

가치의 운동을 지속적으로 담지하는 시초 축적의 관점에서 보면, 무언가 새로운 것이 보인다. 이 관점에서 가치 창조는 가치 창조/탈가치화를 위한 인종차별적이고, 성차별적이며 인간중심주의적인 과정들이다. 시간적 평균 단위의 가치 창조는 실제적으로 값싼/자유로운 생산과 지불된 생산 간의 유동적인 비율을 표현한다. 그러나 일단 사회적 필요 노동 시간에 의해 가치가 고정되고 지불되면, 다른 모든 것은 그 어떤 가치도 가지지 않는다. 이것들은 단지 가치의 운반자(bearer)로 다루어진다.

하지만 생산의 직접 전유가 증가할 때, 사회적 필요 노동 시간의 양은 감소한다. 직접 전유가 감소할 때, 임금 노동자는 이윤을 보존할 만한 동일한 수준에서 생산하기 위해 더 많이 더 길게 노동하도록 요청된다. 그러므로 '사회적 필요'라는 말은 어떤 고정된 또는 수학적인 내용을 가진 기술적 개념이 아니라 경제 공식으로 가려진 자본주의적 전유에 관한 단순한 수사적 표현이다.[188]

　　예를 들어 만약 생산에 사용되는 모든 물질적인 것이 공짜라면, 필요한 임금 노동 시간은 더 짧아질 것이다. 왜냐하면 임금 노동자들이 더 적은 생산적 노동을 하기 때문이다. 만약 한 구획의 기름진 땅이 단순히 점취된다면, 그때 거기에는 다른 어떤 곳으로부터 비옥하게 할 것들을 사거나 훔치기 위해 그리고 대지를 비옥하게 하려고 노동자들을 임금 안에서 활동시키기 위해 요구할 것은 없다. 파종하고 작물을 키우기 위해 드는 평균 시간은 비옥화하고, 키우고, 파종하고, 퇴비를 주며 재비옥화하는 데 걸리는 시간보다 적다.

　　하지만 만약 노예를 활용하여 잉여의 비옥화 노동이 공짜로 획득될 수 있다면, 그때 평균 지불-노동 시간은 다시 떨어질 것이다. '필요' 노동 시간의 흐름은 실제적으로 산술적인 사회적 평균에 대한 것이 아니라, 시초 축적을 거치며 지불된 생산에 대한 지불되지 않은 생산의 유동하는 비율에 대한 것이다. 더 나아가 상품을 생산하기 위한 시간의 '평균량'은, 얼마나 많은 노동이 그 과정으로부터 이윤을 생성하는 데 사용되는가 하는 것과의 일치를 위해 발생하는 것과 결코 같지 않다. 당연하게도 필요 노동 시간은 언제나 임금에 포함된 양을 넘는 과잉을 표현하기 때문이다. 사회적 필요 노동 시간과 이윤 획득 기간이 일치한다면 그것은 단지 우연일 뿐이다.

　　네일은 맑스를 인용하며 같은 비가치/가치 비율의 불가변성을

---

188 *Ibid.*, p. 95 참조

기각한다. 정확히 말해 맑스가 노동은 가치의 본질이지만, 노동 자체는 그 어떤 가치도 가지지 않으며, '노동 가치'란 상상적인 표현이라고 말한 측면에서 그러하다. 즉 물질적 생산은 그 어떤 가치도 가지지 않는다. 바로 그렇기 때문에 물질적 생산은 연속적으로 모든 새로운 방식으로 가치화되고, 탈가치화되며, 재가치화될 수 있다.[189]

이 논점은 관건적이다. 가치는 **직접적으로** 양적으로 변화하며, 노동생산성이 커질수록 생산 과정에 반비례한다. 그 자신에게만 관련해서 가치는 산술적으로 증가하거나 감소한다. 하지만 발전하는 생산 과정과 관련해서 가치는 반비례한다. 즉 생산성이 증가할 때, 더 적은 지불 노동 시간이 요청되며, 따라서 가치는 감소한다. 이러한 역전은 실로 놀랍다고 네일은 말한다. 이를 시초 축적의 전유 과정과 관련하여 보면, 보다 많은 생산력이 노예제, 환경파괴 그리고 부불 여성 노동을 통해 직접적으로 전유될수록 상품은 실제로 더 적은 가치를 가지게 되는 것이다. 이러한 반비례의 결과는 절대적인 황폐화다.

그러므로 사회적 필요 노동 시간은 몇몇 현실적인 경제적 공식이 아니라, 직접적으로 시초 축적의 과정에 연결된 여러 요인들에 따라 심하게 변동한다. 따라서 노동과 가치 간의 균형 상태는 절대적으로 불가능하다. 맑스는 이러한 '평균 단위'를 결정하는 요인들이 항구적인 흐름이며 따라서 생산이 변화할 때 반비례하여 변화한다는 것을 분명히 한다. 불연속적 단위의 가치 창조는 정확히 생산이 연속적으로 달라지기 때문에 변화하며, 직접 전유는 필요 노동 시간의 변

---

189 *Ibid.*, pp. 95~96 참조.

형에서 가장 중요한 요인임이 드러난다.[190]

· 신진대사의 분석

네일은 맑스의 신진대사 이론이 갑작스럽게 또는 그의 '성숙한' 철학에서만 나타나지는 않는다고 논증한다. 맑스는 그 개념을 1850년에 처음 알았으며, '신진대사'(Stoffwechsel)라는 개념을 『정치경제학비판 요강』(1857) 안에서 처음 사용했다는 것이다.

신진대사는 처음이자 최초의 연속적인 물질의 운동이다. 따라서 맑스는 신진대사를 그의 저작 전체에서 가장 큰 역사-존재론적 범주들 중 하나로 만든다.[191]

그래서 사용가치의 창조자로서의 노동은 유용 노동으로서, 모든 사회 형식으로부터 독립적인[unabhängige] 인간 실존의 조건[Existenzbedingung]이다. 그것은 인간과 자연 사이[zwischen]의 신진대사[Stoffwechsel]를 중재하는[vermitteln] 자연적 불가변성[Naturnothwendigkeit]이며 따라서 인간 생명/삶 자체다.[192]

네일은 독일 단어 Stoffwechsel은 문자 그대로 '물질적 변형'을

---

190 *Ibid.*, pp. 96~97 참조. 뒤에서 논하게 될 가속주의에서도 시초 축적은 매우 중요한 논점이다. "잉여의 규모가 실제로 변하는 또 다른 메커니즘은 […] 시초 축적이다. 이것은 단순히 자본주의의 시초에 관한 이야기가 아니라, 전-자본주의적 잔존 경제 질서가 자본주의적 경제 질서로 변형되는 것을 포함하는 계속되는 과정이기도 하다"(Nick Srnicek and Alex Williams, *Inventing the Future: Postcapitalism and a World Without Work*, London: Verso, 2015, p. 89).

191 Nail, *Marx in Motion*, p. 101 참조.

192 *Ibid.*(재인용).

의미한다고 말한다. 그것은 물질이라는 의미를 가진 독일 단어 Stoff 와 원-독일어 *wikwaną(산출하다, 접다)에서 나왔으며 연속적인 변화라는 의미를 지닌 Wechsel이 합쳐진 것이다. 그러므로 Stoffwechsel 은 연속적인 물질적 흐름, 주름 운동 그리고 맑스가 1841년 박사 논문 이래 써왔던 순환이라는 물질-운동적 과정을 아주 잘 기술한다. 네일에 따르면 맑스는 에피쿠로스의 원자론과 독일에서의 삼림법에 관한 글에서 물질-운동적인 어우러짐(zusammenhängen)에 대해 썼을 때, 그 단어를 이미 마음에 두고 있었다. 이 독일 단어의 그리스어 어원도 분명히 운동적이고 과정적인 특성을 함축한다. 박사 논문에 있는 어우러짐(zusammenhängen)과 같이 신진대사는 물질-운동적 기초이며 '대지적인 기반'으로서, '모든 생산과 모든 존재자들의' 궁극적 '원천'으로 기여한다.[193]

· 신진대사의 세 겹 이론

네일에 따르면 맑스의 신진대사 이론은 세 겹 주름(threefold)이다. 가장 큰 범위로는 '자연의 신진대사'가 있는데, 여기서 '자연과 인간의 신진대사'가 출현하며, 또한 나아가 '사회적 신진대사'도 출현한다. 자연이 확실히 인간에 앞선다 해도, 일단 인간이 등장하면, 모든 세 가지 신진대사 과정은 동일한 연속적인 신진대사 과정 안에 있는 면들 또는 주름들이 된다.[194]

첫 번째 종류의 신진대사는 맑스가 "보편적 신진대사" 또는 "보편적 신진대사 과정", "자연의 신진대사" 또는 "자연의 단순한 신

193 *Ibid.*, p. 103 참조.
194 *Ibid.* 참조.

진대사"라고 부르는 것이다. 이 '보편적 신진대사 과정'은 물리적·화학적 또는 생리적 변형을 포함하는 '요소적 힘들'로 구성된다. 자연은 연속적인 과정들 또는 공-생산 그리고 상호 신진대사적 변형 안에서 스스로를 산출하고 소비한다.[195]

인간적 생산은 엄밀히 말해서 자연 자신의 대사적 주름 운동에 내재한다. 인간적 생산과 인간의 노동은 자연의 감성적 주름 운동이라는 보다 큰 신진대사 과정 내부의 주름들이다. 그래서 맑스는 인간의 개입 없이도 자연이 생산적이며 인간이 포함될 때, 인간은 결코 물질적 부와 사용가치의 유일한 원천이 아니라고 명확하게 말한다. 왜냐하면 그들은 오로지 자연이 그렇게 함으로서 생산하기 때문이다. 자연은 실제로 생산적이며, 인간은 실제로 오로지 그들이 자연 자신의 생산 과정의 신진대사적 영역이기 때문에 생산한다.

두 번째 종류의 신진대사는 맑스가 "인간과 자연의 신진대사적 상호작용" 또는 "자연과 함께하는 인간적 신진대사"라고 부른 것이다. 이것은 『자본론』의 첫 번째 장에서 발견되는 유형의 신진대사다. 어떤 자연적 신체로서의 인간 신체는 차례대로 연속적인 간-행 운동을 하면서 자연의 보다 큰 신진대사 과정와 어우러지는 감성적 능동성의 지역이거나 하부 순환이다.[196] 인간의 능동성이 신진대사의 상호교환으로서 자연과 더불어 나아가야 한다는 것은 정확히 인간이 자연이기 때문이다. 따라서 인간-자연 신진대사는 생산과 소비 사이의 간-행적 피드백 관계 안에서 인간존재에 부과된 자연적 조건이다.

195 *Ibid.*, p. 104 참조.
196 *Ibid.*, p. 104 참조.

세 번째 종류의 신진대사는 맑스가 "사회적 신진대사의 독립적 과정"이라고 부른 것이다. 인간들이 자연의 신진대사 과정 안에서 연속적인 주름으로 출현하듯이, 사회적 신진대사도 자연과 인간의 신진대사 과정 안에서 하나의 주름으로 출현한다. 사회적 신진대사는 단지 인간 능동성의 선택적인 부분이 아니다. 자연과의 인간적 신진대사는 필연적으로 사회적 노동의 신진대사를 포함하며, 살아 있는 인간 개체들은 그들이 스스로 새로운 질들을 야기하면서 변화하고, 생산 안에서 전개된다. 즉 그들은 스스로를 변형하고 새로운 힘과 관념, 새로운 교류양상, 새로운 욕구 그리고 새로운 언어를 발전시킨다.[197]

경제적 재생산 과정은 그 특수한 사회적 특성이 무엇이 되든지 간에 언제나 자연의 재생산 과정과 뒤얽혀(intertwined) 있다. 비인간 생산 행위자들은 노동 과정 그리고 그 보류 과정 동안 물리적·화학적 또는 생리적 변화를 겪는다. 따라서 사회적 신진대사는 국지적 방식으로 차별화된다. 하지만 자연적 그리고 사회적 존재로서의 인간은 언제나 자연적이며 사회적인 공-생산 안에서 어우러진다.[198] 그러므로 신진대사는 연속적인 간-행, 흐름 그리고 물질적 생산의 주름에 의해 정의된다. 우리는 원자와 상품 같은 사물들로 마무리한다. 이러한 외견상의 불연속적 단위들은 그것들이 품고 있는 지지 요소들을 숨기려고 한다. 불연속성은 마치 가치가 시초 축적을 숨기고 있는 것처럼 언제나 생산 과정에 내재하는 구성적 배제를 숨긴다.[199]

197 *Ibid.*, pp. 105~106 참조.
198 *Ibid.*, p. 106 참조.
199 *Ibid.*, p. 107 참조.

네일이, 실제로 맑스가 가치가 생명의 자연법칙들에 의해 규정되는 사회적 상호교환의 일관성 안에 회복 불가능한 균열(tear[Riss])을 야기하는 조건들을 창조한다고 쓸 때 그는 독일어 단어 Riss를 사용하는데, 이것은 문자 그대로 불균질하거나 긁힌 바탕을 의미하며, 틈(crack) 또는 분할(split)을 의미할 수도 있고, '갈라짐'(a tear) 또는 '거침'(rough)을 의미할 수도 있다고 논한다.

네일에 따르면 여기서 갈라짐은 어떤 존재론적 분할이나 균열과 유사하다기보다, 과정상의 분기(bifurcation)와 훨씬 많이 유사하다. 심지어 땅의 틈은 좀 더 아래의 어떤 지점에서 여전히 이어져 있으며, 따라서 갈라짐은 대사적 불균형의 평탄하지 못한 상태 또는 뒤범벅된 상태에 관한 더 나은 기술이 된다. 그 어떤 갈라짐이나 틈도 절대적이지 않다. 갈라짐이나 틈은 또한 결코 완결적으로 회복될 수 없다. 이것은 두 사물이 영원히 그리고 언제나 동강 나서 갈라져 있기 때문이 아니라, 그러한 회복이 이후 언제나 미세하게 어긋날 것이기 때문이다. 신진대사의 맥락에서 틈은 펼침(unfolding)과 보다 가깝다. 틈, 갈라짐 또는 상처는 바깥으로 안쪽을 드러내며 안쪽으로 바깥을 노출시킨다. 이는 거친 또는 바위투성이의 바탕, 또는 균형 상태의 준안정성에서 나오는 급변하는 신진대사적 흐름(drift)의 불균질하고 불균형한 본성에 관한 묘사다. 대사적 주름들은 변동하는 위상학적 표면 안에서 거친 틈이나 갈라짐을 따라 펼쳐지고 다시 접힌다.

'신진대사적 이동'(metabolic shift)은 몇몇 측면에서 격변적으로 들리는 대사적 균열을 피하도록 돕지만, 시초 축적에 의해 촉발되는 대사적 불균형의 파멸적 본성을 썩 잘 나타내지는 못한다. 이 가운데

'대사적 변형'은 이동과 균열 어딘가에 있다. 그러한 변형들은 '이동하는 균열'(shifting rifts) 또는 '균열/흐름'((d)rift)이다. 대사적 균열/흐름은 자연-문화 체계에 의해 야기되는 준안정적 과정이다. 신진대사 순환은 국지적인 '균열'을 통해 결렬될 수 있지만, 이러한 균열들은 또한 이리저리 돌아다니거나 '흐른다'. 이것들은 막대한 대사적 분열을 생산하거나 계속해서 새로운 대사적 순환으로 진입한다. 대사적 균열/흐름은 출현하고, 수렴하고, 발산하며 이리저리 순환하는 어떤 유동적인 매질 안의 소용돌이와 같다.[200]

신진대사 과정은 한 구역으로부터 물질을 취해 그것들을 다른 곳으로 움직여 가지만, 그렇게 함으로써 또한 전체에 직접적이고 실제적인 효과를 미친다.[201] 그것들은 또한 여러 자연적이고 인간적인 순환들을 가로질러 국지적인 불균형을 생산할 수 있다. 지구의 어떤 지역들은 다른 지역들이 그 국지적인 대사 과정으로부터 추방된다는 조건하에서만 확장한다. '흐름'이라는 말은 또한 비-평형적인 상황들을 생성하기 위한 자연과 인간에 공통된 비선형적·열역학적 과정들에 보다 더 적합하게 맞아떨어진다. 이것은 사회적 강탈 과정, 노예 상태 그리고 강제된 이주뿐만 아니라 기후변화 기간의 자연적 과정들(중세 온난기와 '소빙하기'), 동물들의 이동, 멸종, 진화, 환경 재난, 계절 변화 등등도 포함한다. 따라서 네일은 대사적 균열/흐름의 핵심적인 생각은 그것이 자연적이고 사회적인 행위자들 둘 모두에 의해 생산된다는 것 그리고 국지적으로 구성되지, 대사순환 안의

---

200 *Ibid.*, p. 108 참조.
201 *Ibid.* 참조.

절대적 깨짐(breaks)이 아니라는 점이라고 논한다.[202]

· 전유의 양상들

네일에 따르면 가치론에 대한 신진대사 이론의 첫 번째 기여는 '공짜 선물' 그리고 자유롭게 흐르는 가치에 대해 생각하는 것을 불가능하게 만든다는 점이다. 세 겹의 신진대사 조건에 따르면, 가치는 언제나 어딘가로부터 와야 한다. 가치는 언제나 어떤 대사적 침식, 배제 또는 여타 다른 곳으로부터의 흐름으로 인해 발생해야 한다.[203] 그러므로 가치 창조는 이를테면 지구 생력력의 지리적 침식과 고도로 집중화된 가치 영역들, 예컨대 유럽 백인 남성 공장 노동자에 있어 그 몇몇 편린들의 침전과 같다. 전체 대사 과정은 모든 단일 가치 안에 포함되는데, 왜냐하면 가치는 전체적인 과정으로부터 단락 지어질 수 없기 때문이다.

마찬가지로 가치 생산 과정은 생산과 소비의 대사 패턴 안으로 갈라짐을 도입한다. 가치 창조는 우리가 보았던 것처럼, 물질적 생산물을 마치 그것이 아무런 질도 가지지 않았고, 공기 중에 매달리고, 그것의 생산과 재생산의 조건들로부터 분리된 것처럼 취급한다. 실제적으로 이것은 불가능하지만, 수행적으로 모든 물질이 생산과 소비의 장소-특정적인 조건들과 관련 없이 움직여질 수 있는 것처럼 행동하는 것은 불가능하지 않다. 이것은 또한 모든 가치 창조가 동시에 그리고 일제히 대사적 전유나 시초 축적 과정이라는 것을 의미한다. 가치 창조는 어떤 특정 대사 과정의 한 조각을 잘라 내어 다른 것

---

202 *Ibid.* 참조.
203 *Ibid.*, p. 109 참조.

에 집어넣는 과정이다. 물질은 변형되고 일반적으로 전체 과정을 교란하면서, 결과적으로 그 어떤 질적인 변화에도 아랑곳없이 한 장소에서 침식되고 다른 장소에서 침전된다.[204]

가치 창조의 첫 번째 단계는 단순한 전유, 즉 시초 축적이라는 수단으로 세 겹의 대사적 흐름으로부터 상대적으로 어떤 생산을 고립시키는 것이다. 질적으로 포화된 사용가치와는 달리, 가치는 생산을 마치 보다 큰 대사 과정의 부분이 아닌 것처럼 취급한다.[205] 지구 대지에 대한 대사적 생산의 시초 축적은 동시에 비-질적 노동의 개별적 단위에 대해서도 대사적 전유를 발생시킨다. 맑스는 가치 생산과 전유는 역사적으로 공동체들의 인접 지역에서 발생한다고 했는데 그것은 정확히 '원주민 공동체들' 내부에서는 사회적-대사 과정이 그 공동체를 정복하기가 더 힘들기 때문이다. 다시 말해 인민들이 그들을 방어하기 위해 모이지 않을 때 그들을 약탈하기가 더 쉽고, 그들이 서로 간에 보호하기 위해 모여 있지 않을 때 약탈이 더 쉽다는 것이다. 공동체들은 매우 드물게 마치 그들이 어우러져 있는 착근된 맥락으로부터 쉽게 제거될 수 있는 것처럼, 대사적 재생산에 있어서 그들 자신의 조건들을 다룬다. 예컨대 대부분의 원주민 공동체는 인민들에게 제공되거나 그들을 죽이는 음식이나 물을, 마치 그들이 아무런 감성적 질을 가지지 않는 것처럼, 자발적으로 파괴하지는 않는다.

네일은 탈가치화된 물질적 생산이 있는 곳이면 어디든지 가치 창조가 있으며, 그것은 정확히 가치 창조가 한편으로는 동시적으로

---

204 *Ibid.*, pp. 110~111 참조.
205 *Ibid.*, p. 111 참조.

가치로 산정되지 않는 것의 어떤 반동적인 탈가치화이기 때문이라고 말한다. 가치 창조 이전에는 가치와 비가치 간의 어떤 경계도 존재하지 않는다. 이것은 엄격히 말해 양화나 대상화의 기능 자체가 아니라 마치 그 양들이 오히려 그 질들에 내재하지 않는 것처럼 양들을 취급하는 것의 기능이다.

가치는 능동적으로 그리고 실제적으로 물질적 생산의 흐름 안으로 분할을 도입하는 경계 짓기(bordering)의 과정이다. 운동-중-가치는, 사실상 그것이 애초에 물질적 생산의 흐름에 따라 A와 B가 나타날 때, 마치 가치가 상품 A로부터 상품 B로 이동하는 것처럼 행위한다. 그러나 이러한 이동은 외관이며, 가치는 상대적으로 불연속적인 단위들 안으로 접히고, 특수한 이유에 따라 분배되는 물질적 생산(자연) 자체 외에 다른 것이 아니다.[206]

네일에 따르면 사회적 경계들은 탈가치화된 물질들의 배제를 통해 가치 생산을 확장하려는 목적에 맞추어 계속해서 움직이며 이동하는 과정이다. 경계에 있어서 문제는 그 선이 언제나 한 번 더 무제한적으로 그리고 점근적으로 그려진다는 점이다. 사회적 가치 생산에서는 그 어떤 존재론적 한계도 존재할 수 없다. 그러나 자본주의와 같은 운동의 특정 사회적 패턴들이 더 이상 '효과적으로' 가치를 생산할 수 없게 되어 버린다면, 확실히 국지적인 한계들이 존재하게 된다. 그러나 사회적 가치 창조의 경계 짓기 과정은 일반적으로 절대적인 한계를 전혀 가지지 않는다.[207]

206 *Ibid.*, pp. 111~112 참조.
207 *Ibid.*

이를 기반으로 네일은 맑스의 '가치론'과 정치경제학 비판 전반에 걸쳐 다소 놀랍고 새로운 해석을 내놓는데 그 내용을 정리하면 다음 과 같다.

(1) 맑스는 노동가치론을 주장하지 않았다. 그는 이 개념을 결코, 심지어 단 한 번도 사용하지 않았다. 노동은 가치를 결정하지 않는데, 왜냐하면 생산의 탈취(theft) 또는 전유(appropriation)가 임금과 잉여가치의 착취(exploitation)에 선행하기 때문이다. 노동이 가치를 가지지 않기 때문에, 노동과 가치 사이에 그 어떤 산술적 비례도 존재하지 않는다. 맑스는 가치 형식을 철폐하길 원했지, 그것을 복권하기를 바라지 않았다.

(2) 시조축적은 16세기 영국에서 단 한 번 또는 처음으로 발생한 것이 아니라, 모든 가치 창조의 구성적 과정으로 존재한다. 시조축적은 가치 자체의 생성이다.

(3) 맑스는 자연과 사회에 관한 불변의 발전법칙을 믿지 않았으며, 또는 적어도 이 주제에 있어서 모순된 전망을 가지고 있었다. 변증법적 유물론의 해석은 엥겔스와 소비에트의 발명품이지, 맑스의 것이 아니다. 그의 박사 논문에서부터 『자본론』에 이르기까지 운동적 변증법에 관한 맑스의 이론은 자연과 역사에 대해 개방적이고 방행적인 전망을 제공한다.

(4) 맑스는 그의 박사 논문에서 뚜렷이 드러나는 것처럼, 조야하고, 기계론적인, 또는 환원론적인 유물론자가 아니었으며, 확실히 원자론자도 아니었다. 맑스에게 물질은 실체(substance)가 아니라 운동적 과정이다. 맑스는 그의 시대를 훌쩍 앞서 운동적 또는 과정적 유물론을 제시한 첫 번째 철학자 중 한 사람이었다.

(5) 맑스의 가치 이론, 소외론 그리고 착취 이론은 인간주의적인 개념도 인간중심주의적인 개념도 아니다. 맑스는 이 세 가지 개념 모두가 보다 넓은, 자연-인간-사회의 생성이라는 세 겹의 신진대사 과정이라는 것을 분명히 한다. 가치는 결코 인간으로부터만 나오지 않으며, 소외 또한 인간에게만 적용되는 것이 아니다. 맑스에 의하면 엄밀히 말해서 인간, 자연 그리고 사회 간에는 아무런 존재론적 분할도 존재하지 않는다. 문제는 자본주의가 사용가치와 교환가치 간의 역사적 이원론을 도입한다는 것이다.[208]

맑스에 관한 이 수행적 해석으로부터 네일은 세 가지 결론을 도출해 낸다. 첫째로 맑스 연구의 내용에서 최초의 저작인 박사 논문(『데모크리토스와 에피쿠로스 자연철학의 차이』)에서 시작함으로써 완전히 다른 개념적 틀로 나아가게 된다는 점이다. 만약 그렇지 않고 기존의 방식대로 한다면, 그것은 다시 결정론, 환원주의, 인간중심주의에 빠져들게 된다. 둘째, 맑스에 관한 해석에서 루크레티우스의 중요성이 드러나는데, 이를 통해 우리는 '신유물론'이 사실은 매우 오래된 것이라는 점을 깨닫게 된다. 맑스는 19세기에 이를 다시 취했다. 맑스의 이런 면모를 밝히지 못한 것은 서구 철학의 역사에서 매우 불행한 일이다. 따라서 진정 신유물론과 비인간중심주의적인 실재론의 미래는 부분적으로 이러한 과거에 놓여 있으며 그 '선구자들의 기념비적 신전' 안에 맑스가 포함된다.[209] 마지막으로 네일은 다음과 같은 매우 중요한 정치적인 전망으로 자신의 수행적 맑스주의 해석을 마무리한다.

208 *Ibid.*, pp. 215~216 참조.
209 *Ibid.*, pp. 216~217 참조.

세 번째로 만약 가치의 기원이 전유, 가치 탈취 그리고 지배에 있다면, 지속 가능한 자본주의의 추구는 완전히 불가능하다. 자본주의에 있어서 핵심적인 문제는 착취가 아니라(비록 이것이 분명 중요하다 해도) 그것에 앞서는 전유다. 더 나아가 모든 가치 생산의 중심에 있는 여성 노동, 자연 그리고 식민지 노동의 착종과 근원적 전유는 지금까지 존재했던 것보다 더 급진적인 코뮤니즘의 형태에 관한 답변을 요청한다. 오늘날 우리는 자본주의가 만들어 낸 모든 자연적·인간적 그리고 사회적 신진대사의 균열들을 치료할 수 있는 진정으로 신진대사적이고 운동적인 코뮤니즘을 필요로 한다.[210]

210 *Ibid.*, p. 217 참조.

6장 논쟁

1. 사변적 실재론인가, 신유물론인가?

(1) 하먼의 사변적 실재론에 대한 비판적 접근

· 사변적 실재론=유물론?

이 주제에 관해 언급하기 위해서는 다소 관찰자적 입장에 서 있는 철학자의 말로 시작하는 것이 유용하리라 본다. 카트린 말라부는 우리가 지금 비교하려고 하는 사변적 실재론과 신유물론의 중간에 위치하는 철학자라고 할 수 있다. 그녀는 2011년 인터뷰에서 자신의 철학이 사변적 실재론과 가깝다고 말하면서 이에 대해 다음과 같이 말한다.

> 나의 연구는 실재론이므로, 물질성을 내세우기 위해 애쓰는 철학이지요. 왜냐하면 사실 사람들이 실재론이라고 하는 것이 사실상 유물론이기 때문입니다. [⋯] 일반적으로 말해서 어떤 종류의 객체, 어떤 객체적 유물론(objective materialism)으로의 회귀가 있다는 것은 진실입니다. 사변적 실재론이란, '유한성'은 극복되었고, 주체와 객체가 '사물/사태' 자체의 사유 불가능성에 기초하여 관계한다는 것을 의미하지요. 그래서 그것은 칸트와 그가 절대적으로 초월 불가능성으로 내

세웠던 한계에 대한 총체적인 거부입니다. 어떤 면에서 사변적 실재론은 이러한 한계들 너머로 나아갑니다. […] 사변적 실재론은 칸트의 존재하지 않았던 시간과 같은 어떤 근본작용을 발견하려고 하는 것이지요. 아무도 존재하지 않았을 때, 즉 화석이었을 때, 그때의 원-화석(arche-fossil)의 시간 말입니다. […] 거기에는 이미 흔적들, 어떤 주체도 없는 현존과 실재의 기호들이 존재하는 것이지요. 따라서 여기에 사변적 실재론, 즉 인간성의 출현 이전에 의미 없음의 의미작용(the meaning of the meaningless)이 존재한다는 철학이 있을 수 있는 겁니다. 이것이 내가 흥미로워하는 지점이에요. […] 나는 이것이 하나의 기초로서 흥미로워요. 마치 모든 것의 시작과 같은, 누구도 목격하지 않은 그런 기초 말입니다.[1]

말라부의 이 언급에서 중요한 것은 그녀가 사변적 실재론을 '유물론'의 일종으로 바라보고 있다는 점이고, 다른 하나는 여기서 '실재'라는 것이 의미하는 바가, 지금까지의 소위 소박실재론을 비롯한 전통적인 실재론의 그 실재와는 근본적으로 다르며, 그래서 '사변적'이라는 것을 지적한 것이다. 이에 대해서는 아마도 많은 사변적 실재론자들이 동의할 것이다. 하지만 『비유물론』(2016) 이후의 하먼에게는 다소 달갑지 않은 규정으로 보인다. 이 책은 가히 하먼의 '비유물론적 전환'이라고 할 만하다.

유물론에 대한 평가가 어떻든지 간에 사변적 실재론자들은 말라부의 언급과 같이 지금까지의 소박한 실재론이 생각하던 "어떤

---

1 "Interview with Catherine Malabou", http://www.groundworkphilosophy.wordpress.com/2012/02/17/interview-with-catherine-malabou/(2022년 10월 29일 마지막 접근).

무미건조하고, 상상력을 자극하지 않는 표현을 케케묵은 상식에 부여"[2]하는 실재 개념을 넘어선다. 따라서 "이런 의미에서 사변이란 비판적·언어학적 전회 '너머'의 어떤 것을 겨냥한다. 예컨대 이것은 비판의 노동에 기반하는 불가피한 진보 또한 사유하면서, 절대적인 것과의 연관성으로서의 '사변'의 전-비판적 의미를 회복하는 것이다".[3] 여기서 '절대적인 것'이란 칸트가 회피했던 '사물-자체'(예지계)를 말하는 것이다.[4] 칸트뿐 아니라 사변적 실재론자들은 "오직 인간적 사유와의 상관성으로서의 철학 […] 이런 관점에서 현상학, 구조주의, 후기-구조주의, 해체 그리고 포스트모더니즘은 모두 대륙철학에서 반실재론적 경향의 완벽한 예화들"[5]이라고 결론 내린다.

그런데 주의해야 할 점은 이들에게 실재론의 진정한 안티테제가 '반실재론'이라고 하는 것은 불충분하고, 때로는 잘못된 규정이라는 점이다. 메이야수에게서 이러한 측면이 간명하게 언급되는 구절이 있는데, "엄격하게 말해서, 상관주의는, 내가 그것을 정의한 바에 따르면, 반실재론이 아니라 반절대주의이다"[6]가 그것이다. 이어서 그는 "상관주의는 절대적인 것에 대한 모든 가능한 지식을 거부

---

2   Levi Bryant, Nick Srnicek and Graham Harman, "Towards a Speculative Philosophy", eds. Bryant, Srnicek and Harman, *The Speculative Turn: Continental Materialism and Realism*, Melbourne: re. press, 2011, p. 21.

3   *Ibid.*, p. 3.

4   특히 이들은 칸트 철학의 자칭 '코페르니쿠스적 전환'이 인간중심주의를 더욱더 심화시켰다는 점을 비판한다. 우리 인간은 "우주의 역사에서 아주 작은 자리만을 차지할 뿐"(그레이엄 하먼, 『쿼드러플 오브젝트』, 주대중 옮김, 현실문화, 2019, 117쪽)임에도, 칸트와 그 계승자들은 그 사실을 인간주의적 우월함으로 무시했다는 것이다. 따라서 모든 실재를 그 관계에 있어서 공정하게 다루어야 함을 강조한다(앞의 책, 90쪽 참조).

5   Bryant, Srnicek and Harman, "Towards a Speculative Philosophy", *The Speculative Turn*, p. 3.

6   Quentin Meillassoux, *Time without Becoming*, Milan: Mimesis International, 2019, p. 20.

하는 근대적 방식이다. 즉 이것은 우리가 우리의 특수한 관점에서 독립적인 영원한 실재에 접근할 어떤 확실한 수단도 없이 우리의 재현들—의식, 언어, 역사적인 것들—안에 갇혀 있다고 주장한다. 그러나 두 가지 절대성의 주요 형식이 있는데, 그중 하나는 실재성이고 […] 다른 하나는 이념적인 것이다"[7]라고 말한다. 결론적으로 실재론에 반하는 것은 상관주의로서의 반절대주의이지 반실재론이 아니라는 말이다.[8] 다시 말해 반실재론이란 실재론적인 절대주의에 반하는 것이긴 하지만, 그것이 반절대주의이자 상관주의인 한에서 실재론에 반하는 것이다.

· 사변적 실재론자들과 신유물론자들의 길항

사변적 실재론자라고 불리우는 일군의 철학자들이 최초로 이론적인 담론을 교환한 것은 2007년 골드스미스 대학의 컨퍼런스였다. 이 컨퍼런스에서 오간 담론들은 *Collapse, Philosophical Research and Development III: Unknown Deleuze[+Speculative Realism]*[9]에 실려 있다.

---

7   *Ibid.*

8   하먼도 그의 메이야수 연구서에서 사변적 실재론의 성과로, '실재론/반실재론' 쌍에 대해 **"처음으로"** 그것을 "'거짓-문제'로서 공식적으로 기각"시킨 것을 든다(Graham Harman, *Quentin Meillassoux: Philosophy in the Making*, Edinburgh: Edinburgh University Press, 2011, p. 79).

9   Robin Mackay ed., *Collapse, Philosophical Research and Development III: Unknown Deleuze[+Speculative Realism]*, Flamouth: Urbanomic, 2017. 이전에도 중요한 철학적 인물들이 등장하고 문헌들이 발간되면서 사변적 실재론의 틀이 갖춰지기 시작했다. "2002년은 중요한 해이다. 그때 마누엘 데란다의 『강도의 과학과 잠재성의 철학』(*Intensive Science and Virtual Philosophy*)과 그레이엄 하먼의 『도구-존재』(*Tool-Being*)가 모두 그들 자신의 실재론을 공개적으로 주장했는데, 아마도 이것이 최근 대륙 전통에서 진지한 연구가 처음으로 이루어진 때일 것이다. […] 2006년 초, 퀭탱 메이야수의 『유한성 이후』의 출간에 영감을 얻은 사람들이 첫 번째 사변적 실재론 행사를 2007년 4월, 런던 골드스미스 대학에서 개최했다. 최초의 그룹에 레이 브라시에, 이안 해밀턴

하먼의 언급에 따르면 이때에도 이들 간에는 중추적인 내용은 일치했지만(예컨대 '실재론'과 '상관주의 테제') 각론에서는 다양한 견해들이 제시되고, 서로 간에 논쟁도 있었다.

우선 사변적 실재론자들 내부의 불일치는 골드스미스 컨퍼런스 이후 레이 브라시에가 줄곧 스스로의 실재론에 '사변적'이라는 명칭을 부여하기를 거부했다는 것에서 드러난다. 또한 앞서도 말했다시피 메이야수는 '실재론'이라는 명칭에 불만이 있었던 것 같다. 그래서 그는 자신의 철학이 '사변적 유물론'으로 불리어지기를 바랐다.[10] 어쨌든 그러한 철학적인 명칭에 대한 불일치와는 상관없이 이들이 '실재론', 즉 인간의 인식과는 상관없이 존재하는 실재를 긍정하는 의견을 지지했다는 점에서는 일치한다. 이들은 모두 메이야수가 말한 '상관주의'를 끝내고, 사유를 통해 실재에 다가갈 수 있다고 말한다. (물론 메이야수가 말한 '상관주의'가 불합리하며, 이런 거추장스러운 구속복 따위는 애초에 존재하지 않는다는 철학자들도 있을 수 있다.)

이런 점에서 사변적 실재론자들은 신유물론자들과 의견을 같이할 것이다. 그러나 우리가 일차적으로 명심해야 하는 것은 사실상 신유물론은 우리가 최초에 제기한 바와 같이 들뢰즈의 철학에서부터 연유하는 것이며, 그것의 발전적 전개라고 할 수 있지만, 사변적

그랜트, 하먼 그리고 메이야수가 속해 있었고, 알베르토 토스카노는 2007년에는 의장이었다. 그는 2009년 브리스톨에서 열린 후속 회의에서 메이야수를 대신했다"(Bryant, Srnicek and Harman, "Towards a Speculative Philosophy", *The Speculative Turn*, p. 2). 최근의 연구에서는 이들 외에 여러 명의 철학자를 이 학파 안에 포함시킨다(Arjen Kleinherenbrink, *Against Continuity: Gilles Deleuze's Speculative Realism*, Edinburgh: Edinburgh University Press, 2019, pp. 9~12 참조).

10 *Ibid.*, p. 9.

실재론은 차라리 하이데거와 후설과 같은 현상학의 전통 안에서 메이야수를 받아들인 경우라는 점이다. 이것은 사변적 실재론의 대표자 격인 하먼이 하이데거 연구자였고 신유물론의 최초 주창자인 브라이도티와 데란다가 들뢰즈 연구자였다는 것에서 잘 알 수 있다.

사변적 실재론자라고 부를 수 있는 철학자들을 특칭한다는 것이 곤란할 때가 있다. 여기에 신유물론이 가세하면 그 구분은 난망해지는 경우도 많다. 하지만 최근의 경향에서 사변적 실재론과 신유물론 간의 공통점과 더불어 차이점들이 드러나는 것으로 보인다. 우선 이것을 거칠게나마 정리하면 다음과 같다.

1) 둘 모두 전통적인 아리스토텔레스적 존재론에서 '물질'을 표상하는 '질료-형상'론을 벗어난다.

2) 데카르트적 주체에 반대한다.

3) 인식론과 존재론의 학제 간 구별을 횡단하고자 한다. 이에 대해 목적의식적인 활동은 신유물론자들이 더 적극적이다.

4) 들뢰즈 철학으로부터 영감을 얻는다. 하지만 사변적 실재론자들은 들뢰즈의 영향을 인정하기보다 소극적으로 받아들이면서 비판한다.[11]

5) 사변적 실재론자들의 경우 대개 '과학'에 큰 관심이 없다. 하지만 신유물론자들은 최신의 과학적 성과를 자신의 철학의 기반으로 받아들이기를 주저하지 않는다.

6) 정치철학적으로 초기 맑스로부터 현대 맑스주의까지 이르는

11 　다소 예외적으로 아연 클라인헤이런브링크가 있다. 그는 사변적 실재론자임에도 들뢰즈를 적극적으로 받아들인다. 그러나 이러한 들뢰즈 수용은 문제가 있다. 뒤에 오는 절 참조.

좌파 전통에 더 호의적인 쪽은 신유물론자들이다.

이 점을 염두에 두고 일단 앞서 우리가 본문과 주석에서 논한 철학자들과 더불어 사변적 실재론 그룹으로 묶을 수 있는 학자들이 있을 수 있는데, 가르시아,[12] 가브리엘, 마우리치오 페라리스 등이 그들이다. 여기에 앞서 인용한 말라부도 부가할 수 있다.

여기에 신유물론이 가세하면 그 구분은 좀 더 분명해진다. 그럼에도 이 구분 안에도 식별 불가능한 지대가 물론 있다. 이를테면 메이야수에 대한 평가에서도 새롭게 등장한 수행적 신유물론자들(네일, 하난, 갬블)은 메이야수의 사변적 유물론을 객체-지향 존재론과 나란히 '부정적 신유물론'으로 칭하면서 비판하지만,[13] 이전의 저자들에게 바라드와 데란다 그리고 브라이도티는 메이야수와 함께 포용되었다. 『신유물론: 인터뷰와 지도 제작』이 메이야수와 더불어 이 세 명의 인터뷰를 '신유물론'이라는 표제하에 실은 것은 그러한 포용성을 의미할 것이다. 그 내용에 있어서도 다음과 같은 언급들이 발견된다. "마누엘 데란다: […] 메이야수가 관념론의 모든 형태를 거부하는 한에서 내가 그에 동의한다는 것은 맞는 말입니다. 실제적인 동의의 수준을 가늠하려면 나는 그가 비판을 넘어 제안하는 것을 살펴볼 필요가 있겠지요."[14]

---

12 가르시아는 '객체-지향 형이상학'(object-oriented metaphysics)이 인간중심주의적 '접근의 철학'(philosophies of access)을 거부하고, "세계의 실체들이 위계적으로 질서 잡히지 않는 이론을 기술하는" 평평한 존재론을 지향한다고 본다(Tristan Garcia, *Form and Object: A Treatise on Things*, trans. Mark Allan Ohm and Joe Cogburn, Edinburgh: Edinburgh University Press, 2014, p. 4). 이것을 그는 "평등한 존재론적 위엄"이라고 상찬한다(*Ibid.*).

13 Christopher Gamble, Joshua Hanan and Thomas Nail, "What Is New Materialism?", *Angelaki*, vol. 24, 2019, pp. 120~122.

14 릭 돌피언·이리스 반 데어 튠, 『신유물론: 인터뷰와 지도제작』, 박준영 옮김, 교유서가,

하지만 인터뷰의 마지막 4장에서 메이야수와의 대화에 이르면 그가 들뢰즈를 비롯한 모든 철학자들을 '상관주의' 또는 '주체주의'의 그물 속에 가두어 놓고 있다는 것을 알게 된다. 그렇다면 메이야수의 철학은 사변적 실재론에 아이디어를 주었으며, 신유물론의 실재론에도 영향을 주었지만, 이 두 사조와는 다른 방향을 향해 가고 있다고 봐야 한다. 아마 이런 '다른 방향'을 가리키는 그의 경향은 애초부터 준비되어 있었던 것 같기도 하다. 메이야수는 존재론적인 지향에 있어서 '절대적 우발성'을 중심에 놓는다. 이것은 그의 최초 작품이라고 여겨지는 박사 논문인 『신성한 비실존』[15]에서도 드러난다. 그는 이 논문에서 "우리는 우발성이 모든 필연성보다 우월하다고 제안할 것이다. 정확히 이 이유로 인해, 이 우발성은 어떤 제약에도 종속되지 않는다"[16]고 선언한다. 그리고 최근의 인터뷰에서도 "존재 물음의 절정은 나에게, 내가 여기서 완전히 제시할 수 없는 어떤 논증을 따라, 거기에 우발적 존재들이 있기 때문에 거기에 무가 아니라 무언가가 존재함에 틀림없다는 것을 파악하는 데 놓여 있습니다"라고 말한다. 다시 말해 "거기에 비필연적 존재들 외에는 아무것도 없다는 것이 절대적으로 필연적이라는 것"이다. 이것은 "우발적 존재가 있다는 필연성"을 파악하도록 한다.[17]

따라서 메이야수는 신유물론, 사변적 실재론과 비록 깊은 연관을 가지고 있다 하더라도, 매우 특유하게도 다른 방식의 존재론, 즉

2021, 62쪽.

15 Quentin Meillassoux, *Divine Inexistence*, Harman, *Quentin Meillassoux*, pp. 224~287.

16 *Ibid.*, p. 225.

17 Quentin Meillassoux, Kagen Kahveci and Sercan Çalci, "Founded on Nothing: An Interview with Quentin Meillassoux", trans. Robin Mackay, Urbanomic, p. 3.

'절대적 우발성의 존재론'을 내세우고 있다고 해야 한다.

· 하먼의 반유물론적 태도와 메이야수의 비판

그런데 분명한 것은 이렇게 다른 연원을 가지고 있다 해도 초기에 실재론과 상관주의에 대한 비판에서 일치했던 두 사조가 갈라지게 된 것이 사변적 실재론의 대표자 격인 하먼이 공개적으로 '유물론'을 비판하고 나설 때라는 점에 주목할 필요가 있다. 하먼은 2018년의 저서에서 직접적으로 "사실상 OOO는 '물질' 개념이 무엇이든 간에 그것에 관심이 없다"[18]고 말한다. 이런 그의 입장은 2016년의 책에서도 드러난다. 그는 그 책에서 "OOO가 때로 신유물론과 함께 묶인다 해도, 나는 OOO가 단호하게 반유물론(anti-materialism) 이론임을 보여 주려고 했다"[19]고 말한다.

하먼은 물질을 '형태 없는 물리적 더미'라는 개념으로 파악하는 것으로 보인다. 이것은 경험적인 기초가 되지도 못하며, 이론적 개념으로도 쓸모가 없다는 것이다. 이에 따르면 상상 속의 말과 유니콘의 다른 점이 전자가 물질적인 고유성을 가지기 때문은 아니다. 진짜 차이는 말이 상상 속의 말과 상이한 형식을 가진다는 것에 있다. 즉 유물론에 중요한 것은 그 형식 안에 존재하는 어떤 물리적 성질의 집합인데, OOO는 이와 달리 객체를 그 성질의 집합만으로 보지 않는다는 것이다. 사실상 하먼의 이런 반유물론적 태도는 초기에도 있었다. 2007년 골드스미스 컨퍼런스에서 하먼은 "내 생각에 […] 유물

---

18 Graham Harman, *Object-Oriented Ontology: A New Theory of Everything*, UK: Penguin Random House, 2017, p. 258.

19 Graham Harman, *Immaterialism: Objects and Social Theory*, Cambridge: Polity Press, 2016, p. 95.

론은 관념론의 일종입니다. […] 당신이 유물론을 생각할 때, 당신이 하는 것은 세계의 사물들을 그것들이 존재하는 바에 관한 완전히 1차원적 개념으로 환원하는 것이기 때문입니다. […] 그래서 […] 나는 반유물론자인 것이지요"[20]라고 말한다. 사정이 이러하므로 신유물론의 입장에서 사변적 실재론과 그 대표 격인 객체-지향 존재론은 비판의 대상이 되는 것이 당연할 듯싶다.

그런데 신유물론, 특히 최근의 수행적 신유물론자들이 하먼의 OOO를 비판하는 보다 심각한 지점은 다른 곳에 있다. 하먼의 가장 중요한 주장 중 하나는 '실재 객체(RO)의 물러남'이라는 테제다. "객체는 인간적 접근에서도 물러나지만, 서로 간에도 물러난다"[21]는 것이다. 물론 객체-지향 철학이 상관주의를 벗어나기 위해 객체의 현상적 성격에 의문을 가지는 것은 당연하다. 그런데 이것은 어떤 "무한하게 숨겨진 본질"로 잘못 나아가는 것처럼 보인다. 왜냐하면 하먼에 따르면 '실재 객체'는 "절대적으로 그리고 비관계적으로 모든 것으로부터 '물러난' 것"[22]이기 때문이다.

수행적 신유물론자들은 이 물러난 본질이 어떤 항구적인 실체성을 가지고 있다고 비판한다. 왜냐하면 이 본질, 즉 하먼의 용어에 따르면 '실재 객체'란 전혀 관계적이지 않으므로, 또한 당연히 전혀 변화하거나 운동하지 않기 때문이다. "OOO는 물질을, 마찬가지로 수행성과 물질의 관계적 운동을 초월하는 관념적인 물러난 본질

---

20 Mackay ed., *Collapse, Philosophical Research and Development III: unknown Deleuze[+Speculative Realism]*, p. 398.

21 Harman, *Object-Oriented Ontology*, p. 258. 이러한 주장은 모튼이나 가르시아의 저작에서도 쉽게 발견된다.

22 Gamble, Hanan and Nail, "What Is New Materialism?", *Angelaki*, p. 121.

(withdrawn essence)로 정의한다."[23] 따라서 수행적 신유물론자들이 보기에 하먼의 OOO가 유물론이 아닌 것은 분명하지만, 그것이 유물론에 대한 하먼 자신의 비난 때문에 정당화되는 것이 아니라, 오히려 하먼의 유물론에 대한 몰이해와 OOO 자체의 심각한 결함 때문에 그러한 셈이다. 결국 신유물론의 입장에서 하먼의 철학은 "완고하게 비관계적인 합리주의"이며, 실제로 전혀 유물론이 아니다. "비록 그것의 진실한 목표가 인간중심주의를 극복하는 것"이라 해도 하먼은 "사유를 오직 인간에게만 허용하며 결국 이러한 사유를 비물질적인 것으로 취급하게" 만든다. 따라서 신유물론적 비판은 "정당하게도 다음과 같은 것에 주목한다. 즉 OOO에 관한 근원적인 물러남의 실재론이 객체의 이론이라기보다 오히려 한갓 이성적 주체론에 훨씬 더 가깝다는 것이다".

이와 관련하여 사변적 실재론 회합의 중심이었고, 사변적 실재론 자체를 촉발한 장본인인 메이야수의 다음과 같은 비판은 매우 신랄해 보인다. 좀 길지만 인용해 보겠다.

내가 참여하였던 (그 자체로 중요한) 학술 운동을 가리키는 '사변적 실재론자'라는 명칭은 나의 기획과 적절히 조응하지 않는데, 왜냐하면 그것 또한 내가 주체주의라고 간주하고자 하는 것들 중 하나에 포함되기 때문이다. […] 내 생각에 그들 중 두 사람은 반유물론자, 다시 말해 주체주의자이다. 한 사람은 이안 해밀턴으로서, 그는 (들뢰즈적) 셸링주의자이며, 또 한 사람은 그레이엄 하먼으로서, 그는 사물에 대한 우리의 주체적 관계를 사물-자체로 투사함으로써 현실적

23 *Ibid.*, pp. 121~122.

이라고 상정한다. 특히 하먼은 어떤 매우 근원적이고 역설적인 주체주의를 전개한다. 왜냐하면 그에 따르면 우리가 사물들과 만들 수 있는 접촉으로부터 항구적으로 물러나는 사물들과 관계한다고 상정하기 때문이다. 그러나 이 물러남이 가진 함축적인 형식은 사물에 대한 우리의 관계에 의해 주어진다. 우리와의 (충실한) 접촉으로부터 물러나는 사물들과 우리의 주체적인 관계를 만드는 것, 사물들에 대한 사물들의 보편적 관계를 만드는 것은 전형적으로 주체주의적인 태도이며, 이는 어떤 새롭고 화려한 형식 안에서, 그러나 여전히 내가 "상관성의 시대"라고 불렀던 것에 속한 채 수행된다. […] 하먼은 "접근의 철학"이라는 표현으로 인간과 사물들 간의 관계에 기반한 철학들을 지목한다. 이 철학은 우리가 사물-자체에 대해서가 아니라, 이러한 접근을 통해서만 사물에 접근한다고 간주한다. 하지만 내 생각에 하먼은 이러한 '접근'으로부터 탈출하지 않는다. 왜냐하면 그것[접근]이 이제부터 도처에 존재하기 때문에, 그가 사물들 자체라고 상정한 그것과는 반대로, 거기에는 더 이상 우리가 접근으로부터 탈출할 기회가 없기 때문이다. 오로지 유물론자만이 그것으로부터 탈출할 수 있는데, 왜냐하면 그가 인간-사물 관계에만 속하는 것과 같은 사물에 대한 이러한 인간적 접근을 그리고 절대적으로 사물들 안에 존재하지 않는 접근을, 사물들 사이의 더욱 강력한 논증으로부터(a fortiori) 구성하기 때문이다. 만약 우리가 사물-자체를 향해 접근하는 것으로부터 탈출할 것이라는 약속을 지킨다면, 우리는 사물-자체 내부에서(within) (강도상 더 크고 더 작은 수준에 있어서) 접근을 재발견하지 않아야 한다.[24]

- '물질이 아닌 실재'가 객체라면 그것은 대체 무엇인가?

사변적 실재론(OOO)에 대한 가장 심층적인 신유물론의 비판은 사변적 실재론의 객체가 사실상의 이론적 '혼란'으로부터 나온 비철학적 대상이라는 점을 내세운다. 그것은 '물질'(matter)에 대한 오인이다. 그로츠는 물질성의 이해에 있어서 획기적인 의미를 담고 있는 짧은 논문에서 다음과 같이 논했다.

> 비물체적인 것(the incorporeal)은 실재적이고 물질적인 것으로서뿐 아니라, 잔여-물질적인 것(extra-material)으로도 이해되어야 한다. […] 비물체적인 것은 다르게-존재함(being-otherwise)의 관할, 다시 말해 생성의 관할이며, 모든 존재와 모든 사건이 그와 더불어, 즉 재편과 재조직을 위한 그것의 잠재적 요소들과 더불어 이루어진다.[25]

그로츠의 이 말들에는 사변적 실재론이 말하는 그 '실재'의 '비물질성'(imateriality)이 사실은 '비물체성'(imcorporeality)이라는 것을 알려 준다. 여기서는 물질적인 것(the material)과 물체적인 것(the corporeal, body) 그리고 비물질적인 것과 비물체적인 것의 구분이 이루어지고 있는데, 이러한 구분은 들뢰즈·스토아적 도식으로부터 자연스럽게 이끌어져 나올 수 있는 사항들이기도 하다.[26] 하지만 이러한 구분은 서양철학사 내에서 명료하게 제시된 적이 거의 없다. 이것은

---

24 Quentin Meillassoux, "Iteration, Reiteration, Repetition: A Speculative Analysis of the Meaning Sign", Freie Universität Berlin Germany, 2012. 4. 20, pp. 6~7.
25 Elizabeth Grosz, "Matter, Life and Other Variations", *Philosophy Today*, vol. 55, 2011, p. 20.
26 스토아 존재론의 도식은 다음과 같이 나타낼 수 있다.

우리가 앞서 인용한 말라부의 언급 안에서도 발견된다. 거기서 말라부는 사변적 실재론의 '실재'를 '물질'과 동치에 놓는다. 이렇게 함으로써 그녀는 사변적 실재론과 신유물론을 혼동하고 있지만(이것은 충분히 있음 직한 일이다), 한편으로는 사변적 실재론자들이 망각한 실재의 본모습을 드러내고 있는 것이다. 하지만 사변적 실재론자들은 결국 실재의 물질성을 명시적으로 거부하면서, 우주 안에서 길을 잃는다.

우주 안에 완전히 비물질적인 것은 존재하지 않는다. 사변적 실재론자들의 '실재' 혹은 '실재 객체'는 뒤로 물러나는 역–현행화의 과정을 겪는 물질일 뿐이다. 그것은 일종의 (비)물질화되는 이념(idea)이거나 과정 중에 (비)물체화되는 시뮬라크르다. 그러나 이 둘은 마찬가지로 물질적인 것의 다른 차원일 것이다. 다시 그로츠의 말

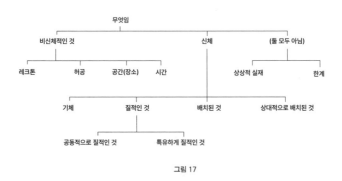

그림 17

(A. A. Long and D. N. Sedley, *The Hellenistic Philosophers*, vol. 1, Cambridge: Cambridge University Press, 1987, p. 163). 이 도식에서 맨 위에 놓여 있는 '무엇임'은 스토아에 있어서 '물질적인 것'이다. 이 물질적인 것에 신체(물체)와 비신체(비물체)적인 것이 속해 있으며, 그 둘에 속하지 않는(neither) '잔여–물질'이 있다. 질료/형상의 이분법은 파생적일 뿐 아무런 힘을 발휘하지 못한다. 오직 '물질성'만이 모든 존재를 포괄한다.

을 옮겨 보자.

> 카오스, 전개체적인 것, 실제적인 것(the real)은 물질적 재료 **이상의**
> **것**이다. 그것은 그것의 이념성(ideality)의 차원에 있어서 물질이며,
> 그것이 형상인 한에서 물질이고, 역설적으로 물질적 재료 이상인 물
> 질이다. 이것들은 그 불가분적인 전체성(totality)에서의 물질, 어떤
> 통일성(unity)이 아니라, 복수성이나 다양체로서의 물질, **사물/사태**
> (things)가 아니라 **사건들**(events)이다. [⋯] 거기에는 전-생명적 물질
> (pre-living matter)의 작동에서 생명의 불확정성이라는 섬광에 속한
> 어떤 것이 존재함에 틀림없다. 그렇지 않다면 불확정적인 것으로서의
> 생명은 결코 가능하지 않을 것이다.[27]

이념적인 것, 형상적인 것은 '사건들'이다. 이것은 바라드의 개
념을 따르자면, 간-행 과정에서 생겨나는 '섬광들'이다. 이것은 매우
미세한 물질성이지만, (비)물체적일 수 있다. OOO의 '열 가지 조합'
에서 생겨나는 '긴장'(tension)과 '방사'(radiation)와 '접합'(junction)
은 모두 이러한 '섬광'의 일종이라고 읽을 수 있다. 왜냐하면 이것은
하먼도 이야기하다시피 두 가지 분극을 이어 주는 어떤 '관계-과정'
이기 때문이다. 하지만 하먼은 이것을 물체라고 보지는 않을 것이다.
그는 이것을 '비물질'이라고 생각한다. 그러나 그렇게 생각하는 순
간 이 섬광들로부터는 아무런 객체도 질도 생겨날 수 없다. 왜냐하면
'실재 객체'의 물질적 감각성과 이 비물질 사이에는 심연이 생기기

---

27 *Ibid.*, p. 18.

때문이다. 이것은 이원론이 다시 부활한다는 것을 의미할 뿐이다.

· 하먼의 OOO와 '객체'의 의미

하먼의 객체-지향 존재론(OOO)은 사변적 실재론의 다른 이름이라고 할 수 있다. 따라서 이 명칭을 사변적 실재론에 붙이는 것에 반감이나 비판을 표하는 철학자들도 있게 마련이다. 그럼에도 불구하고 하먼의 이 존재론은 2007년 첫 번째 사변적 실재론자 회합 이래 큰 무리 없이 이 사상 사조의 대표적 철학이 되었다. 따라서 이 철학을 살펴보는 것이 사변적 실재론에 대한 이해에 많은 도움을 주리라는 것도 분명하다.

먼저 '객체-지향 형이상학'(Object-Oriented Metaphysics)이 있는데, 이것은 주로 라투르의 철학을 지칭하기 위해 사용되곤 한다. 라투르는 이 말을 여러 이유로 거절하겠지만 말이다. '실재론'이라는 말보다 시효가 훨씬 지난 이 '형이상학'이라는 말은 라투르를 '비롯한' 현재 경향 전체를 말해 주기에는 부족하다. 전통적 의미에서 '형이상학'은 '존재론'과 대응하지만, 현재로서 형이상학은 유물론적 존재론이든 객체-지향 존재론이든 간에 그 내용을 대부분 담아 내지 못한다.

그렇다 해도 어떤 면에서 객체-지향 철학은 소크라테스로부터 플라톤, 아리스토텔레스를 거쳐 라이프니츠에 이르는 계보에 속한다. 하지만 특이한 점은 객체-지향 철학이 "전통적으로 실체에 귀속되는 많은 특징을 거부"한다는 점이다.[28]

---

28 하먼, 『쿼드러플 오브젝트』, 46쪽.

객체는 [전통적인 실체 귀속성과 달리] 자연적인 것이거나 단순한 것이거나 파괴될 수 없는 것일 필요가 없다. 대신 객체는 스스로의 자율적 실재성에 의해서만 규정될 것이다. 그것은 분명 서로 다른 두 방향에서 자율적이어야 한다. 즉 부분적으로는 스스로를 다른 존재자와 관계 맺지 못하게 하는 한편, 스스로의 편린을 넘어선 무언가로서 출현한다는 점이 그것이다. 실재를 입자이건 아페이론이건 마음속에 맺힌 상이건 성질의 다발이건 실용적인 효과이건 간에 더욱 기초적인 근본으로 환원하고자 하는 급진적 시도와 달리, 객체는 환원될 수 없는 […] 것으로 드러난다.[29]

따라서 '객체'란 어떤 이미 '통합된 실체'(united entities)를 의미한다.[30] 이 객체는 우리 인간으로부터는 물론이고 서로 간에도 독립적이며 자율적이다. 따라서 우리가 일상적으로 경험하는 1인칭적 사물/사태는 객체를 증언하지 못한다. 하지만 그렇다고 해서 철학자가 세계의 세부 사항을 샅샅이 뒤지는 것도 바람직하지 않다. 하먼에 따르면 철학자는 "기본적으로 대단히 중요한 구조를 찾으려는 경향이 있"다. 하먼은 마치 현대의 오캄과 같은 태도로 "우리는 단순성의 전문가다"[31]라고 선언한다. 따라서 철학적 의미에서 '객체'는 매우 단순한 통찰로부터 출발하는 대상이라고 해야 할 것이다.

그러나 철학적 객체를 '단순성'으로부터 연역할 수는 없다. 이것은 철학이 아니라 수학의 일이기 때문이다. 철학에서 '오류'란 증

---

29 앞의 책, 48쪽.
30 Bryant, Srnicek and Harman, "Towards a Speculative Philosophy", *The Speculative Turn*, p. 22 참조.
31 하먼, 『쿼드러플 오브젝트』, 143쪽 참조.

명이 틀렸음을 의미하기도 하지만, 그것이 어떤 철학 체계, 예컨대 플라톤이나 아리스토텔레스의 철학 체계 전체가 오류로 증명되었다는 것을 의미하지는 않는다. 다시 말해 철학에서는 욕조의 물을 버리면서 아이까지 버리는 것을 '어리석음'이라고 말할 권리가 있는 것이다. 하지만 수학은 그 아이의 인격적인 가치나, 윤리-정치적 의미, 존재론적 위상은 크게 개의치 않는다. 따라서 객체-지향 존재론에서 '객체'는 단순하지만, 다른 객체들과의 관계에서 더 복잡해지는 어떤 것이라고 해야 한다.

· 수학과 과학에 대한 경원

하먼에게 철학은 수학이나 이에 기반한 과학과는 판이하게 다르다. 이에 따르면 철학에서 발견되는 문제의식이나 개념적 추상 수준은 수학, 과학이 향유할 수 없는 것이다. 왜냐하면 철학은 이해의 학문이고 추론의 학문이 아니기 때문이다.[32] 고급 독자들이라면 이러한 일도양단의 관점에서 단번에 후설 이래의 '현상학적 이해'라는 개념의 빛바랜 계보를 추적해 낼지도 모른다. 맞는 말이다. 하먼은 보면 볼수록 현상학자 부모 밑에서 자란 충실한 자식처럼 느껴진다. 하이데거라는 터울이 심한 형이 혹독한 훈련을 거듭해서 그를 (포스트) 해석학자처럼 보이게 만들었다 할지라도 말이다.

어쨌든 문제는 철학과 수학, 과학을 이렇게 나누는 것이 그토록 손쉬운 일인가 하는 점이다. 이것은 혹시 자신의 대관식을 주재하고자 은밀하게 교황을 협박하는 보나파르트의 계략일까? 17세기 이래

32 앞의 책, 118쪽 참조.

이성의 규준이 되어 온 수학과 과학의 약점을 잡고 흔드는 것만으로 이 계략이 성공할 것 같지는 않은데, 왜냐하면 하먼이 추켜세운 '철학의 자율성'[33]은 오히려 수학과 수학적 과학의 연역이 가진 막대한 실증 능력 때문에 위태로운 것이 분명해 보이기 때문이다.[34] 그렇다고 해도 하먼이 막무가내로 철학의 자율성을 내세우지는 않는다. 그도 분명 "철학은 다른 분과의 주인이 아니라 시녀일 뿐"[35]이라고 언급하기 때문이다. 이렇게 말하는 이유는 철학이란 "경험의 세부 사항을 샅샅이 뒤지지는 않"으며, 그것은 다른 분과들에 비해 철학이 그 방면에서 서툴기 때문이다. 어떤 다소 큰 수준에서 '구조'(이것은 분명 하먼 자신의 '4중 구조'일 것이다)를 찾거나 존재의 구도를 조망하도록 돕는 것이 철학의 일이다.

하먼과 비교했을 때 오히려 들뢰즈의 수학적 스승이라고 여겨지는 알베르 로트망의 견해가 보다 새롭고 겸허하다. 로트망은 수학적 실재론을 옹호하면서 수학적 활동이란 "수학과 연관되어 지배력을 행사하는 어떤 추상적 이념들을 떠받치는 연결들의 도식을 펼쳐놓는 것"[36]이라고 말한다. 즉 실재하는 것들의 양상들을 알기 위해서

---

33 우선 하먼은 철학이 기하학에 비해 더 많은 자율성을 갖는다고 논한다. 정말 그런가? 하먼은 혹시 수학적 정리 또는 수의 배열을 개념의 정리 또는 배열보다 더 완고한 것으로 보는 상당히 통속적인 견해를 견지하는 것은 아닌가? 오히려 반대로 수의 배열은 수학적 이론 전환에 의해 완전히 다른 정리를 도출하기도 한다. 유클리드기하학과 비유클리드기하학이 그러하다. 그는 오류에도 불구하고 이점을 가져다주기 때문에 철학 개념이 더 자율적이라고 말한다. 그런데 철학적 개념과 체계는 '이점'의 문제가 아니라 세계상의 문제다. 그것은 세계에 대한 관점을 전환하거나 유지시킨다. 때문에 철학은 수학과 마찬가지로 자율적이다. 철학이 특별히 그런 것이 아니다.

34 Bryant, Srnicek and Harman, "Towards a Speculative Philosophy", *The Speculative Turn*.

35 하먼, 『쿼드러플 오브젝트』, 143쪽.

36 Albert Lautman, *Mathematics, Ideas and the Physical Real*, trans. Simon B. Duffy, London and New York: Continuum, 2011, p. 28.

수학은 필수불가결한 요건이라는 것이다. 이 양상은 주로 '관계'로 드러나며 이 관계는 곧장 수학적으로 이해된다. 그렇다 하더라도 수학이 특권을 누리지는 않는다. 왜냐하면 이 관계의 문제는 또한 무한과 유한의 문제와도 연결되고, 이것은 곧 철학의 문제이기도 하기 때문이다. 예컨대 칸토어의 '초한수'는 이 철학과 수학의 접경지대에 펼쳐진 엄청나게 복잡하고, 낯선 세계의 이름이다. 그러므로 로트망에게 철학은 또 다른 존엄의 대명사가 되지만, 그것은 보나파르트식의 계략과는 거리가 아주 먼 것으로서 우리 사유의 다양성과 민주적 본성으로부터 도출되는 유익한 결론에 해당된다.

그럼에도 불구하고 하먼에게 철학은 형이상학이나 존재론의 영역에서 가장 탁월한 역량을 발휘한다. 대륙 철학 전통에서 하이데거와 데리다 이래 기존의 '형이상학'이 어떤 부정적인 고발의 의미로 쓰인다 해도 그 의미는 퇴색하지 않았다.[37] 그래서 철학은 여전히 존재론이며 형이상학을 본령으로 가진다(이후 이 존재론과 형이상학은 하먼의 '존재학'으로 발전한다[38]). 이는 '순수 형이상학자'로 스스로를 칭한 들뢰즈를 닮았는데, 그 내용은 다소 다르다. 들뢰즈에게서 형이상학은 내용적인 일신을 가미한 채로 베르그송 이후 현대과학과 조우한다는 약속을 지켜야 하기 때문이다. 여기서도 역시 하먼의 과학과의 껄끄러운 관계가 스스로의 형이상학 또는 존재론이 주파해야 할 이동 거리를 제약하는 모양새를 연출한다. 나중에 보겠지만 이 이동 거리 제약은 하먼이 왜 '미학'을 선택할 수밖에 없는지에 대

---

37 Harman, *Object-Oriented Ontology*, p. 13 참조.
38 "존재학(ontography)[은] […] 객체의 우주의 기본적 주요 지형과 단층선이 담긴 지도를 그리"(하먼, 『쿼드러플 오브젝트』, 218쪽)는 분야로서 "네 가지 긴장, 세 가지 방사, 세 가지 접합"이라는 "우주에 대한 강력한 지도를 제공"(앞의 책, 250쪽)한다.

한 이유가 될 것이다.

· 객체-지향 존재론에 대해

이제 그의 주저라고 할 수 있는 『쿼드러플 오브젝트』를 통해 좀 더 자세히 하먼의 존재론을 들여다보도록 하자. 그의 존재론은 잘 알려져 있다시피 '객체-지향 존재론'(Object-Oriented Ontology)이다. 우리는 이를 하먼의 권유대로 'OOO'로 약칭하고 '트리플 O'라고 읽자. 이 '새로운' 철학은 공식적으로는 2010년 4월 애틀랜타 조지아 공과대학의 컨퍼런스에서 시작되었지만, 하먼 자신의 논문-저서 출간으로 보면 1990년대 후반부터 시작되었다고 해야 한다.[39]

하먼에 따르면 OOO는 완전히 낯선 것이 아니라 "철학사에서 이미 존재하는 경향을 추구"[40]하는 것이며, 이 존재하는 경향들의 조합과 그 경향이 간과한 주제들에 적용된다. 하지만 이런 다소 겸손한 주장에도 불구하고 OOO는 "도전적이거나 심지어 받아들이기 힘든 것처럼 들릴 것"이다. 결론적으로 말하자면 하먼의 겸손한 주장보다는 도발적인 OOO의 측면이 더 사실에 가까워 보인다. 비록 OOO가 전통적인 현상학과 하이데거의 철학에 기반하여 그 개념이 학인들에게 낯설게 보이지 않는다 해도 내용에 있어서 하먼의 형이상학은 결정적인 국면에서 그 전통을 적지 않게 해체하기 때문이다.

OOO는 보다 가까운 철학 사조에 있어서는 사회구성주의 철학을 해체한다. 사회구성주의의 입장에서 중요한 것은 언어와 권력이며 이것이 인간적인 실천들을 구성한다는 것이다. 하지만 OOO는

---

39 Harman, *Object-Oriented Ontology*, p. 8 참조.
40 하먼, 『쿼드러플 오브젝트』, 44쪽.

무언가가 언어나 권력과 같은 인간적 활동에 의해 구성된다기보다 그 무언가가 그러한 활동과 독립적으로 존재한다는 것을 받아들이는 것이다. 따라서 OOO는 "직설적으로 **실재론적** 철학"[41]이다. 이 말은 존재하는 것을 존재하는 것 그대로 받아들인다는 뜻인데, 사뭇 상식적이다. 또한 이러한 규정은 앞서 하먼이 전통적인 존재론과 형이상학의 정의, 즉 "있는 한에서의 있는 것"을 탐구하는 학문이라고 정의한 것과도 일맥상통한다. 아마도 하먼은 OOO의 실재론적 존재론을 짜 가면서 아리스토텔레스를 떠올렸을 것이다. 그러나 하먼의 문제의식은 이런 매우 상식적이고 전통적인 실재론이 대륙 철학에서 완전히 반대 방향으로 내던져졌다는 것이다.

이렇게 된 것은 객체들이 평등하다는 사실이 망각되었기 때문일 것이다. 하먼의 영향을 강하게 받은 철학자인 가르시아는 OOO를 하먼도 받아들일 만한 개념인 '평평한 존재론'으로 부르는데, 여기에는 "각각의 개체화된 사물/사태에 평등한 존재론적 위엄을 부여하는 것"[42]이라는 의미가 담겨 있다. 이것은 세계 내부의 개별체들이 위계적으로 질서 잡히지 않는 상태를 드러낸다. 만약 거기 위계가 있다면 반드시 '인간중심주의적인' 접근법이 존재한다. 하먼은 이를 '접근의 철학'이라고 부른다. 접근의 철학이란 철학이 오로지 사태에 대한 인간의 접근과만 관련될 수 있다고 보는 것으로서 메이야수의 용어로 하자면 '상관주의'에 비견될 것이다. 이렇게 해서 객체들은 그 어떤 초월적 원리('인간'을 포함하여)도 없는 실재 자체의 상태로 우리 앞에 드러나게 된다. OOO의 기본 원리들은 다음과 같다.

41 Harman, *Object-Oriented Ontology*, p. 10.
42 Garcia, *Form and Object*, p. 4.

ⓐ모든 객체들은 그것이 인간이든, 비인간이든, 자연적이든, 문화적이든, 실제적이든 또는 공상적이든 동등하게 취급되어야 한다.

ⓑ객체들은 그것들의 성질들과 동일하지 않지만, 그 성질들과 긴장관계를 가지며, 바로 이러한 긴장이 세계에서 발생하는 모든 변화의 원인이다.

ⓒ객체들은 두 가지 종류로만 관여한다. 즉 [하나는] 실재 객체 (real objects)로서 다른 여타의 것들에 일반적으로 영향을 주든 주지 않든 존재한다. 반면 [다른 하나는] 감각 객체(sensual objects)로서 오로지 몇몇 실재 객체와 관련을 가짐으로써만 존재한다.

ⓓ실재 객체는 서로 간에 직접적으로 관계할 수 없고, 오직 간접적으로만, 즉 감각 객체를 통해서만 관계할 수 있다.

ⓔ객체의 성질들도 마찬가지로 오로지 두 가지 종류로만 관여한다. 즉 실재 성질과 감각 성질이 그것이다.

ⓕ객체의 이 두 가지 종류와 성질의 두 종류는 네 가지 기본적인 순열을 이끌어 내는데, 이때 OOO는 시간과 공간의 근원처럼 이것을 취급하며, 마찬가지로 본질(essence)과 형상(eidos)으로 알려진 항들과 밀접하게 관련시킨다.

ⓖ마지막으로 OOO는 철학이 일반적으로 수학이나 자연과학보다 미학과 더 밀접한 관계를 갖는다고 주장한다.[43]

· 문제점들

우리가 앞서 OOO가 가진 도발적인 면이 더 사실에 가깝다고 한 것

---

43 Harman, *Object-Oriented Ontology*, p. 9.

은 첫 번째 테제에서 이미 분명하게 드러난다. "실제적이든 또는 공상적이든"이라는 말이 그것이다. 사전적이고 어원적이며, 상식적인 의미로 봤을 때, '객체'는 우리 눈앞에 있는 것으로서 "유형물, 감각적으로 파악되거나 드러나는 어떤 것"[44]이다. 하먼은 '객체'에 대해 이와 같은 일반적인 정의를 의도적으로 무시함으로써 '공상적'인 것까지 객체의 범주에 끌어다 놓는다. 이렇게 하는 이유는 하먼이 라투르를 따라 행위소, 즉 실제적인 '효과'를 가지는 것까지 실제적인 것으로 보기로 했기 때문이다. 하지만 **이러한 객체의 확장은 어떻게 정당화되는가?** 만약 '효과'라는 측면에서 객체를 정의한다면 거기엔 반드시 '관계'의 확장이 요구될 것이다. 그러므로 하먼이 농담이 아니라 실제로 유니콘과 같은 공상적인 대상을 들여와 관계를 확장하지 않으면 객체의 확장도 불가능하게 된다. 과연 **유니콘은 관계를 확장할 만큼 효과를 가지는가?** 이 질문은 계속 우리를 괴롭힐 듯하다.

문제는 여기서 그치지 않는다. 모든 것을 인정한다 하더라도 실재 객체가 오직 간접적으로만 감각 객체와 접촉한다는 테제는 언제나 알쏭달쏭하다. OOO가 학문의 세계에 받아들여지면서 일으킨 일종의 스캔들의 집약본이 이 테제라고 해도 과언이 아닐 것이다. 어쨌든 하먼은 다른 곳에서 실재 객체의 이 특성을 재진술하면서 "직접 접근으로부터 사물의 **물러남**(withdrawal)이나 **보류**(withholding)는 OOO의 중심 원리이다"[45]라고 확언한다. 그리고 나서 이에 대한 반론들을 진리에 관한 두 가지 대안에만 머물러 있는 편협한 시각이

---

44 Oxford Bibliotech, https://www.etymonline.com/word/object(2022년 10월 30일 마지막 접근).

45 Harman, *Object-Oriented Ontology*, p. 7.

라고 일축한다. "이러한 반론은 오로지 두 가지 대안들만이 존재한다고 가정한다. 즉 한편으로는 진리에 관한 명확한 산문적 진술들, 다른 한편으로는 모호한 시적인 제스처가 그것이다." 뒤의 문장들을 살펴보면 하먼은 아마도 저 산문과 저 시가 그 중간 지대의 간극을 인정하지 않으며, 따라서 '물러난 실재 객체', '간접적 접촉'이 의미하는 바는 "지식과 실재 사이의 간격을 어떻게 탐색할 것인가 하는 문제"로 수렴한다고 보는 것 같다. 다시 말해 하먼은 제기된 반론에 대해 그것이 잘못된 전제에 기반하고 있으며, OOO는 제대로 된 전제를 가지고 작업하고 있다고 말하는 것이다. 하지만 그렇다고 해서 문제가 해결되는 것은 아니다. 자신의 전제가 타당함을 드러내기 위해서는 그 전제로부터 출발하여 반박들에 대한 재반박이 이루어져야 하지만 그러지 못하고 있기 때문이다. 과연 이 **물러난 실재 객체의 진정한 모습은 어떤 것인가?**

질문을 뒤로하고 더 나아가 보자. 저 테제의 ⓒ는 소위 '분극화'(polarization)라고 불린다. 객체-지향 철학은 이전의 실체에 대해 논하는 철학들처럼 어떤 '원리적인 것'을 존재의 근본에 놓지 않는다. 즉 어떤 파괴 불가능하고 완전한, 기초적인 어떤 것이 객체가 아니라는 것이다(실체주의의 거부). 객체는 이제 '자율적 실재성'으로 규정된다.[46] 이 자율적 실재성은 분극화를 통과해야 한다. 즉 객체는 "분명 서로 다른 두 방향에서 자율적이어야 한다. 즉 부분적으로는 스스로를 다른 존재자와 관계 맺지 못하게 하는 한편, 스스로의 편린을 넘어선 무언가로서 출현한다". 여기서 관계 맺지 못하는 것은 실

---

46 하먼, 『쿼드러플 오브젝트』, 47쪽.

재 객체이며 무언가로 출현하는 것은 감각 객체다. 하지만 이 '분극
화'는 저 물러난 실재 객체의 수수께끼가 풀리지 않는 한 정당화될
수 없을 듯하다.

하먼이 철학사 내의 탁월한 정신들을 비판하는 맥락에서 살
펴보면, '자율적 실재'와 '분극화'라는 객체의 특성은 하나의 무기
로 화한다. 대개의 기존 철학들은 자율적 실재라는 기준에 비추
어 보면 소위 '상부 채굴'(overmine)하는 관념론적 경향과 '하부 채
굴'(undermine)하는 생기적 경향 그리고 '상하부 채굴'하는 유물론적
경향으로 일소된다. 이 철학들에는 고대 유물론에서 시작하여 칸트
를 거쳐 현대의 유물론과 들뢰즈 철학에 이르기까지 광범위한 시간
대가 포함된다. 이들 철학들은 객체의 자율성을 훼손하면서 접근의
철학이 되거나, 아니면 분극화를 거부하고 실체론적이거나 본질주
의적인 철학이 된다.[47]

이들과는 다르게 후설과 하이데거는 일단 '분극화'라는 측면에
서 후한 점수를 받는다. 후설은 감각 객체를 제대로 파악하고, 그것
의 성질들이 "끝없이 변동하는 와중에도 어떻게 동일하게 남아 있는
가에 관한 문제"[48]를 천착했다는 점에서, 하이데거는 실재 객체의 물
러난 특성을 보았다는 점에서 그러하다.[49]

하지만 자율성의 측면에서 후설은 단순히 객체-지향 '관념론
자'로 남는다. 왜냐하면 그가 "독립적 자연세계를 철학 바깥에 놓"[50]
았기 때문이다. 하먼에게 "자연세계를 괄호 치는 것은 난폭한 관념

---

47 앞의 책, 1장 참조.
48 앞의 책, 12쪽.
49 앞의 책, 52쪽 참조.
50 앞의 책, 54쪽.

론적 몸짓"에 불과하다. 따라서 후설의 지향성은 관찰자로부터 독립된 자율성을 가진 객체를 남겨 놓지 않는다. 또한 후설의 현상학은 "객체 자체를 감각 객체에 제한하고 실재 객체에는 어떠한 여지도 남기지 않는다는 점에서 본질적으로 관념론적"이다.[51] 하이데거의 경우 유명한 도구-분석을 통해 물러난 실재 객체의 모습을 드러냈지만, 후설이 바라보았던 감각 객체의 명실함을 대체로 간과한 것이 문제다. 그러므로 "후설이 현존(presence)의 철학자라면 하이데거는 부재(absence)의 사상가"[52]인 셈이다. 후설이 감각 객체의 분극화를 발견했다면 하이데거는 실재 객체의 분극화를 발견했지만, 그러한 이유로 둘은 서로에게 결여된 측면이 있는 것이다. 따라서 이 둘을 중첩시키는 것이 과제가 된다.

하먼이 수만 페이지에 달하는 철학사 책을 깔고 앉아 탁월한 철학자들의 사상을 끝장내는 슬래셔 무비를 감상하는 것은 그리 끔찍한 체험은 아니지만 다음 작품이 기대될 정도는 아니다. 왜냐하면 이런 식의 비판은 매우 협소한 자기 이론 체계 안에서 사상을 외재적으로 비판하는 것에 불과하기 때문이다. 어쨌든 그럴 수 있다고 쳐도 문제는 하먼 자신의 OOO가 어떤 모습을 갖추는가일 것이다.

하먼 자신은 OOO를 객체의 철학이면서 분극화의 철학이라고 말한다.[53] 앞선 논의를 감안할 때 이런 규정은 당연하고도 합당하다. 그 결과 탄생하는 것은 바로 4종 객체(the quadruple object)다. 그런데 당장 의문점이 발생한다. 하먼이 4종 '객체'라고 지칭한 것, 즉 '실재

---

51 앞의 책, 244쪽.
52 앞의 책, 73쪽.
53 앞의 책, 246쪽.

객체'(RO), '실재 성질'(RQ), '감각 객체'(SO), '감각 성질'(SQ)에서 객체로 직접 언술되는 것은 RO와 SO뿐이기 때문이다. 나머지 둘은 이 두 객체에서 분극화되어 나오는 '성질'이다. 게다가 이 성질들은 객체에 '속하'거나 '속하지 않'거나 하기 때문에 자율적이다. 그렇다면 **우리는 이를 과연 '4종'의 객체라고 불러도 되는 것인가?**[54]

텍스트 내에서 하먼은 이런 질문에 개의치 않는 듯이 보인다. 어찌되었든 객체의 세계는 4분면으로 이루어져 있으며, 이것들 간에는 "네 가지 가능한 순열, 즉 감각 객체-감각 성질, 실재 객체-감각 성질, 실재 객체-실재 성질, 감각 객체-실재 성질"이 있다는 것이다.[55] 중요한 것은 실재 객체와 감각 객체의 분극화이며, 이로써 성질들이 방사된다. 하지만 두 객체는 성질들의 총합이 아니라는 것도 분명하다. 다시 말해 여기에는 여분의 것이 존재하게 된다. 감각 성질은 문질러 없어질 수 있는 어떤 것으로서 감각 객체 위를 떠돈다. 반면 실재 성질은 감각 객체로부터 물러나는 성질을 지닌다. 이것은 일종의 '이론적 접근'만을 허용하는 것으로서 감각 객체에는 선택적인 사항이 된다. 이렇게 해서 이른바 '감각 객체의 긴장'이라는 것이 발생하는데, "감각 객체 대 그것의 감각 성질들, 감각 객체 대 그것의

---

54 하먼은 어떤 경우에는 4종의 객체를 언급하고 또 다른 경우에는 2종의 객체와 2종의 성질을 언급한다. "우주에 객체들의 무한성이 있을 수 있다면 이것들은 두 종류에만 해당된다. 모든 경험으로부터 물러나는 실재 객체와, 경험 속에서만 존재하는 감각 객체가 그것이다. 그리고 이러한 객체들과 더불어 우리에게는 두 종류의 성질이 있다. 모든 경험에서 발견되는 감각 성질과, 후설이 말하듯 감각적 직관을 통하기보다 지적으로 접근할 수 있는 실재 성질이 그렇다. 이것은 우주에 서로 구별되는 네 극점을 산출한다. […] 여기에는 단지 네 가지 짝만이, 즉 실재 객체/실재 성질, 감각 객체/감각 성질, 실재 객체/감각 성질, 감각 객체/실재 성질만이 있다"(앞의 책, 94쪽).
55 앞의 책, 12쪽.

실재 성질들"[56] 간의 긴장이 그것이다. 물론 여기서 감각 객체 자체
는 후설의 시도에서처럼 '통일된 객체'로 받아들여져야 한다. 이 객
체는 감각 성질의 난만함 가운데에서도 지속성을 잃지 않는다.

　요컨대 하먼은 우주에 존재하는 무한한 객체들이 "두 종류에
만 해당된다"고 선언한다. "모든 경험으로부터 물러나는 실재 객체
와, 경험 속에서만 존재하는 감각 객체가 그것이다."[57] 이것은 우주
의 첫 번째 분극화로서 다시 네 가지 극점으로 분열된다. 이들은 각
각 '시간' '공간' '본질' '형상'이라고 정의 내려진다.[58] 그리고 이것
은 '긴장'(tension)이라고 일컬어지는데, 이는 뒤에 나올 열 가지 순
열 중 네 가지에 속한다. 즉 하먼은 이를 "두 종류의 객체들[실재 객
체와 감각 객체]과 두 종류의 성질[실재 성질과 감각 성질]에 대한
열 가지 가능한 순열의 지도 작성법"이라고 일컫는다.[59] 네 가지 순
열 외에 '방사'와 '접합'에 속하는 세 가지 순열이 있다. 전자에는 '발
산'(emanation), '축소'(contraction[응축]), '이중성'(duplicity)이 속하
고, 후자에는 '인접'(contiguity), '물러남', '진정성'(sincerity[성실성])
이 속한다.[60]

・하먼의 네 겹과 열 가지 순열

아래는 하먼이 제시한 도식에 각각의 순열 항목들을 정리한 것이다.[61]

56　앞의 책, 68쪽.
57　앞의 책, 94쪽.
58　앞의 책, 178~179쪽 및 '한국어판 서문' 12쪽도 참조.
59　앞의 책, 143쪽.
60　이 순열에 대해서는 앞의 책, 220~224쪽 참조.
61　앞의 책, 142, 226, 231, 234쪽 참조. 번역을 좀 수정할 필요가 있어 보인다. 서동진 선생
　　은 'junction'과 'conjunction'을 구분하지 않고 '접합'이라고 옮기는데(앞의 책, 223쪽

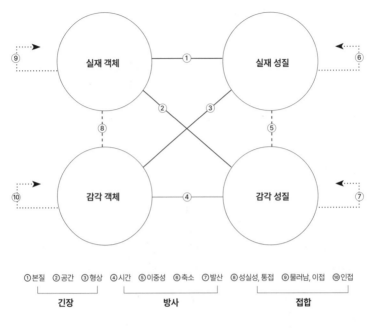

①본질 ②공간 ③형상 ④시간 ⑤이중성 ⑥축소 ⑦발산 ⑧성실성, 통접 ⑨물러남, 이접 ⑩인접

| 긴장 | 방사 | 접합 |

그림 18. 열 가지 순열

하먼에 따르면 우선 시간과 형상을 산출하는 두 짝은 우리 일상
적 경험과 밀접하다. 하지만 본질과 공간의 두 짝은 일상적인 경험이
아니라 단속적인 경험이다. 왜냐하면 "공간이 우리가 부단히 경험
하는 것이 아니"며, "본질도 잠깐 사이에 단 한 번만 산출되기"[62] 때
문이다. 언뜻 이해하기 어려운 말일 수 있지만, 시간과 형상이 '감각'
객체와 관련되고, 본질과 공간이 '실재' 객체와 관련된다는 것을 생
각하면, 난해하지는 않다. 어쨌든 하먼은 이 네 가지 긴장 상태가 분

참조), 그렇게 되면 혼란이 온다. 왜냐하면 접합의 범주 안에 다시 접합이 있게 되어
버리기 때문이다. 그래서 나는 conjunction을 '통접'이라고 했다. 또한 '괴리'라고 옮긴
'disjunction'도 '이접'으로 옮겼다.
62 앞의 책, 226~227쪽.

리된 힘이 아니라 모든 존재자에 한꺼번에 영향을 미치는 것이라고 언급한다. 이것은 감각적인 것과 실재적인 것이 존재하는 모든 객체의 두 종류라고 선언하는 하이데거적인 전제가 하먼 존재론에 있기 때문에 당연한 결론이라고 할 수 있다.

하지만 이러한 객체들이 특정한 영역을 가진다고 볼 수는 없다. 즉 여기서 시간이나 공간은 일종의 신체적인(corporeal) 특징을 가지고 있지만, 단적으로 그렇다고 말할 수 없다는 것이다. 실재 객체든 감각 객체든 이런 비-영역적 특성을 가진다. 그 이유는 의외로 간단하다. "감각적인 것은 지각하는 자와의 관계에서만 존재하고, 실재적인 것은 그것과의 관계에서 물러난 모든 것"[63]이기 때문이다. 특히 실재 객체는 그 성질과의 관계에서 외부적이고 비본질적이다. 즉 실재 객체가 그것의 실재 성질과의 관계를 드러내는 것은 "오로지 비실재적이고 [⋯] 비본질적인 것을 경유해서만"이라는 것이다.[64] 실재 객체와 실재 성질의 관계가 '본질'이라고 일컬어진다면, 그것은 그 자체로 드러나는 것이 아니라 오로지 '인과적 상호작용'을 통해서만, 그것도 외부에서만 생산되기 때문에 그러하다.

잊지 말아야 할 것은 이 긴장들이 두 극점, 즉 객체와 성질이라는 두 극점 사이에서 이루어지는 드라마라는 점이다. 그런데 여기서 감각 객체와 함께하는 긴장과 실재 객체와 함께하는 긴장이 매우 다른 특성을 띤다는 점에 주목할 필요가 있다. 다시 말해 감각 객체는 감각 성질과 잘 융합되지만, 실재 성질과는 잘 융합되지 않는데, 실재 성질은 사실상 분화되지 않은 것으로서 감각 객체를 규정하기에

---

63 앞의 책, 197쪽.
64 앞의 책, 190쪽.

는 다소 헐겁다. 이렇게 되면 실재 성질은 감각 객체와 감각 성질과 융합되면서도 분열된다. 이것이 '긴장'(시간과 형상)의 본모습이다. 그러나 실재 객체의 경우 이러한 분열은 잘 보이지 않는다고 하면은 주장한다. 실재 객체는 실재 성질 그리고 감각 성질을 충분히 감싸 안기 때문이다. 다른 한편으로 실재 성질과 감각 성질은 매우 다르다. 이를테면 우리는 '나무'가 가지고 있는 감각 성질을 셈할 수 있지만, 나머지 실재 성질이 무엇인지는 미지의 것으로 남는다. 이것을 하면은 '이중성'이라고 칭한다.

이제 남은 것은 각각의 객체와 성질이 자신들 안에서 다른 객체와 성질들과 가지는 관계인데, 이는 실재 성질들끼리는 '축소'(또는 응축), 감각 성질들끼리는 '발산', 실재 객체들끼리는 '물러남', 감각 객체들끼리는 '인접'이다. 이에 대해서는 하면의 말을 직접 인용해 보자.

> 감각 성질은 동일한 감각 객체에서 함께 발산되는 한에서 간접적으로 연결된다. 우리는 대부분의 경우 실재 성질이 감각 객체와의 연결에서만 존재한다는 점을 보았다. 그러나 이는 발산으로 기술될 수 없다. 이 성질이 더는 시야를 향해 내뿜어지지 않기 때문이다. 그래서 감각 객체와 연결되어 있는 실재 성질에 대한 보다 적절한 용어는 니콜라우스 쿠사누스가 제안한 것으로 유명한 수축(contraction)일 것이다.[65]

그리고 물러남과 인접은 다음과 같다.

---

65 앞의 책, 222~223쪽.

두 감각 객체가 인접된 것보다 더 나은 것이 결코 될 수 없다면, 실재 객체는 상호관계가 전혀 없는 물러남의 방식으로 공존한다.[66]

여기서 다시 문제는 실재 객체가 어떻게 되는가이다. 즉 **감각 객체를 통해 실재 객체를 어떻게 경험하는가**가 문제라는 것이다. 우리는 실재 객체가 아니라 감각 객체와 늘 접촉하기 때문에, "우리가 갖게 되는 것은 감각 객체와 직접적으로 [성실성을 통해] 접촉하는 실재 객체다".[67] 하지만 이것으로는 부족하다. 하먼의 이야기를 계속 들어 보자.

우리가 알고 있는 한 직접적 접촉의 유일한 형태는 세계를 경험하는 실재 객체와, 그것과 마주하는 다양한 감각 객체들 사이에 있다. 거기서 그것들은 내 앞에 있다. 즉 나는 감각 객체들의 실재에 **사로잡힌다**. 여기에는 어떤 다리도 필요하지 않다.[68]

여기서 '나'는 실재 객체이기도 하고 감각 객체이기도 하지만, 감각 객체로서 실재 객체와 직접 접촉한다. 하지만 여기에는 어떤 '비대칭성'이 존재한다. 하먼에 따르면, 이 비대칭성은 실재 객체의 우선성 때문에 발생하는 것으로 들린다. 즉 "유일하게 가능한 종류의 직접적 접촉은 실재 객체가 경험하는 감각 객체를 실재 객체가 접촉함에 따라"[69] 발생한다는 것이다. 다시 말해 실재 객체가 감

---

66 앞의 책, 224쪽.
67 앞의 책, 137쪽.
68 앞의 책, 140~141쪽(강조는 인용자).
69 앞의 책, 139쪽.

각 객체에 접촉하지 않으면 실재 객체에 대한 경험은 발생하지 않는 것이다. 그러므로 "감각 객체는 둘 모두[감각 객체와 실재 객체]를 동시에 경험하게 되는 실재 객체를 통해 서로에게 인접해 있을 뿐"이다. 하먼의 말에 따르면 OOO의 관건이 되는 실재 객체가 감각 객체를 늘 초과하는 어떤 결론이 나올 수밖에 없다.[70] 이 초과분은 언제나 "감각적 장에 존재하지 않는다".[71]

여기서 잠시 '비대칭성의 원리'에 대해 생각해 보자. 위의 언급과 유사하게 다른 곳에서도 하먼은 이 비대칭성을 강조한다. 이를테면, "내가 나무를 지각한다면 어쩌면 나무도 그에 반응해 나를 지각할 수 있다. 그러나 이것은 동일한 것의 역전된 측면으로서가 아니라 다른 관계의 부분으로서 발생하는 것임에 틀림없다".[72] 즉 내가 나무를 감각 객체로서 지각하는 것과 나무가 나를 감각 객체로서 지각하는 것은 다른 관계하에 일어나는 일이라는 것이다. 그러한 '다른 관계'는 아래의 인용문에서 드러난다.

우편함은 한낱 감각 객체 또는 지향적 객체, 즉 내가 그것에 더는 주

---

70 이 문제에 대해 하먼은 물질적인 것의 '과잉'이라고 지나가면서 논한다. 즉 초과 또는 과잉은 지각 과정에서 필연적으로 발생하는 범존재자적인 요소라는 것이다. "매 순간 변동하는 과잉의 물질적인 면면 […] 이것이 지각의 진정한 본성이며 […] 아무런 생각이 없는 존재자들의 가장 낮은 영역에서조차 원초적 지각이 발견된다 […]"(앞의 책, 184쪽). 그런데 이 지점에서 다른 질문이 발생할 수 있다. 지각 과정의 이 '과잉'은 지각되는 객체의 '결핍'을 전제하는가? 더 나아가 이 과잉은 혹시 생명 객체에만 부여되는 특성인가? 이런 질문이 가능한 이유는 하먼이 늘 객체에 '물러남'의 특성을 부여하기 때문이다. 다시 말해 그러한 '물러남'은 언제나 객체의 어떤 공백을 상정하는 것이고, 필연적이기 때문에 예외가 있을 수 없다. 그렇다면 저 '과잉'은 대체 어디서 나오는 것일까?

71 앞의 책, 185쪽.

72 앞의 책, 139쪽.

의를 기울이지 않자마자 증발할 것에 불과하[다.] 기껏해야 우편함은 어떤 감각적 표현에서도 물러서 있는 어떤 실재 객체의 번역이나 왜곡이다. 하지만 이와는 대조적으로 이 우편함을 마주치는 '나 자신'은 완전히 실재 객체다. 우편함을 주의 대상으로 진지하게 여기며 에너지를 소비하는 것은 나 자신이지 나에 대한 어떤 이미지가 아니다. […] 모든 직접적인 접촉은 유형이 다른 객체들 사이에서 이루어진다. 이런 사태를 비대칭성의 원리라고 부를 수 있다. […] 두 개의 실재 객체는 서로에게서 떨어져 고립된 깊이로 물러나고, 바로 그런 이유로 그것들은 서로 접촉할 수 없다. 반면에 단일한 지향적 행위에 공존하는 다양한 감각 객체(지향적 나무, 산, 표범)는 근접 상태로 그냥 둘러앉아 있는데, 지각자가 그것들을 모두 동시에 지각한다는 의미에서만 서로 접촉한다. 결국 감각 객체는 마주침을 당할 때만 나타나는 것이지 마주칠 때 나타나는 것이 아니다. […] 요컨대 감각 객체는 나 자신의 마주침에서 비롯된 순전히 수동적인 상상의 산물이다. 그러므로 감각 객체들은 어떤 종류의 직접적인 상호작용도 할 수 없고, 지각자인 나의 매개를 통해서만 같은 지각적 국면에 속하게 된다. 실재 객체들은 지향적 객체라는 매체를 통해서만 접촉할 수 있고, 지향적 객체들은 실재 객체라는 매체를 통해서만 접촉할 수 있다. 이것이 비대칭성의 원리다.[73]

요컨대 하먼은 감각 객체이자 실재 객체로서의 '나'는 두 객체의 직접적 경험을 갖고 있지만, 실재 객체에 대한 지각은 언제나 미

---

73 그레이엄 하먼, 『네트워크의 군주: 브뤼노 라투르와 객체지향 철학』, 김효진 옮김, 갈무리, 2019, 452~453쪽.

루어진다고 말하는 것처럼 보인다. 하지만 당연하게도 우리는 이것이 두 객체를 연결하는 '진정성'(성실성)의 모습인지 물어볼 수 있다. 하먼은 '진정성'이 어떤 실존적 필연성인 것처럼 진술한다. 그것은 다음과 같다.

> 진정성은 분열에 종속될 수 없다. 진정성에 대해 할 수 있는 것은 그저 그것을 끝내는 것뿐이다. 즉 잠 혹은 완전한 죽음처럼 새로운 진정성으로 대체하거나 어느 것으로부터 대체할 수 없거나 둘 중 하나다. 진정성이 중단될 때, 어떠한 매개자도 이 사건을 경험하기 위해 현존하지는 않으며, 그래서 진정성은 그저 우주에서 사라진다. 진정성에 대한 두 번째 목격자는 없다.[74]

실재 객체와 감각 객체를 이어 주는 진정성이란 자기 자신이 유일한 목격자일 뿐인가? 뚱딴지같지만 여기서 요상스런 이교의 신비주의가 도래한다면 신성의 '직접 체험'과 같은 것이 될 것이다. 하지만 하먼은 합리주의자답게 그런 탈출구를 선호하지는 않는다. 다소 애매하지만 하먼에게 실재 객체라는 선물을 선사할 선구자는 예술계에 존재하는 것 같다.

> 실재 객체는 감각적 장에 존재하지 않는다. 그래서 실재 객체와 감각 성질들은 융합될 때만 만나게 될 것이다. […] 객체의 그 비가시성이 객체와 감각 성질을 따분한 일상에서 종종 겪는 것과 같은 맛없는 퓌레로 압축하는 것을 불가능하게 한다. 이와 같은 융합은 예컨대 모든

---

74 하먼, 『쿼드러플 오브젝트』, 233쪽.

종류의 예술 작품에서 발생하는데, 나는 그 이상으로 하이데거의 '망가진 도구'[실재 객체] 역시 엄밀한 의미에서 예술적인 것은 아니라고 하더라도 **미학적 효과를 갖는다**고 주장하고자 한다.[75]

여기서 '미학적 효과'는 '매혹'(allure)이라고 불린다. 매혹은 "사물의 통일성[실재 객체]과 (특이한 성질의) 다수성[감각 성질] 사이의 친밀한 결속이 다소 부분적으로 해체되는 특별하고 간헐적인 경험"이다.[76] 그런데 바로 앞에서 하먼은 "물러나 있는 실재 객체와 접근 가능한 표면 성질[감각 성질]과의 융합에 대한 일반적인 용어로서 매혹이라는 단어를 사용할 수 있다"고 말한다.[77] 여기서 조화될 수 없을 것 같은 두 용어, '해체'와 '융합'이 등장한다. '매혹'이 우리가 일반적으로 받아들이는 합리적인 철학 용어가 아니라, 미학적 용어일 수밖에 없는 면모가 여기에 있다. 결론적으로 우리는 실재 객체에 '매혹'을 통해 접근할 수 있는데, 그것은 오직 융합과 해체를 함께 경험함으로써이다. 덧붙이자면 이 '접근' 또한 감각 성질을 '대면'함으로써 가능하다. 마찬가지로 이 대면은 앞서 말한 '직접 체험'과 같은 것은 아니지만, 인간이 실재 객체에 접근할 수 있는 가장 빠른 길이 된다.

사변적 실재론의 이론적 명운이 걸린 것은 상관주의를 피하면서 실재 객체에 접근할 수 있는 존재론적 구조이다. 이것은 성공적인가? 이에 대해 판단하기는 아직 이를 듯하다. 앞서 우리가 보았다시

---

75 앞의 책, 185쪽(강조는 인용자).
76 앞의 책, 186쪽.
77 "실재 객체는 그것의 감각 성질과 접촉하지 않으며, 매혹을 통해서만 감각 성질과 이어진다"(앞의 책, 188쪽).

피 하먼의 주장대로 철학이 '이해의 학문'이지 '추론의 학문'(수학과 과학)이 아니라 해도 그리고 겸손이라는 미덕에 비추어 철학이 '모든 학문의 시녀'라 해도, 거기에는 이해의 학문이 해야 하는 역할(미학적 경로의 탐구)과 '시녀로서의 역할'(과학적 영역의 탐구)이 분명히 존재할 것이기 때문이다.[78]

이제 위의 비판을 염두에 두면서 야심만만한 제목을 가진 하먼의 책, 『객체-지향 존재론: 모든 것에 대한 새로운 이론』에 잘 정리되어 있는 내용을 살펴보자.

· 반-채굴

하먼은 객체는 그것이 무엇이든지 간에 두 가지 기본적인 종류의 인식으로 환원될 수 없다고 말한다.[79] 즉 객체가 무엇으로 만들어졌느냐는 것과 무엇을 행하느냐가 그것이다. 너무 많은 서양철학자들이 이 두 가지 중 하나에 대해 주장하거나 둘 모두를 주장했다. 이들과 다른 방식이 OOO인데, 이 철학에서는 어떤 반-문자주의적인 관점을 객체에 대해 수행한다. 이때 우리가 마치 객체를 질들이나 효과들의 총체와 동등한 것인 것처럼 번안할 수 있다. 현대철학의 용어로 이것은 일종의 소용돌이 모델, 역동적인 전체성이다. 이것은 오직 시간적으로만 발생하는바, 순간적인 객체들로서, 그것을 하부 채굴의 형태들로 고려한다. "왜냐하면 그것이 개체적 실체들을 아래에 놓인

---

78 만약 앞의 두 가지 과제가 이루어지지 않는다면, 아마도 많은 신유물론자(new materialist)들이 사변적 실재론자들을 '관념론'이라고 공격할 거리들을 만들 것이다. 실제로 앞서 보았다시피 수행적 신유물론자들은 하먼의 OOO를 관념론의 일종이라고 비판한다.

79 Harman, *Object-Oriented Ontology*, p. 257 참조.

통일적인 어떤 것과 비교해서 얄팍한 것(shallow)으로 취급하기 때문이다."[80] 다시 말해 이들에게 "객체란 심층적 힘의 단순한 표면 효과일 뿐"이다.[81] 따라서 하먼이 여기서 말하는 '하부 채굴의 철학'은 인간적 경험의 외관을 부정하지는 않지만, 경험에 어떤 이차적인 등급을 부여하는 것이다.[82]

하먼은 이와 다른 면에서, "OOO는 행위와 사건의 철학을 허용할 수 없다"[83]고 말한다. 왜냐하면 이런 철학들은 객체를 상부 채굴하는 방식이기 때문이다. 이 비판은 라투르의 행위자-네트워크 이론, 담론적 사건이 객체를 앞선다는 푸코의 이론 그리고 아무것도 그 자신과 동일('자기-현시')하지 않고 모든 것은 산포(dissemination) 안에 존재한다는 데리다의 관점에 여러 방식으로 해당된다. 그리고 바라드와 해러웨이에게서 드러나는 소위 '관계자 없는 관계들'(relations without relata) 이론도 마찬가지다. 하먼은 이것이 의미하는바, 아무것도 없는 것에서부터 나오는 관계들이라는 것은 파악 불가능하다고 논한다. 이들 상부 채굴의 철학들에서는 객체가 "직접적 현시(manifestation)로 손쉽게 대체되는 쓸모없는 기체(substratum)로 취급"당한다.[84] 객체는 단순한 경험주의 방식으로 이해되면서, 감각적 실재로만 취급되거나 다른 사물과의 관계에서 나오는 효과 또는 더 나아가 심리적 이미지로 전락한다.

80 *Ibid.*
81 하먼, 『쿼드러플 오브젝트』, 25쪽.
82 앞의 책, 42쪽.
83 Harman, *Object-Oriented Ontology*, p. 257.
84 하먼, 『쿼드러플 오브젝트』, 38쪽.

・유물론이 아닌 OOO

하먼은 직접적으로 "사실상 OOO는 '물질' 개념이 무엇이든 간에 그것에 관심이 없다"고 말한다.[85] 하먼은 물질을 형태 없는 물리적 더미라는 개념으로 파악하는 것으로 보인다. 이것은 경험적인 기초가 되지도 못하며, 이론적 개념으로도 쓸모가 없다는 것이다. 이에 따르면 상상 속의 말과 유니콘의 다른 점이 전자가 물질적인 고유성을 가지기 때문은 아니다. 진짜 차이는 말이 상상 속의 말과 상이한 형식을 가진다는 것에 있다. 즉 유물론에 중요한 것은 그 형식 안에 존재하는 어떤 물리적 성질의 집합인데, OOO는 이와 달리 객체를 그 성질의 집합만으로 보지 않는다. 이 물리적 성질의 집합, 또는 물리적 구성요소는 상부 채굴의 방식에 의존하여 드러난다. 동시에 유물론은 하부 채굴의 형태를 위하기도 하는데 이 구성요소를 형식으로 보지 않고 물질적인 '요소'로 바라볼 때 그러하다. 이에 대해 하먼은 보다 이른 시기에 쓴 책(『쿼드러플 오브젝트』)에서 유물론의 두 가지 문제점을 지적하는데, "물리 입자는 객체를 하부 채굴하는 동시에 상부 채굴하려 애를 쓰지만, 결국 제 무기의 희생양으로 전락해 버린다. 객체는 물리 요소보다 더 심원하기도 하고 더 얕기도 하기 때문이다"라고 쓴다.[86] 결과적으로 하먼의 이러한 "비판은 그가 도발적으로 제기한 '**유물론 없는 실재론**'으로 이끈다".[87]

---

85 Harman, *Object-Oriented Ontology*, p. 258.
86 하먼, 『쿼드러플 오브젝트』, 43쪽.
87 Bryant, Srnicek and Harman, "Towards a Speculative Philosophy", *The Speculative Turn*, p. 9(강조는 인용자).

· 객체의 물러남

하먼은 이 테제를 제시하면서 OOO가 칸트로부터 그리고 칸트의 유산을 이어받은 하이데거와 멀어지는 지점이라고 말한다.[88] 이 유산은 간단히 말해서 사유 바깥의 사물/사태를 생각하는 것이 불가능하다는 것인데, 이때 사물/사태는 그 유명한 '사물-자체'다. 반대 측면에서 하먼은 칸트적인 사물-자체를 수용하는데, 이것은 단지 그것이 오로지 인간적 사유를 추적하는 어떤 것을 거부하는 한에서이다. 사실상 객체들 사이에서도 무언가가 이루어진다. 이를테면 불과 면직물도, 비록 그것들이 인간적 의미에서의 '의식'을 통하지 않을지라도, 서로 간에 투과되지 않는 관계를 가진다는 것이다. 관계란 사물들에 일상적으로 일어나는 일이다. 더 나아가 모든 관계들이 이른바 '관계자 없는 관계들'[89]을 가지는 것은 아니다. 인간들은 그들의 사회체들과 정치적 체제들과 상호작용하며 그것을 촉발한다. 비록 그와 같은 상호작용이 어떤 흔적을 남기지 않는다 하더라도 말이다. 객체들 간의 소통은 쉽지도 않고 불가능한 것도 아니다.

이렇게 봤을 때, **'관계'**가 하먼에게서 어떤 의미를 지니는지 알 수 있다. 그것은 **매우 불투명하지만 존재하고, 그렇다 하더라도, 관계항(relata)에 해당되는 객체 없이는 존재하지 않는다. 그런데 이 관계의 불투명함은 바로 객체의 '물러남'으로부터 발생한다.** 따라서 객체는 일종의 "암시(allusion)를 통해 간접적으로 우리와 닿을 수 있을 따름이다".[90] 하먼의 예시를 들자면, 양성자와 화산이 그 다양한 속

---

88 Harman, *Object-Oriented Ontology*, p. 258.
89 바라드의 이 개념은 매우 중요하다. 다음 장에서 신유물론의 입장에서 사변적 실재론을 비판적으로 다루면서 다시 볼 것이다.
90 하먼, 『쿼드러플 오브젝트』, 62쪽.

성에 의해 물러나는 만큼 인간과 그것들 간에도 물러남이 있다.[91] 사정이 이러하므로 '관계'는 부정적 규정을 얻을 수밖에 없다. 즉 "모든 관계는 스스로와 관계되는 것들을 번역하거나 왜곡한다 […] 목화-존재는 현상학자와 직물 노동자뿐만 아니라 목화-존재와 접촉하는 모든 존재자에게서도 은폐"[92]되는 것이다. 하먼이 관계에 대해 사고하는 이런 소극적 면모는 "객체는 그것이 맺은 관계보다 그것이 맺지 않은 관계로 더 잘 알게 된다. […] 객체는 그것이 거둔 성공보다 인접한 실패로 더 잘 알게 된다"라는 말에서 잘 드러난다.[93] 우리는 이 지점을 신유물론과 결정적으로 결별하는 곳이라고 생각할 필요가 있다.

· 균열

하먼은 OOO의 다른 요소로 '균열'(fracture)을 든다.[94] 하먼에 따르면 대부분의 실재론 논쟁이 실재성과 그것의 재현 사이의 간극에 사로잡혀 있다. 이 방면의 질문을 따라가다 보면, 사유하는 인간이 더 이상 이러한 재현들의 터가 아니라는 결론에 도달한다. 하지만 OOO는 여기에 다른 관점을 부가한다. 즉 물론 사물들 사이의 간극이 존재하는데, 우리는 이것을 객체/질 분열이라고 부른다. 감각 객체든 실재 객체든지 간에 한 꾸러미의 질들일 뿐이다. 대신에 객체는

---

91 앞의 책, 63쪽 참조.
92 앞의 책, 87쪽.
93 그레이엄 하먼, 『비유물론』, 김효진 옮김, 갈무리, 2020, 22쪽. 하먼은 OOO의 이런 특징을 두고 '사변적 형이상학'(Speculative Metaphysics)이라고 할 만하다고 본다(하먼, 『쿼드러플 오브젝트』, 90쪽).
94 Harman, *Object-Oriented Ontology*, p. 259.

비록 그러한 질들 없이 존재할 수는 없다 해도, 그 질들을 앞서간다. 이 두 가지 세계의 분리된 축들(물러남/현전과 객체/질들)은 조합을 이루면서 우리가 앞서 본 네 겹의 구조를 산출하는바, 이것이 적합성을 발견하는 모든 장소에서 OOO의 방법론적 기초가 된다. 이와 같이 하먼은 객체 안에 존재하는 '균열'을 통해 우리가 단순히 '물질'로만 받아들이는 대상을 보다 상세하고 복잡하게 전개하는 데 성공하는 것으로 보인다.

· 제일철학으로서의 미학

"OOO에 있어 미적 경험은 관건적이다."[95] 이런 경우 OOO는 객체에 대한 비-문자적 접근의 형식을 취한다. 이것은 감각 성질이 더 이상 그것의 평범한 감각 대상에 속하지 않을 때 발생하지만, 대신에 그 감각 성질이 실재 객체로 옮겨지는 사태다. 이 실재 객체는 모든 접근으로부터 필연적으로 물러나는 그 객체였다. 이로써 자취 없던 실재 객체가 미적 감상자 그녀 자신 또는 그 자신에 의해 감각 성질을 지지하는 새로운 실재 객체로 대체되는 것이다. 따라서 우리는 미적 경험의 필연적인 연극성(theatricality)에 대해 말할 수 있게 된다. 이것은 일종의 미학적 효과가 실재 객체와 감각 성질들을 융합한다는 입장이다. 앞서 본 그림에서 감각 객체는 그 자신의 감각 성질과 시간을 통해 결합되어 있는 반면, 실재 객체는 감각 장에 속해 있지 않다는 것을 알 수 있다. 예술은 이때 요구되어지는 것이다.[96] 하먼은 이로써 OOO에서 미학 우선성이라는 현대철학의 꽤나 공공연한 비

---

95 *Ibid.*, p. 259.
96 하먼, 『쿼드러플 오브젝트』, 185쪽.

밀에 자신의 철학을 얹어 놓는다.

· 행위와 공생

이것은 주로 사회 이론과 관련된다. OOO에서 "사회 이론은 반드시 객체의 실재성에 기반해야 하며, 그것들의 행위들에 기반해서는 안 된다".[97] 하먼은 그 이유로 행위란 객체들 자체를 상부 채굴할 수 있을 뿐이기 때문이라고 논한다. 이와 같은 주장은 『비유물론』에서도 그대로 주장된다. "어떤 객체가 행위를 실행하려면 먼저 그 객체가 존재해야 하고, 따라서 어떤 객체가 행위를 실행하기 때문에 그 객체가 존재하는 것은 아니다."[98] 마찬가지로 하먼은 비유물론(immaterialism)의 공리를 이야기하는 자리에서 "사물의 **무엇임**이 사물의 행위보다 더 흥미로운 것으로 판명된다"[99]고도 말한다.

하먼은 행위보다 '공생'(symbioses)을 더 중요한 사회철학적 개념으로 본다. 수없이 많은 관계들 가운데 공생적 관계만이 중추적이라고 보는 것이다. 하먼이 말하는 공생의 의미는 다음과 같다.[100]

공생이란 종종 비-상호적이다. 이것은 사물 A가 사물 B에 관계할 수 있을 뿐 역은 성립하지 않는다는 것을 의미한다. 그리고 모든 공생은

---

97 Harman, *Object-Oriented Ontology*, p. 260.
98 하먼, 『비유물론』, '한국어판 서문' 18쪽.
99 앞의 책, 61쪽.
100 이와 관련하여 하먼은 이전의 라투르에 대한 이론적 경도를 거두어들이는 언급을 한다. 예전에 하먼은 라투르의 행위자-네트워크 이론을 "객체-지향 철학자의 선구자"라고 추켜세웠다(하먼, 『네트워크의 군주』, 324쪽). 하지만 여기서 라투르는 린 마굴리스에 뒤지는 철학자로 기술되고 있다. "관계에 대한 ANT의 모형보다 마굴리스의 공생 개념을 선호하는 이유는 [⋯] 중요하지 않은 관계와 중요한 관계를 구분하기" 때문이다(하먼, 『비유물론』, '한국어판 서문' 27쪽).

비대칭적이다.[101]

다시 말해 공생은 관련된 객체 하나나 둘 모두에 영향을 미치지만 일방적인 작용이 우선한다는 것이다. 이를테면 태양과 나의 관계가 그러하다. 내가 없다 하더라도 태양은 여전히 우주에 에너지를 방출할 것이지만, 태양이 없다면 나는 존재할 수 없다.[102] 따라서 공생은 언제나 그 말의 본래 의미와는 다소 어긋나게도 비호혜적이며, 비대칭적이다.[103]

『비유물론』에서는 다소 보충된 다음 공리들이 제출된다.

공생의 본질
- 사회적 객체를 이해하는 데 필요한 열쇠는 그것의 공생들을 찾아내는 것이다.
- 공생은 객체의 생애에서 비교적 일찍 발생할 것이다.
- 공생은 객체의 특질이 일단 확립되면 무한정 유연하지는 않다.
- 공생은 강한 유대로 성숙하는 약한 유대다.
- 공생은 비호혜적이다.
- 공생은 비대칭적이다.[104]

---

101 Harman, *Object-Oriented Ontology*, p. 260.
102 하먼, 『비유물론』, 28, 32~33쪽 참조.
103 하먼은 공생은 '창발'(emergence)과는 다소 다르다고 본다. "창발과 공생이 엄밀히 같은 것이 아닐지라도, 창발적 존재자는 종종 자신의 부분들에 역행적 영향을 미친다[마누엘 데란다]. […] 창발은 훨씬 더 일반적인 현상으로 두 존재자가 결합하여 제3의 존재자를 형성할 때마다 일어나고, 공생은 한 사물이 자신을 온전한 상태로 유지하면서 현존의 새로운 단계로 진입시키는 방식으로 다른 한 사물과 관계를 맺게 되는 사태를 수반한다"(앞의 책, '한국어판 서문' 29쪽).
104 앞의 책, 26~27, 32쪽 참조.

· 정치적 지식의 부정

사변적 실재론에 관한 마지막 여덟 번째 테제는 매우 문제적이다. 여기서 하먼은 "정치 이론은, 가장 좋은 정체(polity)가 무엇인지에 대한 것이든, 또는 정치가 단지 권력투쟁에 불과하다고 냉소적으로 주장하는 것이든 간에, 그러한 지식에 관한 어떤 주장에 기초가 될 수 없다"[105]고 말한다.

하먼은 라투르의 ANT가 가진 정치적 함축을 해석하면서, "정치적 지식은 획득 가능한 것도 아니고, 심지어 그것을 욕망할 수도 없다"[106]고 주장한다. 그 이유는 정치학이란 대개 당대의 이슈와 함께 등장해서 논쟁을 통해 결론에 이름으로써 종결되는 것이기 때문이다. 여기서는 그 어떤 항구적인 지식도 형성될 수 없다. 따라서 하먼은 정치학이 "그 정확한 본성이 결코 결정될 수 없는 이슈의 경계 주변에 정렬된 정치적 합종연횡으로 구성된다"[107]고 말하는 것이다.

사실 하먼의 소위 '객체-지향 정치학'이라는 것은 이런 측면에서 문제적이다. 왜냐하면 이슈에 따라 발생하는 논쟁을 그저 소모적인 것으로 치부하는 냉소주의와 곧장 연결되기 때문이다. 그 자신이 정치적 냉소주의를 경계하고 있긴 하지만, 결과적으로 그 방면으로 뻗어 나가게 될 것으로 보인다.

· 사변적 실재론의 유물론 공포?

사변적 실재론은 신유물론을 명시적으로든 암묵적으로든 거부하고

---

105 Harman, *Object-Oriented Ontology*, p. 260.
106 *Ibid.*, p. 141.
107 *Ibid.*

나선다. 유물론에 대한 하먼의 다소 심란한 태도는 다음 언급에서 명징히 나타난다. 이 언급에서 강조한 부분은 앞서도 두 번 인용했다.

> OOO가 때로 신유물론과 함께 묶인다 해도, 나는 **OOO가 단호하게 반유물론 이론임을 보여 주려고 했다.** 우리가 전통적인 과학적 유물론이나 그들 스스로 유물론자라고 부르는 보다 최근의 사회구성주의와 같은 것 중 어느 것에 대해 말하든 간에 마찬가지다. 훨씬 더 중요하게는, 후자의 유물론적 경향들 중에는 보다 원초적이고, 활력이 넘치는 연속체에 기대어 개별적 객체들의 실존을 거부한다는 점이 있다. 베넷이 매우 솔직담백하게 기술한 바에 따르면, 이것은 어떤 "약동하는 전체의 불확정적인 힘(momentum)"이다.[108]

하먼의 이 말에는 아주 심각한 이론적 단절과 더불어 신유물론에 대한 피상적 오해가 담겨 있다. 우선 그는 마치 '전통적인 과학적 유물론'이 '사회구성주의'와 유사한 것처럼 말하지만, 이는 '물질'에 대해 이 두 사조가 얼마나 다른 관점을 가졌는지 감안하지 않은 것이다. 전자는 물질의 최소 단위로서 원자나 입자를 실재론적으로 강하게 주장하지만, 사회구성주의는 그러한 강한 주장이 오히려 이론을 해친다고 본다. 사회구성주의는 그것의 실재성보다 그 실재성을 구성하는 과학자 집단의 공통 담론과 조직적 행태에 집중하는 것이다. 이와 관련하여 하먼은 또한 사회구성주의와 생기적 신유물론을 구분하지 않고서, 베넷의 생기적 신유물론을 사회구성주의라고 보

---

108 Graham Harman, *Immaterialism*, pp. 95~96(강조는 인용자).

고 있다. 게다가 생기적 신유물론에 대한 이해도 매우 잘못되었다. 생기적 신유물론이 '힘'이라는 기체를 상정하는 것은 맞지만 그렇다고 해서 개별적 객체들의 실존을 거부하는 지점까지 나아가지는 않기 때문이다.

하먼의 이러한 관점은 사변적 실재론 그룹이 처음 모였던 골드스미스 컨퍼런스에서도 드러났다.

벤야민 노이스: 당신은 이전에 맑스주의 유물론을 기각한다고 언급했지요. 그때 당신이 레이 브라시에와 나눈 대화와 관련해서 궁금한 것은, 거기엔 어떤 상이한 종류의 환원에 관한 질문이 있었던 것으로 여겨지는데….

그레이엄 하먼: 내 생각에 […] 유물론은 관념론의 일종입니다. […] 당신이 유물론을 생각할 때, 당신이 하는 것은 세계의 사물들을 그것들이 존재하는 바에 관한 완전히 일차원적 개념으로 환원하는 것이기 때문입니다. 그리고 웃기는 것은, 지젝이 그렇게 하면서도 그것을 **수용하고**서, 가능한 유일한 유물론이 관념론이라고 말한다는 것이지요. 세계의 비실재성(irreality)이 그것에 관한 내 경험 바깥에 있다는 것. 그래서 그는 실재로 그것을 취하면서 기꺼워하고, 라투르는 다른 측면에서 그것을 비난한 겁니다. 나로서도 그것을 비난하고 싶군요. 그래서 […] 나는 반유물론자인 것이지요.[109]

우리는 여기서 하먼의 유물론 전반과, 사회구성주의, 더 나아

109 Mackay ed., "Speculative Realism", *Collapse III: Unknown Deleuze [+Speculative Realism]*, p. 298.

가 수행적 또는 인간행동학적 사유에 대한 '깊은 적의' 같은 것을 느낄 수 있다.[110] 하먼에게는 '객체' 외에 더 근본적인 것은 없는 셈인데, 이때 그 객체는 어떤 내적인 본질 더미로 이루어져 있지 않으며, 따라서 그것 위든 아래든 어떤 종류의 기체도 존재할 수 없다(반-채굴 테제). 앞서 우리가 본 바대로 하먼은 신구 유물론을 싸잡아 '양자채굴'(하부와 상부 채굴)하는 이론이라고 비판한다. 즉 유물론은 신구를 막론하고 일련의 기초 물질을 내세움으로써 객체를 하부 채굴하고, 동시에 객체를 행위와 그 효과들로 환원함으로써 상부 채굴한다는 것이다.[111]

따라서 OOO는 어떤 '비유물론'(immaterialism)을 마침내 내세우게 되는 것이다. 하먼은 이 비유물론을 자연과학에서 물질성에 접근하는 방식에 대한 체계적인 해독제 정도로 보는 것 같다. 또 다른

---

110 Thomas Lemke, "Materialism without Matter: The Recurrence of Subjectivism in Object-Oriented Ontology", *Distinktion: Journal of Social Theory*, vol. 18, Issue. 2, 2017, p. 142.

111 이러한 인식은 최근까지 변하지 않고 유지된다. "실재론에 관해 논의할 때 다른 중요한 과제는 그것을 유물론과 구별하는 것이다. 오늘날 이것은 두 가지 분리되어 있지만 관련된 의미의 용어 안에서 번성한다. 모든 사람들은 허공을 통과해 편위하는 원자들에 관한 고전적 유물론에 친숙하며, 이는 많은 점에서 하부 원자적 입자들로 그리고 텅 빈 공간으로 사고되곤 하는 것을 그것이 가로질러 운동하는 장들로 단순히 업데이트되었다. […] 한편으로 고전적 유물론은 물질을 그것의 물리적 토대로 환원하며, 이에 따라 세계의 미시물리학적 구성요소들에 속하지 않는 **창발적**(emergent) 실재의 어떤 형태의 가능성을 축소한다. 다른 한편으로, 새로운 문화적 유물론은, 현재의 문화적 배치 안의 물질 아래에 가라앉은 어떤 것의 존재를 거부함으로써, 반대 방향으로 환원한다. 그러나 이 기묘한 새로운 종류의 유물론은 실재를 그 현재적 표현이나 결과들 위로 환원하며, 이에 따라 사물들을 변화시키기 위해 요청되는 그런 종류의 어떤 잔여물들을 거부한다. 아리스토텔레스는 메가라 학파의 현실주의(actualism)와 싸우기 위해, '가능태' 개념을 도입할 때, 이미 이와 관련된 문제들을 알고 있었다. 메가라 학파는 누군가가 지금 당장 집을 짓지 않는다면, 아무도 건축가가 되지 않는다고 주장했다. 다른 곳에서 나는 아래쪽으로의 환원을 '하부 채굴', 위쪽으로의 환원을 '상부 채굴' 그리고 그 둘의 결합은 '상하부 채굴'이라고 불렀다"(Graham Harman, "The Only Exit From Modern Philosophy", *Open Philosophy*, vol. 3, Berlin: De Gruyter, 2020, p. 137).

한편으로 그는 이를 통해 사회과학과 인문학에서의 물질성도 재검토한다. 이렇게 유물론을 거부함으로써 도달하는 지점은 그가 새로운 종류의 '형식주의'라고 부른 것이다. 이것은 그의 초기작에서 하이데거의 도구존재를 분석한 결론에 해당된다.

> 그렇다, 난 이렇게 계속함으로써 [망치의] 철 원자들에 도달할 것이다. […] 하지만 이 미세한 부분들도 눈-앞의-존재(present-at-hand)에 속한 물질의 비활성 입자들은 아니다. 그것들 또한 기계들, 즉 여전히 알려지지 않은 하부-메커니즘으로부터 혼합 형성된 거대한 전체들인 것이다. […] 우주 안에서 실재란 형식들, 즉 형식들 안으로 감싸여진 형식들이지, 파생적인 상태로 그 밖의 모든 것을 축소하는 항구적인 물질의 알갱이들이 아닌 것이다. 만약 이것이 '유물론'이라면, 이것은 물질의 존재를 거부하는 역사상 첫 번째 유물론일 것이다. […] 이것은 아마도 유물론을 대신하여, 어떤 새로운 종류의 '형식주의'라고 할 수 있다.[112]

하지만 여기서도 하면은 유물론을 매우 단순하게 바라보고 있다는 것을 알 수 있다. 이제 더 이상 유물론의 물질은 어떤 입자, 알갱이가 아니다. 그리고 모든 것을 그것으로 환원하지도 않으며, 그럴 수도 없다. 따라서 이런 식으로 물질을 거부한 철학을 "물질을 거부하는 역사상 첫 번째 유물론"이라고 하는 것도 난센스라고 할 것이다. 과연 물질이 없는 유물론을 형식주의라고 한다고 해서 그것이 유

---

112 Graham Harman, *Tool-Being: Heidegger and the Metaphysics of Objects*, Illinois: Open Court, 2002, p. 293.

물론과 사변적 실재론 양자에 어떤 의미가 있는지도 불분명하다.

오히려 이러한 시도는 아주 오래된 '질료-형상론'을 되살릴 가능성이 농후하다. OOO는 그 어떤 변화에도 영향을 받지 않는 안정적인 객체를 가정한다. 이 객체들은 모두 개별적으로 쪼개져 있는데, 이러한 분산된 객체는 플라톤이 말한 언제나 멈춰 있고 생성하지 않는 형상과 결코 존재하지 않고 생성하기만 하는 것 간의 구별을 환기시킨다. 여기서 하먼의 객체와 플라톤의 형상은 동일하다. 마찬가지로 이것은 아리스토텔레스의 형상과 대동소이하다. 이것들은 결코 변화하지 않으며, 다만 우연적 성질들과 관계들만이 생성하고 덧없이 사라져 가는 것이다. 이러한 관점은 완연하게 (하먼 자신도 그렇게 말하듯이) **본질주의에 근접**한다.

신유물론의 관점에서 이러한 본질주의는 매우 심각한 퇴행이다. 들뢰즈·시몽동의 존재론에서부터 이 질료형상론은 기각되었기 때문이다. 사실상 하먼이 이렇게 유물론을 거부하는 기저에는 하이데거의 철학에 대한 교조적 신념이 있는 것으로 보인다. 이 본질주의적 관점에서 객체는 일종의 "무한하게 숨겨진 본질"[113]로서 끊임없이 뒤로 물러나는 하이데거적인 존재다. 이 존재-객체(정확히는 실재객체)는 "결코 인간중심주의적인, 경험적인 또는 관계적인 어떤 것이 아니지만 […] 근원적으로 자기-충족된 무언가로서의 동일성"[114]을 함축한다. 그러므로 수행적 신유물론의 관점에서 이것은 하먼 자신이 거부하는 바대로 유물론은 결코 아니지만, 그렇다고 전혀 새로

---

113 Christopher Gamble, Joshua Hanan and Thomas Nail, "What is New Materialism?", *Angelaki*, vol. 24, 2019, p. 121.

114 *Ibid.*

운 존재론도 될 수 없다. 즉 이것은 본질주의적 존재론이면서 질료형 상론으로의 퇴행이라는 비판에서 자유롭지 못하다.

(2) 들뢰즈의 사변적 실재론?[115]

· 연속성과 불연속성의 이분법

최근에 나온 『질 들뢰즈의 사변적 실재론: 연속성에 반대한다』[116] 라는 책은 사변적 실재론과 들뢰즈의 연관성에 관한 흥미로운 논지를 전개한다. 우리는 이 책에 대한 비판적 접근을 통해 과연 들뢰즈가 사변적 실재론의 바구니에 담길 수 있는 철학자인지 타진해 볼 것이다.

이 책의 저자인 클라인헤이런브링크의 들뢰즈·가타리 해석은 그동안 간과되어 왔던 '불연속성'의 특성을 그들의 체계로부터 이끌어 냄으로써 사람들이 부지불식간에 단순화하는 실수를 저지르지 않도록 고무한다. 그러나 역설적이게도 그러한 탐구 과정에서 클라인헤이런브링크 자신이 불연속성이라는 이미지로 사유를 환원하면서 똑같은 실수를 저지르고 있는 것으로 보인다. 단적으로 말해 이러한 실수는 그가 하먼의 객체-지향 존재론(OOO)이라는 유아복을

---

115 이 소절의 내용은 『문화과학』, 2021, 가을호에 같은 제목으로 실린 저자 글의 확장, 보완이다.

116 Kleinherenbrink, *Against Continuity*(아연 클라인헤이런브링크, 『질 들뢰즈의 사변적 실재론: 연속성에 반대한다』, 김효진 옮김, 갈무리, 2022). 이 책의 한국어판을 인용할 때 번역어를 다음과 같이 수정했다. entity: 존재자→개별체; difference in kind: 종류의 차이→본성상의 차이; assemblage: 회집, 회집체→배치, 배치물; fourfold: 사중→네 겹; actual: 현실적→현행적; Harman: 하만→하먼; private: 사적인→내밀한.

들뢰즈·가타리라는 거인에게 입히려는 시도 가운데 일어난다.[117] (대개 연구자들이 그와는 반대 방향으로 생각하는 것에 익숙한데, 그런 면에서 클라인헤이런브링크의 시도는 매우 독특하다.)

클라인헤이런브링크는 저자 서문에서 "질 들뢰즈 철학의 뛰는 심장이 개별적이고 환원 불가능한 개별체들(entities)과 그런 개별체들 사이의 불연속성을 기반으로 하는 존재론"[118]이라는 파격적인 주장을 한다. 저자도 밝히고 있다시피 기존의 들뢰즈 해석은 연속성의 철학 쪽으로 경도되어 있었다. 따라서 기존의 해석을 거스르는 클라인헤이런브링크의 들뢰즈·가타리 해석은 필연적으로 "'잠재 영역'의 중요성을 과감하게 축소하는 사태를 수반한다".[119] 저자가 들뢰즈의 철학을 이렇게 보는 근저에는 들뢰즈·가타리의 존재론을 개별체들로 구성된 기계 존재론으로 파악한다는 것이 놓인다. 이러한 기계 존재론에서는 "개별체들 간에 존재하는 **불연속성**(discontinuity) 때문에 각각의 개별체들이 환원 불가능"[120]하다. 요컨대 클라인헤이런브링크의 들뢰즈·가타리는 불연속성 원리에 기반한 "환원 불가능성과 물러남의 사상가"[121]인 셈이다.

---

117 클라인헤이런브링크는 하먼의 철학을 "객체-지향적 존재론의 모범적인 사례"로 판단하면서 하먼을 따른다(*Ibid.*, p. 12[앞의 책, 40쪽]). 그가 들뢰즈·가타리의 철학을 하먼의 철학적 프리즘을 통해 보고 있다는 증거는 텍스트 여기저기에 차고 넘친다. 대표적인 언급들은 다음과 같다. "하먼은 아마도 다른 어떤 객체-지향 사상가보다, 더 들뢰즈의 기계 존재론에 가까울 것이다"(*Ibid.*, p. 200[앞의 책, 340쪽, 번역 수정]). "이러한 [하먼의] 대리적 인과(vicarious causation)는 (내 생각에) 들뢰즈의 이접과 완전히 대응한다"(*Ibid.*, p. 202[앞의 책, 344쪽, 번역 수정]).

118 *Ibid.*, p. x(앞의 책, 17쪽).

119 *Ibid.*, p. vii(앞의 책, 같은 쪽). 이것은 그레이엄 하먼이 '총서 편집자 서문'에서 언급한 것이다.

120 *Ibid.*, p. 13(앞의 책, 42쪽).

121 *Ibid.*, p. x(앞의 책, 20쪽). 여기서 '물러남'은 정확히 하먼의 용어다.

앞서도 말했듯이 들뢰즈에 대한 주류 해석은 "실재를 온갖 흐름과 사건, 강도, 과정의 소용돌이치는 대양으로 간주"[122]한다. 이 해석들은 불연속성을 모두 환원 불가능성의 경험적 영역에 한정한다. 들뢰즈에게 경험적 영역은 현실태이고 환원 불가능성은 이 영역에서만 통용된다. 이와 반대로 잠재태에서 존재는 "흐름과 과정의 강도적인 […] '잠재적' 소용돌이"다. 클라인헤이런브링크는 이러한 주류 해석이 사실상 많은 부분에서 들뢰즈의 텍스트에 드러나는 바라고도 인정한다. 그것은 『차이와 반복』이라는 들뢰즈 최고의 저작에서 시작되는 것으로서, '일의성의 철학'이라는 이름으로 통용된다. 일의성은 모든 사물들의 개별체적 특성이 용해되는 개념적 자리가 된다. 이것은 들뢰즈의 후기 저작에서도 유지된다.

> 이산적인 기계들과 배치물들의 단지 외관상의 존재 및 인과적 유효성의 '배후에' 혹은 '아래에'[123]다 실재적인 (그리고 유일한) 인과적 행위 주체인 잠재 영역의 존재 그리고 실재 전체를 설명할 (그리고 엄밀하게 말하자면 바로 실재 전체인) 강도적이고 자기분화적인 단일한 힘에 의거하여 이루어진, 들뢰즈의 존재론 […] 이들 세 가지 경우에 모두 이산적인 개별체들 또는 기계들은 그것들이 궁극적으로 존재하는 비존재적인 무언가로 확실히 용해된다.

---

122 *Ibid.*, p. 31(앞의 책, 73쪽). 한국어판 주 41에서 클라인헤이런브링크는 브라이언트의 『객체들의 민주주의』가 이 주류 해석의 한 가지 예외 사례라고 말한다.
123 이 지점이 클라인헤이런브링크(그리고 하먼)가 들뢰즈의 존재론을 상당히 오해하는 곳이다. 들뢰즈는 '배후'나 '아래'를 상정하지 않는다. 그에게는 오로지 '표면'과 '주름'이 있을 뿐이다. 이것은 매우 중대한 오해다. 그의 잠재 영역조차 주름 운동의 영역이다. 문제는 이 오해가 단지 일회적이지 않다는 데 있다.

클라인헤이런브링크가 문제삼는 것은 이러한 해석들에서 개별체들이 무시된다는 점이다. 여기서 개별체들은 마치 분명 존재하는 듯이 다루어지는데, 사실은 "식탁보의 선명한 꼬임 및 주름들과 다르지 않으며, 그리하여 여기저기서 이산적인 '사물들'이 존재하는 것처럼 보이지만 사실상 존재하는 것은 언제나 식탁보"[124]라는 것이다. 이러한 해석의 사례로 데란다를 들면서 그는 그러한 '식탁보'의 공간이 "연속적이지만 불균질한 것"으로 취급되지만, 이는 '형용모순'이라고 말한다.[125]

사실 클라인헤이런브링크의 이 기묘한 주장은 개별체들의 '외부성 테제'와 맞닿아 있다. 그에게 "외부성은 개별체들 자체(entities-as-such) 사이에 불연속성이 있어야 한다고 진술하는 존재론적 테제"[126]이다. 다시 말해 이들 개별체들은 서로 환원 불가능하다. 만약 이런 환원 불가능한 단일성이 없다면 모든 것은 연속성 안에 해소된다. 하지만 "이런 사태는 외부성을 위배할 것이다. 그 이유는 그렇다면 역능들이 다른 역능들에 직접 현전할 것이기 때문이다".[127]

뒤에 논하겠지만 클라인헤이런브링크의 이런 주장은 다소 무리가 있다. 들뢰즈에게 존재는 연속적이라 할지라도 역능들은 질로 뒤덮인 개체들 간에 직접 현시하지 않는다. 그것이 주름 운동의 역능이기 때문이다. 하지만 클라인헤이런브링크에게 이런 점은 그리 중

---

124 *Ibid.*(앞의 책, 76쪽).
125 이것은 '위상공간'을 의미한다. 따라서 형용모순이 아니다. 클라인헤이런브링크는 이 공간이 리만공간이라는 것을 언급하지만, 그것이 잠재 '영역'에 속하지 않고 개별체들 안에 있다고 말한다. 그런데 다양체로서의 공간이 어떻게 개별체 안으로 들어가는지에 대한 설명은 없다.
126 *Ibid.*, p. 46(앞의 책, 98~99쪽).
127 *Ibid.*, p. 47(앞의 책, 99쪽. 번역 수정).

요하게 다루어지지 않는다. 게다가 그가 '직접 현전'을 비판하는 지점은 하먼식의 OOO의 영향을 완연히 드러낸다. 이런 영향사는 이 책 전반에서 발견되는데 사실 이것은 좋은 영향이라기보다는 악영향에 가깝다.

어쨌든 "만약 외부성이 어떤 존재론적 테제로 수용된다면, 그때 거기에는 그 개별체의 내적 존재와 **저** 개별체의 내적 존재 간에 엄격한 분리와 불연속성이 존재해야 한다".[128] 이럴 경우 개별체들은 관계적 표현에 해당하는 현실태와 그것의 내밀한(사적인, private) 부분, 즉 잠재태로 쪼개진다. 이와 같이 개별체의 불연속성은 그것이 가진 환원 불가능한 외부성으로부터 나오며, 이는 클라인헤이런브링크의 들뢰즈 해석(또한 하먼의 철학)에서 관건적인 부분이 된다.

문제는 여기서 발생한다. 클라인헤이런브링크는 저 분리된 영역들, 현실태와 잠재태를 완전히 격절해 놓은 뒤 그것을 모조리 개별체 안으로 몰아넣는다. 이를테면 저자는 베넷을 언급하는 주석에서 베넷에게 있는 "배치의 존재론적 연속성"이 완전히 틀렸고, "각각의 신체는 자신의 강도적 역능들을 다른 개별체들의 역능들과 인상적으로 고립된 채로 품고 있다"[129]고 단언한다.

여기서 강도적 역능은 잠재태에 할애되는데(사실은 잠재태와 현실태의 중간에 위치한다고 봐야 한다[130]), 이것은 다시 '각각의 신체'에 분배된다. 클라인헤이런브링크에 따르면 베넷의 주장은 개별체들 사이의 불연속성 원리에 기반한 들뢰즈의 생각과 "전혀 다르

---

128 *Ibid.*, p. 47(앞의 책, 99쪽. 번역 수정).
129 *Ibid.*, p. 184(앞의 책, 280쪽, 번역 수정).
130 클라인헤이런브링크는 강도적 영역을 거의 무시하다시피 한다. 그는 이 영역을 하먼으로부터 추론한 자신의 네 겹 구도 안의 일부로서만 인정한다.

다".[131] 그런데 이 전혀 다른 들뢰즈의 생각은 단지 저자 자신의 생각에 더 가깝다. 앞서 저자가 인정했다시피, 들뢰즈는 여기저기서 연속성을 강조하고 있기 때문이다. 단적으로, 잠재적 영역은 다양체들의 연속성이다. 베넷이 언급했던 '배치의 연속성'이란 이 다양체를 말하는 것이다. 다양체는 클라인헤이런브링크도 언급하다시피 일자도 다자도 아니며 그 모두를 긍정한다. 다시 말해 다양체는 개별체도 다양성도 함께 변이의 연속성 안에서 펼치고 함축한다. 다양체에는 연속성과 불연속성의 이분법이 존재하지 않는다. 그것은 "n차원을 띤"[132] 것이며, 통일성이 필요치 않은 "참된 실사, 실체 자체"[133]다. 무엇보다 "다양체는 주체나 대상 안의 동일자에 의존하는 것을 결코 묵인하지 않는다".[134] 물론 클라인헤이런브링크의 개별체가 동일성을 가지진 않지만, 이 다양체가 개별체로서의 '각각의 신체' 안에 들어가는 것은 그것에 '의존하는 것'이다. 다양체는 이것을 '묵인하지 않는다'.

애석하게도 클라인헤이런브링크의 이 완고한 태도가 변화될 가망은 없어 보인다. 그는 책의 초반부터 연속성과 불연속성을 이분법적으로 놓고, 하먼의 네 겹 구도 외에 그 정당성을 스스로의 논변 안에서 구현하지 않는다. 게다가 그는 들뢰즈의 텍스트를 취사선택하는 데 있어서 자신의 논지에 명백히 반하는 내용들을 반박하지 않는다.

그런데 이 무반박이야말로 들뢰즈의 철학이 사변적 실재론(특

---

131 *Ibid.*(앞의 책, 같은 쪽).
132 질 들뢰즈, 『차이와 반복』, 김상환 옮김, 민음사, 2004, 399쪽.
133 앞의 책, 397쪽.
134 앞의 책, 416쪽.

히 OOO)과 기대만큼 맞아떨어지지 않는다는 반증일 것이다. 클라인헤이런브링크는 그 맞아떨어지지 않는 부분들에 대해 들뢰즈를 논박해야 하는데, 들뢰즈를 사변적 실재론 안으로 전부 집어넣으려고 하는 그의 애초의 시도는 그런 논박을 불가능하게 한다. 왜냐하면 그렇게 하는 순간, 들뢰즈는 사변적 실재론 밖으로 달아날 것이고, 불행하게도 모든 시도는 실패로 끝날 것이기 때문이다.

다른 측면에서 그가 "각각의 기계는 단순히 기관 없는 신체가 아니다. 이 신체는 유동적인 내적 속성들로 '가득차' 있다"[135]고 말할 때조차 이 유동, 흐름은 개별체 안에서만 유효하며, 흐름은 불연속적 흐름이 된다. 그런데 과연 불연속성만을 용인하는 클라인헤이런브링크의 입장에서 '불연속적 흐름'이 흐름인가? 이것이야말로 '형용 모순'이다. 이 흐름을 다양체로 보지 않는 이상 (연속적) 흐름과 불연속적 흐름이 "조직화"[136]된 상태로 존재하기는 힘들다.

· '물러남'이라는 유령

참신함과 주도면밀함에도 불구하고 클라인헤이런브링크의 들뢰즈·가타리 해석에는 개별체에 대한 기묘한 애착이 늘상 붙어다닌다. 이 애착은 도처에서 발견되는데, 책의 전반부에서는 거의 몇 페이지 건너서 출몰한다. 그리고 거기에는 항상 '물러남'이라는 꼬리표가 붙어다닌다. 진짜 문제는 여기에 있다. 들뢰즈·가타리에 대한 독창적

---

135 Kleinherenbrink, *Against Continuity*, p. 167(클라인헤이런브링크, 『질 들뢰즈의 사변적 실재론』, 291쪽, 번역 수정).

136 "다양체는 다자와 일자 사이의 어떤 조합이 아니라 오히려 거꾸로 본연의 **다자 그 자체에 고유한 어떤 조직화**를 지칭해야 한다"(들뢰즈, 『차이와 반복』, 397쪽, 강조는 인용자).

인 분석의 큰 화폭 안의 뭔지 모를 작은 얼룩들은 이 물러남이다.

클라인헤이런브링크(와 하먼)에게 들뢰즈는 환원 불가능성의 사상가인 동시에 물러섬의 사상가다.[137] 따라서 들뢰즈의 이른바 '우월한 경험주의'는 "개별체들이 **모든** 관계들로부터 물러나는 (withdrawn) 것이지, 단지 우리의 지각으로부터만 물러나는 것이 아니"[138]라는 것을 의미한다.[139] 대개 사람들은 이 사실을 간과하고 어떤

---

137 이와 달리 브라이언트는 일찌감치 이 테제를 포기한 사상가로 소개된다(Kleinheren-brink, *Against Continuity*, p. 46[클라인헤이런브링크, 『질 들뢰즈의 사변적 실재론』, 99쪽] 참조). 좀 더 뒤로 가서 칸트 또한 물러남이라는 신성불가침의 테제에 접근하지 못했다고 선언된다. "칸트적 사물/사태 자체가 경험으로부터 물러나 있다는 반론이 있을 수 있지만, 그것은 핵심이 아니다. 칸트주의는 어떤 내부주의(internalism)인데, 왜냐하면 인간 경험에 속한 모든 개별체들과 관계들이 그 초월적 주체와 범주들과의 보편적 관계로 환원될 수 있기 때문이다"(*Ibid.*, p. 78[앞의 책, 145쪽]). 하지만 칸트의 사물-자체가 내부주의로 기각된다는 것이 물러난 실재 객체로 사물-자체를 상정하는 것을 막을 이유는 되지 않는다. 사물-자체 또한 사물 안에서 사물의 현상과는 외부성을 유지하기 때문이다. 나는 이런 측면에서 이 '물러남'이라는 테제의 먼 선행자가 칸트라고 본다.

138 *Ibid.*, p. 52(앞의 책, 105쪽). 번역서에는 이 진술의 후반부, "단지 우리의 지각으로부터만 물러나는"이 누락되어 있다. 원문은 다음과 같다. "It comes to define a 'superior' empiricism in which entities are withdrawn from all relations, not just from our perceptions."

139 여기서 간접인용된 부분에서 '물러남'에 대한 들뢰즈의 언급은 들뢰즈의 원텍스트의 해당 부분에 존재하지 않는다. 이것은 순전히 클라인헤이런브링크의 '가필'인데, 문제는 없는 것을 있는 것으로 만드는 이런 식의 위험한 가필이 곳곳에서 발견된다는 점이다. 『차이와 반복』에서 '물러남' 또는 그것의 형용사형인 '물러난'이 사용되는 곳은 딱 두 곳이다. "(감성적인 것에 대한 학문으로서) 감성론은 감성적인 것을 문제삼는다. 하지만 감성론이 재현될 수 있는 것 위에 근거를 둘 수 있었다는 것은 이상한 일이다. 물론 반대 방향의 절차도 별 소용 없기는 마찬가지다. 이 절차는 재현으로부터 순수한 감성적 요소를 물러나게 하고(withdraw), 이것을 일단 재현이 제거된 후에 남는 것으로 규정한다"(Gilles Deleuze, *Différence et répétition*, Paris: PUF, 1968, p. 75; *Difference and Repetition*, trans. Paul Patton, New York: Columbia University Press, 1994, p. 56[들뢰즈, 『차이와 반복』, 145쪽, 번역 수정]). 그런데 여기서 withdraw로 번역된 프랑스어 soutrait(soustraire)는 '물러남'이라는 의미가 아니라는 것이 더 문제다. 이것은 '빼앗다, 면하다'라는 뜻이다. 또 하나, "구조는 잠재적인 것의 실재성이다. 구조를 형성하는 요소와 비율적 관계들에 대해 우리는 두 가지 점을 조심해야 한다. 먼저 그들이 갖고 있

객체 또는 기계들을 그것의 표현, 기호, 이미지와 동일시한다. 그러나 클라인헤이런브링크에 따르면 이것은 잘못된 것이다. 객체는 항상 "기호에 의해 감싸여진 채로 있으면서 직접적인 접촉에서 물러서 있"[140]기 때문이다. 이를테면 들뢰즈가 말하는 '배움'은 이 기호들의 마주침과 그로부터 어떻게 변형이 이루어지는지를 말해 준다. 그러나 이때에도 객체들은 그 자체로 만나지 않으며, 기호적 표현만으로 마주친다.[141]

그런데 이 '물러난다'는 용어는 앞에 나온 '감싸여진 채로 있다'와 대응된다. 후자는 주름작용의 용어며, 전자는 하이데거·OOO의 용어다. 그렇다면 이 하이데거 용어의 끈덕진 성격을 구명해야 한다. 이를 위해 『차이와 반복』에 나오는 가장 긴 주석 중 하나를 꼼꼼히 검토할 필요가 있다. 이 주석은 마지막의 결론까지 유심히 읽어야 한다. 이 주석은 하먼·클라인헤이런브링크류의 '물러남'이 사실은 주름 운동의 한 계기에 불과하다는 것을 드러낸다.

우리가 보기에 하이데거의 테제들은 다음과 같이 요약될 수 있다. (1) 비(nicht)는 부정적인 것을 표현하는 것이 아니라 존재와 존재자 사이

지 않은 현실성을 부여하지 말아야 하고, 다른 한편 그것들이 갖고 있는 실재성을 물러나게(withdrawing) 하지 말아야 한다"(*Ibid.*, p. 270; *Ibid.*, p. 209[앞의 책, 450쪽]). 그런데 공교롭게도 여기서도 클라인헤이런브링크가 참조하고 있는 영역본은 물러남이란 뜻이 없는 retirer를 withdrawing으로 옮기고 있다. retirer는 대명동사 용법에서만 물러난다는 뜻이 있고 그 외에는 '끌어내다', '빼내다'라는 뜻이다.

140 Kleinherenbrink, *Against Continuity*, p. 58(클라인헤이런브링크, 『질 들뢰즈의 사변적 실재론』, 115쪽).
141 이 언급은 대체로 들뢰즈의 의도와 맞아떨어진다. 그러나 여기서 '번역된 기호들만'이라는 조건은 들뢰즈의 '배움'에서 그 절반만을 취하는 것이다. 들뢰즈에게 배움은 신체적 변형, 즉 감응을 의미하기 때문이다.

의 차이를 표현한다. […] (2) 이러한 차이는 일상적인 의미의 '-사이'
에 있지 않다. **그것은 주름(Zwiefalt)이다.** 그것은 존재를 구성하고 있
으며, **'드러냄'과 '감춤'의 이중 운동 안에서** 존재가 존재자를 형성하는
방식을 구성하고 있다. 존재는 진정으로 차이의 분화소이다. '존재론
적 차이'라는 표현은 이로부터 나온다. […] 하지만 하이데거는 **자신
의 '무' 개념을 통해 스스로 자신에 대한 오해들을 조장한 것이 아닌지**
물을 수 있다. 왜냐하면 **비존재의 (비)를 괄호 안에 넣는 대신 존재를
'말소'**하기 때문이다.[142]

여기서 들뢰즈는 하이데거의 '존재론적 차이', 즉 '물러난 존재'
의 운동을 '주름 운동'으로 특정한다. 즉 그것은 존재와 존재자의 '사
이'(분리, 격절)가 아니라 연이은 구성적인 주름 운동인 것이다. 이는
뒤에서 논할 들뢰즈의 주름론과 완전히 통하는 것이다. 하지만 이어
지는 동일한 주석 글에서 들뢰즈는 하이데거가 이런 방식의 차이화
하는 운동을 견지하지 못했으며, "재현의 동일성에 묶인 종속 상태
에서 진정으로 벗어나고 있"는지 묻는다. 들뢰즈는 니체에 대한 하
이데거의 해석('동일자의 영원회귀')으로 미루어 보아 그렇지 않았다
고 답한다. 하이데거는 결국 동일성에 머문 것이다. 이를 클라인헤이
런브링크(와 하먼)에 적용한다면 이들도 마찬가지로 저 차이화하는
운동이 아니라 분리에 집착하면서, 관계와 비관계성 중 하나를 특권
화한 것이라고 할 수 있다.

---

142 들뢰즈, 『차이와 반복』, 160~161쪽, 주 55(강조는 인용자).

· 존재론적 평등성과 기관 없는 신체

클라인헤이런브링크의 '물러남'이라는 객체의 본질은 객체-지향 존재론이 권장하는 '존재론적 평등성'과도 이어진다. "들뢰즈에 따르면 그런 **실존적 차이점**이 아무리 많더라도 난초와 국민국가가 **존재론적으로 동등하다**는 사실은 바뀔 수 없다. 둘 중 어느 것도 여타의 것으로 환원될 수 없다."[143] 이 존재론적 동등성은 "컴퓨터 프로그램과 얼룩말, 사과, 대화, 열쇠, 감정, 유성의 신체적 물러섬"[144]이다. 클라인헤이런브링크는 이것을 신체/기관 없는 신체의 초월적(초험적) 성격을 가지고 와서 설명한다. 그는 다음과 같은 인용으로 시작한다.

> 기관 없는 신체는 본원적인 무(無)의 증거도 아니고 잃어버린 총체의 잔여물도 아니다. 무엇보다도 그것은 투사물이 아닌데, 그것은 신체 자체 혹은 신체의 이미지와 아무 관계도 없다. 그것은 이미지 없는 신체다. 이런 이미지 없고 기관 없는 신체, 비생산적인 것은 그것이 생산되는 바로 그곳에 현존한다.[145]

---

143 Kleinherenbrink, *Against Continuity*, p. 2(클라인헤이런브링크, 『질 들뢰즈의 사변적 실재론』, 24쪽.

144 *Ibid.*, p. 89(앞의 책, p. 163). OOO 철학의 가장 담대한(?) 오류는 이와 같이 존재론적인 평등성과 존재적인 또는 실존적인 평등성을 뒤섞어 버린다는 데 있다. 하지만 들뢰즈에 따르면 객체는 존재론적으로는 평등하지만(아나키한 상태지만), 존재적으로는 위계와 불평등을 가진다. 이는 객체의 역능(puissance)이 다르기 때문이다. 이 두 가지를 혼동하지 않으면서 잠재 영역과 현행 영역을 유지하는 것이 들뢰즈의 철학이다.

145 Gilles Deleuze and Félix Guattari, *Anti-Oedipus: Capitalism and Schizophrenia*, trans. Robert Hurley, Mark Seem and Helen R. Lane, Minneapolis: University of Minnesota Press, 2013, p. 19(Kleinherenbrink, *Against Continuity*, p. 163[클라인헤이런브링크, 『질 들뢰즈의 사변적 실재론』, 89쪽]에서 재인용).

하지만 이 인용문 앞뒤를 잘 살펴보자. 아래는 클라인헤이런브링크의 인용문을 제외한 앞뒤 구절이다.

기관 없는 신체는 비생산적이다. 그렇지만 그것은 연결 종합 내에서 자기 장소와 자기 시간에 생산하기와 생산물의 동일성으로서 생산된다. […] [인용된 부분] […] 그것은 생산 속에 끝없이 재주입된다. 긴장병의 신체는 욕조의 물 안에서 생산된다. 기관 없는 충만한 신체는 반생산에 속한다. 하지만 **생산을 반생산 및 반생산의 요소와 짝짓는 것은 여전히 연결 종합 내지 생산적 종합의 한 특성이다.**[146]

클라인헤이런브링크는 이 인용문에서 신체와 기관 없는 신체를 구별하지 않는다. 이런 진술 태도는 이 뒤에서 한동안 이어진다. 이것은 그가 기관 없는 신체를 개별체와 동일시하기 때문이다. 그러나 들뢰즈와 가타리는 분명히 기관 없는 신체의 생산과 그것이 연접 안에서 이루어진다는 것을 말하고 있다. 기관 없는 신체와 달리 신체 또는 신체 자체는 자신의 이미지로 기관 없는 신체를 혼란스럽게 한다. "컴퓨터 프로그램과 얼룩말, 사과, 대화, 열쇠, 감정, 유성의 신체적 물러섬을 단언하기 위해" 그러는 것이 아니라, 오히려 반생산에 속하는 비생산으로서의 기관 없는 신체는 생산과의 연접 안에서 생산된다는 것을 말하기 위해 그렇게 한다. 다시 말해 기관 없는 신체는 관계를 가지는 것이다. 그러나 클라인헤이런브링크는 기관 없는 신체가 아니라 '신체'가 그러하다고 말하고 있다. 그러나 이것은 문

---

146 질 들뢰즈·펠릭스 가타리, 『안티 오이디푸스』, 김재인 옮김, 민음사, 2014, 33쪽(강조는 인용자).

헌과 어긋난다.

기관 없는 충만한 신체는 비생산적인 것, 불임인 것, 출산되지 않은 것, 소비 불가능한 것이다. 앙토냉 아르토는, 그것이 형태도 모습도 없는 채로 있던 그곳에서, 그것을 발견했다. 죽음 본능, 그것이 그 이름이[다.][147]

비생산적이고, 불임이며, 소비 불가능한 것은 기관 없는 신체이지 신체가 아니다. 기관 없는 신체는 하나의 '준-원인'처럼 신체에 생산의 '형식'을 제공하면서 그 자신은 다른 곳에 머문다(마치 주름운동에서 감추면서 드러내듯이). 들뢰즈·가타리는 이를 자본과 그 구성요소 간의 관계를 통해 다음과 같이 밝힌다.

자본은 자본가의, 아니 차라리 자본주의적 존재의 기관 없는 신체이다. 하지만 이런 것이기에 자본은 단지 돈의 흐르고 멈추는 실체는 아니며, 자본은 돈의 불모성에 돈이 돈을 생산하는 **형식을 부여**하게 된다. **기관 없는 신체가 자신을 생산하듯, 자본은 잉여가치를 생산하고,** 싹이 터서, 우주 끝까지 뻗어 나간다. 자본은 기계에 상대적 잉여가치를 **제조하는 임무를 맡기고, 그 자신은 기계 안에 고정자본으로 체현된다.** 그리고 기계들과 담당자들은 자본에 매달려서, 그것들이 작동하는 것 자체가 자본에 의해 기적적으로 일어난 일이 되는 지점까지간다. 모든 것은(객관적으로는) **준-원인으로서의 자본**에 의해 생산되

147 앞의 책(강조는 인용자).

는 듯 보인다.[148]

따라서 들뢰즈·가타리는 클라인헤이런브링크의 기대와는 달리 '신체의 물러나는 특성'에는 아무런 관심이 없다. 그들은 그것보다는 기관 없는 신체의 생산과 그것이 신체들의 생산에서 어떤 역할을 하는지, 그 경과와 경로는 어떻게 되는지에만 관심을 가진다. 그들은 '신체'(기관 없는 신체?)가 "기계의 내부적 실재의 일부"로서 "개별적 실체에 속한다"는 것을 강조하지 않는다.[149] 오히려 그들은 기관 없는 신체에 관한 '위대한 책'으로 스피노자의 『에티카』를 가져온다.

속성이란 기관 없는 신체의 유형 또는 유(類)이며, 실체, 역량, 생산의 모체로서의 강도 0이다. 양태란 발생하는 모든 것, 즉 파동과 진동, 이주, 문턱과 구배, 특정한 모태로부터 시작해 특정한 유형의 실체 아래에서 생산된 강도들이다.[150]

이 인용문에서 실체가 직접적으로 기관 없는 신체라고 말하는 것은 아니다. 그러나 실체는 "기관 없는 신체들의 중단 없는 연속체"로서의 다양체다. 들뢰즈·가타리는 다음과 같이 말한다.

기관 없는 신체가 이미 하나의 극한이라면, 모든 기관 없는 신체들의

---

148 앞의 책, 36~37쪽(강조는 인용자).
149 Kleinherenbrink, *Against Continuity*, p. 90(클라인헤이런브링크, 『질 들뢰즈의 사변적 실재론』, 164쪽).
150 질 들뢰즈·펠릭스 가타리, 『천 개의 고원: 자본주의와 분열증』, 김재인 옮김, 새물결, 2001, 294~295쪽.

집합에 대해 과연 무슨 말을 해야 할까? […] 실체의 속성들의 형식적 다양체는 실체의 존재론적 통일을 구성한다. 동일한 실체 아래에 있는 모든 속성들 또는 모든 종류의 **강도들의 연속체** 그리고 동일한 유형 또는 동일한 속성 아래에 있는 특정한 종류의 **강도들의 연속체**. 강도 안에서의 모든 실체들의 연속체, 나아가 실체 안에서의 모든 강도들의 연속체. 기관 없는 신체의 중단 없는 연속체. 기관 없는 신체, 내재성, 내재적인 극한. […] **기관 없는 신체는 욕망의 내재성의 장이며 욕망에 고유한 일관성의 평면이다.**[151]

'기관 없는 신체-다양체'는 하나와 여럿을 융합하면서 존재론적 통일을 구성하는 스피노자의 실체와 같은 것으로 여겨진다. 이 실체는 모든 종류의 그리고 특정한 종류의 '강도들의 연속체'로 구성되며, 이는 바로 내재성과 일관성의 형식이 된다(여기서 강도 영역이 얼마나 강조되는지 보아야 한다).

그러나 클라인헤이런브링크에게 이 기관 없는 신체의 소위 물러남은 개별체의 외부성의 근거가 된다. 사물들은 각자 직접적 접근에서 물러서 있기 때문에 그 개별체의 내밀한 이념이 무엇인지 알 수 없다. 이 말이 일단은 타당하다고 치자. 여기서 사물들 각각, 즉 개별체들은 이념적 본질과 무관하다. 더욱이 강도적 본질과도 무관하다. 그러나 그 이유는 개별체들 각각이 '물러난 본질'을 가지기 때문이 아니라, 그것이 개체화의 과정 안에서 잠재 영역으로부터 본성적인 차이에 의해 갈라져 나오기 때문이다.

---

151 앞의 책, 295~296쪽(강조는 인용자).

개별체들 간에도 외부성은 유지된다. 따라서 클라인헤이런브링크가 "각각의 개별체는 기관 없는 신체가 있기 때문에, 모든 것을 제거한 뒤에도 모든 것이 남아 있을 것"[152]이라고 주장하는 것도 타당하다. 그러나 과연 이 '모든 것을 제거한 뒤에도 남는 모든 것'으로서의 '물러난 실재'는 전능한 물질인가? 아니면 그 제거의 과정에서 살아남은 피난-물질인가? 클라인헤이런브링크가 참고하고 있는 『천 개의 고원』 내용은 다음과 같다.

> 환상에 대한 정신분석적인 해석과 프로그램에 대한 반-정신분석적인 실험은 본질적으로 다른 것이다. 기관 없는 신체는 모든 것을 제거한 후에도 남아 있는 것이다. 그리고 우리가 제거하는 것은 바로 환상, 즉 의미화와 주체화의 집합이다. 정신분석은 이와 정반대의 일을 한다. 정신분석은 모든 것을 환상으로 번역하고, 모든 것을 환상으로 주조하고, 환상을 고수하다가, 결국 실재(réel)를 놓친다. 왜냐하면 기관 없는 신체를 놓치기 때문이다.[153]

보다시피 이 부분에서 기관 없는 신체를 붙잡기 위해 요구되는 것은 '의미화와 주체화의 집합'을 제거하라는 것이다. 이것은 환상이기 때문에 실재를 놓치게 만든다. 맥락상 여기서 제거되는 것은 정신분석적 의미화와 주체화라고 할 수 있다. 이것이 클라인헤이런브링크가 말한 "그 모든 관계성"들인가? 게다가 이것이 '추상화' 과정

---

152 Kleinherenbrink, *Against Continuity*, p. 89(클라인헤이런브링크, 『질 들뢰즈의 사변적 실재론』, 163쪽, 번역 수정).

153 들뢰즈·가타리, 『천 개의 고원』, 291쪽(번역 수정).

인가? 더 나아가 보자. 들뢰즈·가타리가 이 구절이 포함된 단락에서 시도하고자 한 것은 '기관 없는 신체'를 비-관계로 만들고자 한 것이 아니다. 텍스트의 이 부분에서 분석의 대상이 되는 것은 '마조히스트의 몸체'인데, 들뢰즈·가타리가 발견한 것은 기관 없는 신체와 관련하여 "두 국면"[154]이 펼쳐진다는 사실이다. 하나는 기관 없는 신체를 만드는 것이고, 다른 하나는 거기에 무언가를 순환시키고 통과시키는 것이다. 클라인헤이런브링크는 첫 번째 국면에서 기관 없는 신체가 기관들을 비워 내고, 드러나는 과정만을 인용한다. 그리고 그것이 아마도 영원히 관계성으로부터 탈락되었다고 선언하고 싶은 듯하다.

그러나 들뢰즈·가타리는 두 번째 국면에서 이 기관 없는 신체가 '강도'에 의해 점유된다고 말한다. 이 '강도'는 클라인헤이런브링크가 이 책에서 그다지 중요하게 여기지 않는 것이기도 하다.

기관 없는 신체는 강도에 의해서만 서식되고 점유된 방식으로 이루어진다. 거기에는 **오직 강도만이 지나가고, 순환한다.** […] 기관 없는 신체는 강도를 지나가게 하고, 생산하며, 그 자체로 강도를 가진 비-연장적인 스파티움(spatium) 안에 강도를 분배한다. 기관 없는 신체는 공간이 아니며 공간 안에 있지도 않다. 그것은 특정한 정도로──생산된 강도에 대응하는 정도로──공간을 점유하게 될 물질이다. […] 이 물질은 에너지와 똑같다. **강도 0에서 출발해서 커지면서 실재가 생산된다.** […] 기관들은 여기서 순수한 강도로서만 나타나고 기능[한다.]

---

154 앞의 책, 291쪽.

기관은 문턱을 넘고 구배를 바꾸면서 변화해 간다.[155]

그리고 이어지는 구절에서 들뢰즈·가타리는 '일관성의 평면'이 없다면 "기관 없는 신체는 텅 빈 신체로 남게 될 것"[156]이라고 말하며, 이 일관성의 평면은 추상기계로 뒤덮여 있다고 한다.

모든 기관 없는 신체들의 집합은 오직 일관성의 평면을 **뒤덮고 심지어 그려 낼 수 있는 추상기계**를 통해서만, 욕망과 합체되어 실제로 욕망을 싣고 이러한 **욕망들의 연속적인 연결 접속들과 횡단적인 연계들**을 분명하게 해 줄 수 있는 다양한 배치물들을 통해서만 비로소 이 평면 위에서 획득될 수 있다는 것을 말이다. 그렇지 않으면 이 평면의 기관 없는 신체들은 종류별로 분리되고, 주변화하는 수단으로 전락하는 반면, '다른 평면' 위에서는 **암적인 이중체들**이 승리를 거두게 될 것이다.[157]

들뢰즈·가타리는 추상기계들이 기관 없는 신체 위의 욕망들의 흐름(연결 접속과 횡단)을 배치물로 전환함으로써 획득될 수 있음을 말하고 있다. 만약 그렇지 않다면, 즉 욕망들의 강도적 연속체가 추상기계들에 의해 전환되지 않는다면, 암적 이중체들이 창궐하게 된다. 나는 들뢰즈·가타리가 말하는 저 '암적 이중체'가 하먼·클라인헤이런브링크의 물러난 실재로 보인다. 그 물러난 실재는 그 어떤 강도

---

155 앞의 책, 293~294쪽(번역 수정, 강조는 인용자).
156 앞의 책, 303쪽.
157 앞의 책, 317쪽.

적 연속체도 추상기계도 범접할 수 없는 이상한 암흑물질이기 때문이다.

· 공명의 부재—관계성과 비관계성 사이, 애드 혹(ad hoc)

클라인헤이런브링크가 무슨 이유에서인지 자꾸만 간과하는 지점은 이런 것만이 아니다. 그는 관들과 통들에 대해 말하면서 그것이 "물러서 있다"고만 하지 어떤 방식으로 소통하는지에 대해서는 강조하지 않는다.[158] 그러한 소통은 클라인헤이런브링크도 수없이 인용하는 『프루스트와 기호들』에서 아주 중요하게 취급된다. 그것은 단순하고 통속적인 '관계성'이라고 볼 수도 없으며, 물러남으로써 발생하는 비-관계라고도 할 수 없다.[159] 들뢰즈는 이를 "공명기계(에로스) machines à résonance(eros)"라고 부른다.

> 두 번째 유형의 기계는 공명들(résonances, 共鳴) 혹은 공명의 효과들 (des effets de résonance)을 생산한다.[…] 욕망 자체가 공명의 효과를 낸다. […] 멀리 떨어진 두 대상을 공명하게 만들기 때문이다. […] 공명의 영역의 특징은 이 영역이 추출의 능력 혹은 해석의 능력에 의존하고 있다는 점이다. […] 공명은 부분적 객체들이 제공해 줄 조각들

---

158 Kleinherenbrink, *Against Continuity*, p. 95(클라인헤이런브링크, 『질 들뢰즈의 사변적 실재론』, 173쪽) 참조.

159 비-관계성은 이렇게 물질적 과정의 한계 안에서 지식의 한계를 오히려 적극적으로 해석하면서, 어떤 암시적인 '물러난 대상'을 요청하게 된다. 하먼식의 '실재 객체'가 스스로를 드러내는 지점은 이렇게 '실패'를 통해서라고 할 수 있다. 하지만 신유물론은 이렇게 물을 것이다. 과연 이러한 '지성의 실패'가 늘 '좌절의 흔적'만을 드러낸다면, 우리가 물질이나 그 물질의 과정에 대해 그 어떤 실천적 강도와 역능을 획득할 수 있을 것인가?

에 의존하지 않는다. 즉 공명이란 다른 영역으로부터 올 조각들을 전체화하는 일이 아니다. 공명은 스스로 자기 자신의 조각들을 추출해내며 그 조각들이 가진 고유한 목적에 따라 조각들이 공명하게끔 하지만 그것들을 전체화하지는 않는다. 왜냐하면 언제나 문제가 되는 것은 '백병전', '투쟁' 또는 '전투'이기 때문이다.[160]

공명은 일종의 소통이지만, 어떤 관계 맺음의 범위를 초과한다. 관계성은 외부성을 배제하지만 공명은 외부성과 더불어 항들 또는 계열들을 소통시킨다. 이것은 또한 강도 영역에서 강도의 차이를 소통시킨다.

모든 강도는 변별적이며 차이 그 자체이다. 모든 강도는 $E-E'$이고, 이때 E 자체의 배후에는 $e-e'$가 있고 e의 배후에는 다시 $\varepsilon-\varepsilon'$가 있으며, 이런 과정은 계속 이어진다. [⋯] 우리는 무한히 이분화되고 무한에 이르기까지 **공명하는** 이런 차이의 상태를 불균등성이라 부른다. 불균등성, 다시 말해서 차이 혹은 강도(강도의 차이)는 **현상의 충족 이유이고 나타나는 것의 조건**이다.[161]

다시 말해 강도적 차이를 소통시키는 것은 단순한 관계가 아니라 공명이다. 이것이 현상이 나타나는 조건이 된다. 클라인헤이런브링크는 들뢰즈적 의미의 '관계'가 이런 식의 공명이라는 점을 간과한다.

---

160 질 들뢰즈, 『프루스트와 기호들』, 서동욱·이충민 옮김, 민음사, 2004, 237~239쪽.
161 들뢰즈, 『차이와 반복』, 476~477쪽(강조는 인용자).

하지만 그가 "모든 기계는 다른 기계들에 의해 생산되어야 하기에 활력과 힘은 어디에나 존재한다"[162]고 말할 때 생산의 관계는 어쩌면 '공명'과 연관이 있는 듯하다. 왜냐하면 그가 '활력과 힘'에 대해 말하고 있기 때문이다. 이 어디에나 존재하는 '활력과 힘'을 긍정함으로써 클라인헤이런브링크의 존재론은 '물러남'이라는 OOO의 테제를 잠시 배반하는 듯하다. 활력과 힘은 결코 물러남의 성격을 지니지 않기 때문이다. 하지만 이것은 들뢰즈·가타리의 기계론의 테제에는 부합한다. 기계들의 배치와 운동은 주름의 활력과 힘에서 비롯되기 때문이다. 또한 이것은 강도적인 것이기도 하다. 그러나 클라인헤이런브링크는 곧 여기서 어떤 관계가 창출되기는 하지만 그것이 "기계의 본질이 될 수 없다"고 함으로써 관계성을 부차화한다.

하지만 클라인헤이런브링크가 관계성을 전혀 돌보지 않는다고 보는 것은 부당하다. 왜냐하면 그는 "'환원 불가능'(irreducible)이란 '영향받지 않음'(immune)과 동의어가 아니다"[163]라고 단언하기 때문이다. 다시 말해 '영향받음'이라는 것이 '관계'이며 이는 환원 불가능과는 다르다. 이에 따르면 클라인헤이런브링크의 비-관계성은 "영향을 주고 수용하는 비-관계성"이 된다. 그런데 대체 이것이 관계성이 아닌 이유는 무엇일까? 여기에 어떠한 강한 비-관계성과 약한 비-관계성이 있어서 후자가 이 관계성이라는 것인가? 그러나 이 구절 위에 제시된 기계공의 신체 변형의 예시는 약한 관계성 따위가 아니다. 신체를 변형할 정도의 관계성이 어떻게 약할 수 있는가? 그

---

162 Kleinherenbrink, *Against Continuity*, p. 96(클라인헤이런브링크, 『질 들뢰즈의 사변적 실재론』, 174쪽).
163 *Ibid.*, p. 99(앞의 책, 180쪽, 번역 수정).

것이 그저 표면적인 영향으로 그치는 것인가? 앞서 우리는 관계성이 환원 가능성이 아니라는 점을 지적했다. 여기서는 마침내 환원 불가능성이 영향을 주고받는 관계성이라는 점을 짚을 수 있다. 그런데 신체의 변형에 이르는 그 과정에서 변하지 않는 것은 없는 것으로 보인다. 만약 여기에 변화하지 않는 어떤 항이나 계열이 존재한다면 그것은 마침내 초재적인 어떤 것, 신적인 어떤 것이다. 과연 '물러난 실재'가 이것이라고 한다면, 클라인헤이런브링크는 찬성할까? 실재론자인 그가? 그렇지 않을 것이다. 애드-혹(ad-hoc).

　결론적으로 환원 가능성이 관계성이 아니고, 환원 불가능성은 영향을 주고받는 관계성이라면, 이 환원 가능성과 환원 불가능성이라는 이분법에서 환원 불가능성을 선택할 이유가 뭔지 모르게 된다. 사실 이것은 그 환원 불가능성이 객체들의 '물러남'을 보증해야 하면서, 동시에 관계성을 요구해야 하기 때문에 발생하는 오락가락 사태다. 하지만 만약 주름 존재론을 여기 도입한다면, 저 악명 높은 '물러남'은 '접힘'과 '펼침' 그리고 '차이'가 된다(앞에 나온 들뢰즈의 하이데거 관련 인용문을 보라). 그러나 클라인헤이런브링크는 그러지 않는다.

　"관계는 항들에 외재적이다"라는 일반 원칙은 그 항들이 관계의 영향을 받지 않는다는 것이 아니다. 오히려 이 영향관계는 "그 관계들 너머 그리고 이상으로 초과한다".[164] 이 초과는 분명 다른 기계의 생산을 의미한다. 클라인헤이런브링크가 계속 강조하는 바와 같이 "기계를 생산하는 것은 기계"이기 때문이다. 게다가 기계는 다양

---

164 *Ibid.*, p. 165(앞의 책, 286쪽, 번역 수정).

체이므로 매번 차이 나는 기계를 생산해야 한다. 즉 외부성을 지닌 환원 불가능한 기계를 생산해야 한다. 이것은 마치 칸토어의 초한수처럼 매번 무한한 집합을 더하는 과정과 비슷하다.

그런데 문제는 여기서 잠재적 신체, 즉 내밀한(사적인) 그 신체까지 생산해야 한다는 사태다. 그러나 "개별체들의 목공소에서는 […] 잠재적 신체(현재 관계의 근저에 자리하고 있는 '과거' 혹은 내밀한 '심층')에서 한 개 혹은 여러 개의 다른 기계의 현행적이고 현시적인 측면(현재 관계에 있어서 그것들의 국소적 상층)"[165]으로 진행되는 과정이 존재한다. 이것이 '일방성'과 '비대칭성'인데, 그렇다면 여기서 직접적인 신체-신체 관계를 맺지 못하는 기계-개별체는 대체 어떤 방식으로 생산의 평등성을 실현할 수 있을까? "어떤 기계의 잠재적 신체와 그 기계의 현행적 표현 사이의 '균열'"[166]을 극복하고, 새로운 기계를 생산하는 것은 과연 가능한가? 모든 기계로부터 물러나 그것에 무관심한 그 불임의 상태에서 생산되는 것은 또 다른 불임으로 방치된 기계일 것이다. 그렇지 않다면 그런 생산 자체가 불가능하다고 해야 한다.

여기서 모순은 비관계성과 관계성, 잠재태와 현실태를 이분법적으로 사고한 것에서 비롯되는 것으로 보인다. 클라인헤이런브링크에게는 들뢰즈가 『차이와 반복』에서 한 장 전체(5장 감성적인 것의 비대칭적 종합)를 할애하여 해명한 강도적인 것에 대한 진지한 고려가 없고, 잠재적인 것의 운동에 해당하는 주름에 대한 성찰도 부재하기 때문이다. 그는 그저 "기계의 잠재태는 물러서 있고 환원 불가능

165 *Ibid.*, p. 114(앞의 책, 203쪽).
166 *Ibid.*, p. 115(앞의 책, 204쪽).

하며, 기계의 현실태는 현시적이고 인접적이다"[167]라는 말을 신조처럼 되뇐다. 이것은 하먼이 물러난 실재 객체를 블랙박스 안에 영원히 가둬 두고 그것이 마치 상관주의를 벗어난 '사변'인 듯 말하는 것과 너무나 닮았다.

마찬가지로 관계의 외부성은 타자의 내부성에 대한 공포로 수렴한다. 개별체는 자신과 마주치는 다른 개별체로부터 자신의 내부성(기관 없는 신체)을 지키기 위해 그 속으로 "회귀하는 것"[168]을 극도로 꺼린다. 이 내부성에 대한 기묘한 공포 또한 클라인헤이런브링크와 하먼의 철학에 공통된다. 이들은 마치 오랑캐들로부터 개체의 자유를 지키려고 외부에서 내부로 이르는 좁은 통로들을 막기 위해 장벽을 수만 리나 세워 놓는 겁에 질린 황제를 닮았다.

이들의 바람과는 달리 내부는 외부와 다르지 않다. 그것은 한 주름 안에서 내외부가 구분되지 않는 것과 마찬가지다. 어떤 것은 외부로 펼쳐지지만, 어떤 것은 내부로 접힌다. 여기서 기계는 주름-기계다. 들뢰즈·가타리의 기계론은 그 자체로 역동적인 기계론이다. 그러나 저 두 사람은 기계 안에 동역학적 요소를 끌어들이는 것에 상당히 저항하는 것 같다. 비록 클라인헤이런브링크가 현행적 차원에서 어떤 운동을 도입한다 해도, 그것은 곧장 개별체의 자기 폐쇄성으로 수렴한다. 운동은 언제나 물러선 신체가 아닌 국소적 차원의 변화에 그치며, 계열 전체의 변화는 불가능하다("물러서 있는 신체의 연장되지 않고 국소화되지 않은 본성."[169])

---

167 *Ibid.*, p. 120(앞의 책, 213쪽).
168 *Ibid.*, p. 121(앞의 책, 같은 쪽).
169 *Ibid.*, p. 128(앞의 책, 226쪽). 국소화되지 않고 연장되지 않는다면 일단 비환원적이다. 그러나 이 말 그대로 사변적 대상으로서의 '물러서 있는 신체'는 어떻게 사유 가능한

이쯤 되면 클라인헤이런브링크가 애써 생성에 관한 언사를 구사할 때에도 그러한 역동성이 어떤 폐쇄된 방 속에서만 일어난다는 기이한 인상을 받게 된다. 이를테면 다음과 같은 구절에서도 마찬가지다. "어떤 마주친 객체의 색깔과 소리, 냄새는 변할 수 있는 반면에 마주친 그 객체는 변하지 않는다. 마찬가지로 잠재적 성질들(특이성들, 욕망)은 언제나 그것들의 현실적 표현들 '이상'의 것이다. […] 모든 현행화는 수축이거나 혹은 역능의 변환이[다]."[170]이런 언급들에서도 여전히 관계성은 없다고 생각해야 하며, 따라서 발생도 없고, 모든 변이는 개별체 안의 폭풍이 된다.

물론 그 어떤 현행적인 표현도 다른 것과 깔끔하게 맞아 떨어져서 완전히 연속적으로 운동하지는 않는다. 특히 모든 배치가 그러한 것처럼 현행적인 운동이 잠재적인 차원의 운동과 본성적으로 다르다는 것은 분명하다. 모든 것이 그렇다. 모든 것이 매끈하게 부합하지는 않는다. 그렇다면 다음과 같은 질문이 나오는 것이 당연하다. "왜 매끈하게 부합하지 않는가?" 하면·클라인헤이런브링크는 분명히 모든 개별체가 '물러남'을 가지기 때문이라고, 역능이든, 욕망이든, 관계든, 그 모든 들뢰즈의 발명들이 서로 간에 존재론적으로 어긋나기 때문이라고 말할 것이다. 그러나 이것은 틀렸다. 오히려 그 역능, 욕망, 관계 등등이 전개체적이고, 강도적이며, 잠재적인 힘과

___

가? 바로 부정성으로서이다. 잠재적 신체가 부정성에 의해서만 해명된다는 것을 들뢰즈·가타리는 인정할 것인가? 그리고 도대체 '물러난 신체'는 **어디로** 물러나는가? 이것이 하이데거적 의미에서의 '존재론적 차이'라면, 그 알 수 없고, 결국에는 신비로운 '대존재'(Sein)가 아닌가? 아니면 그것에 불가지론을 도입한다면, 여기에 더 이상 '사변'은 유지될 수 없다.

170 *Ibid.*, p. 169(앞의 책, 293쪽).

흐름에서 과잉이며 흘러넘치기 때문에, 코드화, 영토화, 적분을 탈주하고 매번 배치를 바꾸기 때문에 그렇다고 말해야 한다. 물러남은 이러한 과잉의 잔여물이거나 기껏해야 산발적인 소진, 피로, 강도의 감소일 뿐이다.

마지막으로 이 책의 초반부에 제시된 네 겹 구조를 살펴보자.[171]

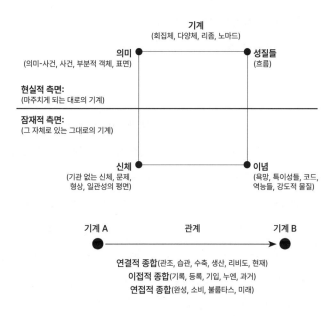

그림 19. 네 겹 구도와 세 가지 종합

이 그림은 클라인헤이런브링크가 이 책 전체를 통틀어 증명해내고자 하는 다이어그램이다. 그는 "어떠한 기계라 하더라도 네 겹

171 *Ibid.*, p. 41 (앞의 책, 91쪽).

의 존재론적 구조를 가진다"[172]라고 말한다. 하지만 이 다이어그램을 보고 있으면, 우리가 비판적으로 논했던 부분이 도드라진다. 특히 주름 운동의 측면에서 더 그러하다. 이것은 앞서 '식탁보'라는 다소 경멸적인 사례로 제시될 정도로 사소한 것이 결코 아니다.

그렇다면 이런 질문이 가능하다. 이 네 겹(fourfold)이 주름 (fold)과 별 상관이 없다면, 대체 어떻게 개별체에 구현되는가? 강도 영역의 존재론적 지위를 적극적으로 인정하지 않고 이것이 어떻게 가능할 것인가? 들뢰즈는 분명 이 부분을 강조한다. 좀 길지만 인용해 보겠다.

> 우리는 이념-문제들의 상태를 **막-주름 운동**(perplication)이라 불렀다. [⋯] **현실적인 모든 강도적 계열들**을 장악하고 포괄하는 카오스의 상태를 **온-주름 운동**(complication)이라 부른다. 이때 현실적인 이 **강도적 계열들**은 이념적 계열들에 상응하고, 이 계열들을 구현하며, 그런 가운데 이 계열들의 발산을 긍정한다. [⋯] 우리는 강도적 계열들의 상태를 **안-주름 운동**(implication)이라 부른다. [⋯] 이 계열들은 자신들 간의 차이들을 통해 **소통하고 공명**하는 가운데 어떤 **개체화의 장들을 형성**하기 때문이다. 각각의 계열은 다른 계열들에 의해 '**안-주름져**' 있고, 다시 이 다른 계열을 **안-주름잡는다**. 다른 계열들에 의해 **함축되면서** 다른 계열들을 **함축하는** 것이다. 이 **강도적 계열들**은 체계 안에서 '봉인하는 것들'과 '봉인되는 것들', '해결하는 것들'과 '해결되는 것들'을 구성한다. 끝으로 우리는 기저의 계열들 사이에서 체계를 뒤덮고 개봉하게 되는 질과 연장들의 상태를 **밖-주름 운동**(explication)

---

172 *Ibid.*, p. 41(앞의 책, 90쪽).

이라 부른다. […] 그러나 **봉인의 중심들**은 여전히 문제들의 끈덕진 항존을 증언하거나 이 **문제들의 밖-주름 운동과 해결 운동 안에서** 안-주름 운동의 가치들이 여전히 항존하고 있음을 증언한다(**겹-주름 운동**réplication).[173]

주름 운동은 주름-기계를 구성한다. 강도적인 것들은 이 주름-기계를 주파해 나아가는 소통과 공명의 계열을 형성하기도 하고, 스스로를 개방하기도 하며 또는 함축하기도 한다. 무언가를 펼쳐 내는 것(밖-주름 운동)과 함축하는 것(안-주름 운동)은 차이 나는 강도적 계열의 운동일 뿐이지, 분리되지 않는다. 따라서 클라인헤이런브링크의 하먼식의 네 겹 구도는 이 주름-기계로 대체되거나 거기 포함되어야 한다. 그 반대는 우리가 보았던 것처럼 이론적인 파국으로 끝날 것이다. 사변적 실재론 또는 객체-지향 존재론은 들뢰즈의 존재론을 감당할 수 없다. 기계-존재론은 주름-강도-기계-존재론이어야 하며, 물러난 실재는 그 소극적 측면일 뿐이다.

결론적으로 우리는 '관계적 사유'를 '환원주의'로 환원하는 것이 삼중의 의미에서 자기모순이라는 것을 알게 된다. 첫째 OOO·클라인헤이런브링크가 말하는 환원주의는 개별체들의 물러난 실재를 인정하지 않는 모든 사유에 적용된다. 하지만 이 '물러난 실재' 자체가 환원주의의 핵심으로서, 환원에서 제외되지만, 사유 안에서 환원의 그 중심부에 위치한다. 즉 이것은 '비환원'의 중심으로서 사유 가능한 모든 관계를 배제함으로써 자기 자신 안에 환원된다. 또는 유폐

---

173 『차이와 반복』, 577~588쪽.

된다.

둘째, '비환원'은 환원주의를 벗어난 '비-관계'다. 하지만 이 비-관계는 '관계'를 감각-객체의 차원에서 인정한다. 또는 매개의 차원에서 인정한다. 그렇다 해도 비-관계는 사라지지 않는데, 그것이 끊임없이 물러나기 때문이다. 따라서 비-관계가 관계를 존재적으로 보증해야 하는데, 이는 타당하지 않다. 만약 관계를 비-관계가 보증하게 되면 여기서 다시 '관계로의 환원'이 등장하기 때문이다. 이는 클라인헤이런브링크의 논지와 모순되며, 이론 전체를 불합리하게 만드는 요인이다.

셋째로 논의를 좀 더 확장하면 관계를 내버린 '비환원'은 '비재현'을 절대화함으로써 환원과 재현을 변증법적으로 대립시킨다는 것을 알 수 있다. 그 결과 사유 안에서 이 둘은 영원히 만나지 못하게 되거나, 예술 안에서 마법적으로 만날 수밖에 없다(예컨대 하면의 '매혹'과 같은 개념). 전자의 경우 비환원으로서의 물러난 실재는 재현 안에서 스스로를 표현할 수 있는 그 어떤 계기도 발견하지 못한다. 하지만 이는 물러난 실재가 우리 사유 안에서 드러난다는 그 사실로 인해 기각된다. 비환원은 비재현이지만, 그 비재현을 사유함으로써 거기 도달해야 한다. 그러나 OOO·클라인헤이런브링크는 이를 인정하지 않는다. 후자의 경우 마법적인 매혹은 이미 사유가 사변성을 포기한 것이다. 이렇게 해서 사변적 실재론은 '비환원' 안에서 '환원'을 사유하지 못하는 무능력을 드러내며, 환원 안에서 비환원을 증명해 내지 못하는 무능력도 함께 드러낸다. 이 모든 패착은 관계적 사유를 환원주의로 명명하고 기각함으로써 그 관계 자체 안에서 물러난 실재를 보다 적극적으로 사유의 대상으로 설정하지 못하는 사변의 가사 상태, 또는 몽유 상태로부터 초래되는 것이다. 이는

'사변적 실재론'이라는 그 '사변성'에 어긋나는 사태를 초래한다.[174]

(3) 실재론은 신유물론을 포괄하지 못한다

그렇다면 과연 클라인헤이런브링크가 바라보는 들뢰즈·가타리의 기계는 어떤 기계인가? 그것은 네 겹 구도를 가진 개별체이자, 이분법적으로 나누어진 존재자다. 하나는 잠재태이고 다른 하나는 현실태다. 이 둘은 다시 둘로 분기한다. "이 중 두 가지는 기계의 잠재적이고 비관계적인 측면을 구성하고, 나머지 두 가지 측면은 관계 속 기계의 현실적 표현을 구성한다."[175]

　　여기서 불연속성은 기계들의 "최소의 실재적 단위체"[176]이며, 이것은 다른 기계로의 환원이 불가능한 성격을 지닌다. 이와 대조적으로 연속성은 "언제나 기계들이 아무튼 다른 기계들에 가하는 힘에 의해 초래되는 우발적이고 일시적이며 국소적인 효과일 따름이다".[177] 따라서 소위 잠재 영역 존재론은 기계 존재론과 타협의 여지가 전혀 없다. 그러나 앞서 살펴보았듯이 클라인헤이런브링크가 지칭하는 "잠재 영역 존재론"은 그의 극단적이고 잘못된 이해에 기반한다. 오히려 연속성과 불연속성을 이처럼 양도논법적으로 가르는

174　부언하자면, 관계가 개별체에 외재적이라고 해도, 관계와 더불어 개별체가 개체화하는 것에는 아무런 문제가 없다. 여기서 외재적이라는 것은 완전히 배타적이라는 것이 아니라, 준안정적이라는 의미다. 즉 관계와 개별체 사이에는 언제나 다시 소격화될 수 있는 준안정성이 존재한다. 그것이 강도적인 것이다.

175　*Ibid.*, p. 291(앞의 책, 482쪽).

176　*Ibid.*, p. 292(앞의 책, 484쪽).

177　*Ibid.*(앞의 책, 같은 쪽).

클라인헤이런브링크 자신의 전제가 잘못된 것이다. 그 전제는 언제나 그를 쫓아다니는 '물러난 실재'다. 이 블랙박스 안에 갇혀서는 절대 저 이분법을 벗어나지 못한다.

이런 점에서 들뢰즈를 사변적 실재론(사실은 하먼의 OOO)의 계보에 넣으려는 클라인헤이런브링크의 시도는 그리 성공적이지 못하다. 그것은 앞서 살펴보았듯이, 여러 핵심 개념의 누락과 경시, 존재하지 않거나 사소한 개념의 가필, 자기모순적인 진술들 때문이다. 이런 사항들은 그가 어떤 정치철학적 신조를 피력할 때 더 도드라진다. 그는 기관 없는 신체가 개별적이라는 것 그리고 물러서 있다는 것이 "온갖 해방의 가능성을 위한 조건"[178]이라고 확언한다. 즉 비관계성이 해방의 가능성이라는 것이다. 그러나 이 말은 반만 옳다. 왜냐하면 이런 조건에서 해방이란 단순히 개별체들의 자유, 그것도 현행적 자유를 의미할 뿐이기 때문이다. 이 해방에 대해 기관 없는 신체, 욕망, 강도적 물질은 전적으로 무관심하다. 이 무관심은 현행적 차원의 전면적 쇄신이 불가능하다는 패배주의를 낳는다. 이런 '자유주의 존재론'(liberalist ontology) 안에서 이 패배주의는 물러난 실재의 심연만큼이나 막대해서 전혀 개선의 여지가 없다. 따라서 클라인헤이런브링크의 사변적 실재론(OOO)은 그의 말대로 보수주의도, 현실 정치도, 역사적 결정론도 아니지만 (대개 나이든 자유주의자들이 그러하듯이) 자신의 욕망 외에 다른 것에는 무감동하고 무관심한 엄숙주의 정치론을 배태할 것이다. 여기에는 그 어떤 쾌활한 정치적 전략도 전술도 있을 수 없다.

178 *Ibid.* p. 98(앞의 책, 178쪽).

때문에 클라인헤이런브링크는 들뢰즈의 유물론을 묻는 자리에서 이런저런 유물론이 아니라고 말할 뿐 그것이 어떤 유물론인지 명확히 대답하지 못하는 것이다.[179] 사실상 들뢰즈의 유물론은 그가 『스피노자와 표현의 문제』에서 직접 언급하다시피 신유물론이다. 이에 따르면 들뢰즈·가타리에게는 어떤 관계도 '전적'이진 않다. 클라인헤이런브링크는 자꾸만 이 관계성이 비관계성과 전적으로 다르다는 점만 강조한다. 그 관계 자체를 일신하는 혁명적 사건은 언제나 도래한다. 그것이 탈주선이며, 절대적 탈영토화다. 여기서 문제는 관계냐 비관계냐가 아니라 관계/비관계 자체의 해체와 재구성이다. 클라인헤이런브링크의 경우, 전적으로 비관계적인 사태로 인해 모든 정치 운동은 개별체들의 '자유'를 보증하는 수준에서 딱 멈추게 될 것이다. 이분법을 횡단하고 거기서 새로운 정치 운동의 가능성을 보는 것은 신유물론적 사유라고 해야 한다. 여기서부터 독특한 어떤 것이 출현한다. 들뢰즈는 이를 카이로스라고 부른다. 이것은 어떤 숭고한 기회를 포착하는 시간성이며, 돌발적이고 맹렬하게 등장하는 것으로, 이념적인 것, 잠재적인 차원을 독특성 안에 응축하여 폭발시키는 어떤 물질성이다.[180]

---

179 *Ibid.*, p. 150(앞의 책, 261~151쪽) 참조.
180 들뢰즈, 『차이와 반복』, 413쪽 참조.

2. 퀭탱 메이야수의 유물론은 실재론인가?

(1) 사변적 유물론과 사변적 실재론

우리는 최근 메이야수 철학이 어째서 (신)실재론을 넘어선 사변적 유물론이며, 신유물론인지에 대해 논증할 필요성에 직면한다. 왜냐하면 메이야수 자신이 그 필요성을 긴급하게 제기하기 때문이다. 그는 2006년 『유한성 이후』의 발간 당시에 이러한 구별을 분명하게 표명하지 않았지만, 현재로서는 그 필요성이 관건적이 되었다고 고백한다.

> 나는 어떤 최종적인 어휘상의 언급을 하고자 한다. 그것은 유물론과 실재론의 차이에 관한 것이다. 다시 말해 나는 『유한성 이후』에서 [이 차이에 대해] 충분히 분명하게 하지 않았는데, 왜냐하면 그때에는 나에게 이러한 구별의 필요성이 지금보다 그렇게 관건적이지 않아 보였기 때문이다.[181]

메이야수는 『유한성 이후』를 막 출간한 시점인 2007년도에 자신이 "맞서고자 한 주요 문제는 정확히 말해 그 가장 단순한 형식에

---

181 Quentin Meillassoux, "Iteration, Reiteration, Repetition: A Speculative Analysis of Meaningless Sign", p. 6 참조. 이 논문은 2012년에 강연록 형식으로 발표되었다. 사실상 이러한 메이야수의 문제 제기는 사변적 실재론자들의 첫 번째 회합(2007년 골드스미스 대학) 당시 그가 느꼈던 실재론에 대한 '거부감' 이상의 어떤 위기의식의 발로라고 여겨진다. 내 생각에 위기의식의 단초는 유물론에 대한 하먼의 계속되는 공격에 있다고 본다.

서 상관주의적 순환을 명백하게 논박할 수 있는 유물론——또는 실재론——을 세우는 것"[182]이라고 말한다. 여기서 유물론과 병기된 실재론은 그에게 아직 문제가 되지 않는 것이었다. 이때 실재론은 유물론과 마찬가지로 상관주의적 순환을 타파할 수 있는 역능을 부여받은 상태다. 이러한 실재론과 유물론에 반하는 사유는 관념론으로 지칭된다. 전자는 "우리의 접근으로부터 독립적인 비-사유적 실재"를 사유하고자 하는 것이며, 후자는 "상관주의 그 자체의 절대화"를 시도하는 사유다.[183] 이때의 실재론은 기존의 소박실재론과는 다른 것으로서 응당 '사변적 실재론'이라는 이름을 가진다. 이 실재론은 이른바 선조성의 문제[184]를 해결할 수 있다고 여겨졌다. 그러므로 선조적 물질을 사유하는 사변적 실재론은 상관관계적 원환을 빠져나간다. "흄의 문제가 독단주의의 잠으로부터 칸트를 깨어나게 했다면, 사유와 절대적인 것 사이의 화해를 약속하는 선조성의 문제는 상관주의적 잠으로부터 우리를 깨어나게 할 수 있"다.[185]

또한 이 실재론은 사변적 지식의 가능성을 긍정하면서 이 지식이 세계에 대한 우리의 관계와 상관없는 절대적 실재라는 것을 밝혀

182 Quentin Meillassoux, "Presentation", *Collapse, Philosophical Research and Development III*, p. 426.

183 *Ibid.*, p. 427.

184 앞서도 논했다시피 원-화석은 "어떤 선조적(ancestral) 실재성 또는 사건, 이를테면 지구 생명체보다 앞서는 어떤 것의 실존을 가리키는 **물질**이다"(Quentin Meillassoux, *After Finitude: An Essay on the Necessity of Contingency*, trans. Ray Brassier, London: Continuum, 2008, p. 10[퀑탱 메이야수, 『유한성 이후: 우연성의 필연성에 관한 시론』, 정지은 옮김, 도서출판b, 2010, 27쪽, 강조는 인용자]). 따라서 메이야수의 '실재'란 이러한 선조적인 원-화석의 성격을 띠는 **물질들** 또는 **물질적 조건 전체**를 의미한다. 이 원-화석이 '물질'이라는 단언은 왜 메이야수가 자신에게 가해진 '실재론'이라는 규정을 거부하는지를 분명히 해 준다.

185 *Ibid.*, p. 172; *Ibid.*, p. 124(앞의 책, 221쪽).

낸다.[186] 그런데 2012년 이후 메이야수의 바뀐 입장에 따르면 이 절대적 실재에 다가간다고 주장하는 모든 입장이 (사변적) 실재론이라 하더라도, "모든 실재론이 유물론인 것은 아니다".[187] 왜냐하면 그 실재론 중 몇몇은 강한 상관주의의 두 번째 판본인 주체주의일 수 있기 때문이다. 이때에 이르러 메이야수는 사변적 실재론자들 중 몇몇을 주체주의 범주에 넣는다.

> 내 생각에 그들 중 두 사람은 반유물론자, 다시 말해 주체주의자이다. 한 사람은 이안 해밀턴 그랜트로서, 그는 (들뢰즈적) 셸링주의자이며, 또 한 사람은 그레이엄 하먼으로서, 그는 사물에 대한 우리의 주체적 관계를 사물-자체로 투사함으로써 현실적이라고 상정한다. 특히 하먼은 어떤 매우 근원적이고 역설적인 주체주의를 전개하는데, 왜냐하면 그에 따르면 우리가 사물들과 만들 수 있는 접촉으로부터 항구적으로 물러나는 사물들과 관계한다고 상정하기 때문이다.[188]

하먼의 경우 문제는 이 '물러남'이 사물에 대한 우리의 관계로부터 비롯된다는 점이다. 이렇게 물러남의 형식으로 사물과 우리와의 (보다 더 결연한) 관계를 만드는 것, 또한 객체와 객체 간에도 그와 같은 결속을 만드는 것은 메이야수에 따르면 전형적인 주체주의의 태도다. 하먼은 비록 '접근의 철학'이라고 명명한 철학적 사유로

---

186 Quentin Meillassoux, "Contingency & the Absolutization of the One", trans. James Lozano, Sorbonne-Paris I 컨퍼런스 논문, 2011. 3, p. 3 참조.
187 Meillassoux, "Iteration, Reiteration, Repetition: A Speculative Analysis of the Meaningless Sign", p. 6.
188 Ibid., p. 7.

부터 그 자신은 탈출했다고 주장하지만, 오히려 이러한 철학적 사유의 태도를 더욱 편재시킨다. 즉 객체들 각각에 물러남이라는 주체주의적 관계성을 심어 놓음으로써 우리가 그것으로부터 빠져나올 모든 출구를 봉쇄한다는 것이다. 하지만 유물론자는 다르다. 유물론자는 하먼류의 주체주의적 관계성이 오로지 인간-사물 관계에서만 허용된다는 것을 투철하게 안다. 그럼으로써 그는 그러한 것이 "사물들 사이에는 절대적으로 존재하지 않는다"[189]고 여긴다. 유물론자는 하먼과는 달리 "사물-자체 **내부에**(within) (더 크거나 적은 강도로) 접근하는 것을 재발견"[190]하지 않는다. 거기에는 본사실적 물질로서의 원-화석, 즉 우발적 필연성이라는 절대적 원리만이 있을 뿐이다. 우리는 그것에 대해 하먼처럼 감각 객체(이 감각 객체가 '인간'이 아니라면 무엇인가![191])를 우회하여 접근하는 것이 아니다. 그것은 오로지 수학과 FHS라는 기호에 의해 드러날 수 있다.

메이야수가 행하고 있는 단호한 구분은 그가 "모든 사변이 형이상학적이지는 않다"[192]고 『유한성 이후』에서 쓸 때 이미 예견된 것일지도 모른다. 우리가 2강에서 살펴본 '절대적인 것 일반'과 '절대적 존재자'는 여기서 각각 절대적 원리와 물러남에 대응한다. 이와 같이 만약 사변적 실재론이 물러남을 고수하면서 주체주의에 머문다면 그것은 사변적 형이상학에 불과할 뿐이다. 그것은 사변적 유물

---

189 *Ibid.*
190 *Ibid.*
191 과학에 의뢰하여, 예컨대 광합성하는 식물의 조직이 햇빛을 '감각'한다고 하는 것이 과연 더 비인간적인가? 그렇지 않다. 그 '감각'은 식물과 태양을 에둘러 인간의 감각이 말 그대로 감각한 것에 불과하다.
192 메이야수, 『유한성 이후』, 54쪽.

론의 절대화하는 사유에 이르지 못한다. 결과적으로 사변적 형이상학으로서의 사변적 실재론은 애초에 정의된 '사변'의 내용에조차 맞지 않는 부정적 실재론, 즉 물러남이라는 부정성으로만 실재에 가닿는다고 선포하는 소극적인 태도에 불과한 것이 된다. 오히려 이런 태도는 사변이 가지는 법칙 초월적(횡단적) 성격, 즉 "경험적 상수들의 불변성으로부터 해방"[193]되는 그 성격을 만족시킬 수 없다.

게다가 메이야수의 입장에서 이것은 '탈절대화'를 의미한다. 절대적인 것에 대한 절대화하는 사유는 절대적인 것 일반을 적극적으로 드러내지만 물러남을 통해 실재 객체를 바라보는 실재론은 그것을 손안에서 놓침으로써 비로소 그것이 존재함을 알기 때문이다. 이 미끌거리는 물러남의 꼬리는 하먼 자신도 고백하다시피 하이데거의 '존재'라는 거대한 지하 괴물의 한갓 말단에 불과하다.

탈절대화로서의 하먼류의 사변적 실재론은 그래서 상관주의라는 개념에 완연히 들어맞는다. 상관주의는 "스스로에 대한 사유의 폐쇄와 그것의 절대적 외부를 획득할 수 없는 결정적인 무능력에서부터 논증을 시작"[194]하는데 하먼의 논의가 그러하기 때문이다. 이와 대조적으로 유물론은 "사유의 바깥에 있으며, 동시에 그 자체로 모든 주체성을 회피하는 어떤 절대적인 것에 조응하는 모든 사유"다.[195]

메이야수에 따르면 유물론의 이러한 비상관성은 에피쿠로스에 의해 처음 제시된다. 에피쿠로스는 원자와 공백이라는 개념을 통해

---

193 앞의 책, 140쪽.
194 Meillassoux, "Iteration, Reiteration, Repetition: A Speculative Analysis of the Meaningless Sign", p. 2.
195 Ibid.

절대적인 것에의 접근을 긍정했으며,[196] 이는 사유와는 상관없이, 오히려 사유 자체를 포함하면서, 사유보다 멀리 또는 더 미시적으로 작동한다. 따라서 사유는 사변적으로만 그것에 접근할 수 있다. 그러나 근대 유물론은 이런 방식의 비-상관주의적인 방식으로 유물론을 자신의 것으로 재구성하는 데 실패했다.[197] 근대 유물론은 감각과 지각에 물질을 할당함으로써 상관성에서 벗어나자마자 다시 그것으로 환원되었다. 앞선 강의에서 밝힌 것처럼 이러한 일탈에 대해 우리는 오히려 데카르트의 (사변적인) 수학적 방법에서 교정물을 발견할 수 있다.

따라서 유물론은 "존재는 사유가 아니고, 사유는 존재를 사유할 수 있다는 것"[198]을 안다. 일차적으로 모든 사물의 존재는 우발성이다. 즉 그것은 우발적으로 존재하는 것이지 존재하지 않음이 아니다. 게다가 "우발성은 우발적인 것 바깥에 있지 않으며"[199] 따라서 무작위적으로 부유하는 어떤 것이 아니라, 어떤 "규정적 존재의 속성"이다.[200] 이렇게 무언가의 존재를 확증하는 것으로부터 이 존재가 물질임을 알게 된다. 여기서 물질은 선조적인 것으로서의 원-화석, 즉 물질-화석과 더불어 수학화된 물리법칙에 의해 규정되는 일상적 사물을 아우른다. 그러므로 이 물질은 데카르트적인 사유 또는 코기토의 주체성을 피해 가며, 오직 자신의 존재를 실증적이며 긍정적인 방

---

196 메이야수, 『유한성 이후』, 58쪽.
197 Meillassoux, Kahveci and Çalcı, "Founded on Nothing: An Interview with Quintin Meillassoux", p. 1 참조.
198 Meillassoux, "Iteration, Reiteration, Repetition: A Speculative Analysis of the Meaningless Sign", p. 12.
199 *Ibid.*, p. 13.
200 *Ibid.*

식으로 드러낸다. "존재한다는 것은 […] '자기'(self)에 대한 극소적 감각조차 아니다."[201] 메이야수는 바로 이것이 사변적 유물론의 입장이라고 확언한다.

재우쳐 말하지만 사변적 유물론은 이와 같은 비-상관주의적 방식으로 물질을 탐색하지만, 그렇다고 "이성 자체의 결여를 수행하지는 않"[202]는다(이것은 '사변성'의 최초의 전제로부터 분명한 것이다).[203] 비록 이성이 어떤 절대적 비주체성(물질) 안에서 전개된다 하더라도 그 사변적 속성은 사라지지 않으며, 오히려 그로 인해 본사실성에 접근할 기회를 얻게 된다. 본사실성은 상관성을 부정함으로써 얻어지는 것이 아니라, 그것을 긍정하고 횡단함으로써 사유 가능한 것이 되기 때문이다. 이런 측면에서 우리가 처음 살펴본 메이야수의 물질-화석은 일단의 선조적 진술에만 국한되지 않는다.[204] 그것은 어떤 인간존재에 선행하는 사건의 '흔적'일 뿐 아니라(따라서 아리스토텔레스를 따라 이것은 증명 불가능하지만, 필증적이다) "인간 종의 소멸에 후행적인 가능한 사건들과도 관계"한다.[205]

201 *Ibid.*
202 Meillassoux, Kahveci and Çalcı, "Founded on Nothing: An Interview with Quintin Meillassoux", p. 10.
203 메이야수는 이어서 다음과 같이 말한다. "이것은 나의 연구를 한편으로 모든 형이상학과 구별하고, 다른 한편으로 하이데거적인 형이상학의 결핍과도 구별하는 것이지요(이는 충족이유율뿐만 아니라 동일률과 모순율도 공격합니다). […] 그러므로 우리는 면도날 위에 우리 자신이 있다는 것을 발견합니다. 즉 충족이유율을 거부하지만, 이성을 포기하지 않는 것이지요. 그리고 이것이 내 입장에서 사변적인 것을 형이상학적인 것과 구분하는 지점입니다"(*Ibid.*).
204 메이야수, 『유한성 이후』, 194쪽 참조.
205 앞의 책, 같은 쪽.

(2) 하먼의 비판

이제 메이야수의 사변적 유물론에 대한 하먼의 비판을 살펴보자. 이 비판은 상당히 시사적인데, 왜냐하면 사변적 유물론에 대한 주체주의자의 주체주의적 비판이라는 상당히 기묘한 진술을 개진하기 때문이다.

먼저, 하먼은 그의 철학사적 분류 개념인 '존재-분류법'(onto-taxonomy)을 제시한다.[206] 존재-분류법이란 근대 철학의 기본 전제로서 사유와 존재를 실체적으로 구분하여 사고하는 것을 의미한다. 하먼에게 이것은 근대적 사유의 일종의 덫으로 지금까지 유효하게 작용한다. 만약 우리가 근대성을 탈피하고자 한다면, 존재-분류법을 거부해야 한다. 우리가 그것을 고수하면, 우리는 점증하는 맥빠진 모더니즘 안에서 꼼짝달싹 못 하고 남겨진다. "만약 우리가 사유와 세계가 실재가 회전하는 기초적인 두 가지 축이라고 가정하길 계속한다면, 우리가 그것들을 분리하든 결합하든 문제가 되지 않는다."[207] 하먼에 따르면 불행하게도 이 덫에 걸려든 대표적인 철학자가 메이야수다.

하먼은, 라투르는 이 존재-분류법을 알고 있지만 메이야수는 그것을 전혀 인지하지 못하고 있다고 본다(따라서 라투르가 더 '우월하다'). 심지어 메이야수는 그것을 "반기고, 확장"한다.[208] 따라서 메이야수는 초기 근대의 데카르트적 사유/존재 실체 이원론에서 벗어

---

206 Harman, "The Only Exit From Modern Philosophy", *Open Philosophy*, pp. 132~146 참조.
207 *Ibid.*, pp. 133~134.
208 *Ibid.*, p. 133.

나고 있지 못한 뒤떨어진 철학을 하고 있는 자가 된다. 하먼은 명시적으로 상관주의를 회피하는 것으로는 존재-분류법을 거부할 수 없다고 말한다. 반면 라투르는 "현상/예지 구분이 붕괴하는 헤겔의 경우에서뿐만 아니라, 우리가 세계 안에서 '언제나 이미 바깥에' 있다는 후설과 하이데거 각각의 방식, 또한 우리가 정신과 세계의 두 가지 거대한 축을 인위적으로 구분해서는 안 된다는 실증주의적 개념"[209]을 긍정하는 후기 근대의 입장과 유사하므로 더 '우월하다'. 하지만 라투르처럼 하이브리드를 수용하는 것만으로도 이 분류법(taxonomical)을 극복할 수는 없다.[210] 따라서 라투르의 우월성도 상대적인 의미다.

존재-분류법의 위험성은 여기에 그치지 않는다. 그것은 은폐의 책략을 쓴다. 즉 부차-논쟁(예컨대 그러한 분류 자체가 진실인지 아니면 환영인지에 대한 논쟁)을 전면화함으로써 실제로 이론 안에 존재하는 존재-분류법을 은폐한다는 것이다. 그 부차-논쟁이 해결되든 그렇지 않든 일차-논쟁으로서의 존재-분류법은 그대로 남는다. 이에 비추어 보면 메이야수의 사변적 유물론은 절대적인 것에 대한 사유를 문제시함(부차-논쟁)으로써 사유/존재 이원론을 감춘다.

하먼이 강조하는 존재-분류법의 또 다른 특징은 그것이 사유/존재 이원론에 기반하여 그보다 더 멀리 밀어붙이는 것에 있는데, 이로써 분류법이 강조하는 것은 "우리가 인간이고 따라서 인간은 중요함에 틀림없다는 것이 아니라, 인간 사유가 직접적으로 […] 현전한다는 것"이다.[211] 이렇게 해서 분류법은 "인간을 우주의 한쪽에 홀로

---

209 *Ibid.*
210 *Ibid.*

놓고 수없이 많은 다른 종류의 실체들을 다른 쪽에 놓는[다]. 그래서 첫 번째 측면만이 직접적으로 접근 가능하며, 나머지는 그렇지 않다"고 결론 내린다. 이에 따르면 메이야수의 사유는 존재-분류법에 사로잡힌 채로 사유 자체로 하여금 사유에 접근하는 폐쇄회로에 갇힌다.

이와 같은 존재-분류법에 맞서서 하먼은 자신의 객체-지향 존재론(OOO)을 내세운다. 이것은 단적으로 말해 '매개적 존재론'이다. 즉 모든 객체(주체를 포함하여)는 사실상 감각 객체를 경유하여 접근 가능하다는 것이다. 따라서 사유 자체는 물론이고 객체 또한 직접 사유에 현시될 수 없다. 이것은 객체-객체 관계에 있어서도 통용된다. 우리는 이러한 결론이 도출되는 근거가 하먼의 '물러난 실재 객체' 테제라는 것을 이미 알고 있다. 따라서,

인간 사유는 다른 모든 것에 대해 특권화된 즉각성을 가지고 있지 않다. 나 자신을 포함하여 내가 사유하는 바가 무엇이건 간에, 그것은 매개된 방식으로만 주어진다. […] 요컨대 논증은 동일한 형식은 결코 두 가지 다른 장소에 존재할 수 없다는 것이다. 말 자체로부터 말의 형식으로 이동하는 것과 그것을 나의 정신에 야기하는 것은 단순히 그것을 '물질'——이것이 무엇이든 간에——로부터 빼내는 것이 아니라, 그것을 변형하는 것이다. 말 안의 말-형식은 나의 정신 안의 말-형식이 아니다.[212]

211 *Ibid.*, p. 135.
212 *Ibid.*, pp. 135~136.

사유의 즉각적 현전성은 이렇게 해서 기각되는데, 물론 이와 더불어 메이야수의 절대적인 것에 대한 사유도 기각된다. 이를 하먼식으로 교정하면, 메이야수의 지성적 직관은 그것이 사유인 한에서 절대적인 것에 즉각적으로 접근 가능하지 않으며, 반드시 무언가의 매개를 거쳐야 한다. 그것은 바로 절대적인 것의 감각 객체다. 그런데 과연 메이야수에게 이런 식의 감각 객체란 것이 가능한가?

하먼은 여기서 그치지 않고 메이야수를 '신실재론'의 한 부류로 격하한다. 그의 이러한 평가가 '격하'인 이유는 앞서 살펴보았듯이 메이야수 자신이 실재론으로 유물론을 환원하는 것에 완고하게 반대하기 때문이다(하먼은 이러한 메이야수의 자기규정을 전혀 알지 못한다는 듯이 마치 트랙 위의 경주마처럼 앞만 보고 전력 질주한다).

하먼이 이해하는 신실재론의 원리는 "(1) 사유의 순환이라는 불가피성. (2) 과학의 막강한 탁월함. […] [(3)] 혁명적 정치학의 분명한 긴급성과[의] 연합 […] [(4)] 상식"[213]이다. 이것은 "논리적 확실성, 과학적 성공, 도덕적 우월성 그리고 오래된 상식"[214]으로 요약된다. 다시 말해 메이야수의 '신실재론'은 논리적(이때 하먼이 발음하는 '논리'는 과연 무엇일까?)인 사유의 순환이라는 폐쇄회로 안에서 움직이며, 과학이 가져온 이론적 성공에 고무되며, 결과적으로 상식의 승리를 선포한다는 것이다('정치'에 대해서는 후술할 것이다).

이제 하먼의 메이야수 비판을 요약하면 다음과 같다.

ⓐ 메이야수는 사유/존재 이원론인 존재-분류법에서 벗어나지 못하고 있다.

---

213 *Ibid.*, p. 134.
214 *Ibid.*, p. 135.

ⓑ 더 나아가 그는 사유의 즉각적 접근 가능성을 주장함으로써 사유를 특권화한다.

ⓒ 메이야수는 신실재론자로서 논리, 과학, 상식에 머물러 객체의 진정한 실재성을 보지 못한다.

(3) 하먼에 대한 재비판

우선 하먼의 첫 번째 비판은 초기 근대론자로 메이야수를 자리매김하는바, 메이야수가 데카르트주의자라는 전제를 가지고 있다. 하지만 이는 반만 옳은 것이다. 메이야수가 데카르트주의자인 이유는 그가 데카르트의 수학적 방법을 본사실적인 것, 즉 절대적인 것을 드러내기 위한 수단으로 도입하기 때문이지, 사유와 실재를 실체적으로 특권화하기 때문이 아니다. 이것은 여러 언급들에서 드러난다.

> 칸트적 유형의 즉자가 아니라 '데카르트적' 유형의 즉자를 되찾아야만 할 것 […] 수학적 복원의 절대론적 중요성을 합법화해야 한다.[215]
> 우리는 수학적 담화의 절대화를 통해 선조성 문제의 해결 가능성을 기대할 수 있게 되었다. […] 모든 문제는 본사실적 도출을 통해 **칸트적 즉자의 진리로부터 데카르트적 즉자의 진리로의 이행**을 획득하는 것으로 되돌아온다.[216]
> 갈릴레오·코페르니쿠스적 혁명에 내재하는 탈중심화는 데카르트의

---

215 메이야수, 『유한성 이후』, 190쪽.
216 앞의 책, 136~137쪽.

테제, 요컨대 **수학적으로 사유 가능한 것은 절대적으로 가능하다**라는 테제를 통과한다.[217]

하지만 메이야수가 섬세하게 구분한 데카르트의 수학적 방법과 이원론의 구별은 저 존재-분류법 안에서 모조리 유죄다. 이래서는 하면이 『숨마 테올로지카』의 낡은 표지 위에 왼손을 얹고 파스토랄리스(주교 지팡이, pastoralis)를 잔인하게 휘두르며 이단 선언을 한다 해도 그 누구도 설득당하거나 두려워하지 않을 듯하다. 오히려 메이야수는 이런 무의미한 선고가 이 대주교의 주체주의적 사유를 가감 없이 드러내는 현장이라고 볼 것이다. 왜냐하면 이 대주교의 성스러운 왼손 아래에 있는 그 책에는 큼지막하게 'H'(usserl)가 쓰여 있으며, 오른손을 휘두르는 지팡이 머리에는 십자가 대신 더 크게 'H'(eidegger)가 새겨져 있을 것이기 때문이다. 감각 객체와 물러난 실재 객체. 메이야수는 현상학의 유산 안에 있는 자들이 "사유작용-사유대상(noético-noématique)의 상관관계로"만 데카르트를 바라보는 것에 대해 경계한다.[218]

더 나아가 메이야수가 절대적인 것에 대한 사유를 전경화하고, 저 이원론을 은폐한다는 혐의는 이로써 기각된다. 메이야수에게 '사유'는 사변적인 것으로서 절대적인 것에 접근 가능하다는 것을 사유로써 증명하지만, 그것이 사유 앞에 세계의 모든 것을 맞세우는 방식은 아니다. 우리는 앞선 1강에서 메이야수가 사유조차 우발성의 필연성 안에 있음을 논한다는 것을 알았다. 다시 되새기자면 시간에 대

217 앞의 책, 201쪽.
218 *Ibid.*, p. 13.

한 사유가 시간 안에서만 가능하듯이 세계에 대한 사유 또한 세계 안에서만 가능하다. 이때 사유는 하먼이 프로크루스테스의 침대에 눕혀 놓고 발목을 쉬이 잘라 낼 만한 상식적인 의미가 아니다. 그것은 본사실적인 것과 더불어 있으며, 그 안에서 바깥(위대한 바깥)을 사유하는 지성적 직관이다. 이것은 비담론적이며 비재현적이다.

이로써 하먼의 두 번째 비판도 효력을 잃게 된다. 왜냐하면 메이야수의 지성적 직관, 즉 사변적 사유가 본사실성에 접근할 수 있음을 주장한다 해도, 그것이 아무런 방법도 없이 그렇게 한다는 것은 결코 아니기 때문이다. 우리는 그 수단이 수학과 FHS라는 것을 안다. 하먼의 비판이 힘을 잃는 이유는 이렇게 자신의 OOO에서나 통용되는 매개 과정을 특권화하는 시각에서 이루어지고 있기 때문이다. 즉 하먼은 자신의 진정한 매개인 예술적 형식주의 외에 다른 매개를 모르는 것 같다.[219]

하먼의 세 번째 비판 지점은 하먼이 메이야수의 '사변'을 완전히 곡해하고 있음을 그대로 드러낸다. 신실재론의 대표자인 페라리스의 경우 '지각'을 특권화하면서 실재의 '수정 불가능성'(unamendability)에 다가간다. 따라서 신실재론자에게 실재로서의 세계는 지각 주체(또는 미학적 주체)로서의 인간에 맞세워져 있다.[220]

219 그레이엄 하먼, 『예술과 객체』, 김효진 옮김, 갈무리, 2022 참조.
220 서민규, 「21세기 유럽의 실재론자들: 메이야수, 페라리스, 바스카의 실재론 비교연구」, 동서철학연구, 제91호, 2019, 387~392쪽 참조. 여기서 서민규는 페라리스의 신실재론을 다음과 같이 요약한다. "(1) 근대 이후 서양철학은 실재에 대한 참된 지식은 불가능하며, 지식은 인간에 의해 구성되는 것으로 보았다. (2) 그러나 자기구조(self-structure)를 갖고 지식의 근원이 되는 실재는 원리적으로 수정할 수 있는 것이 아니다. (3) 그러므로 실재는 구성될 수 없으며, 실재의 본질을 파악하기 위해서는 직접적 지각의 인식-미학적 분석을 통해 실재에 대한 직관주의적 접근으로 돌아가야 한다"(392쪽).

그러나 과연 선조적 물질-화석과 본사실성을 실재 혹은 물질로 보는 메이야수에게 이런 틀이 합당한가? 신실재론의 이런 사고방식은 완연히 상관주의적이다. 또한 메이야수는 분명 "절대화되는 것은 더 이상 모순율적인 논리적 원리가 아니라 수학적인 한에서의 수학적 진술이다"[221]라고 말한다.

또한 과학에 있어서도 메이야수는 과학주의를 배격한다. 과학이 의미가 있는 것은 그것이 "사유와 실존의 진정한 내재성의 통로"가 되고 "우리 삶을 위한 절대적 감각(sense[의미])을 탐색하도록 우리에게 위임"될 때이다.[222] 과학은 법칙들의 출현을 가늠하고, 방정식 안에 개연성을 전개할 수는 있지만, 그것을 초과하는 현상, 즉 우발성을 직면하게 될 때에는 본사실성의 원리에 그 권능을 넘겨주게 된다.[223] 이제 이것은 '과학-밖 소설'에서와 같이 실험과학의 범역을 넘어서게 된다. 과학은 오로지 그러한 범역 안에서만 합법성을 누릴 뿐이다. 사정이 이러하므로 메이야수가 어떤 정해진 실재성의 이름들과 법칙들을 고수하는 '상식'으로 회귀한다는 주장은 어처구니가 없는 것이다. 물론 메이야수는 '상식'을 비웃지는 않는다. 그는 상식적인 판단으로서 이런저런 객체가 존재한다는 것을 알지만 본사실성의 원리는 그것과 다른 사변적 영역에서 증명된다고 보는 것이다.

우리는 이렇게 물어볼 수 있다. 과연 하면은 메이야수의 '사변적 유물론'에서 두 요건, 즉 '사변'과 '유물론'을 제대로 이해하고 있

221 앞의 책, 136~137쪽.
222 Meillassoux, Kahveci and Çalcı, "Founded on Nothing: An Interview with Quintin Meillassoux", p. 6.
223 Meillassoux, *Divine Inexistence*, p. 186 참조.

는가? 최초로 메이야수 철학의 해설서[224]를 쓰기도 했던 철학자에게 말도 안 되는 질문일 수도 있다. 하지만 이 해설서의 2판 출간을 기념하는 인터뷰에서 하먼이 이미 다음과 같이 말했다는 것은 그것이 완전히 허용되지 않는 질문은 아님을 드러낸다.

> 메이야수는 이 분류법의 경로를 선택하는 데 있어서 확실히 혼자는 아니에요. 이를테면 하이데거가 『존재와 시간』에서 손 안에 있음(zuhanden)이 도구와 같은 것으로 발견될 수 있고, 이론적으로 접근 가능한 또는 공간적으로 위치 지어진 개별 실체로서의 눈앞에 있음(vorhanden)으로 발견될 수 있으며, 그와 더불어 오로지 인간 안에서만 발견되는 분리된 세 번째 것으로서의 현존재를 암시함으로써 그렇게 했지요. [⋯] 이와 비슷한 논점이 메이야수의 2012년 베를린 강의에서 유지됩니다. 메이야수는 한편에는 인간이, 다른 한편에는 죽은 물질이 존재한다고 주장함으로써, 본질적으로 구데카르트적 존재론을 재개합니다. [⋯] 메이야수에 있어서 무로부터의 발출(eruption ex nihilo)은 사유와 세계 간의 근원적 간극이라는 문제를 해결하기보다, 재진술하는 것에 불과하지요.[225]

그렇다면 우리는 하먼이 전거로 삼고 있는 메이야수의 2012년 베를린 강의록을 볼 필요가 있다(이 강의록은 우리가 이미 인용하고 있는 중이다). 하먼이 주목하고 있는 부분은 아래와 같다.

224 Graham Harman, *Quentin Meillassoux*.
225 "An Interview with Graham Harman", Edinburgh University Press Blog, 2015, https://euppublishingblog.com/2015/09/10/an-interview-with-graham-harman/.

만약 우리가 비유기적 실재가 비-감정적이라고 가정한다면, 이에 따라 우리는 어떤 매우 문제적인 감정 능력을 부가적으로 문제시하는 매우 복잡한 과제로부터 벗어난다. 그러나 무엇보다 나는 우리가 주체화된 세계보다 무한하게 더 흥미로운 어떤 세계를 발견하리라고 믿는다. 이 죽은 물질(dead matter)의 세계 안에서, 어떤 근원적인 무로부터의 실재의 출현(감각, 지각 등등)이 있다는 것이 드러난다. 이때 실재는 절대적으로 이전에 존재하지 않았으며, 심지어 잠재적으로도 존재하지 않았다(왜냐하면 비유기적 물질의 잠재적 조합들은 오로지 그 스스로를 감각의 영역에 부가할 어떤 이유도 결코 가지지 않는 물리적 복합체들만을 산출하기 때문이다).[226]

여기에는 하먼이 말한바, "한편에는 인간이, 다른 한편에는 죽은 물질이 존재한다는 주장"이 전혀 언급조차 되지 않는다. 다만 여기서 메이야수는 비유기적 물질, 즉 죽은 물질에서 어떻게 감각, 지각 등을 갖춘 유기적 물질이 출현하는가를 설명하고 있을 뿐이다. 이것은 존재 발생론적 차원에서 당연히 제기되는 문제로서 물질의 통시성(우발적 출현)을 중시하는 메이야수의 입장에서는 그 어떤 사유/존재 이분법도 전제하지 않은 것이며, 그렇다고 인간/물질 이분법도 아니다. 이것은 사유든 존재든 인간이든 물질이든 상관없는 어떤 '과정'을 말한다.

또한 메이야수는 이 인용구 앞에서 "죽은 실존"이란 "정지, 비운동적이라는 의미가 아니라, 비-감정적(non-sentient[비-지각적])

---

226 Meillassoux, "Iteration, Reiteration, Repetition: A Speculative Analysis of the Meaningless Sign", p. 14.

이라는 의미"라고 말한다. 따라서 이 물질은 운동하는 것이며, 하면 이 이분법적으로 취급하는 그런 의미에서의 '죽음'이 아니다. 이 운동하는 죽음으로부터 지각 체계, 감정 체계를 갖춘 유기적 삶으로의 이행은 "극단적으로 풍부하고 복잡한 감각들, 지각들, 의지들 등등의 세계들을 부가한다는 것을 말해 준다. 여기에는 물리학 외의 다른 이론들과 담론들, 즉 생물학, 행동학, 사회학, 역사, 문학 등등의 개입"이 요구되기도 한다. 따라서 이것은 해명의 논리이지 이원론을 확증하는 발견의 논리가 아니다. 이에 대해 메이야수는 "이러한 설명력을 수립하는 것은 […] 사실상 수학의 제이-절대화하는 능력을 수립하는 것"[227]이라고 말함으로써 확증한다. 이것은 사실상 유물론자들의 과제이기도 하다. 메이야수는 "죽음은 우리가 더 이상 존재하지 않을 때 우리가 무엇으로 존재할 것인지에 관한 지식이라는 형식에서 죽음 앞의 유물론자에게 유용하다"라고 말한다. 결국 죽음을 사유하는 것은 사변적 유물론자의 특유한 역할이 된다. 다시 말하지만 여기에 그 어떤 사유/존재 이분법도 인간/죽은 물질의 이분법도 존재하지 않는다. 오히려 사변적 유물론은 "절대적 비주체성은 사유될 수 있고, 그래야만 한다"[228]는 테제를 따라 사유를 움직여가는 것이다. 이는 "가장 먼 은하들에까지 퍼져 있는 막대한 물질적인 죽음-존재"에까지 이른다.[229]

---

227 *Ibid.*, p. 19.
228 Meillassoux, Kahveci and Çalcı, "Founded on Nothing: An Interview with Quintin Meillassoux", p. 6.
229 *Ibid.*

3. 평평한가, 평평하지 않은가?

(1) 하먼의 평평한 존재론

하먼의 객체-지향 존재론은 '평평한 존재론'의 특성을 긍정한다. '평평하다'는 것은 주로 사변적 실재론자들이 '평평한 존재론'을 언급하는 맥락에서 등장한다. 애초에 이 개념은 데란다가 제기했다. 신유물론자들의 경우에도 이 존재론을 일정한 단서하에 긍정한다. 그런데 이 개념이 브라이언트와 보고스트를 거쳐 하먼에 이르면서 변형된다. 결론부터 말하면 평평한 존재론은 현행적으로(actually) 평평하지 않지만, 잠재적으로(virtually) 평평하다. 들뢰즈적으로 보다 상세히 말하자면, '강도적 차원'과 '현행적 차원'에서 존재는 평평하지 않다. 즉 비대칭적이다. 하지만 잠재적 차원에서 그것은 아나키적 상태, 즉 평평한 상태다.

아마도 데란다의 책에서 '평평한'이라는 말은 이것을 의미할 것이다. 데란다는 평평한 존재론에 대해 다음과 같이 말한다.

> 일반적인 유형들과 특정한 사례들 사이의 관계를 기반으로 하는 존재론은 위계적인 반면(각각의 층위는 다른 존재론적 범주——유기체, 종, 속——를 나타낸다), 상호작용하는 부분들과 창발하는 전체들이라는 관점에서 출발한 접근은 존재론적 위상에서가 아니라 시공간적 규모에서만 차이가 나는 고유하고 개별적인 개체들로만 구성된 평평한 존재론을 귀결시킨다.[230]

그런데 여기에 애매함이 도사리고 있다. 그는 일반적 유형들과 그것이 예화되는 특정 사례에 따른 위계는 시공간적 차원에서만 유효하다고 말한다. 이를테면 동물이라는 유형, 즉 종은 인간에 의해 예화되거나 말에 의해 예화된다. 하지만 '평평한 존재론'은 이 시공간적 차원이 아니라 시공간 자체가 생성되는 위상학적 공간, 들뢰즈적 의미에서는 '내재면'(plan d'immanence)과 같다. 그런데 이러한 의미가 사변적 실재론자인 하먼을 거치면서 다소 다른 내용을 가지게 된다. 단적으로 말해 하먼은 들뢰즈·데란다적인 의미의 '평평한 존재론'에서 잠재성, 또는 내재면을 탈각하고 거기에 하이데거적 의미의 '물러난 실체'(실재 객체)를 채워 넣는 것이다. 게다가 이 실재 객체는 각각의 개별체들이 서로 직접 관계 맺는 것을 거부하면서, 개별체 자체의 본질을 가지게 만든다. 즉 하먼식의 평평한 존재론은 잠재성이나 내재면의 요동과 무한한 운동 없이 "처음부터 모든 객체들을 동일한 방식으로 취급해야 한다"는 전제를 가진다.[231]

하먼에 따르면 평평한 존재론에 대한 사유는 우선 철학이 모든 것에 대해 이야기할 야심을 가지고 가장 폭넓은 가능성들을 탐색함으로써 시작되어야 한다는 것을 의미한다. 이것은 "처음부터 모든 객체들을 동일한 방식으로 취급해야 한다"는 전제를 가진다.[232] 따라서 데카르트로부터 시작해서 바디우와 지젝에 이르기까지 대개의 철학자들이 논박되어야 한다. 이들은 모든 존재자들이 가지는 특성들에 대해 말하기 전에 사물/사태의 여러 종류들 사이의 차이들에

---

230 마누엘 데란다, 『강도의 과학과 잠재성의 철학: 잠재성에서 현실성으로』, 이정우·김영범 옮김, 그린비, 2009, 102~103쪽.

231 Harman, *Object-Oriented Ontology*, p. 54.

232 *Ibid.*, p. 54.

대해 너무 일찍 말하는 우를 범했다.[233]

프랑스의 젊은 작가이자 철학자인 가르시아도 이 방면에서 사변적 실재론에 다가간다. 그는 '객체-지향 형이상학'이 인간중심주의적 '접근의 철학'을 거부하고, "세계의 실체들이 위계적으로 질서 잡히지 않는 이론을 기술하는" 평평한 존재론을 지향한다고 본다.[234] 이것을 그는 "평등한 존재론적 위엄"[235]이라고 상찬한다.

사변적 존재론에서 이러한 평평한 존재론의 의의는 분명하다. 즉 이것은 "인간이 아무런 특권적 위상을 지니고 있지 않다고 인지함으로써 포스트-인간중심주의적 전회를 수용하는"[236] 것을 겨냥한다. 하지만 데란다의 경우에도 평평한 존재론은 '사회적인 영역'에 국한된 것으로 이해된다.[237] 데란다는 '평평한'이라는 규정을 구체적인 "개별적인 의사 결정자들, 개별적으로 규격화된 조직들, 개별적인 도시들, 개별적인 국가들"에 적용한다.[238] 따라서 하먼의 평평한 존재론은 데란다의 본래 의도를 일반화한 것인데, 이 일반화 자체에 오류가 있다고 볼 수는 없다.

브라이언트는 하먼의 이 논의를 그대로 가져오지만, 들뢰즈의 잠재성이 가지는 함축을 되살리려고 애쓴다. 이것은 브라이언트가 객체의 역량을 '함'(doing)으로 설정하고, 그 함의 역량이 발현되

---

233 *Ibid.*, p. 55 참조.

234 Garcia, *Form and Object*, p. 4.

235 *Ibid.*

236 Francesca Ferrando, *Philosophical Posthumanism*, London: Bloomsbury Academic, 2019, p. 164.

237 데란다, 『강도의 과학과 잠재성의 철학』, 103쪽 주 참조.

238 그리고 이런 평평한 존재론(더 정확히는 평탄한 사회적 존재론)은 그의 '배치 이론'으로 발전한다(마누엘 데란다, 『새로운 사회철학: 배치 이론과 사회적 복합성』, 김영범 옮김, 그린비, 2019).

는 곳을 잠재성의 지대로 보고 있기 때문이다. 즉 브라이언트는 객체의 구체성을 지키면서도 객체의 역량이 펼쳐지는 곳을 기반으로 잠재성을 가져온다. 그래서 브라이언트는 하먼·하이데거의 '물러난 실체'가 들뢰즈와 자신의 '잠재성'과 유사하다고 말하는 것이다.[239]

요컨대 하먼이 거부하는 잠재성을 들여옴으로써, 브라이언트의 '평평한 존재론'은 그 본래의 의미를 회복하는데, 그는 이것을 보고스트의 말을 빌려 "모든 사물은 존재한다는 점에서 동등하지만, 모든 사물이 동등하게 존재하는 것은 아니다"라고 말한다. 객체들은 존재론적 차원, 다시 말해 잠재성의 차원에서는 평평하지만, 현행성의 차원에서 각각의 객체들은 그 역량의 발휘에서 차이가 난다. 그래서 동등하게 존재하는 것이 아니다.[240] 이를테면 COVID-19는 다른 객체들과 함께 존재한다는 그 의미에서 잠재적으로 동등하지만, 그것이 현행화되었을 때 보건적·정치적·경제적·문화적으로 온갖 불평등을 야기하는 것으로서 다른 객체들보다 더 큰 힘을 가진다.

따라서 평평한 존재론은 하먼류의 객체-지향 존재론에서 다소 왜곡되어 사용되고 있으며, 이는 신유물론적 의미의 평평한 존재론과는 다르다. 여기에 브라이언트는 이 두 갈래를 나름대로 종합하고 있으나, 이것이 하먼에게 받아들여질지는 의문이다. 결론적으로 신유물론의 물질은 잠재적 차원에서 서로 간에 평등한 관계를 맺고 있지만, 현행적 차원에서 그 관계 맺음의 능력은 달라진다. 더 많은 관계, 더 많은 네트워크 안에서 물질은 더 큰 능력을 발휘하며, 그것에

---

239 레비 R. 브라이언트, 『객체들의 민주주의』, 김효진 옮김, 갈무리, 2021, 170~171쪽 참조.
240 레비 R. 브라이언트, 『존재의 지도: 기계와 매체의 존재론』, 갈무리, 2020, 178~179쪽 참조.

기반하여 또한 관계 확장에 나서지만, 관계의 능력이 줄어들수록, 교란은 심해지고, 이에 따라 관계는 더 줄어들게 되는 것이다.

네일에게서도 평평한 존재론은 문제적이다. 네일에 따르면 "자연은 아무 움직임 없던 시작 특이점도, 움직임이 멈출 종말도 가지지 않는다. 연속적으로 모든 방향으로 팽창했다가 도로 반대로 튀는 흐름들의 무한한 다양체만을 가진다".[241] 네일이 제기하는 평평함의 문제점은 이 다양체적인 흐름 안에서 평등성이 위계성과 더불어 존재하는 것들에 대한 반쪽짜리 해명이라는 것이다. 평평한 존재론은 수직성을 그저 수평적 평면에 재구축하는 일이다. 이는 최근의 사변적 실재론이 말하는 존재론이 상당한 이분법에 기반하고 있다는 것을 고발하는 것처럼 보인다. 네일은 이 존재론적 평등성이나 위계성 둘 다를 흐름 안에서 이해한다. 즉 존재는 뒤틀려 있고, 구부러져 있으며, 얽히고, 접혀 있다는 것이다. 여기서 수직성과 수평성은 흐름 가운데 발생하는 일시적인 거품일 뿐이다.

하지만 실제 문제는 보다 심대한 지점에 있다. 즉 "어떤 존재론도 '평면'이 될 수 없다"[242]는 것이다. 즉 들뢰즈의 의미에서도 이 평면에서는 끊임없는 비대칭과 비평형 상황이 일어난다. 그래서 이 평면은 언제나 '준안정적'이다. 강도는 잠재적 차원에서 요동치며 그러한 우발적인 요동들 안에서 물질의 자유도가 일정한 에너지를 동반하여 현행화하는데, 이때 개체적 현행화는 반드시 비대칭성을 전제로 하는 것이다. 모든 변화는 평면에서는 발생하지 않는다. 각각

---

241 토머스 네일, 『존재와 운동: 움직임에 대한 철학적 역사』, 최일만 옮김, 앨피, 2021, 125쪽.
242 Ferrando, *Philosophical Posthumanism*, p. 164.

의 행위자들은 "하나가 다른 하나에 이어 순위가 매겨지는 것도 아니고, 하나가 다른 하나를 융합하는 것도 아니며, 관계적으로 둘을 포괄하는"[243] 것 안에서 움직인다. 이때 행위자들은 어떤 열려 있으며 상호 응답하는 맥락 안에서 간-접된다(intra-connected). 여기에는 그 어떤 객체의 우선성도 관철될 수 없다. 행위자(actant)라고 하는 것도 여기서는 오직 끊임없는 전화 과정(shifting)일 뿐이다.

(2) 한계-관계의 경시

평평한 존재론의 주요 적수는 어떤 위계적이고 분류학적인 편견인데, 이것은 세계가 작은 수의 근원적이고 상이한 개별 실체(entities)로 나누어져 질서 잡혀야 한다고 강하게 주장한다. 이를테면 중세철학은 한편으로 신과 다른 한편으로 모든 존재자들을 두고 이 둘의 차이를 따라 사고한다. 근대 철학에서는 신의 자리에 인간의 사유가 왔을 뿐이다. 근대에 들어와서도 기본적인 사고방식, 즉 하나의 예외적으로 중요한 존재 유형이 그 외의 모든 존재자들과 막대하게 다르다는 사고방식을 벗어나지는 못한 것이다. 하먼은 이러한 근대적인 분류법적 사고에 지젝, 바디우와 더불어 메이야수까지 포함시킨다. 특히나 하먼에게 불필요하고 잘못 제기된 분류법은 이분법이다. 대표적으로 사유/세계, 인간/비인간과 같은 것이 그것이다. 아리스토텔레스식으로 말해서 인간은 식물이 식물인 것과 마찬가지로 인간

---

243 *Ibid.*, p. 165.

이외의 것이 아니라는 것이다. 다시 말해 "둘은 평등하게 실체들이다".[244] 하먼의 이 말은 그 실체들이 자족적인 개별 실체들이라는 의미를 가질 것이다.

그런데 이러한 자족적인 개별 실체들은 '관계'에 대한 OOO의 경시라는 문제와 연결된다. 여기서 우리는 바라드의 다음 언급을 새겨들을 필요가 있다.

현상은 존재론적으로 원초적인 관계들——선재하는 관계자 없는 관계들(relations without preexisting relata)——이다. 인과성에 관한 우리의 전통적 이해에서 근본적인 개념적 전환을 표현하는 **간-행**이라는 개념에 기초하여, 나는 현상의 '구성요소'에 속한 경계들과 속성들이 명확해지고, 세계의 특유한 물질적 절합들이 충분하게 의미를 띠게 되는 것이 특정한 행위적 간-행을 통해서라고 논증한다. 특정한 간-행('장치'의 특정한 물리적 배치를 포함하여)은, '주체'와 '객체' 사이의 분리를 초래하면서, 어떤 **행위적 절단**(주체와 객체 사이의 데카르트적 절단——어떤 고유한 구분——과는 반대인)을 가동한다. 즉 행위적 절단은 고유한 존재론적(그리고 의미론적) 비결정성이라는 현상 **내부에서** 어떤 해법을 가동한다. 달리 말해, 관계자는 관계 이전에 선재하지 않는다. 오히려 관계자-내부-현상이 특정 간-행을 통해 등장한다.[245]

'관계자 없는 관계들'은 수행적 신유물론의 중요한 요소에 해당

244 Harman, *Object-Oriented Ontology*, p. 257.
245 Karen Barad, *Meeting the Universe Halfway: Quantum Physics and the Entanglement of Mater and Meaning*, Durham and London: Duke University Press, 2007, p. 333.

된다. 사실상 이 부분이 사변적 실재론과 신유물론이 갈라지는 가장 중요한 지점이다. 그러나 **신유물론의 '관계론'은 사변적 실재론의 '객체론'보다 우월하다.** 그 이유는 분명하다. 바라드가 말하는 '간-행'은 의미를 생성하는 행위적 절단의 과정이며, 이를 통해 물질, 즉 객체가 생성되고 소멸하는 과정을 말하는 것이다. 이것은 사변적 실재론이 관계성에 대한 논의에서 자신이 전개한 평평한 존재론을 넘어서지 못하는 것과 대조적으로, 일관성 있게 '일의성' 또는 '일관성의 평면'을 전개할 수 있다. 사변적 실재론의 '객체'는 이때 관계의 '과정'에서 발생하는 관계항으로 포괄된다.

더불어 객체들의 비-관계성은 이전에 비판된 '실패한 신유물론'의 한계를 공유할 수밖에 없다. 하먼이 '네덜란드 동인도 회사'에 대한 연구를 통해 소위 '객체-지향 존재론 방법의 열다섯 가지 잠정적 규칙'을 도출해 낼 때, 세 번째와 네 번째 규칙은 이것을 액면 그대로 노출한다.

규칙 3: 객체는 그것이 맺은 관계보다 그것이 맺지 않은 관계로 더 잘 알게 된다.
규칙 4: 객체는 그것이 거둔 성공보다 인접한 실패로 더 잘 알게 된다.[246]

비-관계성은 이렇게 물질적 과정의 한계 안에서 지식의 한계를 적극적으로 해석하면서, 어떤 암시적인 '물러난 대상'을 요청하게

---

246 하먼, 『비유물론』, 177~178쪽.

되는 것이다. 앞서 논한 바에 따르면 '실재 객체'가 스스로를 드러내는 지점은 이렇게 '실패'를 통해서가 아니면, '예술'을 통해서라고 할 수 있다. 하지만 이러한 '지성의 실패'와 '감성의 도전'이 늘 '좌절의 흔적'만을 드러낸다면, 우리가 물질이나 그 물질의 과정에 대해 그 어떤 실천적 강도와 역능을 획득할 수 있을 것인가?

OOO는 이 질문에 답하기에는 너무나 '비물질적'이다. 니체적 관점에서 이것은 실천의 냉소주의와 허무주의를 부른다. 즉 사변적 실재론은 관계론을 사상함으로써 역사와 사건이 객체에 개입할 여지, 또는 그 역의 과정을 거의 불가능하게 만든다. 하먼이 수행한 사회철학적 적용들은 대개 일정한 설명력을 갖추기 위한 이론적 유희에 불과해 보인다. 우리는 그것으로부터 "무엇을 할 것인가?" 또는 "어떻게 할 것인가?"에 대한 잠정적이나마 유일한 답변을 얻을 수 없다. 바디우는 다음처럼 말함으로써 이 공백을 날카롭게 드러냈다.

> 사변적 실재론[SR]에는 사건에 관한 이론이 없어요. 사변적 실재론자들에게는 세계의 생성에 대한 전망이 요구되는 것이지요. 그 세계는 결핍되어 있지만, 어떤 의미에서 실재론적일 수 있습니다. 하지만 그들은 아직 우리가 요구하는 바를 말하지 않고 있지요. [⋯] 이것은 정치적 허약성입니다. 질문은 현재의 실재(the real)가 어떻게 미래를 위해 전개될 것인가이지요.[247]

요컨대 **사변적 실재론에는 '사건'이 존재하지 않는다.** 하먼이 이

---

247 Alain Badiou and Ben Woodard, "Interview", *The Speculative Turn*, p. 20.

에 대해 사건의 철학이 "중요한 변화와 중요하지 않은 변화 사이의 차이에 대한 어떤 엄밀한 감각"[248]을 상실하게 만든다고 역공을 취할 때조차 그것은 자신의 공백을 변호할 수 있는 논변이 되지는 못한다. 오히려 그는 "변화가 관찰되지 않는다"라든지 사건의 철학이 "만물의 정체성이 끊임없이 변화하는 현상을 이론적으로 지나치게 강조"한다고 소극적인 허수아비 논박을 펼침으로써 스스로 붕괴한다.

(3) 잠재적 아나키즘과 실재의 잔혹함

들뢰즈적인 의미의 '평평함'이란 어떤 아나키한 역동적 상태를 의미한다. 이것은 내재성의 평면 또는 그 지대들을 특성 짓는 개념이다. 내재성의 지대들(plages d'immanence)은 다양한 단계들과 수준들로 이루어져 있으며, 그 수준들은 연결되어 분포되어 있다. 그런데,

> 이 지대들에서 존재는 일의적이며, 평등하다. 다시 말해 모든 존재자들(êtres)은, 각각이 첫 번째 원인 근방역에서 그 본래적인 역량(puissance)을 효과화한다는 의미에 따라 평등하게 존재한다. 먼 원인은 더 이상 존재하지 않는다. 돌들, 꽃들, 동물들 그리고 인간들은 동등하게 일종의 왕관을 쓴 무-정부(an-archie couronnée) 안에서 신의 영광을 찬미하는 것이다.[249]

---

248 하먼, 『비유물론』, '한국어판 서문' 16쪽.
249 Gilles Deleuze, "Les plages d'immanence", *Deux regimes de fous*, Paris: Minuit, 2003, p. 244.

여기서는 주름 운동이 이루어진다. 즉 온주름 운동과 밖주름 운동이 무한한 속도로 활동하는 것이다. 그것은 밖으로 펼침과 동시에 안으로 복잡화된다.[250] 존재가 평평하다는 것은 그 주름 운동의 힘이 평등하다는 뜻이다. 그리고 그것이 현행화되어 나올 때 실재는 불평등하며 잔혹하다.

250 *Ibid.* 참조.

나가며— 신유물론의 윤리-정치학을 위해

오늘날 기후 문제와 같은 인류 전체의 생존이 달린 문제에 우리가 집중하지 못하는 것은 그것이 '정치적인 것'(the political)의 맹점이기 때문이다. 제도적인 것에만 얽매인 '정치'와는 달리 '정치적인 것'이 적대와 파당, 쟁투의 현실태라는 매우 탁월한 규정에도 불구하고 이 개념은 매우 인간중심적이다. 여기에는 객체들 또는 물질적인 것들의 정치는 존재하지 않는다.

물질적인 것들의 정치란 환경(milieu)의 흐름 안에 인간을 놓고, 그것이 객체들과 교전하는 과정을 정치적인 것의 본령으로 사고하는 방식이다. 이때 인간은 환경에 의해 기입되는 수동적 대상이기도 하고, 그 환경에 적극적으로 욕망을 기입하는 능동적 기계이기도 하다. 하지만 전체 생태계 안에서 인간은 동력원이 될 수 없다.

따라서 물질적인 것들의 정치란 기후 문제, 사이보그 주체, 동물과 같은 비인간을 전경화하는데, 이때 '인간'은 그 비인간과 대립하는 것이 아니라, 그 비인간 안에서 스스로를 구별 정립하는 특이한 능력을 가진 존재자일 뿐이다. 인간은 박쥐나 문어와는 다른 주파수대에서 지각하며, 스마트폰이나 거대도시의 지하철과 신체를 맞댄채로 환경을 변형하거나, 변형당한다.

물질적인 것들의 정치에서 핵심 문제는 어떻게 하면 인간이 해

방을 향해 갈 것인가가 아니라, 어떻게 하면 이 물질적인 것 전체 안에서 인간이 스스로를 구별 정립하지 않고, 물질적인 것을 해방시킬 것인가다. 그때에야 비로소 모든 계급적인 구별 정립 또한 사라질 것이다. 따라서 물질적인 것들의 해방은 오직 물질적인 것들에 의해 가능할 뿐이다. 프롤레타리아트의 해방은 물질적인 것의 해방 외에 다른 것이 아니며, 오히려 그것과 함께 갈 때에 그 자신의 사명을 완수할 수 있다.

이를테면 우리는 후기자본주의의 거대한 미디어 체계를 해방시키지 않고서는 우리 자신을 해방시킬 수 없다. 다시 말해 소통의 매개가 되는 기계들, 인터넷, 휴대전화 기지국, CCTV 등등은 자본가-기술 관료 기계의 흐름으로부터 누수되어 나올 때 비로소 자유로운 운동 안에서 그것과 연결 접속된 모든 존재자들의 역량을 증가시킬 수 있게 된다. 전통적인 소통 방식에 해당하는 협상 테이블에서의 권력 시소 게임에서 어느 편이 승리하느냐는 이제 더 이상 본령이 아니다. 전자의 기계들이 이윤과 권력이 아니라 자유로운 사용과 역능의 분출을 매개하느냐 하지 않느냐에 따라 전통적인 협상이 초래할 새로운 권력 구도의 거푸집이 마련된다.

요컨대 인류세에 전경화되는 기후 문제, 소수자, 여성-되기, 동물권 등등의 모든 것은 단지 '정치적인 것'일 뿐 아니라 '물질적인 것의 정치'다. 이 정치의 관건은 문제들을 유통시키고, 기계들을 달리 작동시키는 것이지 어떤 '담론'을 줄기차게 생산하는 것이 아니다. 담론은 설득을 위해 필요하지만 거대한 자본기계와 관료기계는 그런 설득에 오로지 경멸적으로 반응할 뿐이다. **중요한 것은 문제들을 '말하는 것'이 아니라 '수행하는 것'이다.** 비록 '담론'이라 할지라도 적들의 귓등을 스치고 지나가서 콧방귀를 만들어 내는 하찮은 것이

되는 것이 아니라, 적들의 심장에 박히거나, 고막을 관통하는 탄환이 되게 하는 것이 옳다. 그런 담론을 우리는 레닌을 따라 "슬로건"이라 한다. 또는 니체를 따라 "피로 쓴 문장"이라 부른다.

그럼에도 지금까지 살펴본 신유물론의 이론적·역사적 지형 그리고 정치적 실천에 대한 설명들은 어떤 실행 프로그램이라기보다 그런 프로그램의 밑그림 정도라고 보아야 한다. 하지만 개괄적인 것 안에서도 우리는 무엇보다 신유물론이 가지는 몇 가지 명확한 구도를 짚고 이 책을 마무리해야 할 것 같다.

먼저 이론적으로 신유물론은 지금껏 세상에 없었던 신기한 방물 상자를 사람들에게 펼쳐 놓은 것이 아니다. 신유물론은 당연하게도 고대로부터 이어져 온 유물론의 전통을 존중하면서 그것들을 비판적으로 재독해함으로써 전향적인 방향으로 이끌고 간다. 이때 이론적 긍정과 회절적 독해는 매우 필수적인 방법적 지침이 된다. 심지어 플라톤의 철학이 가진 초월적 내용에서도 들뢰즈는 긍정할 만한 측면들을 발견하곤 했다. 플라톤 자신조차 의식하지 못했을 것 같은 그 지점에서 들뢰즈는 시뮬라크르라는 전복의 매개를 가동시키는 것이다. 물론 언제나 이러한 전략이 성공적인 것은 아니다. 그러나 옛것의 전복은 그것이 가진 내적 역량을 소진시킴으로써 가능하지는 않으며, 오히려 그 역량이 극단으로 밀어붙여졌을 때 어떤 결론이 도출될 수 있는지를 실험하는 것에서 가능해진다.

다시 말해 긍정과 재독해는 신유물론이 탐구하고자 하는 텍스트적 전략인 동시에 이론적 실천이다. 이런 경우 변증법은 테제와 안티테제의 대당 안에서 어떤 종합을 무리하게 만들어 내는 관념의 놀이가 아니라, 그 안에서 무한한 테제/안티테제의 쌍을 만들어 내는 작업으로 변형될 수 있다. 변증법의 부정성은 이러한 긍정의 극단화

작업 안에서 일신된다. 즉 **이론적 긍정은 부정성을 긍정하기 위해서만 긍정한다. 같은 말이지만, 부정성은 긍정이 되기 위해서만 스스로를 긍정한다.**

여기서 물질 또는 물질적인 것은 긍정성과 극단으로 밀어붙이기의 요체다. 다시 말해 물질은 그 자체로 어떤 것을 기각하거나 거부하는 데 스스로를 최적화하는 것이 아니다. 왜냐하면 그것은 근원적인 연속체, 또는 불연속적 연속체로서의 다양체이기 때문이다. 다양체는 하나와 다양이 연속적인 과정 안에서 변이하는 것이며, 일과 다의 이분법을 해체하는 물질의 단 하나의 모습이다. 이 안에서 이론과 그것을 해명하는 모든 작업은 궁극적으로 차이화하고 또한 차이 가운데에서 다른 차이를 생성하는 과정 외에 다른 것이 아니다. 여기에는 그 어떤 변증법적 대립의 부정성도 의미 있는 헤게모니를 발휘할 수 없다.

따라서 신유물론의 이론적 역사와 논쟁의 과정은 모두 필연적으로 윤리-정치적 실천의 함축을 가진다. 마찬가지로 여기에는 미시물리학적 이론이 기술과학을 거쳐 정보 이론을 매개로 하여 생물학과 중첩되며, 그것이 윤리-정치와 이어지는 과정이 생겨난다. 라투르와 바라드가 과학 이론으로부터 그토록 심란한 이론적 노고를 거쳐 윤리-정치에 도달하는 것은 신유물론이 가진 과학과의 필연적 결연관계 때문이다. 이러한 이론의 중첩은 곧장 실천적인 윤리학과 정치학으로의 주름 현상을 초래할 것이다. 전 지구적 기후변화와 금융자본주의의 예측 불가능성은 신유물론의 입장에서 존재론과 따로 놓고 볼 수 없게 된다. 신유물론이 이 판도 내에서 실천적인 철학으로 기능을 한다는 것은 이 중첩된 주름 과정 내에 어떤 개입을 이루어 내느냐에 그 성패가 달려 있다.

신유물론의 윤리학이라고 했을 때 우리는 무엇을 상상할 수 있을까? 앞선 논의들을 역추적해 보면, 이 방면의 논의가 전통적인 목적론이나 칸트적인 의무론과는 전혀 다른 방향을 가리키고 있다는 것을 알게 된다. 또한 윤리적 행위와 정치적 행위가 어떤 구분 불가능한 지점에서 착종 상태로 진행된다는 것을 통찰할 수 있다. 왜냐하면 일차적으로 신유물론은 의지, 특히 자유의지에 대한 논의를 비껴가며(또는 다소 경멸적으로 바라보며) 오히려 감응과 코나투스 그리고 어떤 필연적 우발성에 대한 감각을 윤리적으로 정초하길 바라기 때문이다. 다음으로 신유물론은 일체의 부르주아 사회학이 가지는 개인주의의 단자성을 거부하고, 관계성을 전면화함으로써 집합적 개체를 기초로 정치적 행위를 바라본다는 점을 부가해야 한다. 단적으로 말해 전자는 '**감응과 코나투스의 윤리**'라고 할 수 있고, 후자는 '**배치와 탈주의 정치**'라고 할 만하다. 이는 우리가 다시 한 번 들뢰즈·가타리를 들여다봐야 한다는 것을 상기시킨다.

　　문제는 이 윤리-정치적 기획이 들뢰즈의 그것과 형성하는 분기 지점이 다소 애매하다는 점이다. 왜냐하면 이 경우에 인간과 다른 존재자들 사이에 행위 능력과 감응 능력에 있어서 차이를 노정할 수밖에 없는 것처럼 보이기 때문이다. 이는 들뢰즈의 신자연주의적 일의성(univocity)이라고 할 만한 테제와는 어울리지 않는다. 물론 신유물론의 모든 기획들이 들뢰즈 사상과 연속적이어야 한다는 요청은 불합리하다. 그렇지만 그 불연속성이 상당히 근본적인 측면에서 발생할 때 문제는 단순해지지 않는다. 푸코조차 이 부분을 예민하게 느꼈던 것은 아닐까? 그가 『앙띠 오이디푸스: 자본주의와 정신분열』의 영문판 서문을 쓸 때 저자들에게 용서를 구하며, 그 책이 "꽤 오랜만에 프랑스에서 저술된 최초의 윤리 책 […] '비-파시스트적 삶의 입문서'"¹라고 한 것은 그만큼 들뢰즈의 윤리가 새로운 사상에서 존재론적 사유에 비해 의도하지 않은 어떤 것이었다는 것, 혹은 좀 더 가혹하게 말해 부산물이었다는 것을 시사하는 것일지도 모른다.

하지만 보다 과감하게 해석해서, 들뢰즈를 애초부터 "윤리적으로 동기화된 자연주의자"²라고 보는 관점도 있을 수 있다. 이때 자연주의는 "탈신비화와 인간 해방의 기획"³이 된다. 완연한 스피노자주의자로서의 들뢰즈 사상은 충분히 이런 기획에 동의할 것이다. 니체주의자로서의 들뢰즈도 마찬가지다. 다른 식으로 말해, 들뢰즈적인 신유물론이 말하는 '물질성'이 윤리-정치적 측면에서 어떻게 선용되는지에 대해 애써 변호하지 않으려 해도, 그것이 '맨하튼 프로젝트'나 이라크 공습에 대해 유물론적 입장에서 비난해 마지않을 것이라는 것은 너무나 분명하다. 즉 그 자신이 『차이와 반복』에서 말했던 것처럼 차이의 존재론이 "아름다운 영혼"⁴의 어리석은 순진성으로 퇴행하지는 않아야 한다는 것이다. 그렇다면 우리는 들뢰즈의 신유물론이 가지는 윤리적·정치적 맥락이 전체 이론적 판도 안에서 작동하는 그것 자체만을 직시할 필요가 있다.

신유물론과 궤를 같이하는 들뢰즈의 윤리적 언명은 무엇보다, '삶/생명의 내재성'이라고 해야 한다. 가타리와의 후기작업에서도 들뢰즈는 이것을 강조한다. 여기서 내재성은 삶의 기준이다. 이것은

1   질 들뢰즈·펠릭스 가타리, 『안티 오이디푸스』, 김재인 옮김, 민음사, 2014, 7쪽.
2   Keith Ansell-Pearson, "Deleuze and New Materialism: Naturalism, Norms and Ethics", eds. Sarah Ellenzweig and John H. Zammito, *The New Politics of Materialism: History, Philosophy, Sceience*, New York: Routledge, 2017, p. 92.
3   *Ibid.*
4   질 들뢰즈, 『의미의 논리』, 이정우 옮김, 한길사, 2004, 448쪽.

우선 초월성을 기각하는 것으로서 유물론적 평면으로 가치론을 끌어내리는 것에서 시작한다. 왜냐하면 니체주의자로서 들뢰즈·가타리에게 존재 양식들에 대한 비교, 선별을 통해 반응적인 방식으로 삶의 가치에 위계를 설정하는 것은 노예적인 태도이기 때문이다. 따라서 "하나의 존재 양식은 선과 악 그리고 모든 초월적인 가치와는 무관하게, 좋거나 나쁘며, 고상하거나 비속하며, 충일하거나 허황되다. 실존의 내용, 즉 삶의 강도화(intensification de la vie) 이외의 그 어떤 기준도 있을 수 없다".[5]

이 내재성의 관점에서 중요한 윤리적 작동기제는 '신체'다. 니체와 더불어 들뢰즈는 줄곧 우리는 신체가 무엇을 할 수 있는지 알지 못한다고 말한다. 신체는 들뢰즈적인 신유물론의 윤리-정치학의 터라고 할 수 있다. 신체는 "능동적 삶, 긍정적 활동성"인데, 이 터에서 "증오, 공포 그리고 잔혹함이라는 수동적이고 슬픈 정념에 반하여 관대함과 즐거움이라는 능동적 정서가 배양"[6]된다. 사실상 신체에 중요한 것은 이성적인 추론, 이를테면 아리스토텔레스식의 프로네시스(phronesis)나 프로하이레시스(proheiresis)가 아니라, '배양'과 행위의 조절과 같은 것이다. 여기서 중요한 것은 윤리적 행위의 순간일 때의 신체적 반응의 응축 또는 (베르그송식으로) 직관이다. 왜냐하면 우리의 윤리적 능력(마찬가지로 정치적 능력)은 '변용'(affection)의 가능성에 놓여 있기 때문이다. 즉 무언가가 '된다'는 것, '-되기'의 가능성에 있다는 것이다. 일차적으로 우리는 수동적인

---

5   질 들뢰즈·펠릭스 가타리, 『철학이란 무엇인가』, 이정임·윤정임 옮김, 현대미학사, 1995, 110쪽(번역 수정).

6   Ansell-Pearson, *The New Politics of Materialism*, p. 104.

겪음의 상태에서 능동적인 상태로 나아갈 필요가 있다.

하지만 우리는 최초에 수동적인 감응들을 가지며, 어쩌면 이 수동성을 죽음에 이르기까지 떨치지 못할지도 모른다. 그런데 "이 수동성 안에서 우리의 욕망은 탄생한다".[7] 수동성은 들뢰즈·스피노자에게 있어 우리가 할 수 있는 것으로부터 우리 능력의 분리를 의미하지만 이 가운데에서도 최소한도의 능동적 행위가 발견된다. 어떤 사건을 마주했을 때, 예컨대 세월호 참사와 같은 '슬픈 사태' 앞에서 우리는 위축되고, 무능력에 빠진다. 하지만 이 수동적 상태는 결코 절대적이지 않다. 능동성만이 절대적인데 그것은 자연=실체 자체가 능동적이기 때문이다. 따라서 우리는 이 슬픔을 딛고 행동하며, 투쟁하고, 마침내 어떤 것을 성취해 낼 것이다. 그러나 그렇다 해도 우리 자신은 하나의 유한한 양태로서의 이 슬픈 수동성을 완전히 제거할 수는 없다. 그러므로 우리는 슬픔의 정념이 오직 극히 작은 부분을 형성하도록 끊임없이 덜어 내고 빼야 한다. 다시 말해 **상대적인 슬픔과 기쁨의 이분법을 덜어 내고 빼내면서 절대적 기쁨의 역량, 그 연속성의 웃음으로 삶을 물들여야 한다.** 이것은 들뢰즈·스피노자적 윤리성이 꾸준한 노고를 요구한다는 것, 때로는 퇴행적인 상태에 빠지는 인간적 조건을 긍정한다는 것을 의미한다. 이 꾸준한 노고가 또한 신유물론의 실천 과정과 일치하게 된다. 왜냐하면 정념을 비롯한 모든 인간적이라고 알려진 것들과, 비인간이 서로가 서로를 촉발하면서 어떤 것들을 발명하고, 탈주하기를 반복하는 것이 물질성의 수행이기 때문이다.

---

7 *Ibid.*, p. 98.

들뢰즈에 따르면 인간이라는 동물은 그 어떠한 본능도 가지고 있지 않음에도, 제도를 설립한다. 다시 말해 인간이란 자신의 종적 특성을 약화시켜 가면서 어떤 것을 발명한다. 발명적 종으로서의 인간에 대한 분석은 그의 초기 저작에서부터 일관된다. 또한 이 발명을 통해 생겨나는 윤리적인 것과 사회적인 것이 표면적으로는 부정적일 수는 있어도 근본적으로 긍정적이라고 본다. 따라서 인간이 집합적으로 행사하는 능력의 실행으로서의 사회는 "근본적으로 창조적이고, 발명적이며, 긍정적이다".[8]

하지만 사회가 '긍정적'인 것이 되기 위해서는 윤리적 노고와 흡사한 부단한 과정이 요구된다. 윤리학에서 우리가 '만남'을 조직하고, 그것을 통해 슬픔의 문턱을 넘어 기쁨으로 향해 간다는 것은 곧 그 과정 자체가 사회체의 형성이기도 하다. 개인적인 신체를 넘어 사회적 신체를 형성하는 것은 이렇게 동시 진행적이므로, 윤리학과 정치학은 필연적으로 상호 갈마든다. 이를 바라드의 용어로 규정하자면, 윤리학과 정치학은 간-행적이다. 간-행이 지향하는 바는 신체들의 수동적 변용들이 만연한 표면적이고 상대적인 자연 상태를 일종의 '잘-삶'(아리스토텔레스의 eu-zen)의 절대적 상태로 만드는 것이다. 그러려면 우리의 신체에 적합하지 않은 신체를 파괴하고, 적합한 신체를 조직하려고 애써야 한다. 이 '애씀'을 코나투스라 한다. 코나투스는 마주침을 조직화하는 과정에서 '인간-비인간 결사'를 먼저 형성한다.

비인간의 범주에 '기계류'가 포함되면 상황은 더 복잡해진다.

---

8 Gilles Deleuze, *Empiricism and Subjectivity: An Essay on Hume's Theory of Human Nature*, trans. Constantin V. Boundas, New York: Columbia University Press, 2001, p. 46.

물론 정치경제학적 상상력이 '계급론'이라는 칼로 이러한 복잡한 상황의 보로메오 매듭을 단숨에 잘라 버릴 수 있다. 그러나 포스트휴먼이라는 도래한 또는 지속적으로 도래하고 있는 조건들은 단 한 번의 과단성만으로 해결될 일이 아닐 것이다. 진정한 해법은 여기에 있다. 인간-비인간 동맹의 영속혁명.

물론 여기에는 '국가'에 대한 비판이 요구된다. 사실 포스트휴먼적인 신유물론의 조건하에서 '국가'가 내세우는 대개의 어젠다들은 한참 뒤떨어진 경우가 많다. 하지만 그와는 반대 방향에서 권력의 미시성이 전개되는 방식들, 즉 권력을 체현하는 주체성의 발명이라는 반동 양식이 있을 수 있다. 푸코가 상세히 일깨운 바와 같이 그러한 반동 양식은 "매일매일의 일상적 삶의 사회학에 대한 관심의 부활을 드러낸다".[9] 그렇다고 해도 거시적인 방면에서 '국가'가 멀쩡할 필요는 없다. 그것은 잠정적인 변화의 수단이자, 언제나 분쇄의 대상이다. 비교조적인 맑스주의에 속하는 자율주의 정치철학은 최근에 이르기까지 이 거시적 대상으로서의 국가를 전 세계적 규모에서 전환할 수 있는 사상을 창발하고자 했다. 이를 위해서는 이른바 '고정자본의 재전유'가 요구된다. 이것은 생산수단의 프롤레타리아트화에 대한 포스트휴먼적 확장이라고 할 수 있다. 즉 네그리와 하트는 "고정자본의 재전유는, 다시 말해서 애초에 우리가 창출한 물리적 기계, 인공지능 기계, 사회적 기계 및 과학적 지식에 대한 통제력을 되찾는 것"[10]이라고 말한다. 그리고 이것이 "전장에서 우리가 착수할

---

9 Diana Coole and Samantha Frost, "Introducing the New Materialisms", Coole and Frost eds., *New Materialisms: Ontology, Agency and Politics*, Durham: Duke University Press, 2010, pp. 27~28.

10 안토니오 네그리·마이클 하트, 『어셈블리: 21세기 새로운 민주주의 질서에 대한

수 있는 대담하고 강력한 하나의 사업"¹¹이라고 확언한다.

요컨대 현재 신유물론적인 비판적 유물론에서 중요한 것은 여전히 힘을 발휘하고 있는 맑스주의 정치경제학 비판이 아니라(물론 이것은 중요하다), 생명정치, 기계정치 그리고 미시정치라는 상당히 이질적인 담론들의 착종이며 그 배치라고 할 수 있다. 과연 이 모든 것이 종합될 수 있을 것인가? 아니면 그럴 필요가 없는가? 한 가지 분명한 것은 신자유주의 자본이 4차 산업혁명이라는 새로운 판본으로 갱신해 나가는 지금에야 유물론이 다시 등장하기 시작했다는 점이다. 만약 우리가 이 유물론의 재출현을 구래의 것으로 간주하고, 흔한 경제 환원주의, 경제 결정론으로 취급한다면, 희망은 아예 사라질 것이다. 차라리 우리는 신유물론적인 포스트휴먼을 더 멀리까지 밀어붙일 수 있는 배치의 요소들을 발견할 필요가 있다. 거기에는 비인간의 행위소들이 혼종의 형태로 존재한다. 또한 그것은 통시적으로 밀어닥친다. 서브프라임 모기지 사태로 인한 자본주의 경련이 지나간 지 얼마 되지도 않은 상태에서, 우리는 COVID-19라는 전혀 다른 종류의 충격을 겪고 있다. 이 생물적 사태가 경제에 비해 상부구조적인 요소라고 누구도 말할 수 없을 것이다. 신유물론은 이러한 조건에서 무엇을 할 수 있는가?

먼저 중요한 것은 인류-자본세적인 맥락 안에서 사유와 실천을 조직하는 것이다. 이 말은 곧 이 맥락이 혼종성과 사이보그적인 행위소들의 네트워크라는 것, 또는 지금껏 듣도 보도 못한 주체화의 과정이라는 점을 인정하는 것이다. 유목적이고 사이보그적인 행위소로

제언』, 이승준·정유진 옮김, 알렙, 2020, 223쪽.
11 앞의 책, 같은 쪽.

서 인간과 비인간은 맥락화의 실제적 책임주체다. 만약 우리 인간/비인간 행위소들이 인지적 단계에서 실행의 단계에 이르기까지 스스로의 혼종성을 망각하지 않는다면, 거기서 새로운 윤리와 정치가 나올 수 있다. 그것은 거대 담론에 대한 포스트모더니즘의 경멸을 수반하겠지만, 그것을 조급하게 기각하지는 않는다. 혼종적 특성은 이미 그런 거대 담론을 떠받치고, 그 세부적인 공정 안에 기입될 수밖에 없다. 지금 그 누구도 계급론의 변증법적 대립이 후기자본주의 갈등 상황의 전부라고 이야기하지 않는다. 그것은 그저 이해를 용이하게 하는 교육적 담론에 해당할 뿐이다. 오히려 우리는 프롤레타리아트를 말할 때조차, 언제나 프레카리아트를 대동한다. 시민권을 말할 때조차, 언제나 우리는 장애인 인권을 함께 말해야 한다. 백인-남성-이성애자의 투쟁은 스스로의 정체성을 해치는 수준에 이르기까지 소수자들의 투쟁을 스스로의 신체 안에 기입할 필요가 있게 된다. 주체성은 주체화를 말하지 않고는 정당화되지 않으며, 그 주체화 과정은 이미 사이보그화를 수반한다.

이 모든 것은 심대한 낙관주의, 즉 두 번의 허무주의를 긍정하고, 도래하는 인민의 모습을 그릴 수 있도록 하는 신유물론의 낙관주의를 드러낸다. 그러나 문제는 언제나 저 두 번의 허무주의다. 첫 번째 허무주의는 근대성의 허무주의다. 그것은 인간을 신의 위치로 승격시키고 자연을 지배하도록 하지만, 종래에는 그 자신의 파멸을 불러왔다. 두 번째 허무주의는 탈근대성의 허무주의다. 탈근대성은 근대성을 겨냥하면서, 끝없는 상대주의와 탈주체를 기반으로 이론적 전쟁을 벌였다. 하지만 그것은 또 다른 담론중심주의 또는 탈인간중심주의적 인간예외주의로 귀결되었다. 그것은 애초에 극복해야 할 근대성이 잘못 설정되었기 때문이다. 근대성의 문제는 인간주의 자체, 즉 주체성 자체에 놓여 있지 않았다. 문제는 혼종성이며 그것을 정화하고자 하고 근대적인 헌법 안으로 그것을 억지로 밀어넣으려고 했기 때문에 발생한 것이다. 탈근대성은 이 혼종성 바로 앞에까지 가서 멈추었다. 이를테면 탈근대적인 트랜스휴머니즘은 사이보그화의 장점을 극단적으로 밀어붙이고자 했지만, 결과적으로 인간적인 신체를 예외적으로 규정하고 그것을 증강하고 불사의 요체로 재구성하고자 하는 욕망을 따른다.

신유물론이 겨냥하는 것은 이러한 인간예외주의적인 프로그램이 인류-자본세(anthro-capitalocene) 안에서 누구를 위해, 또 어떻게 실행되는가에 주목하는 것이다. 그리고 언제, 어디서 행위적 절단에 따른 물질의 물질화 또는 현상들이 출현하는지를 인지하는 것이다. 그리고 나서 그 간극 안에 새로운 물질적이고 담론적인 진지를 구축하고자 한다. 한편으로 이것은 물질-담론적 개입의 형태를 띠지만, 다른 한편으로는 참여와 연대의 형태를 띤다. 전자의 경우 이러한 개입에서 질문은 '**누구**'와 '**어떻게**'이다. 이로써 인류-자본세의 진정한 수혜자가 한 줌도 안 되는 후기자본주의의 고리대금업자들, 월가의 투자자들, 각국의 작전세력들 그리고 다국적 기업들이라는 것을 폭로하며, 거기에 맞서게 될 것이다. 이 과정에서 라투르가 말한 그 진정한 '녹색계급'이 구성될 것이다. 첫 번째 허무주의의 긍정의 긍정이 야기하는 것이 이것이다.

후자는 인간과 비인간 동맹과 얽힘을 통해 신유물론적 수행성을 확립하는 것에서 시작된다. 한 번이 안 되면 두 번, 두 번이 안 되면 세 번, 수행적 반복은 이런 식으로 저 동맹의 얽힘을 강화하고 무수한 담론과 세계(상)적인 변화를 이끌어 내면서 네트워크를 확장할 것이다. 여기에는 그 어떤 불사의 욕망도 없으며, 차라리 죽음에 대한 신성한 긍정이 있다. 여기에 또한 두 번의 긍정이 있다는 것은 말할 나위도 없다. 삶을 긍정하고 찬미하면서 죽음을 부정하는 행위는 세계에 만연한 기아와 홀로코스트, 전쟁에 대해 눈을 감거나 오히려 그것이 삶을 위한 것이라고 뻔뻔하게 정당화하는 방향으로 나아간다. 그러나 삶과 죽음 둘 모두를 긍정하는 것은 삶의 발랄한 쾌락과 더불어 죽음이 내포하는 유한성을 인정함으로써 죽음 자체가 막대한 책임성을 수반한다는 것 그리고 죽음이 자살에서부터 전쟁에 따른 살육에 이르기까지 거대한 우주적인 책임을 감당해야 한다는 것을 상기시킨다. 왜냐하면 유한성의 인정은 곧장 그 유한함이 필연적으로 죽음을 통과해서 살아가야 한다는 것을 일깨우기 때문이다. 그래서 마침내 인간-비인간의 동맹은 죽은 것들 그리고 죽을 것들 모두 그리고 살아 있는 것들 그리고 태어나야 할 것들 모두의 동맹이 될 것이다. 이것이 두 번째 허무주의의 긍정이 가져다줄 선물이다.

유목적 주체, 비근대 혼종, 사이보그 그리고 벡터적 주체에 이르기까지 신유물론이 윤리-정치적 주체화를 개념화하는 방식은 앞에서 논의한 인간중심주의의 해체와 새로운 주체의 재구성과 맞닿아 있다. 그러나 이 모든 것이 '주체' 자체를 또다시 담론-물질적 장을 떠도는 유령으로 만들고자 하는 것이 아니라는 점은 분명하다. 차라리 그것은 스스로를 폐절하는 주체의 죽음을 긍정하는 방식이라고 해야 한다. 역설적으로 주체화는 주체의 폐절을 향해 간다. 그렇게 함으로써 어떤 식으로든 인간/비인간, 문화/자연, 남성/여성의 이분법을 거두고 거기에 차이화를 새겨넣는 것이다. 이런 식의 실천들은 지금도 우리를 둘러싸고 진행 중이다. 특히 과학기술화의 과정에서 나오는 이분법의 해체는 완전히 부지불식간에 이루어지며, 그 결과만을 우리 신체가 등록하는 경우가 허다하다. 마찬가지로 페미니즘 운동에서도 섹슈얼리티의 분화는 운동 자체의 질적 분화를 촉진하고, 그들 간의 연대 가능성을 늘 타진하도록 만든다.

따라서 신유물론은 그 이론적·역사적·정치적 차원에서 어떤 초월적 형식을 취하거나 배후 세계의 물질적 조건들을 탐구하지 않는다. 그것은 우리 '곁'에 있는 모든 물질적 운동들, 얽힘들, 연대와 동조효과들에 관심을 기울인다. 이로써 과학기술과 페미니즘의 절합이 이루어지며, 페미니즘 안에서도 여러 주름 운동들이 얽혀 들게 되는 것이다. 과학기술은 더 이상 가치중립적인 객관성을 내세우지 않으며, 그것이 과학자들의 실험실뿐 아니라 실험실 밖의 사회적 환경과도 절합되어 있다는 것을 깨닫고 있다. 이는 과학 활동의 제약이 아니라 네트워크의 확장이며, 그것을 분명히 인식하고 실험 활동을 진행하는 사회적 과학자들의 등장을 의미하는 것이다.

이렇게 해서 다시 한 번 생명역(biosphere)과 기계역(machine-sphere) 또는 정보역(info-sphere)의 복잡한 내재적 상호작용과 적극적으로 교전할 수 있는 윤리-정치에 대한 요청은 현대 사변철학의 관점에서 가장 큰 긴급성이 된다. 이들 각각의 영역들은 점점 더 혼종화되고, 거의 무한하게 가속되고 있다. 이로 인해 대개의 사람들은 학습 지체를 겪고, 자포자기 상태에서 시스템의 노예가 된다. 이것은 정치적으로 다중들의 정치적 발언을 위축시키면서, 전망의 상실에 기여한다. 여기 기어드는 것이 바로 테크노크라시의 파시즘이다.

따라서 신유물론의 윤리-정치가 무엇인가에 대한 답변이 매우 긴급하게 요구되는 것이다. 신유물론이 메이야수로부터 가져와 심각하게 고려하는 원-화석의 연대적 차원까지 포괄하고 인류세의 차원을 고려하기 위해서는 어떤 원리 또는 원형(arche)의 확장이 요구된다. 이러한 작업에 아난다 차크라바르티가 논한 '인류 없는 미래'

라는 발상은 매우 유용하다. 이 개념은 신유물론의 윤리 또는 정치적 실천의 원리 중 하나로 자리매김될 필요가 있다. 이 사유하에서 메이야수의 '원-화석'의 대응 개념으로 '인류-화석'(anthro-fossil)[12]이 도출될 수 있을 것이다. 메이야수의 개념은 존재-인식론적 함축이 윤리-정치적 의미를 가리는 측면이 강한데 인류-화석 개념이 여기 접붙여짐으로써 윤리-정치적 함축을 되살리게 된다.

이 개념은 신유물론에 더 강렬한 실천력을 부여할 수도 있을 것으로 보인다. 왜냐하면 우리가 **인류-화석을 고려하는 순간 필연적으로 인류세 이후/너머 대지에 남을 다른 존재자들에 대한 윤리가 지금-여기 도래**하기 때문이다. 인류-화석은 그래서 미래의 윤리를 미리-당김으로 취하는 윤리이다. 이렇게 되면 세 개의 개념이 배치된다. 그것은 '**원-화석/인류-자본세/인류-화석**'이다. 이 세 개념은 신유물론의 윤리-정치학을 위해 긴요하다. 왜냐하면 그것이 전혀 새로운 생각은 아니지만, 더욱 명확하게 함으로써 인간중심주의와 인간예외주의의 관성을 거스를 수 있는 개념적 힘을 가져다줄 것이기 때문이다.

이와 더불어 우리는 이러한 신유물론적 배치와 운동 그리고 재전유를 설명할 수 있는 마지막 요소로 '곁의 유물론'을 내세울 수 있다. 곁의 유물론은 앞서 논한 물질의 아나키한 평등성과 현행적인 잔

---

12 이 개념은 차크라바르티가 앨런 와이즈먼의 책인 'The World without Us, New York: St. Martin's Books, 2007(『인간 없는 세상』, 이한중 옮김, 랜덤하우스코리아, 2007)'를 분석하면서 암시된다(Dipesh Chakrabarty, "The Climate of History: Four Theses", Critical Inquiry, vol. 35, no. 2, 2009년 겨울, Chicago: University of Chicago Press, 2009, pp. 197~222 참조). 이 개념 각각은 메이야수, 해러웨이·무어, 차크라바르티(와이즈먼)의 논의에 대응한다.

혹함에 기반한다. 이때 심층의 평등과 표면의 불평등성은 구분 불가능하다. 심층과 표면의 이원론은 여기서 횡단되며 불필요해진다. 그래서 '겹'이란 표면과 심층의 구분 불가능성의 지대에 마련되는 주름들의 얽힘과 그 얽힘의 항구적인 주름 운동을 의미한다. 이 운동 가운데 '곁에 있음'은 존재하지만 완연히 닿지 않는 물질 운동의 사태다. 따라서 겹은 존재와 부재를 가로지르며 존재-부재하는 '너'와 '나' 그리고 '그들'과 '우리'의 신체에 기입된 기록들을 말한다. 이 기록은 그 자체로 현상이면서 이념이고, 잠재적이면서 현행적이다.

이때 타자성은 타자화의 운동 가운데, 주체화와 구분 불가능하지만 간격을 가지게 된다. 타자는 닿지 않는 개별 실체이지만 관계성 안에서 하나의 객체로서 우리-객체 또는 주체화 과정과 연대한다. 이 가능할 것 같지 않지만, 부단히 수행되는 다가감 안에서 우리 인간/비인간들은 끝나지 않는 열락을 느끼며 웃음에 취할 수 있다. 모든 것이 완결된 관계, 동일성 안에 수렴되는 관계는 더 이상의 실망도, 절망도, 그것을 넘어서는 기쁨도 존재하지 않는다. 이로써 공동체의 윤리-정치학이 생겨난다. **공동체는 말 그대로 콤-뮤니즘(communism, 서로 선물을 주고받음) 안에서 이 겹의 횡단성을 실행한다.**

이러한 코뮤니즘은 공동체 안에 새로운 시간을 정립하는 힘이 된다. 이 새로운 공간 안에서 시간은 마땅히 위상적이며, 데카르트 좌표계 안의 '거리'가 아니라 무한히 증식하는 관계성의 프랙털로서 사방 세계를 아우르며, 과거와 미래를 동시 발생시키는 스파티움-아이온(spatium-aion)이다. 즉 코뮤니즘에서 코뮨은 집합적인 다양체이며 무한한 가능성을 품고 있다. 헤라클레이토스의 아이들이 뛰어노는 시공간 안에서 투사는 개별적인 인간 또는 개별적인 비인간으로 환원될 수 없을 것이다. 그것은 **'절대적 무리'**(absolute mob)다.

성자들, 아이들, 소수자들, 정치 투사들과 예술가들은 이 무리 안에서만 절대성을 향유할 것이다. 이 무리는 확장하는 역능을 통해 세계 신체 위에 리좀처럼 뻗어 나간다.

이것이 아니라면 코뮤니즘은 언제나 중심에 갇히거나 소수적 움직임에 자족하는 공동체로 소실될 것이다. 전위가 아니라 곁에 기반한 코뮤니즘은 그럴 만한 가능성의 싹조차 없다. 그렇다고 곁이 전위를 완전히 부정하지는 않는다. 물질 흐름 안에서 전위성은 그 자체로 의미 있는 운동이다. 그러나 그것은 언제나 부차-운동이며, 곁의 운동이 그러한 것과 마찬가지로 전위도 그러한 이차 운동을 벗어나지 못한다. 그것은 애초부터 이름만 다른 물질적인 주름 운동이며 그것 외에 다른 것은 영원성이라는 주도성을 획득하지 못한다. 가장 중요하게도 곁의 운동은 당파성을 견지하지만 그것이 노동자 당파성은 아니다. 곁의 당파성은 교차성에 기반한다. **가장 많이 교차된 것이 가장 강력한 당파성을 가진다.** 즉 혼종이 이 당파성의 요체다. 따라서 혁명의 혼종성(혁명'들')도 긍정되어야 한다.

신유물론은 들뢰즈·가타리의 철학적 계보를 잇지만 그것을 극단으로 밀어붙인 창발적 개념들로부터 양분을 길어 옴으로써 실천적으로 보다 급진화한다. 포스트휴먼적인 조건은 이러한 급진화의 터전이다. 이 새로운 철학이 이 터전 안에서 어떻게 결실을 맺을 것인지는 아직 불확실하다. 그러나 한 시대의 철학이 그 시대의 정수에 자리 잡고 개념적 양분을 공급하고 있다는 것은 확실히 희망적이다. 만약 아무런 철학도, 개념도 없이 이 시대가 그저 매체의 환각과 중독 그리고 화폐의 농간 앞에 가뭇없이 흘러가 버린다면 거기 짓눌려 착취당하고 스러져 갈 수많은 인간-비인간 행위자들은 살아 있되 유령처럼 메가시티의 게토를 떠돌게 될 것이다. 그렇다고 신유물론이 어떤 구원을 바라는 것은 아니다. 구원은 신학적인 은유로서 투쟁과 투사라는 아름다운 이름에 비해 너무 낡고 초월적이다. 신유물론은 구원하는 신 또는 주체가 아니라 물질 안의 창발성을 최적화된 경로로 주파하면서 스스로를 발명하는 행위소들을 요청한다.

보론 1 육후이의 기술철학과 신유물론

1. 디지털 신유물론의 가능성

신유물론과는 다소 다른 영역에서, 하지만 '새로운 유물론'이라는 측면에서는 신유물론과 지향을 함께하는 사유의 선이 있는데, 그것이 베르나르 스티글러를 잇는 기술철학이다. 최근에 두각을 나타내고 있는 철학자로는 스티글러의 직접적인 제자인 육후이가 있다. 이 철학자의 사상을 신유물론으로 간주할 수 있는 특별히 주목할 만한 지점은 두 가지다.

첫째, 육후이는 자신의 철학을 "관념론은 물론이고 이른바 유물론이라고 불리는 다양한 관점에 의해서도 과소평가되지 않는 유물론을 위한 길을 열어" 주는 21세기 새로운 기술철학이자 유물론이라고 본다.[1] 그는 이 유물론을 '기관론'(organology)을 기초로 한 '코스모테크닉스'(cosmotechnics)라고 부른다. 즉 "코스모테크닉스라고 부르는 것은 기술을 그것의 발생 기원 안에 정립하는 것이고 그 기초 배경, 즉 우주적 실재성에 부가하는 것이다. 유기체, 유기체론 그

---

[1]   Yuk Hui, *Recursivity and Contingency*, Lanham: Rowman & Littlefield, 2019, p. 144.

리고 기관론을 통해 이 여정은 도래할 코스모테크닉스의 재개념화를 위한 출발점이 될 것이다"[2]라고 했다.

이 기관론의 계보는 20세기 철학의 대표자들인 베르그송, 조르주 캉길렘, 시몽동 그리고 그의 스승인 스티글러로 이어진다. 기관론은 사물에 대한 소박한 유물론의 관점과는 다르다. 다시 말해 기관론은 "정신과 신체를 대립적으로 보는 유물론"을 훨씬 벗어난다.[3] 소박한 유물론의 기술 이해는 이분법에 근거해 기술을 정신의 생산물로 보거나 또는 "정신을 기술의 생산물"로 본다.[4] 하지만 코스모테크닉스는 이러한 이분법 너머의 새로운 자연, 들뢰즈적인 용어로 '신자연주의'를 바라본다. 여기서 인위와 자연은 과학기술을 통해 재귀적으로 서로 관계하면서, 새로운 우주론을 열어 나간다. 코스모테크닉스가 가진 또 다른 면모는 이것이 단 하나의 우주론, 특히 서양 과학기술의 우주론만을 긍정하지 않는다는 점이다. 육후이는 중국철학에서 나타나는 새로운 우주론, 즉 동북아적 기관론으로서의 코스모테크닉스를 가져와 관점을 복수화한다. 이를 육후이는 기술 다양성(technodiversity)이라고 부른다.[5] 그러므로 육후이의 유물론은 서양과 동양이라는 이분법 또한 해체하고 재구성하기를 원한다.

둘째, 이 철학은 물질 자체, 또는 그것의 조건으로 '디지털 객체'를 존재론적 수준에서 다룬다. 즉 육후이는 신유물론적인 포스트휴머니즘을 기술철학적으로 전유한다. 육후이는 이를 '사이버네틱스'라고 부르는데 이것은 앞서 말한 코스모테크닉스의 핵심을 이룬

---

2   *Ibid.*, p. 39.
3   *Ibid.*, p. 31.
4   *Ibid.*, p. 32.
5   *Ibid.*, p. 27.

다. 사이버네틱스는 "장치들과 환경이 유기적으로 되어 가"는 것을 말한다.[6] 즉 "빅데이터로 이루어진 알고리듬의 재귀성이 인간 기관들과 사회 기관들의 모든 면면들을 꿰뚫고 지나"가는 것이다.[7] 이렇게 해서 기술은 환경을 변화시키면서 동시에 스스로 환경이 되어 간다. 이것은 포스트휴먼적 조건이다.

이러한 사이버네틱스의 작용 조건을 육후이는 시몽동을 따라 **일반 변체론**(general allegmatic)[8]이라고 부른다. 일반 변체론의 핵심

---

6 *Ibid.*, p. 185.

7 *Ibld.*

8 이 개념은 그리스어인 'allagma'(αλγάμμα)로부터 시몽동이 만든 신조어다. allagma는 변화나 변천(vicissitude)을 의미하는데 이는 또한 교환관계에서 주고받는 것을 의미할 수도 있다. 시몽동의 용법에서 이는 에너지 교환이라는 생각에 보다 가깝다. "개체화의 진정한 원리는 개체화가 발생하기 이전에 존재하는 것에서 찾을 수도 없고, 개체화가 성취된 이후에 남아 있는 것에서도 찾을 수 없다. 그것이 개체적인 것 안에서 형상[형태]을 취하는 질료[물질]와 크기 정도(orders of magnitude) 사이의 매개의 이러한 내적 공명을 실현하는 한에서 개체화하는 것은 다름 아니라 에너지의 체계이다. 개체화 원리는 하나의 가동성(operation)이다. 어떤 존재가 그 자체인 바의 결과는 다른 모든 것들과 다르다는 것이다. 그리고 이것은 그것의 질료도 그것의 형상도 아니고, 그 질료가 형상을 어떤 내적 공명의 체계에서 취하는 가동자이다. 벽돌의 개체화 원리는 진흙이 아니고, 거푸집도 아니다. 즉 이 한 덩어리의 진흙과 이 거푸집은 여기 이것보다 다른 벽돌들을 위해 남겨지고, 각각의 벽돌들은 그 자신의 특개성(haecceity)을 가지지만, 그것은 주어진 시간에, 이 젖은 흙이 형태를 갖추는 가장 작은 요소로서, 가장 세세한 거푸집의 꼴을 포함하여 에너지 체계 안에서 그 진흙이 어떤 압력하에 다시 들어서고, 이에 따라 압력이 확산되며, 결국 자기-현행화되는 그 가동성에 따른 것이다. 이것은 에너지가 각각의 분자에서 다른 분자들로, 진흙으로부터 거푸집의 벽으로 그리고 거푸집 벽에서 진흙으로 모든 방향으로 총체적으로 옮겨지는 그 순간이다. 개체화 원리는 통일체가 평형상태에 이르기까지, 질료와 형상 간의 에너지 교환을 수행하는 가동자이다. 우리는 개체화 원리가 잠재적인 에너지의 현행화를 통한 질료와 형상의 공통적인 변체 가동자(allagmatic operation)라고 말할 수 있다. 이러한 에너지는 체계의 에너지이다. 그것은 체계의 모든 지점들에 동등한 방식으로 효과들을 창출하며, 가동 가능하고 소통 가능한 것이다. 이러한 가동자는 지금 여기서 특이성 또는 구체적인 것의 특이성들에 놓여 있으며, 그것들을 감싸고 증폭한다"(Gilbert Simondon, *L'individu et sa genèse physico-biologique: L'individuation à la lumière des notions de forme et d'information*, Paris: Millon, 1998, p. 44). 시몽동은 allagmatic을 또한 "가동

은 구조(structure)와 가동성(operation) 간의 대화이론을 구성한다는 것이다. 일반 변체론은 그것이 가동성과 구조가 지속적으로 상호작용하는 발생적인 것을 파악하기 위해 특정한 또는 특수한 사이버네틱스(예컨대 심리학과 사회학) 너머를 겨냥한다는 의미에서 보편 사이버네틱스이다.[9]

사이버네틱스를 구성하는 핵심 요소는 '정보'다. 정보에 대해 육후이는 "정보란 활력과 물질적 과정의 초과분이다. 여기서 '초과'는 어떤 의미에서 에너지로도 또는 물질로도 환원되지 않는다는 것이지만, 과정 안에 편재한다는 의미이기도 하다"고 적확하게 지적한다.[10] 도처에서 발견되는 정보는 순수한 우연이 아니고, 재귀적(recursive)이면서 동시에 우발적(contingent)이다. 다시 말해 그것은 환경 안에서 순환하면서 돌아오지만, 동일한 형태로 돌아오는 것이 아니라, 변환, 증폭, 잉여의 동반 또는 반대로 의미의 결손을 통해 돌아오며, 그렇기 때문에 이는 '차이를 만드는 차이'라고 할 수 있다. 이러한 정보는 사이버네틱스의 핵심을 구성함으로써 "어떤 새로운 인지 도식을 도입해 왔으며, 결과적으로 인간-기계 관계들과 사회성에 관한 새로운 조직화"를 야기한 것이다.[11]

성의 이론"(the theory of operations)이라고 정의한다(Simondon, *L'individu et sa genèse physico-biologique*, p. 263). 이것은 과학이 애써 탐구하는 구조 이론을 보완한다. 같은 페이지에서 시몽동은 가동성을 "하나의 구조가 다른 구조 속으로 수렴하는 것"이라고 정의한다. 'Allagmatic', Fractal Ontology–refracting theory: politics, cybernetics, philosophy, https://fractalontology.wordpress.com/2007/11/28/a-short-list-of-gilbert-simondons-vocabulary/(2022년 10월 31일 마지막 접근) 참조.

9   Yuk Hui, *Recursivity and Contingency*, p. 192.
10 *Ibid.*, p. 198.
11 *Ibid.*, p. 199.

2. 기술로써 과정을 가속하라

좌파 가속주의 그룹에 속한 로빈 맥케이와 아바네시안은 그들의 편저 서문에서 좌파 급진주의자들이 자본주의경제를 "한 무더기의 숫자"로 파악하면서 새로운 기술들에 대해서는 무식할 뿐이라고 빈정거린다.[12] 다시 말해 그 한 무더기의 숫자만 잘 조작하면 혁명이 일어날 것처럼 허풍을 떨지만, 정작 적들의 무기를 자기의 무기로 만들어야 한다는 맑스·레닌의 아주 간단한 교훈조차 무시한다는 것이다.

육후이는 가속주의자들(accelerationists)이 공유하는 들뢰즈·가타리의 니체주의 모토, 즉 "과정(Prozeß)을 가속하라"[13]라는 말을 신뢰한다. 이때 가속의 조타수는 의심할 여지 없이 기술(technic)이다. 육후이는 들뢰즈와 시몽동, 알베르토 토스카노 그리고 스티글러의 종합을 시도하는 야심 찬 논문에서 다음과 같이 말한다. 흥미로운 부분이므로 좀 길지만 인용해 보자.

> 만약 우리가 들뢰즈, 시몽동의 분석과 토스카노의 독해 그리고 스티글러를 따른다면, 기술은 그 목적이 미리 정의될 수 없는 어떤 과정을 향해 강도들을 증폭하고, 그것을 지도하는 기능을 수행하게 된다. 그리고 만약 그와 같은 가속을 향한 기술적 증폭 과정이 정치학

---

12 Robin Mackay and Armen Avanessian eds., *#Accelerate#: The Accelerationist Reader*, Falmouth: Urbanomic Media LTD., 2014, p. 6.

13 질 들뢰즈·펠릭스 가타리, 『안티 오이디푸스』, 김재인 옮김, 민음사, 2014, 406쪽. 여기서 들뢰즈·가타리는 "어떤 혁명의 길이 있을까?"라고 물으면서 욕망의 흐름이 현재의 후기자본주의 사회에서조차 "충분히 탈영토화되지도, 탈코드화되지도 않았"으며 그렇기 때문에 그러한 "경과에서 퇴각하지 않고, 더 멀리 가야 한다"고 주장한다(앞의 책, 같은 쪽 참조).

의 핵심에 존재한다면, 그것은 기계류와 횡단개체들 사이에 내적 공명을 탐색하는 정치학, 또는 토스카노가 "발명의 정치학"이라고 부르는 그런 정치학이 된다. 그러므로 […] 새로운 기술들, 즉 집단의 잠재력들의 공명과 증폭을 찾아내는 그런 기술들을 발명하는 것이 필수적이다. 기술적 대상들은 개체와 집단을 횡단하는 횡단개체적 (transindividual) 관계들로 스스로를 드러낸다. 증폭의 프로그램이 가능한 것은 바로 그와 같은 기술적 대상들에 의해 매개되는 네트워크 안에서다. 이러한 사유 노선은 오픈소스 운동, 탈중심화, 익명성과 암호해독과 같은 행동주의 안에는 여전히 결여된 것이다. 이와 같은 활동들은 대안을 건설하기 위해 매진하지만, 상업적 기술들로부터 작동 모델들을 전수받은 것들이다. […] 그러므로 이것들은 스스로를 현존하는 모델들의 미미한 증강에 제한한다. […] 만일 우리가 '저항'—이 단어가 가속과 비교해서 아무리 진부하다 하더라도—의 가능성을 재공식화하고자 한다면, 그때 그것은, 시장과 통제의 정치학에 의해 광범위하게 추동되는 혁신(innovation)의 정치학에 반하는, 발명의 정치학이 될 것이다.[14]

논문의 결론에 해당하는 이 단락에서 흥미로운 것은 육후이가 온건한 행동주의와 트랜스-휴먼적인 증강 기획 둘 모두를 거부하고 있다는 사실이다. 가속을 위해서는 뭔가 끊임없이 소란을 일으키면서 트리비얼리즘(trivialism)에 빠지거나 막무가내로 기술의 도구성

---

14 Yuk Hui and Louis Morelle, "A Politics of Intensity: Some Aspects of Acceleration in Simondon and Deleuze", *Deleuze Studies*, vol. 11, no. 4, Edinburgh: Edinburgh University Press, 2017, pp. 513~514.

을 찬양하면서 인간의 두뇌 데이터가 업-다운로드되고 이리저리 코딩되는 사태가 요구되지 않는다. 문제는 가속을 증폭하면서 '저항'의 가능성을 재배치하는 것이고, 그것은 자본주의의 포획 장치를 가볍게 넘어서는 어떤 '발명의 정치'에 의해 가능해진다. 물론 이 발명의 정치는 전문 정치가나, 형이상학자 또는 아카데믹한 두뇌들이 엔지니어들과 횡단개체적인 네트워크를 형성할 때 가능해질 것이다. 거칠게 말하자면 기술을 습득할 능력이나 시간이 없다면, 그것을 이미 가지고 있는 집단과 공명하라는 것이다.

이렇게 보면 육후이의 논의가 기반하는 전제가 무엇인지 알 수 있다. 그것은 리오타르 이후 포스트모던이라는 이름으로 지속적으로 문제 제기되어 온 '근대'의 해체 또는 재구성이다. 왜냐하면 근대성은 '기술'에 의해 가능해진 것임에도 불구하고, 그 근대성을 형성하는 핵심으로부터 배제되었기 때문이다. 그러므로 육후이에 따르면 이전의(정확히 말해 그의 스승인 스티글러 이전의) 사상가들은 이 해체와 재구성의 기획에서 '기술'의 중요성을 흔히 간과하거나 약화시킨다. 게다가 테크놀로지라는 용어가 가지고 있는 뚜렷한 유럽중심주의는 동양, 특히 중국 사상을 애초에 역사적 일정에 산입시킬 수 없도록 만든다. 이제 그의 주요 저서 중 하나인 『중국에서의 기술에 관한 물음』을 살펴보도록 하자.

3. 세 가지 사유 구도

육후이는 아마도 꽤 오랫동안 이 문제의식을 붙들고 있었다고 보여지는데[15] 사실 그가 의도하는 기획은 좀 전에 인용한 그 논문의 정치철학적 관점과도 깊은 연관이 있어 보인다. 왜냐하면 육후이는 다음과 같은 세 가지 사유의 구도를 견지하면서 이 책 전체의 논지를 전개하는 것처럼 보이기 때문이다.

1. 테크놀로지 개념은 상대적인 것으로서, 인간이 환경과 교전하는 가운데 야기되는 우주론적 또는 존재론적 조건에 따라 달리 표현된다. 이것을 코스모테크닉스적인 기술 이해라고 부른다.
2. 테크놀로지는 근대성의 무의식으로서, 이것이 표면화되면서 근대성은 파열되며, 이를 기반으로 비로소 포스트-모던이 가능해진다 (또는 가속된다).
3. 정치(철학)와 사회학, 형이상학과 기술이 횡단되면서 인류세[16]의 위기를 돌파할 새로운 테크놀로지적 개체 또는 주체가 만들어질 것이다(이를 위해 기술이 조타수가 되고 '발명의 정치'가 방향타가 되어야 한다.)

우선 '1'에 관해 말해 보자. 육후이는 서양의 프로메테우스주

---

15 육후이, 『중국에서의 기술에 관한 물음──알고리즘 시대 인문학의 새로운 시작: 코스모테크닉스 시론』, 이철규·조형준 옮김, 새물결, 2019, '서문' 참조. 육후이는 이 책 서문에서 이 문제에 대해 10대부터 써 온 노트를 가지고 있다고 말한다.
16 책에는 '인신세'라고 번역되어 있지만, 여기서는 보다 일반화된 용어인 '인류세'를 사용하겠다.

의, 즉 "테크놀로지의 글로벌한 헤게모니"[17]를 긍정하는 논의를 당연히 거부한다. 이러한 프로메테우스주의의 귀결은 서구중심의 자연철학이나 인간론의 발판일 뿐이고, 사실상 중국을 비롯한 동양에는 이런 식의 관점은 존재하지 않았다. 오히려 서양이 아닌 다른 곳에서는 이와는 다른 방식의 '배치'(육후이는 이 말을 사용하지 않는다)가 이루어져 있으며, 이에 따라 환경과의 상호작용도 달라지므로 관점의 역전이나 변환이 가능한 것이다.

따라서 코스모테크닉스 개념은 테크놀로지에 있어서 복수의 역사를 다시 열 수 있게 한다. 또한 여기에 동양적인 테크놀로지 역사성이 전경화함으로써 자본주의적인 증강 프로그램과 같은 "동질적인 것-되기"로부터 벗어나게 되는 것이다. 그러므로 이를 위해서는 복수적인 저 역사성에 해당되는 '전통'을 재해석하여 "새로운 에피스테메로 변형"[18]시켜야 할 것이다. 이를테면 하이데거식의 '존재-물음'은 이때 '기술-물음'으로 변형되어야 한다. 세계-내-존재로서의 현존재가 도구 연관성을 가지고 있다는 분석은 여기서 단지 형이상학적인 횡설수설처럼 되어 버릴지도 모른다. 육후이가 하이데거를 존중하는 것은 그가 기술-물음을 던질 수 있도록 존재-물음을 길어 올렸다는 점이다. 육후이에게 하이데거는(물론 다른 모든 사상가들까지) 보다 앞서가지 못한 실패한 선배 정도로 보인다.

이때 하이데거를 대신해서 스티글러가 등장한다. 스티글러는 위에서 논한 '2'의 내용을 뒷받침한다. 앞서 말한 기술-물음은 스티글러의 경우에 '기술 망각'이라는 주제에서 비롯된다. 서양철학의

---

17 앞의 책, 104쪽.
18 앞의 책, 389쪽.

심원에는 '존재 망각 너머 기술 망각'이라는 더 깊은 레테의 강이 흐른다. 즉 "하이데거에게 존재 망각이 존재한다면 스티글러에게는 마찬가지로 기술 망각이 존재한다"[19]는 것이다.

> 노예 소년의 상기(anamnesis)와 관련된 공간적 대리 보충물[모래 위에 그리기]을 플라톤이 억누른 사례 이후 기입(inscription)으로서의, 따라서 시간을 지탱하는 것으로서의 기술은 근대적 무의식이 되었다. 즉 기술은 근대(성) 내부에서 결코 주제화되어 본 적이 없지만 근대(성)에 대한 이해 방식과 그것에 대한 지각 자체를 구성할 정도로 엄청난 영향을 미치고 있다. [⋯] 테크놀로지의 무의식이 가장 비가시적인, 하지만 가장 가시적인 존재이다. 하이데거 말대로 우리는 우리에게 가장 가까운 것을 보지 못하는 것이다. 그리고 코기토에 세계를 착취할 수 있는 의지와 자기 확신을 부여한 것이 이 테크놀로지적 무의식이었다.[20]

이러한 '테크놀로지적 무의식'을 뒷받침하는 강력한 개념이 바로 '제3차 다시 당김(파지, retention)'이다. 후설에게서 보이는 1차 다시 당김(예컨대 음악의 선율)과 2차 다시 당김(선율을 통해 그 음악을 기억해 내는 것)은 3차 다시 당김(기술, 즉 음향기기들)에 의해서만 가능해진다. 여기서 육후이가 말하는바, 『메논』에서 소크라테스의 노예 소년이 '상기'(2차 다시 당김)를 통해 삼각형(1차 다시 당김)을 그려 낼 때, 반드시 필요한 것이 바로 흔적이 새겨지는 땅바닥 그

---

19 앞의 책, 304쪽.
20 앞의 책, 297쪽.

리고 도구로서의 막대(3차 다시 당김)다. 이런 것은 아주 매번 철학자들의 시야에서 슬몃 사라져 버린다.

3차 다시 당김으로서의 기술은 따라서 "모든 조건의 조건"이며 기술 망각은 "존재 망각보다 더 근본적인 것"[21]임에 틀림없다. 이렇게 기술 망각이 드러남으로써 근대성은 종언을 고한다. 다시 말해 여기서 테크놀로지는 인간적인 보충물이나 세계 안의 도구적인 관계에만 속하는 어떤 장치가 아닌 것이다. 그렇다면 이제 기술-물음이란 단순히 기술학의 분과 속에만 존재하는 기능요소가 아니라 존재-물음보다 더 심오한 '조건'이 된다. 따라서 철학은 마땅히 기술-물음을 통해 새로운 형이상학 그리고 새로운 코스모테크닉스를 창조해야 한다. 이때 '새로운 코스모테크닉스'가 의미하는 바는 확실히 '다양성'을 포함할 것이다. 그리고 전통적인 우주론(프톨레마이오스에서부터 노자와 장자에 이르기까지)도 포함한다. 이른바 "코스모테크닉스의 복수성과 리듬의 다양성에 자기를 열어야"[22] 한다는 주장은 이와 같이 공시적인 복수성뿐 아니라 통시적인 리듬의 다양성까지 포괄한다.

하지만 복수성과 다양성을 긍정한다는 것이 무턱대고 받아들여서 용광로 속에 녹여낸다는 것은 아니다. 중요한 것은 그런 순진한 상대주의적인 수용이 아니라 "널리 기술과 테크놀로지로 받아들여지고 있는 범주들을 무효화하고 다시 만드는 것이다."[23] 여기에 중국적인 코스모테크닉스가 중요한 역할을 하게 된다. 물론 이러한 역

---

21   앞의 책, 304쪽.
22   앞의 책, 359쪽.
23   앞의 책, 같은 쪽.

할은 동서양이라는 이분법에 기반하여, 소위 동양의 기-도(器-道)와 서양의 질료-형상을 뒤섞거나 유사성을 강조하는 방식은 아니다.[24] 그것은 범주를 무효화하기는커녕 애초부터 유비 불가능한 개념들의 외관을 짜깁기하여 단어들의 잡탕을 만드는 것, 즉 "사변적 관념론"[25]이기 때문이다. 용어들은 코스모테크닉스의 로도스가 아니다. 우리가 뛰어야 할 곳은 "에르곤(활동, 기능, 산물)으로서의 기술의 물질성"[26]이다. 다시 말해 관념론이 아니라 유물론, "물질의 가능성을 한계까지 밀고 나가는 유물론"[27]이다. 유물론적인 개념의 창조, 유물론적인 발명의 정치.

앞의 '3'은 바로 이것을 말한다. 기술과 여타 영역들의 횡단은 바로 횡단개체적 정치와 주체의 탄생을 미리 당김(예견, protension: 후설의 용어)의 형식으로 고지한다. 이때 미리 당김은 위에서 설명한 다시 당김[파지]과 마찬가지로 세 번째 유형, 즉 제3차 미리 당김을 산출한다. 이것은 기술에 의해 가능해진 알고리듬 형식의 재귀성을 통해 가능해지는 것이다. 이때 기술은 일단 발명되면 스스로의 재귀성에 의해 생산과 재생산을 감당하는 것이다. 이에 대해 육후이의 다른 저서인 『재귀성과 우발성』에서 언급된 바를 참조해 보자.

---

24 "내가 피하려고 하는 세 가지 것 […] 먼저 개념들의 대칭성, 즉 사람들은 서양철학과 중국철학에서 상응하는 개념들로부터 시작한다.──예를 들어 중국 문화에서 테크네와 퓌시스에 상응하는 것을 식별해 내려고 한다. […] 그것들을 대칭적 관계로 받아들이는 것은 위험하다. 왜냐하면 대칭성에 대한 추구는 결국 동일한 개념을 사용하도록 또는 보다 정확하게는 두 가지 형태의 지식과 실천을 미리 정한 개념들 아래 포함시키도록 강요할 것이기 때문이다"(앞의 책, 122쪽).

25 앞의 책, 111쪽.

26 앞의 책, 같은 쪽.

27 앞의 책, 같은 쪽.

디지털 시대의 자본은 알고리듬들과 디지털 네트워크에 의해 가동될 수 있는 어떤 재귀적 형식을 취한다. 왜냐하면 그것은 회생/재생산을 가능하게 하기 때문이다. 하지만 이러한 회생은 어떤 선형적 축적이 아니다. 이것은 무한, 즉 축적과 발전의 궁극적 목표로 향해 가는 그 도상에서 우발성을 재귀적으로 극복(통합에 의해서든, 또는 제거에 의해서든)한다. 이것은 단순히 이데올로기적인 것이 아닌데, 왜냐하면 기술은 이데올로기가 아니고, 자본의 비판이란 근본적으로 기술의 비판이기 때문이다. 우리는 이에 관한 많은 구체적인 예들을 발견할 수 있다. 구글은 거대한 재귀적 기계로서, 유저들의 모든 데이터를 끌어모음으로써 스스로를 재생산한다. […] 우리 환경이 센서들과 인터렉티브 기계들에 의해 재귀적 알고리듬에 둘러싸여 있을 때, 실제적 포섭은 사용자가 어떤 재귀적 알고리듬으로 취급되는 새로운 메커니즘을 채택하고, 또 다른 재귀적 알고리듬의 부분이 된다는 것이다. 들뢰즈는 시몽동의 어휘를 가져와서 이 과정을 주조(molding) 대신 변조(modulation)라고 부른다.[28]

유물론적 의미에서 기술적 대상의 가능성이란 이와 같이 재귀성을 통해 우발성을 극복해 가는 과정에 놓여 있다. 따라서 자본주의 비판은 기술 비판이고, 기술 비판은 이 재귀성의 가장 약한 고리에 대한 비판일 수밖에 없다. 이 와중에 인류세의 위기는 돌파될 것이다. 이것은 무모한 낙관주의가 아니다. 사실상 우리의 일상이 바로 기술적 대상들의 실존과 그 작용을 증명한다. 위의 인용문에서도 나

---

28 Yuk Hui, *Recursivity and Contingency*, p. 218.

와 있다시피, 그 작용의 범위는 대상들 자체의 재귀적 알고리듬뿐 아니라, 거기 인간이 실제적으로 포섭되고 알고리듬의 한 지절로 작동하는 데까지 이른다. 스마트폰은 바로 이 실제적 포섭의 알고리듬이 극대화된 좋은 예이다. 이로써 기술적 대상의 재귀성이 환경 안에 인간을 포섭하여 변조하는 과정의 한 순환이 완성된다. 정확히 말해 이것이 이른바 포스트-모던적 상황이다.

따라서 리오타르적 기획, 즉 근대성의 종언이라는 기획, 또는 하이데거적 기획, 즉 형이상학의 종언이라는 기획은 지금 이 시대의 두 문제 축이며, 이를 해결하는 것은 기술 망각을 재인식하는 것이다. "처음부터 인간이 세계의 주인이라는 개념은 단지 환상일 뿐이라는 것이 알려져 있다. […] 근대(성)의 종언은 이 환상의 재-인식이다. 역사 속에서뿐만 아니라 역사성 속에서도 인간[세계]화를 조건 지은 것이 바로 기술이라는 인식이 그것이다. 따라서 근대(성)의 종언은 이 종언을 명확하게 선언하는 것뿐만 아니라 서구 형이상학의 역사를 재정식화하는 데 있다."[29] 수레의 발명에서부터 증기기관까지 그리고 AI에 이르기까지 기술은 플라톤의 노예 소년이든 플라톤 자신이든, 스스로 발 딛고 선 (플라톤이 그토록 경멸한) 손노동과 생태적 자연의 노동을 망각하도록 내버려두지 않을 것이다.

인간은 항상 인공적이고 자연적인 대상들에 둘러싸인 잡종적 환경 안에서 살아왔다. 인공적인 것과 자연적인 것은 두 개의 분리된 영역이 아니며, 더군다나 인공적인 대상이 단순히 자연을 정복하기 위한 도구인 것만도 아니다. 이와 달리 인공적 대상들은 인간적 경험과 실존

---

29 허욱, 『중국에서의 기술에 관한 물음』, 311~312쪽.

을 조건 짓는 역동적 체계를 구성하는 것이다. 그리고 정확히 말해 인공적인 것이 끊임없이 더 큰 구체성을 향해 전개되고 있다는 바로 그 이유로 인해, 그것의 특유한 역사적 조건에 대한 지속적인 성찰이 요구되는 것이다. 우리가 살고 있는 환경(milieu)도 역시 변화해 왔다. 비디오테이프는 유튜브 비디오에 의해 대체되었으며, 저녁 초대는 더 이상 편지를 통해 전달되지 않는다. 전화 사용은 거의 사라지고, 이메일도 마찬가지다. 하지만 페이스북 행사 초대 기능은 더 많이 사용된다. 이러한 대상들은 기본적으로 데이터이고, 공유 가능하며, 통제 가능하다. 그것들은 가시적이건 비가시적이건 간에 시스템의 환경설정(configuration)을 통해 만들어질 수 있다.[30]

따라서 자본주의 사회 체계의 알고리듬적 재귀성은 소위 문명이라고 불리어지는 인공적 환경이 어떤 필연성 또는 스토아적 의미에서의 운명(이법理法, fatum)이 될 때 제대로 된 힘을 발휘하게 된다. 그러나 이 힘은 역설적으로 앞서 말한 횡단개체적인 상호작용을 통해 새로운 형태의 사회체를 발명할 가능성을 개방하는 힘이기도 하다. 이 힘의 작용은 어떤 경제주의적 결정론과 단순한 비판적 담론에 의해 불러일으켜지는 주술적인 마나(mana)가 아니다. 이를 위해서는 위로는 형이상학적인 코스모테크닉스가 재구성되어야 하고, 아래로는 과정을 가속하는 기술-정치적인 회집체가 발명돼야 한다.

30 Yuk Hui, *On the Existence of Digital Objects*, Minneapolis: University of Minnesota Press, 2016, p. 1.

4. 새로운 코스모테크닉스를 향해

그래서 육후이가 겨냥하는 바는 '정치의 발명'에 더하여 존재론적인 코스모테크닉스의 재구성에 있을 것이다. 이때 경계해야 하는 것은 단일한 코스모테크닉스의 동질화에 대한 유혹과 강요다. 전일화된 자본주의가 도구적이며 실용적인 이성을 휘두르면서 다질적인 코스모테크닉스의 전망을 가로막는다는 것이 문제다. 육후이는 이러한 "동질적 동기화를 중단시키고 그것과는 다른 존재 양식을 생산하기 위해 그러한 추세에 도전해야 한다"[31]고 본다. 이를 위해 요구되는 것이 중국철학의 '기-도' 사유 구도와 머우쭝산을 비롯한 근현대 중국 철학자들의 사유다. 육후이는 이들을 적극적으로 인용하면서, "기술적 활동을 통한 우주 질서와 도덕 질서의 일치"[32]라는 새로운 코스모테크닉스의 이념을 내세운다. 이때 도덕이란 "세계-내-존재"로서 현존재의 "윤리적 사유의 조건"[33]이다.

　　그러나 육후이가 중국철학을 들여온다고 해서 앞서 말한 어떤 유비의 형식, 이를테면 "이것과 저것은 어떤 점에서 비슷하고 어떤 점에서는 다르다"라는 하나 마나 한 논법을 제시하려는 것은 아니다. 또한 유럽중심주의에서 중화주의로의 허접스러운 이동을 옹호하는 것도 아니다. 다시 말해 "중국의 전통적 형이상학으로는 불충분하며, 단지 그것으로 돌아가기만 하면 된다고 주장하는 것이 나의 목표는 아닌"[34] 것이다. 단언컨대 선행되어야 하는 것은 중국철학이

---

31 *Ibid.*, p. 380.
32 *Ibid.*, p. 87.
33 *Ibid.*, p. 195.
34 *Ibid.*, p. 104.

안고 있는 근원적인 무능력을 대면하는 것이다. 꽤나 유명한 이 무능력은 소위 '조셉 니덤의 질문'으로 알려져 있다. 이것은 "왜 중국에서는 근대 과학과 기술이 출현하지 않았는가?"[35]라는 것이다. 이에 대해 육후이는 마치 고르디우스의 매듭을 자르듯이 단숨에 "중국에는 오늘날 우리가 이해하고 있는 의미에서의―또는 적어도 서구의 몇몇 철학자가 규정하는 바에서의―기술은 결코 존재하지 않았다."[36]라고 말한다. 한마디로 니덤은 서구중심적 전제를 가지고 그런 의미에서의 '과학-기술'을 중국에서 찾고 있었다는 것이다.

오히려 육후이에게 "궁극적 과제는 도-기 관계를 역사적으로 위치시킴으로써 그리고 어떤 방식으로 그러한 사유 노선이 중국에서 새로운 기술철학을 건설하는 데서뿐만 아니라 기술의 글로벌화의 현재 상태에 대응하는 데서도 유용할지를 물음으로써 도-기 관계를 재발명하는 것"[37]이다. 이때 중요해지는 것은 서양철학의 관념론 노선, 즉 기술 망각의 노선이 아니라 스티글러, 들뢰즈의 노선, 다시 말해 기술 망각을 일깨우면서, 적극적으로 그것을 사유하려는 존재론의 계보다. 중국에서 서구적인 테크놀로지 대신 '기-도'의 사유가 발전했다면, 이제 그것을 현대 유럽의 테크놀로지적 사유와 공명(resonance)시켜야 한다. 이 공명의 결과가 바로 새로운 코스모테크닉스일 것이다.

---

35 이 질문 자체를 기각하는 방식으로 작동하는 것이 바로 '신식민주의적 비판'인데, 육후이는 이 방향도 유용하지 않다고 말한다. "탈식민주의 이론의 약점 중 하나[는] […] 기술-물음을 무시하[는 것이다.]―나는 이 물음은 [다른 많은] 서사 중의 하나로 환원될 수 없다고 주장한다. […] 그렇게 하는 것은 물질적 조건의 물질적 의미를 이해하지 못한 채 그러한 조건을 인정하는 것을 수반하고 있기 때문이다"(*Ibid.*, p. 125).

36 허욱, 『중국에서의 기술에 관한 물음』, 76쪽.

37 앞의 책, 104쪽.

우리가 여기서 찾고 있는 '내적 공명'은 기와 도라는 형이상학적 범주의 합일로, 그것에는 우리 시대에 고유한 새로운 의미와 힘이 부여되어야 한다. 이 둘을 변형시키기 위해서는 분명히 과학과 기술을 이해해야 할 것이다. 하지만 100년이 넘은 '근대화' 이후 이제 새로운 형태의 실천을 추구해야 할 때가 되었다. 중국뿐만 아니라 다른 문화에서도 말이다. 바로 여기서 상상력의 날개를 펼치고 온갖 노력을 구체적으로 경주해야 할 것이다.[38]

육후이가 기와 도의 형이상학적 공명을 통해 얻고자 하는 것은 아마도 동서양 사상의 합일과 같은 통속적인 비교사상론은 아닐 것이다. 그것은 시몽동·들뢰즈적인 의미에서 '변조' 또는 '되기'일 것이다. 여기서 개념적 도구인 '도', '기', '테크놀로지', '코스모테크닉스'는 이 변조의 과정, 되기의 과정에서 수행적(performative)으로 이해되어야 하지 않을까? 다시 말해 육후이가 이 책에서 펼쳐 놓은 철학사적·존재론적 변조 과정은 정치적인 실천, 즉 코스모폴리테크닉스(cosmopolytechnics)라는 이질적인 것의 종합과 회집으로 가능하지 않을까? 이것은 신유물론적 의미에서 물질의 가소성에 기대어 동서양의 개념적 인물들을 회절시키는 것이기도 하다.

---

38 앞의 책, 391~392쪽.

보론 2 신유물론과
가속주의 정치철학의 결연 가능성[1]

1. 서론: '가속' 또는 '가속주의'의 정의

'가속주의'(accelerationism), 특히 '좌파' 가속주의는 최근 등장한 반자본주의 정치철학이다. 이 이론적 운동이 신유물론과 어떤 관련을 가지는지는 다소 모호하지만 그 개념적 함축과 실천의 다이어그램에서 신유물론을 증강시킬 가능성이 크다는 것은 분명해 보인다. 이 둘은 아마도 공히 맑스의 『정치경제학 비판 요강』에 나오는 '기계에 관한 단상'을 비인간 가치에 대한 최초의 현대적인 정치적 선언으로 파악한다. 하지만 이질성은 남아 있다. 이에 따라 여기에는 신유물론자도 있지만(브라시에, 그랜트), 자율주의자들(네그리)도 속해 있다는 것을 상기할 필요가 있다. '가속'은 다음과 같은 육후이의 언급에서 일차적으로 이해될 수 있다.

'가속'이라는 말은, 최근의 철학적 논쟁들에서 유명해지고 있는데, 여

---

1   이 「보론 2」는 '박준영 외, 『K-OS』, 미디어버스, 2020'에 실린 저자의 글 「신유물론: 가속주의의 존재론」을 수정 증보한 것이다.

러 가지 현상들을 지칭하는 데 사용될 수 있다. 첫째, 이것은 최근의 역사에 있어서 일련의 정치적·과학적, 특히 기술적인 변형들을 의미하며, 그러한 변형들의 리듬(rhythm)을 강조하는 것이다. 따라서 다소 메시아적인 톤 안에서 '가속'은 '특이성'(singularity)으로 명명되는 역사의 기술적 종말을 이끄는 것으로, 이러한 변형을 성찰하는 데 활용된다. 이것은 또한 '가속주의'라고 명명된 아방가르드적인 정치학이라는 특별한 사조를 지칭하기도 한다. 가속주의는 정치적 행동이라는 수준에서 이러한 변형들을 조응시킬 것을 제안한다. 가속주의는 […] 무엇보다도 들뢰즈적 사유 안에서 그 계보를 추적한다.[2]

우리는 육후이가 지목한 저 두 가지 가속의 의미 중 둘째 의미에 집중할 것이다. 이 두 번째 의미로서의 가속은 '가속주의'라고 부를 수 있는데, 이 개념에 대한 고전적 정의는 노이스에게서 나왔지만,[3] 보다 최근의 정의가 더 현재 자본주의의 상태에 부합한다.

---

2 Yuk Hui and Louis Morelle, "A Politics of Intensity: Some Aspects of Acceleration in Simondon and Deleuze", *Deleuze Studies*, Edinburgh: Edinburgh University Press, 2017, p. 499.

3 본래 '가속주의'라는 개념은 1967년 로저 젤라즈니의 SF소설 『빛의 군주』(*Lord of Light*)에서 처음 쓰여졌다. 이것을 노이스가 차용하여 정치철학의 개념으로 변형한다. 이를 옮기면 다음과 같다. "나의 논증은 특히 1970년대 프랑스에서 정치적 실천의 수단들로서 형이상학을 수행했다는 것이다. 나는 1970년대 초반에 만들어졌던 일련의 이론적 발명들을 분리시킴으로써 시작하고자 원한다. 즉 이것은 68혁명에 의해 촉발된 새로운 자유주의적 분위기에 대한 응답이다. 특히 성 해방을 비롯하여, 다양한 해방의 담론들이 합류하여 자본주의에 직접적으로 저항하면서 경합하는 새로운 담론들을 생산했다. 뿐만 아니라 이것은 기존 좌파의 한계에 저항하는 것이기도 했다. 좌파에 속한 많은 이들이 혁명의 사건을 마오주의나 레닌주의의 규율로 호명하면서, 썰물처럼 빠져나가는 것으로 응답하는 동안, 다른 이들은 모든 규율의 구조로부터 자유에 관한 유사-아나키즘적 경로──좌든 우든──를 따를 필요가 있다고 주장했다. 세 권의 텍스트가 이러한 경향의 핵심 표현들이었는데, 이것들은 비록 서로 간에 적대적이라 해도,

2013년 알렉스 윌리엄스와 닉 스르니체크의 『#가속하라: 가속주의 정치학을 위한 선언』(MAP)이 출간된 이래, '가속주의'는 전통적인 비판들과 퇴행들, 감속적인 또는 보수적인 '해들'(solutions) 너머의 미래를 개념화하기 위한 새로운 이론적 기획을 수행하는 그룹을 통칭하는 데 채택되었다. 최근 몇 년간의 새로운 철학적 실재론들[신유물론과 사변적 실재론]을 이어, 그들은 갱신된 프로메테우스주의와 합리론에 기반하는 인간의 유한성이라는 레토릭을 우회하여 그러한 기획을 행하고 있다. 이들은 점증하는 사회적이고 기술적인 것의 내재성이 비가역적이고 사실상 매력적이라는 점을 긍정하며, 이러한 것이 현대정치학에 야기하는 복잡성을 새롭게 이해하면서 발전시키고자 한다. 이 새로운 운동은 이미 생생한 국제적인 논쟁거리로 부상하였지만, 교조적 선잠에 빠져 사실을 인지하지 못하는 기존 입장의 옹호자들에 의해 많은 오해와 악의적인 반박이 이루어지기도 한다.[4]

'욕망의 철학'이라는 이름으로 자주 함께 묶여서 취급되곤 했다. 들뢰즈와 가타리의 『앙띠 오이디푸스』(*Anti-Oedipus*, 1972), 리오타르의 『리비도 경제』(*Libidinal Economy*, 1974) 그리고 보드리야르의 『상징 교환과 죽음』(*Symbolic Exchange and Death*, 1976)이 그것이다. 이 텍스트들은 모두 당대의 극좌적 분위기에 따라 저자의 의도를 전개하며, 각각은 그 급진주의에 있어서 다른 것을 능가하려고 시도한다. 특히 이 텍스트들은 맑스의 '자본주의 생산의 실재적인 장애는 바로 자본 그 자체다'라는 말에 응답하면서, 우리가 이러한 장애를 자본주의를 그 자체의 반대쪽으로 돌려놓음으로써 돌파해 나가야 한다고 논증한다. 이들은 어떤 '파국의 정치'(la politique du pire)의 이례적인 변형이다. 즉 만약 자본주의가 그 자신의 해체적 힘을 발생시킨다면, 바로 자본주의 자체를 급진화할 필요성이 있다는 것이다. 다시 말해 가장 나쁜 것이 가장 좋은 것이다. 우리는 이러한 경향을 **가속주의**라고 부른다"(Benjamin Noys, *The Persistence of the Negative: A Critique of Contemporary Continental Theory*, Edinburgh: Edinburgh University Press, 2010, pp. 4~5). 노이스의 초기 가속주의 정의는 많은 문제점을 내포하고 있다.

4   Robin Mackay and Armen Avanessian eds., *#Accelerate#: The Accelerationist Reader*, Falmouth: Urbanomic Media LTD., 2014, pp. 6~7.

2. 가속주의 철학

(1) 존재론 또는 형이상학

최근 오스트리아 가속주의 철학자인 아바네시안은 그의 책에서 '물질' 개념이 현대적 조건 안에서 어떻게 변화하고 있는지 썼다.

> 정치적이고 예술적인 또는 비판적 범주가 뭐든 그러한 것들을 차치하고서도, 형상과 질료[형태와 물질, form and matter]는 과학적 합리성의 영역에서 마찬가지로 변형되어져 왔다. 예컨대 나노기술 영역에서의 진보는 하나의 대상으로서의 물질성 또는 '물질적' 실체가 가변적이라는 것을 보여 주었다. […] 나노기술 시대에 우리가 어떤 물질적 형태를 변경하는 것이 단지 그 외적 형태만이 아니라, 그것의 실체[본질]를 변경한다는 것을 알 때, 우리의 문화와 예술은 언젠가 규정했던 형이상학적 범주들과 마찬가지로 문제적인 것으로 되어 가는 것이다. […] 따라서 모든 양자역학이나 유전공학의 기저에 있는 형이상학적 전제는 우리의 물질적 자연이 언제나 이미 단순한 퓌시스 이상(more than mere physis)이라는 통찰이다. 즉 메타퓌시스(형이상학, metaphysis)이다.[5]

여기서 형이상학은 고전적 의미의 '메타퓌시스'('자연학 이후')가 아니다. 이때 '메타'(meta; μετά)는 양자역학과 유전공학과 같은

---

5   Armen Avanessian, *Future Metaphysics*, trans. James Wagner, Cambridge: Polity Press, 2019, pp. 46~47.

현대과학의 성과 '옆에' 있다는 뜻이 되어야 한다. 형이상학은 자연과학의 '위'나 '아래'에 있으면서, 종합하거나, 토대를 갖추지 않는다. '이후'는 '옆에' 있는 이후, 즉 '방행적'(pedetic)이라야 한다. 이것은 통속적인 의미에서 공간의 '이후'나 시간의 '이후'가 될 수 없다. 방행적인 의미에서 메티퓌시스는 들뢰즈가 스스로 형이상학자로 자임할 때 생각한 것, '순수' 실재성으로서의 물질을 관통해 가는 그런 '메타'를 의미한다.

　　이러한 의미에서 철학의 형이상학 또는 그 사변적 에너지는 결코 약해지지 않는다. 왜냐하면 "형이상학적 질문이 언제나 역사적인 함축들을 가지며, 따라서 우리가 당대를 지배하는 과학과 기술들을 붙들고 씨름할 때 지속적으로 재출현하기 때문이다".[6] 아마도 철학의 사변적 에너지들은 기술혁명이 발생하는 그때에 끓어오르는 것이며, 형이상학은 이때 그 힘을 발휘한다. 이것은 형이상학이 결코 과학의 시간이나 공간 안에서 위나 아래에 있다는 것이 아니다. 그런 것은 어떤 과학적 사건의 경험을 불가능하게 만드는 초재적 태도다.

(2) 비인간-포스트휴머니즘

이러한 관점은 아바네시안이 비인간(non-human)에 대해 말할 때에도 잘 드러난다. 그는 비인간이 결코 과거가 형성한 현재 안에서 이해될 수 없다고 말한다. 즉 "이미 비인간적 인간존재들은 어떠한 과

6　*Ibid.*, p. 5.

거에 정의된 식의 자연적 본질로 이해될 수 없으며, 오직 우리의 미래와 관련해서만 이해될 수 있다"는 것이다.[7]

여기에는 물질 또는 신체에 관한 중요한 전환이 존재한다. 아바네시안이 말하는 비인간은 브라이도티나 페란도[8]의 의미에서 포스트휴먼보다 한 발 더 나아가는 것으로 보이는데, 그것은 그가 "우리 탈중심적인(eccentric) 두뇌는 언제나 그 자체의 바깥에 존재한다"라고 말할 때이다. 우리의 두뇌는 우리 두개골 속에 놓인 어떤 얌전한 물질이 아니다. 그것은 끊임없이 자신의 바깥에, 곁에 자신의 이중체를 탄생시킨다. 그것은 기술공학적인 이중체다. 스마트폰 안에, 현대적인 건축물 안에서 뇌는 스스로를 유기-기술적 인지적인 체계로서 느끼게 되는 것이다. 따라서 "우리의 뇌 자체는 기술적 변화들에 따라 스스로를 재형성하는 어떤 가소적이고 그 자체로 인공적인 기

<hr>

7 *Ibid.*, pp. 62~63. 이 부분을 모두 옮기면 다음과 같다. "비인간 개념은 사변적·가속주의적 그리고 이종페미니즘(xenofeminism) 철학자들에 의해 정립되는데, 이는 애초에 그보다 복잡한 시간적 구조로 인해 포스트휴먼적, 트랜스휴먼적 규정과는 구별된다. 언제나 이미 비인간적 인간존재들은 과거에 정의된 식의 어떠한 자연적 본질로 이해될 수 없으며, 오직 우리의 미래와 관련해서만 이해될 수 있다. 우리 지성의 모든 인공적 발명들—사실상 모든 시간에, 우리는 우리의 합리성과 지성을 사용한다—이념, 자기-개념 그리고 그것이 인간임을 의미하는 바의 것들도 마찬가지로 변한다. 인간은 존재하지 않으며, 오직 인간 되기만이 존재한다."

8 페란도에게 포스트휴먼적 주체는 어떤 기원적 탄생의 과정이나, 뚜렷한 죽음의 종말을 맞이하지 않고, 자연적 평면 위에서 유전한다. 이때 그 주체는 "이미 포스트휴먼이다". 이 말, 즉 '포스트-'(post-)는 이때 '벗어나는'('탈')이라는 의미를 가지지만, 그것이 완연한 초월의 의미를 제기하는 것은 결코 아니다. 오히려 이것은 끊임없이 앞과 뒤, 위와 아래를 '비껴가는'이라는 의미를 가진다. 그래서 '휴먼'이지만 그것은 휴먼이 아니고, 따라서 반드시 타자를 지칭하거나 자신 속에 함입시킨다. 이러한 가설은 일종의 자기성/타자성이라는 패러다임을 해체하고 주체 자체를 일종의 코스모이, 즉 배치의 질서로 만들면서 '포스트휴먼적 우주'로 구성한다(Francesca Ferrando, *Philosophical Posthumanism*, London: Bloomsbury Academic, 2019, p. 6 참조).

관"⁹이 된다. 이것은 수행적 관점에서 인간중심주의를 해체하면서, 앞서 말한 '메타'의 의미 전환과 유사한 의미 전환을 성취해 내는 것으로 보인다.

이번에도 '포스트'는 통념적인 시간과 공간에서의 '뒤에'가 아니라 '곁에'라는 의미가 되는 것이다(이는 우리가 이 책 결론에 논한 '곁의 유물론'과 통한다). 인간의 탈중심화는 그 자신의 오래된 진화 과정에서 창발한 뇌가 본래적으로 가지고 있는 특성이다. 그것은 결코 '지능' 자체로 머물러 본 적이 없다. 기술적 개발들은 언제나 뇌로 하여금 자신을 확장하고, 동일한 물질적 특성을 가진 기술적 대상들과 교전하도록 한다. 헤겔은 이것을 '소외'와 연관 지어 이해했지만, 신유물론은 이것을 '긍정'과 '확장', 즉 역능으로 파악한다. 그렇다고 해서 이것이 트랜스-휴먼적인 기술 찬양은 결코 아니다. 물질의 긍정성은 언제나 저항과 책임성을 수반하는 '교전'을 의미하기 때문이다. 이때 정신은 '아름다운 영혼'이 아니라 **교전하는 물질**이다. **영혼은 신체 안에 있는 것이 아니라 안과 밖을 무한한 속도로 넘나들면서 다른 물질과 얽힌다.** 여기서 물질성은 가속성과 만난다. 기술과학적인 물질들의 얽힘은 가속성으로 인해 자신의 한계를 넘어 나아가며, 그 방행적 운동(pedetic motion) 안에서 언제나 실패하거나 성취하거나 또는 창발한다.

이것은 어쩌면 어떤 정치적인 전망 안에 기술 문명과 감각을 융합하기를 바라는 혁명의 전제 조건이 될 수도 있다("분리된 성, 인종 그리고 경제적 계급들의 융합이 성, 인종 또는 계급혁명 각각의 전

---

9 *Ibid.*, p. 65.

제 조건인 것처럼, 기술 문명과 감각의 융합은 문화혁명의 전제 조건이다"[10]). 이로 인해 가속주의의 정치적 입장은 매우 단호하게 흘러갈 수 있을 것이다.

> 가속주의는 정치적 이단이다. 가속주의는 자본주의에 대해 가능한 유일하고 근본적인 정치적 응답이다. 그러한 응답은 자체 모순을 품고 있는 자본주의의 손아귀 안에서 저항하거나, 그것을 방해하거나, 또는 비평하지 않으며, 그것의 종말을 넋 놓고 기다리지도 않는다. 오히려 **가속주의는 자본주의의 전복, 소외, 탈코드화, 추상적 경향성을 가속하려고 한다.** 이 개념은 정치 이론 안에 어떤 특정한 허무주의적 동맹을 도입한다. 그것은 철학적 사유와 자본주의 문화 혹은 반문화의 과잉 상태와의 동맹이다. 또한 이 개념은 이러한 자본주의에서의 소외 과정의 내재성을 추구하는 글쓰기 안에 구체화된다. **가속주의는 체제에 대한 전복과 묵인 사이, 현실주의적 분석과 시적 격정 사이에서 요동치는 불안정한 지위에 있다.** 그런데 이러한 지위가 가속주의를 치열하고도 경쟁적인 이론적 상태로 만들고 있는 것이기도 하다.[11]

(3) 가속주의와 들뢰즈·가타리

자본주의를 넘어서기 위한 가속성의 요청이 이론화된 것은, 앞서 육

---

10 Shulamith Firestone, *The Dialectic of Sex: The Case for Feminist Revolution*, New York: Farrar, Straus and Giroux, 2003, pp. 75~76.
11 Mackay and Avanessian, *#Accelerate#*, p. 4(강조는 인용자).

712 보론 2. 신유물론과 가속주의 정치철학의 결연 가능성

후이 인용문에서도 밝혔다시피, 1970년대 중반에 나온 들뢰즈·가타리의 『앙띠 오이디푸스: 자본주의와 정신분열』에서다. 이 책은 그 제목이 시사하는 바처럼, 욕망의 역능을 오이디푸스삼각형 안에 가두는 정신분석에 대한 비판을 담고 있다. 이 책의 야심은 그 부제목에서도 드러난다. 그 부제목은 정신분석을 비판하는 것 이상을 해내고자 한다는 것을 의미한다. 들뢰즈와 가타리는 분열증자의 정신적 붕괴를 자본주의의 한계를 돌파하는 것에 대한 실패한 시도로 보면서, 분열증을 당대 자본주의의 증상적 질환으로 재평가했다. 다른 사회체가 제한하고, 코드화하는 것에 반해, 자본주의는 탈영토화와 탈코드화의 힘들을 풀어놓는 것에서 그 특유한 힘을 발휘한다. 하지만 이것은 언제나 일시적인 것으로서, 끝내는 가족과 오이디푸스삼각형으로 되돌아가려는 반동적 힘에 이끌린다. 혁명에 대한 들뢰즈와 가타리의 전략은 다음과 같은 질문들 속에 드러난다. "그런데 어떤 것이 혁명적 경로인가?" "거기엔 하나밖에 없는가?"

들뢰즈와 가타리는 이 질문들을 해결하기 위한 방법으로 결코 그러한 경로로부터 물러나 관조하는 것을 요구하지 않는다. 오히려 그들은 더 멀리까지 나아가라고 권고한다. 이것은 들뢰즈와 가타리가 니체적인 어조로 말하는 "과정을 가속하라"라는 말에 담긴 뜻이다. 자본주의의 한계를 깨트리는 것은 좀 더 멀리까지 탈영토화하고, 탈코드화하는 것을 요청한다. 그것은 오이디푸스 가족 삼각형과 자본주의경제의 한계를 넘어가는 것이다. 이런 의미에서 '분열증'은 다르게 해석된다. 즉 분열증은 억누를 수 없는 흐름이면서 탈영토화를 가속하는 흐름인 것이다. 그것은 마치 니체가 분열증에 시달리며

"나는 역사상 모든 이름이다"라고 했던 것과 유사하다.[12]

이 도발적인 작품은 불투명하고 관성적인 자본을 분석하는 또 다른 길을 제시하는 것이다. 이에 따르면 우리는 **자본의 경향성들을 가속함으로써 절대적 탈영토화(혁명)에 도달**할 수 있다. 즉 자본의 탈영토화하는 배치들을 **늘 먼저 전유하고, 그것을 자본보다 먼저 밀어붙이는 것**이다. 물론 이러한 가속의 목표는 자본주의를 강화하는 것이 아니라, 그것의 붕괴를 고양하는 것이다. 맑스와 엥겔스가 『공산당 선언』에서 자본을 '마법사의 제자'로 묘사한 것처럼, 자본주의는 풀려나온 힘들을 제어할 수 없게 된다. 들뢰즈와 가타리는 이 전통 위에 서 있다. 그럼에도 그들은 맑스를 모든 자본주의적 가치들이 붕괴하는 가장 첨예한 과잉의 선을 따라 밀어붙인다. 이것은 "생산의 자본주의 힘들을 추적하고 그것을 초과할 수 있는 욕망하는-생산으로서의 생산의 형이상학"(우리가 앞서 파악했던 그런 유의 형이상학)에 속하는 것이다.[13]

3. 가속주의의 정치철학적 의미

(1) 가속주의 맑스와 후기자본주의의 재배치

그렇다면 신유물론 안에 가속주의적인 의미의 정치철학이 장착되는

---

12 Friedrich Nietzsche, "Letter to Jacob Burckhardt, Turin, January 1889", *Selected Letters of Friedrich Nietzsche*, ed. and trans. Christopher Middleton, Indianapolis: Hackett, 1996, p. 347.

13 Benjamin Noys, *Malign Velocities: Accelerationism and Capitalism*, Zero Books, 2014, p. 3.

것은 별스러운 일이 아니다. 이 둘은 물질성에 대한 이해에 있어서 부합한다(능동성, 횡단성, 사건성 등). 앞서 말했듯이 정치경제적 수준에서도 가속주의는 신유물론과 마찬가지로 맑스주의에 대한 새로운 이해와 연결되는데, 그의 『정치경제학 비판 요강』에 수록된 소위 '기계에 대한 단상'을 전거로 삼는다. 이 텍스트는 맑스에게서 "가장 탁월한 가속주의 저술"[14]이다.

여기서 맑스는 노동자의 도구 사용과 기계의 사용이 어떻게 노동이라는 직접적이고 살적인(fleshly) 도구를 대체하는지에 대해 논한다. 우리는 이를 통해 도구는 노동자의 확장된 인공기관으로서, 노동자의 인지적·신체적 능력으로서의 노동력을 증강시킨다는 것을 이해한다. 과학기술은 이러한 증강 과정의 지렛대다. 그래서 이 시스템 안에서 노동자들은 점차적으로 기계의 보철물이 되어 간다. 기계들은 기본적으로 인간을 흉내 내는(mimetic) 존재인데, 그러한 복제과정이 첨단에 이르는 것은 그것이 인간 자신의 전능한 기관이 될 때이다. 그런데 여기서 역설이 발생한다. 즉 인간 자신의 능력을 증강시키는 최상의 도구가 이제 그것 없이는 자신의 역능을 발휘할 수 없도록 노동자들을 결박한다. 인간을 흉내 내던 기계가 이제 인간 자신이 도래시키고자 했던 역능의 잠재력을 재현하는 것을 보고, 사람들은 물신주의에 빠지게 된다. 기계는 노동자의 기관이기를 그만두고, 오히려 노동자를 그 자신의 기관, '소외된 힘'으로 만든다. 노동과정을 통해 개인은 기계 문화 안에 육화되고, 그에 부합하는 사고와 일상생활의 패턴들을 따르며, 마침내 자본주의 또는 후기자본주의

14 Mackay and Avanessian, *#Accelerate#*, p. 9.

의 사회적 존재로 재주체화(resubjectification)되는 것이다. 가속주의는 맑스의 이 비관적 테제를 긍정적인 역능과 욕망이 분출하는 경로로 재독해한다.

후기자본주의 지구 문명 체제는 위기에 봉착해 있다. 종말론적으로 보이는 사건들이 우리의 일상과 관념을 휩쓸고 지나간다. COVID-19 사태와 호주 산불은 갑작스러운 재난인 반면, 지구온난화와 핵의 위협은 꽤 긴 시간 동안 우리를 괴롭히고 있다. 환경 사슬의 붕괴는 그 자체로 세계 전체의 위기를 노정한다. 이런 와중에도 각국 정부들은 긴축, 민영화, 구조조정과 실업 그리고 임금동결이라는 구태의연한 방식으로 파국을 유예하기는커녕 앞당기고 있는 셈이다. 여기서 자동화는 인간 사지를 대신하는 단계를 뛰어넘어 두뇌를 대체하는 수준까지 이르고 있다. 맑스가 말한 바 그대로다. 이것은 "자본주의의 세속적 위기의 증거"이며, "머지않아 [잘사는] 북반구 국가들의 중간계급들도 현재의 생활수준을 유지할 수 없게 강제"하고 있다.[15]

가속주의는 이러한 맑스의 기계문명에 대한 기본적 가설을 기반으로 기술과학의 성과들이 자본주의 내에서 어떻게 착취되는지에 대해 주목한다. 이렇게 함으로써 기술 관료주의적 반작용을 회피하면서, 현대사회에서 요구되는 해방의 수행적 횡단성을 더 강화하고자 하는 것이다. 이것은 **배치의 문제**이다. 즉 새로운 배치 안에서 그 배치를 앞서 달려나가는 것, **그 배치가 붕괴하도록 더욱더 가속하는 배치**의 문제인 것이다. 따라서 이 배치는 "여전히 불확실한 것으로

---

15 Alex Williams and Nick Srnicek, "Manifesto for an Accelerationist Politics", Mackay and Avanessian, *#Accelerate#*, p. 349.

남는다. 다행스럽게도" 말이다.[16] 이 다행스러움은 가속주의 입장에서 자본의 맹점이라 할 수 있다.

배치의 측면에서 이러한 불확실성은 "유기적인 총체성과는 달리, 배치의 부분들은 매끈한 전체를 형성하지 않"기 때문에 발생한다.[17] 이것은 일종의 비대칭성, 또는 비평형성을 증명하는 것이다. 사회체의 어떤 부분이든지 간에 거기에는 불일치와 비평형이 존재한다. 이러한 비대칭과 불일치로 인해 하나의 사회체는 "끊임없이 애초에 존재하지 않았던 새로운 가능성들과 불가능성들을 생성"[18]시키게 되는 것이다.

이는 '반복'과 '차이생성'에 관련되는 주제를 상기시킨다. 그것은 수행적 반복으로서의 물질적 운동이다. 즉 "모든 범위에서 물질이 각각의 새로운 운동과 만남에 의해 미세하게나마 반복하여 변형된다는 것"[19]이다. 이 **수행적 '반복의 반복'은 가속성을 통해 더 멀리까지 밀어붙여질 수 있게 된다.** 횡단선은 더욱더 누승되고, 배치의 가소성(같은 말이지만 물질의 가소성)은 극대화되며, 담론이든 물체든, 정신이든 신체든 이를 통해 극적인 변형들을 겪게 되는 것이다.

하지만 이런 자세는 어떤 위험을 동반한다. 한편으로 가속주의는 '파국의 정치'(la politique du pire)를 야기할 수 있다. 니힐리즘의 가장 나쁜 예로서 파국적 정치의 신조는 가속성 안에서 묵시록적 지

16 Bruno Latour and Michel Serres, *Conversations on Science, Culture and Time: Michel Serres with Bruno Latour*, Michigan: The University of Michigan Press, 1995, p. 95.
17 마누엘 데란다, 『강도의 과학과 잠재성의 철학: 잠재성에서 현실성으로』, 이정우·김영범 옮김, 그린비, 2009, 10쪽.
18 Christopher Gamble, Joshua Hanan and Thomas Nail, "What is New Materialism?", *Angelaki*, vol. 24, p. 114.
19 *Ibid.*

옥만을 본다. 이들은 자본주의의 내적 모순이 자본주의를 붕괴시킬 것이라고 보는 데 익숙하다. 이것은 레닌이 그토록 비판한 경제주의적 결정론이다. 따라서 "이 미심쩍은 급진주의는 정치권력이 해소되어 버렸다는 수동적 묵인과 구분 불가능한 것이다".[20] 역사의 종착역에서 몰락만을 기다리는 이 수동성의 화신은 가속주의와 아무런 관련이 없다.

(2) 죽음의 정치를 회피하기

더 큰 위험은 다른 데 있다. 즉 가속주의를 '죽음의 정치'(politique de la mort)와 혼동하는 것이다. 가속의 목적은 죽이는 데 있지 않고, 살리는 데 있다. 가속을 위해 어떤 희생도 마다하지 않는 태도는 테러리즘이며, 이것은 '파국의 정치'가 가진 부정적 니힐리즘이다(가속주의의 긍정적 니힐리즘과 구분하자). 가속을 이루어야 한다는 명령은 그 어떤 기술과학적 시간만을 의미하지 않는다. 거기에는 윤리적 시간, 정치의 시간 그리고 마침내 혁명의 시간이 중첩되어 있다. 이러한 교차적 상황에서 가속주의는 모든 것을 고려하고, 과학기술을 폐기 처분하는 어리석은 짓을 범하지 않으면서 인민(비인간을 포함하는 대지 위의 모든 존재자)을 살아가게 하는 것이다.

하지만 현실적인 정치는 당대의 상황 속에 유폐된 채로 기술 혐오나 그 반대편의 기술 유토피아에 빠져 허우적대고 있는 것 같다.

---

20 Mackay and Avanessian, *#Accelerate#*, p. 4.

이것은 기계문명에 대한 수동적인 반응만을 관성화함으로써 초래된 '무능력'의 사태다. 이 무능력은 조직과 이념의 무능력이다. 위기는 가속되어야 하는 반대쪽으로 점점 힘과 속도를 더해 가는데, 정치는 퇴행적으로 흐르면서, 상상력은 미래를 소실시키는 쪽으로만 발달하고 있는 셈이다.

특히 1980년대 이래 신자유주의가 기술 적응력을 기르면서, 위기 때마다 스스로의 버전을 업그레이드하고 있는데 이는 정치(특히 좌파 정치)에 있어서 점점 더 큰 악몽이 되고 있는 셈이다. 이렇게 해서 지난 40여 년간 대개의 좌파 정당들과 조직들은 급진성을 거세당한 채 공허한 담론만을 생산했고, 전후 사회민주주의가 더 급진적으로 성장할 수 있었던 비옥한 대중적 토대는 사라지게 되었다. 이들 사민주의자들은 기껏해야 신자유주의의 시장만능주의를 비판하는 아주 오래된 전략을 택했는데, 그것은 이미 시효가 지난 포드주의 시대의 망령에 불과했다.[21] 결과적으로 당대 정치적 상황의 비관론은 다음과 같다.

> 오늘날 절망은 당대 좌파의 지배적인 정념이 된 것처럼 보인다. 이들 좌파의 위기는 적들에 대한 빙퉁그러진 모방이며, 자기 위안에서 비롯된다. 다시 말해 이들은 시끌벅적한 비난의 즐거움, 조절된 항의와 바보스러운 분열들과 더불어, 또는 자본에 총체적으로 예속된 인간의 삶에 대한 엄격하고 '비판적인' 감시를 지속한다는 미명하에 위안거리를 찾는 것이다. 또한 이들은 이론의 안식처로부터 또는 '불확실성'

---

21 Williams and Srnicek, "Manifesto for an Accelerationist Politics", *#Accelerate#*, pp. 349~350 참조.

이라는 최근 예술의 자기도취(self-congratulatory)라는 혼미함으로부터 저항을 구성하고자 한다. 헤게모니를 쥔 신자유주의는 어떤 대안도 존재하지 않는다고 선언한다. 그리고 기존 좌파의 정치적 사유는 계몽주의의 '거대 담론'을 조용히 뒤로 물리면서, 자본에 의해 오염된 기술적 하부구조와의 모종의 거래에 대해 미심쩍어하고 있다. 또한 이들은 그 모든 문명사회의 유산에 질색하는데, 이러한 유산들은 한데 묶여서 '도구적 사유'라는 명목으로 폐기 처분된다. 대안을 제공하는 것에 실패한 것이 분명한데도, 그들은 그것이 가능해야 한다고 주장한다. 반사실적인 역사들이라는 형식이나 주변적인 것들에 대한 너무나 지역적인 개입들 외에 대안은 없어 보인다. 이들 기존 좌파들에게 지구적-통합적 시스템이야말로 가장 낯선 것들인 셈이다.[22]

사람들은 현대성은 진보적이고, 그것은 자본주의이며, 그것이 곧 가속주의라는 가속성의 가장 나쁜 판본 안에 갇혀 제자리걸음을 한다. 그렇기 때문에 "가능한 저항은 오로지 감속(deceleration)"[23]만이 유일하다고 생각하면서, 은둔의 삶의 살거나, 에피쿠로스적인 소공동체 안에서 소위 생태 지향적 준칙들을 지키면서 살아가게 된 것이다.

이렇게 된 것은 좌파 그룹들이 자본주의 경제학을 경멸적으로 여기면서, 그것들이 가지고 있는 통계적 도구나 논증들 속에 도사린 코뮌적인 어떤 '송곳'들을 발견하여 활용하지 않는다는 것에 놓여 있다. 이와 마찬가지로 과학기술에 대해서도 그와 같은 무지 속에서

22 *Ibid.*, pp. 5~6.
23 *Ibid.*, p. 6.

'철학'의 제일 학문성이라는 정신 승리 도식에 갇혀 있는 경우도 있다. 이들에게 과학기술에 대한 연구는 늘 부차화된다.

단지 이론적으로만 자본주의를 알고, 그것의 현실적인 공정에는 관심을 둔 적이 없기 때문에, 현재의 좌파 이론들은 늘 "기술적으로 무식하"[24]고 철학적으로 빈곤하다. 사실상 과학기술 텍스트는 그 자체로 어떤 철학적 실천 교본이 될 수는 없다. 그것을 가동시키는 것은 신유물론적 철학자의 몫이다. 마치 들뢰즈가 니체의 텍스트를 "기계화"하여 "외적이고 현실적인 힘을 가지고 그 무엇인가를 작동케" 한다고 할 때처럼.[25] 기술과학 텍스트들은 그렇게 다루어질 필요가 있을 것이다. 다시 말해 "텍스트를 가동시킨다"라는 말은 "탈코드화한다"라는 말과 같은 것이다. 즉 이것은 바라드적 의미에서의 기술 담론과 실천의 얽힘을 발명한다는 뜻이다.

우선 그것은 '텍스트'라는 그 자신의 성격으로부터 탈코드화하고, 물질화된 상태에서 그 텍스트와 연합된 환경들을 횡단하면서 다시 한 번 탈코드화하는 것이다. 이러한 과정은 '가속'되어야 한다. 즉 그것이 네트워킹 내에서 가동되도록, 우리는 이디시어를 쓴 카프카나, 아포리즘을 폭탄처럼 사용한 니체처럼 컴퓨터 언어와 웹 온톨로지들을 정말로 '가동'시킬 줄 알아야 한다. 우리는 인문학자로부터 공학자로의 되기를 시도할 필요가 있는 것이다. 이제는 그러한 공학적 되기의 과정이 '철학하기'가 된다.

하지만 새로운 이데올로기적 전망을 발명하는 대신 이들은 어

---

24 *Ibid.*
25 Gilles Deleuze, "Pensée nomade", *Nietzsche aujourd'hui?*, vol. 1: Intensités, Paris: UGE, 1973, pp. 270~271.

떤 자기-조직 내부의 직접민주주의를 과시하면서, 과도한 자기-유기체성에 대한 찬양에 골몰한다. 가장 순수하고 진정한 코뮤니즘이 자신들 안에서 싹터 오고 있다는 것이다. "이들은 이와 같은 것이 세계화된 자본의 추상적 폭력에 반대하는 것처럼 착각하면서, 스스로를 신원시주의적 지역주의의 변화된 양태로 내세우고 있는 실정이다."[26] 이런 와중에 우파 세력들은 이 전망 부재의 상태를 비집고 들어와 신나치즘의 깃발을 건물에 내걸고, KKK단은 백주 대낮에 테러를 자행하며,[27] 브라질의 대통령은 코로나바이러스에 시달리는 시민들에게 "사람들은 원래 다 죽는다"라고 공공연하게 떠벌리며 조롱한다. 이것은 단순히 극소수의 테러리스트들의 일시적인 난동이 아니다. 이들의 이니셔티브는 점점 현실이 되어 가고 있는 것이다. 브라질의 대통령 자이르 보우소나루가 "마지막 남은 좌파까지 쓸어버리겠다"고 선거 캠페인에서 말했을 때 브라질 다중들은 환호했다. 그가 뽑힌 이유가 이 자극적인 이념적 이니셔티브가 아니라면 무엇이겠는가? 따라서 "전 지구적인 규모에서 좌파 헤게모니를 새롭게

---

26 Williams and Srnicek, "Manifesto for an Accelerationist Politics", *#Accelerate#*, p. 351. 가속주의자들에게 현재 좌파 내의 핵심적인 분파는 둘이다. 하나는 "지역주의, 직접행동 그리고 끊임없는 수평주의를 견지하는 사람들"이고 다른 하나는 "추상성, 복잡성, 전 지구성 그리고 기술의 현대성에서 편안함을 느끼는 가속주의 정치"를 옹호하는 사람들이다(*Ibid.*, p. 354). "전자는 비자본주의적인 사회적 관계들의 작은 임시 공간들을 확립하는 데 여전히 만족하며, 본질적으로 비지역적이고, 추상적이며, 우리 일상의 하부구조에 깊이 뿌리를 내리고 있는 적들을 대면할 때 수반되는 진짜 문제들은 회피한다. 이런 방식의 정치는 애초부터 실패가 내장되어 있는 것이다. 반면, 가속주의 정치는 후기자본주의의 진전을 보존하려 하면서, 그것의 가치 체계, 통치 구조 그리고 집단 병리가 허용할 만한 것 너머로 자본주의를 밀어붙인다"(*Ibid.*).

27 "Klan leader charged over driving car into Black Lives Matter protesters", https://www.theguardian.com/us-news/2020/jun/08/klan-leader-charged-harry-rogers-virginia (2022년 10월 31일 마지막 접근).

발생시키는 것은 가능한 미래들을 상실에서 구해 내는 것일 뿐 아니라, 사실상 미래 자체를 구해 내는 것과 함께 가는 것이다".[28]

이를 위해 가속주의는 담론적으로나 실천적으로나 기존의 역사적 관점들을 횡단하면서(횡단성 테제), 수행적 관점에서 실천을 대한다(수행성 테제). 이것을 통해 가속주의는 철학적 주제와 정치적 제안을 중첩시키고, 실천의 벡터들을 불러모아 미래로 던져 놓는다. 이것은 들뢰즈가 '철학적 담론'에 대해 "언제나 주권의 문제를 구성하는 법, 제도, 계약과의 본질적인 관계 속에 있으며, 전제군주적 구성체에서 민주정체에 이르기까지 정착민의 역사를 횡단한다"[29]고 할 때의 그 '유목적 담론'과 상응한다. 그러므로 가속주의는 유목적 담론이다.[30]

(3) 노동 거부와 고정자본의 재전유

"가속주의는 보다 덜 일하는 삶을 원한다."[31] 따라서 노동의 권능보다는 비노동의 쾌락을 위해 투쟁하는 것이다. 이것은 케인즈가 1930년에 말한 것과 동일하다(「우리 후손들을 위한 경제적 전망」, Economic Possibilities for our Grandchildren, 1930). 현재의 자본주의는

---

28 Williams and Srnicek, "Manifesto for an Accelerationist Politics", *#Accelerate#*, p. 351.

29 Deleuze, "Pensée nomade", *Nietzsche aujourd'hui?*, p. 276.

30 주의할 것은 들뢰즈가 '철학적 담론'을 어떤 경우에는 유목적 담론과 대조되는 주권의 담론으로 취급하지만, 소수적 발화를 옹호하거나 그와 같은 방식으로 쓰일 때에는 철학과 담론 구성체를 혁명적인 의미로 사용한다는 점이다.

31 Williams and Srnicek, "Manifesto for an Accelerationist Politics", p. 354

점점 더 줄어드는 노동 시간과 늘어나는 여가 시간을 견디지 못한다. 현대 자본가들에게 여가란 일과 함께하는 여가, 또는 '즐거운 노동'이라는 캐치프레이즈로 변모된다. 또는 '저녁이 있는 삶'을 위해 더 심각해진 노동강도를 짧은 시간 안에 견디거나, 주어진 프로젝트를 성공적으로 이끌기를 원한다. 여기에서는 저 두 시간의 경계는 의미없다. 하지만 그렇다고 해도 가속주의자에게 저 경계를 지킬 이유는 없다. 오히려 그러한 경계의 무화를 자본가보다 먼저 가속하고, 의제화하여 모든 노동 시간을 여가 시간으로 만들 필요가 요구된다.

따라서 가속주의자들에게 신자유주의하에서 일어나고 있는 모든 기술과학의 혁명들은 파괴될 필요가 없다. 그것들은 여가 시간으로 가기 위한 물질적 플랫폼으로서 인민에게 재전유되어야 한다. 이러한 재전유의 과정은 네그리가 '고정자본의 재전유'라고 한 과정과 일치한다. 그는 고정자본에 대해 다소 새롭게 정의한다.

> 한편으로 과거의 인간 활동과 지성이 고정자본으로서 축적되고 결정화되지만, 다른 한편으로는 이와 반대되는 흐름으로서 살아 있는 인간이 고정자본을 자신의 내부와 사회적 삶으로 재흡수할 수 있다. 고정자본은 두 의미 모두에서 '인간 자신'이다.[32]

이런 식으로 정의된 고정자본은 고전적인 맑스주의에서 말하는 그러한 기계류로서의 불변자본만이 아니라, 노동자 자신의 인지적 요소(cognitive elements)들을 모두 포괄하는 것이다.[33] 네그리의 이

---

32 안토니오 네그리·마이클 하트, 『어셈블리』, 이승준·정유진 옮김, 알렙, 2020, 217쪽.
33 이런 식의 고정자본에는 정보에 대한 전문적 기술, 1인 미디어, 특히 집단지성을 형성

런 주장은 그가 『#가속하라: 가속주의 정치학을 위한 선언』에 대해 쓴 논평문에도 드러난다.

> 철학적 비판에 현존하는 인간주의를 약화시키면서, 『#가속하라: 가속주의 정치학을 위한 선언』은 고정자본의 신체적 재전유(corporeal reappropriation)에 관한 물질적이고 기술적인 특성들을 내세운다. **생산의 수량화, 경제적 모델링, 빅데이터 분석 그리고 가장 추상적인 인지적 모델들이 교육과 과학을 통해 노동자-주체들에 의해 재전유**된다. 자본에 의해 수학적 모델과 알고리듬이 사용된다고 그것이 자본의 특성이 되는 것은 아니다. 그것은 **수학의 문제가 아니라 권력의 문제**이기 때문이다.[34]

여기서 노동의 인지적 요소들은 노동이 점점 더 협동적이고 비물질적이며 감응적으로 되어 간다는 후기자본주의의 특징을 나타내는 지표다.[35] 그런데 이러한 협동과 정동은 앞서 맑스의 '기계에 대한 단상'에서 봤다시피, 심각한 상태를 가져오게 된다. 인지 노동의 경우에도 다르지 않다. 이때 협동은 상호감시와 함께 가고, 감응은 성과의 고통이 된다. 하지만 이 새로운 상황은 이 노동이 자본으로부터

하는 링크들이 포함된다. 이러한 것들을 포함한 '재전유'는 보다 광범위한 물질성의 재전유라고 할 수 있다.

34 Antonio Negri, "Reflections on the Manifesto", Mackay and Avanessian, *#Accelerate#*, p. 370(강조는 인용자).

35 정보화와 인지 노동의 관계에 대해 네그리는 그것이 자동화를 거치면서 자본 종속적인 처지에 놓인다고 주장한다. 자동화는 생산 과정 안에 노동하는 물질로서의 노동자를 기입하면서 수동적인 상태로 만든다. 이렇게 함으로써 자본은 정보화와 인지 노동을 코드화하고, 이윤 수행 쪽으로 그 흐름을 틀어 놓는 것이다.

극적으로 추상화되고(사용-가치의 은폐 과정), 그럼으로써 그로부터 더욱 독립적으로 변한다는 국면을 마주하게 된다. 가속주의 입장에서 이 과정은 노동자의 고통을 사디스틱하게 즐기는 것이 결코 아니다. 이것은 맑스가 산업 노동자들의 처지에 대해 그렇게 생각하지 않은 것과 마찬가지다. 오히려 가속주의적 입장은 이러한 인지 노동의 고도의 추상화가 노동으로부터의 해방을 가져오는 단초가 됨을 강조하는 것이다. 이렇게 됨으로써 노동자는 현장에서 그 노동에 대한 자율권과 통제권을 쥘 수 있을 정도로 기술과학적인 전문성을 획득할 수 있게 된다.

> 고정자본의 재전유는, 다시 말해서 애초에 우리가 창출한 물리적 기계, 인공지능 기계, 사회적 기계 및 과학적 지식에 대한 통제력을 되찾는 것은 그 전장에서 우리가 착수할 수 있는 대담하고 강력한 하나의 사업인 것이다.[36]

네그리의 이 기획들은 '대항권력'의 구성으로 통한다. 대항권력이란 자본주의적인 주권을 전복하기 위한 저항의 모멘텀이다. 이때의 전복은 수직축과 수평축에서 동시에 진행된다. 다시 말해 "새로운 군주로 행위하는 다중"은 "(1) 수직축을 공략해 억압적 권력을 비워야" 하며 "(2) 수직축에 맞서 사회적 생산, 재생산의 수평축에서 형성되는 대항권력을 구축해야 한다. (3) 대항권력의 구축이 성취되었을 때에만 새로운 군주는 구성권력의 과정을 시작할 수 있다".[37]

---

36 네그리·하트, 『어셈블리: 21세기 새로운 민주주의 질서에 대한 제언』, 223쪽.
37 앞의 책, 426~427쪽.

네그리의 이 정치적 기획과 '다중-주체'에는 가속주의와 신유물론의 테제에 비해 부족한 측면과 상응하는 측면이 모두 존재한다. 한편으로 네그리의 『어셈블리』는 권력의 운동에 저항하는 삶/생명의 정치를 통해 어떤 '모으기/모이기'의 횡단적 실천을 실현하고자 한다.[38] 그러므로 여기에는 인간중심주의를 벗어난 측면이 분명히 존재하지만, 그렇다고, 포스트휴먼의 전략이나 전술을 뚜렷하게 내세우는 것은 아니다. 기계와 인간의 관계에 있어서도 모으기는 다른 인간적 어셈블리에 비해 미약한 수준에 머문다.

따라서 존재론적 수준에서 네그리의 논의는 가속주의와 더불어 신유물론이 가지는 유물론적 일원론을 공유하지만, 정치적 실천의 수준에서 물질의 능동성과 수행성은 관건적으로 취급되는 것은 아니다. 하지만 이러한 취급은 네그리만의 문제는 아닐 것이다. 그렇다고 비난받을 만한 일도 아니다.

좌파 정치철학에서 자본주의 사회의 기술적 진보와 과학은 제거되어야 할 악이 아니라 가장 효과적인 도구가 되어야 할 것이다. 경제적 모형에서 물리학 이론에 이르기까지 그리고 공학에서 수학과 컴퓨터 네트워킹 기술에 이르기까지 철학은 마땅히 이들을 고정자본으로 재전유해야 한다. 그러나 이러한 지식획득의 과정만이 가속주의 정치인 것은 결코 아니다. 그것은 완전히 획득되지 않아도 상관없지만, 그것의 한도 안에서 새로운 사회적 실험, 발명이 포함되지 않는다면, 무엇도 아닌 것이 되어 버린다. 아무리 사소한 것이라 해도 기존의 자본주의가 엄두를 내지 않는 실험들을 통해 자본주의 구

---

38 앞의 책, 33쪽.

성체에 작은 파열구를 내고, 탈구시키며, 탈주의 배치를 생성해야 하는 것이다.

4. 결론: 직접행동과 조직화의 생태학

광장에서 일어나는 직접행동도 중요하지만 그것이 충분한 것은 아니다. 가속주의자들, 정치적 신유물론자들은 그러한 직접행동을 자기만족의 수단으로 삼지 않는다. "우리는 특수한 행동 유형들을 물신화하는 것을 그만두어야 한다."[39] 이것은 조직화의 문제다. 사회운동의 역사에서 이것만큼 골머리를 썩인 문제는 '이행의 문제'(사회체제의 변화 과정) 다음일 것이다. 가속주의자들은 2011년 오큐파이 이래 과도한 수평주의가 가장 나쁜 형태의 아나키즘을 불러옴으로써 결과적으로 운동을 해소시킨다는 것을 뼈저리게 느꼈다. 그러므로 이들에게 수직적 위계는 부정해야 할 것은 아니다. 문제는 그러한 수직적 위계를 고착화하는 것이 아니라 가소적으로(plastically) 만들어 낼 적절한 수평적 네트워크다. 지도자는 언제나 소환되어야 하고, 물러나게 할 수 있으며, 그의 가장 큰 죄는 네트워크에 결절을 만드는 짓이다. 하지만 수평적 네트워크는 "서로 간의 상대적 힘들에 공명하고 되먹임"될 수 있어야 한다.[40] 이것을 가속주의자들은 '**조직화의 생태학**'이라고 부른다. 이 말에는 일정한 포스트휴먼적 함축이

---

39 Williams and Srnicek, "Manifesto for an Accelerationist Politics", *#Accelerate#*, p. 358.
40 *Ibid.*, p. 359.

있음을 알 필요가 있다. 조직화는 가소성을 언제나 가지고 있으며, 그 범역은 존재자들 전체다. 따라서 소수자는 물론이고 생태적 대상들과 사이보그는 이 생태학 안에서 일정 부분의 의제 설정과 판단, 결정의 권리를 누릴 것이다.

그러나 이것만으로는 부족하다. 이런 경우 우리는 보다 구체적인 대안을 요구할 필요가 있다. 스르니체크와 윌리엄스는 이를 위해 기존 좌파의 평등 이념 그리고 그것과 대결하는 자유주의를 검토할 필요성을 제기한다. 이들은 자유가 본래 "좌파 현대성의 본질적 원리"[41]라고 생각한다. 이에 반해 자본주의에 침윤된 자유주의의 자유는 "비참할 정도로 메마른 자유 개념에 불과하다".[42] 그것은 실천적으로는 국가로부터의 최소한의 정치적 자유 그리고 반짝거리는 새로운 소비재들의 선택이며 또한 우리의 노동력을 팔아 치울 경제적 자유일 뿐이다. 이것은 '부정적 자유'(negative freedom)라고 부를 수 있다. 이 자유 아래에서 부자와 빈자는, 그 행위능력에서의 명백한 차이에도 불구하고, 동등하게 자유로운 것으로 간주된다. 부정적 자유는 전반적으로 대규모 빈곤, 기아, 노숙, 실업 그리고 불평등과 양립가능하다. 이것은 또한 광범위하게 퍼져 있는 광고에 의해 조작되고 고안되고 있는 우리의 욕망들과도 양립 가능하다.[43]

이에 반해 좌파의 자유는 '종합적 자유'(synthetic freedom)라고 부를 수 있다. 이들 가속주의자들은 종합적 자유가 "물질적 능력 없는 형식적 권리란 무가치하다는 것"을 아는 것에서 시작된다고 본

---

41 Nick Srnicek and Alex Williams, *Inventing the Future: Postcapitalism and a World Without Work*, London: Verso, 2015, p. 78.
42 *Ibid.*
43 *Ibid.* 참조.

다. 이러한 주장이 파격적인 이유는 그간의 도덕주의적이고 고리타
분한 금욕적인 좌파적 엄숙주의를 단숨에 잘라 내 버리기 때문이다.
이들은 "예컨대 민주주의 아래에서, 우리는 모두 정치적 지도력을
경주하기 위해 형식적으로 자유롭다. 하지만 캠페인을 벌일 재정적
이고 사회적인 재원이 없다면, 그것은 의미 없는 자유이다"[44]라고 선
언한다. 확실히 이것은 "실제적인 해방은 오로지 실재 세계 안에서
실재 수단들에 의해서만 쟁취될 수 있다"고 한 맑스의 테제에 부합
하며, 기존의 이분법을 횡단하라는 신유물론의 정치학에도 부합한
다. 그러나 자본주의에서 이러한 물질적인 역량은 불가능하거나 상
당히 어렵게 쟁취될 수 있을 뿐이라는 것도 명확하다. 이러한 난점들
을 해결하기 위해 이들은 행위할 능력을 갖추기 위한 실제적인 목표
들을 명확하게 제시한다.

> 후기자본주의 세계의 첫 번째 목표는 종합적 자유를 최대화하는 것이
> 며, 또는 달리 말해 인간성과 우리의 집합적 지평들의 확장 모두의 풍
> 족함을 가능하게 하는 것이다. 이것을 쟁취하는 것은 적어도 세 가지
> 상이한 요소들을 포함한다. 삶의 기초 필수품의 제공, 사회적 자원들
> 의 확대 그리고 기술적 능력들의 발전이 그것이다.[45]

스르니체크와 윌리엄스는 이러한 것들이 구비될 때, 종합적 자
유가 형성된다고 본다. 이 요건들이 구비되지 않은 것은 단순히 형식
적인 자유이며 실질적인 자유가 아니라는 것이다. 또한 이것은 자연

---

44 *Ibid.*, p. 79.
45 *Ibid.*, pp. 79~80.

적으로 구축되는 것이 아니라 집단적인 역사적 쟁취물로 취급되어야 한다. 그리고 이들은 더 구체적으로 재전유의 사항들을 개괄한다.

> 최초 단계는 **의료서비스, 주거, 육아, 교육, 교통과 인터넷 접근성과 같은 사회의 공통재들을 제공**하는 것에 관한 고전적인 사회민주주의적 목표다. 삶의 기초 필수품들이 아마도 시장에서의 선택의 자유에 의해 향상될 것이라는 자유주의적 이념은 그와 같은 선택을 수행하는 중에 포함되는 실제적인(금융적이고 인지적인) 부담들을 무시한다. 종합적 자유의 세계에서, 높은 품질의 공공재가 우리에게 공급될 것이다. 여기서는 우리의 삶에 어울리는 것이 남겨질 뿐, 공급자에게 어울리는 의료서비스에 대해서는 걱정하지 않는다. 하지만 사회민주주의적 상상력 너머, 두 가지 보다 심화된 실존의 본질적인 부분들이 놓여 있는데, 그것은 시간과 돈이다. 자유로운 시간은 자기-결정성과 우리 능력의 발전을 위한 조건이다. 이와 마찬가지로 종합적 자유는 모든 사람들이 충분히 자유로워지기 위해 모두에 대한 **기본소득을 지급할 것을 요청**한다. 그러한 정책은 자본주의하에서의 삶을 위한 재정적 자원을 제공할 뿐만 아니라, 자유 시간의 증가를 가능하게 한다. 그것은 우리의 삶을 선택할 능력을 우리에게 제공할 것이다. 즉 우리는 생존하기 위해 맹목적으로 일하는 대신 우리의 문화적·지적 그리고 신체적 감수성들을 양육하기 위해 선택함으로써, 인습에 얽매이지 않는 삶을 실험하고 건설할 수 있다. 따라서 시간과 돈은 실질적인 의미에서 자유의 핵심적인 구성요소를 대표한다.[46]

---

46 *Ibid.*, p. 80(강조는 인용자).

가속주의자들은 행위능력의 확대를 위해 기술발전이 가지는 중심적 역할을 긍정한다. 이들에 따르면 기술은 우리를 장기판 졸의 수준 이상으로 끌어올리며, 우리의 종합적 자유를 확장시킬 것이다. 그렇다 하더라도 이것은 자연적으로 이루어지지 않는다. 따라서 가속주의는 물질세계의 재배치를 쟁취해야 한다. 집합적이고 기술적인 산물들, 사이보그 증가물들, 인공생명, 종합적 생물학 그리고 기술적으로 매개된 재생산은 한 줌의 지배자들이 아니라 인간/비인간 인민들의 것이어야 한다. 이러한 해방의 이미지는 결코 정적인 사회로 응고되거나 그것으로 만족될 수 없으며, 대신에 계속해서 어떤 한계 너머로 이끌려 갈 것이다. 자유는 종합적 기획이지 자연의 선물이 아니다.[47]

때문에 후기자본주의 좌파의 임무는 이러한 기술적 조건들을 재전유하고 재정향하는 것이어야 한다. 이를 위해 더 심도 깊은 탐구와 실천을 할 것이다. 그 곁에 기술 분야의 노동자들이 있다. 가속주의자들은 이들 기술 분야 노동자들의 미래정치학을 신뢰한다. 따라서 사회의 주도적 사고방식을 기술 체계 쪽으로 바꾸어야 한다. 그렇지 않으면, "새로운 기술들은 자본주의 노선을 따라 계속 발전될 것이며 오래된 기술들은 자본주의적 가치에 의존한 채 남을 것이다".[48]

좌파 경제학은 자본주의적인 비판에만 몰두하는 것에서 벗어나 긍정의 경제학이 되어야 할 것이다. 그것은 일련의 돌발적인 사태와 장기 불황을 함께 생각하며, 완전 자동화와 기본소득의 가능성을 분석한다. 생산수단을 탈산소화하고, 금융 불안정성에 따른 새로

47 *Ibid.*, p. 81 참조.
48 *Ibid.*, p. 153.

운 거래 방식(예컨대 암호 화폐)을 더 세련되게 제안할 필요가 있을 것이다. 또한 경제학은 "3D 인쇄술(additive manufacturing), 자율주행 자동차 그리고 소프트 AI와 같은 막 출현하고 있는 기술들에 대해서" 관심을 기울여야 한다. 후기자본주의 사회의 이행 프로그램은 정치적일 뿐 아니라, 경제적이며, 또한 가장 중요하게도 기술적이다. 이를 파악하기 위해 가속주의자들은 주류 경제학의 양적 도구들을 적극 활용할 필요성에 대해서도 말한다.[49]

그러므로 앞서 가속주의자들의 요청에 이어 다른 요청이 등장하는데, 바로 '완전 자동화'다. 이 자동화된 경제체제 안에서 인간을 노동의 단조로움으로부터 해방시키는 것은 필수적이다. 이를 통해 부는 증가할 것이며 종합적 자유가 성취될 가능성은 더 높아진다. 그렇기 때문에 이들은 "자동화와 인간 노동의 대체를 향해 가는 경향들이 좌파의 정치적 기획으로서 열광적으로 가속될 것이며 목표가 될 것"[50]이라고 확언하는 것이다. 이러한 기술 가속과 재전유 과정의

---

49 *Ibid.*, p. 143 참조. 가속주의자들은 경제적 민주주의 또한 컴퓨터 기술의 발전과 더불어 이루어질 것이라고 본다. "경제의 민주적 지도도 또한 출현하는 기술들에 의해 가속된다. […] 경제민주주의를 증가시키는 것은 우리가 일상적 삶의 세부 사항들을 넘어 막대한 양의 시간을 논의와 결정에 쏟아야 할 것을 요청한다. 컴퓨터 기술의 활용은 결정되어야 할 것을 간결하게 함으로써 그리고 집합적으로 무관한 것으로 간주되는 결정들을 자동화함으로써 이러한 문제를 피하는 데 있어서 본질적이다. 예컨대 경제의 모든 측면들에 대해 숙고하기보다, 그 대신에 결정들은 특정 핵심 매개변수들(에너지 입력자, 이산화탄소 출력자, 불평등 수준, 연구 조사 등등)에 대해 이루어질 수 있다. 소셜 미디어—화폐화와 나르시시즘적 경향으로의 충동으로부터 분리된—는 새로운 공중(public)을 야기함으로써 경제민주주의를 양육할 수 있다. 해방과 참여의 새로운 양식들은 후기자본주의 소셜 미디어 플랫폼으로부터 출현할 것이다. 후기자본주의 경제체제들이 매번 직면하는 문제—상품들을 시장가격의 결여 없이 어떻게 효과적으로 배분할 것이냐는 문제—는 컴퓨터를 통해 극복될 수 있다. 경제계획에 대한 초기 소비에트의 시도들과 오늘날 사이에서 전산 처리 활동의 힘은 1,000억 배 더 강력하게 되어 기하급수적으로 성장해 왔다"(*Ibid.*, p. 182).

개입은 현존하는 자본주의적 경향을 파악하고, 그러쥠으로써 자본주의 사회관계가 그것이 수용 가능한 한계 너머로 밀어붙인다. 이는 신유물론이 취하는바, 극단으로 밀어붙이기의 정치학 판본이다.

그다음으로 가속주의자들은 자율주의 정치철학에서 말하는 노동 거부를 실천하고자 한다. 이것은 기존의 노동중심성을 거부하는 것이며, 노동계급을 신성시하는 그 어떤 전략과도 단절하는 것이다. 노동은 거부되고 축소되어야 하며 종합적 자유는 그 과정 안에서 가능해질 것이다.[51]

요컨대 가속주의는 네 가지 최소 요구를 제출할 수 있다. 그것은 "1. 완전 자동화, 2. 주당 노동 시간의 축소, 3. 기본소득 지급, 4. 노동윤리(work ethic, 근면성)의 축소"[52]다. 이 요구들은 서로 이어져 있다. 완전 자동화와 재전유 투쟁은 노동 시간의 축소를 가져오며, 이와 더불어 보편적 기본소득을 쟁취함으로써 계급권력을 확장하기 위한 잠재력을 증폭시킨다. 아마도 이러한 계급권력에는 녹색계급도 포함되어야 할 것이다. 이와 더불어 노동윤리의 축소는 필연적인 결과물이 된다. 이것은 곧 의회정치 내부에 탈-노동을 내세운 권력을 장착할 수 있도록 도울 것이다. 그러나 의회권력이 다는 아니다. 진정한 권력은 언제나 거리에 있었으며, 앞으로도 그럴 것이다. 따라서 현재 가장 급진적이지만 관건적인 슬로건은 완전고용이 아니라 "완전 비고용",[53] 완전한 자유, 완전한 화폐, 즉 사용가치로서의 화폐다. 이 모든 것은 전방위적인 정치투쟁을 요구하는 것이기도 하다.

---

50   *Ibid.*, p. 109.
51   *Ibid.*, p. 126 참조.
52   *Ibid.*, p. 127 참조.
53   *Ibid.*

이 전방위적인 정치투쟁 안에서 우리는 기술 관료주의로부터 빠져 나와 포스트휴먼의 비인간 투사로서 활동하게 된다.

따라서 가속주의에 이르러 포스트휴먼의 비판적이고 문화적인 기획은 정치적 청사진을 획득할 수 있게 될 것이다. 여기에는 맑스주의의 꿈으로서 생산의 사회화, 가치-형식의 종말, 임금 노동의 폐절뿐만 아니라 주체적인 것의 재구성도 포함된다. 이 경우에 맑스주의의 꿈은 "경제적이고 정치적인 것, 섹슈얼리티와 재생산 구조에 대한 실험 그리고 새로운 욕망의 창조, 확장된 감각적 능력들, 사유와 추론의 새로운 형식들 그리고 궁극적으로 완전히 새로운 인간 양태를 포함"[54]하게 된다. 마찬가지로 욕망, 필요, 라이프스타일, 공동체, 존재 방식들, 능력들의 확장도 이루어진다.

가속주의자들은 "이것이 21세기 좌파의 모습"[55]이라 단언한다.

우리는 우리의 집합적 상상을 자본주의가 허용하는 것 너머로 확장해야 한다. 배터리 수명과 컴퓨터의 힘 안에서 최저의 개량에 안주하기보다, 좌파는 자본주의 너머의 세상을 준비하기 위해 경제를 탈탄소화하고 우주를 여행하며, 로봇 경제체제—과학소설의 그 모든 전통적인 시금석들—에 대한 꿈들을 동원해야 한다. 신자유주의는 [⋯] 미래의 생존에 그 어떤 보증도 담고 있지 못하다. 모든 사회체계와 같이 우리는 그것이 영원히 지속되지 않을 것이라는 것을 늘 알고 있었다. **우리의 현재 임무는 다음번에 발생할 것을 발명하는 것이다.**[56]

---

54 *Ibid.*, pp. 180~181.
55 *Ibid.*, p. 183.
56 *Ibid.*

사실상 인류-자본세에서 자본주의는 언제나 최소 개혁을 앞세워 기술발전의 가속력을 축적의 순환성 안으로, 그 동일성의 순환 안으로 축소시켜 왔다. 가속주의자들은 이러한 유쾌하지 않은 제한을 넘어가기를 원한다. "우리는 보다 빨리 움직인다. 자본주의가 그것을 요청한다. 그러나 우리는 아무 곳에도 가지 않는다. 우리는 우리의 정체 상태 바깥으로 가속할 수 있는 어떤 세계를 건설해야 한다."[57]

57　*Ibid.*, p. 181.

용어 해설

가속(acceleration)

과학자들은 인류세라는 새로운 시기와 마찬가지로 우리 시대를 위대한 가속(the Great Acceleration)의 시대라고 주장한다. 20세기 중반 이래, 그들은 인간이 주도한 생태적 파괴가 지구 행성의 지리적 기록에 어떤 분명한 흔적을 남겨 왔다고 주장한다. 즉 산업적인 생산 기반들이, 지구의 빈곤한 지역들을 포함하여, 행성을 가로질러 극적으로 확장되어 왔다는 것이다.

인류세를 가속으로 규정하는 것은 예전의 관념들과도 이어져 있다. 극적으로 속도를 높인 대량생산 산업화가 그것이다. 예컨대 이탈리아 미래주의 예술 운동의 구성원들은 1909년의 유명한 선언에서, 산업이 '편재하는 속도'(omnipresent speed)를 창조해 냈다고 주장하면서 그것을 가능하게 한 기술을 숭배했다. 이 꿈의 세계는 유토피아적 미래로서, 그것을 가능하게 만든 산업적 파국들을 정당화한다. 이것은 우파 가속주의자들의 주장이기도 하다.

대체적으로 유사한 질문들이 오늘날 노이스가 가속주의자라고 부르는 학자들에 의해 제기되고 있다. 노이스에 따르면 가속주의자들은 만약 자본주의 그 자신이 해체의 힘을 발생시킨다면, 그때 자본주의 자체를 급진화하는 것이 필연적이라고 보았다. 가속주의자들이 주장하는 바에 따르면, 자본주의에 대한 유일한 급진적인 응답은 저항도, 붕괴나 비판도 아니고, 그 자체의 모순들에 의해 소멸되기를 기다리는 것도 아니라, 그것의 절멸 과정, 소외 과정, 탈코드화와 추상적 경향들을 가속하는 것이다.[1]

간-행(intra-action)

'간-행'은 새로운 용어로서, 해러웨이에 의해 도입되었고(1992) 바라드에 의해 더욱 발전되었다. 이 단어는 관계적 존재론을 표현한다. '간'(intra)은 라틴어로부터 온 것으로 '~의 내부로'(within), '안의'(interior), '~동안'(during)을 의미한다. 바라드의 행위적 실재론의 중심에, 간-행은 연구 방법론으로서 회절과 밀접한 관련을 가진다. 이 개념들은 개별체로부터 관계적 존재로의 존재론적 전환을 표현한다. 간-행은 관계 이전의 개별적 존재를 가정하지 않는다. 이것은 주체뿐 아니라 객체에도 적용된다. 이와 대조적으로 상호작용이라는 친숙한 개념은 개별체들이 그들이 상호작용(분리된 개별 실체들로서 서로 간에between, 서로를 향해towards 그리고 서로 사이에among 작용)하기 전에 존재한다고 여긴다.

간-행은 바이러스가 **존재하는** 바를 재형상화한다(예컨대 에볼라바이러스, 사스-코비드2 바이러스). 바이러스가 세계 안의 (아주 작

1   David Rojas, "Acceleration", eds. Cymene Howe and Anand Pandian, *Anthropocene Unseen: A lexicon*, Punctum Books, 2020, pp. 25~29 참조.

은) 사물 혹은 객체라는 가정을 대신해, 간-행은 그것을 하나의 현상으로 사고하도록 돕는다. 이것이 왜 있는가, 그것이 의미하는 바가 무엇인가 그리고 그것이 왜 중요한가?

간-행은 지식에 대한 우리의 주장을 재사유하고 재작업하는 것을 포함한다(인식론). 이것은 우리가 살아가야 하는 방식(윤리학)에 대한 규범적 이념들뿐만 아니라, 세계를 구성하는 것에 대해 사유하는 것(우리의 존재론적 신념들)을 포함한다. 바라드는 간-행이란 사람들이 현상들이라고 부르는 것이 속하는 얽힌 행위소들의 상호적 구성을 의미한다고 설명한다. 인간은 주체도 객체도(예컨대 나, 커피잔, 또는 의자) 아니고, 단지 복잡한 현상들(무한 얽힘)이다. 간-행은 세계와의 연결성에 대한 것이다. 그것은 개별적 인간으로서 우리가 언제나 이미 그 안에서 우리 자신을 발견하는 관계들의 네트워크와 그 관계들이 우리를 촉발하는 방식에 대해 그 어떤 통제력도 가지지 않는다고 가정한다. 인간은 다른 주체들과 객체들로부터 (인간이 만든 범주를 통해) 오로지 추상적으로만 거리를 유지할 수 있다. 예컨대 이것은 '나', '여성' 또는 '아이'와 같은 개념을 사용함으로써 이루어진다.

중요하게도 관계는 우리가 (인간으로서) 창조하는 어떤 것이 아니다. 연구자들은 시간과 공간을 가로질러 그것의 흔적을 찾을 수 있다. 간-행적인 연구를 할 때, 연구자들은 장의 '전체 상', 지식의 문헌 또는 본체 전체를 가지려는 노력을 피할 것이다. 대신 그들은 예컨대 공적인 것과 사적인 것, 세계와 사유자, 안과 바깥, 가사와 전문적 노동 간의 이분법을 깨트림으로써, 특수한 것, 일상적인 것의 얽힌 본성에 주의를 집중할 것이다. 존재론적으로 세계의 일부로 존재한다는 것은 인간과 비인간 간의 그 어떤 결정된 경계들도 존재하지 않는다는 것을 의미한다. 모든 생명은 상이한 속도라 할지라도, 역동적이고, 요동치며, 진동하고, 항구적으로 움직인다. 심지어 바위와 여타 객체들도 그러하다.

바라드에 따르면 간-행은 동시적으로 함께 둘로 나눠지는데, 이는 그것들이 분화되면서 동시에 얽혀 든다는 것을 의미한다. 세계를 바라보는 이런 방식은 데카르트적 이원론——이분하기나 경계 만들기——과 상이하다. 이 이원론은 주체/객체, 문화/자연, 여기/저기, 지금/그때의 절대적 나눔이나 선-재하는 결정된 경계들로 세계를 둘로 잘라 낸다.

간-행은 또한 원인이 결과를 앞서지 않는다는 것을 의미한다. 그 대신 원인과 결과는 간-행을 따라 상호적으로 구축되며, 원인과 결과를 함께 묶는 동시에 나눈다. 간-행하는 것은 단지 인간만이 아니며, 세계가 항상 간-행 중이며, 인간은 세계의 지속하는 간-행들의 부분이다.

바라드가 『우주의 중간에서 만나기: 양자물리학 그리고 물질과 의미의 얽힘』에서 든 간-행의 한 예는 책을 쓰는 행위다. 바라드에 따르면, 그(녀)들은 책을 쓰지 않았고 책은 그(녀)들을 쓰지 않았다. 그(녀)들과 책은 간-행을 통해 상호적으로 구성되었으며, 재/작업되었다.[2]

---

2   Karin Murris and Vivienne Bozalek, "Intra-action", ed. Karin Murris, *A Glossary for Doing Postqualitative, New Materialist and Critical Posthumanist Research Across Disciplines*, New York: Routledge, 2022, pp. 70~71 참조.

객체-지향 철학(Object-Oriented Philosophy)

아무도 실제적으로 지식이나 진리를 소유하지 않으며, 따라서 정치학이나 여타의 다른 것들의 퇴락에 대항하여 우리를 방어할 수 없다. OOO가 이해하는 바에 따르면, 사유를 진정 위협하는 진리는 상대주의가 아니라 관념론이고, 그래서 우리를 괴롭히는 것에 대한 치유책은 진리/지식 쌍이 아니라 실재(reality)이다. 실재는 늘 우리의 다양한 배를 침몰시키는 암초인데, 그것은 보통 인지되거나 숭배되어야 하지만, 파악하기 어려운 것이기도 하다. 실재는 언제나 우리가 그것에 대해 공식화하는 것과 근원적으로 다르며, 결코 우리가 신체적으로 직접 마주칠 수 없는 어떤 것이기 때문에, 그것에 간접적으로 접근해야 한다.

직설적으로 OOO는 실재론적 철학이다. 무엇보다도 이것이 의미하는 바는 OOO가 외부 세계는 인간의 의식과는 독립적으로 존재한다고 주장한다는 것이다. 이러한 관점이 지루하고 상식적으로 들리겠지만, 지난 세기 대륙 철학의 경향은 그 반대로 갔으며, 놀랍게도 상식과는 낯선 방향으로 이끌렸다.

OOO가 새로운 독자라 하더라도 G++ 또는 자바 같은 객체-지향 컴퓨터언어에 친숙할지도 모른다. 혼동을 피하기 위해 애초에 나는 이 둘 간에 그 어떤 본질적인 연관성도 없다고 말해야 하겠다. 즉 OOO는 단순히 그 '객체-지향'이라는 용어를 빌려 왔을 뿐, 그쪽 방면의 연구 발전에 의해 직접적으로 영향을 받지 않았다. 아마도 컴퓨터공학의 전문가는 객체-지향 프로그래밍과 OOO 간의 보다 상세한 비교를 수행할 수 있을지도 모른다. 하지만 지금까지는 이것이 필수적인 것은 아니다. 왜냐하면 OOO는 그 영역의 세부 사항으로부터 영감을 취하기보다, 그 분야에서 '객체-지향'이라는 용어를 빌려 왔을 뿐이기 때문이다. 그럼에도 불구하고 컴퓨터와 철학 둘 모두에서 '객체-지향'이라는 의미에 대해 몇몇 중요한 공통점이 있다. 오래된 컴퓨터언어로 쓰여진 프로그램은 그 모든 부분들이 하나의 통일된 전체로 통합되는 체계적이고 전체적인 엔티티들이었던 반면, 객체-지향 프로그램은 각각의 내부정보가 다른 것들에 숨겨진(또는 '감싸여진') 채 남아 있는 독립적인 프로그램 '객체들'을 사용한다. 그 부분들의 독립성이 주어지면, 컴퓨터 프로그램을 더 이상 매번 기억장치(scratch)로부터 불러낼 필요가 없어진다. 왜냐하면 우리가 다른 목적으로 다른 곳에 이미 쓴 프로그램 객체들을 그 내부구조를 변경할 필요 없이 새로운 맥락 안으로 불러와 사용할 수 있기 때문이다. 다시 말해 매번 전체 프로그램을 만들어 내야 하기보다, 새로운 쓰임을 창조하는 여러 조합들에서 그것들을 재정립하기 위한 새로운 세트를 만들어 내는 개별 프로그램 객체들을 결합할 수 있는 것이다. 이러한 객체들이 **서로 간에** 불투명하며 사용자에게 맞춰지지 않는다는 사실이 강조되어야 하는데, 이러한 생각이 서양철학사에는 낯설다. 수 세기 동안, 여러 사상가들은 사물의 실재성이 궁극적으로 우리에게 알려지지 않는다고 주장해 왔다. 칸트의 '사물-자체', 하이데거의 '존재' 그리고 라캉의 '실재'는 지성사에서 이런 경향의 세 가지 예시이다. OOO를 이러한 사유 경향들과 다르게 만드는 것—그러나 객체-지향 프로그래밍과 유사하게 만드는 것—은 인간 정신에 대한 것과 같이 객체들이 결코 서로 간에도 충분히 접촉하지 않는다는 생각이다. 이것이 바로 OOO가 독창적이지 않다는 비난의 대부분이 간과하는 핵심 논점이다. 객체 간 상호 맹시(mutual darkness)에 대한 OOO의 기여는 그것이 우리 시대의 유력한 전체주의 철학들 중 어떤 것에 저항할 수 있도록 하는 것이다. 이 철학들은 모든 것이 그것의 관계들로 순수하게 규정되며 세계는 이 관계들의 전체 체계일 뿐이라고 주장한다. 이와 같은 이론들에 대항하여 OOO는 객체들——실재적이든, 공상적이든, 자연적이든, 인공적이든, 인간이든 또는 비인간이든 간에——이 상호적으로 자율적이며 당연시되기보다 설명될 필요가 있는 특수한 경우들에서만 관계로 진입한다는 생각을 방어한다. 이러한 관점을 만드는 기술적(technical) 방법은 하이데거로부터 취한 용어에 따라 모든 객체들이 상호적으로 '물러난다'고 말하는 것이다. 상식적인 가설에 반해, 객체들은 서로 간에 직접 접촉하지 않으며, 그와 같은 접촉을 야기하는 세 번째 항이나 매개물을 요청한다.

OOO의 '객체-지향' 부분을 논의하면서, 우리는 이제 이 명칭의 세 번째 O, 즉 존재론을 대표하는 단어로 나아간다. 여기서 이전에 빌려 온 관계는 역전된다. 즉 철학이 '객체-지향'을 컴퓨터과학으로부터 빌려 왔지만, 컴퓨터과학은 '존재론'이라는 단어를 철학으로부터 빌려 오기 때문이다. 철학에서 '존재론'이라는 말과 '형이상학'이라는 말은 너무 밀접해서 (이 책의 저자를 포함하여) 몇몇 사람들은 그것들을 동의어로 사용하길 선호한다. 둘 모두 윤리학, 정치철학 또는 예술철학이 담당하는 보다 특수한 영역이 아니라 실재 자체의 구조와 관련된 철학의 분야를 지칭한다. '형이상학'이라는 단어에 관한 폭넓게 받아들여지는 역사는 우리에게 그것이 아리스토텔레스 저작들의 고대 편집자에 의해 만들어졌다는 것을 알려 준다. 아리스토텔레스는 철학만큼이나 자연과학의 위대한 설립자 중 한 사람이었다. 그리고 그의 『자연학』은 우리에게 자연에 관한 연구의 세부적인 사유를 가르쳐 준다. 『자연학』을 따라 아리스토텔레스는 그러한 자연의 주제 너머 또는 바같에 놓인 철학적 주제들에 대한 다른 저작을 썼다. 이를테면 개별적 사물들(또는 '실체들')은 어떻게 그것들의 변화하는 질들을 유지하면서 작동하는가, 마찬가지로 우주의 구조에서 신의 역할은 무엇인가와 같은 문제가 그것이다. 알려진 바에 따르면 아리스토텔레스의 편집자는 이 난해한 저작들을 무엇이라고 불러야 할지 불분명했고, 그것이 선집에서 『자연학』 다음에 놓여 있었으며, 그래서 그것을 '형이상학'(Metaphysics) 또는 '자연학 뒤'라고 불렀다. 하지만 고대 그리스 접두사인 'meta-'는 또한 '너머'(beyond)라는 의미도 가질 수 있으며, 따라서 형이상학은 자연세계 '너머'로 가는 분야로 일반적으로 이해되었다. 대륙 철학 전통에서 하이데거와 데리다 이래 '형이상학'은 이러한 대륙 사상가들이 플라톤 이후 서구 철학의 소박한 전형으로 간주하는 철학을 따르는 누군가의 적들을 고발하기 위한 고도로 부정적인 단어로 사용된다. 존재론에 관해서 말하자면, 몇몇 철학자들이 그리스 단어 ontos와 logos라는 의미로 섬세하게 해석하는 데 엄청난 에너지를 쏟아부었다 해도, 우리의 목적하에서는 존재론이 '존재에 관한 학문'과 같은 어떤 것을 의미한다고 말하는 것으로 충분하다. 이에 기반하여 우리는 존재론이 일찍이 그리스철학에서 나타났으며, 심지어 보다 이르게 인도에서 등장했다고 말할 수 있다. 그럼에도 불구하고 '존재론'이라는 단어 자체는 분명 1613년에야 만들어졌다. 그것은 철학과 같이 천천히 변화하는 영역에서는 실제적으로 어제 일이나 마찬가지다. '형이상학'과 대조적으로 '존재론'은 보다 엄격하고 역사적이거나 신비론적인 짐을 덜어 낸, 폭넓게 존중받을 만한 단어로 취급되는 경향이 있다. 그러나 다른 저작들에서와 마찬가지로 이 책에서도 나는 '형이상학'이라는 단어의 이러한 경멸적인 쓰임새를 따르지 않을 것이다. 왜냐하면 나는 고전적 철학으로부터 나온 가치 있는 어휘를 망칠 좋은 이유를 모르겠기 때문이다.[3]

배치(assemblage)

1960년대 중반에 이르기까지 가타리는 정치적 전위들과 심리치료 시설에 적용하기 위해 집단적 환상이라는 개념을 발전시켰다. 하지만 그는 '집단'(group)의 사회-심리학적 구축이 너무 실증적이며, 개인중심적이고, 그것의 이해가 과도하게 언표들에 의존적이며, 역사와 연결되어 투쟁하는 상상력과 욕망에 무지하다는 사실을 발견했다. 그러나 1970년대 후반에 그는 보다 추상적인 '배치'(가끔 'arrangement'로 번역되기도 함)라는 개념을 내세우고, 집단이라는 개념을 포기했다. 이는 비인간, 즉 집합적 혼합체에 속하는 기계적 요소를 부가하기 위해, 집단과 개체들 간의 차이를 혼동하는 것을 피하려는 것이었다. 어떤 고도로 기술적인 묘사는 '기계적 무의식'이라는 개념 안에서 전개되는데, 이 개념은 상이한 종류의 공속성들(consistencies)과 핵들(nuclei)에 기반하는 것으로서, 『천 개의 고원』에서 여러 맥락으로 등장하는데, 이때 영토성에 관한 집중적 논의에서 그리고 그것을 개방하는 '선'들에 대해 논의하면서 나타난다. 여기에는 기호론적이며 지리학적인 요소가 있는데, 이것은 두 가지 특성을 공유한다. 하나는 기계적 성격이며, 다른 하나는 언표적 역능

3 Graham Harman, "Introduction", *Object-Oriented Ontology: A New Theory of Everything*, UK: Penguin Random House, 2017, pp. 6~14 참조.

이다. 『카오스모제』가 출간된 이래, 이 개념은 무한 속도의 카오스적 층위를 포함하는 것이 되며, 이는 잠재적이고 현행적인 기능들 사이의 관계들을 재도입하는 네 가지 존재론적 틀거지들에 관한 분석에 속한다. 두 가지 기능들의 절합은 더 오랫동안 강조되고 있다. 그것은 표현과 내용이다. 이 항목이 가타리의 연구로부터 도출된 정의들, 즉 들뢰즈와 더불어 가타리가 연구한 것으로부터 유래하는 정의들과 들뢰즈 자신이 푸코에 관한 연구에서 사용한 그 자신의 것 사이를 나눈다는 점에 주목하라.

들뢰즈와 가타리의 연구에서, 이 개념은 고원(장소, milieu)의 외적인 어떤 기능을 위한 고원의 배열(arrangement)이나 특성을 말한다. 애초에 이것은 영토의 기능(또는 궁극적으로 어떤 탈영토화된 코스모스의 기능)을 말하는 것이었다. 들뢰즈와 가타리의 카프카 독해와 그들의 욕망의 탈주선에 대한 설명에서, 추상기계에 의한 탈영토화의 적절한 대상. 이것은 그것의 탈영토화를 수행하기 위한 역능이나 힘 외에 어떤 실재성도 지니지 않는다(추상적으로 존재하는 것).

기호에 관한 들뢰즈와 가타리의 이론에서, 배치는 어떤 수평축 위에서 신체적 복합물들과 내용과 표현의 비신체적 형식들을 동시에 생산하는 것이다. 이러한 생산은 신체들의 배열, 집합적 언표행위들 그리고/또는 고원들에 따른다. 또한 수직축 위에서 이것은 거의 (탈)영토화될 것이다. 이때 이것은 생물학적·사회적·역사적 또는 정치적 환경에 따른다.[4]

---

4 Eugene B. Young, Gary Genosko and Janell Watson, *The Deleuze and Guattari Dictionary*, London: Bloomsbury Academic, 2013, pp. 34~37 참조.

본사실성(factiality)

본사실성의 원리(principe de factualité)는 상관적인 것의 현사실성을 절대화하는 마지막 단계를 표시한다. 이것은 필연성 또는 현사실성의 비-현사실성이다. 이것은 또한 '비이성의 원리'로 지칭되기도 한다. 메이야수가 사용하는 현사실성에 관한 전형적인 정의는 하이데거의 저작 안에서 발견된다. 우리는 현사실성을 거칠게나마, 무언가의 실존의 우발적 사실로 이해한다. 그것은 그것의 유한성과 관련해서 기술될 수 있을 뿐이며, 사례나 필연적인 것이 되어야 하는 어떤 것으로 연역되지 않는다. 메이야수는 상관자의 우발적 실존에 관한 현사실성에 가장 관심이 많다. 즉 그 실존은 다른 방식으로도 될 수 있다는 것이다. 나아가 그는 특별히 반절대주의적 태도로서 그것의 현사실성을 중시하는데, 이는 상관적인 것을 위한 우발적 가능성들에 국한할 뿐이다. 즉 만약 현사실성이 오로지 '나의 것'이나 '나를 위한'이라면, 거기에 어떤 절대적인 것도 존재할 수 없다는 것이다. 따라서 『유한성 이후』의 3장에 나오는 중추적 논증은 강한 상관주의 입장의 모순적 본성을 수립하여 드러내고, 그것의 현사실성을, 절대적 관념론으로부터 결정적으로 구분하면서, 사변적 유물론을 위한 절대적인 것으로 전환한다. 사변적 유물론의 테제는, 절대적 관념론이 '현사실성의 그물'을 통과해 갈 수 없는 한에서 관념론의 위험을 무릅쓰며 그것을 기꺼워한다. 관념론의 절대주의는 존재와 사유 자체의 상관성이 절대적이며 필연적이라고 주장한다. 관념론이 오직 상관주의적 순환의 필연성을 절대화하면서, 자체적인 것(in-iteslf)이 필연적으로 주체적 특성들에 의해 구성됨을 도출하는 와중에, 본사실성은 상관적인 것의 '절대적 타자'의 현사실성을 절대화하려고 탐색하면서, 우발적인 절대적 타자가 스스로 연역될 수 있다는 것을 이끌어 낸다. 나는 어떤 절대적 가능성, 즉 무언가가 사유의 바깥에서 발생할 수 있다는 것 그리고 상관적인 것의 구성적 사유에 속하는 '다른-존재'가 절대적으로 가능하다는 것을 연역할 수 있다. 바꿔 말하자면, 만약 강한 상관주의의 현사실성이 그것의 유한성에 뿌리박고 있어야 한다고 믿어진다면, 즉 자체적인 것을 사유하는 데 실패한다면, 메이야수는 강한 상관주의의 기능을 절대적으로 자체적인 것의 하나의 특성으로 변형하는 것이다. 이것은 강한 상관주의가 사유 불가능한 것이 야기할 수 있는 우발적인 것의 절대성을 암묵적으로 허용하기 때문이며, 비록 상관주의적 입장이 아니라 해도, 어떤 절대적인 것이 존재한다는 것, 이것이 결코 필연적이지 않다는 것을 이끌어 내기 때문이다. 상관성의 현사실성은 이 한계 안에서 어떤 절대적인 것을 전제한다. 그러므로 상관성은 절대적으로 우발적일 뿐 아니라, 이성적인 사유가 그것을 향해 더 멀리까지 나아갈 수 있는 것이다. 그리고 실재는 그 자체 절대적으로 우발적인 것으로 알려진다. 본사실성의 원리는 따라서 절대적으로 존재하는 모든 것으로부터 필연성을 구출해 내며, 그 결과 역설적으로 오직 우발적인 것만이 절대적으로 필연적이다. 사변적 유물론을 관념론으로부터 분리하면서, 메이야수는 그가 어떤 전반적으로 새로운 절대성, 즉 현사실성의 의심스러운 유한성을 물리치고, 동시에 그것의 맹점을 사물/사태 그 자체의 어떤 절대적 지식으로 변형하는 그러한 절대성을 도입했다고 믿는다. 그의 전략은 그러므로 상관주의자, 즉 그의 입장이 절대적 우발성을 감추고 있는 상관주의자를 설득하는 사변적 유물론자의 능력에 전적으로 달려 있다. 다시 말해 상관주의적인 것이 무제한적으로 존재해야 할 이유가 없다는 것이다. 따라서 사변적 유물론자는 관념론자(상관성을 절대화하는 자), 교조적 형이상학자와 소박 실재론자(실재 자체에 현사실성을 위한 숨겨진 이유가 존재함에 틀림 없다고 생각하는 자) 그리고 상관주의자(오직 현사실성을 탈절대화할 수 있기만 한 자, 즉 그것을 우리에게 상정하고, 본질적인 것[자체적인 것](in-itself)은 제기하지 않는 자)를 비판한다. 만약 강한 상관주의 자가 이에 대해 회의적으로 남아 있다면 그리고 본사실성을 탈절대화하려고 한다면, 그는 오직 그 본사실성을 재도입함으로써만 그렇게 할 수 있을 뿐이다. 즉 그는 모든 것의 절대적 가능성을 긍정함으로써, 그러므로 암묵적으로 절대성을 전제함으로써만 그렇게 할 수 있다.[5]

사변적 실재론(speculative realism)

사변적 실재론자는 상관주의(correlationism) 너머로 가기를 또는 그것을 끝내기를 바란다. 여러 가지 다른 방식으로 그리고 다기화하는 이성을 위해, 그들은 인간이 경험하는 것과 독립적으로 실재를 이론화하는 것을 목표로 한다. 그러므로 '실재론'이란 (적어도) 인간적 경험세계 너머의 실재의 존재에 대한 어떤 투여를 의미한다. 형용사인 '사변적'이라는 말은 사유로서의(qua thought) 사유가 이러한 실재를 파악할 수 있다는 암시적 의미이다.

사변적 실재론자는 물론 자연과학이나 수학이 우리에게 그 자

---

5 Robert Jackson, "Factiality", eds. Peter Gratton and Paul J. Ennis, *The Meillassoux Dictionary*, Edinburgh: Edinburgh University Press, 2015, pp. 69~70 참조.

체로 존재하는 실재에 접근하게 한다는 것을 긍정할 수 있다. 하지만
이 경우에 있어서 [사유에서] 이념적인 것은 과학적 또는 수학적 자
료에 기초하지 않는다. 즉 그것은 사유 그 자체에 기반한다.

이러한 입장들은 매우 상이한 의견을 가지며, 그래서 누가(그리
고 무엇이) 사변적 실재론에 속하는지(또는 속하지 않는지) 결정하기
어렵게 만드는 몇몇 부가적인 요인들이 있게 된다. 예컨대 브라시에
는 스스로 그 명칭을 떼어 내리려고 애를 써 왔다. 메이야수는 실제로
그의 입장을 '사변적 유물론'이라고 언급하면서, 유물론적 입장을
강화한다. 이러한 입장은 신유물론과 부합한다.

메이야수에 더해, 이 신유물론자들에는 데란다 그리고 바라드
와 같은 사상가들이 포함된다. 나아가 지난 10여 년간 여러 다른 사
상가들이 이 둘 모두나 하나의 그룹에 포함되어 왔다(여러 가지 이유
로, 여러 번, 어떤 경우에 몇몇은 아마도 그들의 희망과는 반대로 등등).
한계를 두지 않고 말해 본다면, 브라이언트, 가르시아, 라투르, 가브
리엘, 페라리스, 베넷과 그로츠까지 포함된다.[6]

선조성(ancestrality)

선조성의 문제는 『유한성 이후』에서 논의를 풀어 나가기 위한 메이
야수의 첫 번째 실마리이며, 따라서 어떤 의미에서 그의 철학이 전체
적으로 다룰 것이 무엇인지에 관한 주요한 관점을 드러낸다. 그것은

---

6   Arjen Kleinherenbrink, *Against Continuity: Gilles Deleuze's Speculative Realism*, Edinburgh:
    Edinburgh University Press, 2019, pp. 9~12 참조.

아래와 같이 거의 모든 논의에 걸쳐 설명된다. 즉 상관주의의 한계를 규정하는 것과 그것의 신앙주의와의 불명예스러운 연합, 본사실성의 원리의 연역과 초카오스의 형식에서 절대성의 획득, 모든 존재자들에 부과되는 '결정론적 조건들'의 유도 그리고 인간으로부터 독립적으로 사고되는 자연에 접근하는 수학화된 과학의 방어가 그것이다. 그것은 정확히 **철학적** 문제로서, 우리가 자주 칸트 이래로 파괴할 수 없는 것으로 고려된 결정 사항들을 개정하도록 강제한다. 그럼에도 불구하고 상관주의에 대한 메이야수의 집착은 논쟁의 여지가 있는데, 왜냐하면 그 책 자체가 그 바람은 오로지 그 해법이 더 이상 우리에게 완전히 상상조차 못할 것으로는 보이지 않는 그와 같은 방식으로 그것의 엄격한 공식을 제공하기 위한 것이라고 언급하기 때문이다.

　논증은 선조적 진술을 인간 종 또는 지구상의 일반적인 생명의 출현에 앞서는 어떤 실재와 관련되는 것으로 정의함으로써 시작한다. 이것은 단순히 **고대적**인 어떤 것을 만들어 내는 시간적인 거리가 아니라, 세계와의 감성적인 또는 지성적인 관계의 측면에서 시간적인 앞섬이다. 표면상으로 통-시성(dia-chronicity), 즉 선조적 진술들이 세계와 세계-와의-관계 사이를 드러내는 시간적 지연을 내세우지만, 문제는 그것이 우리에게 주어지는 것으로부터 분리되어 세계 자체를 사유하는 능력과 관련되는 한, 과학적 진술에 이르기까지 전체적으로 확장된다. 그 문제는 간결히 말해 다음과 같다. 즉 우리는 그것이 주어질 수 있는바, 어떤 정신에 존재하는 것보다 앞서는 어떤 것에 관한 지식을 어떻게 가질 수 있는가?

　만약 과학자들에게 곤란함을 유발하지 않는 그 해법이 철학자들에게 납득할 수 없는 것이라면, 그것은 상관주의의 우위 때문이다.

존재가 인간 정신에 주어진 존재와 공-현존한다고 말하는 상관주의자가 본질적으로 그것이 어떠한 인간 정신에도 주어질 수 있기 전에 주어진 어떤 것의 소여(giveness)에 관계한다는 진술을 어떻게 해석할 수 있겠는가? 메이야수에 따르면, 상관주의자가 수행하는 것은 표면적인 실재론적 의미("x는 인간의 삶 천 년 전에 발생한다")와 보다 본래적인 상관주의적인 의미("x는 발생하고 있는 것으로서 오늘날 우리에게 주어진다")를 구별하는 것이다. 첫 번째 의미가 상관성을 넘어서는 존재의 시간적 선행성("x는 주어짐 이전에 주어졌다")을 가리키는 반면, 두 번째 의미는 주어진 것을 넘어서는 상관성의 논리적 선행성("x는 주어짐 이전에 주어짐으로써 우리에게 주어진다")을 수립한다. 이러한 진술의 진리는 과거 자체의 통-시적 선행성으로부터 발생하는 것이 아니라, 현재로부터, 보편화 가능한 경험, 과학 공동체에 의해 상호 주체적으로 정당화되고, 그것이 지시하는 과거 속으로 되던져지는 것으로부터 발생한다. 그것은 어떤 진리 진술, 즉 객관적이지만 그것의 지시체가 이 진리가 그것을 기술하는 방식으로 현실적으로 가능하게 존재했을 수 없다는 것을 의미한다. 이런 식으로, 발생하는 어떤 것은 오로지 '우리에게(우리를 위해) 발생하는 것'이다. 상관주의자는 그 지시체를 거부하는 대가를 치르고 진술의 의미를 받아들일 뿐이기 때문에, 그는 그 진술을 무의미함으로 돌려야 한다. 그러나 메이야수가 결론짓길, 선조적 진술은 그것이 글자 그대로, 실재론적인 것일 경우에, 의미를 가질 수 있을 뿐이다.

하지만 우리는 그 진술이 메이야수가 드러내길 바란 상관주의적 문제를 증명하기보다 오히려 상관주의를 전제하는 것은 아닌지 물어야 한다. 그 귀결——선조성과의 대면이 극단적 관념론으로서 상관주의의 모든 다양성을 드러내며, 과학이 그것의 어휘를 취할 수 없는, 그래서 현대적인 창조주에게로 위태롭게 접근하는 귀결——은 어떤 상관주의도 극단적 관념론이라는 가정에 의존한다는 것을 의미할 것이다. 결국 이것은 그 전략적 역할의 본사실적 사변을 탈취할 수 없을 뿐만 아니라, 보다 중요하게는 그 전체 논점의 본사실적 사변도 그러할 것이기에, 강한 상관주의의 신앙주의와의 궁극적 일치로부터 나오는 이성의 '종교화'와 싸우는 재앙에 이를 것이다.

그 가설을 검토하는 곳은 『유한성 이후』에서 가장 중요한 구절인데, 여기서 메이야수는 그 자체(in-itself)와 우리에게(for us) 사이의 차이라는 바로 그 생각이 아마도 인간 사유의 가장 주목할 만한 힘, 즉 자신의 비존재의 가능성에 접근할 그것의 능력, 따라서 스스로를 유한하게 존재하는 것으로 아는 능력에 의존한다는 논증으로 상관주의의 방향을 튼다. 이것은 결국 우발성이 어떤 절대적인 것으로 사유된다는 전제로 나아간다. 다시 말해, 만약 내가 나의 비존재의 가능성이 오로지 나의 비존재의 가능성을 사유하는 나의 행위와의 상관성으로서 존재한다고 주장한다면, 그랬을 때 나는 더 이상 나의 비존재의 가능성을 파악할 수 없다. 이것은 주체적인 관념론자의 입장이다. 즉 나 자신을 유한한 것으로 알기 위해 나는 그것에 대한 사유가 결과하는 것으로 요청하지 않는 나의 죽음을 사유할 수 있어야 하며, 그러므로 상관주의적 순환 바깥에 있는 어떤 것으로 사유할 수 있어야 한다.

하지만 만약 내가 나의 사유가 세계 '바깥 거기'의 어떤 것으로 존재적인 실존을 야기한다는 의미로 그것의 객체를 구성한다고 본다면, 그것에 대한 나의 사유가 현실적이기를 요청하는 나의 죽음의 문제가 발생할 뿐이다. 그리고 극단적인 주체적 관념론을 제외하면, 무언가의 실존의 원인을 사유하는 주체적 행동은 누구를 위한 것인가? "만약 그것이 나를 위한 것이라면, x만이 나에게 있다"와, 메이야수가 논증하고 있는 것에 대립하는 입장인 듯 보이는 미묘한 동어반복이자 다른 말로 하자면, "만약 그것이 나를 위해 있다면, x만이 있다"는 같은 말이다. 만약 내가 전자를 지지한다면, 나는 x가 나를 위해 존재할 수 있는 두 가지 방식 사이의 구별을 더 멀리까지 이끌어 낼 수 있다. 즉 의식과 감각 장치들이 그것을 등록할 필요가 있을 때, 그것은 부재할 것이기 때문에, 나의 죽음의 경험은 불가능하다. 하지만 나는 나 자신을 유한한 것으로 생각할 수 있다. 예컨대 만약 내가 다른 살아 있는 존재들과 대부분의 측면에서 유사하다면, 살아 있는 존재들이 내가 아는 것보다 더 유한하다는 완전히 합법적인 귀납추론을 거쳐 나는 그 측면에서도 마찬가지로 그들과 유사하다고 해야 한다. 나 자신의 죽음은, 비록 그것이 경험의 대상일 수 있다 해도, 나에게 어떤 현실적 가능성, 그것의 발생이 나의 사유와 독립적인 그러한 가능성으로 사유되는 어떤 대상일 수 있다. 이것은 내가 그것들을 생각하지 않는다면 존재하지 않는 사태들이나 혹은 초카오스를 믿는 것에 비해 훨씬 더 겸손한 대안이다.

메이야수가 후자의 두 가지 간의 선택으로 사태를 환원한다는 것은 분명하다. 이때 그는 사변적 철학자처럼 절대성으로서의 우발성을 사유하지 않았다면, 그것은 당신이 어떤 주체적(또는 사변적) 관념론자라는 것을 반드시 야기했을 것이다라고 언급한다. 이는 사변적 절대성과 어떤 극단적·유아론적인 주체적 관념론 사이의 선택을 강요하는 듯이 보인다. 메이야수는 그의 가장 중요한 논증이 우리의 실재 철학적 대안들의 인위적인 제한에 의존하도록 만든다. 결과적으로 그는 그가 대립하고자 하는 모든 입장들의 최고의 약점을 논

파함으로써 논증을 구축한다.[7]

얽힘(entanglement)

바라드의 획기적인 책, 『우주의 중간에서 만나기』(2007)에서 이 핵심적 개념은 매우 중요하다. 얽힘은 인과성의 본성, 특히 담론적 실천과 물질세계 간의 인과관계를 재형성한다고 규정된다. '물질-담론적'이라는 말에 걸린 하이픈은 행위적 실재론이 물질적인 것(비인간, 실재)과 언어(인간, 사회적인 것)를 함께 붙여 놓는다는 잘못된 인상을 줄 수 있다. 하지만 이 문제 제기는 철학적으로 보다 근원적이다. 행위적 실재론은 물질성과 담론성 그리고 그것들 상호 간의 얽힌 관계 맺기를 재정의한다. 여기서 상호성은 '-'보다는 '↔'를 사용함으로써, 즉 '물질↔담론'으로 더 잘 표현된다.

물질은 늘 이미 그 지속적인 재구성 안에서 세계를 경계-치기, 영토화하기 그리고 범주화하기라는 인간적인 담론적 실천을 포함한다. 이것은 이론들과 개념들을 포함한다. 하나의 좋은 예는 '인간'이라는 추상적 개념이 실제적이고, 물리적인 인간을 위해 존재론적으로 그리고 인식론적으로 다른 인간과 비인간으로부터 스스로 거리를 유지하도록 작동하는 방식이다.

담론적 실천은 인간-기반 실천을 단지 대표하지는 않는다. 인간예외주의에 도전하면서, 물질↔담론적 분석은 인간의 역할을 삭

---

7 Rodrigo Nunes, "Ancestrality", *The Meillassoux Dictionary*, pp. 22~24 참조.

제하지 않는다. 그것은 탐구자의 시선을 인간으로부터 이동시켜 다양한 물질을 포함하도록 하며, 모든 종류의 물체들이 인간/비인간 이항성을 깨트리면서 서로 간에 그들 자신을 지성적으로 만드는 방식 또한 포함한다. 이것은 세계 만들기에서 인간 의식을 초과하는 감응, 감각적 실천 그리고 지각 불가능한 관계들(이를테면, 소화기관의 세균들, 대기질을 필터링하는 나무들, 먹이사슬 안의 미세 플라스틱 조각들)을 포함한다.

좋은 사례는 모바일폰의 활력(vitality)이다. 많은 조사 데이터들이 스마트폰과 같은 기술을 사용하여 생산된다. 스마트폰은 스마트 인간과 얼마나 다른가? 바라드는 미시와 거시 사이의 구별이 인간-제작적이며 부수적이라고 논증한다. 물론 인간 신체는 하부 원자적 입자들의 동물원이다. 여기에는 전자, 쿼크, 양전자, 반쿼크, 중성자, 파이중간자, 글루온 그리고 포톤이 속한다. 미시적인 것과 거시적인 것을 차이 나게 하는 존재론적 가능성은 우리가 물질을 역동적이라기보다 정적인 것으로 보도록 하는 그리고 언제나 이미 얽힌 것으로 보도록 하지 않는 어떤 특정한 종류의 인간적 광학과 세계를 알아가는 인간중심적 방식에 기반한다. 얽힘 개념은 책-임 있는 과학에 관한 사고를 통해 정치적 변화를 생성시키며 어떤 근원적으로 다른 과학자 교육을 이끈다.

물질의 역동성과 더불어 사유하는 것의 중요성은, 우리가 어떻게 현대 생명정치 내부에서 근심에 빠진 '인간' 경험들이 물질↔담론 현상—정신 건강과 정신 질환—으로 구성되어지는지 사고할 때, 나타난다. 어떤 역동적 얽힘으로서, 정신 질환-정신 건강은 진단 기준의 간-행들을 통해, 즉 자기-돌봄, 추적, 탐색-보조, 정서적 힘들을 위한 모바일폰 기술과 생각-느낌에 스며드는 부당함들을 통해 이해 가능하도록 한다. 조사 탐구자들은 차이가 생산될 때 함께↔나누어지는 현상들을 구성하는 '절단들' 또는 관계들을 끄집어냄으로써 얽힘에 관한 질문에 접근할 수 있다.[8]

잠재성과 현행성(virtuality & actuality)

A. 잠재성

들뢰즈의 존재론에서, 잠재적인 것과 현행적인 것은 상호적으로 배제적이지만, 함께 충족되는 관계, 즉 실재적인 것의 특성이라고 할 수 있다. 현행적/실재적인 것은 사태(일, affairs), 신체들, 신체적으로 혼합된 것들과 개체들의 상태. 잠재적/실재적인 것은 공속면(a plane of consistency)에서의 비신체적인 사건들 그리고 특이성들이며, 순수 과거, 다시 말해 결코 충분히 현재가 될 수 없는 과거에 속해 있다. 현행적인 것과 닮거나 그것이 되지 않으면서, 그럼에도 불구하고 잠재적인 것은 현행화를 야기하는 능력을 가진다. 하지만 잠재적인 것은 결코 그것의 현행화와 동일시되거나 일치하지 않는다. 들뢰즈는 둔스 스코투스에 기대어, 잠재적인 것(the virtual)이 어떤 가능태(potential)는 아니라고 주장한다. 잠재적인 것에 관한 그의 개념에 영향을 준 다른 철학적 전통은 베르그송이며, 가능태에 대한 그의 비판은 스피노자의 실체 일원론의 사유이다. 스피노자는 실체를 그 무

8   Karin Murris and Simone Fullagar, "Entanglement", ed. Karin Murris, *A Glossary for Doing Postqualitative, New Materialist and Critical Posthumanist Research Across Disciplines*, New York: Routledge, 2022, pp. 62~63 참조.

한한 속성들에 있어서 차이를 형성하고 언제나 그것의 양태들에서 더욱더 차이화하는 존재의 과정 안에 있는 것으로 본다. 마지막으로 니체의 '영원회귀' 개념이 잠재적인 것의 개념에 영향을 미쳤다.

생성을 특성화하는 하나의 방법은 다음과 같은 도식이라 할 수 있다. '잠재적/실재적인 것↔현행적/실재적인 것↔잠재적/실재적인 것.' 그와 같은 다이어그램이 가리키는 바는 생성이란 하나의 현행적인 것으로부터 다른 것으로 가는 선형적 과정이 아니라, 어떤 사태들의 현행화된 상태로부터의 움직임이고, 그것은 잠재적/실재적 경향을 띤 동역학적 장을 지나, 새로운 사태의 상태에 속한 이러한 장의 현행화로 향해 간다는 것이다. 이 도식은 잠재적이고 현행적인 관계들의 가역적 본성을 담고 있다.

한편 다른 맥락에서, 들뢰즈는 베르그송에 대한 연구에서 잠재적인 것을 지속(durée)과 생명의 도약(élan vital)으로 파악했다. 『차이와 반복』에서는 문제들의 영역과 이념들/구조들로서 잠재적인 것이 이해된다. 이에 따라 여기서는 잠재적인 것의 다기한 현행화는 해들(solutions)로 이해된다. 그리고 결과적으로 들뢰즈의 많은 텍스트들을 관통하면서 그가 잠재적인 것들로 가리키는 바는 어떤 사건이다. 들뢰즈에 의해 잠재적인 것들에 주어진 여러 성격 규정들은 다음과 같은 질문, 즉 잠재적인 것들이 어떻게 이해되어야 하는지 그리고 각각의 성격 규정이 차례로 연루되는 정도는 어떻게 되는지에 대한 질문을 제기한다. 잠재적인 것이 베르그송적인 지속과 생명의 도약이라는 것은 시간성의 구조와 관련된 들뢰즈와 베르그송 사이의 기초적인 일치로부터 나오는 것이다. 어떤 현행적 현재는 오직 모든 현재들이 현재로서 그리고 과거로서 구성되기 때문에 지나가는 것이다. 모든 과거인 현재들 안에서 전체 과거는 스스로를 보존하며, 이것은 결코 현재가 되지 못했던 과거(잠재적인 것)를 포함한다.

　　결코 현재화되지 못한 과거(태고의 과거)에 관한 생각은 또한 데리다와 레비나스의 저작들 속에서도 발견된다. 이 생각이 요구하는 추론은 여러 철학자들을 거쳐 다양하게 전개되지만, 거기에는 그들이 공통적으로 소유하는 한 가지가 있다. 즉 현재의 탈-현행화(de-actualisation)를 중시하는 어떤 철학은 과거나 미래의 원천에 닿기 위해 과거(플라톤의 '상기'의 경우)와 미래(몇몇 묵시록적 종말론의 경우)를 물신화하는 위험을 감수한다는 것이다. 이러한 물신화를 막기 위해, 태고의 과거와 메시아적 미래라는 관념들(들뢰즈는 순수 과거에 대해 그리고 차이 나는 것의 영원회귀에 대해 말하기를 더 선호한다)은 비결정론적 경향들을 전제하는 어떤 과정에 대한 생각을 옹호해야 한다. 과거는 '순수'하다고 말해지는데, 이는 그것이 문제들의 자리이고 현행화의 원천이라는 것을 강조하기 위해서다. 해의 영역은 수적으로 한정되어 있으며, 잠재적 과거와는 달리, 그것은 확장되면서 풍요로워지고, 강도적으로는 빈곤하다. 그리고 공교롭게도 위대한 예술가는 마치 아무도 현전하지 않았던 시간 안에서인 것처럼, 과거의 어떤 것을 그것의 실재적 존재를 향해 던져 놓을 것이다. 들뢰즈와 베르그송이 지속이란 텅 빈 것이 아니라는 점에서 일치하는 한에서, 어떤 내재적으로 차이화하는 실재적인 것의 동역학적 과정이 있게 되는데, 이때 실재적인 것의 본성은 항상 새로운 차이화 안에서 스스로를 현행화하는 것이다. 따라서 이에 적합한 이름은 '생명의 도약'이다.

　　『차이와 반복』 안에서는 칸트주의의 대담한 변형이 있는데, 여기서 들뢰즈는 잠재적인 것을 이념들과 동일시하기 시작한다. 이념은 칸트에게서 경험적인 세계 안에 어떤 예화(instantiations)도 가지고 있지 않다. 하지만 동시에 그것은 사유되어야만 하는 것[요청되는 것]이다. 들뢰즈는 이러한 요청을 그가 잠재적인 것에 대해 생각할 때 가지고 온다(이를테면 사유 불가능하지만 사유되어야 하는 것 cogitandum). 하지만 들뢰즈는 이념들을 모든 능력들의 동명사 형태들(기억 불가능하지만 기억되어야 하는 것[memorandum], 침묵이지만 말해져야 하는 것[loquendum] 등등)로 만들면서 다양화할 때 순수한 칸트주의를 넘어서게 된다. 이념들이 많은 부분에서 구조적이라는 주장은 『차이와 반복』을 통틀어 들뢰즈가 빈번히 사용하는 구조주의적 어휘로부터 유추되는 것이다. 후기 저작에서 들뢰즈는 이념들이, 그가 잠재적인 것의 본성을 일관성의 평면[공속면]과 관련하여 기술할 때 구조화된다는 이 주장을 자세히 검토한다. 들뢰즈에게 가장 중요한 것은 잠재적인 것이 현행적인 것의 이중화나 유사성으로 이해되지 않아야 한다는 것이고, 초월적인 의미로도 이해되지 않아야 한다는 것이다. 요컨대 문제들은 그것들의 해를 재현하지도, 그것과 유사하지도 않다는 것이다.

　　우리가 잠재적인 특이성들과 현행적인 개체성들을 유비나 유사와 관련하여 이해하게 되면, 들뢰즈가 단순히 동일성의 반복이라고 한 반복의 개념으로 그것들을 환원하게 될 것이다. 잠재적인 것이 어떻게 하나의 사건으로 특성화되는지를 이해하기 위해서 우리는 들뢰즈의 '의미'에 관한 논의를 상기할 필요가 있다. 그것은 동사의 부정법 안에 주어지는 것으로서, 명사나 형용사와 달리 동사가 생성의 존재론에 더 적합하다는 것이다. 동사들의 부정형에서, 그것들은 잠재적인 것의 '때 이른' 본성을 가장 잘 드러내며, [이에 따라] 주체들이나 대상들의 부재로 이해된다. 하지만 그것들은 마찬가지로 기묘한 조합이기도 한데, 다시 말해 그것이 다양체들이 표명되는 과정

에서 상호 간 무관심하면서도 역동적인 측면들을 드러내는 것이다.[9]

B. 현행성

잠재성에 따라 나오는 과정은 (가능성의 실현과 구분되는) 시간적인 현재로 구성된다. 이때 잠재성의 특이성과 비시간성(atemporality)은 유지된다. 이것은 이념들의 육화(incarnaton)이며, 이념들의 분화(differenciation)이다.

들뢰즈의 철학에서는 잠재성의 긍정이 지배적인 것으로 보이며, 현행성에 특권을 부여하는 서구 전통을 강도 높게 비판한다. 이것이 사실이라면 이러한 특권은 철학이 전통적으로 차이를 다루어 왔던 방식 안에서 드러날 수 있다. 우선 현행적 요소들로 간주되는 것이 있는데, 이것은 시간 안에 연장되는—연속성을 가지는—요소들이며 이는 또한 공간 안에서 연장될 수도 있다. 이러한 요소들은 서로 간에 관계를 맺게 되며, 이미 현행화된 개별체들에 차이는 가능한 어떤 것이다. 의식과 그것의 세계 사이의 차이처럼, 차이는 현행적 요소들 사이에 있거나, 가능한 변화들을 위한 능력을 품고 있는 현행적인 어떤 것처럼, 현행성에 기반한 차이가 있다. 현행성에 대한 이러한 이해는 그러므로 가능성이라는 개념에 묶여 있다. 가능성은 동일성으로 남아 있는 어떤 존재에 술어화될 수 있는 또는 귀속될 수 있는 어떤 것이다. 그런데 들뢰즈는 현행성에 대한 이러한 이해에 맞서 색다른 쌍을 제안한다. 즉 현행성/잠재성의 짝이 그것이다. 만

---

9 Constantin V. Boundas, "Virtual/Virtuality", ed. Adrian Parr, *The Deleuze Dictionary*, Edinburgh: Edinburgh University Press, 2003, pp. 297~298 참조.

약 현행적인 어떤 것이 있다면, 그것이 시간을 차지하기 때문이라거나, 시간이 현행적 존재들의 변화들을 연결하거나 담고 있기 때문이 아니다. 오히려 현행성은 잠재성으로부터 펼쳐진다. 우리는 현행성을 변화와 차이가 발생하는 것으로서가 아니라, 잠재성으로부터 효과화된 것으로 이해해야 한다. 시간은 현상학에서 의식이 과거와 현재와 미래를 연결함으로써 시간을 구성하는 것과 같은 현행적 요소들의 종합이나 연속이 아니다. 오히려 시간은 현행성의 다양한 선들을 위한 잠재적인 것이다. 그것은 그것이 출현하는 보다 풍부한 잠재성을 직관하기 위해, 어떤 현행적이거나 펼쳐진 것으로부터 가능해져야 한다(들뢰즈에 따르면 욕망될 만한 것).

공공연한 경험론자로서 들뢰즈는 현행성의 우선성에 전념하는 것으로 보인다. 우리는 경험 밖의 몇몇 조건을 불러일으키거나 상상하지 않고서 나타나는 것, 존재하는 것에 귀를 기울인 채 있어야 한다. 하지만 들뢰즈의 경험론이 삶과 경험을 긍정한다는 것이 사실이라 해도, 그는 현행성에 삶을 구속하는 것에 반대한다. 이런 측면에서 그는 이미 현전하는 현행적인 것에 따라 잠재성을 정의하는 서양 형이상학의 역사를 전복한다. 들뢰즈가 주장하길 우리는 이미 현행화된 형식을 따라 무언가를 정의하지 말아야 한다. 따라서 예컨대 우리는 통상적으로, 일반적으로 또는 현행적으로 사유하는 것에 기반하여 사유하기 위해 존재하는 것을 수립하지 말아야 한다. 마찬가지로 우리는 잠재성이 단순히 가능성이라고 생각하지 말아야 한다. 즉 그러한 것들은 현행적 세계의 관점으로부터 일어나거나 일어나지 않는 것일 뿐이다. 반대로 들뢰즈의 경험론은 이념에 관한 것이며 그것은 스스로 현행화하는 이념의 본질이다. 그러므로 사유의 이념, 즉 어떤 단일한 사유 안에서 현행화하는 잠재적인 것 또는 사유하는 힘이 있다. 만약 우리가 그 잠재적 조건, 마찬가지로 어떤 실제적인 조건을 직관한다면, 현행성을 완연하게 이해하고 식별할 수 있을 뿐이다. 즉 실제적 조건들은 현행성―생각하는 주체가 있어야 한다는 식으로 어떤 사유를 위한 조건을 가정하는 것처럼―에 의해 전제되어야 하는 것이 아니며, 들뢰즈에 따르면 오히려 실제적 조건들은 두뇌, 주체성 또는 출현하는 정신을 조건 짓는 삶/생명의 잠재적인 것들이다.

예컨대 만약 우리가 텍스트를 역사적으로 이해하기를 원한다면, 우리는 그것의 현행적 요소들을 어떤 텍스트가 현행화되는 잠재적 문제들을 향해 넘길 필요―그것이 말하는 것뿐만 아니라 그것이 표명하는 콘텍스트 너머―가 있다. 예컨대 우리는 존 밀턴의 『실낙원』(1667)을 영국혁명, 즉 17세기의 보다 많은 텍스트들을 읽음으로써 이해하는 그러한 혁명에 응답하는 역사적 문서로 읽지 않는다. 오히려 우리는 혁명 자체의 잠재성이나 이념에 대해 생각할 필요가 있다. 다시 말해 밀턴의 텍스트가 어떻게 특수한 현행화인지, 충분히 다르게, 우리가 자유로워질 방식에 관한 문제로, 힘이 그 자신을 해방하는 방식의 문제로, 개인들이 스스로를 억압된 노예 상태로부터 해방하는 방법의 문제로 생각할 필요가 있는 것이다. 어떤 현행적 텍스트나 사건은 오로지 실재가 잠재적 차원을 가지기 때문에, 스스로를 표현하는 힘 자체가 언제나 차이 나게 현행화하기 때문에 가능하다. 영국혁명, 프랑스혁명, 러시아혁명은 오직 현행성이 스스로를 무한히 반복할 수 있는 혁명적 이념의 표현이기 때문에 특수하고 차이난다.[10]

행위적 절단(agential cut)

바라드의 포스트휴머니즘적 접근법은 행위적 실재론으로 알려져 있다. 행위적 실재론은 인식론적인 것, 존재론적인 것, 윤리적인 것 그리고 정치적인 것을 분리하는 것은 불가능하다는 전제로부터 출발한다. 이러한 것들은 뒤얽혀 있다. 행위적 실재론은 자연/문화, 인간/비인간, 물질/담론이라는 이항성들을 퀴어한다(queers[뒤섞는다]). 이것은 개별 실체들 또는 현상들 내부 관계항들이 그것들의 관계 맺음을 앞서지 않는다는 관계적 존재론에 기반한다. 그것들은 관계 맺음을 통해 나타난다. 행위적 절단은 얽힘들 간의 시간적 분리이다. 이는 개별체들이 그것들의 관계 맺음에 선재하지 않기 때문에 발생한다. 개별체들은 오직 행위적 절단을 통해서만 생긴다. 행위적 절단은 주체와 객체 간의 시간적 결정을 수립한다.[11] 그것은 하나의 현상 내부에 존재론적으로 그리고 의미론적으로 고유하게 불확정적인 시간적 규정성을 창조한다. 그러므로 행위적 절단은 데카르트적 절단과는 달라 보이는데, 이는 관계 맺음에 선재하는 개별 실체와 구별되는 경계들이 장소적으로 존재한다고 가정한다. 바라드는 또한 행위적 절단을 동시에 함께/나누어 절단하는 것이라고 언급한다. 이것은 그것이 실사적(actual) 절단이 아니기 때문이다. 주체와 객체는 얽힌 채로 남는다.

---

10 Young, Genosko and Watson, "Actual; Actualization", *The Deleuze and Guattari Dictionary*, p. 22; Claire Colebrook, "Actuality", *The Deleuze Dictionary*, pp. 9~11 참조.

11 현상들은 "행위적으로 간-행하는 구성인자들의 존재론적 분리 불가능성"이다(Karen Barad, *Meeting the Universe Halfway: Quantum Physics and Entanglement of Matter and Meanings*, Durham and London: Duke University Press, 2007, p. 148).

행위적 절단은 필연적으로 몇몇 측면들을 배제하고 다른 것들은 포함한다. 행위적 절단은 현상들 내부-외재성을 창조한다. 즉 내부/외부는 해소된다. 절단 바깥에 존재하는 것은 여전히 초점이 맞추어지고 있는 것과 얽힌다. 그것들은 결코 정적이지 않지만, 항구적으로, 반복적으로 재작동된다. 이런 식으로 절단은 바깥으로부터 수립되지 않는 것으로 보일 수 있으며, 결코 최종적이지 않다. 절단하기/함께 떨어짐(cutting/together apart)은 하나의 운동, 즉 동시적으로 함께함과 떨어짐을 표현한다.

장치들은 개별 실체들의 속성들과 의미화를 생산하는 존재적-의미론적 경계 만들기 과정을 통해 행위적 절단을 수립한다. 그리고 그렇게 하면서, 장치들은 어떤 현상 내부에서 이러한 개별 실체들의 규정된 경계들을 수립한다. 만약 장치가 변화하면, 행위적 절단도 또한 변화한다. 행위적 절단은 또한 측정된 객체(원인)에 의해 측정하는 기구의 흔적 만들기(결과) 안에서 어떤 국지적(local) 구조를 수립한다. 여기서 '국지적'이란 현상 내부에서를 의미한다. 객체와 기구를 윤곽 짓는 행위적 절단에 있어서 중요한 고찰은 상호 배제성을 불러일으키는 실험적·물질적 배치 또는 재형성 또는 보어가 상보성(complementarity)이라고 부른 것이다. 예를 들어 운동량 측정을 위해 움직일 수 있는 가로막이, 위치를 측정하기 위해 움직이지 않는 가로막이 요청된다. 운동량과 위치는 상호 배제적이며 그것들을 생산하기 위해 상이한 물질적 배치들이 요구될 것이다. 따라서 행위적 절단은 부분을 이루는 보다 많은 연장적·물질적 배치에 의해 결정되는 것으로 보일 수 있다. 이것은 특정한 객체들이 다른 것들의 배제에서 의미 있는 것이 되도록 한다. 주체와 객체, 파동과 입자, 운동량과 위치는 오로지 특수한 간-행들을 통해서만 존재한다. 이러한 것들은 절대적 분리라기보다 우발적인 분리를 만드는 절단을 수립한다.

바라드가 주목한 바에 따르면, 행위적 절단은 의도적이거나 지향적인 인간에 의해서가 아니라 우리가 그 부분인 물질적 배치들에 의해 수립된다. 따라서 행위적 절단은 인간을 포함해야만 하는 것은 아니다. 바라드에 따르면 그것은 물질, 세계 또는 우주를 포함할 수 있다. 오로지 세계의 부분만이 한 번씩 스스로에게 이해 가능하도록 만들 수 있다. 왜냐하면 세계의 다른 부분은 그것이 차이를 만들어 내는 부분들이어야 하기 때문이다. 행위적 절단은 신체들[물체들]에 상이한 흔적들을 생산하는 상이한 현상들을 물질화할 수 있다. 바라드의 관점에서, 객체성은 물체들 위에 있는 이러한 상이한 흔적들에 대해 의무[사유 가능성]가 있음을 의미한다. 이 의무는 절단을 수립하기 위해 우리가 유일하게 또는 지향적으로 또는 의도적으로 선택하기 때문이 아니라, 우리가 그것들을 수립하는 물질적 배치의 한 부분이기 때문에 발생한다.

바라드는 거미불가사리가 사지를 다른 식으로 늘이고 줄임으로써 어떻게 신체적 경계들을 수립하는지를 기술하면서 '자기'와 '다른 것' 사이의 행위적 절단의 예를 제시한다. 몇몇 환경들에서 그것은 자기성(the self)의 부분이면서, 다른 면에서 환경의 부분이다. 이해 가능성과 물질성은 고정되어 있지 않으며 생존의 행위들 안의 행위적 책임(response-ability[응답-가능성])이다. 행위적 절단은 결합하기와 분리하기의 가능성들을 재정립한다.

바라드의 연구는 우울증에 대한 체력 운동의 결과에 대한 지식을 생산하는 과학 연구 장치들(이론-도구 실천)을 통해 만들어지는 '절단'에 대한 사고를 위해 특별히 풍부한 통찰력을 제공했다. "운동이 약이다"라는 공공보건 정책의 주문은 객체와 양적 방법을 폭넓게 특권화하는 지식생산과 얽힌다. 하나의 현상으로서의 운동은 우울증-치료-징후학과 운동의 이점들 간의 관계를 알 수 있게 하는 절단들을 통해 물질화한다. 절단은 개인 신체들을 모집단으로 통합하는 그러한 임상적 시도들을 포함한다(운동의 징후 환원은, 비인간 행위자로서 플라세보 약품이 하는 것처럼, 항우울제와 비교 가능하다). 마찬가지로 그것들은 뇌신경 영상이 뇌기능 장애와 인지능력, 정념 또는 자기-만족적 지각의 심리학적 측정을 시각화할 때, 심리생물학적 변화들(이를테면 노르아드레날린과 오피오이드 효과)을 포함한다. 행위적 절단이 만들어지는 방식에 관한 바라드의 분석은 '빛 안의 그림자'로 우리를 데려간다. 이것은 과학적 절단이 정신 건강을 형태 짓는 사회문화적 관계들과 근본적으로 얽히는 특수한 방식에서 운동의 이점을 가시적으로 만드는 방식과 연관된다. 절단은 모든 이론-방법적 접근들을 통해 수립되는데, 이는 물질적 효과들을 고려할 때, 윤리적 의미를 가진다(예컨대 자금 흐름들, 복지, 회사 이익). 바라드는 이것이 어떤 정적 관계성이 아니라, 언제나 구성적 배제를 초래하고, 따라서 의무(사유 가능성)의 문제를 필요로 하는 하나의 함(doing)-경계들의 수립이라고 말한다.[12]

12 Vivienne Bozalek and Simone Fullagar, "Agential Cut", *A Glossary for Doing Postqualitative, New Materialist and Critical Posthumanist Research Across Disciplines*, pp. 30~31 참조.

회절(diffraction)

해러웨이는 최초로 반사(reflection) 및 반성(reflexivity)에 대한 대안으로 회절적 방법론이라는 개념을 제안했다. 그녀는 반사나 반성이 동일성을 만들어 내는 어떤 광학이라고 생각하면서, 그 대신 차이를 만들어 내는 회절 패턴의 광학을 선호했다. 해러웨이는 정체성의 차이에 대한 식민지적 사고의 이분법적 논리——자아와 비자아/아파르트헤이트로서의 타자——에 문제를 제기한 트린-민-하의 작업을 참고했다. 민하는 정체성의 이분법적 논리를 파괴하거나 퀴어화하여 차이를 다르게 구성할 필요가 있다고 보았다. 해러웨이는 회절적 형상을 통해 민하의 차이에 대한 설명을 읽는 데 중요한 기여를 했다. 여기서 회절 패턴은 단순히 차이가 나타나는 위치가 아니라 차이의 효과를 지도화한다.

바라드는 회절을 빛, 물, 음파 등 파동행위의 일부인 물리적 현상(파동이 할 수 있는 일)으로부터 가져와 발전시켰다. 그녀에 따르면 회절은 파동이 겹칠 때 결합하고 장애물을 만났을 때 파동이 구부러지고 퍼지는 현상이다. 결합할 때 파도는 겹치는 파도의 상대적 높이와 위상에 따라(파도들이 위상 안에 있든[물마루에서 물마루로] 또는 위상 바깥에 있든[물마루에서 골로]) 서로 중첩되어 증폭될 수도 있고, 무효화될 수도 있다. 파도가 겹치거나 장애물을 만나면 차이 패턴을 형성한다. 바라드는 이러한 회절의 물리적 과정을 차이에 긍정적으로 관여하는 방법론으로 사용한다. 이는 사유에 풍부한 의미를 부여하는 개념이며 바라드의 행위적 실재론의 틀에서 핵심적인 사안이다.

회절적 방법론에서 하나의 이론이나 철학적 입장의 세부 사항은 서로 **대립**하기보다는 세심하고 주의 깊게 **살펴짐**으로써 보다 창의적인 통찰에 도달할 수 있게 한다. 바라드가 회절적 방법론을 제안하는 이유는 그것이 거리를 두고 다른 이론이나 철학적 입장을 타자화하며 잠재적으로, 인식론적으로 해로운 과정으로 간주하는 비판이 아니라 긍정적인 참여이기 때문이다. 따라서 회절적 방법론은 하나의 접근법/이론/작품을 다른 것에 대립시키는 것이 아니라, 텍스트에 표현된 아이디어에 대한 정의를 수행하면서 하나의 아이디어를 다른 아이디어를 통해 상세하고 세심하며 주의 깊게 읽는 것이다. 회절적 방법론은 '창의적이고 생성적인 도발'과 고려 중인 문제에 대한 학제 간 접근의 가능성을 만들어 낸다. 과정으로서의 회절은 또한 차이와 윤리 그리고 정치의 문제에 초점을 맞춘다. 회절적 방법론은 중요한 의미의 새로운 패턴을 만들어 내기에 파괴적이기보다는 구성적인 동시에 해체적이다.[13]

---

13 Vivienne Bozalek and Karin Murris, "Diffraction", *A Glossary for Doing Postqualitative, New Materialist and Critical Posthumanist Research Across Disciplines*, p. 54 참조.

참고문헌

국내문헌(번역서 포함)

가타리, F., 2003. 『기계적 무의식』, 윤수종 옮김, 푸른숲.

김내균, 1996, 『소크라테스 이전의 그리스 철학』, 교보문고.

김재홍 외 편역, 2005. 『소크라테스 이전 철학자들의 단편 선집』, 아카넷.

네그리, A. & 하트, M., 2020. 『어셈블리: 21세기 새로운 민주주의 질서에 대한 제언』, 이승준·정유진 옮김, 알렙.

네일, T., 2021, 『존재와 운동: 움직임에 대한 철학적 역사』, 최일만 옮김, 앨피.

데란다, M., 2009, 『강도의 과학과 잠재성의 철학: 잠재성에서 현실성으로』, 이정우·김영범 옮김, 그린비.

———, 2019. 『새로운 사회철학: 배치이론과 사회적 복잡성』, 김영범 옮김, 그린비.

데카르트, R., 1997. 『방법서설』, 이현복 옮김, 문예출판사.

들뢰즈, G., 1995. 『칸트의 비판철학』, 서동욱 옮김, 민음사.

———, 1996. 『베르그송주의』, 김재인 옮김, 문학과지성사.

———, 2001. 『니체와 철학』, 이경신 옮김, 민음사.

———, 2003. 『스피노자와 표현의 문제』, 이진경·권순모 옮김, 인간사랑.

———, 2004. 『의미의 논리』, 이정우 옮김, 한길사.

———, 2004. 『차이와 반복』, 김상환 옮김, 민음사.

———, 2004. 『프루스트와 기호들』, 서동욱, 이충민 옮김, 민음사.

———, 2007. 『들뢰즈가 만든 철학사』, 박정태 편역, 이학사.

———, 2001. 『스피노자의 철학』, 박기순 옮김, 민음사.

———, 2012. 『경험주의와 주체성』, 한정헌, 정유경 옮김, 난장.

들뢰즈, G. & 가타리, F., 1995. 『철학이란 무엇인가』, 이정임·윤정임 옮김, 현대미학사.

———, 2001. 『천 개의 고원: 자본주의와 분열증』, 김재인 옮김, 새물결.

———, 2014. 『안티 오이디푸스』, 김재인 옮김, 민음사.

라투르, B., 2009. 『우리는 결코 근대인이었던 적이 없다』, 홍철기 옮김, 갈무리.

———, 2018. 『판도라의 희망』, 장하원, 홍성욱 옮김, 휴머니스트.

———, 2010. 「행위자 네트워크 이론에 관하여—약간의 해명 그리고 문제를 더 복잡하게 만들기」, 전다혜, 홍성욱 옮김, 브뤼노 라투르 외, 『인간, 사물, 동맹』, 홍성욱 엮음, 이음.

라투르, B. & 슐츠, N., 2022. 『녹색 계급의 출현』, 이규현 옮김, 이음.

라투르, B. & 울거, S., 2019. 『실험실 생활: 과학적 사실의 구성』, 이상원 옮김, 한울.

리쾨르, P., 1999. 『시간과 이야기』, 김한식·이경래 옮김, 문학과지성사.

———, 2003. 『해석학과 인문사회과학』, 윤철호 옮김, 서광사.

릭켄, F., 2000. 『고대 그리스 철학』, 김성진 옮김, 서광사.

메이야수, Q., 2010. 『유한성 이후』, 정지은 옮김, 도서출판 비.

———, 2017. 『형이상학과 과학 밖 소설』, 엄태연 옮김, 이학사.

모노, J., 2010. 『우연과 필연』, 조현수 옮김, 궁리.

무어, J. W., 2020. 『생명의 그물 속 자본주의: 자본의 축적과 세계생태론』, 김효진 옮김, 갈무리.

박준영, 2020. 「신유물론: 가속주의의 존재론」, 황재민 외, 『K-OS』, 미디어버스.

———, 2020. 「인류세 지도작성학 개론: 『존재의 지도: 기계와 매체의 존재론』 서평」, 《르몽드디플로마티크》, https://www.ilemonde.com/news/articleView.html?idxno=13440

———, 2021. 「신유물론의 이론적 지형」, 『문화과학』 107호.

———, 2022. 「수행적 신유물론이란 무엇인가」, 몸문화연구소 지음, 『신유물론—몸과 물질의 행위성』, 필로소픽.

———, 2023, 『철학, 개념: 고대에서 현대까지』, 교유서가.

베넷, J., 2020. 『생동하는 물질: 사물에 대한 정치생태학』, 문성재 옮김, 현실문화.

브라이도티, R., 2004.『유목적 주체』, 박미선 옮김, 여이연.

_____, 2015.『포스트휴먼』, 이경란 옮김, 아카넷.

_____, 2020.『변신: 되기의 유물론을 향해』, 김은주 옮김, 꿈꾼문고.

브라이언트, L. R., 2020.『존재의 지도: 기계와 매체의 존재론』, 김효진 옮김, 갈무리.

_____, 2011.『객체들의 민주주의』, 김효진 옮김, 갈무리.

서민규, 2019.「21세기 유럽의 실재론자들: 메이야수, 페라리스, 바스카의 실재론 비교연구」,『동서철학연구』 제91호.

송은주, 2020,「포스트휴머니즘과 인류세」, 《Horizon》, https://horizon.kias.re.kr/13436/

슈밥, K., 2016.『클라우스 슈밥의 제4차 산업혁명』, 송경진 옮김, 새로운현재.

아리스토텔레스 외, 2002,『시학』, 천병희 옮김, 문예출판사.

알튀세르, L., 1992.『철학과 과학자들의 자생적 철학』, 김용선 옮김, 인간사랑.

에피쿠로스, 1998.,『쾌락』, 오유석 옮김, 문학과지성사.

오스틴, J. L., 1992.『말과 행위: 오스틴의 언어철학, 의미론, 화용론』, 김영진 옮김, 서광사.

와이즈만, A., 2007.『인간 없는 세상』, 이한중 옮김, 랜덤하우스코리아.

육후이, 2019.『중국에서의 기술에 관한 물음―알고리즘 시대 인문학의 새로운 시작: 코스모테크닉스 시론』, 이철규·조형준 옮김, 새물결.

이진경, 2010.『근대적 시·공간의 탄생』, 그린비.

_____, 2022.「들뢰즈 철학에서 이념적 사건과 아이온의 시간」,『철학연구』 139, 철학연구회.

코플스턴, F., 1998.『그리스로마철학사』, 김보현 옮김, 철학과현실사.

Transnational College of LEX, 2020.『양자역학의 법칙』, 강현정 옮김, 곽영직 감수, Gbrain.

페란도, F., 2021.『철학적 포스트휴머니즘』, 이지선 옮김, 아카넷.

하만, G., 2019.『쿼드러플 오브젝트』, 주대중 옮김, 현실문화.

_____, 2019.『네트워크의 군주: 브뤼노 라투르와 객체지향 철학』, 김효진 옮김, 갈무리.

_____, 2020.『비유물론』, 김효진 옮김, 갈무리.

_____, 2022.『예술과 객체』, 김효진 옮김, 갈무리.

해러웨이, D., 2019.『해러웨이 선언문』, 황희선 옮김, 책세상.

후설, E., 2016.『유럽 학문의 위기와 선험적 현상학』, 이종훈 옮김, 한길사.

흄, D., 1996.『인간오성의 탐구』, 김혜숙 옮김, 고려원.

외국문헌

Aristotle, *Metaphysics*, Perseus Digital Library, http://www.perseus.tufts.edu/hopper/text?doc=Perseus:text:1999.01.0051.

Althusser, L., 1976. "La philosophie comme arme de la révolution", Positions: 1964-1975, Paris: Éditions Sociales.

_____, 2005. *Pour Marx*, Paris: La Découverte.

_____, 2006. (eds.) François Matheron & Oliver Corpet, (trans.) G.M. Goshgarian, *Philosophy of the Encounter-Later Writings, 1978-87*, Verso.

Ansell-Pearson, K., 2017. "Deleuze and New Materialism: Naturalism, Norms, and Ethics," *The New Politics of Materialism-History, Philosophy, Science,* (eds.) Sarah Ellenzweig & John H. Zammito, New York: Routledge.

Avanessian, A., 2020. *Metaphysik zur Zeit*, Merve Verlag, 2018; (trans.) J. C. Wagner, *Future Metaphysics*, Polity.

Bacon, F. 1874. *The Works of Francis Bacon*, vol. 14, ed. James Spedding, London: Green.

Badiou, A., 2011. "Interview: Alain Badiou and Ben Woodard", *The Speculative Turn: Continental Materialism and Realism*, (eds.) Bryant, L., Srnicek, N. and Harman, G.,Melbourne: re.press.

Barad, K., 2003. "Posthumanist Performativity: Toward an Understanding of How Matter Comes to Matter", *Signs*, vol. 28, no. 3, Chicago and London: The University of Chicago Press.

_____, 2007. *Meeting the Universe Halfway: Quantum Physics and the Entanglement of Matter and Meaning*. Durham & London: Duke University Press.

_____, 2010. "Quantum Entanglements and Hauntological Relations of Inheritance: Dis/continuities, SpaceTime Enfoldings, and Justiceto-Come",

Derrida Today, 3.2, Edinburgh University Press.

_____, 2014. "Diffracting Diffraction: Cutting Together-Apart", *Parallax*, vol. 20, no. 3, London: Routledge

_____, 2014. "On Touching — The Inhuman That Therefore I Am (v1.1)", (In) (Eds.) Witzgall, S. & Stakemeier, K. *Power of Material: Politics of Materiality*, diaphanes.

Barla, J., "Anthropocene", *New Materialism*, https://newmaterialism.eu/ almanac/a/ anthropocene.html

Bennett, J., 2010. "A Vitalist Stopover on the Way to a New Materialism", *New Materialisms: Ontology, Agency, and Politics*, (eds.) Diana Coole & Samantha Frost, Durham & London: Duke University Press.

_____, 2010. *Vibrant Matter*, Durham & London: Duke University Press.

Bogue, R., 2015. "The Companion Cyborg: Technics and Domestication", (eds.) Jon Roffe & Hannah Stark, *Deleuze and the Non/Human*, Basingstroke: Palgrave Macmillan.

Bozalek, V. & Fullagar, S., 2022. "Agential Cut", *A Glossary for Doing Postqualitative, New Materialist and Critical Posthumanist Research Across Disciplines*, (ed.) Karin Murris, New York: Routledge.

Boundas, C. V., 2003. "Virtual/Virtuality", *The Deleuze Dictionary*, (ed.) Adrian Parr, Edinburgh: Edinburgh University Press.

Braidotti, R., 1991. *Patterns of Dissonance: A Study of Women and Contemporary Philosophy*, Cambridge: Polity Press.

_____, 1994. *Nomadic Subjects: Embodiment and Sexual Difference in Contemporary Feminist Theory*, New York: Columbia University Press.

_____, 2006. *Transpositions: On Nomadic Ethics*, Cambridge: Polity Press.

_____, 2019. "Affirmative Ethics and Generative Life", *Deleuze and Guattari Studies*, vol. 13, no. 4, Edinburgh: Edinburgh University Press.

_____, 2019, "Preface: The Posthuman As Exuberant Excess", Francesca Ferrando, *Philosophical Posthumanism*, London: Bloomsbury Publishing.

_____, 2000. "Teratologies", *Deleuze and Feminist theory*, (eds.) Ian Buchanan & Claire Colebrook, Edinburgh University Press.

Brassier, R., 2007. "The Enigma of Realism: On Quentin Meillassoux's After Finitude", (ed.) Robin Mackay, *Collapse, Philosophical Research and Development II: Speculative Realism*, Oxford: Urbanomic.

_____, 2011. "Concepts and Objects", (eds.) Bryant, L., Srnicek, N. and Harman, G., *The Speculative Turn: Continental Materialism and Realism*, Melbourne: re.press.

Brassier, R. et al., 2008. "Speculative Realism", ed. Robin Mackay, *Collapse, Philosophical Research and Development III: Unknown Deleuze [+Speculative Realism]*, Falmouth: Urbanomic.

Bryant, R., 2010. "Onticology – A Manifesto for Object-Oriented Ontology Part 2", *Laval Subjects*, https://larvalsubjects.wordpress.com/2010/01/19/onticology-amanifesto-for-object-oriented-ontology-part-2/

_____, 2011. *The Democracy of Objects*, Ann Arbor: Open Humanities Press.

_____, 2015. "Correlationism", *The Meillassoux Dictionary*, (eds.) Peter Gratton and Paul J. Ennis, Edinburgh: Edinburgh University Press.

_____, 2016. "Phenomenon and Thing: Barad's Performative Ontology", *Rhizomes: Cultural Studies in Emerging Knowledge*, Issue. 30, http://www.rhizomes.net/issue30/bryant.html

Bryant, L., Srnicek, N. & Harman, G., 2011. "Towards a Speculative Philosophy", (eds.) Levi Bryant, Nick Srnicek & Graham Harman, *The Speculative Turn: Continental Materialism and Realism*, Melbourne: re.press.

Booth, R. 2021. 'Abject Withdrawal?: On the Prospect of a Nonanthropocentric Object-Oriented-Ontology', *Angelaki* 26:5, 20-37

Bryant, L., Srnicek, N. & Harman, G., 2011. "Towards a Speculative Philosophy", (eds.)Bryant, L., Srnicek, N. and Harman, G., *The Speculative Turn: Continental Materialism and Realism*, Melbourne: re.press.

Butler, J. "The inorganic body in the early Marx: A limit-concept of anthropocentrism", *Radical Philosophy*, issue 2.06, winter, 2019, https://www.radicalphilosophy.com/⋯/the-inorganic-body-in-t⋯

Chakrabarty, D., 2009. "The Climate of History: Four Theses", *Critical Inquiry*, vol. 35, no. 2, Chicago: University of Chicago Press.

Choat, S., 2017. "Science, Agency and Ontology: A Historical-Materialist Response to New Materialism", *Political Studies*, vol. 66, Issue. 4, 2017

Colebrook, C., 2008. "On Not Becoming Man: The Materialist Politics of Unactualized Potential", Stacy Alaimo & Susan Hekman(eds.), *Material feminisms*, Bloomington, Indiana: Indiana University Press, 52-84.

────, 2017. "Materality," *The Routledge Companion to Feminist Philosophy*. (eds.) Garry, A. et al. London and New York: Routledge.

Coole, D. & Frost, S., 2010. "Introducing the New Materialisms" (eds.) Diana Coole, Samantha Frost, *New Materialisms: Ontology, Agency, and Politics*, Durham & London: Duke University Press.

Cheah, P., 2010. "Non-Dialectical Materialism", *New Materialisms: Ontology, Agency, and Politics*, Durham & London: Duke University Press.

Crutzen, P., 2002. "Geology of mankind", *Nature*, vol. 415.

Descartes, R., (trans.) Donald, A. Cress, 1998. *Discourse on Method and Meditations on First Philosophy*, Indianapolis: Hackett.

Deleuze, G., 1964. *Proust et signes*, Paris: PUF.

────, *Différence et répétition*, Paris: PUF, 1968; 1994. *Difference and Repetition*, (trans.) Paul Patton, New York: Columbia University Press.

────, 1969. "Lucrèce et le Simulacre", Logique du Sens, Paris: Minuit.

────, 1969. *Spinoza et le problème de l'expression*, Paris: Minuit.

────, 1973. "Pensée nomade", *Nietzsche aujourd'hui?*, vol. 1; Intensités, Paris: UGE.

────, 1991. "A Philosophical Concept ... ", (In) Eduardo Cadava, Peter Connor, Jean-Luc Nancy (eds.), *Who Comes After the Subject?* Abingdon-on-Thames: Routledge.

────, 1995. *Negotiations: 1972-1990*, (trans.) Martin Joughin, New York: Columbia University Press.

────, 2001. *Empiricism and Subjectivity: An Essay on Hume's Theory of Human Nature*, (trans.) Constantin V. Boundas, New York: Columbia University Press.

────, 2003. "Les plages d'immanence", *Deux regimes de fous*, Paris: Minuit.

Deleuze, G. & Guattari, F., 1987. *A Thousand Plateaus: Capitalism and Schizophrenia*, Minneapolis: University of Minnesota Press.

_____, 2013. *Anti-Oedipus: Capitalism and Schizophrenia*, (trans.) Robert Hurley, Mark Seem & Helen R. Lane, Minneapolis: University of Minnesota Press.

DeLanda, M., 1995. "The Geology of Morals: A Neo-Materialist Interpretation", http://www.t0.or.at/delanda/geology.htm

_____, 2015. "New Materiality", *Architectural Design*, vol. 85, Issue. 5.

Derrida, J., 1982. *Margins of Philosophy*, (trans.) Alan Bass, Chicago: The University of Chicago Press.

_____, 2002. (trans.) Elizabeth Rottenberg, "As If It Were Possible", *Negotiations: Interventions and Interviews*, 1971-2001, Stanford University Press,

Diels, H. & Kranz, W., 1992. *Die Fragmente der Vorsokratiker* I~III, Zürich, Hildesheim: Weidmann.

Dolphijn, R. and Van der Tuin, Iris (eds.), 2012. *New Materialism: Interviews and Cartographies*, Michigan: Open Humanities Press.

Dosse, F., 2010. *Gilles Deleuze and Félix Guattari: Intersecting Lives*, (trans.) Deborah Glassman, New York: Columbia University Press.

Epicurus, 1887; 2010. *Epicurea*, ed., Hermann Usener, Cambridge: Cambridge University Press.

Fernandes, L., 1997. *Producing Workers: The Politics of Gender, Class and Culture in the Calcutta Jute Mills*, Philadelphia: University of Pennsylvania Press.

Ferrando, F., 2019. *Philosophical Posthumanism*, London: Bloomsbury Publishing.

Firestone, S., 2003. *The Dialectic of Sex: The Case for Feminist Revolution*, New York: Farrar, Straus and Giroux.

Foster, J. B., Clark, B. and Holleman, H., 2019. "Capitalism and Robbery: The Expropriation of Land, Labor and Corporeal Life", *Monthly Review*, vol. 71, no. 7

Gabriel, M., 2015. *Fields of Sense: A New Realist Ontology*, Edinburgh: Edinburgh University Press.

Gabriel, M., 2020. "We Need a Metaphysical Pandemic", https://www.uni-bonn.de/news/we-need-a-metaphysical-pandemic.

Gamble, C. N., Hanan, J. S. & Nail, T., 2019. "What is New Materialism" *Angelaki*, Vol. 24, Issue 6,.

Garcia, T., 2016. *La Vie intense*, Paris: autrement.

_____, 2014. *Form and Object-A Treatise on Things*, (trans.) Mark Allan Ohm, Joe Cogburn, Edinburgh University Press.

Grosz, E., 1994. *Volatile Bodies: Toward a Corporeal Feminism*, Bloomington: Indiana University Press.

_____, 2008. "Darwin and Feminism: Preliminary Investigation for a Possible Alliance", (eds.) Stacy Alaimo & Susan Hekman, *Material feminisms*, Bloomington, Indiana: Indiana University Press.

_____, 2011. "Matter, Life, and Other Variations." *Philosophy Today* 55.

_____, 2015. "Deleuze and the Nonhuman Turn: An Interview with Elizabeth Grosz", (eds.) Jon Roffe & Hannah Stark, *Deleuze and the Non/Human*, Basingstoke: Palgrave.Macmillan.

_____, 2017. *The Incorporeal: Ontology, Ethics and the Limits of Materialism*, New York: Columbia University Press.

Guattari, F., 2015. *Psychoanalysis and Transversality: Texts and Interviews 1955–1971*, (trans.) Ames Hodges, LA: Semiotext(e).

Haraway, D., 1992. "The Promises of Monsters: A Regenerative Politics for Inappropriate/d Others", (eds.) Lawrence Grossberg, Cary Nelson & Paula A. Treichler, *Cultural Studies*, New York: Routledge.

_____, 2000. *How Like a Leaf: An Interview with Thyrza Nichols Goodeve*, New York and London: Routledge.

_____, 2003. *The Companion Species Manifesto: Dogs, People, and Significant Otherness*, Prickly Paradigm Press.

_____, 2006. "When We Have Never Been Human, What Is to Be Done?: Interview with Donna Haraway", (ed.) Nicholas Gane, *Theory, Culture and Society*, vol. 23, Issue. 7~8, California: Sage Publication.

_____, 2018. "Capitalocene and Chthulucene", eds. Rosi Braidotti and Maria Hlavajova, *Posthuman Glossary*, London: Bloomsbury Academic.

Haraway, D., & Gane, N. 2006. "When We Have Never Been Human, What Is to Be Done? Interview with Donna Haraway", *Theory, Culture and Society* 23.

Harman, G., 2002. *Tool-Being: Heidegger and the Metaphysics of Objects*, Illinois: Open Court.

————, 2011. "On the Understanding of Objects: Grant, Bruno, and Radical Philosophy", (eds.)Bryant, L., Srnicek, N. and Harman, G., *The Speculative Turn: Continental Materialism and Realism*, Melbourne: re.press.

————, 2011. *Quentin Meillassoux: Philosophy in the Making*, Edinburgh: Edinburgh University Press.

————, 2015. "An Interview with Graham Harman", Edinburgh University Press Blog, https://euppublishingblog.com/2015/09/10/an-interview-with-graham-harman/.

————, 2016. *Immaterialism: Objects and Social Theory*, Cambridge: Polity Press.

————, 2017. *Object-Oriented Ontology: A New Theory of Everything*, UK: Penguin Random House.

————, 2020. "The Only Exit From Modern Philosophy", *Open Philosophy*, vol. 3, Berlin: De Gruyter.

Hayles, Katherine, 2017. *Unthought: The Power of the Cognitive Nonconscious*, Chicago: The University of Chicago Press.

Hekman,, S. 2008. "Constructing the Ballast: An Ontology for Feminism", Stacy Alaimo & Susan Hekman(eds.), *Material feminisms*, Bloomington, Indiana: Indiana University Press.

Hume, D., 1978. *A Treatise of Human Nature*, ed. L. A. Selby-Bigge, Oxford: Clarendon Press.

Kleinherenbrink, A. 2019. *Against Continuity: Gilles Deleuze's Speculative Realism*, Edinburgh University Press.

Hui, Y., 2016. *On the Existence of Digital Objects*, University of Minnesota Press.

————, 2019. *Recursivity and Contingency*, Lanham: R&L.

Hui, Y. & Morelle, L., 2017. "A Politics of Intensity: Some Aspects of Acceleration in Simondon and Deleuze", *Deleuze Studies*, vol. 11, no. 4, Edinburgh: Edinburgh University Press.

Jackson, R., 2015. "Factiality", *The Meillassoux Dictionary*, (eds.) Peter Gratton & Paul J. Ennis, Edinburgh: Edinburgh University Press.

Kirby, V., 1997. *Telling Flesh: The Substance of the Corporeal*, New York: Routledge.

————, 2006. *Judith Butler: Live Theory*, New York: Continuum.

_____, 2011. _Quantum Anthropologies: Life at Large_, Durham and London: Duke University Press, 2011,

_____, 2017. "Matter out of Place: 'New Materialism' in Review", (ed.) Vicki Kirby, _What if Culture was Nature all Along?_, Edinburgh: Edinburgh University Press.

_____, 2017. "Foreword", (ed.) Vicki Kirby, _What if Culture was Nature all Along?_, Edinburgh: Edinburgh University Press.

Kleinherenbrink, A., 2019. _Against Continuity: Gilles Deleuze's Speculative Realism_, Edinburgh: Edinburgh University Press.

Lacan, J., 1978. "Rings of String", _On Feminine Sexuality_, trans. Bruce Fink, New York: Norton.

_____, 1998. _The Seminar of Jacques Lacan: The Four Fundamental Concepts of Psychoanalysis_, Book XI, (ed.) Jacques-Alain Miller, (trans.) Alan Sheridan, New York: Norton.

Latour, B., 1998. _The Pasteurization of France_, (trans.) Alan Sheridan & John Law, Cambridge: Harvard University Press.

_____, 1999. _Pandora's hope: essays on the reality of science studies_. Cambridge, Massachusetts: Harvard University Press.

_____, 2013. _An inquiry into modes of existence : an anthropology of the moderns_, (trans.) Catherine Porter, Cambridge: Harvard University Press.

_____, 2018. _Down to Earth: Politics in the New Climatic Regime_, (trans.) Catherine Porter, Cambridge: Polity.

Latour, B. & Serres, M., 1995. _Mchel Serres with Bruno Latour: Conversations on Science, Culture, and Time_, (trans.) Roxanne Lapidus, The University of Michigan Press.

Lather, A., 2021. _Materiality and Aesthetics in Archaic and Classical Greek Poetry_, Edinburgh: Edinburgh University Press.

Lautman, A., 2011. _Mathematics, Ideas and the Physical Real_, (trans.) Simon Duffy, New York: Continuum.

Lazzarato, M., 2014. _Signs and Machines_, (trans.) Jordan, J. D., LA: semiotext(e).

Leibniz, G. W., 1989. "Specium Dynamicum", (ed.) Leroy E. Loemker, _Philosophical_

Papers and Letters, Dordrecht: Kluwer Academic Publishers.

Le Guin, U. K., 2019. *The Carrier Bag Thory of Fiction*, Peruvian mountains: Ignota Books.

Lemke, T., 2015. "New Materialisms: Foucault and the 'Government of Things'", *Theory, Culture & Society*, vol. 32, issue. 4.

──────, 2021. *The Government of Things: Foucault and the New Materialisms*, New York: New York University

Linebaugh, P. & Rediker, M. 2000. *The Many-Headed Hydra: Sailors, Slaves, Commoners, and the Hidden History of the Revolutionafy Atlantic*, Beacon Press.

Long A. A. & Sedley, D. N., 1987. *The Hellenistic Philosophers*, vol. 1, Cambridge: Cambridge University Press.

Lyotard, J-F., 1992. *The Inhuman: Reflections on Time*, (trans.) Geoffrey Bennington & Rachel Bowlby, Stanford: Stanford University Press.

Mackay, R. & Avanessian., 2014. A (eds.), *#Accelerate#: The Accelerationist Reader*, Falmouth: Urbanomic Media LTD.

Malabou, C., 2012. "Interview with Catherine Malabou", *Grundwork*, http://www.groundworkphilosophy.wordpress.com/2012/02/17/interview-with-catherine-malabou/

Marion, J-L., 1999. *On Descartes Metaphysical Prism: The Constitution and the Limits of Onto-theo-logy in Cartesian Thought*, (trans.) Jeffrey L. Kosky, Chicago and London: The University of Chicago Press.

Massumi, B. 2015. "The Supernormal Animal", *The Nonhuman Turn*, (ed.) Richard Grusin, Minneapolis: University of Minnesota Press.

Meillassoux, Q., 2006. *Après la finitude: Essai sur la nécessité de la contingence*, Paris: Seuil; 2008. *After Finitude: An Essay on the Necessity of Contingency*, (trans.) Ray Brassier, London: Continuum.

──────, 2008. "Presentation", *Collapse, Philosophical Research and Development III: Unknown Deleuze [+Speculative Realism]*, (ed.) Robin Mackay, Falmouth: Urbanomic.

──────, 2010. "The Immanence of the World Beyond", (eds.) Conor Cunningham & Peter M. Candler, *The Grandeur of Reason: Religion, Tradition and Universalism*, (trans.) Peter M. Candler Jr., Adrian Pabst & Aaron Riches, Norwich: SCM

Press.

————, 2011. "Contingency & the Absolutization of the One", (trans.) James Lozano, Sorbonne-Paris I conference.

————, 2012. "Iteration, Reiteration, Repetition: A Speculative Analysis of the Meaningless Sign", Freie Universität lecture, Berlin, Germany.

————, 2015. *Science Fiction and Extro-Science Fiction*, (trans.) Alyosha Edlebi, Minneapolis: University Publishing.

————, 2019. *Time without Becoming*, Milan: Mimesis International.

————, "Founded on Nothing: An Interview with Quentin Meillassoux", (interviewer) Kağan Kahveci and Sercan Çalcı, (trans.) Robin Mackay, Urbanomic, 2021, https://www.urbanomic.com/document/founded-on-nothing/

Morton, T., 2015. "They are Here", *The Nonhuman Turn*, (ed.) Richard Grusin, Minneapolis: University of Minnesota Press.

Moore, J. W., 2017. "The Capitalocene, Part I: On the nature and Origins of Our Ecological Crisis", The Journal of Peasant Studies, vol. 44

————, 2018. "The Capitalocene, Part II: Accumulation by Appropriation and the Centrality of Unpaid Work/Energy", *The Journal of Peasant Studies*, vol. 45.

Murris, K. & Bozalek, V., 2022. "Diffraction", *A Glossary for Doing Postqualitative, New Materialist and Critical Posthumanist Research Across Disciplines*, (ed.) Karin Murris, New York: Routledge.

————, 2022. "Intra-action", *A Glossary for Doing Postqualitative, New Materialist and Critical Posthumanist Research Across Disciplines*, (ed.) Karin Murris, New York: Routledge.

Murris, K. & Fullagar, S., 2022. "Entanglement", *A Glossary for Doing Postqualitative, New Materialist and Critical Posthumanist Research Across Disciplines*, (ed.) Karin Murris, New York: Routledge.

Nail, T., 2018. *Lucretius I: An Ontology of Motion*, Edinburgh University Press.

————, 2019. *Being and Motion*, New York: Oxford University Press.

————, 2020. *Lucretius II: An Ethics of Motion*, Edinburgh: Edinburgh University Press.

_____, 2020. *Marx in Motion: A New Materialist Marxism*, New York: Oxford University Press.

Negri, A., 2014. "Reflections on the Manifesto", *#Accelerate#: The Accelerationist Reader*, (eds.) Robin Mackay & Arjen Avanessian, Falmouth: Urbanomic Media LTD.

Nietzsche, F., 1996. "Letter to Jacob Burckhardt, Turin, January 1889", *Selected Letters of Friedrich Nietzsche*, (ed. & trans.) Christopher Middleton, Indianapolis: Hackett.

Noys, B., 2010. *The Persistence of the Negative: A Critique of Contemporary Continental Theory*, Edinburgh: Edinburgh University Press.

_____, 2014. *Malign Velocities: Accelerationism and Capitalism*, Zero Books.

Nunes, R., 2015. "Ancestrality", *The Meillassoux Dictionary*, (eds.) Peter Gratton and Paul J. Ennis, Edinburgh: Edinburgh University Press.

Palmer, R. E., 1969. *Hermeneutics: Interpretation Theory in Schleiermacher, Dilthey, Heidegger and Gadamer*, Evanston Illinois: Northwestern University Press.

Plato, Ion, *Plato*, vol. 9, 1925. (trans.) W. R. M. Lamb. Cambridge, Massachusetts: Harvard University Press; London: William Heinemann Ltd.

Rojas, D., 2020. "Acceleration", *Anthropocene Unseen: A lexicon*, (eds.) Cymene Howe & Anand Pandian, Punctum Books.

Sartre, J. P., 1965. *La Transcendance de l'ego: Esquisse d'une description phénoménologique*, Vrin.

Schneider, J., 2005. *Donna Haraway: Live Theory*, London: Continuum.

Simondon, G., 1998. *L'individu et sa genèse physico-biologique: L'individuation à la lumière des notions de forme et d'information*, Paris: Millon.

Srnicek, N. and Williams, A., 2014. "Manifesto for an Accelerationist Politics", *#Accelerate#: The Accelerationist Reader*, (eds.) Robin Mackay & Arjen Avanessian, Falmouth: Urbanomic Media LTD.

_____, 2015. *Inventing the Future: Postcapitalism and a World Without Work*, London: Verso.

Villani, A., 1999. *La guêpe et l'orchidée: Essai sur Gilles Deleuze*, Paris: Belin.

Vermeiren, F., 2021. "The Leibnizian Lineage of Deleuze's Theory of the Spatium",

Deleuze and Guattari Studies, vol. 15, Issue. 3, Edinburgh: Edinburgh University Press.

Walther, M., 2021. "Heraclitus's Onto-stories: Impossible Appointments and the Importance of the Encounter", (ed.) Kai Merten, *Diffractive Reading: New Materialism, Theory, Critique*, London: Rowman & Littlefield.

Wiame, A., 2017. "Speculative Fabulation: A Median Voice to Care for the Dead", symposium with Donna Haraway about "Staying with the Trouble" organized by the GECo-Groupe d'études constructivistes, Université Libre de Bruxelles, March 29,https://www.academia.edu/32412247/Speculative_Fabulation_A_Median_Voice_to_are_for_the_Dead

Williams, J. 2012. "Matter and Sense in Gilles Deleuze's Logic of Sense: Against the 'Ism' in Speculative Realism", *Deleuze and Guattari Studies*, vol. 15, Issue. 4, Edinburgh: Edinburgh University Press.

Weisman, A., 2007. *The World without Us*, New York: St. Martin's Books.

Young, E. B., Genosko, G. & Watson, J., 2013. *The Deleuze and Guattari Dictionary*, London: Bloomsbury Academic.

인터넷 자료

'위상공간', 사이언스올, 2023년 5월 22일 마지막 접속, https://www.scienceall.com/위상공간topological-space/

'Allagmatic', Fractal Ontology-refracting theory: politics, cybernetics, philosophy, https://fractalontology.wordpress.com/2007/11/28/a-short-list-of-gilbert-simondons-vocabulary/

'Klan leader charged over driving car into Black Lives Matter protesters', The Guardian,https://www.theguardian.com/us-news/2020/jun/08/klan-leader-charged-harry-rogers-virginia

'Object', Oxford Bibliotech, https://www.etymonline.com/word/object

찾아보기

【ㄴ】

【 ㅇ 】

쿨, 다이아나 21, 288

퀴어 110~111, 117, 245, 300~302, 764, 768

크로노스 51~54, 115~116, 312~313, 380

크루첸, 폴 129~131

클라인헤이런브링크, 아르젠 560, 606~617, 619~631, 633~637

클리나멘 42~43, 55, 62~63, 163, 219, 378, 500, 513, 537

【ㅌ】

타자(성) 122, 125, 158, 173~175, 249, 420, 683

탈가치화 532~535, 537, 541, 549~550

탈근대 53~54, 104~105, 114~116, 120, 178, 348, 678~679

탈영토화 110, 137, 159, 174, 215, 217, 236~237, 302, 318, 637, 691, 713~714, 746

테크놀로지 208, 693~695, 697, 703~704

테크놀로지적 무의식 696

통접 109, 152, 487, 489, 492~495, 583~584

투사(들) 124, 158, 263, 284, 341, 369,

392~394, 426, 616, 640, 683~685, 735

트랜스휴머니즘 122~123, 212, 679

특개성 233, 273, 689

특이성 157, 162, 234~235, 240~241, 260, 270~271, 289, 307, 309~312, 458, 706, 761

【ㅍ】

파르메니데스 194~196

파블로프, 알렉세이 129

파스칼, 블레즈 190

팩티쉬 326~328

페미니즘 25, 97~98, 173~174, 209, 213, 218, 231, 235, 237, 239~242, 244~247, 252~253, 283, 296~299, 681

평평한 존재론 263, 321, 448, 469, 510, 576, 656~661

포스트-메타피직스 279

포스트휴머니즘 67~69, 114, 119~123, 239, 285~286, 709, 764

포스트휴먼 44, 114, 119~126, 129, 141~142, 207, 210~212, 222, 237, 278, 282, 286, 289~290, 336, 676, 689, 710, 728, 735

포스터, 존 벨라미 34